ΟΔΗΓΟΣ ΨΥΧΟΛΟΓΙΑΣ ΓΙΑ ΑΜΕΣΗ ΒΟΗΘΕΙΑ

ΟΔΗΓΟΣ ΨΥΧΟΛΟΓΙΑΣ ΓΙΑ ΑΜΕΣΗ ΒΟΗΘΕΙΑ

ΟΥΡΑΝΙΑ ΤΣΑΒΑΛΟΥ, MSc

Αποποίηση Ευθύνης
Κανένα βιβλίο δεν μπορεί να αντικαταστήσει την προσωπική θεραπεία ή συμβουλευτική από έναν επαγγελματία ψυχικής υγείας. Ο εκδοτικός οίκος δεν φέρει καμία ευθύνη για τυχόν ζημιές ή παρενέργειες που μπορεί να προκληθούν από την ανάγνωση του παρόντος βιβλίου. Το βιβλίο παρέχει γενικές πληροφορίες για την ψυχολογία και δεν αποτελεί ειδική συμβουλή για συγκεκριμένο άτομο ή κατάσταση. Εάν αντιμετωπίζετε ψυχικά προβλήματα, συμβουλευτείτε έναν επαγγελματία ψυχικής υγείας.

Το βιβλίο αυτό αφιερώνεται
στον αγαπημένο μου σύζυγο και
σε όλους όσους έχουν υπάρξει
Δάσκαλοι στη ζωή μου.

ΠΕΡΙΕΧΟΜΕΝΑ

Εισαγωγή

Κρατάτε στα χέρια σας ένα εγχειρίδιο αυτογνωσίας και αυτοβοήθειας, το οποίο είναι αποτέλεσμα 25ετούς έρευνας και εμπειρίας. Χρειάστηκαν 15 χρόνια για να γραφτεί και να συμπεριληφθούν όλα τα ευρήματα, οι τεχνικές, τα εργαλεία και οι ασκήσεις. Τα παραδείγματα, που αναφέρονται είναι όλα πραγματικά και οι λύσεις που προτείνονται έχουν δοκιμαστεί και έχουν αποφέρει θετικά αποτελέσματα.

Ευχαριστώ όλους τους φίλους, συνεργάτες και πελάτες που μου έκαναν την τιμή να μου επιτρέψουν να εργαστώ μαζί τους, όλα αυτά τα χρόνια σε αυτόν τον δύσκολο, αλλά ταυτόχρονα και μαγικό δρόμο της προσωπικής απελευθέρωσης.

Πρόκειται για έναν χάρτη πορείας για το πώς θα βγούμε από τον πόνο και θα μπούμε στη συχνότητα της Αγάπης. Δεν είναι ανάγκη να υποφέρουμε. Ωστόσο συχνά νομίζουμε είτε ότι αυτό είναι φυσιολογικό είτε δεν ξέρουμε τον τρόπο για να ξεφύγουμε ολοκληρωτικά. Τα ίδια θέματα επανέρχονται μέχρι που μαθαίνουμε να ζούμε με αυτά.

Είναι γραμμένο σε απλή γλώσσα με στόχο να μπορεί να διαβαστεί από όλους. Ξεκινά να επιμορφώνει τον αναγνώστη σε πιο απλές έννοιες ψυχολογίας και σταδιακά τον εκπαιδεύει με την εισαγωγή του σε πιο περίπλοκα θέματα. Υποστηρίζεται από συνεχείς μελέτες περιπτώσεων (case studies), στα οποία κάποιος είναι βέβαιο ότι θα βρει κοινά στοιχεία με τον ίδιο. Τον βοηθά να συνειδητοποιήσει την ευρύτερη εικόνα της θεραπείας, που χρειάζεται να γίνει, προκειμένου να έχει αλλαγή στη ζωή του και στην καθημερινότητα του.

Το βιβλίο αποτελεί ένα ολοκληρωμένο θεραπευτικό σύστημα, δοκιμασμένο στην πράξη, με όλη τη θεωρία, τα παραδείγματα και τις θεραπευτικές ασκήσεις. Γι' αυτό τον λόγο, απευθύνεται εκτός από το ευρύ κοινό και σε κάθε είδους θεραπευτές.

Παντρεύει την κλασική Ψυχολογία με την ανάγκη για Πνευματικότητα, στοχεύοντας σε πραγματική και μόνιμη αλλαγή στη ζωή μας, ώστε να μην παλινδρομούμε. Στις σελίδες του ξεδιπλώνεται το που πρέπει να στρέψουμε την προσοχή μας στη θεραπεία, προκειμένου να βγούμε οριστικά από τον συναισθηματικό πόνο, παραμένοντας σταθερά στη συχνότητα της Αγάπης.

Το βιβλίο εμπνέεται από τα ευρήματα της Μεθόδου «Αναγέννησις», η οποία δημιουργήθηκε στην Ελλάδα το 2011 και η οποία εξελίσσεται διαρκώς από τότε.

ΚΕΦΑΛΑΙΟ 1
ΒΑΣΙΚΕΣ ΕΝΝΟΙΕΣ

Α. Η ΦΩΝΗ
Η Αυθεντική Φωνή έναντι της Διασπαστικής Φωνής

Η ρίζα όλων των προβλημάτων μας είναι η εκτίμηση που έχουμε για εμάς τους ίδιους. Συναισθήματα και πεποιθήσεις ότι δεν αξίζουμε, ότι δεν είμαστε αρκετοί ή αρκετά καλοί, ότι είμαστε λίγοι, ένα τίποτα, άχρηστοι, κακοί. Αυτές είναι μόνο μερικές παραλλαγές της κακής εικόνας που έχουμε για τον εαυτό μας. Μία Φωνή στο κεφάλι μας φροντίζει αδιάλειπτα να μας υπενθυμίζει πόσο ανάξιοι είμαστε να αγαπηθούμε. Αυτό μοιάζει σαν να είμαστε καταδικασμένοι να βλέπουμε συνεχώς την ίδια ταινία ή να ακούμε το ίδιο τραγούδι στο ραδιόφωνο. Μία συνεχής αρνητική προπαγάνδα εναντίον μας, η οποία εκπέμπεται 24 ώρες το 24ωρο.

Ακούγεται σαν το υπέρτατο βασανιστήριο. Και είναι. Αναγκαζόμαστε να αναπτύξουμε κάθε είδους κοινωνικά προσωπεία για να ξεφύγουμε από αυτό το μαρτύριο. Προσωπεία, τα οποία, κατά κανόνα, είναι το ακριβώς αντίθετο από το πώς πραγματικά νιώθουμε. Εάν αισθάνομαι «βρώμικος» θα έχω εμμονή με την καθαριότητα. Εάν νιώθω «ανάξιος» θα φαίνομαι πολύ δυναμικός. Τρέχουμε στην καθημερινότητα, δουλεύουμε, κάνουμε σχέσεις και οικογένειες, γυμναζόμαστε, έχουμε χόμπι, χωρίς να απολαμβάνουμε μία στιγμή εσωτερικής ξεγνοιασιάς. Η ενέργειά μας εξαντλείται στην προσπάθειά μας να κρύψουμε από τους γύρω μας τι είμαστε, για να μη μείνουμε μόνοι μας.

Θα ονομάσουμε τη συνεχή εσωτερική εκπομπή αρνητικότητας εναντίον μας Διασπαστική Φωνή. Μας κρατάει κρυμμένους και μόνους, διαχωρισμένους από τους υπόλοιπους. Δεν μας επιτρέπει να δούμε ποιοι πραγματικά είμαστε, διότι απλούστατα την πιστεύουμε. Ταυτιζόμαστε μαζί της, χωρίς να μπορούμε να διαχωρίσουμε τον εαυτό μας από αυτήν. Επομένως, δεν μπορούμε πλέον να ακούσουμε την Αυθεντική Φωνή, που είναι η φωνή της εσωτερικής μας σοφίας και της αδιαμφισβήτητης και δικαιωματικής αξίας μας, μόνο και μόνο γιατί υπάρχουμε. Η Διασπαστική Φωνή παράγει σε 24ωρη βάση, χωρίς να χαλαρώνει καθόλου, αρνητικότητα που έχει ως στόχο να καταδείξει την αναξιότητά μας. Μάς παραπλανά συνεχώς και μας σαμποτάρει. Η παραμικρή αθώα σκέψη μπορεί να μας οδηγήσει στο βάραθρο της δυστυχίας. Αν σκεφτούμε ότι πεινάσαμε, η Διασπαστική Φωνή θα μάς οδηγήσει, συλλογισμό μετά το συλλογισμό, στο πόσο χοντροί, αηδιαστικοί και ανίκανοι να είμαστε εγκρατείς. Αν αποφασίσουμε να βάλουμε ηλεκτρική σκούπα, θα μας θυμίσει τον λογαριασμό του ηλεκτρικού ρεύματος και, συνειρμικά πάλι, θα οδηγηθούμε στο πόσο άχρηστοι είμαστε με τα οικονομικά μας, ότι ποτέ δεν θα ορθοποδήσουμε και θα πέσουμε απογοητευμένοι στον καναπέ, βουτηγμένοι σε πανικό για το πώς θα επιβιώσουμε. Εάν είμαστε χωρίς σύντροφο και μας έρθει η επιθυμία να πάμε μία βόλτα στην εξοχή, θα μάς οδηγήσει να σκεφτούμε ότι, τελικά, μάλλον θα πεθάνουμε μόνοι μας.

Παρόλα αυτά, ο δρόμος για να συνδεθούμε μόνιμα και οριστικά με την Αυθεντική Φωνή λήγοντας το «δεν αξίζω», είναι η Διασπαστική Φωνή, η οποία μάς δίνει πολύτιμη ενημέρωση για το τραύμα μας. Χρειάζεται να έχουμε το κουράγιο να μείνουμε με ό,τι μάς λέει, χωρίς να προσπαθούμε να τη διώξουμε. Η εξάσκηση αυτή μάς βοηθά να ακούμε τη Διασπαστική Φωνή και όχι να την υπακούμε, ώστε να σταματήσουμε να υποκύπτουμε.

Η επαγρύπνηση μας, βεβαίως, πρέπει να είναι αδιάλειπτη, καθώς έχουμε απέναντί μας έναν αντίπαλο εξαιρετικά έμπειρο και πολύ καλά εκπαιδευμένο. Κάνει αυτή τη δουλειά τουλάχιστον από τότε που γεννηθήκαμε, με στόχο να μάς πετάει αέναα και χωρίς να χαλαρώνει ούτε λεπτό στο βάραθρο της αυτοεκτίμησης και της αυτο-ακύρωσης. Χωρίς συνεχή εγρήγορση δεν έχουμε καμία τύχη να επικρατήσουμε μέχρι να φτάσουμε στο σημείο να επανεκπαιδεύσουμε τον εγκέφαλό μας, διαμορφωμένο όλη μας τη ζωή στο να μάς παγιδεύει σε συνεχείς αρνητικές σκέψεις. Μένοντας όσο γίνεται εξωτερικοί παρατηρητές, χωρίς να τούς δίνουμε επιπλέον ενέργεια από αυτή που ήδη έχουν. Με την κατανόηση πως είναι μόνο πληροφορίες για το πόσο χαμηλά τοποθετούμε τον εαυτό μας. Και για τον λόγο αυτό είναι ιδιαίτερα χρήσιμες.

Αναφέρω ένα παράδειγμα ενός άνδρα 25 ετών, ο οποίος ξεκίνησε θεραπεία διότι είχε πολύ χαμηλή αυτοεκτίμηση, κάτι που τον δυσκόλευε στην καθημερινότητά του. Το κάθε τι που θα τον έκανε να εκτεθεί, όπως μία συνέντευξη για μία δουλειά, ή το να δώσει ένα μάθημα για να τελειώσει τη σχολή του, ή να γνωρίσει νέους ανθρώπους, τού δημιουργούσε κρίσεις άγχους. Αυτό που τού έλεγε διαρκώς η Φωνή μέσα του, και είχε πιστέψει και ο ίδιος για τον εαυτό του ήταν: «Είμαι ανεπιθύμητος. Προκαλώ στους άλλους τρόμο. Είμαι βάρος. Είμαι χαλασμένος από την αρχή. Εγώ είμαι η πηγή του κακού. Εγώ τούς δημιουργώ όλα τα προβλήματα». Σταδιακά, με τη βοήθεια των πληροφοριών, που έπαιρνε από τη Διασπαστική Φωνή, άρχισε να έχει επίγνωση του τι πραγματικά τού συνέβαινε και το μέγεθος του αυτοσαμποτάζ που έκανε στον εαυτό του.

Η Διασπαστική Φωνή δεν είναι απλά ένας εσωτερικός αυτοδιάλογος. Έχει να κάνει κυριολεκτικά με την ίδια μας την ύπαρξη και τον τρόπο που έχουμε μάθει να ζούμε. Μάς λέει ότι είναι λάθος που υπάρχουμε, ότι μάλλον δεν υπάρχουμε καν, και γενικότερα κακώς υπάρχουμε! Όλη μας η συμπεριφορά αναπτύσσεται με στόχο να κρύβουμε αυτό το εσωτερικό υπαρξιακό δράμα. Διότι για τέτοιο πρόκειται. Όταν φτάσουμε στο σημείο να ακούμε καθαρά τη Διασπαστική Φωνή, σημαίνει ότι είμαστε στο δρόμο της πραγματικής και μόνιμης αλλαγής. Έχοντας τη διαύγεια να παρακολουθούμε την αρνητική προπαγάνδα εναντίον μας χωρίς να ενδίδουμε, είμαστε σε πολύ καλό δρόμο. Σημαίνει πως καταφέραμε να έχουμε διαχωριστεί από αυτήν σε βαθμό που να μην πιστεύουμε πλέον τα ψέματά της, ανακτώντας βαθμιαία την αξία μας. Σίγουρα, είναι δυσάρεστο και πολλές φορές εξοντωτικό, αλλά ταυτόχρονα αποτελεί απόλυτη ένδειξη ότι προχωράμε. Όταν κάνουμε δράσεις που είναι πραγματικά θετικές και αναπτυξιακές για εμάς, τότε είναι που η Διασπαστική Φωνή λυσσομανά εναντίον μας. Ουρλιάζει μέσα στο κεφάλι μας «σταμάτα αμέσως ό,τι κάνεις και γύρνα πίσω. Κάνε ό,τι σού λέω»! Όσο περισσότερο την ακούμε αποστασιοποιημένα, αλλά ταυτόχρονα με πραγματικό και γνήσιο ενδιαφέρον, παίρνουμε εξαιρετικά σημαντικές πληροφορίες για το τραύμα που εκπροσωπεί, και το Οικοδόμημα που έχουμε χτίσει για να το κρύψουμε, ώστε να μπορέσουμε να επιβιώσουμε. Τότε αρχίζουμε να κατανοούμε τι μάς συμβαίνει. Κατανοούμε την ιστορία μας και ποιοι πραγματικά είμαστε. Ποια είναι η Αποστολή μας και τι έχουμε έρθει να κάνουμε στη Γη. Τα πάντα αποκτούν νόημα και η ζωή γίνεται πραγματικό δώρο συνειδητοποιώντας πως η απόλαυση της χαράς σε ένα Σύμπαν Αφθονίας είναι η δικαιωματική μας κληρονομιά.

Β. ΟΙ ΕΓΓΡΑΦΕΣ

Όσοι έχουμε την τύχη να συναναστρεφόμαστε με μικρά παιδιά, γνωρίζουμε πως ό,τι τους λέμε το παίρνουν κυριολεκτικά. Δεν καταλαβαίνουν το χιούμορ ή τις μεταφορές των ενηλίκων. Ρώτησα μία μέρα την τρίχρονη ανιψιά μου «είσαι η αγαπημένη μου;» για να πάρω την αποστομωτική απάντηση «όχι είμαι η Μαρία»! Τα παιδιά έως περίπου την ηλικία των επτά ετών δεν έχουν αναπτύξει ακόμη τη λογική τους σκέψη άρα και την κριτική τους ικανότητα να φιλτράρουν τις πληροφορίες που παίρνουν από το περιβάλλον τους. Λειτουργούν μόνο από το συναίσθημα, και για αυτό τα βιώνουν όλα έντονα και κυριολεκτικά. Ό,τι τούς πουν οι άνθρωποι στο περιβάλλον τους για τον εαυτό τους ή για το ποια είναι η πραγματικότητα το πιστεύουν και το εγγράφουν ως τη μόνη αλήθεια. Ακριβώς όπως το ακούνε.

Ας πάρουμε ως παράδειγμα ένα γονιό που γυρίζει εκνευρισμένος από τη δουλειά του και ξεσπάει στο παιδί του για κάτι, φωνάζοντας «καλά βλαμμένο είσαι;». Αυτό χωρίς τη λογική δεν μπορεί να σκεφτεί πως δεν εννοεί ό,τι λέει, απλά έχει νεύρα λόγω του αφεντικού του. Αντίθετα, το εγγράφει ακριβώς όπως το ακούει, και αρχίζει να συμπεριφέρεται έτσι, ιδιαίτερα αν τού το λένε αρκετά συχνά. Όταν λίγο αργότερα θα πάει σχολείο, και ο δάσκαλος θα πει στο γονιό ότι το παιδί δεν τα καταφέρνει, αυτός θα πάει στο σπίτι λέγοντάς του «μα, καλά χθες κάτσαμε τόσες ώρες για την ορθογραφία και την έγραψες λάθος. Βλαμμένο είσαι;». Η Εγγραφή ισχυροποιείται περαιτέρω, ακολουθώντας το παιδί του παραδείγματος και στην υπόλοιπη ζωή του. Η διαδικασία λειτουργεί ακριβώς σαν να αποθηκεύαμε ένα αρχείο στο σκληρό δίσκο ενός ηλεκτρονικού υπολογιστή. Εγγράφουμε από την κοιλιά της μητέρας μας οτιδήποτε λέγεται ή εκπέμπεται συναισθηματικά προς εμάς.

Ένας άνδρας 42 ετών ξεκίνησε θεραπεία λόγω προβλημάτων στον γάμο του. Η γυναίκα του τον κατηγορούσε πως, ενώ είχαν οικονομική άνεση, ήταν σφιχτός με τα χρήματα στερώντας πράγματα από την οικογένειά του. Σε μία συνεδρία ανακάλεσε μία σκηνή με τον εαυτό του μωρό στην κούνια. Μαζεμένοι όλοι οι ενήλικες γύρω του διασκέδαζαν προσπαθώντας να τον κάνουν να τούς δώσει το παιχνίδι που κράταγε, ενώ εκείνος το κρατούσε ακόμα πιο σφιχτά. Θυμήθηκε να αναφωνούν «είναι τσιγκούνης σαν τον παππού του!». Με αυτήν την Εγγραφή άρχισε να συμπεριφέρεται ως τσιγκούνης, κάτι που έγινε πιο ισχυρό, αφού τού το επαναλάμβαναν συνεχώς καθώς μεγάλωνε, συγκρίνοντάς τον με τον παππού. Παράλληλα αισθάνονταν περήφανοι για τον εαυτό τους, πεπεισμένοι ότι προέβλεψαν το χαρακτήρα του!

Οι απόψεις, που έχουμε για τη ζωή, το χρήμα, τα κιλά μας, τις σχέσεις, την υγεία, προέρχονται από τις πρώιμες ή και μεταγενέστερες Εγγραφές μας. Αν άκουγε κάποιος από παιδί τον πατέρα του να λέει στο μεσημεριανό τραπέζι πως «εμείς είμαστε φτωχοί αλλά τίμιοι», το πιο πιθανό είναι ότι ως ενήλικας, όποτε βγάζει αρκετά χρήματα με κάποιο μαγικό τρόπο, θα τα χάνει. Θα γίνεται μια λάθος επένδυση, θα τον ρίχνει ο συνέταιρος, θα ξεσπάει οικονομική κρίση ή οτιδήποτε άλλο, καθώς θα λειτουργεί υποσυνείδητα η Εγγραφή πως εάν έχει χρήματα, δεν είναι τίμιος.

Οποιαδήποτε και αν είναι η οικονομική μας κατάσταση αυτή τη στιγμή, συνδέεται με τον τρόπο που έχουμε διαμορφωθεί ή με το τι έχουμε εγγράψει σχετικά. Αν πιστεύουμε ότι είμαστε «φτωχοί» ή «πλούσιοι» ή ότι «τα χρήματα είναι κακά» ή ότι «όσοι έχουν χρήματα πεθαίνουν» ή οποιαδήποτε παραλλαγή υπάρχει στον εγκέφαλό μας, μάς δείχνει τελικά και την τωρινή σχέση μας με τα χρήματα. Όσοι είναι υπέρβαροι, και παρατηρούν πως, παρόλο που κάνουν συνεχώς δίαιτες, δεν έχουν τα αποτελέσματα που θέλουν, θα είναι προτιμότερο να ασχοληθούν με τις σχετικές Εγγραφές που έχουν. Αν ακούγαμε σαν παιδιά ότι είμαστε «χοντροί» ή οτιδήποτε αρνητικό για τα κιλά μας, είναι μάταιη κάθε δίαιτα, εάν δεν αλλάξουμε αυτές τις Εγγραφές. Ακόμη και το θέμα του μεταβολισμού μπορεί να σχετίζεται με το τι έχουμε εγγράψει σχετικά. Διαφορετικά δεν θα παρατηρούσαμε το φαινόμενο κατά το οποίο κάποιοι άνθρωποι να τρώνε κυριολεκτικά ότι θέλουν και να μην παίρνουν γραμμάριο, ενώ άλλοι να παχαίνουν με μαρουλοσαλάτα.

Ο εγκέφαλός μας δίνει πάντα το αποτέλεσμα για το οποίο έχει προγραμματιστεί ακόμη και εάν δεν είναι η αλήθεια. Η απόδειξη σε αυτό (και εφόσον μιλάμε για το θέμα της διατροφής) είναι όσοι πάσχουν από ανορεξία. Παρόλο που μπορεί να είναι σκελετωμένοι, όταν κοιτάζονται στον καθρέφτη ο εγκέφαλός τους, τούς διαβεβαιώνει πως είναι χοντροί!

Σχετιζόμαστε ανάλογα με το πώς είδαμε να αλληλεπιδρούν σαν ζευγάρι οι γονείς μας ή οι άνθρωποι που μάς μεγάλωσαν. Ξεκινάμε την πρώτη μας σχέση γεμάτοι ρομαντικά όνειρα και σύντομα διαπιστώνουμε ότι αρχίζουν τα προβλήματα. Είμαστε βέβαια ακόμη νέοι, οπότε λέμε θα τον/την χωρίσω και θα βρω κάποιον/κάποια, άλλον/άλλη καλύτερο. Σταδιακά, βέβαια, παρατηρούμε πως ο επόμενος/η έχει ακριβώς τα ίδια θέματα με τον προηγούμενο και πάντα λίγο χειρότερα. Όσο δεν αντιλαμβανόμαστε ότι αυτό μάς συμβαίνει εξαιτίας του τι έχουμε εγγράψει, η κατάσταση θα παραμένει η ίδια, όσους συντρόφους και να αλλάξουμε.

Τα θέματα υγείας είναι άλλο ένα παράδειγμα των Εγγραφών μας, οι οποίες γίνονται αυτοεκπληρούμενες προφητείες (self-fulfilling prophecies). Κυριολεκτικά προφητεύουμε οι ίδιοι το τι θα μας συμβεί. Πραγματικά, θα μπορούσαμε να προβλέπουμε το μέλλον των ανθρώπων, ακούγοντας μόνο τι λένε. Για παράδειγμα, «εμείς, όλοι στην οικογένειά μας μετά τα 40 παθαίνουμε την τάδε ασθένεια». Παρόλο που σίγουρα υπάρχουν και άλλοι παράγοντες που μάς οδηγούν στο να αρρωσταίνουμε (όπως θα αναφέρουμε στα επόμενα κεφάλαια), οι σχετικές Εγγραφές μας, είναι ένας από αυτούς.

Κάποιες σεξουαλικές δυσλειτουργίες μπορεί να είναι επίσης αποτέλεσμα Εγγραφών. Για παράδειγμα, ο πατέρας ενός αγοριού ηλικίας ενός έτους είχε ξεκινήσει θεραπεία με στόχο να διαχειριστεί την πατρότητα και να μην τού μεταδώσει τα δικά του τραύματα. Σε κάποια συνεδρία ανέφερε πως τον προβληματίζει πολύ το γεγονός πως η γυναίκα του πιστεύει ότι το «πουλάκι» του παιδιού είναι μικρό. Μού περιέγραψε πως συνήθιζε να σχολιάζει το γεγονός γεμάτη ανησυχία την ώρα που το άλλαζε συχνά παρέα με τις φίλες της. Άναυδη τον ρώτησα «εσύ τι λες στη γυναίκα σου;» Και εκείνος μού απάντησε όλο χαρά πως της απαντάω «αγάπη μου, μην ανησυχείς, θα είναι μικρός αλλά θαυματουργός!»

Αν μία μητέρα κοιτάζει το μικρό της αγοράκι και λέει ή σκέφτεται ότι το «όργανό» του είναι μικρό, το παιδί θα το εγγράψει. Ακόμη και εάν καταφέρει τελικά να αναπτυχθεί φυσιολογικά, χωρίς να δώσει ο εγκέφαλός του μήνυμα στο σώμα να μην μεγαλώσει το μόριό του, ως ενήλικας θα κοιτάζεται στον καθρέφτη και θα θεωρεί ότι είναι «μικρό». Ακριβώς, σαν τους ανθρώπους που πάσχουν από ανορεξία και νομίζουν ότι είναι χοντροί. Η απάντηση του πατέρα απλώς ενίσχυε τα παραπάνω και μπορούμε ήδη να καταλάβουμε, ως καλοί μελλοντολόγοι, τι είδους σεξουαλικά προβλήματα θα έχει αυτό το αγόρι, ως άνδρας.

Η ομορφιά είναι ένα άλλο μεγάλο θέμα τραύματος στα οικογενειακά συστήματα. Οι Εγγραφές που έχουμε για την εμφάνισή μας μάς ακολουθούν σε όλη μας τη ζωή. Ένα νεογέννητο εγγράφει επιτόπου όποια σχόλια κάνουν οι ενήλικες για αυτό, όπως «τι άσχημο που είναι», νομίζοντας ότι δεν καταλαβαίνει. Ακόμη και αν δεν το πει κάποιος φωναχτά, αλλά το σκεφτεί, το νεογέννητο λαμβάνει το συναίσθημα και τη σκέψη αυτού που το λέει. Συχνά η συναισθηματική Εγγραφή είναι ακόμα πιο έντονη. Ένα καλό παράδειγμα είναι αυτό μίας γυναίκας 35 ετών. Ξεκίνησε θεραπεία λόγω των πολύ κακών επιλογών συντρόφων που την είχαν αφήσει χρεωμένη όχι μόνο συναισθηματικά, αλλά και οικονομικά. Ήταν αντικειμενικά πολύ όμορφη, αλλά με εξαιρετικά χαμηλή εικόνα για την εξωτερική της εμφάνιση. Όσα κομπλιμέντα και αν άκουγε για την ομορφιά της τής ήταν αδύνατο να τα πιστέψει. Όταν σχετιζόταν με έναν άνδρα ένιωθε πάντα ότι τής έκανε χάρη που ήταν μαζί της και για αυτό τα έδινε όλα. Κατά τη διάρκεια των συνεδριών, ανακάλεσε μια μνήμη ως νεογέννητο στο μαιευτήριο. Μία θεία μόλις την είδε φώναξε, «πω, πω τι ασχημόπαπο!». Ή μπορεί και απλώς να το σκέφτηκε, αλλά για το μωρό εγγράφεται ακριβώς το ίδιο, σαν να το είπε φωναχτά.

Ο εγκέφαλος μοιάζει με ένα ταχύτατο ηλεκτρονικό υπολογιστή. Πραγματοποιεί 100 εκατομμύρια υπολογισμούς ανά δευτερόλεπτο χωρίς λάθος. Εάν προγραμματιστεί να υπολογίζει 2+2=5, θα το δεχτεί ως αληθές και δεν θα το διορθώσει. Ο εγκέφαλος πιστεύει ότι τού λέμε. Έτσι και η γυναίκα του παραδείγματος, καθώς μεγάλωνε, ακόμη και εάν είχε τις προδιαγραφές ενός σούπερ μοντέλου, όταν κοιταζόταν στον καθρέφτη πίστευε ότι είναι άσχημη, και φυσικά ζούσε μία ανάλογη ζωή χαμηλής αυτοεκτίμησης.

Οι αρνητικές Εγγραφές επηρεάζουν και τη συμπεριφορά μας. Για παράδειγμα, σε ένα σεμινάριο «Ψυχολογία στο χώρο της εργασίας» που έκανα, μία συμμετέχουσα, η οποία για πρώτη φορά άκουγε παρόμοια ανάλυση, πετάχτηκε από τη θέση της φωνάζοντας. «Τώρα κατάλαβα γιατί η κόρη μου, λέει συνεχώς ψέματα!». Μάς εξήγησε πως η κόρη της, 18 ετών εκείνη την εποχή, έλεγε συνεχώς ψέματα για το παραμικρό και χωρίς να υπάρχει λόγος. Είχε χωρίσει όταν το παιδί ήταν τριών ετών, χωρίς να έχει πλέον επαφή με τον πρώην σύζυγό της. Θυμήθηκε πως ο πατέρας, από τότε που η κόρη της άρχισε να μιλάει, την έδειχνε με το δάχτυλο και της φώναζε: «Λες ψέματα!». «Είσαι τεμπέλα» άκουγα πρόσφατα να λένε συνεχώς σε μία φιλική μου οικογένεια στο κοριτσάκι, και, φυσικά, αυτό δεν μάζευε ποτέ το δωμάτιό του, ούτε βοηθούσε καθόλου στο σπίτι. Το παράδοξο είναι πως οι γονείς συχνά αναρωτιούνται πως βγήκε αυτό το παιδί έτσι, τη στιγμή που τού εγγράφουν ακριβώς ποια συμπεριφορά θα έχει από τη στιγμή που γεννιέται!

Οι Εγγραφές γίνονται πολύ πιο ισχυρές μέσα μας όταν την ίδια στιγμή μας χτυπούν ή μας φωνάζουν. Το να μάς πουν «είσαι βλάκας» ή «θα κάνεις ό,τι σου λέμε», είναι πολύ πιο καθοριστικό για τη ζωή μας, εάν την ώρα που το ακούμε μας δέρνουν. Από μία σφαλιάρα έως ξύλο με τη λουρίδα ή οποιοδήποτε άλλο σωφρονιστικό μέσο. Το ίδιο συμβαίνει και όταν υπάρχει λεκτική κακοποίηση, με την αντίστοιχη συναισθηματική φόρτιση που τη συνοδεύει. Οι Εγγραφές σε αυτές τις περιπτώσεις είναι πιο βαθιές και μάς καθορίζουν σε τέτοιο βαθμό που υπακούμε σε αυτές σαν να είμαστε υπνωτισμένοι.

Οι αρνητικές Εγγραφές που μάς μεταδίδουν οι άνθρωποι, που έχουν τη φροντίδα μας, αφορούν πάντα και δικό τους τραύμα. Με τον ίδιο τρόπο έχουν περαστεί και σε αυτούς από τους δικούς τους γονείς ή παππούδες και γιαγιάδες ή δασκάλους, μεγαλύτερα αδέρφια, συγγενείς ή όποια άτομα πήραν μέρος στην ανατροφή τους. Έχει υπολογιστεί ότι μέχρι την ηλικία των οκτώ ετών έχει εγγραφεί στον εγκέφαλο περίπου το 80% των προγραμμάτων, όπως σε έναν ηλεκτρονικό υπολογιστή. Στην περίπτωση των αρνητικών προγραμμάτων ή Εγγραφών αυτό το 8χρονο συνεχίζει και κρατάει το τιμόνι της ζωής μας, ακόμη και εάν είμαστε 80 ετών ή και μεγαλύτεροι. Όσο δηλαδή δεν τις έχουμε αλλάξει προς όφελός μας. Εάν ο δάσκαλος στο δημοτικό έλεγε σε ένα παιδί ότι «είναι σκράπας στα μαθηματικά» είναι σίγουρο ότι θα τα χάνει όταν θα πρέπει να ασχοληθεί με νούμερα, ακόμη και σε προχωρημένη ηλικία. Ίσως θα δυσκολεύεται να διαχειριστεί ακόμη και τα οικονομικά του, αφού το εσωτερικό του παιδί μπλοκαρισμένο σε αυτή την Εγγραφή, θα έχει πειστεί ότι δεν μπορεί να τα καταφέρει.

Έχοντας εργαστεί για πολλά χρόνια ως σύμβουλος – εκπαιδεύτρια σε μεγάλες επιχειρήσεις, έχω πειστεί πως τα χρήματα που βγάζουμε, σχετίζονται με τις πεποιθήσεις που σχηματίζονται από τις Εγγραφές μας. Σε ένα σεμινάριο σε μία πολυεθνική ασφαλιστική εταιρεία με θέμα την αύξηση της παραγωγής, μία ασφαλίστρια παραπονιόταν συνεχώς πως είναι άτυχη. Ισχυριζόταν πως αυτός ήταν ο λόγος που δεν μπορούσε να κάνει πωλήσεις. Προς το τέλος της ημέρας, όλοι οι συμμετέχοντες είχαν αρκετές ενοράσεις μέσα από ομαδικές ασκήσεις, σχετικά με το πώς οι Εγγραφές τους και ο Προγραμματισμός τους επηρεάζουν απόλυτα το πόσα χρήματα βγάζουν. Η γυναίκα αυτή ξαφνικά άρχισε να κλαίει μπροστά σε όλη την ομάδα από μια συνειδητοποίηση που μόλις είχε. Όταν ηρέμησε, μας διηγήθηκε το εξής. Το ίδιο πρωί, πριν έρθει στο σεμινάριο, είχε πάει τη μητέρα της στο γιατρό. Εκείνη, λοιπόν, λέγοντάς της χίλια ευχαριστώ τής είπε επί λέξει: «Θα σού έδινα την ευχή μου, κόρη μου, αλλά τι να την κάνεις, τόσο άτυχη που είσαι»!

Σε παρόμοια εκπαιδευτικά σεμινάρια, μια σειρά Εγγραφών για το χρήμα, που προέρχονταν όχι μόνο από τα οικογενειακά συστήματα των συμμετεχόντων, αλλά και από την κοινωνική κουλτούρα στην οποία μεγάλωσαν, ξεπρόβαλαν με παραλλαγές ξανά και ξανά. Φυσικά περιέγραφαν με απόλυτη ακρίβεια την τρέχουσα οικονομική κατάσταση του καθενός, με Εγγραφές, όπως «τα λεφτά βγαίνουν με δυσκολία» ή «τα αγαθά κόποις κτώνται», «αρκέσου στα λίγα», «φτωχοί γεννηθήκαμε και φτωχοί θα πεθάνουμε» «τα λεφτά είναι για τους λίγους», «οι πλούσιοι είναι κακοί».

Προγραμματισμός

Ο Προγραμματισμός, που έχουμε δεχθεί ειδικά τα πρώιμα χρόνια, λειτουργεί ενισχυτικά στις Εγγραφές. Ένα παιδί που τού λένε ότι είναι βλάκας συνήθως δεν το ακούει μόνο για μία φορά, αλλά πιθανόν σε καθημερινή βάση. Οι απόψεις που έχουμε για τη ζωή, τις σχέσεις, την εργασία, τα χρήματα, όλα είναι απόρροια του τι συνέβαινε στο περιβάλλον, όπου μεγαλώσαμε. Παρατηρώντας, για παράδειγμα, το πώς φέρονταν οι γονείς μας μεταξύ τους, είναι σαν να παρακολουθούσαμε σε 24ωρη βάση ένα κινηματογραφικό φιλμ για το πώς είναι οι σχέσεις. Αυτό, φυσικά, έχει εμπεδωθεί σε τέτοιο βαθμό, που όταν έρχεται η σειρά μας να σχετιστούμε λειτουργούμε τελείως ασυνείδητα, υπό την επήρεια αυτής της καθημερινής εκπαίδευσης που έχουμε λάβει, αναπαράγοντάς την με απόλυτη ακρίβεια. Επαναλαμβάνουμε ό,τι μάθαμε, χωρίς να μάς περνάει από το μυαλό ότι υπάρχει άλλος τρόπος συμπεριφοράς ή σχετίζεσθαι. Πολύ συχνά στις συνεδρίες οι πελάτες μου παραπονιούνται για τα προβλήματα στις σχέσεις τους και τους γάμους τους. Κατηγορούν με μένος τον σύντροφό τους, ρίχνοντάς του συνήθως όλη την ευθύνη για ό,τι συμβαίνει. Προχωρώντας στη διερεύνηση για το πώς να ήταν άραγε ο γάμος των γονιών τους, με μεγάλη έκπληξη συνειδητοποιούν πως κάνουν ακριβώς τα ίδια! Συνήθως, οι ίδιοι άνθρωποι στην πρώτη συνεδρία έχουν περιγράψει, σε πλήρη ωραιοποίηση, το πόσο ευτυχισμένος ήταν ο γάμος των γονιών τους και πόση αγάπη είχαν μεταξύ τους. Χωρίς να μπορούν ειλικρινά να καταλάβουν, διότι οι ίδιοι ένιωθαν ότι είχαν αποτύχει οικτρά στο δικό τους, ενώ είχαν ένα τόσο καταπληκτικό πρότυπο!

Το αποτέλεσμα του Προγραμματισμού μοιάζει με το να μάς λέει κάποιος ότι

ο ουρανός είναι μπλε, τη στιγμή που εμείς είμαστε πεπεισμένοι ότι είναι πρά-
σινος. Και αν καταφέρουμε και τον δούμε μπλε για λίγο, μένουμε πραγματικά
με το στόμα ανοιχτό, ενώ συνεχίζουμε να λέμε «Ναι, εντάξει βλέπω λίγο μπλε
εδώ και εκεί, αλλά κατά βάση είναι πράσινος»!

Η κοινωνική διαμόρφωση, πέραν της οικογενειακής, αποδεικνύεται εξίσου
ισχυρή. Ποια είναι η σωστή διατροφή για το σώμα μας, πώς αντιμετωπίζε-
ται η ασθένεια, πώς να σχετιζόμαστε, πώς να διαχειριζόμαστε τα οικονομι-
κά μας, πώς να είμαστε γονείς. Ο κοινωνικός Προγραμματισμός συχνά μάς
διώχνει μακριά από την Αλήθεια, διαστρέφοντας μέσα μας έννοιες, όπως η
Αγάπη και η Ηθική και απομακρύνοντάς μας από τον πραγματικό μας εαυτό,
τους συμπαντικούς νόμους και το γεγονός ότι όλοι είμαστε ένα. Ότι είμαστε
ξεχωριστοί, αλλά σε πλήρη σύνδεση και αλληλεπίδραση όχι μόνο με τους
άλλους ανθρώπους, αλλά και με τη Γη και όλα τα όντα που την κατοικούν.
Ο Προγραμματισμός θα μπορούσε να περιγραφεί σαν την εμφύτευση ενός
μικροτσίπ, με εντολές και απαγορεύσεις, οι οποίες μάς οδηγούν να συμπε-
ριφερόμαστε σαν ρομπότ. Τότε ακόμη και τον παραλογισμό του ότι η ζωή
είναι ένας ατελείωτος πόνος και χωρίς ιδιαίτερο νόημα, τον δεχόμαστε ως
φυσιολογικό και υπακούμε σε αυτόν χωρίς δεύτερη σκέψη.

Γ. ΟΙ ΑΠΟΦΑΣΕΙΣ ΕΠΙΒΙΩΣΗΣ
Τι αποφασίσαμε ότι είναι η Αγάπη

Ακόμα ισχυρότερη επίδραση από τις Εγγραφές και τον Προγραμματισμό
έχουν οι Αποφάσεις που πήραμε σαν παιδιά σχετικά με το τι είναι Αγάπη. «Για
να επιβιώσω αποφασίζω ότι Αγάπη και η φροντίδα για μένα είναι...».

Το παιδί έχει δύο βασικές ανάγκες. Να επιβιώσει και να το αγαπούν. Αν αυ-
τές δεν καλύπτονται, όπως θα ήθελε, και χωρίς, όπως είπαμε, τη δύναμη της
λογικής, παίρνει όλων των ειδών τις παράξενες Αποφάσεις, οι οποίες το ακο-
λουθούν σε όλη την ενήλικη ζωή του. Το σημαντικότερο είναι ότι δεν γίνεται
να διαταράξει τη σχέση του με τους ενήλικες διότι χωρίς αυτούς δεν μπορεί
να επιβιώσει. Έτσι, οτιδήποτε και να συμβαίνει, θα αποφασίσει να το τακτο-
ποιήσει το ίδιο. Εάν ο γονιός δεν δίνει, θα δώσει το παιδί. Εάν ο γονιός δεν
ασχολείται μαζί του η Απόφαση είναι «για να επιβιώσω αποφασίζω ότι Αγάπη
για μένα είναι να είμαι σε δεύτερη μοίρα».

Εάν τρώει ξύλο, δεν γίνεται να πει παίρνω βαλίτσα και φεύγω από αυτό το
σπίτι. Θα καταλήξει στο «εγώ φταίω γιατί δεν ήμουν καλό παιδί». Ανάλογα
με το συναίσθημα που θα νιώσει εκείνη τη στιγμή θα αποφασίσει επίσης ότι

«η Αγάπη για μένα είναι να μην παίρνω Αγάπη» ή πως «με αγαπάνε όταν με κακοποιούν» ή «παίρνω φροντίδα όταν ξεσπάνε πάνω μου». Γνωρίζουμε, βέβαια, πως όταν ένας ενήλικας δέρνει ένα παιδί δεν έχει ποτέ να κάνει με το ότι είναι άτακτο. Ο λόγος είναι πάντα μόνο ένας. Να ξεσπάσει τα νεύρα του και το θυμό του και να ξαλαφρώσει από όλα όσα τον βασανίζουν. Το παιδί όμως, όπως είπαμε, μέχρι επτά ετών δεν έχει λογική σκέψη και βρίσκεται καθαρά στο συναίσθημα, κι έτσι αναλαμβάνει να δώσει αυτό στο γονιό. Να τον ανακουφίσει και παράλληλα να πάρει την ευθύνη πάνω του.

Ένα κοριτσάκι του οποίου ο μπαμπάς του λείπει συνεχώς από το σπίτι θα πάρει μία σχετική Απόφαση Επιβίωσης, όπως «Αγάπη είναι ο άνδρας να είναι απών». Αυτό θα οδηγήσει αργότερα σε σχέσεις που με κάποιο τρόπο θα υπάρχει πάντα κάποιου είδους απουσία, πραγματική ή συναισθηματική.

Σ' ένα διαζύγιο, το οποίο οι γονείς δεν το διαχειρίζονται με γνώμονα το να μην τραυματίσουν τα παιδιά τους, αυτά πάντα παίρνουν το βάρος και την ευθύνη ότι φταίνε τα ίδια. Αποφασίζουν ότι «εάν ήμασταν καλύτερα παιδιά, θα είχαμε καταφέρει να τους κρατήσουμε μαζί».

Αποφάσεις Επιβίωσης σχετικές με τις ασθένειες

Μία ολόκληρη κατηγορία Αποφάσεων Επιβίωσης είναι αυτή που σχετίζεται με τις ασθένειες. Ας πάρουμε το παράδειγμα ενός άνδρα 45 ετών, που μεγάλωσε με δύο πολυάσχολους γονείς και για αυτό δεν έπαιρνε την προσοχή που θα ήθελε. Κάποια μέρα αρρώστησε και οι γονείς πήραν και οι δύο άδεια από τις δουλειές τους, φροντίζοντάς τον στοργικά. Η μετάφραση του παιδιού, που ακόμα δεν έχει αναπτύξει λογική σκέψη, ήταν πως με την αρρώστια παίρνει φροντίδα. Πήρε, λοιπόν, την Απόφαση Επιβίωσης πως «για να πάρω φροντίδα και Αγάπη πρέπει να αρρωσταίνω» ή «για να επιβιώσω πρέπει να αρρωσταίνω», καθώς η φροντίδα είναι για όλους μας η επιβίωσή μας. Αυτές οι Αποφάσεις, τις οποίες πήρε σε ηλικία τριών ετών, τον ακολούθησαν και στην ενήλικη ζωή του. Κάθε φορά που κάτι δεν πήγαινε καλά στη δουλειά του, στις σχέσεις του ή στη ζωή του γενικότερα αρρώσταινε για να πάρει φροντίδα. Ή, κάποια στιγμή που η σύζυγός του συζητούσε για διαζύγιο, εκείνος παραπάτησε και έσπασε το πόδι του σε πολλά σημεία, κάτι που χρειάσθηκε χειρουργείο και πολλούς μήνες αποκατάστασης.

Πολλοί από εμάς έχουμε πάρει την ακριβώς αντίθετη Απόφαση Επιβίωσης. «Για να πάρω φροντίδα δεν πρέπει να αρρωσταίνω» ή «για να επιβιώσω, δεν πρέπει να αρρωσταίνω καθόλου». Αυτό μπορεί να συμβεί στην περίπτωση που το παιδί νιώθει πως όταν αρρωσταίνει, ο ενήλικας που το φροντίζει ενοχλείται. Αδιάφορος για τις ανάγκες του παιδιού, θεωρεί ότι η ασθένεια αυτή τον ξεβολεύει ή τον βγάζει από το πρόγραμμά του. Θα έλεγε κάποιος ότι αυτή είναι μία θετική Απόφαση Επιβίωσης, κάτι που, βέβαια, δεν ισχύει, διότι στην παραμικρή υποψία ασθένειας δημιουργείται αρρωστοφοβία.

Οι Αποφάσεις Επιβίωσης, λειτουργούν και συμπληρωματικά υποστηρίζοντας η μία την άλλη. Η ασθένεια χρησιμοποιείται συχνά ως Συμπληρωματική Απόφαση Επιβίωσης. Σε ένα παράδειγμα, την αρχική Απόφαση Επιβίωσης «θα σάς παίρνω τα βάρη» συμπλήρωσε η Απόφαση πως «μπορώ να ξεκουραστώ εάν αρρωστήσω». Η ίδια Απόφαση Επιβίωσης μπορεί να παρθεί και σε περιπτώσεις που υπάρχουν διάφορες Εγγραφές ή Προγραμματισμός από το οικογενειακό περιβάλλον σε σχέση με το τι είναι η δουλειά. «Η δουλειά είναι δουλειά», ή «η πολλή δουλειά τρώει τον αφέντη», ή «αξίζω μόνο όταν δουλεύω», ή «όποιος κάθεται είναι τεμπέλης» και ούτω καθεξής. Ή, όταν υπάρχει μία αρχική Απόφαση Επιβίωσης «για να επιβιώσω πρέπει να μείνω μόνος μου» μπορεί να υποστηριχθεί με μία Συμπληρωματική Απόφαση σχετική με ασθένεια. Εάν κάποιος είναι φιλάσθενος ή συνεχώς πάσχει από κάτι, δεν έχει τον χρόνο και την ενέργεια να ασχοληθεί με το να κάνει μία σχέση ή οικογένεια. Υπάρχουν άπειροι συνδυασμοί για το τι Αποφάσεις Επιβίωσης μπορεί να έχουμε πάρει σχετικά με την ασθένεια. Για κάποιους μπορεί να είναι μόνο μία, και για κάποιους άλλους ολόκληρο δίκτυο Αρχικών και Συμπληρωματικών Αποφάσεων Επιβίωσης.

Περιοριστικό Σενάριο Ζωής

Οι Αποφάσεις Επιβίωσης είναι πιο ισχυρές από τις Εγγραφές και τον Προγραμματισμό, διότι δημιουργούνται πάντα λόγω κάποιου τραύματος και του πολύ ισχυρού συναισθήματος που τις συνοδεύει. Αυτός είναι ο λόγος που διαμορφώνουν το Σενάριο Ζωής μας. Είναι κυριολεκτικά ένα θεατρικό έργο ή μία κινηματογραφική ταινία με πρωταγωνιστές και σεναριογράφους εμάς τους ίδιους, γραμμένο ήδη έως την ηλικία των 7-8 ετών. Αποφάσεις όπως «για να επιβιώσω πρέπει πάντα να προδίδομαι» ή «να αποτυγχάνω» ή «να αδικούμαι» ή «να μην αξίζω» ή «να δουλεύω σκληρά» ή «να κλείνω τα συναισθήματά μου» ή «να μην εμπιστεύομαι» ή «θα κάνω ό,τι μου λένε», δημιουργούν ένα πολύ πραγματικό σενάριο του πώς πρόκειται να ζήσουμε.

Αποφάσεις Επιβίωσης που σχετίζονται με την καταστροφή και το θάνατο, όπως «αν καταστραφώ εγώ δεν καταστρέφονται οι άλλοι» ή «αφού κάποιος πρέπει να καταστραφεί, ας είμαι εγώ» δημιουργούν σίγουρα ένα πιο βαρύ Σενάριο Ζωής, που μπορεί να σχετίζεται με θανάτους, ασθένειες και ατυχήματα. Μία πρώιμη Απόφαση Επιβίωσης «θα δίνω τη ζωή μου στους άλλους, «δεν θα ζω για να ζουν αυτοί», δημιουργεί ένα αντίστοιχο Σενάριο μοναχικότητας.

Ας δούμε ένα ολοκληρωμένο παράδειγμα του πώς διαμορφώνεται ένα Περιοριστικό Σενάριο Ζωής:

Κύρια Απόφαση Επιβίωσης που οδηγεί στο Σενάριο Ζωής: «Αγάπη για μένα είναι να αφήνω τον εαυτό μου αστήρικτο, στηρίζοντας μόνον εγώ τους άλλους».

Τίτλος Σεναρίου: Ο Χαμάλης.

Βασικός Χαρακτήρας του πρωταγωνιστή: Ο πρωταγωνιστής είναι μονίμως θυμωμένος από όλα αυτά που αναλαμβάνει. Έχει συνεχώς τα νεύρα του, αλλά τελικά υποκύπτει στην ενοχή που νιώθει, και τα αναλαμβάνει ξανά.

Σκηνές του έργου: Κάνει πάντα όλη τη χαμαλοδουλειά. Όταν ζητάει βοήθεια δεν του δίνουν σημασία, και μετά τού κάνουν και υποδείξεις. Νιώθει μονίμως ότι δεν τον ακούνε αδιαφορώντας γι᾽ αυτόν, κάτι που τον νευριάζει πολύ. Αισθάνεται συνεχώς, ότι τού ακυρώνουν την προσπάθεια που κάνει. Όταν αρνείται να κάνει τη χαμαλοδουλειά για τους άλλους, διότι έχει πια κουραστεί και δεν αντέχει, τα ακούει και από πάνω. Βρίσκεται σε ένα μόνιμο φαύλο κύκλο μεταξύ θυμού και ενοχής, όπου όταν την νιώσει γίνεται και πάλι χαμάλης.

Το Σενάριο αυτό προέρχεται, επίσης, από ένα Διαγενεαλογικό Τραύμα, που μεταδίδεται από γενιά σε γενιά, με μία μακριά γραμμή γυναικών που ήταν χαμάληδες. Όταν κάθε γυναίκα - χαμάλης κάνει δικά της παιδιά, αυτά τη βοηθούν με τη σειρά τους, ειδικά τα κορίτσια, για να την ανακουφίσουν από το βάρος.

Ο πρωταγωνιστής και σεναριογράφος αυτού του έργου έλκει ξανά και ξανά τα ίδια γεγονότα και καταστάσεις με αποτέλεσμα να είναι πάντα χαμάλης. Ακόμα και αν αλλάζουν τα πρόσωπα - ηθοποιοί, το έργο παραμένει το ίδιο. Στο βιβλίο αυτό περιγράφεται η διαδικασία του πώς μπορούμε καταρχάς να συνειδητοποιήσουμε ποιο είναι το Σενάριο που παίζουμε και να γράψουμε ένα νέο έργο που να μας εξυπηρετεί καλύτερα επιτρέποντάς μας να εκφράσουμε τον πραγματικό μας εαυτό και το δυναμικό μας.

Δ. ΟΙ ΜΗΧΑΝΙΣΜΟΙ
Ψυχολογικοί Μηχανισμοί

Οι Εγγραφές και οι Αποφάσεις Επιβίωσης εμπεριέχουν όλα τα έντονα αρνητικά συναισθήματα που νιώσαμε τη στιγμή του τραύματος. Αυτή η οδύνη πρέπει να κρυφτεί. Διαφορετικά όλη μας η ύπαρξη απειλείται, καθώς μπαίνει σε κίνδυνο η σχέση με τους γονείς μας ή με αυτούς που μας μεγαλώνουν. Για να το καταφέρουμε αυτό αναπτύσσουμε όλων των ειδών τους Ψυχολογικούς Μηχανισμούς, οι οποίοι μάς βοηθούν, πρώτον, να κρατάμε θαμμένο τον πόνο του τραύματος και, δεύτερον, να παραμένει το Οικοδόμημα των Εγγραφών και των Αποφάσεων Επιβίωσης στη θέση τους. Εάν δεν τηρηθούν οι Αποφάσεις Επιβίωσης, το εσωτερικό μας παιδί θεωρεί ότι θα καταστραφεί. Οι Μηχανισμοί εξυπηρετούν ακριβώς αυτό τον σκοπό. Βοηθούν να παραμείνει αυτό ζωντανό. Με ποιο τρόπο; Με το να συνεχίζουν να καταπνίγουν και να κρατούν θαμμένα τα αρχικά επίπονα συναισθήματα, καθώς η βίωση αυτών ισοδυναμεί με τερματισμό της επιβίωσης.

Έτσι, με τα χρόνια γίνονται πραγματικές κατασκευές, οι οποίες καταλαμβάνουν όλα μας τα σώματα, δηλαδή το πνευματικό σώμα, το νοητικό, το συναισθηματικό και το υλικό. Αναπτύσσουμε μηχανισμούς για να μη θυμώνουμε και γενικότερα για να μη νιώθουμε, για να κλείνουμε την αντίληψή μας, για να αρρωσταίνουμε, για να παγώνουμε το συναίσθημά μας. Για αυτό όταν αρχίζουν με τη θεραπεία να «ξεβιδώνονται» από τη θέση τους, βιώνουμε φόβο θανάτου. Επίσης, οι Μηχανισμοί πολλές φορές είναι εξαιρετικά περίπλοκοι, καθώς εμπλέκονται οι Εγγραφές και, φυσικά, περισσότερες από μία Αποφάσεις Επιβίωσης. Συνήθως υπάρχει σχέδιο μέσα στο σχέδιο, ώστε να είμαστε βέβαιοι ότι θα υλοποιηθούν και έτσι θα μπορέσουμε να επιβιώσουμε.

Για παράδειγμα, κάποιος το μόνο που θέλει και λαχταρά στη ζωή του είναι Αγάπη. Έχει όμως πάρει την Κύρια Απόφαση Επιβίωσης: «Αγάπη είναι να προδίδομαι». Για να την φέρει όμως εις πέρας, έχει αναπτύξει δύο Ψυχολογικούς Μηχανισμούς. Ο πρώτος είναι να είναι αφελής και έτσι να επιτρέπει να τον προδίδουν, κλείνοντας την αντίληψή του σε βαθμό που να μην καταλαβαίνει ότι τον εξαπατούν ακόμη και εάν συμβαίνει μπροστά στα μάτια του. Ο δεύτερος είναι να κουβαλάει τα βάρη των άλλων, επιτρέποντας να τον εκμεταλλεύονται. Δηλαδή, μολονότι θέλει μόνο Αγάπη, εξασφαλίζει την πλήρη έλλειψή της, καθώς έλκει, με μαθηματική ακρίβεια και σε διάφορες παραλλαγές, τους ανθρώπους που θα τον προδώσουν και θα τον βάλουν στη θέση του θύματος. Όσο όλο αυτό το Οικοδόμημα Επιβίωσης παραμένει ενεργό, η προδοσία θα συνεχίζεται σε κάθε πιθανή παραλλαγή.

Ένα άλλο παράδειγμα αφορά κάποιον που έχει πάρει την Απόφαση Επιβίωσης: «Για να επιβιώσω δεν πρέπει να είμαι εγώ». Ένας από τους Μηχανισμούς στήριξης της Απόφασης αυτής είναι: «Εγώ δεν έχω ανάγκες, οι ανάγκες των άλλων είναι οι δικές μου». Μπορούμε εύκολα να καταλάβουμε πώς θα είναι η ζωή αυτού του ανθρώπου, όπου δεν θα είναι καν σε ύπαρξη.

Η Απόφαση Επιβίωσης μιας γυναίκας είναι: «Για να επιβιώσω θα κάνω ό,τι μου λένε» και στηρίζεται από τον Ψυχολογικό Μηχανισμό του «καλού παιδιού». Αυτός με τη σειρά του βασίζεται στους βοηθητικούς Μηχανισμούς, όπως «δεν θυμώνω και για την ακρίβεια κλείνω τελείως αυτό το συναίσθημα», «είμαι πάντα καλή και γλυκιά με όλους», «συμβιβάζομαι ακόμη και όταν δεν πρέπει», «είμαι υποχρεωμένη να δίνω χωρίς να παίρνω». Η Απόφαση Επιβίωσης «Αγάπη είναι να είμαι ριγμένη» υποστηρίζεται από τον Μηχανισμό «θα τα φορτώνομαι όλα».

Κάποιος που μεγάλωσε σε ένα οικογενειακό περιβάλλον, όπου υπήρχε ζήλια, πήρε την Απόφαση Επιβίωσης «Αγάπη είναι να με ζηλεύουν» υποστηριγμένη από τον Μηχανισμό «μόλις νιώθω να με ζηλεύουν ή να ζηλεύω εγώ θα μικραίνω τον εαυτό μου, για να μην τους μπαίνω στο μάτι».

Σε ένα άλλο παράδειγμα έχουμε μία γυναίκα γύρω στα 30. Ξεκίνησε θεραπεία προσπαθώντας να καταλάβει γιατί έχει τόσα προβλήματα στις σχέσεις της. Είναι εξαιρετικά όμορφη, στοργική, γεμάτη ενέργεια. Μια πραγματική πηγή ζωής. Όλοι όσοι την γνωρίζουν απορούν ειλικρινά, γιατί ακόμα δεν έχει κάνει οικογένεια. Παρακινούμενη από ένα ιστορικό σεξουαλικής κακοποίησης πήρε σαν παιδί την παρακάτω Απόφαση Επιβίωσης για να κρατήσει μακριά της το άλλο φύλο: «Για να επιβιώσω, δεν θα μπορώ να κρατήσω άνδρα». Το εσωτερικό της παιδί, για να φέρει εις πέρας αυτήν την Αποστολή, που είναι εντελώς κόντρα στη φύση της, ανέπτυξε τους παρακάτω υποστηρικτικούς Ψυχολογικούς Μηχανισμούς:

1. Θα αφήνω τους άνδρες να με χρησιμοποιούν μόνο για σεξ.

2. Θα σχετίζομαι με ήδη δεσμευμένους από άλλη γυναίκα άνδρες.

3. Θα χρησιμοποιώ την ομορφιά μου σαν κατάρα.

4. Όταν κάποιος άνδρας θα σκέφτεται να με παντρευθεί, αυτόματα θα παίρνω κιλά, ενώ παράλληλα θα φέρομαι σαν τρελή.

Οι Μηχανισμοί αυτοί μπαίνουν αυτόματα σε λειτουργία κάθε φορά που εμφανίζεται ο κίνδυνος να θέλει ένας άνδρας να μείνει μαζί της και να την επιλέξει για να κάνουν οικογένεια. Ακόμα καλύτερα, προτιμά υποσυνείδητα να σχετίζεται με ήδη δεσμευμένους ή παντρεμένους, ώστε να μην χρειάζεται να παχύνει ή να συμπεριφέρεται σαν τρελή.

Η ασθένεια χρησιμοποιείται συχνά ως Ψυχολογικός Μηχανισμός. Ένα παιδί, το οποίο οι γονείς θέλουν να είναι πρώτο σε ό,τι κάνει, πιθανόν να αρρωσταίνει όποτε θέλει να ξεφύγει από τη μεγάλη πίεση που του ασκείται. Το να είναι κάποιος υποχόνδριος με τις ασθένειες είναι επίσης Ψυχολογικός Μηχανισμός. Συχνά συνοδεύεται από ένα νοητικό Μηχανισμό υπερανάλυσης για τα πιθανά ή απίθανα συμπτώματα που φαντάζεται ότι έχει. Με τη συνεχή ενασχόλησή του με την αρρωστοφοβία δεν κινδυνεύει να έρθει σε επαφή με το τραύμα που υπάρχει από κάτω. Με έναν πελάτη μου είχαμε ονομάσει αυτό τον Μηχανισμό «Αρρωστοτρεχάλα». Πράγματι, ο Μηχανισμός αυτός είχε κρατήσει το άτομο αυτό εξαιρετικά απασχολημένο για χρόνια!

Οι Ψυχολογικοί Μηχανισμοί βοηθούν στη συγκάλυψη του τραύματος. Έτσι, Μηχανισμοί, όπως «τρέχω και δεν φτάνω», «διαμαρτύρομαι συνεχώς», «αγανακτώ», πετυχαίνουν τον στόχο τους και μάς κρατάνε αρκετά απασχολημένους και μάς κάνουν να πιστεύουμε ότι αυτό είναι φυσιολογικό. Κάποιος που διαμαρτύρεται ότι πάντα τον αδικούν ή τού συμβαίνουν διάφορες ατυχίες ή αντιμετωπίζει φθόνο και ανταγωνισμό, θα έπρεπε να πάρει επαφή με τις αντίστοιχες Αποφάσεις Επιβίωσης που συγκαλύπτει. «Η Αγάπη είναι αδικία», «Η Αγάπη είναι ατυχία» και «με αγαπούν όταν με φθονούν». Μια μικρή διερεύνηση θα αποκάλυπτε ένα αντίστοιχο τραύμα στο οικογενειακό σύστημα αυτού του ανθρώπου, πιθανόν και διαγενεαλογικό.

Ε. Η ΑΛΛΑΓΗ ΕΙΝΑΙ ΕΦΙΚΤΗ
Η έννοια της ισορροπίας

Το ιδανικό θα ήταν να είμαστε ισορροπημένοι σε όλους τους τομείς της ζωής μας. Να έχουμε οικογένεια και φίλους που μάς αγαπούν, μία δουλειά που να μάς ευχαριστεί, οικονομική ευμάρεια και προσωπικό χρόνο. Στην πράξη, όμως, δεν βλέπουμε να συμβαίνει αυτό συχνά. Κάποιοι έχουν μία ικανοποιητική προσωπική ζωή αλλά δεν έχουν χρήματα. Άλλοι έχουν χρήματα και καριέρα, αλλά είναι μόνοι τους με διαζύγια και διαλυμένες σχέσεις. Άλλοι, πάλι, έχουν όλα τα προηγούμενα, εκτός από ελεύθερο χρόνο για τον εαυτό τους. Η Εγγραφή ή ο Προγραμματισμός που ακούμε ακόμα και σε τυχαίες κουβέντες, «ε, δεν μπορούμε να τα έχουμε και όλα!», θα εξηγούσε αυτήν την κατάσταση που δεχόμαστε ως φυσιολογική. Συμπληρωματικά, όμως, η περιοχή ή οι περιοχές όπου πάσχουμε στη ζωή μας, οδηγούν επακριβώς στις Εγγραφές και τις Αποφάσεις Επιβίωσης που χρειάζεται να τροποποιήσουμε, ώστε να έρθουμε σε ισορροπία.

Μολονότι αυτό μπορεί να φαίνεται δύσκολο, ωστόσο, η προσπάθεια να αλλάξουμε ολοκληρωτικά τη ζωή μας είναι απόλυτα εφικτή, αν ακολουθήσουμε κάποια βήματα. Συνήθως, το ξύπνημα από το λήθαργο και την ύπνωση, όπου βρισκόμαστε, έρχεται με ένα δυνατό χτύπημα. Μπορεί να είναι μία απόλυση, ένα διαζύγιο, ένας θάνατος, μία κατάθλιψη, ξαφνικές κρίσεις πανικού, μία οικονομική καταστροφή ή οτιδήποτε εμφανίζεται με στόχο να ταρακουνήσει μέχρι τα βάθη μας.

Το πρώτο βήμα για την αλλαγή είναι να πάρουμε πλήρως την ευθύνη, και να αναρωτηθούμε γιατί δημιουργήσαμε αυτήν την κατάσταση. Στην πλειοψηφία μας είμαστε συνηθισμένοι να κατηγορούμε όλους τους άλλους για τα προβλήματά μας. Τον σύντροφό μας, τα παιδιά μας, το αφεντικό μας, την κυβέρνηση, ακόμη και την παγκόσμια κρίση. Μολονότι η γκρίνια είναι μία εκτόνωση, ωστόσο δεν θα πρέπει να ξεχνάμε πως ό,τι μας συμβαίνει το ελκύουμε ακριβώς λόγω του Οικοδομήματος των Εγγραφών μας, του Προγραμματισμού, των Αποφάσεων Επιβίωσης και των Ψυχολογικών Μηχανισμών που τις στηρίζουν. Σε αυτό το βήμα χρειάζεται να είμαστε συνειδητοί και να δίνουμε προσοχή ακόμα και στο τι λέμε. Για παράδειγμα, οι κάθε είδους γενικεύσεις παραπέμπουν σε κάτι που προσπαθούμε να συγκαλύψουμε. Φράσεις όπως «κανείς δεν έχει λεφτά λόγω κρίσης», «οι σχέσεις είναι όλες χάλια», «η καθημερινότητα σκοτώνει τον έρωτα», δείχνουν μόνο το τραύμα που έχουμε. Αν ίσχυαν αυτές οι γενικεύσεις θα ήταν όλοι φτωχοί, θα είχαν όλοι αποτυχημένες σχέσεις και θα ζούσαμε όλοι στην ίδια ακριβώς μιζέρια.

Το θέμα είναι ότι δεν γνωρίζουμε τι πρόβλημα έχουμε, καθώς για εμάς είναι φυσικό να ζούμε έτσι, μέχρι τη στιγμή που τρώμε ένα δυνατό χαστούκι αφύπνισης. Πιθανόν να το έχουμε φάει αρκετές φορές και να μην μάς έχει αγγίξει, αλλά όσο δεν αντιλαμβανόμαστε το τι μας δείχνει, όχι μόνο θα συνεχίζεται, αλλά θα γίνεται όλο και πιο έντονο. Το περιβάλλον, όπου κινούμαστε, και καθετί που μας περιβάλλει, το σπίτι μας το αυτοκίνητό μας, οι άνθρωποι γύρω μας, είναι καθρέφτης που δείχνει επακριβώς τις πάσχουσες περιοχές. Εάν εκεί όπου εργαζόμαστε βασανιζόμαστε από ένα κακό αφεντικό και δεν αναρωτηθούμε γιατί μας συμβαίνει κάτι τέτοιο, ακόμη και να αλλάξουμε τμήμα ή εταιρεία, με μαθηματική ακρίβεια η ιστορία θα επαναληφθεί, ίσως από άλλη πηγή. Μπορεί αυτή τη φορά να είναι ένας συνάδελφος που κάνει τη ζωή μας μαύρη ή κάποιος πελάτης. Εάν δεν είμαστε ευχαριστημένοι στον γάμο μας και βιαστούμε να χωρίσουμε κατηγορώντας αυτόν τον άθλιο τρόπο συμπεριφοράς του, είναι βέβαιο ότι απλώς θα μεταπηδήσουμε στην επόμενη σχέση έλκοντας ακριβώς τον ίδιο τύπο ανθρώπου κι έχοντας τα ίδια και πιο έντονα παρόμοια προβλήματα. Όσο δεν παίρνουμε το μάθημα, αυτό χειροτερεύει διαρκώς.

Τα πάντα καθρεφτίζουν εμάς. Το να κατηγορούμε τους άλλους είναι σαν να κοιταζόμαστε το πρωί στον καθρέφτη του μπάνιου μας βλέποντας ότι βγάλαμε ένα σπυράκι και να αντιδρούμε είτε βρίζοντας τον καθρέφτη που τολμάει και δείχνει κάτι τέτοιο ή καλύπτοντας με πανιά για να μην τον βλέπουμε ή ακόμα χειρότερα να τον πετάμε στα σκουπίδια! Όταν βιώνουμε μία αρνητική κατάσταση, από την πιο απλή μέχρι την πιο δύσκολη, το πρώτο που θα πρέπει να αναρωτιόμαστε είναι τι καθρεφτίζει, δηλαδή γιατί την ελκύουμε. Τα πάντα εκπροσωπούν κάτι δικό μας. Από το να σπάσει ο σωλήνας στο μπάνιο μας και να πλημμυρίσει το σπίτι μας, να χάσουμε τα κλειδιά μας, να πάθει κάτι το αυτοκίνητό μας, που συμβολίζει τη δράση μας, μέχρι την πιο επίπονη κατάσταση που μπορεί να συμβεί. Όλα έχουν να κάνουν με εμάς. Όταν κάνουμε πραγματική και ουσιαστική αλλαγή, οι καθρέφτες μας ή αλλάζουν χωρίς να χρειαστεί να πούμε τίποτα ή εξαφανίζονται και στη θέση τους έρχονται νέοι.

Αφού πάρουμε την ευθύνη για το ό,τι συμβαίνει, **το δεύτερο βήμα** είναι η γενναιότητα με αταλάντευτη πρόθεση αλλαγής. Η απόφαση να αλλάξουμε σημαίνει ότι θα πρέπει να έρθουμε σε επαφή με όλο το Οικοδόμημα που έχει βοηθήσει να επιβιώσουμε κλείνοντας το τραύμα και κρατώντας θαμμένα όλα τα συναισθήματα του παρελθόντος που το συνοδεύουν. Για το εσωτερικό μας παιδί, εάν πειραχτεί οτιδήποτε από αυτό, ισοδυναμεί με απειλή της επιβίωσής του, αφού ο σκοπός του ήταν η προστασία. Γι΄ αυτό η γενναιότητα, που χρειάζεται να δείξουμε σε αυτό το βήμα, είναι η ίδια με κάποιον που αντιμετωπίζει άμεσο ή επικείμενο φόβο θανάτου. Και, μολονότι δεν είναι πραγματικό, βιώνεται σαν να είναι. Η αταλάντευτη πρόθεση αλλαγής είναι απαραίτητη, επίσης, διότι, αφού, σταθούμε αρκετά θαρραλέοι για να ξεπεράσουμε τον φόβο ότι δεν επιβιώνουμε, πρόκειται να ξεθάψουμε όλο τον παλιό πόνο που ομοίως βιώνουμε σαν να συμβαίνει τώρα. Το ότι τον είχαμε κλείσει για ένα πολύ καλό λόγο, δηλαδή για το ότι δεν μπορούσαμε να τον αντέξουμε, μας δείχνει το μέγεθος και την ένταση αυτού που πρόκειται να βιώσουμε. Για αυτό, χρειάζεται να είμαστε απόλυτα αποφασισμένοι να αλλάξουμε τη ζωή μας προς το καλύτερο.

Το τρίτο και τελευταίο βήμα είναι η αλλαγή των αρνητικών προγραμμάτων σε προγράμματα που είναι περισσότερο επιβιωτικά για εμάς. Η τοποθέτηση νέων θετικών Εγγραφών και Αποφάσεων Επιβίωσης, που εξυπηρετούν και δεν καταστρέφουν. Η επανεγγραφή του Σεναρίου Ζωής, που είχαμε μέχρι τώρα, σε ένα Σενάριο που θα επιτρέπει να αναπτύξουμε το δυναμικό μας και να εκφράσουμε την Ποιότητά μας, δηλαδή το ποιοι πραγματικά είμαστε, με χαρά, ευημερία και δημιουργικότητα. Κάθε Απόφαση Επιβίωσης, που έχουμε πάρει, είναι μία συμφωνία με τον εαυτό μας. Αλλάζοντάς την, αλλάζουμε τα πάντα.

Ας δούμε μερικά πραγματικά παραδείγματα τέτοιων αλλαγών Αποφάσεων Επιβίωσης:

- «Δεν αξίζω τη φροντίδα ενός άνδρα» σε «Αξίζω την Αγάπη και το σεβασμό των ανδρών».

- «Για να επιβιώσω θα πιστεύω ό,τι μου λένε» σε «Επιβιώνω μόνο εάν γνωρίζω και αναζητώ όλη την αλήθεια».

- «Η επιτυχία είναι θάνατος» σε «Η επιτυχία είναι αναφαίρετο δικαίωμά μου μόνο και μόνο διότι υπάρχω».

- «Υποκύπτω πάντα» σε «Επιλέγω πάντα τους καλύτερους τρόπους επιβίωσης για αφθονία και ευφυή συνεργασία».

- «Δεν αξίζω την Αγάπη» σε «Είμαι Αγάπη».

- «Για να επιβιώσω πρέπει να καταστείλω τη σεξουαλικότητά μου» σε «Είμαι ελεύθερος να εκφράζω πλήρως τη σεξουαλικότητά μου.

- «Για να επιβιώσω πρέπει να με παραμελώ» σε «Σταματώ να παραμελώ τις ανάγκες μου. Καλύπτω όλες μου τις ανάγκες άμεσα και εύκολα».

Στο παρακάτω παράδειγμα περιγράφεται το Περιοριστικό Σενάριο Ζωής ενός άνδρα και ο τρόπος που κατάφερε να το αλλάξει ακολουθώντας τα παραπάνω βήματα. Με μεγάλη γενναιότητα, λοιπόν, σε ένα διάστημα περίπου 1, 5 χρόνου κατάφερε να γκρεμίσει το Οικοδόμημα Επιβίωσης, που δεν τον εξυπηρετούσε πλέον, για να ξεκινήσει το χτίσιμο νέου. Μεγάλωσε με μία μητέρα, που θεωρούσε, στο δικό της τραύμα, ότι είναι ανώτεροι από τους άλλους σαν οικογένεια. Αυτή η μεγαλομανία μεταφράστηκε σε μία μόνιμη πίεση στο παιδί να διαβάζει, να ξυπνάει πάντα πολύ πρωί, ακόμα και τα Σαββατοκύριακα και, γενικά, να κάνει μόνο δραστηριότητες που θα τον καταστήσουν κάτι σπουδαίο. Κατά συνέπεια, το αγόρι μεγάλωσε χωρίς καθόλου ελεύθερο χρόνο για παιχνίδι ή χαλάρωση παρά μόνο όταν ήταν επιτρεπόταν από τους γονείς, δηλαδή σε περιπτώσεις ασθένειας, διακοπών και επίσημων αργιών ή ανταμοιβής, όταν είχε κάνει κάποιο επίτευγμα.

Κύρια Απόφαση Επιβίωσης που οδηγεί στο Σενάριο Ζωής: «Αγάπη και φροντίδα είναι να μην έχω χρόνο να ζήσω. Να μην μού φτάνει η μέρα και να μην έχω προσωπικό χρόνο».

Συμπληρωματική Απόφαση Επιβίωσης για υποστήριξη της Κύριας: «Μπορώ να έχω ελεύθερο χρόνο μόνο όταν αρρωσταίνω ή όταν έχω κάνει κάποιο επίτευγμα ή στις διακοπές και τις αργίες».

Τίτλος Σεναρίου: «Αντίο Ζωή».

Βασικός Χαρακτήρας του πρωταγωνιστή: Δεν μπορεί να χαλαρώσει ποτέ. Ακόμα και σε μία στιγμή ανεμελιάς νιώθει ένα βαθύ φόβο ότι κινδυνεύει η ζωή του. Υποφέρει γι΄ αυτό το λόγο συχνά από κρίσεις πανικού που τον ακινητοποιούν.

Σκηνές του έργου: Υποφέρει από αρρωστοφοβία. Έχει σε μόνιμη βάση κάποιες μικροασθένειες ή φοβάται ότι θα τις πάθει. Νιώθει υπερβολικά καταπιεσμένος. Δεν εκφράζει τον εαυτό του και το τι θέλει, επειδή πιστεύει ότι θα τον κοροϊδεύσουν και, γενικά, ότι με κάποιο τρόπο θα το πληρώσει. Αυτή η συνεχής αυτοκαταπίεση τον κάνει να μη βρίσκει κανένα νόημα και ουσία στη ζωή του. Προσπαθεί να διώξει την ανία με συνεχή αλλαγή ενδιαφερόντων, χωρίς βέβαια αποτέλεσμα. Έχει πολύ καταπιεσμένο θυμό και κάνει σκέψεις εκδίκησης. Νιώθει πάντα έτσι από παιδί. Αισθάνεται ότι θα χάσει τα λογικά του από αυτή την ένταση. Όλο αυτόν τον θυμό στρέφει εναντίον του. Υπάρχουν στιγμές που χτυπάει το κεφάλι του στον τοίχο για να αποφορτιστεί. Έχει πάντα το συναίσθημα ότι η ζωή του δεν τού ανήκει και γενικότερα ότι δεν ζει.

Νέα Κύρια Απόφαση Επιβίωσης: «Αγάπη είναι να ζω τη ζωή μου στο έπακρο».

Συμπληρωματική Απόφαση Επιβίωσης για υποστήριξη της Κύριας: «Ο χρόνος μου ανήκει δικαιωματικά και μπορώ να τον κάνω ό,τι θέλω».

Τίτλος Νέου Σεναρίου: «Η Ζωή είναι για μένα».

Ο ιδανικός γονέας

Όσοι είναι γονείς θα πρέπει να γνωρίζουν ότι όποιο δικό τους τραύμα δεν έχουν διαχειριστεί περνάει στα παιδιά τους. Ο ερχομός του νέου μωρού διεγείρει όλα τα θέματα της δικής τους παιδικής ηλικίας. Τις Εγγραφές, τις Αποφάσεις Επιβίωσης, τον Προγραμματισμό τους και όλους τους Ψυχολογικούς Μηχανισμούς, που έχουν δημιουργήσει για να κρατούν θαμμένο το παλιό συναίσθημα. Το βιολογικό παιδί φέρει μία τεράστια ευκαιρία θεραπείας για τον γονιό του ως τον απόλυτο και πιο ακριβή καθρέφτη που υπάρχει. Σε έναν ιδανικό κόσμο θα έπρεπε να κάνουμε παιδιά, όταν εμείς είμαστε ολοκληρωμένοι και συνδεδεμένοι με τη δική μας εσωτερική πηγή Αγάπης, άρα όταν είμαστε πλήρεις. Να γεννάμε τα παιδιά όχι για να μεταθέτουμε τα βάρη μας, αλλά για να τα ενδυναμώνουμε και να τα ωθούμε να είναι ελεύθερα να αναπτύξουν όλο τους το δυναμικό.

Ακούγεται σαν σενάριο επιστημονικής φαντασίας. Και είναι, καθώς όλοι βρισκόμαστε στο τραύμα, ιδιαίτερα ακόμα στις μικρότερες ηλικίες, που θεωρούνται βιολογικά οι πιο γόνιμες. Κατ᾽ αυτήν την έννοια, ιδανικός γονέας σίγουρα δεν υπάρχει, ωστόσο όποιος αποκτά παιδιά θα πρέπει σε κάποιο σημείο να ξεκινάει τη θεραπεία του εαυτού του. Όταν αρχίσει να διαχειρίζεται το τραύμα του σταματάει να το μεταφέρει παρακάτω. Αλλά, ακόμη και αν αυτό έχει ήδη συμβεί, και πάλι μπορεί να το επαναφέρει, αναλαμβάνοντας την ευθύνη και έτσι το βιολογικό του παιδί να ησυχάσει.

Η προέλευση της Διασπαστικής Φωνής

Η Διασπαστική Φωνή της συνεχούς αρνητικής προπαγάνδας μέσα στο κεφάλι μας προέρχεται από όλη αυτή την περίπλοκη κατασκευή που έχουμε αναπτύξει, για να μπορέσουμε να επιβιώσουμε. Μάλιστα, είναι φτιαγμένη από εμάς με τέτοια μαεστρία και ακρίβεια, ώστε αρχικά να είναι αδύνατον να διαχωρίζουμε τον πραγματικό μας εαυτό από αυτήν. Γινόμαστε η Διασπαστική Φωνή, πεπεισμένοι για την αναξιότητά μας. Σε αυτό το στάδιο δεν γίνεται να έχουμε άλλη αντίδραση από το να ισχυροποιούμε διαρκώς την κατασκευή με νέους Ψυχολογικούς Μηχανισμούς, οι οποίοι θα συνεχίσουν με τη σειρά τους να κρατάνε θαμμένο το τραύμα.

Ταυτισμένοι με τη Διασπαστική Φωνή, το συναισθηματικό βάρος μεγαλώνει μέρα με τη μέρα, ώρα με την ώρα, λεπτό με το λεπτό. Είμαστε θαμμένοι κάτω από ένα βουνό με μπάζα. Και αντί να βγάζουμε τα παλιά ρίχνουμε συνεχώς καινούργια, θάβοντάς μας ακόμα πιο βαθιά.

Η Διασπαστική Φωνή δεν εκπροσωπεί τίποτε άλλο παρά τη σκιά μας, δηλαδή ό,τι έχει παραμείνει στο σκοτάδι αφώτιστο, χωρίς πληροφορία. Ισχυροποιημένη όχι μόνο από αυτή τη ζωή, αλλά και από το ό,τι έχουμε υπάρξει. Από όσες ζωές έχουμε αναπαραγάγει το ίδιο τραύμα.

Η σκιά δεν είναι τίποτε άλλο, παρά η συνέχεια να μαθαίνουμε και να εξελισσόμαστε μέσω του πόνου και της δυσκολίας. Η Διασπαστική Φωνή είναι η έκφρασή της και βρίσκεται εκεί για να υπενθυμίζει συνεχώς ότι «εάν δεν κάνεις ό,τι και οι άλλοι, δεν θα ανήκεις. Θα πεθάνεις από μοναξιά».

Παράλληλα, διηγείται όλο το καρμικό μας μάθημα. Το τραύμα, ακολουθεί σε κάθε νέα ενσάρκωσή μας. Για τον λόγο αυτό είναι τόσο σημαντικό να γίνει η διαχείρισή του σε αυτή τη ζωή, τώρα, σήμερα. Όσο δεν το κάνουμε, το Οικοδόμημα Επιβίωσης ισχυροποιείται και έτσι ελκύουμε ξανά και ξανά το παρόμοιο. Σε κάθε νέα ζωή ελκόμαστε και γεννιόμαστε στα αντίστοιχα οικογενειακά συστήματα ως καθρέφτες του καρμικού μας τραύματος.

Διαχωρισμός από τη Διασπαστική Φωνή
και σύνδεση με την Αυθεντική Φωνή

Όταν φτάσουμε στο σημείο να διαχωρισθούμε από τη Διασπαστική Φωνή, σε βαθμό που να ακούμε καθαρά, αρχίζουμε να έχουμε επίγνωση του τραύματος που φέρνουμε μέσα μας. Εκεί ξεκινάει η πραγματική αλλαγή. Σ' αυτή τη φάση μπορεί να μην ξέρουμε ακόμα ποιοι είμαστε και τι θέλουμε, αλλά σίγουρα ξέρουμε τι δεν θέλουμε. Και αυτό είναι να σταματήσουμε να πονάμε. Με οδηγό τη Διασπαστική Φωνή ξεμοντάρουμε σιγά-σιγά το Οικοδόμημα, το οποίο αυτή εκπροσωπεί. Ο κύριος τρόπος είναι μέσω της ολοκληρωτικής βίωσης των συναισθηματικών φορτίων. Οι Ψυχολογικοί Μηχανισμοί που κρατάνε όλα αυτά στη θέση τους κατά μία έννοια ξεβιδώνονται. Έτσι, το Οικοδόμημα Επιβίωσης αρχίζει να καταρρέει. Αρχίζουμε να ακούμε την Αυθεντική Φωνή, η οποία, αντιθέτως, διαβεβαιώνει ότι αξίζουμε τα πάντα μόνο και μόνο γιατί υπάρχουμε. Με την αντικατάσταση των Εγγραφών και των Αποφάσεων Επιβίωσης, εμφανίζεται ένα νέο Οικοδόμημα Ζωής, με γερές βάσεις, το οποίο στηρίζεται στην Αλήθεια και την Αγάπη.

Στο βιβλίο αυτό περιγράφεται η διαδικασία πώς θα φτάσουμε να επαναφέρουμε πλήρως την αξία μας και να συνδεθούμε σταθερά με την Αυθεντική Φωνή. Τα πάντα έχουν να κάνουν με το «Εγώ Αξίζω» έναντι του «Εγώ δεν αξίζω». Με την επιλογή μας να εκφράσουμε αυτό που πραγματικά είμαστε, συνειδητοποιούμε ότι δεν είναι ανάγκη να ζούμε με πόνο. Με το να σταματήσουμε να φερόμαστε τόσο εχθρικά, ώστε να μην χρειαζόμαστε κανέναν άλλον να το κάνει για εμάς. Με το να αποφασίσουμε να είμαστε οι πρώτοι, ώστε θα φερθούμε καλά και ευγενικά, συγχωρώντας μας για όποια υπαρκτά ή ανύπαρκτα λάθη έχουμε κάνει.

Η Αυθεντική Φωνή είναι η Φωνή της εσωτερικής μας σοφίας, η οποία καθοδηγεί να συνδεθούμε με τον αληθινό μας εαυτό, την Ποιότητα Έκφρασής μας, για να δημιουργήσουμε ένα νέο πιο επιβιωτικό Σενάριο Ζωής.

ΚΕΦΑΛΑΙΟ **2**
ΣΥΝΑΙΣΘΗΜΑΤΙΚΑ ΦΟΡΤΙΑ

Α. Η ΑΠΟΦΟΡΤΙΣΗ ΣΥΝΑΙΣΘΗΜΑΤΙΚΩΝ ΦΟΡΤΙΩΝ ΜΕΣΩ ΤΗΣ ΟΛΟΚΛΗΡΩΤΙΚΗΣ ΒΙΩΣΗΣ ΤΟΥΣ
Επανάκτηση μνημών

Η επανάκτηση των μνημών μας είναι ζωτικής σημασίας στο δρόμο της θεραπείας. Η πρόσβαση σε αυτές γίνεται μέσω της ολοκληρωτικής βίωσης των συναισθηματικών φορτίων, εξαιτίας των οποίων οι μνήμες έκλεισαν. Παρόλο που μπορεί να έχουμε ασχοληθεί χρόνια με θεραπείες κάθε είδους, διαλογισμούς, ψυχοθεραπείες ή οτιδήποτε άλλο είχε τραβήξει το ενδιαφέρον μας, συχνά τα ίδια θέματα επιστρέφουν και ταλαιπωρούν, με αυξανόμενη κάθε φορά ένταση. Μόνο όταν ανοίξουν οι μνήμες μας, αρχίζουμε να συνειδητοποιούμε ότι βιώνουμε τις ίδιες εμπειρίες ξανά και ξανά. Από τη στιγμή της γέννησής μας, ως έμβρυα στην κοιλιά, τη στιγμή της σύλληψης ή και ακόμα πιο πίσω. Με την ανάκτησή τους, έχουμε τρία σημαντικά και μόνιμα κέρδη.

Πρώτον, αποφορτίζουμε το συναισθηματικό βάρος που υπάρχει σε αυτές, καθώς ο λόγος που έχουμε κλείσει είναι ακριβώς η αποφυγή του πόνου που φέρουν.

Δεύτερον, με την αποφόρτιση είμαστε πλέον σε θέση να αλλάξουμε οριστικά και μόνιμα τις Αποφάσεις που πήραμε για λόγους επιβίωσης.

Τρίτον (και με τεράστιο κέρδος), αντιλαμβανόμαστε ότι υπάρχει ένα μοτίβο στις πράξεις, τις συνήθειες και τις συμπεριφορές μας. Μπορούμε πλέον να δούμε τη μεγαλύτερη εικόνα, και με τη νέα κατανόηση να πάρουμε πλήρως την ευθύνη για το ότι δεν είμαστε θύματα, ούτε άτυχοι. Ζούμε ακριβώς όπως εμείς έχουμε επιλέξει. Το θέμα είναι ότι, επειδή οι Αποφάσεις, που δημιούργησαν το Σενάριο Ζωής μας, έχουν ληφθεί υπό την επήρεια μεγάλου πόνου και φόβου, σίγουρα δεν είναι επιβιωτικές για το παρόν μας, μολονότι τη στιγμή που τις πήραμε ήταν όχι μόνο εύλογες, αλλά και το καλύτερο που θα μπορούσαμε να έχουμε κάνει, ώστε να καταφέρουμε να επιζήσουμε συναισθηματικά. Αποφάσεις όπως «θα προδίδομαι πάντα» ή «θα εγκαταλείπομαι» ή «θα μείνω μόνος μου για να μην πληγωθώ» είναι τέτοια παραδείγματα.

Θα χρειαστεί να επιστρέψουμε στο συγκεκριμένο συμβάν και να επιτρέψουμε να βιωθεί ολοκληρωτικά το συναίσθημα ή τα συναισθήματα που είχαμε τότε. Η ανάκληση αυτή πρέπει να γίνει με όσες περισσότερες λεπτομέρειες μπορούμε να θυμηθούμε, σαν να βρισκόμαστε πραγματικά εκεί. Σε πολύ τραυματικά γεγονότα ίσως χρειαστεί να πάμε στο συμβάν περισσότερες από μία φορές, έως ότου να απορριφθεί πλήρως το συναισθηματικό φορτίο. Έτσι καταφέρνουμε να φτάσουμε στη στιγμή που πήραμε τη συγκεκριμένη απόφαση και να την αλλάξουμε προς όφελός μας. Αυτό μπορεί να συμβεί είτε αυθόρμητα με μία μνήμη που εμφανίζεται από μόνη της, είτε εάν προκληθεί από εμάς. Είναι σημαντικό να καταλάβουμε ότι δεν μπορούμε να ανοίξουμε τις μνήμες μας με τη λογική, αλλά μόνο με το συναίσθημα. Έχει διαφορά το να «θυμηθώ» μία εμπειρία από το «βιώνω» την εμπειρία στον παρόντα χρόνο, σαν να συμβαίνει αυτή τη στιγμή.

Τα συναισθήματα είναι κλειδιά

Η Αποστολή μας στη Γη είναι να εκφράσουμε αυτό που πραγματικά είμαστε, την Ποιότητά μας. Η ανάγκη όμως για αποδοχή και Αγάπη αναγκάζει να την παραδίδουμε και έτσι να βιώνουμε το εντελώς αντίθετό της. Αυτό μετατρέπει τη ζωή μας σε μία πολύ πραγματική κόλαση. «Αν είμαι αγάπη» βιώνω πάντα φόβο, «αν είμαι χαρά» βιώνω θλίψη, «αν είμαι αφθονία» βιώνω έλλειψη, «αν είμαι ζωή» βιώνω μη ζωή. Η ένδειξη που έχουμε για να γνωρίζουμε πόσο κοντά ή πόσο μακριά βρισκόμαστε από τον αληθινό μας εαυτό, είναι το πώς νιώθουμε. Τα συναισθήματα δεν είναι καλά ή κακά. Μετατρέπονται σε τέτοια, στο βαθμό που ως παιδιά αναγκαστήκαμε να τα κλείσουμε, για να αντέξουμε τον πόνο του τραύματος.

Φανταστείτε, την ώρα που διαβάζετε αυτό το βιβλίο, να έρθει ο πιο καλός και αγαπητός σας φίλος και να σάς δώσει ένα πολύ δυνατό χαστούκι, βρίζοντάς σας μάλιστα με τα χειρότερα λόγια. Ποια είναι τα συναισθήματα που φυσιολογικά θα νιώσετε; Οργή και θυμό για το ότι τόλμησε και χτύπησε, θλίψη και στενοχώρια, προδοσία, αδικία, φόβο, ντροπή και σίγουρα σοκ. Το πιο πιθανό είναι να ανταποδώσετε το χτύπημα και φυσικά να διακόψετε τη σχέση αυτή. Επειδή απαγορεύεται από τον νόμο να χτυπάμε άλλους ενήλικες ίσως να κάνετε και μήνυση ζητώντας χρηματική αποζημίωση για ψυχική οδύνη.

Βάλτε τώρα σε αυτή τη σκηνή, αντί για τον τωρινό εαυτό σας, ένα μικρό παιδί. Όταν ένας γίγαντας στα μάτια του ενήλικας κακοποιεί το παιδί λεκτικά, σωματικά, νοητικά, πνευματικά και συναισθηματικά, νιώθει ακριβώς τα ίδια. Τι εναλλακτικές όμως έχει ένα παιδί πέντε ετών, το οποίο χαστουκίζει ο γονιός γιατί είναι άτακτο καθώς ούτε μήνυση μπορεί να κάνει, ούτε να μαζέψει τις βαλίτσες του και να μετακομίσει, αφού εξαρτάται απόλυτα από αυτόν; Ο μόνος τρόπος επιβίωσης είναι να θάψει ό,τι ένιωσε όσο πιο βαθιά γίνεται και να πάρει το παιδί, την πλήρη ευθύνη για το συμβάν.

Και έπεται ένα ουσιώδες πάλι ερώτημα: **Γιατί κάνει αυτό ο γονιός ή ο ενήλικας που έχει υπό την εποπτεία του το παιδί;** Επειδή έχει υποστεί και αυτός με βεβαιότητα την ίδια συμπεριφορά, έχει παγώσει τα αντίστοιχα συναισθήματα. Πιθανόν να είναι κλειστές οι μνήμες του και να μη θυμάται καν τι έχει συμβεί ή να έχει πάρει επίσης την ευθύνη, λέγοντας «ήμουν άτακτος για αυτό αναγκάζονταν να με δέρνουν». Τότε, δεν μπορεί καν να δει τον φόβο στα μάτια του δικού του παιδιού. Εάν ήταν σε θέση να βιώσει έστω και κατ' ελάχιστον τι έχει συμβεί, δεν θα μπορούσε ποτέ ξανά και για κανένα λόγο να σηκώσει χέρι σε κανέναν, πόσο μάλλον σε ένα μικρό παιδί. Χαρακτηριστικό της βέβαιης κατάστασης του παγωμένου συναισθήματος είναι η φράση γενίκευσης που ακούμε συχνά να λέγεται από πολλούς ενήλικες. «Εντάξει, φάγαμε ξύλο, αλλά δεν πάθαμε και τίποτα. Έτσι γίναμε άνθρωποι»!

Άλλος ένας λόγος καταπίεσης των συναισθημάτων είναι τι διδαχθήκαμε μεγαλώνοντας, ποια συναισθήματα είναι επιτρεπτά και ποια όχι. Σε κάποιες οικογένειες δίνεται το μήνυμα να μην εκφράζονται συναισθήματα, όπως ο θυμός, η θλίψη και ο φόβος, ο πόνος, αλλά και η σεξουαλικότητα, η ευχαρίστηση και η ικανοποίηση. Οι ενήλικες νιώθουν εξαιρετικά άβολα, όταν εκφράζουν αυτά τα παιδιά τους, διότι τα έχουν κλείσει ήδη και οι ίδιοι. Μπαίνουν σε κίνδυνο να έρθουν σε επαφή με αυτά, κάτι το οποίο βέβαια προϋποθέτει να βιώσουν τον παλιό πόνο του τραύματος.

Αναφέρω το παράδειγμα ενός άνδρα 43 ετών, ο οποίος ξεκίνησε θεραπεία διότι δεν μπορούσε να νιώσει καμία χαρά στη ζωή του, παρόλο που όλα πήγαιναν καλά. Μεγάλωσε σε ένα καταθλιπτικό περιβάλλον, όπου απαγόρευαν να εκφράσει τη φυσική χαρά για τη ζωή που νιώθει ένα παιδί. Οι Κύριες Αποφάσεις Επιβίωσης που πήρε μηνών ακόμα ήταν «ο μόνος τρόπος να επιβιώσω είναι να σταματήσω να είμαι χαρούμενος» και «παίρνω Αγάπη και φροντίδα, όταν έχω πλήρη έλλειψη χαράς». Από τη στιγμή εκείνη, το φυσικό συναίσθημα της χαράς ισοδυναμούσε με απειλή, γι' αυτό έπρεπε να σταματήσει αμέσως να το νιώθει κάθε φορά που εμφανιζόταν. Το Περιοριστικό Σενάριο Ζωής που δημιουργήθηκε, βεβαίως, ήταν αντίστοιχο με τίτλο «Ζωή χωρίς χαρά». Βλέπουμε εδώ, επίσης, πώς το τραύμα μεταφέρεται διαγενεαλογικά. Οι γονείς του, καθώς είχαν πάρει τις ίδιες Αποφάσεις Επιβίωσης, δεν άντεχαν τη χαρά, όπως και οι δικοί τους γονείς. Ακόμα πιο πίσω, μία μακριά σειρά προγόνων μέχρι τον πρώτο, που πιθανόν απειλήθηκε η επιβίωσή του λόγω της χαράς. Ο άνδρας με τη σειρά του, μέχρι να συνειδητοποιήσει όλα αυτά, μετέφερε το ίδιο στα βιολογικά του παιδιά. Γενιά με γενιά, δίνεται η εντολή να κλείσει το «επικίνδυνο» για αυτούς συναίσθημα. Τη στιγμή που θα βρεθεί κάποιος να σπάσει αυτήν την αλυσίδα, όπως ο άνδρας στο παράδειγμά μας, απελευθερώνει όλους αυτούς.

Αρνητικό συναίσθημα είναι μόνο το καταπιεσμένο. Η ένταση που βιώνουμε δείχνει το μέγεθος της απόκλισης που υπάρχει από την υγιή του έκφραση. Όποιο κι αν είναι το συναίσθημα, που έχουμε κλείσει, αυτό φυσικά δεν εξαφανίζεται, απλά συσσωρεύεται. Από τον θυμό μπορεί να κινδυνεύσει ακόμη και η ζωή μας από ασθένειες, που πιθανόν να αναπτύξουμε ή σχέσεις που θα χαλάσουμε εξαιτίας του. Ο φόβος προκαλεί κρίσεις πανικού, και κρίσεις άγχους. Η κατάθλιψη δεν είναι τίποτε άλλο παρά καταπιεσμένη θλίψη. Κατ' αυτήν την έννοια δεν υπάρχει αρνητικό ή θετικό συναίσθημα. Υπάρχει μόνο θετική και αρνητική έκφρασή του. Αναφέρω το παράδειγμα μιας γυναίκας, η οποία συζητάει ήρεμα με τον άνδρα της για τις δουλειές του σπιτιού και ξαφνικά νιώθει οργή και μια μεγάλη στενοχώρια για το ότι δεν την καταλαβαίνει. Ακόμη και κάποια φράση που είπε ο σύζυγός της πάνω στη συζήτηση που την άκουγε μικρή, αλλά τώρα την έχει απωθήσει ή ο τόνος της φωνής του ή το πώς σήκωσε το φρύδια του ακριβώς όπως έκανε ο πατέρας της όταν φώναζε, μπορεί να είναι αρκετό για να ενεργοποιήσει τα παλιά θαμμένα συναισθήματα. Διαφορετικά, ναι μεν μπορεί πάλι να ένιωθε θυμό ή στενοχώρια, αλλά δεν θα γινόταν αυτή η έκρηξη. Επιπλέον, δεν θα έπαιρνε τόσο προσωπικά ό,τι έλεγε. Κάτι που επίσης δείχνει χωρίς αμφιβολία ότι ήρθαν στην επιφάνεια παλιά απωθημένα συναισθήματα, τα οποία ενεργοποιούνται από τα γεγονότα που συμβαίνουν στο παρόν.

Κάθε φορά που θάβουμε ένα συναίσθημά μας χάνουμε και ένα κομμάτι δύναμής μας. Παγώνουμε κι έτσι δεν μπορούμε να νιώσουμε ούτε την αγάπη, τη χαρά, τη δύναμη, τη μακαριότητα ή οτιδήποτε μας συνδέει με τον πραγματικό μας εαυτό.

Τα συναισθήματα στη φυσιολογική τους λειτουργία μας προστατεύουν. Ο θυμός, η θλίψη, ο φόβος μας δείχνουν τι χρειάζεται να αλλάξουμε στη ζωή μας. Όταν έχουν ορθή χρήση, δηλαδή αυτήν για την οποία έχουν δημιουργηθεί, απελευθερώνουν και θεραπεύουν, οδηγούν σε μία ζωή εκπλήρωσης του δυναμικού μας μέσω της πλήρους έκφρασης της Ποιότητάς μας. Τα συναισθήματα απλώς είναι κλειδιά που ανοίγουν τις πόρτες της αυθεντικής μας ύπαρξης.

Β. Η ΔΙΑΔΙΚΑΣΙΑ ΤΗΣ ΑΛΛΑΓΗΣ
Συναισθηματικές πρώτες βοήθειες

Για να γίνει οποιαδήποτε αλλαγή, ξεκινάμε απαραίτητα από την ολοκληρωτική βίωση του κλεισμένου συναισθήματος, ώστε να υπάρξει αποφόρτιση. Αυτό μοιάζει πολύ σαν να απομακρύνουμε τόνους από μπάζα από τις θαμμένες και τσιμενταρισμένες κάτω από αυτά μνήμες μας. Το πρώτο βήμα είναι να αρχίσουμε να βιώνουμε τον παλιό πόνο, τον θυμό, την οργή, το μίσος, τον φόβο, το σοκ, και οτιδήποτε άλλο νιώσαμε τη στιγμή του τραύματος. Τα καλά νέα είναι ότι πρόκειται για παλιές καταστάσεις, οι οποίες δεν μπορούν πλέον να βλάψουν, εκτός εάν συνεχίζουμε μόνοι μας να τις επαναλαμβάνουμε. Τα κακά νέα είναι ότι συναισθηματικά βιώνονται σαν να συμβαίνουν τώρα. Για να τα έχουμε κλείσει και παγώσει, σημαίνει ότι είναι τόσο επίπονα, ώστε εάν τους επιτρέψουμε να βγουν στην επιφάνεια θα μοιάζουν ως απειλή.

Πάντοτε τα έντονα συναισθήματα αφορούν το παρελθόν μας, που ενεργοποιείται από κάτι που συμβαίνει στο παρόν. Εάν κάναμε αυτό εικόνα, θα βλέπαμε πάνω μας μεγάλα αποστήματα με πύον, το οποίο εμπεριέχει όλα αυτά που προσπαθούμε να αποφύγουμε επί χρόνια. Στο παρόν έρχεται κάτι ή κάποιος που συνήθως είναι σημαντικός για εμάς, (είτε τον ξέρουμε 20 χρόνια, είτε μία μέρα) και τα σπάει με μία βελόνα. Ο μόνος τρόπος για να αντιμετωπιστεί αυτή η κατάσταση είναι να κάνουμε ό,τι και με ένα πραγματικό απόστημα. Να αφήσουμε το πύον να βγει. Πρακτικά αυτό σημαίνει ότι χρειάζεται να επιστρέψουμε σε όλα αυτά τα φαινομενικά δύσκολα συναισθήματα, τα οποία θάψαμε εκεί για να γλυτώσουμε τον πόνο. Οτιδήποτε έχουμε παγώσει και κλείσει απλώς παραμένει κρυμμένο σαν βόμβα έτοιμη να εκραγεί. Η στιγμή της έκρηξης σίγουρα δεν είναι ευχάριστη, αλλά είναι ακριβώς το σημείο που συντελείται μία μεγάλη θεραπεία.

Το σώμα θυμάται. Έχει αποθηκεύσει όλα τα απωθημένα συναισθήματα. Ένα παράδειγμα: Κάποιος έτρωγε ξύλο σαν παιδί, αλλά δεν βίωσε ποτέ το φυσιολογικό θυμό που προκαλούσε αυτή η κακοποίηση. Ενήλικας πια, με το που τον πονάει κάποιος σωματικά ακόμη και άθελά του ή σε ένα τυχαίο απαλό άγγιγμα, νιώθει αυτόματα μία τρομερή οργή και θέλει να τον χτυπήσει.

Θα πρέπει να θυμόμαστε ότι κατά τη διάρκεια αυτής της συναισθηματικής θύελλας είμαστε απόλυτα ασφαλείς. Ο πόνος αυτός, που έθαψε το μικρό παιδάκι, αφορά το εκεί και τότε. Στο εδώ και τώρα είναι σαν παλιά ταινία την οποία βλέπουμε τρισδιάστατη. Τον βιώνουμε μεν σαν να παίρνουμε μέρος, αλλά δεν κινδυνεύουμε πλέον από αυτόν. Μπορούμε να βάζουμε τα τρισδιάστατα γυαλιά σαν να ήμαστα στο σινεμά και να «απολαμβάνουμε» την ταινία, με τη γνώση πως το «τέρας» φαίνεται σαν να έρχεται καταπάνω μας, αλλά δεν μπορεί να μάς βλάψει.

Όποιο συναίσθημα εμφανίζεται, όσο επίπονο και αν είναι θα πρέπει να το βιώνουμε ολοκληρωτικά, ώστε να απελευθερώνεται. Δίνει απλώς πληροφορίες όταν πηγαίνουμε απευθείας στην αντίστοιχη μνήμη και το τραύμα που υπάρχει εκεί. Τότε έρχεται η κατανόηση και η επαναφορά της δύναμής μας. Αυτό, βεβαίως, συμβαίνει μέχρι να έρθει η «επόμενη σκηνή δράσης». Διότι, κάθε φορά που βιώνουμε κάτι ολοκληρωτικά και παίρνουμε ένα κομμάτι της δύναμής μας, έρχεται το επόμενο κύμα. Συνήθως, είναι ακόμα μεγαλύτερο και πιο έντονο, καθώς πηγαίνουμε βαθύτερα. Χρειάζεται να είμαστε προετοιμασμένοι γι' αυτό, ώστε να μην αποθαρρυνόμαστε και να νιώθουμε ότι δεν τελειώνει. Ίσα ίσα, είναι θετικό, διότι σημαίνει ότι προχωράμε. Τα συναισθήματα αυτά εμφανίζονται στο μέγεθος και στο βαθμό που αντέχουμε να τα «δούμε». Το αστείο, βεβαίως, είναι ότι νιώθαμε έτσι πάντα, όλη μας τη ζωή, αλλά μόλις τώρα το συνειδητοποιούμε.

Η σειρά που εμφανίζονται τα συναισθήματα

Όσοι είμαστε στη διαδικασία θεραπείας του εαυτού μας θα πρέπει να γνωρίζουμε και τη σειρά κατά την οποία εμφανίζονται τα συναισθήματα, ώστε να έχουμε τελικά μόνιμη και σταθερή αλλαγή. Πρώτα ανοίγει ο θυμός. Εάν καταφέρουμε να βιώσουμε τον θυμό ολοκληρωτικά, πηγαίνουμε στο επόμενο στάδιο που είναι ο φόβος και η ενοχή. Εάν, επίσης, βιωθεί κι αυτό, ώστε να μην κολλήσουμε εκεί, τότε εμφανίζεται το πιο κάτω επίπεδο, που είναι η βαθιά στενοχώρια όπου απελευθερωνόμαστε.

Στο παράδειγμα που ακολουθεί βλέπουμε τη σειρά των βημάτων και ποια δυσκολία μπορεί να συναντήσουμε. Μία γυναίκα ξεκίνησε θεραπεία στα 22 της χρόνια, διότι δεν μπορούσε να καταλάβει γιατί, από την εφηβεία και μετά, ένιωθε ξαφνικά και ανεξέλεγκτα οργή. Μέχρι τότε ήταν ένα πολύ καλό και υπάκουο παιδί. Από τις πρώτες κιόλας συνεδρίες ξετυλίχτηκε ένα ιστορικό άγριου ξυλοδαρμού από τα πολύ μικρά παιδικά της χρόνια. Η μητέρα της προερχόταν από ένα οικογενειακό σύστημα με ιστορικό βίας, η οποία, συνήθως, εκτονωνόταν στα παιδιά. Καθώς δεν είχε διαχειριστεί το τραύμα που είχε προκληθεί, αναπαρήγαγε το ίδιο και στη δική της οικογένεια. Όλη τη βία που είχε δεχτεί ξέσπαγε στα δύο της παιδιά, ένα αγόρι και ένα κορίτσι, με καθημερινό ανελέητο ξύλο για την παραμικρή αφορμή. Η γυναίκα του παραδείγματος δεν είχε ακόμη παιδιά, ώστε να εκτονώσει τη βία εκεί και ασυνείδητα να συγκαλύψει το τραύμα, και έτσι έστρεφε αυτή κυρίως στον εαυτό της και στους κοντινούς της ανθρώπους. Ο καταπιεσμένος θυμός ήταν το πρώτο που άνοιξε. Κάθε φορά που επέτρεπε στον εαυτό της να τον βιώσει ολοκληρωτικά, εμφανιζόταν το επόμενο στάδιο. Ενοχή, και πολύ βαθύς φόβος ότι «δεν είναι καλό παιδί και δεν θα την αγαπούν». Πανικός ότι οι γονείς της «θα αρρωστήσουν και θα πεθάνουν». Έπαιρνε, επίσης, τη μορφή, «με έδερναν για να γίνω καλός άνθρωπος», «οι γονείς μου είναι μεγάλοι, πόσο θα ζήσουν, πρέπει να καταπνίξω το θυμό μου», «είμαι αγνώμων και δεν βλέπω τι έχουν κάνει για μένα», «διάβασα σε ένα άρθρο ότι πρέπει να συγχωρείς τους γονείς» και το επικό «τούς στενοχωρούσα επιπλέον που αναγκάζονταν να με δέρνουν, επειδή ήμουν άτακτη». Η ενοχή και ο φόβος είναι πάντα συγκάλυψη. Σε αυτό το στάδιο ο πειρασμός της ανακούφισης της ενοχής ήταν μεγάλος. Κάθε φορά που ένιωθε την ενοχή, έτρεχε να εξυπηρετήσει τους γονείς ή όποιον είχε μπροστά της, να τα κάνει όλα εκείνη, ακόμα και να ζητήσει συγνώμη για τα λάθη της. Εκπαιδεύτηκε να βιώνει την ενοχή ολοκληρωτικά και έτσι να περνάει στο επόμενο στάδιο, που ήταν η αυθεντική στενοχώρια για το τι είχε συμβεί στον εαυτόν της και η συμπόνια για το παιδάκι που ήταν τότε.

Με την επανάληψη της διαδικασίας αυτής, ξανά και ξανά, για όσο διάστημα χρειάστηκε, πήρε τη δύναμή της πίσω. Πρώτα ο θυμός, μετά η ενοχή και ο φόβος και τελικά η βαθιά στενοχώρια για το πώς συνέχισε να κακοποιεί η ίδια τον εαυτό της και το εσωτερικό της παιδί. Εκεί γίνεται η αλλαγή και απελευθερωνόμαστε από τα δεσμά της επανάληψης του τραύματος και της βίας είτε προς τον εαυτό μας, είτε στους πιο αδύναμους από εμάς. Παιδιά, ηλικιωμένοι, ο σύντροφός μας, ακόμα και ζώα που γίνονται οι αποδέκτες αυτής της καταπιεσμένης βίας.

Εάν στο παραπάνω παράδειγμα η μητέρα είχε φύγει από τη ζωή, τα δύο πρώτα στάδια έχουν μεγαλύτερο βαθμό δυσκολίας. Με το άνοιγμα του καταπιεσμένου θυμού, αυτόματα θα εμφανίζεται η τεράστια ενοχή «η μάνα μου πέθανε και εγώ τη βρίζω». Δημιουργείται τότε ένας συνεχής φαύλος κύκλος ανάμεσα στον θυμό και την ενοχή, ο οποίος μάς κρατάει παγιδευμένους εκεί και δεν αφήνει να πάμε πιο βαθιά. Μόλις θυμώνουμε, αναδύεται η ενοχή. Κι επειδή δεν αντέχουμε να βιώσουμε την ενοχή, επιστρέφουμε στο θυμό.

Για τον λόγο αυτό, σε κάθε περίπτωση, ο μόνος τρόπος για να μην κολλάμε είναι να επιτρέπουμε στο κάθε συναίσθημα που εμφανίζεται να μάς διαπερνάει, να παραδιδόμαστε σε αυτό. Ακόμα και αν νιώθουμε ότι θα πεθάνουμε από βαριά ενοχή, πρέπει να μένουμε με αυτή, αφού γνωρίζουμε πια ότι είναι απλώς συγκάλυψη του επόμενου σταδίου της βαθιάς στενοχώριας.

Πολλοί συχνά, νέοι πελάτες, που έρχονται σε μένα για θεραπεία και τους εξηγώ για το απαραίτητο βήμα της αποφόρτισης των συναισθηματικών φορτίων, λένε «μα εμείς κλαίμε όλη μας τη ζωή»! Χρειάζεται να κατανοηθεί η διαφορά του κλαίω ή θυμώνω ή φοβάμαι σε μόνιμη βάση ως εκδραμάτιση (acting out). Δηλαδή, εκτονώνω απλώς το τι μού συμβαίνει, πιθανόν σε ένα συνεχή επανατραυματισμό. Με τη συγκεκριμένη διαδικασία, η οποία περιγράφεται εδώ, βιώνουμε τα συναισθήματα ολοκληρωτικά, ώστε να έρθουμε σε επαφή με το τραύμα. Μαζί έρχεται και η σταδιακή αποδοχή και η κατανόηση για το τι έχει συμβεί, ποια είναι η προσωπική μας ιστορία, από που προερχόμαστε και γιατί έχουμε μπλεχτεί στο ίδιο αέναο μοτίβο επανάληψης του πόνου.

Κάθε φορά που δίνουμε την προσοχή μας στα παλαιά καταπιεσμένα συναισθήματα υπάρχει μεγάλη ανταμοιβή. Το πρώτο που συμβαίνει είναι ότι ελευθερωνόμαστε από το βάρος τους. Φαντασθείτε να ζει κάποιος όλη του τη ζωή με ένα σάκο με πέτρες δεμένο πάνω του, επειδή αυτό θεωρεί ως το απόλυτα φυσιολογικό. Είναι σ' αυτόν τόσο γνώριμο, ώστε μόνο εάν αφαιρεθεί θα καταλάβει τι συνέβαινε. Το δεύτερο και πολύ σημαντικό είναι ότι αποκτούμε επίγνωση της επίπτωσης αυτού του σάκου στη ζωή μας. Ιδανικά με κλάματα αναφωνούμε «πώς το έκανα αυτό στον εαυτό μου;». Πλέον, είναι αδύνατον να έχουμε ξανά την ίδια συμπεριφορά αυτο-υποτίμησης. Είναι η στιγμή που κυριολεκτικά αλλάζουμε τρόπο σκέψης και πορεία στη ζωή μας.

Το ανέβασμα του εαυτού μας ακολουθεί αυτή τη σειρά. Ο θυμός καθώς ξυπνάμε από τη λήθη, ο φόβος αφού αυτός έχει κρατήσει απωθημένο το συγκεκριμένο κομμάτι που ανοίγει, η θλίψη και η στενοχώρια για το πώς φέραμε τον εαυτό μας σε αυτήν την κατάσταση. Και τελικά ένα ποτάμι δακρύων, τα οποία απελευθερώνουν όλον τον παλιό πόνο και επαναφέρουν μια για πάντα εκεί όπου έπρεπε αρχικά να είμαστε. Δηλαδή στη διαπίστωση ότι αξίζουμε να μάς αγαπάνε και να μάς φροντίζουν μόνο και μόνο γιατί υπάρχουμε.

Ακόμη βαθύτερα από το «πώς το έκανα αυτό στον εαυτό μου» μετά το θυμό και το φόβο, βρίσκεται άλλο ένα επίπεδο παλαιού θαμμένου πόνου. Όλα τα έχουμε κάνει για να μην μείνουμε μόνοι μας. Η μοναξιά αυτή ισοδυναμεί για το μικρό παιδί με άμεσο θάνατο. Χρειάζεται, λοιπόν, να βιωθεί ολοκληρωτικά το συναίσθημα ότι «θα πεθάνουμε από μοναξιά». Αυτή η απόγνωση, ο σπαραγμός και η οδύνη. Εάν δεν παραδοθούμε σε αυτό, δεν θα μπορούμε ποτέ πραγματικά να είμαστε ελεύθεροι να ζήσουμε στην Ποιότητά μας και σ' αυτό που έχουμε έρθει να εκφράσουμε στη Γη. Αυτό είναι το πιο σκοτεινό κομμάτι μας, η σκιά όλης της ανθρωπότητας.

Χρειάζεται, επίσης, να πούμε «μοναξιά σε δέχομαι» και να εννοούμε αυτό με όλο μας το είναι. Εκεί παγιώνεται μία οριστική αλλαγή, όπου παύουμε να παραδίδουμε τη δύναμή μας για να ανήκουμε. Τότε, ναι, δεν θα είμαστε ποτέ ξανά μόνοι, ποτέ ξανά τόσο αποκομμένοι, ποτέ ξανά αποσυνδεδεμένοι από το νόημα και τον σκοπό της ζωής μας.

Η αντίσταση στην αλλαγή

Σ' αυτή τη διαδικασία της αποφόρτισης των συναισθηματικών φορτίων, χρειάζεται επαγρύπνηση. Όταν βρισκόμαστε εν μέσω αυτών των έντονων συναισθημάτων και δεν επιτρέπουμε την ολοκληρωτική βίωσή τους, θα έχει ως αποτέλεσμα να «κολλήσουμε». Το μόνο που δεν χρειαζόμαστε αυτές τις στιγμές! Είναι σαν να είμαστε ναυαγοί πάνω σε ένα κορμό ξύλου, εν μέσω μιας θύελλας. Βρίσκεται ακριβώς πάνω από το κεφάλι μας και εκείνη τη στιγμή πιστεύουμε ότι θα κρατήσει για πάντα. Το σίγουρο είναι ότι εάν δεν περάσουμε δια μέσου αυτής της θύελλας, δηλαδή δεν παραδοθούμε ολοκληρωτικά, κινδυνεύουμε να παραμείνουμε μέσα σε αυτήν για περισσότερο διάστημα από όσο χρειάζεται. Όταν περάσει, θα έρθει η γαλήνη και θα αναδυθούν νέα πολύ πιο θετικά συναισθήματα.

Οι βασικοί λόγοι στους οποίους οφείλεται η αντίσταση μας στην αλλαγή είναι: Η αποφυγή του πόνου, η ανάγκη του ανήκειν, ο αποκλεισμός των θετικών συναισθημάτων, η αυτολύπηση, η σεξουαλικότητα και η παραδοχή του ότι είμαστε και εμείς δράστες. Αποτελούν βασικά στοιχεία της επιβίωσης μας, και για τον λόγο αυτό, η διατάραξή τους ισοδυναμεί με απειλή.

Η αποφυγή του πόνου: Όλοι μας ως ανθρώπινα όντα, κλείνουμε τα συναισθήματά μας με μοναδικό σκοπό και λόγο να αποφύγουμε τον πόνο. Γι' αυτό είναι τόσο δύσκολο να παραδοθούμε σε αυτά, όταν ανοίγουν. Παρόλο που δεν αφορούν το παρόν μας, αλλά παρελθοντικά κομμάτια, εμπεριέχουν όλο τον ανυπόφορο πόνο, ο οποίος εξαρχής έκανε να τα κλείσουμε. Να πάρουμε κάθε είδους αρνητική Απόφαση Επιβίωσης και να κρυφτούμε σε συναισθηματικές γυάλες μέσω των Ψυχολογικών Μηχανισμών. Να θάψουμε, να χαντακώσουμε, να παραδώσουμε, να υποτιμήσουμε και τελικά να απορρίψουμε τον ίδιο μας τον εαυτό. Αυτός ο ασύλληπτος πόνος του τραύματος με όλα τα συναισθήματα που τον συνοδεύουν θα πρέπει να βιωθεί ολοκληρωτικά. Όποιος έχει περάσει αυτό έστω και μία φορά, γνωρίζει πάρα πολύ καλά για τι πράγμα μιλάμε. Για το θάρρος και την αποφασιστικότητα που χρειάζεται.

Η ανάγκη του «Ανήκειν»: Όταν νιώθουμε ότι είμαστε αποδεκτοί από το οικογενειακό μας σύστημα, είναι, επίσης, βασικό στοιχείο για την επιβίωση όλων μας. Διαφορετικά καραδοκεί ο φόβος του θανάτου και η απέραντη μοναξιά. Το παιδί δεν πρέπει, με κανένα τρόπο, να διαταράξει τη σχέση του με τους ενήλικες. Γι' αυτό χρειάζεται πάση θυσία να κρύψει ό,τι νιώθει. Εάν καταλάβουν πόσο κακό ή φοβισμένο είναι δεν θα το αγαπούν και έτσι κινδυνεύει να μην ανήκει. Συναισθήματα, όπως «απειλείται η ζωή μου, θα πεθάνω, τούς μισώ και θέλω να τούς εκδικηθώ, δολοφονική οργή, θέλω να τούς κάνω κακό, θέλω να τούς τιμωρήσω, δεν αντέχω άλλο, θα τρελαθώ, ζήλια και φθόνος, κακία, ερωτική διέγερση», πρέπει να καταπιεσθούν. Σε αυτό προστίθεται και η εντολή πολλών οικογενειακών συστημάτων στα μέλη τους να καταστέλλουν συγκεκριμένα συναισθήματα, τα οποία, όταν εκφράζονται, θεωρούνται επικίνδυνα ή αδυναμία.

Αντίστοιχες εντολές μπορεί να δίνονται και για το κλείσιμο της σεξουαλικότητας και του φυσικού ερωτισμού του παιδιού, της θηλυκότητας ή της αρσενικότητας. Οτιδήποτε, δηλαδή, κάνει τους μεγάλους να νιώθουν άβολα, καθώς έχουν και αυτοί, με τη σειρά τους, πάρει παρόμοιες εντολές. Η σεξουαλικότητά μας, που είναι η δύναμη που δικαιωματικά μάς ανήκει, είναι η πιο σίγουρη και καθαρή οδός για να συνδεθούμε με την Αγάπη. Όμως έχει υποστεί καταπίεση σε τέτοιο βαθμό, καθώς έχει επικαλυφθεί με ντροπή, ενοχή, θυμό, αμαρτία, διαστροφή και έχει χαθεί από εμάς ο αρχικός σκοπός και η χρησιμότητά της. Χρειάζεται πραγματικά ένα μεγάλο δείγμα αρχικού θάρρους για να μπορέσει κάποιος να αντέξει το άνοιγμά της, ενώ το μόνο που χρειάζεται είναι αποφόρτιση, κατανόηση και αποδοχή. Και όταν γίνει αυτό, το όφελος και η δύναμη που τελικά λαμβάνουμε είναι πραγματικά απροσμέτρητη.

Ο αποκλεισμός βίωσης θετικών συναισθημάτων: Οι αρνητικές Αποφάσεις Επιβίωσης στοχεύουν στον αποκλεισμό των θετικών συναισθημάτων. Για παράδειγμα, «για να επιβιώσω δεν θα ζω, δεν θα χαίρομαι, δεν θα έχω φροντίδα, δεν θα δικαιούμαι να παίρνω». Ή, «όταν είμαι ανέμελος, το πληρώνω». Όταν βγούμε από το πάγωμα όπου βάζει τον καθένα μας το τραύμα, εκτός από τα αρνητικά συναισθήματα, θα βιώσουμε, επίσης, πολύ έντονα συναισθήματα αγάπης, έρωτα, σεξουαλικότητας, χαράς, ευτυχίας, γαλήνης ή οτιδήποτε είχε καταπιεστεί για να αποφευχθεί ο πόνος. Όλα αυτά τα όμορφα συναισθήματα της δικής μας ατομικής Ποιότητας Έκφρασης και της ελεύθερης ύπαρξής μας ακούγονται ευχάριστα, αλλά χρειάζεται προσοχή σε δύο σημεία. Το πρώτο είναι πως δεν είναι πάντα εύκολο να διαχειριστούμε κάτι, το οποίο ήταν καταπιεσμένο και ξαφνικά μάς κατακλύζει. Όπως, για παράδειγμα, ένα ξαφνικό κύμα έντονης σεξουαλικότητας που δεν ξέρουμε πώς να την αποφορτίσουμε.

Το δεύτερο σημείο που θέλει προσοχή είναι ο έντονος φόβος να βιώσουμε τα θετικά συναισθήματα, τα οποία εμφανίζονται ξαφνικά και με ορμή από μέσα μας. Άλλωστε, γι᾽ αυτό καταστείλαμε αυτά αρχικά και μετατράπηκαν σε αρνητικά. Καθώς είναι και αυτό ένα στάδιο της μεταμόρφωσής μας, το μόνο που μπορούμε να κάνουμε είναι να αφεθούμε σε αυτά. Σύντομα όλο αυτό θα ισορροπήσει και θα μεταλλαχθεί, οδηγώντας μας σε μία ακόμη καλύτερη θέση προσωπικής δύναμης.

Αυτολύπηση: Εάν σε αυτή τη διαδικασία αρχίσουμε να λυπόμαστε τον εαυτό μας, νιώθοντας θύματα για ό,τι έχει συμβεί, μπαίνουμε σε αδυναμία και παραίτηση. Το χειρότερο όμως είναι ότι εμμένοντας σε αυτή τη Θέση, κρατάμε και τον όποιον δράστη ή αντίθετο προς εμάς στη δική του. Έτσι, κανείς δεν μπορεί να απελευθερωθεί από ό,τι έχει συμβεί και να προχωρήσει.

Η παραδοχή ότι είμαστε και εμείς δράστες: Αντιστεκόμαστε να βιώσουμε ολοκληρωτικά ό,τι εμφανίζεται, διότι φοβόμαστε πως, εάν κάνουμε αυτό, θα διαταράξουμε τη σχέση με τους γονείς μας ή αυτούς που μάς μεγάλωσαν, ενώ είναι το αντίθετο. Μόνο με την κατανόηση έρχεται η συμφιλίωση και η πραγματική Αγάπη. Διαφορετικά, παραμένουμε υποταγμένα καλά παιδιά, που τα κάνουμε όλα για να μάς αγαπούν. Εάν αγγίξουμε κάτω από τον θυμό και τον φόβο τη βαθιά στενοχώρια, θα δούμε ότι δεν έχουμε καμία διαφορά από όσους μάς τραυμάτισαν. Συμπεριφερόμαστε παρόμοια είτε στο εσωτερικό μας παιδί ή στα βιολογικά μας παιδιά, είτε το καταλαβαίνουμε είτε όχι. Είμαστε ίδιοι με αυτούς που θεωρούμε θύτες μας. Αυτό είναι ένα από τα μεγαλύτερα σημεία αντίστασης, καθώς χρειάζεται μεγάλη ταπεινότητα για να το παραδεχτούμε.

Η μετάβαση

Όταν βρισκόμαστε στη θεραπευτική διαδικασία για να ξεμοντάρουμε το Οικοδόμημα Επιβίωσης των Εγγραφών, των Αποφάσεων Επιβίωσης και των Μηχανισμών που το στηρίζουν, νιώθουμε συχνά μία αφόρητη αίσθηση κενού και έλλειψης νοήματος. Η ζωή μας, όπως την γνωρίζαμε, έχει τελειώσει, αλλά το καινούργιο δεν έχει ακόμη εμφανιστεί. Ίσως ακούγεται πιο βατό από τον φόβο, τον πανικό, την απελπισία ή τη θλίψη και το θυμό, αλλά δεν είναι. Τη στιγμή που το βιώνουμε είναι εξαιρετικά έντονο και βαθύ, σε σημείο που να φαίνεται πολύ χειρότερο από τα προηγούμενα.

Σε αυτό το στάδιο της μετάβασης χρειάζεται να παραδοθούμε σε αυτό το κενό, γιορτάζοντας παράλληλα την αλλαγή μας, καθώς αυτή είναι η απόλυτη ένδειξη ότι προχωράμε.

Θα πρέπει εδώ να διευκρινιστεί η διαφορά μεταξύ του κενού και της έλλειψης νοήματος, η οποία οφείλεται στη μετάβαση, και του θαμμένου συναισθήματος, της έλλειψης νοήματος, που μπορεί να θεωρηθεί ως κομμάτι της ιστορίας μας. Στην πρώτη περίπτωση κάνουμε υπομονή και μένουμε ολοκληρωτικά με αυτό χωρίς αντίσταση, αναμένοντας να εμφανιστεί το νέο στη ζωή μας. Στη δεύτερη περίπτωση, το παλιό καταπιεσμένο συναίσθημα θα πρέπει να βιωθεί ολοκληρωτικά, ώστε να αποφορτιστεί, και έτσι να παρατηρήσουμε που μάς οδηγεί και τι στοιχεία θα δώσει.

Το πένθος είναι, επίσης, ένα αναπόσπαστο κομμάτι της διαδικασίας μετάβασης. Για να μπορέσουμε να κάνουμε οποιαδήποτε αλλαγή στη ζωή μας, είναι απαραίτητη προϋπόθεση να είμαστε διατεθειμένοι να πενθήσουμε. Η ένταση και το μέγεθος εξαρτώνται ακριβώς από το τι πενθούμε και, πιο συγκεκριμένα, από το πόσα πράγματα πενθούμε. Κάθε φορά που αποχωριζόμαστε και αλλάζουμε μία Εγγραφή, μία Απόφαση Επιβίωσης ή προκαλούμε κατάρρευση σε ένα Ψυχολογικό Μηχανισμό, γίνεται μία οριστική και αμετάκλητη αλλαγή. Κατ' αυτήν την έννοια, ένα ή περισσότερα κομμάτια του εαυτού μας πεθαίνουν. Είναι κάτι που χρειάζεται να αποχαιρετήσουμε συναισθηματικά, όπως αρμόζει, να δώσουμε μία θέση στην καρδιά μας, με κατανόηση, τιμή και ευγνωμοσύνη.

Καθώς μπαίνουμε στη διαδικασία αυτή με όλη μας την καρδιά, αντιλαμβανόμαστε, επίσης, και την έκταση της αλλαγής που χρειάζεται να κάνουμε. Το Οικοδόμημα Επιβίωσης δεν χτίστηκε σε μία μέρα. Απαιτείται, επομένως, κάποιο εύλογο χρονικό διάστημα για να προκαλέσουμε κατάρρευση και να το χτίσουμε από την αρχή, με τρόπο που να εξυπηρετεί καλύτερα στο παρόν μας. Αυτή η διεργασία δεν θα μπορούσε να γίνει με μαγικό ραβδί. Γι' αυτό θέλει μεγάλη προσοχή σε όποιον υπόσχεται κάτι τέτοιο, διότι εμποδίζει να πάρουμε ολοκληρωτικά τη δύναμή μας. Κάθε κομμάτι του παλαιού Οικοδομήματος που ξεμοντάρουμε, μικρό ή μεγάλο, αφήνει και την αντίστοιχη επίγνωση για τι έχει συμβεί. Είναι μία αλλαγή Συνειδητότητας.

Σαφέστατα όλη αυτή η διεργασία μπορεί να γίνει γρήγορα ή πιο αργά, ανάλογα με το πόσο αντέχουμε να ερχόμαστε σε επαφή με ό,τι αναδύεται κάθε φορά. Η αντίστασή μας είναι το μόνο που επιβραδύνει αυτή τη διαδικασία αλλαγής. Όταν αρχίσουμε να συνειδητοποιούμε ποιο είναι το δικό μας Οικοδόμημα Επιβίωσης, η αρετή της υπομονής είναι ζωτικής σημασίας. Ειδικά τις στιγμές που ό,τι ανοίγει φαίνεται ατελείωτο.

Το συμπέρασμα στο οποίο έχω καταλήξει μετά από όλα αυτά τα χρόνια, είναι ότι η θεραπεία δεν είναι τίποτε άλλο παρά η βαθμιαία εκπαίδευσή μας να μάθουμε να μην αντιστεκόμαστε. Να καταφέρνουμε να μένουμε ολοκληρωτικά με ό,τι γίνεται αντικείμενο συνδιαλλαγής κάθε φορά. Εκεί είναι όλο το θέμα. Θα μπορούσαμε να τα τελειώσουμε όλα σε μία στιγμή, αλλά κανείς δεν θα άντεχε να βιώσει μονομιάς το αντίστοιχο συναισθηματικό φορτίο και, κυρίως, να παραδεχτεί την αλήθεια που αποκαλύπτεται.

Γ. ΟΙ ΑΣΘΕΝΕΙΕΣ – ΤΑ ΤΕΣΣΕΡΑ ΣΩΜΑΤΑ
Η ασθένεια δεν είναι ατυχία – Οι λόγοι που αρρωσταίνουμε

Υπάρχουν διάφοροι λόγοι που αρρωσταίνουμε, οι οποίοι σίγουρα δεν έχουν να κάνουν με την ατυχία ή με το ότι είμαστε θύματα και ανήμποροι να αντιδράσουμε.

Πρώτος βασικός λόγος είναι τα καταπιεσμένα συναισθήματα. Το σώμα θυμάται ακριβώς ότι έχει συμβεί από τη σύλληψη ακόμη. Ο,τιδήποτε έχει υποστεί καταπίεση όπως, οργή, θυμός, θλίψη, φόβος, μίσος, είτε ακόμα και χαρά, θα εκφραστεί κάποια στιγμή με τη μορφή ασθένειας. Το σώμα μας δείχνει τι χρειάζεται να απελευθερωθεί ώστε να επανέλθει η υγεία μας σε όλα τα επίπεδα. Για παράδειγμα, ο καρκίνος έχει ως κύρια ψυχοσωματική αιτία την πίκρα ή τον θυμό για τον ένα από τους δύο γονείς. Που ακριβώς θα νοσήσουμε από καρκίνο δείχνει, επίσης, πιο συγκεκριμένα τι χρειάζεται να διαχειριστούμε. Τα αιματολογικά δείχνουν έλλειψη χαράς. Στο βιβλίο της Lise Bourbeau με τίτλο «Αγάπησε τον εαυτό σου», υπάρχει πλήρης ερμηνεία για πάρα πολλές ασθένειες και για τη σωματική, τη συναισθηματική, τη νοητική και την πνευματική εμπλοκή τους.

Ο δεύτερος λόγος που αρρωσταίνουμε είναι οι σχετικές Αποφάσεις Επιβίωσης, που πήραμε κάποια στιγμή στη ζωή μας σχετικά με την ασθένεια.

Ο τρίτος λόγος που αρρωσταίνουμε είναι για να ανακουφίσουμε τους ανθρώπους που αγαπάμε. Αυτή η ανάληψη μπορεί να συμβεί σε οποιαδήποτε ηλικία, ακόμα και σε βρέφη ή πολύ μικρά παιδιά, ανάλογα με το τι συμβαίνει στο οικογενειακό τους σύστημα και ποιον προσπαθούν να σώσουν. Για οποιοδήποτε πρόβλημα υγείας, ας αναρωτηθούμε ποιος άλλος νοσούσε από αυτό ή νοσεί στην οικογένειά μας. Θα δούμε ότι πάσχουμε από απλές μέχρι πιο σοβαρές ασθένειες τις οποίες τις είχε κάποιος οικείος μας, ο οποίος μάλιστα μπορεί και να απεβίωσε από αυτήν την αιτία.

Σε μία συνεδρία παραπονιόμουν στο θεραπευτή μου για την αλλεργική ρινίτιδα που με βασάνιζε πολλά χρόνια. Είχα φτάσει σε σημείο να κάνω χειρουργείο στη μύτη για πολύποδες, ενώ η όσφρηση με είχε εγκαταλείψει προ πολλού. Στην ερώτηση του θεραπευτή μου «ποιος είχε αλλεργική ρινίτιδα στην οικογένειά σου;» απάντησα αυθόρμητα «η μητέρα μου!». Στην επόμενη ερώτηση που ήταν «πότε αποφάσισες να αναλάβεις την αλλεργική ρινίτιδα της μητέρας σου;» με έκπληξή μου άκουσα τον εαυτό μου να περιγράφει ακριβώς τη στιγμή και τον τόπο όπου, βλέποντας τη μητέρα μου να υποφέρει από εποχική αλλεργική ρινίτιδα, αποφάσισα να νοσήσω και εγώ για να την ανακουφίσω.

Από αγάπη και πιστεύοντας ότι θα βοηθήσουμε, παίρνουμε όχι μόνο τις ασθένειές τους, αλλά ακόμη και τη γήρανση. Τελικά, δεν ωφελούμε κανέναν, καταστρέφοντας και τον εαυτό μας. Επιβεβαιώνεται, επιπλέον, ότι η ασθένεια είναι φυσιολογική και ότι την παθαίνουν όλοι. Σε όλες τις οικογένειες ακούμε γενικεύσεις του τύπου «εμείς παθαίνουμε όλοι καρδιά ή έχουμε το στομάχι μας ή οτιδήποτε άλλο». Θα έλεγε κάποιος εδώ ότι υπάρχει και η κληρονομικότητα, δηλαδή η προδιάθεση λόγω DNA, που, φυσικά, ισχύει. Ωστόσο, όποιος από το οικογενειακό σύστημα έχει αναλάβει να ανακουφίσει τους άλλους, με κάποια Εγγραφή ή κάποια σχετική Απόφαση Επιβίωσης, τότε σίγουρα βάζει μεγαλύτερη υποψηφιότητα να ασθενήσει. Εάν μπορούσαμε να γνωρίζουμε τα αντίστοιχα Περιοριστικά Σενάρια Ζωής αυτών των ανθρώπων θα εκπλησσόμαστα από τη διαπίστωση πόσα από αυτά θα είχαν τίτλο «Αυτοκαταστροφή».

Έχει αναφερθεί ότι κανείς δεν μπορεί να διαχειριστεί συναισθήματα για λογαριασμό άλλων. Οπότε εάν ο γονιός μας νοσήσει, σημαίνει ότι δεν έχει διαχειριστεί δικό του τραύμα, κάτι για το οποίο εμείς δεν μπορούμε να κάνουμε απολύτως τίποτα. Βοηθάμε τους άλλους μόνο εάν είμαστε συνολικά υγιείς σε πνευματικό, νοητικό, συναισθηματικό και σωματικό επίπεδο. Δείχνουμε σε αυτούς ότι υπάρχει και άλλος δρόμος και ότι η ασθένεια δεν είναι μονόδρομος.

Τα τέσσερα σώματα και η ευθυγράμμισή τους

Η συμμετοχή όλων των σωμάτων μας είναι απαραίτητη σε ό,τι κάνουμε, εάν θέλουμε να έχει ουσιαστικό όφελος που να διαρκεί και να μάς τρέφει. Όπως μία ερωτική σχέση. Είναι ολοκληρωμένη, εάν αγαπάμε το σύντροφό μας όχι μόνο με το υλικό σώμα, αλλά και με το συναίσθημα, το μυαλό και το πνεύμα. Διαφορετικά είναι κενή ουσίας και ως εκ τούτου βραχυπρόθεσμη.

Ή, για παράδειγμα, η σχέση μας με τη γυμναστική. Εάν αποφασίσουμε να γραφτούμε σε ένα γυμναστήριο μόνο και μόνο για να βελτιώσουμε το υλικό μας σώμα χωρίς τη συμμετοχή των υπολοίπων, είναι σίγουρο ότι θα πάμε λίγες φορές και μετά θα βαρεθούμε και θα σταματήσουμε. Ακριβώς, με τον ίδιο τρόπο που η σεξουαλική πράξη στην οποία συμμετέχει μόνο το σώμα χωρίς άλλα συναισθήματα είναι απλώς μία εκτόνωση, που δεν αφήνει τίποτα.

Αυτό που σχετιζόμαστε, έμψυχο ή άψυχο, αλλά και κάθε τύπο δραστηριότητας, το σώμα Πνεύμα δίνει τη μεγάλη εικόνα, την κατεύθυνση, το μεγαλείο, την έμπνευση και την Αποστολή. Το σώμα Νόηση δείχνει τους τρόπους υλοποίησης, το μέτρο και τη λογική, την εφευρετικότητα και τη χαρά της εφαρμογής στην πράξη. Το σώμα Συναίσθημα παρέχει τη φροντίδα, την ευχαρίστηση, τη μέθεξη, την ικανοποίηση, αλλά και την καθοδήγηση για τι ακριβώς συμβαίνει. Το Υλικό σώμα τελικά δείχνει εάν τα παραπάνω πληρούνται. Εάν υπάρχει ευθυγράμμιση όλων των σωμάτων, τότε το υλικό μας σώμα θα είναι υγιές, ανάλαφρο και γεμάτο ενέργεια. Σ' αντίθετη περίπτωση, θα είναι νωθρό, πρησμένο, σφιγμένο και άρρωστο σε διάφορες διαβαθμίσεις.

Το κάθε σώμα έχει τη χρήση του. Εάν αποκοπεί από τα υπόλοιπα χάνει τον σκοπό για τον οποίο υπάρχει. Ας πάρουμε πάλι το παράδειγμα της ερωτικής σχέσης για να το δούμε αυτό στην πράξη. Μόνο στο Πνεύμα η σχέση θα είναι κυρίως πνευματική, δηλαδή θα έχει μικρή αξία και λειτουργία στην καθημερινή ζωή. Το πνευματικό κομμάτι γειώνεται και βρίσκει έκφραση μέσα από την ύλη. Μόνο στη Νόηση θα υπάρχει μία συνεχής ανάλυση, η οποία, αποκομμένη από τα άλλα σώματα, θα καταλήγει στείρα, κουραστική και μονότονη. Μόνο στο Συναίσθημα θα δημιουργούνται καταστάσεις δράματος, ζήλιας και κάθε είδους συναισθηματικής θύελλας.

Θα μπορούσαμε να το δούμε αυτό, επίσης, εάν συγκρίναμε δύο καλλιτέχνες και την αλληλεπίδρασή τους με τους θεατές. Παρόλο που μπορεί να τραγουδούν ή να απαγγέλλουν το ίδιο κομμάτι, ο τραγουδιστής ή ο ηθοποιός, που θα συγκινήσει το κοινό, θα εμπνεύσει και θα κάνει να ανατριχιάσει, είναι αυτός που απολαμβάνει το πάθος και τη δύναμη της ευθυγράμμισης και των τεσσάρων του σωμάτων.

Η θεραπεία αφορά όλα μας τα σώματα

Σε μία ολοκληρωμένη θεραπεία κανένα σώμα δεν μπορεί να εξαιρεθεί.

Για παράδειγμα, δεν γίνεται να αλλάξουμε στο νοητικό τις Αποφάσεις Επιβίωσης, οι οποίες τώρα πλέον δεν μας εξυπηρετούν, εάν δεν απελευθερώσουμε από το συναισθηματικό μας σώμα όλα τα αντίστοιχα καταπιεσμένα συναισθήματα. Είναι άλλο να θυμάμαι ότι έτρωγα ξύλο, και άλλο να βιώνω και τον πόνο από αυτό. Είναι συχνό φαινόμενο, άνθρωποι που ξεκινούν θεραπεία να διηγούνται καταστάσεις βαριάς κακοποίησης χαμογελώντας ή γελώντας, σαν να λένε κάτι χαριτωμένο ή αστείο! Το πνευματικό σώμα, επίσης, έχει το μερίδιό του, καθώς η κάθε είδους κακοποίηση προκαλεί διάσπαση του Πνεύματος. Ένα κομμάτι μας αποχωρεί, και αυτό παγώνει με τη σειρά του το συναίσθημα. Το υλικό σώμα, βεβαίως, έχει ομοίως την τιμητική του σε μία θεραπεία, καθώς όλα τελικά καταλήγουν σε αυτό. Είναι η απτή μας ένδειξη, όπου μπορούμε να δούμε με απόλυτη ακρίβεια τι συμβαίνει. Το θέμα είναι ότι δεν έχουμε εκπαιδευτεί να το χρησιμοποιούμε ως βάση πληροφοριών. Ή προτιμούμε να μη γνωρίζουμε, διότι τότε θα πρέπει και να διαχειριστούμε αυτό που μας δείχνει. Υπάρχουν πλέον πολλά βιβλία που αποκωδικοποιούν το τι προσπαθεί να πει το υλικό μας σώμα για μία πληθώρα ασθενειών.

Ο παραμικρός πόνος, η κάθε ενόχληση, παραπέμπουν αυτόματα στο τι χρειάζεται να διορθώσουμε για να επανέλθουμε στην υγεία. Θα μπορούσαμε να παρομοιάσουμε το υλικό μας σώμα με το πιο σύγχρονο διαγνωστικό κέντρο που υπάρχει, χωρίς την παραμικρή απόκλιση λάθους. Συχνά όμως επιλέγουμε να αγνοήσουμε αυτήν την αλάνθαστη διάγνωση. Εάν άρχιζε ξαφνικά να αναβοσβήνει στο αυτοκίνητό μας ένα λαμπάκι ένδειξης βλάβης, πως θα αντιδρούσαμε; Θα κολλούσαμε μια ταινία για να μην το βλέπουμε; Θα αφήναμε το αυτοκίνητο να χαλάσει με κίνδυνο να πάθουμε ατύχημα, θρηνώντας τελικά για το πόσο άτυχοι είμαστε; Ή θα πηγαίναμε το αυτοκίνητο αμέσως στο συνεργείο για να βρούμε τη βλάβη;

Το ίδιο κάνουμε και με τα «λαμπάκια» που αναβοσβήνει συνεχώς το υλικό μας σώμα. Ακόμα και αν είναι απαραίτητο να καταφύγουμε στην κλασική ιατρική, ανάλογα με το τι αντιμετωπίζουμε, εάν δεν ασχοληθούμε με την ψυχοσωματική αιτία που μας δημιουργεί το πρόβλημα, δηλαδή με την αιτία, οι βλάβες θα συνεχίζονται.

Να μη βιαζόμαστε να παίρνουμε χάπια και παυσίπονα. Ο θαμμένος πόνος πρέπει, επίσης, να βιωθεί ολοκληρωτικά και να απελευθερωθεί και από το υλικό σώμα, ακριβώς με τον ίδιο τρόπο που βιώνεται και συναισθηματικά. Σ' αυτή τη διαδικασία της θεραπείας όλων των σωμάτων και της ευθυγράμμισής τους θα ανεβάσει πυρετούς, θα αναπτύξει φλεγμονές, θα αποβάλει τοξίνες, όλα σημάδια της εκκαθάρισης και της εξισορρόπησης που πραγματοποιούνται.

Οι Ψυχολογικοί Μηχανισμοί, οι οποίοι υποστηρίζουν τις Αποφάσεις Επιβίωσης που έχουμε πάρει, είναι εγκατεστημένοι και στα τέσσερα σώματα. Στο σώμα Πνεύμα τοποθετούμε Μηχανισμούς που κλείνουν την αντίληψη από τον πνευματικό μας εαυτό. Μάς κάνουν να πιστέψουμε ότι δεν υπάρχει τίποτα πέρα από την ύλη. Χάνουμε τη σύνδεση με την Ψυχή μας και το Θεό - Δημιουργό. Έτσι χάνεται η ελπίδα και η πίστη σε ανώτερα ιδανικά. Στο σώμα Νόηση, οι Μηχανισμοί κάνουν να πιστεύουμε όλων των ειδών τα ψέματα για τον εαυτό μας, με κορωνίδα το πόσο άχρηστοι και ανάξιοι είμαστε. Στο σώμα Συναίσθημα, οι Μηχανισμοί έχουν ως κύριο στόχο να κρατούν με κάθε τρόπο κλεισμένα τα επικίνδυνα για εμάς συναισθήματα. Στο υλικό σώμα οι Μηχανισμοί έχουν ως βασική λειτουργία να σαμποτάρουν και να σταματάμε στην παραμικρή προσπάθεια να προχωρήσουμε. Είναι απτοί και παίρνουν τη μορφή ασθενειών, μόνιμων ενοχλήσεων ή ευαισθησιών στο σώμα.

Η υγιής ανάπτυξη των σωμάτων

Καμία ευθυγράμμιση δεν μπορεί να γίνει, εάν και τα τέσσερα σώματά μας δεν βρίσκονται σε κανονική και ισότιμη λειτουργία. Για παράδειγμα, στην περίπτωση μεγάλης καταπίεσης και εκφοβισμού στην παιδική ηλικία το συναισθηματικό σώμα μπορεί να είναι τόσο ατροφικό, που σχεδόν να μην υπάρχει. Απλώς έχει σταματήσει να αναπτύσσεται για να αποφύγει τον πόνο. Οι εντολές που δίνονται σε κάποιες οικογένειες, όπως «μη θυμώνεις», «μη κλαις» ή «οι άνδρες δεν κλαίνε» ακόμη και εάν απευθύνονται σε ένα αγοράκι πέντε ετών που μόλις έχει χάσει το γονιό του, δεν επιτρέπουν στο συναισθηματικό σώμα να αναπτυχθεί. Ένα από τα υπόλοιπα σώματα θα κληθεί να καλύψει αυτό το κενό και θα υπερλειτουργήσει. Πολύ συχνά αυτό είναι το νοητικό σώμα. Κάποιες φορές μπορεί να είναι το πνευματικό. Είναι συχνό φαινόμενο, για εκείνους που ανακαλύπτουν τις ενεργειακές θεραπείες, να υπερλειτουργούν ξαφνικά το σώμα Πνεύμα. Αυτή είναι η λεγόμενη πνευματική παράκαμψη, η οποία γίνεται για να αποφύγουμε τον πόνο του τραύματος, ο οποίος θα επιφέρει το άνοιγμα του συναισθηματικού σώματος.

Κάποιος που στην παιδική του ηλικία άκουγε συνεχώς «πόσο ηλίθιος είναι» και ότι «όλοι είναι καλύτεροι από αυτόν», πιθανότατα έχει κλείσει το σώμα Νόηση. Σ' αυτήν την κατηγορία ανήκουν, επίσης, όσοι υποτιμούνταν για τις ικανότητές τους, ή τους αμφισβητούσαν και συνεχώς προσπαθούσαν να αποδείξουν ότι δεν είναι αρκετά άξιοι. Σ' αυτήν την περίπτωση ίσως υπερλειτουργεί το σώμα Συναίσθημα με αποτέλεσμα κάποιος να μπαίνει συχνά σε καταστάσεις δράματος και συναισθηματικής υστερίας.

Το υλικό μας σώμα είναι ένας ακριβής και αντικειμενικός δείκτης γι' αυτό που συμβαίνει με τα υπόλοιπα σώματα. Όσο όμως δεν αντιλαμβανόμαστε τον συναγερμό και, παράλληλα, την ένδειξη που μας δίνει με την ασθένεια, τότε εγκλωβιζόμαστε εκεί. Αυτό στερεί την απαραίτητη ενέργεια και το κουράγιο που χρειαζόμαστε, για να διαχειριστούμε την αναγκαία αλλαγή που απλώς υποδεικνύει.

Εάν παρομοιάζαμε την υπερλειτουργία ή την ατροφία των τεσσάρων σωμάτων με μέλη του υλικού σώματος και κάναμε εικόνα, θα βλέπαμε ανθρώπους να περπατάνε στο δρόμο με ένα τεράστιο δεξί χέρι και ένα πάρα πολύ μικρό αριστερό. Με υπερμεγέθη πόδια και καθόλου χέρια ή και το αντίθετο. Οι παραλλαγές θα μπορούσαν να είναι άπειρες. Η υγιής ανάπτυξη και λειτουργία του κάθε σώματος ξεχωριστά είναι το πρώτο βήμα προκειμένου να φτάσουμε στο σημείο της τελικής ευθυγράμμισης και των τεσσάρων σωμάτων. Δηλαδή στη κανονική και πλήρη λειτουργία της ολότητας του εαυτού μας.

Ο δρόμος της θεραπείας

Όλοι όσοι έχουμε ήδη μπει σ' αυτόν τον δύσβατο δρόμο της προσωπικής εξέλιξης και της αποκάλυψης του πραγματικού μας εαυτού, αναρωτιόμαστε κάποιες φορές πότε επιτέλους θα τελειώσει αυτός ο πόνος. Υπάρχουν στιγμές που χάνουμε το θάρρος και την πίστη μας, αμφισβητώντας αν όντως προχωράμε, αφού καλούμαστε να αντιμετωπίσουμε τα ίδια θέματα ξανά και ξανά σε ένα ολοένα και βαθύτερο επίπεδο.

Ωστόσο, οι δρόμοι που ανοίγονται μπροστά μας είναι τέσσερις. **Ο πρώτος** είναι αυτός της ανακάλυψης του αληθινού μας εαυτού. Προϋποθέτει να πάρουμε την πλήρη ευθύνη για τη ζωή μας και για ό,τι στραβό συμβαίνει. Για να τον περπατήσει κάποιος απαιτείται θάρρος και διάθεση ανάληψης ρίσκου. Θάρρος για να αντιμετωπίσει τα παλαιά καταπιεσμένα συναισθήματα, τα οποία τώρα φαντάζουν απολύτως αληθινά και γι' αυτό και τρομακτικά. Θάρρος για να έρθει αντιμέτωπος με τον φόβο της επιβίωσης. Και ρίσκο του να αλλάξει τελείως η ζωή του, χάνοντας οποιαδήποτε σταθερά γνώριζε, ακόμη και αν αυτή ήταν ο πόνος.

Ο δεύτερος δρόμος είναι αυτός της απάθειας και της υποδούλωσης. Μία ζωή ζωντανού - νεκρού, όπου το πραγματικό νόημα, η αυθεντική χαρά και η ευχαρίστηση για το ον που είμαστε δεν μπορεί καν να αγγιχθεί.

Ο τρίτος δρόμος οδηγεί στη μετάθεση του δικού μας τραύματος στα παιδιά μας και στις επόμενες γενιές. Έτσι, μπορούμε να είμαστε λίγο πιο ήρεμοι διαφεύγοντας προσωρινά από το μεγάλο πόνο και θυσιάζοντας, βεβαίως, τα ίδια μας τα δημιουργήματα.

Ο τέταρτος δρόμος είναι αυτός της ασθένειας και του πρόωρου βιολογικού θανάτου. Αρκετοί είναι αυτοί που επιλέγουν τον δρόμο αυτό, προκειμένου να μην αντιμετωπίσουν όλο το θαμμένο παλιό συναίσθημα και να δουν τι πραγματικά τους συμβαίνει.

Στη μάχη αυτή της απελευθέρωσης μας, ό,τι δίνει πληροφορίες για την κατάστασή μας, όπως η Διασπαστική Φωνή εσωτερικά ή οι καθρέφτες μας εξωτερικά, είναι σύμμαχοί μας. Εάν το συνειδητοποιήσουμε αυτό, ο πιθανότητες να κάνουμε πραγματική αλλαγή είναι 100% υπέρ ημών. Για παράδειγμα, όταν η Διασπαστική Φωνή λυσσομανά μέσα στο κεφάλι μας καλώντας μας να γυρίσουμε αμέσως στο παλιό και να σταματήσουμε αυτές τις επικίνδυνες αλλαγές στη ζωή μας, έχουμε μία σαφή ένδειξη ότι προχωράμε σωστά. Όταν λέει πως είμαστε «άχρηστοι», «ανάξιοι», «χοντροί», «άσχημοι», «πως θα αρρωστήσουμε», «πως θα μείνουμε μόνοι μας» και κυρίως, «ότι δεν θα τα καταφέρουμε όσο και να προσπαθήσουμε γι' αυτό ας μην κάνουμε τον κόπο». Εάν δεν συνειδητοποιήσουμε ότι είναι απλώς ένας δείκτης, ότι κάτι ακόμη συγκαλύπτεται και χρειάζεται να βιωθεί, θα πιστέψουμε σε ό,τι μάς διηγείται σχετικά με την αναξιότητά μας. Θα πιστέψουμε ότι το σώμα μάς έχει προδώσει ή προδίδει, διότι ασθένησε και ότι είναι εχθρός μας. Και θα συνεχίσουμε να κατηγορούμε τους άλλους πόσο άσχημα φέρονται και πόσο πληγώνουν εμάς τους καημένους.

Τα κύρια βοηθήματα που έχουμε στη διάθεσή μας, για το πώς θα ζήσουμε ευτυχισμένοι και ελεύθεροι από φόβο είναι η Διασπαστική Φωνή, τα σώματά μας με κυριότερο το υλικό, και το περιβάλλον μας. Όλα τα δεδομένα που χρειαζόμαστε βρίσκονται εκεί. Τράπεζες πληροφοριών που είναι ανοιχτές στη διάθεσή μας, 24 ώρες το 24ωρο. Αρκεί να δώσουμε προσοχή και σιγά - σιγά θα μάθουμε να αποκωδικοποιούμε τα στοιχεία που δίνουν. Με την εξοικείωση γίνεται τόσο άμεσο, ώστε να γνωρίζουμε αν βήξουμε ότι μόλις κάναμε μία επικριτική σκέψη για εμάς. Εάν καούμε, ότι είχαμε σκέψεις ενοχής. Να αναρωτιόμαστε ποιο συναίσθημα δεν εκφράζουμε, όταν έχουμε πονοκέφαλο. Όταν κάποιος αποκαλεί εμάς χοντρούς, να ελέγχουμε μήπως κάπου κρύβεται μία αρνητική Εγγραφή. Εάν υπήρχε κάποιος που αποκαλούσε εμάς έτσι σαν παιδιά ή εάν έχουμε αναλάβει να παχύνουμε αντί για κάποιον άλλον, με μία ωραιότατη Απόφαση Επιβίωσης. Η Διασπαστική Φωνή δίνει πλήρη αναφορά για το Οικοδόμημα Επιβίωσής μας.

Τότε τα πάντα γίνονται ενδείξεις, που απλώς μας υποδεικνύουν τι χρειάζεται να τροποποιήσουμε, και όχι κάποια κακοτυχία ή κακή μοίρα. Όταν βγαίνουμε από τη θέση του θύματος, απελευθερώνουμε ταυτόχρονα όχι μόνο εμάς, αλλά και όλους τους εμπλεκόμενους ιδίως όσους ήταν σε θέση δράστη. Το τραύμα χρειάζεται προσέγγιση σαν τον θεραπευτή μας. Η επαφή με αυτό απελευθερώνει και έρχεται η συμφιλίωση.

Για αυτό ο πρώτος δρόμος, αυτός της θεραπείας, είναι η μόνη διέξοδος από τον διαρκή πόνο. Ό,τι δεν οδηγεί ή μπλοκάρει εμάς ακόμα και στο ελάχιστο από την ελευθερία της πλήρους Έκφρασής μας και του μέγιστου δυναμικού μας, ανήκει στους άλλους τρεις.

ΚΕΦΑΛΑΙΟ 3
Η ΒΑΣΗ ΤΗΣ ΘΕΡΑΠΕΙΑΣ

Α. ΤΟ ΕΣΩΤΕΡΙΚΟ ΠΑΙΔΙ

Εκεί όπου η λογική πάει περίπατο...

Το παιδί, που κρύβουμε όλοι μέσα μας, είναι το βαθύτερο κομμάτι μας. Εκεί όπου εδρεύουν τα πιο βαθιά συναισθήματα με τη λογική να πηγαίνει περίπατο. Πρόκειται για μία ζωντανή οντότητα και είναι το άθροισμα όλων των στιγμών κατά τις οποίες έχουμε υπάρξει από την κοιλιά της μητέρας μας, αλλά και πιο πριν. Είναι τόσο αληθινό όσο και αν είχε σάρκα και οστά. Εάν δεν είναι τακτοποιημένο συναισθηματικά, όλα μας τα σχέδια πάνε στο βρόντο. Θα κλαίει και θα χτυπιέται προκειμένου να τραβήξει την προσοχή μας και να γίνει το δικό του. Όπως ακριβώς, δηλαδή, θα συνέβαινε με ένα κανονικό παιδί.

Η βάση της θεραπείας, έχει ως κύριο στόχο την απελευθέρωση του εσωτερικού μας παιδιού. Αυτό που, χωρίς λογική σκέψη και κρίση μέχρι σχεδόν την ηλικία των 7-8 ετών, έχει πιστέψει ακριβώς, ό,τι έχουν πει για το ίδιο. Ότι «είναι τεμπέλικο», ότι «λέει ψέματα», ότι «δεν αξίζει», ότι «είναι βλαμμένο», ότι «είναι άσχημο», είναι, είναι, είναι... Ό,τι πιστεύουν οι μεγάλοι για τον εαυτό τους μεταφέρουν αυτό σαν τραύμα στα δικά τους παιδιά, χωρίς να το αντιλαμβάνονται, με τον ίδιο τρόπο που έχει μεταδοθεί και σε εκείνους. Καθοριζόμαστε πλήρως στο παρόν από το ποια είναι η ιστορία μας, από τις Αποφάσεις Επιβίωσης που έχουμε λάβει και από τους Ψυχολογικούς Μηχανισμούς που έχουμε αναπτύξει για να κλείσουμε τον πόνο. Η βασική ανάγκη του κάθε παιδιού είναι να το αγαπούν και να ανήκει. Γι' αυτό όταν δεν παίρνει αγάπη, υποτάσσεται και δίνει αυτό, παραδίδοντας τη δύναμή του. Ποιοι πραγματικά είμαστε, είναι η επαφή με τα συναισθήματα του παιδιού που ήμασταν κάποτε. Χρειάζεται να δώσουμε την πλήρη προσοχή μας σε αυτό, διαφορετικά αυτή η διαδικασία της μεταμόρφωσης δεν πρόκειται να πάει πολύ μακριά.

Θα πρέπει, βεβαίως, να μας εμπιστευτεί ότι είμαστε σε θέση πλέον να το ακούσουμε. Να πειστεί ότι αναλαμβάνουμε εμείς να φροντίσουμε και πως δεν χρειάζεται να στηρίζει άλλο το Οικοδόμημα που έφτιαξε για να επιβιώσει. Δεν μπορούμε να ξεγελάσουμε το εσωτερικό παιδί, αφού είναι το προσωπικό μας τεστ για το εάν όντως προχωράμε στον δρόμο της αλλαγής.

ΑΣΚΗΣΗ
Επαφή με το εσωτερικό μας παιδί

Το πρώτο που χρειάζεται να ελέγξουμε σε όποιο είδος θεραπείας και αν κάνουμε είναι η κατάσταση στην οποία βρίσκεται το εσωτερικό μας παιδί καθώς και τι χρειάζεται από εμάς. Καθίστε κάπου ήσυχα και χαλαρώστε. Αναπνεύστε ήρεμα και νιώστε τη χαλάρωση να κατεβαίνει από το κεφάλι σας, στους ώμους σας, στα χέρια σας μέχρι τα δάχτυλα των χεριών, στο πίσω μέρος του κεφαλιού, στον αυχένα, στην πλάτη, στο στήθος, στη λεκάνη. Νιώστε τους μηρούς σας να χαλαρώνουν, τις γάμπες, τους αστραγάλους, τα πόδια μέχρι τα δάχτυλα. Και όπως είστε έτσι βαθιά χαλαροί, ελάτε σε επαφή με το εσωτερικό σας παιδί. Καλωσορίστε το, πείτε του ένα φιλικό γεια και αφήστε το να σας δείξει σε ποια ηλικία είναι και σε ποια κατάσταση βρίσκεται. Ρωτήστε το τι χρειάζεται από εσάς και ακούστε αυτό που έχει να σας πει. Μείνετε μαζί του όσην ώρα χρειάζεται. Πριν ολοκληρώσετε την άσκηση, διαβεβαιώστε το εσωτερικό σας παιδί ότι τώρα γνωρίζετε πως να το συναντάτε.

Μία δεύτερη τεχνική για να έρθετε σε επαφή με το εσωτερικό σας παιδί είναι η εξής: Πάρτε δίπλα σας λευκές κόλλες χαρτί και στυλό. Κάνετε πάλι τη διαδικασία που προτείνεται παραπάνω. Κατόπιν γράψτε ό,τι σας λέει, το εσωτερικό σας παιδί, χωρίς καμία λογοκρισία. Αν δυσκολεύεστε, θα βοηθούσε να δοκιμάσετε να γράψετε με το άλλο χέρι, από αυτό που κανονικά χρησιμοποιείτε.

Β. Η ΠΟΛΥΔΙΑΣΠΑΣΗ
Η έννοια της Αποστολής

Τα παιδιά όλου του πλανήτη βρίσκονται σε μία σιωπηλή σταυροφορία. Αναλαμβάνουν την Αποστολή να είναι αυτά υπεύθυνα για τους γονείς τους και για αυτούς που τα μεγαλώνουν. Να σώσουν τον γάμο τους, να τους κρατάνε πάντα ευτυχισμένους, υγιείς, να πεθάνουν στη θέση τους, να τους ολοκληρώσουν, να τους ανακουφίσουν, να αναλάβουν όλα τα βάρη αντί γι' αυτούς και γενικά να θυσιαστούν με κάθε τρόπο. Αυτή η Αποστολή ή και οι Αποστολές που έχουμε αναλάβει ως παιδιά είναι πολύ ισχυρές μέσα μας. Γι' αυτό, κάθε φορά που κάνουμε οποιουδήποτε είδους θεραπεία, ο σκοπός αυτός χωρίς να το καταλαβαίνουμε εμφανίζεται πάντα πανίσχυρος να τραβήξει πίσω και να παραδώσουμε τη ζωή μας για την ευτυχία των άλλων.

Το εσωτερικό μας παιδί, για να αντεπεξέλθει στην Αποστολή που έχει ανα-λάβει και παράλληλα να μπορέσει να επιβιώσει, αναπτύσσει Πολυδιάσπα-ση. Κατακερματίζεται σε πολλά κομμάτια, τα οποία πρέπει να μείνουν καλά κρυμμένα. Ο λόγος της Πολυδιάσπασης δεν είναι άλλος από το τραύμα. Η λέξη προέρχεται από την αρχαία ελληνική λέξη «τιτρώσκω» και σημαίνει τραυματίζω, πληγώνω. Προκαλείται από ένα γεγονός, που βλάπτει σε φυ-σικό, νοητικό, συναισθηματικό, ψυχολογικό αλλά και πνευματικό επίπεδο. Τα σωματικά τραύματα είναι εμφανή και μπορούμε να δούμε αυτά την ίδια στιγμή. Στα υπόλοιπα όμως σώματά μας προκαλούνται παρόμοιες πληγές, τις οποίες θα εμφανίσει το υλικό μας σώμα, μέσω ασθένειας, ενόχλησης, πόνου ή οποιουδήποτε είδους δυσλειτουργίας.

Την στιγμή του τραύματος γίνεται μέσα μας μία απόσχιση (fission), η οποία προκαλεί τη διάσπαση. Το εσωτερικό μας παιδί πρέπει να επιβιώσει. Γι' αυτό μοιράζει όλο αυτόν τον πόνο σε πολλά μέρη, όπου κάθε ένα αναλαμβάνει κάτι για το σύνολο. Η Πολυδιάσπαση του εσωτερικού μας παιδιού είναι μη συνειδητή και βρίσκεται στη σκιά μας.

Δεν μπορεί να γίνει ολοκληρωμένη θεραπεία, εάν δεν έρθουμε σε επαφή με αυτά τα κομμάτια, ώστε να θεραπευθούν και να ενοποιηθούν ξανά. Μόνο τότε ενηλικιωνόμαστε και, συνεπώς, το εσωτερικό μας παιδί μπορεί να ξανα-γίνει παιδί.

Ο πυρήνας - Το Παιδί Ήρωας

Υπάρχει ένας πυρήνας του εσωτερικού μας παιδιού, το Παιδί - Ήρωας, το οποίο είναι επικεφαλής της Πολυδιάσπασης. Αυτό επιφορτίζει κάθε κομμάτι με την υποαποστολή του, ώστε να μπορεί απερίσπαστα να φέρει εις πέρας την κύρια Αποστολή της σωτηρίας των γονιών, με σημαντικότερη και πρώτη πάντα την μητέρα του. Ο πυρήνας αυτός αναπτύσσει μία εικόνα - περσόνα, με την οποία συντονίζει τα υπόλοιπα διασπασμένα κομμάτια. Περσόνες του Πυρήνα του παιδιού Ήρωα, όπως «το Ικανό», «ο Φταίχτης», «το Κακόμοιρο», «το Επιπόλαιο», «το Σοφό». Για παράδειγμα, ένας πυρήνας, που εκφράζεται ως «Σοφό», βάζει συνεχώς σε πλάνη καθώς υποκαθιστά τη σύνδεση με την Ψυχή μας. Θέλει να είναι μόνο του, χωρίς υποχρεώσεις, για να αυξήσει τη σοφία του όσο περισσότερο γίνεται. Είναι ένας μικρός επιστήμονας, που με-λετά συνεχώς για το πώς θα σώσει τη μητέρα του και το οικογενειακό του σύστημα.

Ο πυρήνας του Παιδιού - Ήρωα αναθέτει κάτι σε κάθε κομμάτι της Πολυδιά-σπασης. Ένα αναλαμβάνει να πεθάνει, άλλο να σαμποτάρει, να αρρωσταίνει, να απορροφά όλο το αρνητικό, την κακοποίηση, να κλείνει την αντίληψή μας, να κρατάει όλα κλειστά, να βάζει εμάς σε μη ύπαρξη και μη ζωή. Άλλα κομμάτια αναλαμβάνουν να απορροφούν και να παγώνουν τον φόβο, τον θυμό, τη στενοχώρια, τη θλίψη, την ενοχή και γενικά οτιδήποτε πρέπει να καταπιεσθεί και να κλείσει.

Στα παρακάτω παραδείγματα παρουσιάζονται διασπασμένα κομμάτια του εσωτερικού μας παιδιού και ό,τι αυτά εκπροσωπούν:

Ο σαμποτέρ: Το κομμάτι αυτό έχει επιληφθεί να κάνει σαμποτάζ με κάθε τρόπο και να καταστρέφει. Προκαλεί αρρώστιες, ατυχία, κλείνει την αντίληψη εκεί όπου πρέπει να έχουμε τα μάτια μας ολάνοιχτα. Υπνωτίζει με κάθε τρόπο και οδηγεί εμάς σε πλάνη. Γίνεται τιμωρός του ίδιου, του εαυτού του.

Ο απορροφητής: Η κάθε είδους κακοποίηση κάνει να κλείνουμε το συναίσθημά μας. Το παγώνουμε και αποστασιοποιούμαστε από αυτό, για να προστατευθούμε από το τραύμα. Κατά μία έννοια το αποκλείουμε. Για παράδειγμα, ένας γονιός που χτυπάει, βρίζει ή υποτιμάει το βιολογικό του παιδί. Αυτό δείχνει, ότι, επειδή δεν έχει καμία επικοινωνία με το δικό του εσωτερικό παιδί, συνεχίζει να αναπαράγει ακριβώς ό,τι έχει συμβεί και στον ίδιο σε παρόμοια ηλικία. Το παγωμένο συναίσθημα εμποδίζει να νιώσει τη φυσιολογική ενοχή του και ντροπή του, που θα έπρεπε να έχει για την πράξη του. Τότε, το βιολογικό του παιδί τη στιγμή της πρόκλησης του τραύματος, εκτός από το ότι πρέπει να καταπιέσει τα δικά του συναισθήματα, απορροφά παράλληλα και όλη την ενοχή και τη ντροπή που κανονικά θα έπρεπε να νιώθει ο ενήλικας που το χτυπάει.

Όπως στο παράδειγμα, το κομμάτι απορροφητής αναλαμβάνει να εκπροσωπήσει κάθε αποκλεισμένο συναίσθημα του οικογενειακού του συστήματος. Αυτό το συναίσθημα ή το στρέφει ενάντια στον εαυτό του ή συχνά το εκφράζει προς τα έξω, αλλά με πολύ έντονο τρόπο, αφού είναι συσσωρευμένο. Επειδή όμως είναι πολύ βαρύ ένα μόνο κομμάτι να έχει απορροφήσει όλα τα πλεονάζοντα και παγωμένα συναισθήματα του οικογενειακού συστήματος, η διάσπαση συνεχίζεται σαν ντόμινο. Νέα κομμάτια αναλαμβάνουν κάθε συναίσθημα ξεχωριστά. Τη θλίψη, την ενοχή, το σαδισμό, το, θυμό, τη ζήλια, την κακία, το φθόνο, το μίσος κοκ.

Το σοβαρό παιδί: Το κομμάτι αυτό, ασχολείται με την καταστολή της παιδικότητάς μας. Κλείνει τη σεξουαλικότητα και τον ερωτισμό της πηγαίας χαράς του παιδιού. Δεν αφήνει να είμαστε ξένοιαστοι και χαρούμενοι. Έχετε δει κάποιους μεγάλους ανθρώπους, οι οποίοι σε κάθε γιορτή δεν αντέχουν με τίποτα και κάνουν τα πάντα για να τη χαλάσουν; Το σοβαρό παιδί αναλαμβάνει την πρόωρη ενηλικίωσή μας και να μην είμαστε παιδιά.

Το υπεύθυνο παιδί: Τακτοποιεί την κάθε είδους ανευθυνότητα των ενηλίκων γύρω του. Παίρνει υπευθυνότητα για τις υποχρεώσεις της οικογένειάς του, όπως τα μικρότερα αδέρφια του, το σπίτι ή ακόμα και τα οικονομικά. Η ανάληψη, από αυτό το κομμάτι της Πολυδιάσπασης, υποχρεώσεων που δεν αναλογούν σ΄αυτό, οδηγεί επίσης σε πρόωρη ενηλικίωση. Το υπεύθυνο παιδί συνεχίζει να κάνει το ίδιο αργότερα, μεγαλώνοντας, στην εργασία του και σε όλες του τις σχέσεις. Δεν ζει για τον εαυτό του, διότι είναι μονίμως σε επιφυλακή για να εξυπηρετήσει τους άλλους. Δεν έχει βοήθεια από κανέναν. Άλλωστε, και δεν τη ζητάει για να μην ενοχλήσει. Επιβιώνει, δημιουργώντας έναν ψυχαναγκασμό με την αυστηρή τήρηση του προγράμματος, ώστε να καταφέρει να ολοκληρώνει τις δικές του εργασίες και γενικά όποια εργασία υπάρχει. Έτσι καταφέρνει να παραμένει ετοιμοπόλεμο για να αναλάβει και τις ευθύνες των άλλων, με αποτέλεσμα να μην ζει.

Στην περίπτωση κατά την οποία οι γονείς είναι υπερπροστατευτικοί, αυτό μπορεί να λειτουργεί ανάποδα, ως το ανεύθυνο παιδί. Εδώ το μήνυμα είναι «θα φροντίσουμε τα πάντα εμείς, εσύ μείνε παιδί» και έτσι αυτό το κομμάτι θα αναλάβει να αποτρέψει τις ευθύνες της ενηλικίωσης μένοντας πάντα ανεύθυνο.

Ο διαμεσολαβητής: Έχει αναλάβει το βάρος του σχετίζεσθαι των άλλων. Δημιουργείται σε οικογενειακά συστήματα, όπου υπάρχουν ασυμφωνία και καυγάδες και το παιδί καλείται να μπει στη μέση, δηλαδή σε ένα τρίγωνο μεταξύ των δύο γονιών. Με τον διαμεσολαβητή ενεργό, συνεχίζουμε το ίδιο και στην υπόλοιπη ζωή μας, αναζητώντας πάντα δύο άτομα ως εκπροσώπους του πατέρα και της μητέρας. Αν βλέπαμε την ενεργειακή εικόνα αυτού του κομματιού, θα διαπιστώναμε ότι ήταν ένα μικρό παιδάκι που τρέχει πανικόβλητο με ένα κόκκινο πυροσβεστήρα στα χεράκια του για να προλάβει να σβήσει κάθε φωτιά πριν αυτή ακόμα εκδηλωθεί.

Στο παράδειγμα μιας γυναίκας 45 ετών, και οι δύο γονείς της απαιτούσαν από αυτή να παίρνει μέρος στους συνεχείς καυγάδες που είχαν στον γάμο τους, προκειμένου να αποφασίζει ποιος είχε δίκιο. Όταν δεν το έκανε, διότι όποιον και να υποστήριζε έβρισκε το μπελά της από τον άλλον, την αποκαλούσαν ή υπονοούσαν ότι είναι «αναίσθητη και δεν νοιάζεται για αυτούς». Ανέλαβε, λοιπόν, ως παιδί να κάνει το διαμεσολαβητή, μπαίνοντας, κάθε φορά που υπήρχε πρόβλημα στη σχέση τους, στη μέση και νουθετώντας τον κάθε γονιό ξεχωριστά. Οι γονείς τελικά πήραν διαζύγιο, κάτι που δημιούργησε επιπλέον ενοχή για το ότι απέτυχε στο ρόλο της.

Η γυναίκα αυτή συνέχισε να είναι διαμεσολαβητής, ως ενήλικη, σε όλες τις σχέσεις της. Στον γάμο της μεταξύ του συζύγου της και της πεθεράς της, για τα αδέρφια της με τους γονείς της, στην εργασία της μεταξύ της εταιρείας και των πελατών ή του αφεντικού και των υπαλλήλων. Σε ένα ακόμα πιο κρυμμένο επίπεδο του διαμεσολαβητή, έμπαινε στη μέση και στη σχέση των ανθρώπων γύρω της με τον ίδιο τους τον εαυτό. Δηλαδή, όπου υπήρχε τραύμα, άρα και «εσωτερική σύγκρουση».

Τι κάνει επιτυχημένο έναν διαμεσολαβητή; Να καταφέρει να κατανοήσει και τις δύο πλευρές για να μπορέσει να λύσει τη διαμάχη τους. Για παράδειγμα, στη σχέση που είχε η φίλη της με την αυξομείωση των κιλών της και το συνεπαγόμενο στρες, ανέλαβε αυτή, αν και αδύνατη, να παίρνει βάρος. Έμπαινε στη θέση της, βιώνοντας το πρόβλημα και κάνοντάς το δικό της από πρώτο χέρι. Στην εσωτερική διαμάχη του συζύγου της με την εργασία, την οποία θεωρούσε δουλεία, αναλάμβανε να φέρνει και το δικό του μερίδιο εισοδήματος στο σπίτι δουλεύοντας παραπάνω ώρες. Αυτό συνέχιζε παντού. Στη σχέση της πεθεράς της με την ασθένεια, της αδελφής της με τη χαμηλή της αυτοεκτίμηση κλπ. Κατά τη διάρκεια της θεραπείας ήρθε σε επαφή με αυτό το κομμάτι του εσωτερικού της παιδιού και άρχισε να παρατηρεί πώς μπαίνει στη μέση. Η θεραπευτική φράση που δόθηκε να επαναλαμβάνει συνεχώς μέσα της, όσο εργαζόταν με αυτό το θέμα, ήταν «επιτρέπω στους άλλους να είναι ότι αυτοί επιλέγουν να είναι».

Το δαιμονισμένο παιδί: Ένα κομμάτι του εσωτερικού μας παιδιού παραδίδεται στο αρνητικό. Το κάνει οικειοθελώς, αναλαμβάνοντας το σκοτάδι του οικογενειακού συστήματος. Αν αναρωτιέστε γιατί συνεχίζονται στις οικογένειες και στις κοινωνίες πρακτικές, όπως τα μάγια και οι κατάρες, αυτός είναι ο λόγος. Το δαιμονικό με αυτόν τον τρόπο εγκαθιδρύεται μέσα στον πυρήνα μας. Αυτό το κομμάτι της Πολυδιάσπασης οδηγεί σε αρνητικά πεδία, ζητώντας τη γνώση και τη δύναμη πώς θα θεραπεύσει το σκοτάδι, ώστε να θεραπεύσει όλους. Με την άγνοια, την αφέλεια και την αθωότητα του μικρού παιδιού σε θέση σωτήρα, παραδίδεται στο αρνητικό, και το έλκει συνεχώς. Είναι ο τρόπος που έχει βρει για να θεραπεύσει τη μητέρα του, η οποία κι αυτή με τη σειρά της έχει κάνει το ίδιο για τη δική της μητέρα. Αν μπορούσαμε να δούμε την εικόνα του θα διαπιστώναμε ότι ήταν πεσμένο κάτω, σε λήθαργο. Αυτό έλκει αρνητικές οντότητες, από όπου και αν προέρχονται και γι' αυτό είναι συχνό του σύμπτωμα οι κρίσεις πανικού με πλάκωμα στο στήθος και δυσκολία στην αναπνοή.

Το παγωμένο παιδί: Αυτό το κομμάτι παγώνει το συναίσθημα. Αποκοιμίζει, αποκοιμίζοντας την ίδια τη ζωή, οδηγώντας μας σε παραίτηση. Αναλαμβάνει όχι μόνο το δικό μας πάγωμα, αλλά και όλου του οικογενειακού συστήματος.

Το πεθαμένο και θαμμένο παιδί: Κάθε φορά που από αγάπη θυσιάζουμε κάτι, τη ζωή μας την ίδια, τα ταλέντα μας, τις χάρες μας, την ομορφιά μας, την αξιοπρέπειά μας, την υγεία μας, κάτι μέσα μας πεθαίνει. Αυτό είναι που έχει αναλάβει αυτό το κομμάτι της Πολυδιάσπασης. Οτιδήποτε έχει θυσιαστεί για την Αποστολή του Παιδιού Ήρωα. Αν βλέπαμε την ενεργειακή του εικόνα, θα διαπιστώναμε ότι θα ήταν θαμμένο κάτω από τόνους συναισθηματικών σκουπιδιών, μέσα σε ένα φέρετρο. Για να μπορέσουμε να έρθουμε σε επαφή μαζί του θα χρειαστεί να βιώσουμε αντίστοιχα όλον τον πόνο της στιγμής της απόφασης της θυσίας.

Γ. ΤΡΑΥΜΑΤΑ
Ποια προκαλούν απόσχιση και διάσπαση

Τα έντονα τραύματα είναι αυτά που προκαλούν απόσχιση και διάσπαση.

Ας δούμε παρακάτω κάποιες τέτοιες κατηγορίες και παραδείγματα:

Το τραύμα της ταπείνωσης: Η ταπείνωση ορίζεται από το λεξικό ως η έντονη προσβολή της αξιοπρέπειας κάποιου και ο εξευτελισμός του. Κάθε φορά που μάς έχουν ταπεινώσει και εξευτελίσει, έχουμε χάσει και από ένα κομμάτι της δύναμής μας. Το πόσο μεγάλο ή μικρό, εξαρτάται από το μέγεθος της ταπείνωσης.

Σε ένα παράδειγμα, ένας πατέρας έδειρε άγρια την 12ετή κόρη του γιατί τον παράκουσε, υποχρεώνοντας όλη την οικογένεια να παρακολουθεί για παραδειγματισμό. Το Πνεύμα του παιδιού αποσχίσθηκε και αποσύρθηκε, καθώς δεν μπορούσε να αντέξει αυτόν το διπλό πόνο. Για πολλά χρόνια μετά, ήταν σε συναισθηματική απάθεια, ακριβώς όπως θα συνέβαινε σε κάποιον που τον έχουν υποδουλώσει και τον βασανίζουν για καιρό, χωρίς να υπάρχει ορατή ελπίδα διαφυγής.

Όσο συχνότερα προσβάλλεται η αξιοπρέπειά μας μεγαλώνοντας, τόσο περισσότερο προγραμματιζόμαστε ότι η ταπείνωση είναι κάτι το φυσιολογικό. Κάτι που αντανακλάται, όταν ενηλικιωνόμαστε στις επιλογές που κάνουμε. Η γυναίκα, η οποία σχετίζεται με άνδρες που την κοροϊδεύουν, ή όποιος επιτρέπει να τον εκμεταλλεύονται και τον ρεζιλεύουν σε οποιοδήποτε τομέα της ζωής του, τότε σίγουρα έχει τέτοιο ιστορικό. Παράλληλα, είναι βέβαιο ότι όχι μόνο δέχεται να τον ταπεινώνουν, αλλά με τη σειρά του το κάνει και σε άλλους, όποτε έχει την ευκαιρία. Συνήθως, χωρίς να το αντιλαμβάνεται καν. Για παράδειγμα, ένας πατέρας, ο οποίος βιώνει ταπείνωση στην εργασία του, όταν γυρίζει στο σπίτι του ξεσπάει και ταπεινώνει με τη σειρά του τα παιδιά του και τη γυναίκα του.

Τα διπλά μηνύματα (Double binds): Άλλο ένα τραύμα που δημιουργεί απόσχιση και μπορεί να οδηγήσει ακόμα και στη σχιζοφρένεια είναι η έκθεση σε διπλά μηνύματα. «Σε αγαπώ, αλλά στην πράξη δείχνω ότι σε μισώ», «σε θέλω, ενώ δεν σε θέλω», «σε στηρίζω, ενώ εγώ στηρίζομαι πάνω σου», «θέλω να πετύχεις, αλλά σε σαμποτάρω να μην πετύχεις», είναι μερικά παραδείγματα διπλών μηνυμάτων. Άλλο λέγεται και άλλο εκπέμπεται συναισθηματικά ή ακόμα και λεκτικά. Για παράδειγμα, μία μητέρα που λέει σε καθημερινή βάση «ο πατέρας σας είναι άχρηστος», και «μού άξιζε ένας καλύτερος άνδρας», ενώ στην πράξη αυτός είναι η πρώτη της προτεραιότητα, πάνω και από τα παιδιά της. Ένας γονιός που ανατρέφει το παιδί με το σλόγκαν «η δουλειά είναι δουλειά» και το πράττει και ο ίδιος, παράλληλα με τη φράση «δεν πρέπει να κάθεσαι καθόλου, μην χασομεράς».

Άλλα διπλά μηνύματα, όπως «σε στηρίζω, αλλά δεν σε στηρίζω». «Θέλω να πετύχεις, αλλά μην με ξεπεράσεις, οπότε μην πετύχεις», «θέλω να έχω όμορφη κόρη, αλλά σε ζηλεύω, οπότε κρύψε την ομορφιά σου και τη θηλυκότητά σου», «θέλω να είσαι ευτυχισμένος, αλλά δεν αντέχω να είσαι πιο ευτυχισμένος από μένα». Το παράδειγμα μιας μητέρας που ξεσπάει συνεχώς στα παιδιά με ξύλο ή φωνές και μετά μετανιωμένη ζητάει από αυτά συγνώμη είναι ένα καλό παράδειγμα διπλού μηνύματος.

Τα διπλά μηνύματα μπορεί να προέρχονται ταυτόχρονα και από τους δύο γονείς προς τα παιδιά, με την πρόφαση της διαπαιδαγώγησης. Αυτό συναντάμε ιδιαίτερα σε περιπτώσεις κατά τις οποίες δεν συμφωνεί το σύστημα αξιών τους. Ο ένας γονιός λέει άσπρο, ό άλλος μαύρο. «Κάνε καριέρα», λέει ο ένας, «γίνε νοικοκυρά», λέει ο άλλος. «Σπούδασε», λέει ο ένας, «οι σπουδές δεν είναι σημαντικές», λέει ο άλλος. Εάν επιπλέον το ζευγάρι καβγαδίζει, τότε τα διπλά μηνύματα προς τα παιδιά είναι εντονότερα και σχετίζονται με το ποιος γονιός θα επικρατήσει, και θα τα πάρει με το μέρος του ως συμμάχους.

Ας δούμε ένα παράδειγμα διπλού μηνύματος, όπου συμμετέχουν και οι δύο γονείς στην περίπτωση ενός άνδρα 35 ετών. Μία μητέρα, η οποία ασκεί συνεχώς τεράστια πίεση στον γιο της για επιδόσεις στο σχολείο και τις δραστηριότητες του. Το παιδί νιώθει εγκλωβισμό. Ταυτόχρονα, ασκείται η ίδια πίεση από τον πατέρα του για μην έχει επιδόσεις, μέσω κοροϊδίας. Λέει συνεχώς ότι δεν θα τα καταφέρει. Ξεκινάει να μάθει κιθάρα ή μία ξένη γλώσσα και τον κοροϊδεύει ότι θα έπρεπε ήδη να τα γνωρίζει και το παιδί νιώθει ντροπή. Αυτό προκάλεσε διάσπαση σε δύο εαυτούς. Αν το κάναμε εικόνα, θα βλέπαμε τον έναν να χαστουκίζει τον άλλον. Σε όλη τη μετέπειτα ζωή του νιώθει συνεχώς αυτόν τον εγκλωβισμό και τη ντροπή. Καταλήγει πάντα σε θυμό εναντίον του, σε σημείο που να νιώθει ότι θα τρελαθεί. Οι δύο εαυτοί παλεύουν μεταξύ τους σε 24ωρη βάση κυριολεκτικά για τα πάντα. «Σήκω να πας στη δουλειά - μην σηκώνεσαι», «διάβαζε - μην διαβάζεις», «πήγαινε γυμναστήριο - μην πας». Και, τελικά, «μη χασομεράς έναντι μη κάνεις τίποτα», που οδηγεί σε τεράστια εσωτερική πίεση και ακινητοποίηση. Εδώ, οι Ψυχολογικοί Μηχανισμοί που αναπτύχθηκαν για να συγκαλύψουν αυτό το τραύμα ήταν «ο φυγόπονος» και ο «φιλάσθενος». με δευτερεύοντα μηχανισμό την ασθένεια. Έτσι μόνο μπορούσε να ξεκουραστεί από τη μεγάλη εσωτερική πίεση και τους δύο εαυτούς που χαστουκίζει αέναα ο ένας τον άλλον.

Τα διπλά μηνύματα που είχαμε ως παιδιά, κάνουν να κλείνουμε την αντίληψη μας και να αμφιβάλλουμε μονίμως για το πώς νιώθουμε και το τι πραγματικά συμβαίνει. Είναι από τα τραύματα που προκαλούν διάσπαση, πλάνη και τρέλα. Το θέμα είναι ότι συνεχίζουμε το ίδιο εσωτερικά. «Να κάνω δουλειές στο σπίτι, να μην κάνω». «Αγαπώ αυτόν τον άνδρα, είναι ο καλύτερος για μένα, τον μισώ είναι ο χειρότερος», «θέλω να προχωρήσω, δεν θα τα καταφέρω», «θέλω να κάνω παιδί, δεν είμαι έτοιμη», «να φάω το γλυκό, να μην το φάω» κλπ. Για κάθε μας πράξη γίνεται ένα συμβούλιο μέσα στο νου μας, με διαφορετικές αντικρουόμενες απόψεις. Γι' αυτό τα διπλά μηνύματα, που πλέον τα έχουμε ενδοβάλλει, οδηγούν την καθημερινότητά μας σε χάος, ακινητοποίηση και αλλοπρόσαλλη συμπεριφορά.

Η πλάνη στην οποία βρισκόμαστε είναι ανάλογη του είδους των διπλών μηνυμάτων που έχουμε βιώσει. Εάν, για παράδειγμα, άλλο μάς έλεγαν και άλλο συνέβαινε σχετικά με την αγάπη και τη φροντίδα που παίρναμε, θα ελκύουμε καταστάσεις που κινδυνεύουμε, που μάς εξαπατούν, μάς αδικούν, μάς προδίδουν. Θα πιστεύουμε αυτό που λέγεται και όχι αυτό που νιώθουμε ότι συμβαίνει πραγματικά. Από τα πιο απλά μέχρι αποφάσεις ζωής. Δεν θα μπορούμε να ξεχωρίσουμε το σωστό από το λάθος.

Το τραύμα της παραμέλησης: Το τραύμα της παραμέλησης είναι τόσο ισχυρό για ένα βρέφος, ώστε νιώθει ότι θα πεθάνει εξαιτίας του. Δηλαδή, η παραμέληση οποιασδήποτε μορφής, όπου ο γονιός είναι απών στις ανάγκες του παιδιού του. Η ανάγκη για αγάπη, ασφάλεια, παιχνίδι, εξερεύνηση, χαρά, ήρεμο περιβάλλον χωρίς καυγάδες. Τότε οι ρόλοι αντιστρέφονται και το παιδί αναγκάζεται να γίνει πολύ ικανό για να τους προστατέψει και να μπορέσει να καλύψει αυτό τις ανάγκες των ενηλίκων.

Ας δούμε ένα παράδειγμα ακραίας παραμέλησης σε μία ευπόληπτη οικογένεια μεσαίας τάξης. Η μητέρα ανέπτυξε μία εξωσυζυγική σχέση. Σε κάθε ευκαιρία, παρατούσε τα παιδιά (ένα αγοράκι πέντε ετών και ένα κορίτσι επτά ετών) μόνα τους στο σπίτι για να μπορεί να συναντιέται με τον άνδρα με τον οποίο είχε δεσμό. Άφηνε τα παιδιά συχνά κλειδωμένα μέσα όλη τη μέρα, από το πρωί που έφευγε ο σύζυγός της για τη δουλειά μέχρι το απόγευμα που γυρνούσε. Τρομοκρατούσε τα παιδιά να κάνουν απόλυτη ησυχία για να μην καταλάβουν οι γείτονες ότι δεν πήγαν στο σχολείο. Τα απογεύματα κλείδωνε τα παιδιά μέσα στο σπίτι μαζί με τον πατέρα τους (εκείνη την εποχή αντιμετώπιζε προβλήματα με το αλκοόλ) για να τον προσέχουν. Επίσης, και όποιες νύχτες ο σύζυγος είχε βάρδια στην εργασία του, τα παιδιά έμεναν μόνα τους, κλειδωμένα στο σπίτι. Αυτό συνεχίστηκε για μερικά χρόνια για όσο διάστημα η γυναίκα διατηρούσε αυτή τη σχέση. Το κορίτσι εκτός από την παραμέληση των δικών της αναγκών, ανέλαβε το βάρος του μικρού αδελφού της, αλλά και της συγκάλυψης της μητέρας απέναντι στον πατέρα και στην τοπική κοινωνία. Το αγοράκι άρχισε να υπνοβατεί τα βράδια ζητώντας να δώσουν το κλειδί να ανοίξει.

Το κοριτσάκι του παραδείγματος αναζήτησε θεραπεία σε ηλικία 40 ετών, γιατί ήταν βουτηγμένη στην κατάθλιψη, ενώ συχνά τα βράδια δεν μπορούσε να κοιμηθεί βιώνοντας μεγάλο τρόμο. Δεν καταλάβαινε από που προέρχονταν όλα αυτά, αφού όλα στη ζωή της ήταν τακτοποιημένα. Οι μνήμες της από αυτά τα συμβάντα, τις οποίες είχε κλείσει τελείως για να μπορέσει να επιβιώσει, άρχισαν σταδιακά να έρχονται στην επιφάνεια, μαζί με την ανάκτηση της δύναμής της.

Η διαμερισματοποίηση

Τα ισχυρά τραύματα είναι αυτά που προξενούν διάσπαση. Ο τρόπος για να επιβιώσουμε από τη διάσπαση που προξενούν τα ισχυρά τραύματα, είναι η διαμερισματοποίηση. Η αποκοπή, δηλαδή, του κάθε κομματιού της Πολυδιάσπασης από τα υπόλοιπα. Σαν ένα πλοίο, του οποίου τη στιγμή της σύγκρουσης κλείνουν τα στεγανά, για να μη μπει το νερό και πλημμυρίσει τα πάντα. Όταν η στάθμη του νερού ανέβει έως κάποιο σημείο, σφραγίζονται ερμητικά, για να μην αφήνουν να περάσει σταγόνα από το ένα στο άλλο. Λέγεται ότι ο λόγος που έγινε το ναυάγιο του «Τιτανικού» είναι ότι η σύγκρουση διέρρηξε 5 από τα 16 υδατοστεγή διαμερίσματα, εκθέτοντάς τα στη θάλασσα. Με παρόμοιο τρόπο, τη στιγμή του πλήγματος από το τραύμα κλείνουμε τα στεγανά και έτσι τα κομμάτια της Πολυδιάσπασης αποκόπτονται το καθένα κλεισμένο στο δικό του ξεχωριστό διαμέρισμα. Ο «Τιτανικός» προς στιγμήν έχει αποφευχθεί, αλλά την ίδια στιγμή η ζωή μας ολόκληρη μετατρέπεται σε «Τιτανικό».

Μεγαλώνουμε και ξεκινάμε την ενήλικη ζωή μας να είναι ήδη σε Πολυδιάσπαση, να είμαστε διαμερισματοποιημένοι, χωρίς να έχουμε συνήθως επίγνωση του τι συμβαίνει. Μέχρι που ένα άλλο πλήγμα, συνήθως παρόμοιο με το πρώτο, δημιουργεί ρωγμή και τα στεγανά ανοίγουν. Το νερό αρχίζει να μπαίνει με ορμή, κάτι που συμβολίζει βέβαια το συναίσθημα. Και εκεί σοκαρισμένοι συνειδητοποιούμε ότι βουλιάζουμε. Μοιάζει σαν να έχουμε πολλαπλές προσωπικότητες, οι οποίες όσο συνεχίζουμε να αποκλείουμε, τόσο αυτές κατακλύζουν και χάνουμε τον έλεγχο. Θεωρούμε τον εαυτό μας καλό, αλλά ξαφνικά η κακία μας πλημμυρίζει. Ο δολοφονικός θυμός βγαίνει στην επιφάνεια. Η ζήλια που δεν πιστεύαμε ότι είχαμε. Κρίσεις άγχους και πανικού, οι οποίες οδηγούν στο νοσοκομείο. Απελπισία, που δεν είχαμε νιώσει ποτέ στη ζωή μας. Σεξουαλική ενέργεια, την οποία δεν ξέρουμε τι να την κάνουμε.

Αλλά, όσο και να προσπαθούμε να κρύψουμε και να εξαφανίσουμε το κάθε κομμάτι που βγήκε στο φως, πλέον δεν γίνεται. Μπορεί να το καταφέρνουμε κατά διαστήματα, χρησιμοποιώντας πραγματικά όλη μας την ενέργεια και τη δύναμη, αλλά αυτό με κάθε ευκαιρία θα πεταχτεί, παίρνοντας τον έλεγχο και καταλαμβάνοντάς μας ολοκληρωτικά.

Αποκομμένοι από παιδιά από τα συναισθήματά μας για να μπορέσουμε να επιβιώσουμε, ξαφνικά χρειάζεται να μάθουμε, ότι η λύση δεν είναι η αποκοπή, αλλά η ενοποίηση. Στα χρόνια που έρχονται, όλη η ανθρωπότητα θα χρειαστεί να επανεκπαιδευτεί στο πώς να εμπεριέχει και να συμπεριλαμβάνει αντί να αποκόπτει και να παραμένει διασπασμένη. Αυτό θα γίνει σε όλα τα επίπεδα ξεκινώντας από τον ίδιο μας τον εαυτό. Όλοι θα χρειαστεί να δουν τα διαμερισματοποιημένα κομμάτια και να κάνουν κάτι με αυτά.

Δ. ΑΠΟΦΑΣΕΙΣ ΕΠΙΒΙΩΣΗΣ
Το κόστος της καλής σχέσης με τους ενήλικες

Οι Αποφάσεις Επιβίωσης είναι ό,τι έχουμε αποφασίσει ως παιδιά για το τι είναι η Αγάπη και η φροντίδα, υπό την επίδραση του τραύματος. Το πιο σημαντικό είναι να ανήκουμε. Αποφασίζουμε «θα κάνω τα πάντα για να ανήκω. Θα γίνω όπως με θέλετε και έτσι με αυτή τη θυσία θα εξασφαλίσω τη συμμετοχή μου και άρα την Αγάπη». Παίρνουμε την ευθύνη για το τραύμα που προκαλείται, καθώς δεν γίνεται να διαταράξουμε τη σχέση μας με τους ενήλικες. Από αυτούς εξαρτάται η επιβίωσή μας.

Το ισχυρό συναίσθημα τη στιγμή της Απόφασης είναι αυτό που τη βάζει σε ισχύ. Με τον ίδιο τρόπο που η κατάρα πιάνει μόνο, όταν υπάρχει πολύ δυνατό συναίσθημα, έτσι και οι αρνητικές Αποφάσεις Επιβίωσης είναι σαν ισχυρή ενέργεια κατάρας προς τον ίδιο μας τον εαυτό. Ας δούμε παρακάτω κάποιες κατηγορίες διαφορετικών ειδών Αποφάσεων Επιβίωσης:

- **Ακυρωτικές Αποφάσεις Επιβίωσης – Το παράδοξο:** Μία σημαντική κατηγορία Αποφάσεων Επιβίωσης είναι αυτές που ακυρώνουν η μία την άλλη οδηγώντας σε παράδοξο. Αποφάσεις όπως «για να μην αποκοπώ πρέπει να αποκοπώ». «Για να έχω αγάπη πρέπει να μην έχω αγάπη». «Για να ζω πρέπει να μην ζω». «Για να μην μείνω μόνος μου, πρέπει να μείνω μόνος μου».

Το εσωτερικό μας παιδί, ψάχνοντας να βρει ένα τρόπο να επιβιώσει σε ένα περιβάλλον όπου δεν υπάρχει καμία ασφάλεια, θα αποφασίσει πως «ασφάλεια είναι η μη ασφάλεια». Σε ένα περιβάλλον όπου δεν υπάρχει φροντίδα, θα αποφασίσει πως «φροντίδα είναι η μη φροντίδα». Αδέρφια που διασκεδάζουν σαδιστικά με το μικρό αδελφάκι τους λέγοντάς του πως «δεν ανήκεις στην οικογένειά μας, οι γονείς αυτοί δεν είναι δικοί σου, σε πήραμε από άλλους», το οδηγούν πάνω στην απελπισία του να αποφασίσει πως «δεν ανήκω εδώ, δεν ανήκω πουθενά» και τελικά «για να ανήκω πρέπει να μην ανήκω».

Όλη η μετέπειτα ζωή μας θα κινηθεί βάσει αυτών των παράδοξων Ακυρωτικών Αποφάσεων Επιβίωσης. Θα είμαστε σε πλάνη νομίζοντας ότι ζούμε, ότι έχουμε ασφάλεια, φροντίδα, αγάπη χωρίς καν να γνωρίζουμε ότι βιώνουμε το αντίθετο.

- **Συμπληρωματικές Αποφάσεις Επιβίωσης:** Αυτές λειτουργούν συμπληρωματικά μεταξύ τους. Σε ένα παράδειγμα μιας οικογένειας, δινόταν συνεχώς το διπλό μήνυμα, «θέλουμε να είσαι ο καλύτερος, αλλά μην πετύχεις τίποτα για να μην μας ξεπεράσεις». Το παιδί, για να μπορέσει να αντεπεξέλθει σε αυτό που χρειάζονταν οι γονείς του από αυτό, πήρε τις παρακάτω Αποφάσεις:

  - 1η Απόφαση Επιβίωσης: «Για να μην με ξεφορτωθούν, πρέπει να είμαι ο καλύτερος από όλους».

  - 2η Απόφαση Επιβίωσης, Συμπληρωματική στην 1η, για να μπορέσει να υποστηρίξει το διπλό μήνυμα. «Πρέπει να κρύψω πάση θυσία ότι είμαι καλύτερος από όλους».

Για να στηρίξει αυτές τις Αποφάσεις, ανέπτυξε ένα Ψυχολογικό Μηχανισμό «να είναι ο καλύτερος σε ό,τι κάνει αλλά να το κρύβει».

Αν αναρωτιέστε πώς μπορεί να γίνει αυτό, απαντώ ότι ο Μηχανισμός βρίσκει πραγματικά ευφάνταστους τρόπους να εκφραστεί. Κάποιος που πάει στο πανεπιστήμιο, αλλά λίγο πριν από το πτυχίο τα παρατάει, μία γυναίκα που κάνει όλη τη δουλειά είτε στο σπίτι είτε στο γραφείο, αλλά τον έπαινο τον παίρνει πάντα άλλος. Οι Συμπληρωματικές Αποφάσεις Επιβίωσης οδηγούν αναπόφευκτα σε πολύ μεγάλη εσωτερική σύγκρουση σε οτιδήποτε κάνουμε στη ζωή μας, το οποίο σχετίζεται με επιτεύγματα και γενικότερα την πρόοδό μας.

- **Αποφάσεις Επιβίωσης Άμεσης Συναισθηματικής Προστασίας:** Βοηθούν στην άμεση επιβίωσή μας τη στιγμή που συμβαίνει ένα ισχυρό τραύμα. Για παράδειγμα, «θα παγώσω το συναίσθημά μου για να μην νιώθω το φόβο», «θα υποκύψω» ή «δεν έχω άλλη επιλογή από το να παραδοθώ και να υποκύψω» ή «θα καταπιέσω εντελώς το θυμό μου».

- **Αποφάσεις Επιβίωσης Συγκάλυψης:** Οι Αποφάσεις αυτές παίρνονται από το παιδί κυρίως για να αντέξει ό,τι συμβαίνει. Παράλληλα, το βοη-

θάνε να μην εξεγείρεται, και έτσι να είναι καλό και να το αγαπάνε. Απο-
φάσεις όπως: «Θα επιτρέπω να με εκμεταλλεύονται και εγώ όχι μόνο θα
κάνω ότι δεν καταλαβαίνω, αλλά θα τους ηρεμώ να μην νιώθουν άσχημα»
ή «θα τους αφήνω να με εμπαίζουν και θα κλείνω την αντίληψή μου για
το τι συμβαίνει». «Θα δέχομαι να με κοροϊδεύουν και αντί να ντρέπονται
αυτοί θα ντρέπομαι εγώ» ή «θα συγκατατίθεμαι είτε να μού αρνούνται τα
πάντα είτε να μού προσφέρουν ψίχουλα».

Τελικά, αμφιβάλλουμε για την αντίληψή μας, η οποία ακολουθείται από μεγάλη
ενοχή, έστω και για το ότι σκεφτήκαμε ότι μας λένε ψέματα και μάς εξαπατούν.
Σε ένα παράδειγμα, μία γυναίκα 45 ετών είχε ένα άσχημο σημάδι από κάψιμο
στον ώμο. Όταν ρωτήθηκε σε μία συνεδρία πώς έγινε το έγκαυμα, απάντησε
πως σε ηλικία τριών ετών είπαν σ᾽ αυτήν ότι έπεσε πάνω της καυτό νερό από
το μπρίκι στο οποίο η μητέρα της έβραζε ένα αυγό. Μεγαλώνοντας, την κατη-
γορούσε συχνά λέγοντάς της «εσύ έφταιγες γιατί ήσουν λαίμαργη και τράβη-
ξες το μπρίκι για να φας». Στη διεργασία του ανοίγματος της συγκεκριμένης
μνήμης, συνειδητοποίησε πως όχι μόνο είχε διαστραφεί η αλήθεια (είχε καεί με
διαφορετικό τρόπο από ό,τι είπαν), αλλά είχε πάρει και όλο το βάρος της αμέ-
λειας της μητέρας από το συμβάν. Παράλληλα, η Εγγραφή ότι είναι «λαίμαργη»
είχε ως αποτέλεσμα μέχρι την εφηβεία να έχει γίνει υπέρβαρη.

Με αυτήν την κατηγορία Αποφάσεων Επιβίωσης σε ισχύ, κλείνουμε την αντί-
ληψή μας, βάζοντας τους άλλους πιο ψηλά από εμάς, θεωρώντας τους καλύ-
τερους από ό,τι είναι. Αυτόματα έτσι κατεβαίνουμε εμείς και οι σχέσεις μας
δεν μπορούν να είναι ποτέ στην πραγματική τους διάσταση.

- **Συμπερασματικές αποφάσεις επιβίωσης:** Όπως έχουμε πει, το παιδί
  μέχρι 7-8 ετών δεν έχει λογική σκέψη και βρίσκεται καθαρά στο συναί-
  σθημα. Οι Συμπερασματικές Αποφάσεις Επιβίωσης είναι μία αλληλου-
  χία Αποφάσεων στην προσπάθεια του να επιβιώσει. Σε ένα παράδειγμα,
  έχουμε έναν ή και τους δύο γονείς που αντιλαμβάνονται το βιολογικό
  τους παιδί ως βάρος γι᾽ αυτούς. Το παιδί αποφασίζει «με μισούν, διότι εί-
  μαι βάρος», οπότε «δεν αξίζω τίποτα, είμαι βάρος, με μισώ», οπότε «είμαι
  υποχρεωμένος να τούς παίρνω το βάρος», οπότε «για να επιβιώσω θα
  είμαι με ανθρώπους που με μισούν και εγώ θα τούς παίρνω το βάρος».
  Αυτή η τελική Απόφαση Επιβίωσης, δείχνει και τον τρόπο που θα σχετίζε-
  ται ο συγκεκριμένος άνθρωπος στη μετέπειτα ζωή του.

- **Αντιθετικές Αποφάσεις Επιβίωσης:** Αναπτύσσουμε μία αντίθετη Από-
  φαση Επιβίωσης για να κρύψουμε μιαν αρχική. Στο παρακάτω παράδειγ-
  μα, έχουμε μία μητέρα που θεωρεί ότι οι δύο κόρες της δεν τη βοηθούν
  αρκετά και λέει ότι είναι τεμπέλες, τσαπατσούλες και αναίσθητες, εκφρά-
  ζοντας συνεχώς την ανησυχία της για το πώς αργότερα θα συντηρήσουν

το δικό τους σπίτι. Γνωρίζουμε ότι όποιοι χαρακτηρισμοί δίνονται στο παιδί, όλοι εγγράφονται να είναι έτσι. Παράλληλα, η ανησυχία της μητέρας προς αυτό, αναθέτει στο παιδί αυτόματα την Αποστολή να γίνει και να κάνει ακριβώς αυτό. Η μητέρα του παραδείγματος, ουσιαστικά έδινε εντολή στις κόρες να γίνουν ό,τι τις αποκαλεί.

Και οι δύο κόρες αναγκαστικά θα πάρουν την ίδια Απόφαση Επιβίωσης «Για να επιβιώσω θα είμαι τεμπέλα, τσαπατσούλα, αναίσθητη και δεν θα μπορώ να συντηρήσω το σπίτι μου, όταν θα παντρευτώ». Στο συγκεκριμένο παράδειγμα, η μία κόρη έγινε πράγματι έτσι. Μέχρι τα 40 που ξεκίνησε θεραπεία δεν είχε καταφέρει να παντρευτεί και να κάνει οικογένεια μολονότι ήθελε πολύ. Υποσυνείδητα, λειτουργούσε η Απόφαση ότι δεν θα μπορούσε να συντηρήσει ένα σπίτι. Η άλλη κόρη, πήρε μία Αντιθετική Απόφαση Επιβίωσης «θα κρύψω ότι είμαι τεμπέλα, τσαπατσούλα και αναίσθητη με το να τα αναλαμβάνω όλα εγώ». Αργότερα στη ζωή της έκανε ακριβώς αυτό, παίρνοντας βάρη που δεν αναλογούσαν σ' αυτή. Παράλληλα, παντρεύτηκε έναν άνδρα, από τον οποίο χαρακτηριζόταν συνεχώς ως «τσαπατσούλα».

• **Αποφάσεις Επιβίωσης Ανάθεσης και Ανάληψης:** Ανάθεση σημαίνει ότι κάποιος από το οικογενειακό σύστημα επιφορτίζει τα παιδιά με την Αποστολή να αναλάβουν να λύσουν κάτι για λογαριασμό του. Για παράδειγμα, μία μητέρα, που δεν έχει καλή σχέση με τον άνδρα της, αναθέτει στην κόρη της «να μην εμπιστεύεσαι τους άνδρες, μείνε μόνη σου, εσύ θα τους εκδικηθείς για μένα, θα είσαι το όπλο μου». Ή, αναθέτει στην κόρη «να κρατήσει τον πατέρα στο σπίτι» ή «να μην παντρευτεί για να τη γηροκομήσει». Ή, αναθέτει αντίστοιχα στο γιο «να είναι ο άνδρας της και να είναι πάντα στο πλάι της». Μια άλλη γυναίκα, αναθέτει στο παιδί της «να μη μεγαλώσει», ώστε να συνεχίσει να νιώθει σημαντική ως μητέρα με τη φροντίδα του». Στην αντίθετη ανάθεση, ζητάει «να μην είναι παιδί», καθώς και στην ίδια δεν είχε επιτραπεί να βιώσει την παιδικότητά της.

Οι αναθέσεις μπορεί να γίνονται και από άλλους από το οικογενειακό σύστημα, οι οποίοι συμμετέχουν στο μεγάλωμα του παιδιού. Σε μια οικογένεια με ιστορικό τρέλας ανατίθεται σε κάποιον να τρελαθεί για να μην τρελαθούν οι υπόλοιποι. Η ανάθεση μπορεί να είναι ακόμη και για την ίδια τους τη ζωή. «Σε χρειάζομαι. Πέθανε εσύ αντί για μένα» ή «σε χρειάζομαι για να ζήσω». Σε ένα αντίστοιχο παράδειγμα, μία πελάτισσά μου θυμήθηκε ότι προσευχόταν από παιδί να πεθάνει αυτή αντί για τη μητέρα της.

Το παιδί αναλαμβάνει όλα, από αγάπη. Λέει, «μαμά, θα το κάνω ευχαρίστως για σένα» και «θα το κάνω ευχαρίστως για σας». Αποφασίζει πάντοτε να κάνει ακριβώς ό,τι ζητείται από το οικογενειακό σύστημα. Κάθε ανάθεση είναι πάντα και ανάληψη και αντίστοιχα μία Απόφαση Επιβίωσης.

- **Αποφάσεις Επιβίωσης Σύνδεσης των δύο γονιών μέσα μας:** Ως παιδιά χρειαζόμαστε και τους δύο γονείς. Προερχόμαστε από αυτούς και, όταν καλούμαστε να αρνηθούμε τον έναν από τους δύο, είναι σαν να καλούμαστε να αρνηθούμε τη μισή μας πλευρά. Οι Αποφάσεις Επιβίωσης αυτής της κατηγορίας είναι ο τρόπος που βρίσκει το εσωτερικό μας παιδί να ενώσει τους δύο γονείς μέσα του. Πότε χρειάζεται να το κάνει αυτό; Σε οικογενειακά συστήματα, όπου έχουμε μερικό ή πλήρη αποκλεισμό του ενός γονιού από τον άλλον, με καυγάδες, εκτόξευση κατηγοριών ή άσχημα διαζύγια. Επιπλέον, όταν υπάρχει κακοποίηση και αδικία και ο ένας στο ζευγάρι έχει τον ρόλο του δράστη και ο άλλος του θύματος. Τότε, τα παιδιά καλούνται να πάρουν θέση υποστηρίζοντας τον έναν ή τον άλλο γονιό. Το θέμα είναι ότι όποια πλευρά και να επιλέξει το παιδί, νιώθει ότι προδίδει την άλλη. Με ποιον γονιό θα είμαι; Σε ποιον θα είμαι πιστός και ποιον θα προδώσω; Το εσωτερικό μας παιδί, στην παραμικρή ένδειξη ότι κάτι δεν πάει καλά στη σχέση των γονιών του, ότι απορρίπτει ο ένας τον άλλον, είτε κρυφά είτε φανερά, χρειάζεται να βρει έναν τρόπο να είναι πιστό και στους δύο. Αναγκαστικά, θα αποφασίσει να έχει, επίσης, τη συμπεριφορά του γονιού για την οποία αυτός κατηγορείται ή και αποκλείεται ολοκληρωτικά. Κάτι που μετά θα πρέπει και να κρύψει για να μη να καταλάβουν ότι μοιάζει και στους δύο. Στο παράδειγμα μιας γυναίκας που κατηγορεί τον άνδρα της ως άχρηστο, αυτόματα χωρίς να το καταλαβαίνει ωθεί τα παιδιά της είτε να γίνουν άχρηστα, όπως ο πατέρας τους, είτε να έχουν αντίστοιχα άχρηστους συντρόφους στη ζωή τους. Το παιδί θα πάρει την Απόφαση Επιβίωσης «θα γίνω άχρηστος σαν τον πατέρα μου» και πιθανόν και μία δεύτερη Συμπληρωματική Απόφαση «αλλά θα πρέπει να το κρύψω».

Είναι γεγονός πως, αν ο γιος δεν συνδεθεί με τον πατέρα του, δηλαδή με την αρσενική του πλευρά, δεν μπορεί να είναι άνδρας. Αντίστοιχα, η κόρη δεν μπορεί να είναι γυναίκα, αν δεν συνδεθεί με τη μητέρα της, δηλαδή με τη θηλυκή της πλευρά.

Ο παιδικός τρόπος για να μείνουμε ολοκληρωμένοι ανήκοντας και στους δύο γονείς ήταν να βρούμε, επίσης, τρόπους να τους χειραγωγούμε, πείθοντας τον καθένα ξεχωριστά ότι είμαστε με το μέρος του. Ένα πολύ κρυμμένο υποσυνείδητο παιχνίδι της ένωσης των δύο γονιών μέσα μας, που το συνεχίζουμε και σαν ενήλικες χωρίς να το καταλαβαίνουμε.

Ας δούμε το παράδειγμα μιας γυναίκας 45 ετών, η οποία ξεκίνησε θεραπεία διότι δεν κατάφερνε να παραμείνει με ένα σύντροφο και να κάνει οικογένεια.

Το ιστορικό που ξεδιπλώθηκε ήταν πως ως παιδί είχε ανατεθεί από τη μητέρα της να κρατήσει τον πατέρα στο σπίτι διότι ήταν άπιστος. Είπαμε πως κάθε ανάθεση είναι και ανάληψη από την πλευρά του παιδιού. Ο τρόπος για να φέρει η κόρη εις πέρας την Αποστολή της ήταν να χειραγωγεί τον πατέρα της ότι «αυτή είναι καλύτερη γυναίκα από τη μαμά γι' αυτόν». Παράλληλα, για να μην προκαλεί τη ζήλια της, χειραγωγούσε τη μητέρα της εκπέμποντας το μήνυμα «ότι είναι άκακη σαν γυναίκα», «καθόλου ανταγωνιστική», και βασικά ότι «ο άνδρας σου δεν κινδυνεύει από μένα, να σου τον πάρω».

Το μοτίβο αυτό, που ανέπτυξε για να ενώνει τους δύο γονείς μέσα της, το συνέχισε ασυνείδητα και στην ενήλικη ζωή της. Επέλεγε άνδρες που ήταν ήδη στη θέση του συζύγου της μητέρας τους, παίζοντας το ίδιο παιχνίδι. Ταυτόχρονα υποκρινόταν την άκακη στη μητέρα του συντρόφου. Υπήρχε μία ισχυρή τάση για αυτή τη γυναίκα να μπαίνει σε κάθε είδους τρίγωνα, όχι μόνο με γιους που ήταν κατά μία έννοια παντρεμένοι με τις μητέρες τους (και γι' αυτό βέβαια και οι σχέσεις δεν προχώραγαν), αλλά και με παντρεμένους άνδρες. Έτσι, κατάφερνε να επαναλαμβάνει το ίδιο μοτίβο, σαγηνεύοντάς τους, όπως τον πατέρα της. Οι σύζυγοι των παντρεμένων ανδρών δεν κινδύνευαν καθόλου να τούς τον πάρει. Ίσα ίσα που η γυναίκα του παραδείγματος δεν είχε καμία απαίτηση από τον παντρεμένο. Δεν ήταν καθόλου ανταγωνιστική. Θα λέγαμε υποστηρικτική προς την οικογένειά του, ακριβώς όπως έκανε με τη μητέρα της. Ο θυμός και ο πόνος, βεβαίως, τον οποίο καταπίεζε προκειμένου να συνεχίσει να ενώνει τους δύο γονείς μέσα της ήταν τεράστιος, ενώ σε κάθε νέα σχέση που έκανε επανατραυματιζόταν. Η γυναίκα συνειδητοποίησε ότι όλες οι σχέσεις της μέχρι εκείνη τη στιγμή εκπροσωπούσαν τον τρόπο που είχε βρει το εσωτερικό της παιδί να ενώνει τους δύο γονείς μέσα του. Βγαίνοντας από αυτό το παιχνίδι έκανε πολύ γρήγορα έναν πολύ ευτυχισμένο γάμο.

Ας δούμε ακόμη ένα παράδειγμα, ενός άνδρα 40 ετών παντρεμένου με δύο παιδιά. Θεωρούνταν υπόδειγμα οικογενειάρχη μέχρι τη στιγμή που ανέπτυξε μία εξωσυζυγική σχέση. Η γυναίκα του έμαθε τη σχέση αυτή και μπήκαν σε διαδικασία διαζυγίου. Ξεκίνησε θεραπεία, διότι, ενώ προσπαθούσε με κάθε τρόπο να κερδίσει πίσω την οικογένεια του και ήταν αυτό που ήθελε πραγματικά, παράλληλα ήταν αδύνατον να αφήσει την ερωμένη σε μία μεγάλη εσωτερική μάχη.

Στο ιστορικό που άνοιξε, όταν ο άνδρας ήταν 12 ετών, ο πατέρας του που ήταν πάντοτε άπιστος, εγκατέλειψε το παιδί για να ζήσει με μία άλλη γυναίκα. Σε αυτήν την τρυφερή ηλικία, έγινε ο προστάτης της πληγωμένης μητέρας, που παρέμεινε μόνη της, κατηγορώντας καθημερινά τον πατέρα του ότι κατέστρεψε τη ζωή της.

Πώς αυτός ο γιος θα ενώσει τους δύο γονείς του μέσα του; Πρέπει να πείσει τη μητέρα του ότι είναι με το μέρος της και την υποστηρίζει. Χειραγωγεί τη μητέρα του και τον ίδιο του τον εαυτό ότι «δεν είναι σαν τον πατέρα του, που θέλει να έχει άλλες γυναίκες». Παράλληλα, όμως, πρέπει να παραμείνει μέσα του πιστός και στον πατέρα του. «Μπαμπά σού μοιάζω, είμαι όπως κι εσύ». Συνειδητοποιώντας ο άνδρας αυτή την υποσυνείδητη δυναμική, μπόρεσε σταδιακά να διαχειριστεί την κατάσταση στην οποία βρισκόταν.

Όπως είδαμε και στα παραδείγματα, οι Αποφάσεις Επιβίωσης Σύνδεσης των δύο γονιών μέσα μας, οδηγούν αργότερα στην ενήλικη ζωή μας σε μεγάλη εσωτερική σύγκρουση και αντιφατική συμπεριφορά.

- **Αποφάσεις Επιβίωσης Απορρόφησης Συναισθήματος:** Τα παιδιά αναλαμβάνουν πάντοτε να απορροφήσουν το πλεονάζον συναίσθημα των γονιών ή των ενηλίκων γύρω τους στο οικογενειακό τους σύστημα που δεν το διαχειρίζονται. Η Απόφαση Επιβίωσης του παιδιού είναι «θα το αναλάβω εγώ για να σε ανακουφίσω».

Ας πάρουμε το παράδειγμα μιας μητέρας ενός 7χρονου αγοριού. Έμεινε χήρα και ξεκίνησε θεραπεία για να διαχειριστεί το πένθος, αλλά και το μεγάλωμα του παιδιού. Κάποια στιγμή, για να παρακινήσει το παιδί να διαβάζει, υποσχέθηκε πως, αν πάρει 10 φορές στη σειρά άριστα στην ορθογραφία, θα πάνε στο κοντινότερο κατάστημα παιχνιδιών να διαλέξει όποιο παιχνίδι θέλει. Πράγματι, το παιδί πήρε εννιά συνεχόμενες φορές άριστα. Την παραμονή που ο γιος της θα πήγαινε στο σχολείο να γράψει για 10η φορά ορθογραφία, έπιασε τη μητέρα του μεγάλο άγχος και ανασφάλεια με τα οικονομικά της. Καθώς δεν ήταν και τόσο ανθηρά, άρχισε να ανησυχεί για το πώς θα αντεπεξέλθει, εάν πάρει άριστα και διαλέξει ένα ακριβό παιχνίδι. Την επόμενη μέρα, το παιδί γύρισε από το σχολείο παρουσιάζοντάς της ένα μηδέν στην ορθογραφία! Παρόλο που είχαν διαβάσει μαζί το προηγούμενο βράδυ μαζί με τη μητέρα του και την ήξερε απέξω, ξέχασε να γράψει ολόκληρες λέξεις. Δεν έκανε λάθος, απλά τις ξέχασε. Οι γονείς που δεν έχουν αντιληφθεί ή δεν γνωρίζουν ότι το παιδί τους είναι καθρέφτης τους, τι θα έκαναν; Πιθανόν να έβαζαν τις φωνές για το που είχε το μυαλό του και ίσως να το αποκαλούσαν βλαμμένο και αφηρημένο. Θα το κατηγορούσαν ότι τρώνε τη ζωή τους για να το διαβάσουν παρόλη την κούρασή τους και τις υποχρεώσεις τους, και αυτό τα κάνει θάλασσα.

Η μητέρα του παραδείγματος, υποψιάστηκε ότι ο γιος της δεν έγραψε, λόγω του δικού της φόβου για τα χρήματα. Το συζήτησε μαζί του και ο αυτός παραδέχτηκε πως δεν ήθελε να την επιβαρύνει και γι' αυτό δεν έγραψε καλά. Τι παρατηρούμε σ' αυτό το παράδειγμα; Το παιδί ακόμα σε αυτή την ηλικία δεν έχει λογική σκέψη ώστε να σκεφτεί. «Μπορώ να πάρω άριστα στην ορθογραφία και αφού ανησυχεί η μητέρα μου να πάω στο κατάστημα παιχνιδιών και να διαλέξω κάτι φτηνό». Η μόνη λύση που έχει είναι να απορροφήσει την ανασφάλεια της μητέρας του προκειμένου να την ανακουφίσει, θυσιάζοντας τις επιδόσεις του σαν μαθητής. Η απόφαση είναι «Το αναλαμβάνω εγώ».

Σε ένα άλλο παράδειγμα, έχουμε μία μητέρα με δύο αγόρια επτά και εννέα ετών. Ήταν πολύ θυμωμένη με τον σύζυγό της για κάτι που έγινε, αλλά επέλεξε να θάψει τον θυμό και να κάνει σαν να μην συμβαίνει τίποτα. Την ώρα που έπλενε τα πιάτα ρώτησε τη μητέρα του ο μεγάλος της γιος τι έχει. «Τίποτα παιδί μου», απάντησε, «είμαι μια χαρά». Μετά από λίγο άκουσε το παιδί να δέρνεται με το αδελφάκι του ουρλιάζοντας θυμωμένο. Είναι βέβαιο πως το παιδί ανέλαβε τον πλεονάζοντα θυμό της για να την ανακουφίσει. Συχνά, ο εκφοβισμός (bullying) που κάνουν τα παιδιά στους συμμαθητές τους στο σχολείο προκύπτει εξαιτίας της απορρόφησης του καταπιεσμένου θυμού των ενηλίκων στο οικογενειακό τους σύστημα, πέρα, βεβαίως, και από την αναπαραγωγή του τι συμβαίνει μέσα σε αυτό.

Αποφάσεις Επιβίωσης τη Στιγμή της Σύλληψης: Τα συναισθήματα, που έχουν οι γονείς μας τη στιγμή της σύλληψής μας, προδιαγράφουν τις Αποφάσεις Επιβίωσης που θα πάρουμε από εκεί και πέρα. Η πρώτη μας Εγγραφή γίνεται ως ουσία του πατέρα μας. Τη στιγμή που φεύγουμε από αυτόν για να εισέλθουμε στη μητέρα μας έχουμε ήδη νοημοσύνη. Εγγράφουμε το συναίσθημά του και τη βασική του αντίληψη για τη ζωή. Εάν ο πατέρας μας νιώθει ότι «η ζωή είναι βάρος», εγγράφουμε ότι είμαστε βάρος. Εάν ο πατέρας μας νιώθει ότι «η ζωή είναι ένα συνεχές άγχος και δεν προλαβαίνει να κάνει τίποτα», η πρώτη μας καθοριστική κυτταρική Εγγραφή είναι ακριβώς αυτή.

Στην ένωση με το ωάριο της μητέρας μας για να γίνει η γονιμοποίηση εγγράφουμε, επίσης, το δικό της συναίσθημα και τη βασική της αντίληψη για τη ζωή. Το πώς νιώθει, απέναντι στο ανδρικό φύλο. Εάν μισεί τους άνδρες (άρα και αυτόν που την τεκνοποιεί), τότε θα εγγράψουμε αυτό το μίσος και θα το κουβαλάμε αργότερα σε όλες μας τις Αποφάσεις Επιβίωσης χωρίς καν να το συνειδητοποιούμε. Εάν η μητέρα θέλει να συλλάβει αυτό το παιδί για να σώσει τη σχέση της ή για να έχει κάποιον να την αγαπάει ή για να μην είναι ποτέ πια μόνη της ή για να τής δώσει χαρά ή για να ολοκληρωθεί, αυτή είναι η Εγγραφή που θα γίνει κατά τη διάρκεια της σύλληψης. Είναι κάτι που γίνεται ακόμη πιο περίπλοκο, αφού, όταν παίρνουμε την κυτταρική Εγγραφή από τη μητέρα μας, έχουμε ήδη την κυτταρική Εγγραφή από τον πατέρα μας. Είναι βέβαιο ότι θα γίνει κάποιος συνδυασμός μεταξύ των δύο, ο οποίος θα είναι ουσιαστικά η πρώτη Απόφαση Επιβίωσης, που δημιουργεί το Πρώιμο Σενάριο Ζωής μας, τη βάση για τις μετέπειτα Αποφάσεις Επιβίωσης που θα πάρουμε.

Ας επιστρέψουμε στο παράδειγμα, στο οποίο η ουσία του πατέρα που νιώθει ήδη ότι είναι βάρος ταξιδεύει προς τη μητέρα. Αυτή νιώθει μίσος για τους άνδρες, διότι έχει κακοποιηθεί σεξουαλικά όταν ήταν μικρή. Το περιβάλλον για την ουσία του πατέρα είναι εχθρικό. Το νέο κύτταρο, που σχηματίζεται από την ένωση του σπερματοζωαρίου και του ωαρίου, έχει πλήρη νοημοσύνη. Με το συνδυασμό αυτό πιστοποιεί ότι είναι βάρος και αποφασίζει. «Είμαι βάρος για τους άλλους, οπότε πρέπει να κάνω τα πάντα για να τούς ανακουφίσω από μένα. Ο μόνος τρόπος είναι να παίρνω τα δικά τους βάρη». Το εχθρικό περιβάλλον της μητέρας δεν αφήνει περιθώριο να πάρει μια καλύτερη Απόφαση Επιβίωσης, αφού θεωρεί πως η μητέρα μισεί αυτό, ακριβώς επειδή είναι βάρος. Οπότε δεν έχει άλλη επιλογή από το να παίρνει απ' αυτούς τα βάρη, να τους ηρεμεί και να τούς χαλαρώνει για να γίνει αποδεκτό. Ένας νέος σωτήρας μόλις γεννήθηκε!

Σ' ένα άλλο παράδειγμα, ο πατέρας τη στιγμή της σύλληψης νιώθει ότι «είναι ένα τίποτα» και η μητέρα «ότι είναι λίγη». Το πρώτο κύτταρο φέρει αυτές τις Εγγραφές και τον συνδυασμό τους. Δεν χρειάζεται μεγάλη φαντασία για να αντιληφθούμε πώς θα είναι αυτός ο άνθρωπος ως ενήλικας και πώς θα διαδραματιστεί η ζωή του. Το παιδί μεγαλώνοντας, εκτός από το πρώιμο Σενάριο Ζωής που έχει ήδη δημιουργήσει, θα αποφασίσει ότι «είναι λίγο και ένα τίποτα», αφού αυτός θα είναι, επίσης, ο Προγραμματισμός από το περιβάλλον του και το μήνυμα που θα δίνεται συνειδητά ή υποσυνείδητα. Πράγματι μοιάζουμε απόλυτα στους γονείς μας! Αυτός είναι ένας από τους λόγους που δεν πρέπει ποτέ να κόβουμε ολοκληρωτικά την επαφή μας με αυτούς. Εάν κάνουμε αυτό, χάνουμε μία χρυσή ευκαιρία για θεραπεία και τη δυνατότητα να σπάσουμε την αλυσίδα τραύματος που προέρχεται από το προγονικό μας DNA. Ιδανικά θα έπρεπε να παρακολουθούμε προσεκτικά τη ζωή των γονιών μας και των ανθρώπων που μάς έχουν μεγαλώσει. Τι λένε, πώς φέρονται, ποιες είναι οι πεποιθήσεις τους. Είμαστε ακριβώς ίδιοι, είτε το συνειδητοποιούμε είτε όχι. Συχνά λέω χιουμοριστικά στους πελάτες μου, που δεν θέλουν να έχουν επαφή με τους γονείς τους, ότι όχι μόνο δεν πρέπει να κάνουν αυτό, αλλά ιδανικά θα έπρεπε να τραβάνε ακόμη και βίντεο που θα το δουν αργότερα, ώστε να εμπεδώσουν από που προέρχονται και τι συμβαίνει! Για όσους οι γονείς τους είναι εν ζωή είναι πιο εύκολο. Πρώτον, διότι δεν υπάρχει η τάση της εξιδανίκευσης, όπως συχνά συμβαίνει εάν έχουν φύγει από τη ζωή, και, δεύτερον, διότι επιπλέον μπορούν να παρατηρούν και να κατανοούν από που προέρχεται η δική τους συμπεριφορά.

Τα υιοθετημένα παιδιά, επίσης, έχουν άλλες αρχικές κυτταρικές Εγγραφές από τους βιολογικούς γονείς και διαφορετική εκπαίδευση και Προγραμματισμό από τους θετούς.

Αποφάσεις Επιβίωσης κατά την Περίοδο της Κυοφορίας: Το πώς νιώθει μία γυναίκα που κυοφορεί επιδρά, επίσης, στις Αποφάσεις Επιβίωσης που θα πάρει το έμβρυο. Μέσα στην κοιλιά της μητέρας μας λαμβάνουμε όλα τα συναισθήματα της, περασμένα μέσα από το φίλτρο της πρώτης Απόφασης

Επιβίωσης, η οποία έχει δημιουργηθεί από τη σύλληψη. Ας συνεχίσουμε το παράδειγμα, όπου τη στιγμή της σύλληψης η Απόφαση Επιβίωσης ήταν «θα σας παίρνω τα βάρη». Όταν το έμβρυο νιώσει ότι η μητέρα είναι στεναχωρημένη ή δεν περνάει καλά για οποιοδήποτε δικό της λόγο, θα πάρει κάθε είδους νέα Απόφαση Επιβίωσης, ώστε να την ανακουφίσει. Οι αποφάσεις, που παίρνουμε ως έμβρυα, καθορίζουν τη μετέπειτα ζωή μας.

Ε. ΟΙ ΜΗΧΑΝΙΣΜΟΙ
Οι Ψυχολογικοί Μηχανισμοί υποστήριξης των Αποφάσεων Επιβίωσης

Για κάθε Απόφαση Επιβίωσης που παίρνουμε αναπτύσσεται αυτόματα μία σειρά Ψυχολογικών Μηχανισμών και Υπομηχανισμών, την οποία θα υποστηρίξουν και θα κρατήσουν σε ισχύ. Παράλληλα, βοηθούν ώστε να κρατήσουμε θαμμένο τον πόνο του αντίστοιχου τραύματος. Για παράδειγμα, στην Απόφαση, «για να επιβιώσω θα με κρατάω χαμηλά», δημιουργούμε μηχανισμούς, όπως «πάντα βρίσκω τρόπο να με παραγκωνίζω και να με αυτοταπεινώνω με συστηματικό και δόλιο τρόπο». Η Απόφαση Επιβίωσης «είμαι υπεύθυνος για την ευτυχία των γονιών μου» υποβοηθείται από τους Μηχανισμούς. «Παραμένω άβουλος για να παραμείνω κοντά τους. Δεν βγάζω χρήματα, επίσης, για τον ίδιο λόγο. Οπότε νιώθω ανέμελος και ευτυχισμένος, βρίσκω τρόπους να προκαλέσω ατυχία στον εαυτό μου».

Στην Απόφαση Επιβίωσης ενός άνδρα «για να επιβιώσω πρέπει να χάνω χρήματα», έχει δημιουργηθεί ένας **Ψυχολογικός Μηχανισμός Αναβλητικότητας.** Ο ρόλος του μηχανισμού είναι να τον υπνωτίζει, ώστε να ασχολείται με πράγματα που δεν είναι της ώρας και να χάνει χρόνο. Η στιγμή της λήξης της προθεσμίας για όποια εργασία έχει να κάνει, τον βρίσκει φυσικά να τρέχει, διότι πλέον δεν προλαβαίνει. Το αποτέλεσμα είναι να κάνει από απλά μέχρι ολέθρια λάθη, εξαιτίας του δημιουργημένου πανικού από τον Μηχανισμό. Με αυτόν τον τρόπο χάνεται η διαύγεια και μαζί και τα χρήματά του.

Ένας άλλος είναι ο κλασικός **Ψυχολογικός Μηχανισμός της Ωραιοποίησης.** Υποστηρίζει τις Αποφάσεις Επιβίωσης Συγκάλυψης και αναλαμβάνει να καταστείλει αυτόματα τις ενδείξεις, που δείχνουν τι ακριβώς συμβαίνει. Συχνά, έχουμε απωθήσει τόσο βαθιά την οδύνη και τον πόνο, ώστε οι μνήμες μας όχι μόνο είναι τελείως κλειστές, αλλά έχουμε ωραιοποιήσει και τα γεγονότα. Φράσεις, όπως «οι γονείς μου είχαν μία υπέροχη σχέση» ή «μεγάλωσα σε μία θαυμάσια οικογένεια από την οποία πήρα πολλή αγάπη», οι οποίες ακούγονται από ανθρώπους που ζουν εμφανώς προβληματικές ζωές με διαζύγια, χωρισμούς, ασθένειες, αυτοκαταστροφή, δείχνουν αυτό χωρίς αμφιβολία.

Η ωραιοποίηση οδηγεί με μαθηματική ακρίβεια σε συνεχείς απογοητεύσεις, αφού κάποια στιγμή αυτή η ψεύτικη εικόνα γκρεμίζεται. Το σημαντικότερο όμως είναι το εξής: **Οι άλλοι είναι καθρέφτες μας**.

Με την ωραιοποίησή τους, συχνά σε σημείο θεού, ωραιοποιούμε ταυτόχρονα και τον εαυτό μας. Έτσι μπλοκάρουμε την πρόσβαση στο να δούμε και να φωτίσουμε τα δικά μας σκοτεινά κομμάτια.

Βοηθητικοί Ψυχολογικοί Υπομηχανισμοί

Οι Υπομηχανισμοί αναπτύσσονται συμπληρωματικά και ενισχύουν ο ένας τον άλλον. Ένα τέτοιο παράδειγμα υποβοηθητικών Ψυχολογικών Μηχανισμών είναι το εξής: Μία γυναίκα 42 ετών με μία αδελφή λίγο μικρότερη από αυτήν ξεκίνησε θεραπεία, διότι η ζωή της ήταν δυσλειτουργική. Δεν μπορούσε να βάλει κανένα πρόγραμμα στην καθημερινότητά της, καθώς βρισκόταν μόνιμα σε ληθαργική κατάσταση. Ήταν υπέρβαρη διότι έτρωγε άτσαλα και πολύ χωρίς να μπορεί να ακολουθήσει, επίσης, κανένα πρόγραμμα διατροφής. Δεν έβγαινε καθόλου από το σπίτι, παρά μόνο για να πάει στη δουλειά, οπότε κατάφερνε να σηκωθεί από το κρεβάτι. Όταν πήγαινε, ήταν μονίμως αργοπορημένη. Υπέφερε από αϋπνίες, κάτι που μετά την έκανε να κοιμάται όλη μέρα. Για σχέση και οικογένεια φυσικά ούτε λόγος. Το ιστορικό που άνοιξε ήταν το εξής. Γονείς με δύο παιδιά, τα οποία θεωρούνται ενόχληση και βάρος και για τον λόγο αυτό δεν ασχολούνται καθόλου μαζί τους. Τα Σαββατοκύριακα ή τις αργίες τα παιδιά μένουν κλεισμένα στο σπίτι. Δεν τα αφήνουν να βγουν ούτε για να παίξουν, για να μην χρειάζεται να τα προσέχουν. Δεν τα παίρνουν ποτέ μαζί τους, όταν πηγαίνουν οι ίδιοι κάποια βόλτα. Αφήνουν τα δύο κορίτσια στο σπίτι μόνο για να πάνε στο σχολείο ή σε κάποιες υποχρεώσεις. Το παιδί πρέπει να βρει ένα τρόπο να καταστείλει τη φυσική του ενέργεια και την ανάγκη του για παιχνίδι, να βρίσκεται στη φύση και να αναπτύσσεται με νέες εμπειρίες και ερεθίσματα. Συνήθως, οι γονείς τους, παρόλο που μπορεί να βαριούνται, αναγκάζονται να προσαρμοστούν στα παιδιά και στην αστείρευτη ενέργεια που έχουν και τα απασχολούν με διάφορες δραστηριότητες.

Τα παιδιά του παραδείγματός μας αναγκάζονται να προσαρμοσθούν στους γονείς τους, διαφορετικά αντιμετωπίζουν ξύλο, αποδοκιμασία και τιμωρίες. Επίσης, πρέπει να είναι και απόλυτα ήσυχα, κλεισμένα μέσα στο σπίτι, για να μην ενοχλούν.

Η γυναίκα του παραδείγματος, καθώς δεν αντέχει τον πανικό του εγκλεισμού μαζί με την πλήρη απουσία κατανόησης των αναγκών της, πήρε την Απόφαση Επιβίωσης «θα βαριέμαι τη ζωή μου» ή «επιβιώνω και παίρνω αγάπη, όταν βαριέμαι τη ζωή μου». Αυτόματα, για την υποστήριξη αυτής της Απόφασης αναπτύχθηκε ο **Μηχανισμός της Ληθαργικότητας**. Με υπομηχανισμούς:

1. «Τις διαταραχές ύπνου» και συγκεκριμένα την αϋπνία

2. «Την πολυφαγία»

Οι δύο αυτοί υπομηχανισμοί βοηθούσαν στη ληθαργικότητα που νιώθει κανείς μετά από μία άυπνη νύχτα ή από το πολύ και άτσαλο φαγητό, καταφέρνοντας να καταστέλλει την ενέργειά του και να βαριέται τη ζωή του. Έτσι, κατάφερνε να κάθεται ήσυχη και υπάκουη στο δωμάτιό της.

Για να καταπιεσθεί ο πανικός του εγκλεισμού που βίωνε, αναπτύχθηκε και ένας τρίτος Μηχανισμός, που ήταν «δεν πρέπει να μπαίνω σε πρόγραμμα». Κάτι που εξυπηρετούσε και εφαρμοζόταν υπέροχα και στους δύο πρώτους, ενισχύοντάς τους με το «κανένα πρόγραμμα στο φαγητό και τον ύπνο», άρα ακόμα μεγαλύτερη ληθαργικότητα.

Με βάση τα παραπάνω, η γυναίκα του παραδείγματος, ενήλικη πλέον, νιώθει ένα μόνιμο συναίσθημα ότι βαριέται τη ζωή της μαζί με ληθαργικότητα, που προέρχεται από τον ύπνο και το φαγητό. Το ένα, βεβαίως, βοηθάει το άλλο. Επίσης, αποφεύγει κάθε είδους πρόγραμμα βάσει του τρίτου βοηθητικού μηχανισμού. Αργεί στη δουλειά της ή δεν πάει καθόλου, δεν κάνει δουλειές στο σπίτι, παρατάει και τον ίδιο της τον εαυτό, όπως, για παράδειγμα, να μη βουρτσίζει καν τα δόντια της. Μόλις θα μπει αναγκαστικά σε κάποιο πρόγραμμα, όπως πχ να καθαρίσει, καταλαμβάνεται από το συναίσθημα του πανικού του εγκλεισμού. Τότε πετάγεται αλλόφρων έξω από το σπίτι διακόπτοντας ό,τι κάνει. Όλη αυτή η υπερδιέργεση που δημιουργείται, ρίχνει πάλι τη γυναίκα σε ληθαργική κατάσταση.

Σε ένα άλλο παράδειγμα μιας γυναίκας 38 ετών, με τραύμα παραμέλησης, δημιουργήθηκε ο ακριβώς αντίθετος βοηθητικός μηχανισμός που ήταν «πρέπει να έχω πάντα ένα πρόγραμμα και να το τηρώ πάση θυσία». Με την παραμικρή αλλαγή του προγράμματος, πάθαινε κρίσεις πανικού, που ήταν, βεβαίως, ο καταπιεσμένος πανικός που ένιωθε από παιδί καθώς ήταν σε πλήρη ανασφάλεια.

Το παραπάνω παράδειγμα ισχύει με παραλλαγές για όποιον έχει βιώσει οποιασδήποτε μορφής παραμέληση των αναγκών του από τους γονείς του ή όποιον τον μεγαλώνει, διότι τον θεωρεί ενόχληση και βάρος.

Το Διαχωριστικό Εγώ είναι Ψυχολογικός Μηχανισμός του εσωτερικού παιδιού

Η τεράστια ανάγκη του παιδιού να έχει δική του τη μητέρα του, δηλαδή να

ανήκει στο Δημιουργό, γεννάει το Διαχωριστικό Εγώ. Το Εγώ είναι ο Ψυχολο-
γικός Μηχανισμός της επιθετικής κτητικότητας του παιδιού προς τη μάνα. Θα
πάρει ότι Απόφαση Επιβίωσης χρειάζεται για να μπορέσει να το πετύχει αυτό
και το Διαχωριστικό Εγώ είναι ο μηχανισμός που θα τις υποστηρίξει. Εκεί δη-
μιουργείται ο πυρήνας του Παιδιού Ήρωα, που προκαλεί την Πολυδιάσπαση
του εσωτερικού παιδιού. Το Διαχωριστικό Εγώ είναι ο απόλυτος Ψυχολογικός
Μηχανισμός για να συγχωνευτεί με τη μητέρα του.

Είναι η ασθένεια όλης της ανθρωπότητας, αφού οδηγεί είτε στην αλαζονεία
ότι θα τους σώσει όλους, αφού αυτό ξέρει καλύτερα, είτε στην πλήρη αναξι-
ότητα, αφού, τελικά, δεν είναι δυνατόν να σώσει κανέναν.

Το Υγιές Εγώ, αντίθετα, είναι αυτό που διαχωρίζεται από τη μητέρα. Έχει επί-
γνωση ότι είναι μία ξεχωριστή οντότητα, καθώς γνωρίζει παράλληλα ότι όλοι
είμαστε ένα. Νιώθει καλά για το ποιο είναι με αυτοεκτίμηση και ταπεινότητα.
Αυτό το Εγώ ενώνει ακριβώς επειδή δεν συγχωνεύεται με κανέναν και γι' αυτό
είναι το μόνο που οδηγεί στο Εμείς.

Ο Ψυχολογικός Μηχανισμός του Διαχωριστικού Εγώ εκφράζεται πάντα με δί-
πολα. Για παράδειγμα, αυτός που τα κάνει όλα για τους άλλους, το καλό παιδί,
που νιώθει ότι δεν αξίζει, και το κακομαθημένο παιδί, το αλαζονικό, που νοιά-
ζεται μόνο για τον εαυτόν του. Το πρώτο λέει θα τα κάνω όλα εγώ για εσάς και
το δεύτερο λέει κάντε τα όλα εσείς για μένα. Και οι δύο όψεις εξυπηρετούν
το εσωτερικό παιδί που έχει μάθει ότι έτσι γίνεται μοναδικό για το δημιουργό
του. Η αλαζονεία είναι ο αντίποδάς του δεν αξίζω και είναι ουσιαστικά το ίδιο.
Αλλά και στην πρώτη περίπτωση, το καλό παιδί είναι εξαιρετικά αλαζονικό.
Πιστεύει ότι θα τους σώσει όλους και δεν χρειάζεται κανένα. Η αλαζονεία σε
κάθε της μορφή και έκφραση κρύβει αυτό το δεν αξίζω και την Αποστολή
που έχει αναλάβει το Παιδί Ήρωας.

Το Διαχωριστικό Εγώ είναι στον αντίποδα του «Εμείς», του «Υγιούς Εγώ».
Μόνο Εγώ θα έχω την αγάπη του Δημιουργού. Εγώ είμαι ο Εκλεκτός, ο καλύ-
τερος από όλους, ο μοναδικός. Αυτό το Εγώ είναι σε υπεροψία, καθώς κάνει
τα πάντα για να συγκαλύψει την αλήθεια.

Η Διασπαστική Φωνή, έτσι όπως την έχουμε περιγράψει μέχρι τώρα, είναι η
έκφραση του Διαχωριστικού Εγώ που είναι το πιο βαθύ σκοτεινό κομμάτι που
όλοι προσπαθούμε να κρύψουμε, ενώ προσποιούμαστε ότι είμαστε ταπεινοί.
Η Διασπαστική Φωνή φροντίζει συνεχώς να θυμίζει πόσο ανάξιοι είμαστε,
αφού ποτέ δεν μπορούμε να φτάσουμε τον στόχο να είμαστε οι μοναδικοί να
τους σώσουμε.

Την ανάπτυξη του Διαχωριστικού Εγώ τη φέρνει η διάσπαση και η απουσία
της αγάπης που αυτή επιφέρει.

Το μοτίβο του τραύματος

Το πιο βαθύ μας τραύμα δημιουργεί ένα μοτίβο που ακολουθούμε στη μετέπειτα ζωή μας. Αυτό το σχεδόν πεθαμένο και παντελώς σοκαρισμένο κομμάτι μας έλκει ξανά και ξανά την παρόμοια κατάσταση σε όλες μας τις σχέσεις, σε μία προσπάθεια για επίλυση. Αν ακούσουμε προσεκτικά τι προσάπτουμε στους άλλους, θα καταλάβουμε ακριβώς τι συμβαίνει σε εμάς. Εάν, για παράδειγμα, κάποιος είχε εισπράξει την κακοποίηση που βίωνε ως παιδί «μού επιτίθενται και με κάνουν κομμάτια» ή «με προδίδουν» ή «με αδικούν» ή «με προσβάλλουν», όχι μόνο θα έλκει το παρόμοιο, αλλά θα νιώθει πάντα το ίδιο συναίσθημα, όταν κάποιος δεν τού φέρεται καλά. Το ίδιο σοκ, την ίδια ταπείνωση, την ίδια ισοπέδωση.

Λόγω του τραύματος, αμφιβάλλουμε για το τι νιώθουμε και παγώνουμε το συναίσθημά μας ακόμα και για τις αυταπόδεικτες ανάγκες μας. Το να ζήσουμε σύμφωνα με το ποιοι πραγματικά είμαστε συνοδεύεται από μεγάλο φόβο και ενοχή που μας παραλύει. Το να έρθουμε σε επαφή με αυτό το κομμάτι μας αλλάζει τη ζωή, καθώς μάς βγάζει από το συγκεκριμένο μοτίβο. Όταν φτάσουμε σε αυτό το σημείο, χρειάζεται το θάρρος και τη δύναμη να βιώσουμε όλο τον θαμμένο πόνο και έτσι να τον απελευθερώσουμε. Να μείνουμε βαθιά στον εαυτό μας αναγνωρίζοντας ότι ελκύουμε ξανά και ξανά την ίδια εμπειρία στη ζωή μας, με το ίδιο πάντα συναίσθημα του σοκ.

Διαβάζω πολύ συχνά άρθρα ψυχολογίας, όπως «τι να κάνετε όταν κάποιος σας αμφισβητεί» ή «σας μιλάνε άσχημα» ή «πώς να βγάλετε τους τοξικούς ανθρώπους από τη ζωή σας». Πάντοτε χαμογελάω με τις συμβουλές που δίνουν. Η λύση είναι πάντα μέσα μας και αυτοί οι άνθρωποι ή οι καταστάσεις είναι ακριβώς το εισιτήριό μας για την ελευθερία. Για τους γονείς, επιπλέον, σημειώνω ότι τα παιδιά τους είναι οι πιο άμεσοι καθρέφτες τους, η προέκτασή τους, πλήρως διαμορφωμένοι από αυτούς. Αυτό σημαίνει ότι δείχνουν επακριβώς το μοτίβο του δικού τους τραύματος, ώστε να βγουν από αυτό. Παράλληλα, θεραπεύοντας το δικό τους εσωτερικό παιδί, σταματούν τη μετάδοσή του, βοηθώντας τα βιολογικά τους παιδιά να βγάλουν από μέσα τους το καλύτερο δυναμικό τους.

Όποιος είναι ο ίδιος γονιός ή έχει την τύχη να φροντίζει και να έχει επαφή με παιδιά είναι ευλογημένος. Τα παιδιά προσφέρουν στους γονείς τους, αλλά και σε όσους τα φροντίζουν μια τεράστια ευκαιρία για θεραπεία.

ΚΕΦΑΛΑΙΟ **4**
Η ΑΠΕΛΕΥΘΕΡΩΣΗ ΤΟΥ ΕΣΩΤΕΡΙΚΟΥ ΠΑΙΔΙΟΥ

Α. ΑΞΙΑ ΚΑΙ ΑΠΟΔΟΣΗ
Σύνδεση αξίας και απόδοσης

Όλοι μας, έως ένα βαθμό, έχουμε συνδέσει την αξία μας με την απόδοσή μας. Κάτι που σχετίζεται με το τι απαιτούνταν από εμάς, ώστε να είμαστε σωστά και καλά παιδιά. Ποιοι ήταν οι κανόνες και τι θεωρούνταν ορθή συμπεριφορά ως προαπαιτούμενο για την αγάπη και την αποδοχή. Είναι ένα πράγμα να διαπαιδαγωγούμε ένα παιδί, να βάζουμε όρια, να εκπαιδεύουμε και να διδάσκουμε τον σεβασμό. Και κάτι άλλο. Να του μαθαίνουμε πως αξίζει να το αγαπάμε υπό όρους, διαφορετικά η αγάπη αποσύρεται. Οι όροι αυτοί είναι το ακριβώς αντίστοιχο τραύμα που έχει ο γονιός ή ο ενήλικας που το μεγαλώνει. Το παιδί από τη μεριά του δεν μπορεί να κάνει τίποτε άλλο από το να συμμορφωθεί θεωρώντας ό,τι λένε σαν τη μοναδική αλήθεια και το μέτρο για τον κόσμο.

Η σύνδεση της αξίας μας αποκλειστικά με τα επιτεύγματα που έχουμε όχι μόνο οδηγεί σε αισθήματα αναξιότητας και χαμηλή αυτοεκτίμηση, αλλά και σε τεράστια εσωτερική πίεση. Δημιουργεί ένα μόνιμο εσωτερικό εξαναγκασμό με τόσο υψηλές προσδοκίες, οι οποίες συνήθως είναι τελείως εκτός πραγματικότητας. Σαν τους υπερήρωες στις ταινίες δράσης. Αυτή η πλασματική εικόνα μεγαλείου απομακρύνει από την αληθινή ζωή, και από αυτό που θα μάς έκανε ευτυχισμένους.

Μπορούμε να καταλάβουμε τον βαθμό που συμβαίνει κάτι τέτοιο, όταν βιώνουμε ένα συνεχές άγχος ή πανικό στους τομείς τους οποίους κρινόμασταν ως παιδιά. Αναλογικά, μπορεί μία νοικοκυρά να πιέζεται πολύ περισσότερο και να αισθάνεται τελείως ανάξια, εάν δεν πέτυχε το φαγητό ή είναι στραβό το χαλάκι της εξώπορτας, από έναν επιστήμονα που δεν πέτυχε το πείραμα για τη σωτηρία της ανθρωπότητας.

Είναι πάρα πολύ ζημιογόνο για την αυτοεκτίμησή μας και την ελευθερία μας ως άτομα να μάς δείχνουν ότι μας αγαπούν μόνο όταν συμμορφωνόμαστε με αυτά που μάς λένε. Ωστόσο, υπάρχει μία ακόμα πολύ σημαντική παράμετρος. Σε πολλά οικογενειακά συστήματα, αυτά που ζητούνται από τα παιδιά για να είναι αρεστά και αγαπητά, είναι αντιφατικά μεταξύ τους. Συχνά δε, όχι μόνο εκτός πραγματικότητας και μη αντικειμενικά αλλά και κυριολεκτικά παρανοϊκά.

Ας δούμε το παράδειγμα ενός άνδρα 50 ετών ο οποίος ξεκίνησε θεραπεία, διότι ήταν βυθισμένος στην κατάθλιψη. Αισθανόταν μονίμως κουρασμένος και η ζωή του δεν έδινε καμιά χαρά. Παρόλο που ήταν εξαιρετικά επιτυχημένος στην εργασία του, πάντα είχε την αίσθηση ότι θα έπρεπε να είχε κάνει κάτι καλύτερο. Ήταν τελειομανής με μία σειρά ψυχαναγκασμών, ενώ η παραμικρή αποτυχία του προκαλούσε κρίσεις πανικού. Λόγω των υψηλών απαιτήσεων που είχε από τον εαυτό του ως επαγγελματία, δεν είχε καταφέρει να παντρευτεί και να δημιουργήσει οικογένεια. Όπως χαρακτηριστικά έλεγε «αυτό σίγουρα θα τον σκότωνε, διότι δεν θα άντεχε να αντεπεξέλθει σε όλες αυτές τις υποχρεώσεις».

Ως παιδί, όχι μόνο δεν είχε ακούσει ποτέ μπράβο από τον πατέρα του, αλλά, αντίθετα, ακόμη και σε μία εξαιρετική επίδοση έλεγε πάντα πως «θα έπρεπε να τα έχει καταφέρει καλύτερα». Στο σχολείο ήταν πολύ καλός μαθητής, ωστόσο όποιο βαθμό και να έπαιρνε ο πατέρας του τον ρωτούσε επικριτικά. «Δεν μπορούσες να είχες κάνει κάτι καλύτερο»; Ως έφηβος έπαιζε ποδόσφαιρο στην τοπική ομάδα, όπου ο πατέρας τον κατηγορούσε πως θα έπρεπε να αγωνίζεται ήδη σε μία ομάδα μεγαλύτερης κατηγορίας. Κάποια φορά που συμμετείχε στη σχολική θεατρική παράσταση τον συνέκρινε με ένα ιερό τέρας του θεάτρου λέγοντάς του ότι «θα έπρεπε να παίζει σαν και αυτόν». Όταν κατάφερε να μπει, μετά από πολύ δύσκολες εξετάσεις, σε μια σχολή Πληροφορικής Δημόσιου Πανεπιστημίου της χώρας του, ο πατέρας αντί να πανηγυρίσει τον ρώτησε «μα καλά, δεν μπορούσες να έχεις περάσει στην Ιατρική;». Όταν σε ηλικία 22 ετών ξεκίνησε να εργάζεται για πρώτη φορά ως νέος ανειδίκευτος υπάλληλος σε μία μεγάλη πολυεθνική εταιρεία ηλεκτρονικών υπολογιστών, ο πατέρας του τον κοίταξε επιτιμητικά σχολιάζοντας ότι «θα έπρεπε να είναι ήδη ο γενικός διευθυντής της εταιρείας!».

Αυτό το μοτίβο της απαίτησης υπεραπόδοσης συνεχίστηκε σε όλη την ενήλικη ζωή του. Δεν είχε ακούσει ποτέ μπράβο, διότι οποιοδήποτε επίτευγμα και να έκανε συγκρινόταν με κάτι καλύτερο που θα έπρεπε να είχε πετύχει. Η μητέρα του, ήταν αδιάφορη και παγωμένη και έτσι δεν υπήρχε καμία ενθάρρυνση στο παραμικρό, ούτε από τη δική της πλευρά. Θα περίμενε κανείς πως ο συγκεκριμένος πατέρας θα είχε και ο ίδιος παρόμοιες υψηλές αποδόσεις, τις οποίες με τη σειρά του απαιτούσε από το γιο του. Ωστόσο, ήταν απόφοι-τος Δημοτικού, ενώ εργαζόταν σε μία επιχείρηση ως κατώτερος υπάλληλος, με ένα μέτριο μισθό που εξασφάλιζε στην οικογένεια του ίσα ίσα τα προς το ζην. Πέρα από την απόκτηση τριών παιδιών, στα οποία είχε παρόμοια συμπε-ριφορά, δεν είχε να επιδείξει ο ίδιος κάποια εξαιρετική επίδοση ή ιδιαίτερη καλλιέργεια σε κάποιο τομέα.

Ο άνδρας του παραδείγματος δεν μπορούσε να κάνει τίποτε άλλο παρά να συνδέσει την αξία του ως ατόμου με την υπεραπόδοση που αναμενόταν από αυτόν. Συγκρινόμενος πάντα από τον πατέρα του με κάτι εξωπραγματικό για την αντίστοιχη ηλικία στην οποία βρισκόταν, ανέπτυξε πολύ χαμηλή αυτοεκτί-μηση. Ακόμα και σε μία στιγμή επιτυχίας συνέχιζε να νιώθει ότι «δεν αξίζει».

Παράλληλα, για να καταφέρει να συνδυάσει το κρυφό «διπλό μήνυμα» που έπαιρνε συνεχώς από αυτόν «να είσαι ο καλύτερος, αλλά μη με ξεπεράσεις», πήρε μία Συμπληρωματική Απόφαση Επιβίωσης. «Θα έχω υπεραπόδοση, αλλά την ίδια στιγμή θα πρέπει να βρω έναν τρόπο να μην έχω καθόλου από-δοση». Το διπλό μήνυμα τον οδήγησε σε εσωτερική διάσπαση δύο κομμα-τιών του εαυτού του που αλληλομαστιγώνονταν σε μόνιμη βάση. «Τρέχα να πετύχεις», φώναζε ο ένας, «μην κάνεις απολύτως τίποτα και φρόντισε να απο-τύχεις», ούρλιαζε ο άλλος!». Αυτή η εσωτερική διαμάχη δημιουργούσε μια μόνιμη εναλλαγή από υπερενέργεια σε πλήρη αδράνεια. Βίωνε πάντοτε μία ασταμάτητη εσωτερική πίεση για να έχει υπεραπόδοση σε όλους τους τομείς της ζωής του. Τη στιγμή όμως που ήταν κοντά σε κάποια επιτυχία, εμφανιζό-ταν η νέα αντίθετη εσωτερική πίεση ότι δεν επιτρέπεται να πετύχει.

Για να μπορέσει να φέρει εις πέρας την Απόφαση Επιβίωσης ανέπτυξε, επί-σης, μια σειρά Ψυχολογικών Μηχανισμών, ως Κόφτες της Απόδοσής του. Κό-φτες, όπως η ασθένεια, το πολύ φαγητό και αλκοόλ που τον νάρκωναν, το κλείσιμο της αντίληψής του. Αυτά τον μπλοκάριζαν και τον φρέναραν, ώστε να μπορεί να κλείνει το δυναμικό του. Σχετιζόταν πάντοτε με ανθρώπους με μικρότερη μόρφωση, καλλιέργεια ή ικανότητες από τον ίδιο. Έτσι είχε υπε-ραπόδοση, διότι ένιωθε καλύτερος από αυτούς, παράλληλα όμως κατάφερνε να σταματάει την εξέλιξή του.

Το διπλό μήνυμα «να είσαι ο καλύτερος αλλά μη με ξεπεράσεις»

Το τραύμα της σύνδεσης της αξίας μας με την απόδοσή μας συχνά σχετίζεται με το διπλό μήνυμα «απόδωσε έναντι μην αποδίδεις». Όποιος δεν το έχει δι-αχειριστεί, θα συνεχίσει να υπακούει σε αυτό, με την παρεπόμενη διάσπαση που έχει προκληθεί. Εάν έχει δικά του παιδιά, θα προκαλέσει σ' αυτά το ίδιο τραύμα, με τον τρόπο που περιγράφεται παρακάτω:

Στο πρώτο σκέλος του διπλού μηνύματος «να είσαι ο καλύτερος», ο γονιός καρπώνεται τα επιτεύγματα και την απόδοση των βιολογικών παιδιών του, επιτυγχάνοντας έτσι τη δική του υπεραπόδοση. Εάν τον ξεπεράσουν είναι εντάξει, διότι θα οικειοποιηθεί την επιτυχία τους. Για παράδειγμα, μία μητέρα που πιέζει το παιδί της για καλούς βαθμούς στο σχολείο σε τέτοιο σημείο που γράφει η ίδια τις εργασίες του ακόμη και στην πρώτη Δημοτικού. Εάν είναι πρώτο και ξεχωρίζει εκείνη παίρνει αξία ως καλή μάνα. Οι καλοί βαθμοί έχουν να κάνουν με την ίδια και όχι με το εάν το παιδί της είναι δημιουργικό και απολαμβάνει τη μάθηση.

Στο δεύτερο σκέλος του διπλού μηνύματος δίνεται κρυφά ή φανερά το μήνυμα «μη με ξεπεράσεις». Παρόλο που ο γονιός φαινομενικά διατείνεται ότι το μόνο που θέλει είναι να πετύχει το παιδί του, συνειδητά ή υποσυνείδητα ζηλεύει τα επιτεύγματά του. Ίσως επειδή ο ίδιος δεν έχει σπουδάσει ή δεν τα κατάφερε τόσο καλά στα σπορ. Μπορεί να είναι ακόμη η ομορφιά και η χάρη του παιδιού του, η χαρούμενη φύση του ή ότι τραγουδάει σαν αηδόνι. Συνήθως, η ζήλια απορρέει από οποιοδήποτε τομέα ήθελε ο ίδιος ο γονιός να έχει καταφέρει κι αυτό έχει μείνει απωθημένο. Αυτό, βεβαίως, έχει συμβεί, διότι με το παρόμοιο διπλό μήνυμα, που είχε πάρει και ο ίδιος σαν παιδί, έχει αναπτύξει τους αντίστοιχους Κόφτες Απόδοσης για να αυτοσαμποτάρεται.

Όταν αποσυνδέσουμε την αξία μας από το πώς αποδίδουμε, το διπλό μήνυμα χάνει την ισχύ του. Η εσωτερική πίεση της ακύρωσης σταματά, αφήνοντας στη θέση της ηρεμία και χαλαρότητα. Είτε εργαζόμαστε, είτε κάνουμε δουλειές στο σπίτι, είτε μεγαλώνουμε παιδιά, είτε έχουμε οποιαδήποτε άλλη ασχολία, απολαμβάνουμε νιώθοντας χαρά και δημιουργικότητα. Η κάθε μας ενασχόληση γεμίζει ενέργεια επιτρέποντάς μας να χαρούμε τη ζωή και ό,τι αυτή περιλαμβάνει. Είμαστε έτσι σε θέση να εκφράσουμε την Ποιότητά μας και να αναπτύξουμε πλήρως όλο μας το δυναμικό.

Ισχυροποίηση του «δεν αξίζω» - κρίσεις άγχους και πανικού

Η σύνδεση της αξίας μας ως ατόμων, με την υπεραπόδοση που αναμένεται από εμάς, ισχυροποιεί το «δεν αξίζω». «Δεν είμαι αρκετός», «δεν είμαι αρκετά καλός», «είμαι ανεπιθύμητος», «είμαι λίγος», οι παραλλαγές είναι σχεδόν όσοι είναι και οι κάτοικοι αυτού του πλανήτη.

Όταν υπάρχει κίνδυνος να ξεσκεπασθεί το πόσο ανάξιοι πιστεύουμε ότι είμαστε, παθαίνουμε κρίσεις πανικού και άγχους. Αυτές λειτουργούν επίσης ως ένας Ψυχολογικός Μηχανισμός που βοηθά να κρύψουμε και να καταστείλουμε την αναξιότητα που νιώθουμε. Η εργασία για τις κρίσεις πανικού πρέπει να γίνεται στη ρίζα τους, που είναι το «δεν αξίζω», διαφορετικά δεν θα υπάρχει αποτέλεσμα.

Η σειρά πάει ως εξής:

1. **ΔΕΝ ΑΞΙΖΩ** *οδηγεί σε*

2. **ΚΡΙΣΕΙΣ ΑΓΧΟΥΣ, ΦΟΒΟΥ, ΜΕΓΑΛΟΥ ΦΟΒΟΥ Ή ΠΑΝΙΚΟΥ** *οδηγεί σε*

3. **ΑΝΑΠΤΥΞΗ ΨΥΧΑΝΑΓΚΑΣΜΩΝ ΓΙΑ ΝΑ ΝΙΩΣΟΥΜΕ ΑΣΦΑΛΕΙΑ**

Ψυχαναγκασμός θεωρείται οτιδήποτε κάνουμε κατ΄επανάληψη και κάποιες φορές εμμονικά για να ανακουφιστούμε από όλα αυτά τα έντονα συναισθήματα και να νιώσουμε ξανά ασφαλείς. Όλοι μας, σε κάποιο βαθμό, έχουμε κάποιο είδος ψυχαναγκαστικής διαταραχής, χωρίς να αντιλαμβανόμαστε το ρόλο που παίζει στη ζωή μας, θεωρώντας το, μάλιστα συχνά, και φυσιολογικό. Το σεξ, το φαγητό, η καθαριότητα, η άθληση και ό,τι άλλο μπορούμε να φανταστούμε, χρησιμοποιούνται για να κρύψουν το «δεν αξίζω» και τις παρεπόμενες κρίσεις πανικού και άγχους, όταν αυτό κινδυνεύει να αποκαλυφθεί.

Σε ένα παράδειγμα μία γυναίκα συνειδητοποίησε στα 48 της ότι βασανιζόταν για πάρα πολλά χρόνια από συχνές έντονες κρίσεις πανικού και κρίσεις άγχους, χωρίς να έχει συναίσθηση τι συμβαίνει. Στην κρίση πανικού πάγωνε από φόβο και ακινητοποιούνταν. Στην κρίση άγχους ένιωθε ένα τεράστιο πλάκωμα στο στήθος και δυσκολευόταν να αναπνεύσει, κάτι που συχνά συνοδευόταν και από έντονο πόνο. Με την αναγνώριση, μπόρεσε να έρθει σε επαφή με αυτό που κρυβόταν από κάτω, τη δική της παραλλαγή του «δεν αξίζω». Παράλληλα, συνειδητοποίησε, με μεγάλη της έκπληξη, ότι είχε αναπτύξει μία σειρά ψυχαναγκασμών για να κρύβει τις κρίσεις πανικού και να νιώθει ασφάλεια. Ένας εξ αυτών ήταν να επαναλαμβάνει αυτά που έλεγε στους άλλους πολλές φορές.

Β. Η ΑΠΟΤΑΥΤΙΣΗ
Η πρώτη φάση

Αν ξεκινήσουμε την εργασία με το εσωτερικό μας παιδί, το πρώτο που χρειάζεται να κάνουμε είναι να αποταυτιστούμε από αυτό. Το παιδάκι που ήμασταν κάποτε συνεχίζει να αναλαμβάνει τη διεκπεραίωση όλων μας των υποχρεώσεων. Σχετιζόμαστε, εργαζόμαστε, παντρευόμαστε, χωρίς να είμαστε ούτε μία στιγμή στη θέση του Ενήλικα.

Αρχικά χρειάζεται να αντιληφθούμε ότι το εσωτερικό μας παιδί είναι μόνο ένα κομμάτι μας. Όσο παραμένουμε ταυτισμένοι με αυτό, μεγαλώνουμε μεν βιολογικά, αλλά ψυχολογικά παραμένουμε στην ηλικία κατά την οποία αναπτύξαμε το κάθε τμήμα του Οικοδομήματος Επιβίωσης. Ας πάρουμε το παράδειγμα μιας γυναίκας 40 ετών, με έναν αδελφό μεγαλύτερο κατά πέντε χρόνια. Η μητέρα της πάθαινε κρίσεις πανικού με το παραμικρό πρόβλημα. Εάν η καθαρίστρια δεν είχε ξεσκονίσει σωστά θεωρούσε αυτό τόσο τραγικό που φώναζε ότι θα αυτοκτονήσει, πόσο μάλλον για σοβαρότερα θέματα. Ο πατέρας της ήταν το αντίθετο. Φαινομενικά απόλυτα ήρεμος, αλλά πραγματικά, απλώς έκρυβε τον δικό του φόβο και άγχος, επίσης, για τα πάντα. Το πετύχαινε κλείνοντας τα μάτια σε κάθε πρόβλημα που εμφανιζόταν, προσποιούμενος ότι δεν συμβαίνει καν τίποτε. Ο αδελφός της πάθαινε κρίσεις πανικού ήδη από ενός έτους, κάτι το οποίο ανακάλεσε ο ίδιος αργότερα στη θεραπεία που έκανε ακριβώς γι' αυτό τον λόγο. Η γυναίκα του παραδείγματος, σε ηλικία επίσης ενός έτους πήρε την Απόφαση «για να επιβιώσω πρέπει να είμαι καλό και ήρεμο παιδί, ώστε να μη ενοχλώ καθόλου». Την υποστήριξε αναπτύσσοντας μια σειρά Ψυχολογικών Μηχανισμών που τη βοήθησαν να μην εκφράζεται καθόλου, να καταπιέζει το συναίσθημα της, να μη λέει τη γνώμη της, να μην κλαίει, να μη θυμώνει και, γενικά, να περνά απαρατήρητη. Έτσι, παρόλο που αυτή η γυναίκα ήταν ήδη 40 ετών όταν ξεκίνησε θεραπεία, συναισθηματικά βρισκόταν στην ηλικία στην οποία αποφάσισε να μην επιβαρύνει καθόλου την ήδη πολύ αγχωμένη οικογένειά της. Ήταν πλήρως καταπιεσμένη, αφού σε όλη τη μετέπειτα ζωή της προσπαθούσε να μην αναστατώνει καθόλου με την παρουσία της.

Ξεκινάμε να αποταυτιζόμαστε από το εσωτερικό μας παιδί, όταν αρχίσουμε να επικοινωνούμε μαζί του. Με τον ίδιο τρόπο που, ως ενήλικες, θα είχαμε να φροντίσουμε ένα πραγματικό παιδί με σάρκα και οστά. Όσο δεν κάνουμε αυτό, εκείνο απλώς συνεχίζει να αποφασίζει για τον τρόπο που θα ζούμε. Το δίχρονο, το τρίχρονο, το πεντάχρονο, συνεχίζει να διευθετεί όλες μας τις υποθέσεις, αναπαράγοντας ξανά και ξανά τις ίδιες Εγγραφές, τις Αποφάσεις Επιβίωσης και τους Ψυχολογικούς Μηχανισμούς που τις στηρίζουν. Τι θα έπρεπε να κάνει ένας Ενήλικας που μεγαλώνει ένα παιδί; Να δείχνει αγάπη. Να συναισθάνεται τις ανάγκες που έχει και πώς νιώθει. Να δίνει ασφάλεια. Να βάζει όρια όταν χρειάζεται, αλλά, κυρίως, να μην του φορτώνει ευθύνες που δεν είναι της ηλικίας του. Να μη στέλνει το παιδί να δουλέψει. Να μη βάζει το παιδί να παντρευθεί και να κάνει παιδιά. Να μην φορτώνει στο παιδί τα οικονομικά του βάρη.

Στην πρώτη φάση της Αποταύτισης χρειάζεται συνεχής επαφή με το εσωτερικό μας παιδί. Το πρωί που ξυπνάμε διαβεβαιώνουμε πως θα πάμε εμείς να εργαστούμε και όχι αυτό. Μπορούμε να φανταστούμε ότι βάζουμε το παιδί σ' ένα δωμάτιο με ό,τι παιχνίδια και δραστηριότητες επιθυμεί και αφήνουμε εκεί να κάνει ό,τι θέλει. Ή στον χώρο εργασίας μας να λέμε στο εσωτερικό μας παιδί ότι μπορεί να κάθεται κάπου και να παίζει, χωρίς να χρειάζεται πλέον να τρέχει στις συσκέψεις και να μιλάει με τους πελάτες. Εάν είμαστε άνεργοι δεν στέλνουμε το παιδί για συνέντευξη εργασίας. Υποσχόμαστε ότι θα πάμε εμείς και ίσως το τοποθετούμε σ' ένα χώρο μέσα στην καρδιά μας, όπου θα παίζει και θα αισθάνεται ασφάλεια. Ό,τι και αν κάνουμε μέσα στη μέρα μας, το δι-αβεβαιώνουμε συνεχώς πως αναλαμβάνουμε εμείς να διεκπεραιώσουμε και έτσι αυτό μπορεί να είναι παιδί.

Σε ένα παράδειγμα, μία διάσημη ηθοποιός ξεκίνησε θεραπεία περίπου στην ηλικία των 35 ετών, διότι πάθαινε κρίσεις πανικού πάνω στη σκηνή. Την ώρα που έπαιζε, ξαφνικά χλώμιαζε, την έπιανε το στομάχι της και πάγωνε εντελώς. Ήταν ένα πολύ επιτυχημένο έργο, με ένα καθημερινά γεμάτο θέατρο με εκατο-ντάδες θεατές. Εργαζόμενη με το εσωτερικό της παιδί, συνειδητοποίησε πως είχε αναλάβει να παίζει αυτό κάθε βράδυ στη θέση της. Ξεκινώντας τη διαδικα-σία της Αποταύτισης, από την ώρα που ξύπναγε μέχρι τη στιγμή που ξεκινούσε από το σπίτι της να πάει στο θέατρο, το καθησύχαζε πως θα ερμηνεύσει αυτή τον ρόλο. Το ίδιο έκανε και όταν ετοιμαζόταν στο καμαρίνι. Την ώρα της παρά-στασης οραματιζόταν συνεχώς το μικρό παιδάκι να είναι στην άκρη της σκηνής απασχολημένο με τα παιχνίδια του. Σταδιακά, οι κρίσεις πανικού ελαττώθηκαν μέχρι που σταμάτησαν εντελώς. Μάλιστα είχε εκπαιδευτεί τόσο καλά, ώστε, με την παραμικρή ένδειξη ότι ξεκινά μία νέα κρίση, αυτόματα καταλάβαινε ότι πάλι έχει αναλάβει το εσωτερικό της παιδί. Αμέσως, αποταυτιζόταν και έπαιρνε τον έλεγχο καθησυχάζοντάς το. Εργάστηκε, βεβαίως, παράλληλα όλο αυτό το διάστημα, με το τι πραγματικά κάλυπταν οι κρίσεις πανικού, που ήταν το τραύ-μα της αναξιότητας που ένιωθε από παιδί. Το διπλό μήνυμα που είχε πάρει και από τους δύο γονείς της «δώσε μας αξία με το να είσαι η καλύτερη, αλλά μην μας ξεπεράσεις», έκανε την ηθοποιό να παγώνει πάνω στη σκηνή κάθε φορά που άνοιγε το δυναμικό της στην υποκριτική.

Ας δούμε ένα άλλο παράδειγμα, μιας εργαζόμενης μητέρας με ένα παιδάκι τεσσάρων ετών. Ξεκίνησε θεραπεία στα 30 της, διότι ήταν μονίμως εξουθε-νωμένη. Δυσκολευόταν να συνδυάσει την εργασία και τις υποχρεώσεις του σπιτιού, με αποτέλεσμα να έχει συνεχώς νεύρα. Καυγάδιζε καθημερινά με τον σύζυγό της και φώναζε στην κόρη της. Στη διαδικασία της Αποταύτισης κατάλαβε πως είχε αναλάβει τα πάντα το εσωτερικό της παιδί. Ένα 5χρονο, το οποίο όχι μόνο πήγαινε και δούλευε όλη μέρα, αλλά μετά έπρεπε να συ-νεχίσει να κάνει δουλειές στο σπίτι. Να μαγειρέψει, να καθαρίσει, να ξεσκο-νίσει, με μια λίστα ατέλειωτη. Και σαν να μην έφτανε αυτό, έπρεπε επιπλέον να φροντίσει και ένα άλλο παιδάκι! Πόσο να αντέξει, μικρό παιδάκι, και το ίδιο! Στη διαδικασία της Αποταύτισης διαβεβαίωνε συνεχώς το εσωτερικό της παιδί ότι αναλαμβάνει τα πάντα αυτή. Στη δουλειά, το είχε δίπλα της να ζωγραφίζει. Στο σπίτι να παίζει με παιχνίδια. Όποτε είχε νεύρα με τον άνδρα της ή την κόρη της ήταν πλέον η ένδειξη για το ποιος είχε αναλάβει να είναι σύζυγος και εργαζόμενη μητέρα. Κι έτσι αμέσως αποταυτιζόταν. Σταδιακά άρχισε να απολαμβάνει τη δουλειά της και κυρίως το σπίτι της και την κόρη της, φτάνοντας μάλιστα στο σημείο να κάνει και δεύτερο παιδί. Το κλίμα στην οικογένεια βελτιώθηκε και η αρμονία και η αγάπη επικράτησαν. Οι καυγάδες και τα νεύρα σταμάτησαν και η γυναίκα μπόρεσε να εργασθεί με το τραύμα που τα προκαλούσε όλα αυτά.

Η δεύτερη φάση της διαδικασίας Αποταύτισης - Πότε το εσωτερικό μας παιδί αναλαμβάνει πάλι τον έλεγχο

Μπορούμε να θεωρήσουμε ότι έχουμε ξεκινήσει το ταξίδι της θεραπείας μας, όταν αρχίσουμε να ακούμε, από τη Θέση του Ενήλικα, το εσωτερικό μας παιδί. Όσο εδραιώνουμε τη διαδικασία της Αποταύτισης, επιτρέπουμε να δείξει σε ποια κατάσταση βρίσκεται και τι χρειάζεται από εμάς. Καθώς μάς εμπιστεύεται, αρχίζει δειλά δειλά να ξεδιπλώνει το πώς ένιωθε στο παρελθόν, γι' αυτό συχνά τα συναισθήματα που αναδύονται είναι εξαιρετικά έντονα.

Καθώς είναι η πρώτη φορά που κάποιος γίνεται μάρτυρας του τι έχει συμβεί, εάν δεν αντέξουμε να μείνουμε με ό,τι ανοίγει, θα ταυτιστούμε και πάλι. Διατρέχουμε τότε τον κίνδυνο να εγκλωβισθούμε για καιρό σε αυτά τα συναισθήματα, παρόμοια σαν αυτά που θα νιώθαμε αν βρισκόμαστε μόνιμα στη μέση μιας θύελλας. Σε αυτή τη διαδικασία δεν πρέπει ούτε μία στιγμή να ξεχνάμε πως ό,τι δείχνει τώρα το εσωτερικό μας παιδί βρισκόταν ήδη μέσα μας. Πάντα φοβόμασταν, πονούσαμε, βιώναμε απόλυτη και τρομακτική μοναξιά και απομόνωση. Απλώς δεν το νιώθαμε. Το μόνο διαφορετικό που συμβαίνει τώρα είναι ότι απλώς βγήκαν στην επιφάνεια.

Η Alice Miller, της οποίας η εργασία για την απελευθέρωση του εσωτερικού παιδιού είναι πρωτοποριακή, αναφέρει πως η κατάθλιψη και η αυτοκτονία οφείλονται σε θαμμένο πόνο της παιδικής ηλικίας. Για παράδειγμα, οι κρίσεις πανικού είναι, επίσης, καταπιεσμένος φόβος που εκρήγνυται με αυτόν τον τρόπο. Ή, η χρόνια έλλειψη φροντίδας μπορεί να εκφραστεί με αφόρητη αίσθηση κρύου, που δεν αφήνει να ζεσταθούμε ό,τι και αν κάνουμε.

Σ' αυτή τη φάση, είναι καίριας σημασίας να είμαστε σε εγρήγορση, παραμένοντας σταθερά στη Θέση του Ενήλικα. Διαφορετικά θα ταυτισθούμε με το εσωτερικό μας παιδί, αναγκάζοντας να αναλάβει πάλι αυτό τη ζωή μας και τα καθήκοντα μας, με το Οικοδόμημα Επιβίωσης να μπαίνει αυτόματα σε ισχύ.

Όταν αναδύεται ένα κομμάτι τραύματος, πολύ συχνά νομίζουμε ότι το αποδεχόμαστε και είμαστε έτοιμοι να το ανοίξουμε παίρνοντας τις πληροφορίες που έχει να δώσει. Αλλά στην πράξη, όταν το εσωτερικό μας παιδί αρχίζει να δείχνει πώς ένιωθε στο εκεί και τότε, δεν αντέχουμε και κάνουμε πίσω. Τη στιγμή ακριβώς που νόμιζε πως μπορεί να μάς εμπιστευτεί, ζητάμε απ΄ αυτό να σταματήσει. Αυτό ξαναπαίρνει φυσικά τον έλεγχο λέγοντας «α, νόμιζα ότι είχες αναλάβει εσύ, αλλά τελικά δεν ήταν έτσι! Οπότε αναγκάζομαι να αναλάβω πάλι εγώ». Κι έτσι, ξεκινά αυτόματα να ενεργοποιεί τους ίδιους Ψυχολογικούς Μηχανισμούς, ώστε να θαφτεί πάλι ο πόνος.

Αν παρομοιάσουμε τη ζωή και τη δράση μας με την οδήγηση του αυτοκινήτου, όπου στο τιμόνι κάθεται το μικρό παιδί και εμείς δίπλα του στο κάθισμα του συνοδηγού. Όταν λέμε στο μικρό παιδί «αναλαμβάνω εγώ», σημαίνει πως παίρνουμε εμείς το τιμόνι στα χέρια μας κι αυτό κάθεται, επιτέλους, στην πίσω θέση δεμένο με τη ζώνη ασφαλείας. Εκεί είναι το σημείο, από που αρχίζει και εμφανίζει όλο το καταπιεσμένο συναίσθημα. Εάν πούμε στο παιδί «φτάνει δεν αντέχω, σταμάτα», τότε δίνουμε πάλι τη θέση του οδηγού και το τιμόνι στα χέρια του και καθόμαστε εμείς πίσω. Και σαν να μην έφτανε αυτό, το βρίζουμε και κάνουμε συνεχώς παρατηρήσεις για τον τρόπο που οδηγεί!

Γ. ΤΟ ΕΣΩΤΕΡΙΚΟ ΠΑΙΔΙ ΚΑΙ ΟΙ ΑΛΛΑΓΕΣ
Κρίσιμα βήματα για τη θεραπεία

Κάθε φορά που είμαστε σε διαδικασία αλλαγής, θα πρέπει και πάλι να ασχοληθούμε με το εσωτερικό μας παιδί. Χρειάζεται πάντοτε να θυμόμαστε πως, καθώς είναι υπεύθυνο για την επιβίωσή μας για πάρα πολλά χρόνια, έχει γίνει πονηρό και πολυμήχανο. Επιπλέον, είναι πολύ έξυπνο και δεν ξεγελιέται σε καμία περίπτωση με ψεύτικη αλλαγή που γίνεται μόνο στο νοητικό. Όταν έχουμε πει μόνο με το μυαλό «ναι σε είδα και κατάλαβα τι μού δείχνεις», χωρίς να έχουμε ανοίξει την καρδιά μας σ' αυτό, θα ταπεινωθούμε ξανά και ξανά μέχρι να φτάσουμε στο συγκεκριμένο το σημείο κατανόησης και αποδοχής.

Στην πραγματικότητα, αυτός είναι και ο βασικός λόγος που κάποιος μπορεί να κολλήσει στη θεραπεία ή να κάνει ακόμη και πισωγύρισμα. Πάνω που χαιρόμαστε ότι προχωρήσαμε, εμφανίζονται πάλι τα γνωστά μας θέματα. Το εσωτερικό μας παιδί, καθώς θέλει να βεβαιωθεί ότι έχουμε αναλάβει εμείς, προκαλεί για να δει εάν μπορεί όντως να μάς εμπιστευθεί.

Γι' αυτό δεν πρέπει να ξεχνάμε ποτέ αυτό, καθώς είναι η πιο άμεση πηγή πληροφορίας που έχουμε. Οτιδήποτε συμβαίνει μέσα στην ημέρα, από ένα ξαφνικό πόνο στην πλάτη ή ένα δυσάρεστο συναίσθημα, το πρώτο που θα έπρεπε να κάνουμε είναι να συνδεόμαστε μαζί του και να το ρωτάμε τι χρειάζεται από εμάς. Στρέφουμε πάντα την προσοχή μας στο τι μάς δείχνει, χωρίς να παραλείπουμε να δίνουμε αγάπη, ασφάλεια και υποστήριξη σε καθημερινή βάση. Το ακούμε ειλικρινά, το παρηγορούμε και το ενδυναμώνουμε, όπως δεν το έχει κάνει κανείς μέχρι τώρα.

Η θεραπεία του εσωτερικού παιδιού, τελικά, πραγματοποιείται βήμα βήμα. Κάθε φορά που νιώθει αρκετά ασφαλές, δείχνει άλλο ένα κομμάτι του παζλ. Εξάλλου, είναι το μόνο που γνωρίζει ακριβώς τι πραγματικά έχει συμβεί. Κι αυτό είναι η βάση της θεραπείας. Κρατάει στα χέρια του την ιστορία μας. Όσοι ακολουθούν οποιοδήποτε είδος θεραπείας ή είναι οι ίδιοι θεραπευτές, θα πρέπει να είναι ενήμεροι πως, εάν δεν έχουν εργαστεί με το δικό τους εσωτερικό παιδί, ζουν σε ένα μεγάλο ψέμα. Διότι αυτό θα χρησιμοποιήσει όλα όσα ασχολούνται, για να κρατήσει θαμμένο τον πόνο. Θα λέει πράγματα, όπως «εμείς τώρα κάνουμε διαλογισμό. Εξαγνιστήκαμε από το φως που μπήκε από το κεφάλι μας. Είμαστε αγνοί και καλύτεροι από τους υπόλοιπους που δεν ασχολούνται μ' αυτά. Δεν έχουμε πλέον αρνητικά συναισθήματα» ή «κάνουμε ήδη πέντε χρόνια ψυχοθεραπεία και έχουμε βγάλει το μίσος από τη ζωή μας. Απλώς συγχωρήσαμε τους γονείς μας και όλους όσοι μάς πλήγωσαν». Θα παρουσιάσει κάθε επιχείρημα, προκειμένου να συνεχίσει να συγκαλύπτει αυτό που έχει συμβεί, καθώς από αυτό εξαρτάται η επιβίωσή του. Θα μάς κρατήσει στην πλάνη, λέγοντάς μας ότι «εμείς είμαστε μια χαρά, οι άλλοι έχουν το πρόβλημα», παραβλέποντας το γεγονός ότι είναι καθρέφτες μας, οι οποίοι δείχνουν επακριβώς τι χρειάζεται να θεραπεύσουμε.

Αυτός είναι ο λόγος που συμβαίνει να βλέπουμε ανθρώπους, οι οποίοι, ενώ ασχολούνται για πολλά χρόνια με κάθε είδους θεραπείες, δεν φαίνεται να βελτιώνουν πολλά πράγματα στη ζωή τους. Εάν επιλέξουμε να εργαστούμε με κάποιο θεραπευτή, που δεν εργάζεται και ο ίδιος με το εσωτερικό του παιδί, είναι βέβαιο ότι όχι μόνο δεν θα μάς βοηθήσει, αλλά θα μάς ωθήσει σε ακόμη μεγαλύτερη συγκάλυψη. Φράσεις, όπως «πρέπει να μάθεις να ζεις μ' αυτό το πρόβλημα και να το ελέγχεις όποτε εμφανίζεται» ή «πρέπει να συγχωρείς» ή «διώξε τους τοξικούς ανθρώπους από τη ζωή σου» ή «κάνε μία λίστα με τα υπέρ και τα κατά του τωρινού σου συντρόφου για να αποφασίσεις αν θα τον χωρίσεις», δείχνουν πόσο λίγο έχει προχωρήσει αυτός ο θεραπευτής στη δική του θεραπεία, άρα και πόσο μπορεί να μάς βοηθήσει πραγματικά.

Το εσωτερικό παιδί ως φύλακας της πύλης της αλλαγής

Μπορούμε να παρομοιάσουμε κάθε μεταβολή επιπέδου που κάνουμε, με την είσοδό μας σε μία πύλη. Το εσωτερικό μας παιδί είναι αυτό που τελικά ελέγχει, εάν μπορούμε να την περάσουμε. Ένας αμερόληπτος και αδέκαστος κριτής, που δεν μπορούμε να ξεγελάσουμε σε καμία περίπτωση.

Κάθε μεταβολή είναι μία αλλαγή Συνειδητότητας. Αυτό πρακτικά σημαίνει πως θα εμφανιστούν και νέα θέματα, διότι τώρα είμαστε έτοιμοι να τα δούμε. Θα ανοίξουν μνήμες και θα βιώσουμε τα αντίστοιχα καταπιεσμένα συναισθήματα. Είναι ώρα για σκληρή εργασία και όχι για αποθάρρυνση, η οποία προκύπτει από το ότι νομίζαμε πως είχαμε ξεμπερδέψει με τον πόνο, καθώς είναι άλλο να θυμάσαι ή να αναπολείς και άλλο να βιώνεις. Εάν είχαμε φάει μια σφαλιάρα καιρό πριν και το είχαμε απωθήσει ως γεγονός, τώρα όχι μόνο θα δούμε το αποτύπωμα στο μάγουλό μας, αλλά θα νιώσουμε και τον πόνο σαν να συνέβαινε αυτήν τη στιγμή.

Για παράδειγμα, αλλάζοντας την Απόφαση Επιβίωσης «Αγάπη και φροντίδα για μένα είναι να μην ζω» σε «θα ζήσω», μόλις περάσει η πρώτη μέθη και η αποφασιστικότητα της αλλαγής θα εμφανιστεί όλο το αντίστοιχο κατα-πιεσμένο συναίσθημα. Αυτός ακριβώς είναι ο δείκτης ότι προχωράμε. Όσο μεγαλύτερη αλλαγή, τόσο μεγαλύτερο και βαθύτερο το κομμάτι που μέχρι εκείνη την ώρα ήταν στη σκιά και γι' αυτό δεν το βλέπαμε.

Στην περίπτωση που σε αυτή τη διαδικασία κάποιος δεν αντέχει να δει ό,τι νέο εμφανίζεται, ώστε το εσωτερικό του παιδί να τον αφήσει να περάσει, θα μοιάζει με τον μαθητή που μένει μετεξεταστέος. Τι καλείται τότε να κάνει; Να επαναλάβει τα ίδια μαθήματα, έως ότου να είναι βέβαιο ότι τα έχει κατα-νοήσει και να μπορεί να περάσει στο επόμενο επίπεδο. Επιπλέον, οι παλιοί συμμαθητές του, που προχώρησαν στην επόμενη τάξη, δεν θα είναι εύκολο να τον κάνουν παρέα, διότι θα έχουν διαφορετικό πρόγραμμα. Αυτό το φαι-νόμενο παρατηρούμε να συμβαίνει με ανθρώπους που προχωρούν θερα-πευτικά μαζί. Η μετάβασή μας από τη μία τάξη στην άλλη είναι ουσιαστικά το πέρασμα από ένα επίπεδο μάθησης και αντιληπτικότητας σε ένα άλλο. Όσοι δεν έχουν εργαστεί με το εσωτερικό τους παιδί, θα μείνουν πίσω να επαναλά-βουν ξανά και ξανά τα ίδια μαθήματα, μέχρι να αποφοιτήσουν.

ΑΣΚΗΣΗ
Οι καθρέφτες

Η ανάληψη ευθύνης για τη τωρινή ζωή μας είναι από μόνη της μία αρετή, την οποία χρειάζεται να καλλιεργούμε συνεχώς. Σταδιακά, αντιλαμβανόμαστε πως για οτιδήποτε κατηγορούμε κάποιον δείχνει με ακρίβεια πως εμείς φε-ρόμαστε στο εσωτερικό μας παιδί. «Με μισεί» είναι «με μισώ», «με προδίδει» είναι «με προδίδω», «θέλει να με καταστρέψει» είναι «θέλω να με καταστρέ-ψω» και ούτω καθεξής.

Αυτή είναι μια εξαιρετικά αποκαλυπτική θεραπευτική άσκηση για να κατανο-ήσουμε πλήρως την έννοια του καθρέφτη. Δοκιμάστε να μετατρέπετε οτιδή-ποτε προσάπτετε στους άλλους σε πρώτο πρόσωπο. Πχ «Με κοροϊδεύουν» = «με κοροϊδεύω», με «τσαλαπατάνε» = «με τσαλαπατάω», «με αδικούν» = «με αδικώ», «είναι χοντρός» = «νιώθω χοντρός», «είναι τσιγκούνης» = «είμαι τσιγκούνης», «με ζηλεύει» = «ζηλεύω», «δεν νοιάζονται για μένα» = «δεν νοιά-ζομαι για μένα».

Κάνοντας αυτή την άσκηση κάθε φορά που λέμε κάτι αρνητικό για κάποιον, ανοίγουμε και επιταχύνουμε τη σύνδεση με κομμάτια του εαυτού μας που είναι κλειστά, αναλαμβάνοντας πλήρως την ευθύνη για ό,τι μας συμβαίνει.

Όσο και αν νομίζουμε ότι έχουμε αντιληφθεί την έννοια του καθρέφτη, πάντα θα υπάρχει κάτι ακόμη να δούμε, όσο συνεχίζουμε να γκρινιάζουμε για όσα συμβαίνουν, κρίνοντας τους άλλους και χάνοντας τις πληροφορίες για το τι μας δείχνουν όχι μόνον οι άνθρωποι γύρω μας, αλλά και κάθε τι που μάς περιβάλλει, έμψυχο ή άψυχο, όπως οι φθορές και οι ζημιές του σπιτιού όπου μένουμε, τα έντομα στα ντουλάπια μας, κάθε είδους βλάβη στο αυτοκίνητό μας, ακόμα και οι ασθένειες των κατοικίδιών μας.

Απαραίτητες αρετές προς καλλιέργεια

Η σύνδεση με το εσωτερικό μας παιδί θα πρέπει να γίνεται με σεβασμό, ταπεινότητα και ενσυναίσθηση. Είναι αρετές που θα βοηθήσουν να αντέξουμε να μείνουμε με ό,τι εμφανίζεται κάθε φορά.

Ο **σεβασμός** να ακούσουμε πραγματικά και όχι να υποθέτουμε ό,τι εμείς ξέρουμε. Με απόλυτη τιμή, για το πόσο μάς έχει εξυπηρετήσει κάθε κομμάτι της Πολυδιάσπασης, όσο αρνητικό και αν μάς φαίνεται, αφού χάρη σε αυτό επιβιώσαμε. Η **ταπεινότητα**, να καταλάβουμε και να δεχτούμε ότι κι εμείς έτσι φερόμασταν μέχρι τώρα πρώτα από όλα στον εαυτό μας και πιθανόν και στους άλλους, όποτε αυτό ήταν εφικτό. Εξάλλου, το Οικοδόμημα, που φτιάξαμε για να μπορέσουμε να επιβιώσουμε, είναι μεν εκεί λόγω του τραύματος, αλλά είναι καθαρά δικό μας έργο. Η **ενσυναίσθηση**, που με απλά λόγια σημαίνει να μπορούμε να δούμε την οπτική γωνία κάποιου άλλου. Να μπούμε στη θέση του για να καταλάβουμε και μόνο, χωρίς καμία κριτική, άσχετα εάν συμφωνούμε μαζί του ή όχι. Καλλιεργώντας αυτές τις αρετές, όχι μόνο εδραιώνεται η ουσιαστική επικοινωνία με το εσωτερικό μας παιδί, αλλά και με όλο μας το περιβάλλον.

Η ανάληψη της ευθύνης είναι προϋπόθεση. Τη στιγμή που θα ακούσουμε το εσωτερικό μας παιδί με σεβασμό, ταπεινότητα και ενσυναίσθηση, χρειάζεται απλώς να πούμε: «Τώρα καταλαβαίνω πόσο αστήρικτο σε είχα» και «λυπάμαι». Να νιώσουμε πραγματική συντριβή λέγοντας «ειλικρινά δεν γνώριζα, αυτό έμαθα αυτό έκανα, τώρα το αναγνωρίζω και αναλαμβάνω πλήρως την ευθύνη».

Το να ζητάμε συγνώμη δεν είναι κατάλληλο, διότι πάλι τού απευθύνουμε «κάνε εσύ κάτι γι' αυτό, ανάλαβε και την ενοχή μου», δηλαδή πάρε πάλι το βάρος. Η σωστή φράση είναι «αναλαμβάνω τώρα την ευθύνη για ό,τι έγινε και θα κάνω κάτι εγώ για αυτό». «Εσένα, η δουλειά σου είναι να είσαι παιδί και σ' αγαπάω μόνο και μόνο διότι υπάρχεις. Δεν χρειάζεται να κάνεις τίποτε άλλο παρά μόνο να παίζεις και να χαίρεσαι».

Η εμπειρία μου μέχρι τώρα σε οποιαδήποτε θεραπευτική εργασία έχω κάνει έχει αποδείξει πως τη στιγμή που νιώθουμε πλήρη αποδοχή για όποιο κομμάτι του εσωτερικού μας παιδιού εμφανίζεται, αυτό αλλάζει και μετατρέπεται σε δύναμη. Παρόλο που ακούγεται απλό, είναι το πιο δύσκολο και απαιτητικό πράγμα που καλούμαστε να κάνουμε. Για κάποιους χρειάζονται ζωές ή χρόνια ή μήνες προετοιμασίας για να φτάσουν σε μία τέτοια στιγμή φώτισης. Εάν το καταφέρουμε, τότε αυτό που πριν θεωρούσαμε αρνητικό, δίνει το δώρο του και απελευθερώνεται, η κατάρα μετατρέπεται σε ευχή και τα εσωτερικά μάγια που μάς κρατούσαν υπνωτισμένους σε ευλογία.

Δ. Η ΑΠΕΛΕΥΘΕΡΩΣΗ ΤΟΥ ΕΣΩΤΕΡΙΚΟΥ ΠΑΙΔΙΟΥ
Σημεία-κλειδιά

Στην εργασία με το τραύμα χρειάζεται να δώσουμε προσοχή σε κάποια σημεία κλειδιά, ώστε να έχουμε μόνιμα αποτελέσματα και να μην παλινδρομούμε. Για να βγάλουμε το εσωτερικό μας παιδί από τη φυλακή του φόβου μεταφέροντας το στη συχνότητα της Αγάπης, πρέπει, καταρχάς, να λάβουμε υπόψιν μας τη Θέση όπου βρισκόμαστε, τη μητέρα ως πύλη και τη συγχώρησή του που δεν κατάφερε να σώσει τελικά κανέναν.

Η Θέση: Το Παιδί Ήρωας είναι πάντοτε σε Θέση γονέα. Είναι επείγον να ξαναπάρουμε τη Θέση μας ως παιδιών. Να σταματήσουμε να αναλαμβάνουμε βάρη, τα οποία ένα μικρό παιδί δεν είναι δυνατόν να διαχειριστεί, παρά μόνο εάν θυσιαστεί. Εάν δεν έχετε καθόλου εργαστεί με το θέμα της Θέσης, δοκιμάστε να πείτε αυτή τη φράση προς τους γονείς σας, για να δείτε σε ποια κατάσταση βρισκόσαστε. «Εσείς είστε οι μεγάλοι, εγώ ο μικρός. Εσείς δίνετε και εγώ παίρνω». Πιθανόν να μη μπορείτε καν να την αρθρώσετε, να σάς φαίνεται γελοία ή ακόμη και να τη λέτε αντίστροφα. Αν συμβαίνει αυτό, σημαίνει ότι οι ρόλοι έχουν αντιστραφεί στο οικογενειακό σας σύστημα και είσαστε εσείς οι γονείς των γονιών σας. Είναι πολύ σημαντικό το παιδί να πάρει ολοκληρωτικά τη σωστή του Θέση ως αυτό που λαμβάνει και όχι αυτό που δίνει.

Η σύνδεση με τη βιολογική μας μητέρα: Εάν δεν τακτοποιηθεί ο τρόπος που συνδεόμαστε με τη βιολογική μας μητέρα, ας θεωρήσουμε βέβαιο ότι ακόμη έχουμε πολύ δρόμο στη θεραπεία. Αυτή είναι η πύλη της αλλαγής μας και το εσωτερικό μας παιδί ο φύλακάς της. Ο τρόπος για να ανοίξει αυτή η ιερή πύλη και να μπορέσουμε να προχωρήσουμε είναι μόνο ένας. Η πλήρης παράδοση με την πιο ταπεινή και βαθιά υπόκλιση στις μανάδες μας. Αυτές, που ακούραστες και ακαταπόνητες στο έργο τους, ανέλαβαν από τη στιγμή της σύλληψής μας να διδάξουν το καρμικό μας μάθημα. Χρειάζεται να γίνουμε τόσο ταπεινοί, ώστε να αναγνωρίσουμε πλήρως τον ρόλο τους ως του μεγαλύτερου δασκάλου στη ζωή μας. Μόνο τότε εκείνες μάς απελευθερώνουν να προχωρήσουμε, γνωρίζοντας μέσα στην καρδιά τους ότι το μάθημα της Αγάπης ολοκληρώθηκε.

Η ολοκληρωτική συγχώρηση του εσωτερικού παιδιού: Ένα από τα δυσκολότερα πράγματα, που καλούμαστε να κάνουμε, είναι να συγχωρήσουμε εμείς οι ίδιοι το εσωτερικό μας παιδί. Αυτό το κομμάτι του εαυτού μας που νιώθει εντελώς ανάξιο, αφού, παρόλη τη θυσία του, δεν έχει καταφέρει να σώσει κανέναν. Να κάνει τους άλλους ευτυχισμένους, ήρεμους, να σώσει τον γάμο τους ή και την ίδια τους τη ζωή. Και εμείς έχουμε πραγματικά εθιστεί να τού ρίχνουμε όλο το βάρος και να το κακομεταχειριζόμαστε με κάθε τρόπο και σε κάθε ευκαιρία. Δοκιμάστε και αυτή τη στιγμή που διαβάζετε αυτές τις γραμμές να πάρετε το εσωτερικό σας παιδί στην αγκαλιά σας. Πείτε του (και να το εννοείτε!) «σε συγχωρώ για όποια λάθη πιστεύεις ότι έχεις κάνει, διότι αυτά είναι ανθρώπινα». Διαβεβαιώστε το ότι αξίζει τα πάντα μόνο και μόνο διότι υπάρχει. Επαναλάβετε ξανά και ξανά, μέχρι να νιώσετε πως η καρδιά σας ανοίγει ολοκληρωτικά γι' αυτό το μικρό παιδάκι.

Η Ενηλικίωση

Εάν δεν αναπτύξουμε το ενήλικο κομμάτι μας, δεν θα πάμε μακριά στη θεραπεία του εσωτερικού μας παιδιού, διότι θα παραμένουμε απόλυτα ταυτισμένοι μ' αυτό. Το μόνο που θέλει ένα παιδί είναι να το αγαπήσουν οι γονείς του. Όλο το Οικοδόμημα Επιβίωσης έχει χτιστεί γι' αυτόν ακριβώς τον λόγο. Θα παραμένει ενεργό όσο συνεχίζει να περιμένει αυτό. Το γεγονός ότι δεν έχουμε πάρει την Αγάπη, που θα θέλαμε στο παρελθόν, είναι κάτι που ήδη έχει συμβεί και δεν μπορεί να αλλάξει. Κι αυτό μπορούμε να το αντιληφθούμε μόνο από τη Θέση του Ενήλικα. Χωρίς ενήλικο κομμάτι μέσα μας, τα ίδια προβλήματα θα επανέρχονται ξανά και ξανά με μεγαλύτερη δριμύτητα, παρόλο που εμείς μπορεί να θεωρούμε ότι τα έχουμε διαχειριστεί.

Όπως, για παράδειγμα, κάθε είδους θέματα υγείας που επανεμφανίζονται.

Για να προχωρήσουμε, θα χρειαστεί να πενθήσουμε ό,τι έχει παρέλθει ανεπιστρεπτί και κυρίως τη χαμένη παιδική μας ηλικία. Διαφορετικά θα συνεχίζουμε να ελκύουμε παρόμοιες καταστάσεις, οι οποίες μάς επανατραυματίζουν σε μιαν αέναη μάχη του εσωτερικού μας παιδιού να κάνει τους παγωμένους και τραυματισμένους γονείς του να το αγαπήσουν.

Είμαστε στη Θέση του Ενήλικα, όταν πούμε στο εσωτερικό μας παιδί πως «αναλαμβάνουμε εμείς από εδώ και πέρα». Επιτρέποντάς του να μάς δείξει όλα τα συναισθήματα που αναγκάστηκε να κλείσει για να μπορέσει να επιβιώσει. Και όταν από την ίδια Θέση απευθύνουμε προς τους γονείς μας με πλήρη αναγνώριση του τι έχει συμβεί «σας ευχαριστώ για ό,τι μού δώσατε και για ό,τι δεν μού δώσατε θα κάνω κάτι εγώ τώρα για αυτό». Τότε έρχεται η πραγματική συμφιλίωση μαζί τους.

Αναλαμβάνοντας ως Ενήλικες, μπορούμε τότε να αρχίσουμε να επανεκπαιδεύουμε το εσωτερικό μας παιδί, αλλάζοντας, τελείως, την εικόνα που έχει για τον εαυτό του, αλλά και για τη ζωή. Επιτρέποντάς του να εκφράζει όλα του τα συναισθήματα, όσο «αρνητικά» ή «επικίνδυνα» και αν φαίνονται για την επιβίωσή του. Διαβεβαιώνοντάς το, πως «πράγματι, αξίζει τα πάντα σε ένα Σύμπαν Αφθονίας». Φανταστείτε να ερχόταν το βιολογικό μας παιδί και να έλεγε ότι στο σχολείο το αποκάλεσαν «ηλίθιο, άσχημο και ότι δεν αξίζει τίποτα». Πώς θα συμπεριφερόμασταν; Θα το διαβεβαιώναμε πως δεν ισχύει τίποτα από αυτά ή θα το κοιτούσαμε με μια σπίθα αμφιβολίας στα μάτια, καθώς θα ήμασταν μη σίγουροι εάν ισχύουν πράγματι όσα του καταλόγισαν;

Έχουμε απελευθερωθεί, όταν, ψυχολογικά και συναισθηματικά, βρισκόμαστε στο σημείο, όπου γνωρίζουμε πέρα από κάθε αμφιβολία πως αξίζουμε να μάς αγαπούν γι' αυτό που είμαστε, χωρίς να πρέπει να κάνουμε την παραμικρή προσπάθεια γι' αυτό.

Η ασφάλεια του εσωτερικού μας παιδιού

Προϋπόθεση για να νιώσει ασφάλεια το εσωτερικό μας παιδί, είναι η σταδιακή ενδυνάμωση του Ενήλικα μέσα μας. Διαφορετικά, κάθε φορά που θα ερχόμαστε σ' επαφή με τον τεράστιο φόβο επιβίωσης, την απόλυτη έλλειψη νοήματος και την απέραντη μοναξιά που νιώθαμε ως παιδιά, δεν θα το αντέχουμε. Θα ταυτιζόμαστε με το εσωτερικό μας παιδί, ζητώντας του να σταματήσει να μάς δείχνει και να συγκαλύψει ξανά τα πάντα. Μόνο με την ανάπτυξη ισχυρού Ενήλικα καταφέρνουμε να έχουμε πλήρως ανοιχτό το συναίσθημά μας, παρέχοντας έτσι στο εσωτερικό μας παιδί ένα περιβάλλον που να νιώθει απόλυτα ασφαλές να μάς δείξει τι τού έχει συμβεί. Τότε είμαστε σε θέση να βιώσουμε την τεράστια κούραση από την υπερπροσπάθεια μιας ολόκληρης ζωής να μην είμαστε ο εαυτός μας. Ή, ακόμη, και το μίσος, την οργή, τον φθόνο, ή το χειρότερο από όλα που είναι ότι δεν μας αγάπησαν, βυθισμένοι και οι ίδιοι στο δικό τους τραύμα.

Εξετάζοντας την οικογένεια από την οποία προερχόμαστε μπορούμε να δούμε τι έχουμε εγγράψει μέσα μας για την ασφάλεια. Δεδομένης της διαγενεαλογικής μετάδοσης του τραύματος, συναντάμε δύο βασικά είδη οικογενειακών συστημάτων, με πολλές βέβαια ενδιάμεσες αποχρώσεις. Στο ένα άκρο, οι γονείς είναι εντελώς αδιάφοροι για τα συναισθήματα και τις ανάγκες των παιδιών τους. Δεν αντιλαμβάνονται τον πόνο που προκαλούν σ' αυτά, καθώς και οι ίδιοι έχουν υποστεί παρόμοια κακομεταχείριση μεγαλώνοντας. Το μήνυμα που δίνουν είναι ότι «επιβιώνεις θάβοντας τα συναισθήματά σου, καταπατώντας ταυτόχρονα την αξιοπρέπεια και τον αυτοσεβασμό σου». Εάν έχουμε ανατραφεί σε ένα τέτοιο σύστημα, η εσωτερική ασφάλεια είναι άγνωστη έννοια. Στο άλλο άκρο, οι γονείς εξαρτούν τα βιολογικά τους παιδιά πάνω τους, πείθοντας πως χωρίς τους ίδιους είναι αδύνατον να επιβιώσουν. Τα κρατούν αδύναμα, συνεχίζοντας να τα απομυζούν, ακόμη και εάν αυτά βρίσκονται σε προχωρημένη ηλικία. Όσοι μεγάλωσαν με αυτόν το τρόπο, συγχέουν την έννοια της εσωτερικής ασφάλειας με την ύπαρξη των γονέων. Χωρίς αυτούς η επιβίωση δεν είναι εφικτή.

Από τη Θέση του Ενήλικα χρειάζεται εμείς οι ίδιοι τώρα να ανεβάσουμε το εσωτερικό μας επίπεδο ασφάλειας, ώστε να γνωρίσει το υποσυνείδητό μας ότι τα πράγματα είναι καλά, ότι είμαστε ασφαλείς και ότι μπορούμε να προχωρήσουμε. Να δημιουργήσουμε για το εσωτερικό μας παιδί μία διορθωτική εμπειρία, ώστε να μη χρειάζεται πλέον να ψάχνει τη φροντίδα έξω από εμάς, ζητιανεύοντας ή χειραγωγώντας και απειλώντας για να την εξασφαλίσει. Η ομάδα διάσωσης για το εσωτερικό μας παιδί είμαστε εμείς ως Ενήλικες.

Κάθε φορά που ο βαθμός ασφάλειας για το εσωτερικό μας παιδί ανεβαίνει, μάς κάνει ένα δώρο. Αυτό το δώρο της αποκάλυψης όλων όσα ήταν αναγκασμένο να κρύβει. Είναι μία διαδικασία, που επαναλαμβάνεται ξανά και ξανά, δίνοντάς μας νέα δύναμη, ώστε να τού επιτρέψουμε και πάλι να μας ανοίξει το επόμενο θέμα. Μόνο όταν κάποιος είναι στη διαδικασία να αντέχει να βιώνει ολοκληρωτικά ό,τι δείχνει το εσωτερικό του παιδί, μπορεί να ισχυριστεί ότι κάνει ουσιαστικά βήματα στη θεραπεία. Τότε δεν θα χρειάζεται κανέναν να το επιβεβαιώσει, διότι το γνωρίζει στα βάθη της ψυχής του. Είναι το μόνο πραγματικό, αληθινό και μόνιμο σημείο αλλαγής, μετά από το οποίο δεν μπορούμε ποτέ να είμαστε οι ίδιοι άνθρωποι. Σταματάμε να αναπαράγουμε τις ίδιες επιλογές και συμπεριφορές, επανατραυματίζοντάς μας διαρκώς, προκειμένου να είμαστε αγαπητοί και αποδεκτοί. Είναι το σημείο, όπου εισερχόμαστε στη συχνότητα της σταθερής ασφάλειας για το εσωτερικό μας παιδί και της Αγάπης για την ίδια μας την ύπαρξη.

Δοκιμάστε αυτήν την άσκηση διορθωτικής εμπειρίας, ως ο πρώτος Ενήλικας που ακούει πραγματικά το εσωτερικό σας παιδί. Μπορείτε να την κάνετε εσωτερικά μέσα σας, όπου και αν βρίσκεστε, όποια ασχολία και να έχετε. Πάρτε το εσωτερικό σας παιδί αγκαλιά και πείτε του «πόσο το αγαπάτε και πόσο τυχεροί είσαστε που είναι στη ζωή σας».

Διαβεβαιώστε το για το «πόσο καταπληκτικό παιδί είναι», «ότι το μόνο που χρειάζεται να κάνει είναι να είναι ο εαυτός του, ότι δεν οφείλει να αποδείξει σε κανέναν τίποτε, ούτε να έχει κανενός είδους απόδοση για να το αγαπάτε»

Κάντε αυτήν την άσκηση όσο πιο συχνά μπορείτε. Συνεχίστε την, μέχρι να νιώσετε ότι έχετε δώσει στο εσωτερικό σας παιδί ένα νέο θετικό πρότυπο, σαν να είχατε τους γονείς που πάντα ονειρευόσαστε.

Η συγχώρηση

Η ίδια η έννοια της συγχώρεσης είναι μέρος μιας ψευδούς κοινωνικής και οικογενειακής διαμόρφωσης για να παραμένει κλειστό το τραύμα. Ο αρνητικός τρόπος, που χρησιμοποιείται, οδηγεί σε αλαζονεία και σε συγκάλυψη. Καλούμαστε να συγχωρήσουμε όσους μάς έχουν βλάψει, έτσι, διότι εμείς είμαστε καλοί και ανώτεροι άνθρωποι. Χωρίς κανείς να μάς εξηγεί για ποιο λόγο θα έπρεπε να δώσουμε άφεση αμαρτιών σε κάποιον, ο οποίος μάς έχει φερθεί άσχημα, μάς έχει εκμεταλλευτεί, μας έχει κακοποιήσει. Αυτό μας ωθεί σε ακόμη μεγαλύτερη συγκάλυψη αυτού που μάς έχει συμβεί. Τη στιγμή που νιώθουμε όλα αυτά τα αρνητικά συναισθήματα για τον δράστη, η διόγκωση της ενοχής προκαλεί το οριστικό θάψιμο των συναισθημάτων μας.

Παράλληλα, είναι αλαζονικό να θεωρούμε ότι μπορούμε να συγχωρήσουμε τον οποιονδήποτε, διότι κάτι τέτοιο υπονοεί αυτόματα ότι είμαστε ανώτεροί του, ως καλύτεροι και αγνότεροι. Έτσι, μπαίνουμε αυτόματα σε Θέση θύματος, που δεν παίρνει καμία ευθύνη για το ποια ήταν τελικά η δική του συμμετοχή στο παιχνίδι με τον άλλον, για το ποιες Αποφάσεις Επιβίωσης και ποιο Σενάριο Ζωής τον οδήγησε να μπει σ' αυτό.

Η συγχώρηση, κανονικά, είναι μία βαθιά θεραπευτική διαδικασία ουσιαστικής κατανόησης, η οποία χρειάζεται χρόνο. Διαφορετικά είναι επιφανειακή και άρα ψεύτικη. Αναφέρονται παρακάτω τα στάδια της πραγματικής συγχώρησης.

Το πρώτο στάδιο είναι να αποδεχτούμε τα πραγματικά μας συναισθήματα και να σταματήσουμε να τα καταπιέζουμε. Νιώθουμε φρικτά για τους γονείς μας, για όποιον άλλον μάς μεγάλωσε ή για κάποιον στο παρόν μας που μάς τους εκπροσωπεί, πιθανόν ακόμη και για τα βιολογικά μας παιδιά. Είμαστε τόσο θυμωμένοι με όποιους μάς πλήγωσαν ή μάς πληγώνουν, ώστε πολύ ευχαρίστως θα τούς κάναμε και εμείς με τη σειρά μας κακό. Αυτή είναι η αρχή και μόνο η κορυφή του παγόβουνου. Αν καταφέρουμε να βιώσουμε την ενοχή γι' αυτά τα μη «ορθά» συναισθήματα, τα οποία πηγαίνουν κόντρα σε όλη την κοινωνική μας ανατροφή περί συγχώρεσης, αρχίζει η θεραπεία.

Το δεύτερο στάδιο είναι να επιτρέψουμε να βγουν όλα στην επιφάνεια. Ο θυμός μας, η βαθιά στενοχώρια γιατί δεν μας αγάπησαν όσο και όπως χρειαζόμασταν, ακόμα και η καταπιεσμένη χαρά. Εδώ χρειάζεται προσοχή να μη βάλουμε τελικά στον εαυτό μας την ταμπέλα του θύματος. Νιώθοντας «εγώ ο καημένος», κινδυνεύουμε να κολλήσουμε σε αυτό το στάδιο και να υποφέρουμε για μεγαλύτερο διάστημα από αυτό που είναι πραγματικά αναγκαίο.

Το τρίτο και τελευταίο στάδιο, με όλη την κατανόηση και την αποδοχή που έχουμε κατακτήσει, είναι να συγχωρήσουμε τον εαυτό μας. Μόνο τότε μπορούμε να συγχωρήσουμε και τους άλλους απελευθερώνοντάς τους από τον ρόλο του δράστη προς εμάς.

Συγχωρώ τον εαυτό μου σημαίνει πως αναγνωρίζω τον ρόλο που έχω παίξει και παίρνω την πλήρη ευθύνη γι' αυτό. Η συγχώρηση στην πραγματικότητα είναι μια βαθιά πράξη ταπεινότητας και γίνεται ακριβώς τη στιγμή που, με πραγματικό σπαραγμό ψυχής, αντιλαμβανόμαστε τι συνεχίσαμε και κάναμε στον εαυτό μας εμείς οι ίδιοι, πώς παραδώσαμε τη δύναμή μας ως παιδιά αναπαράγοντας το ίδιο και στην ενήλικη ζωή μας, συνεχίζοντας να επιτρέπουμε σε κάποιους να έχουν παρόμοια συμπεριφορά απέναντί μας είτε κάνοντάς το και εμείς με βεβαιότητα στους άλλους. Συγχώρηση, τελικά, είναι ταπεινότητα.

Δεν είμαστε θύματα. Από την οπτική γωνία της Ψυχής μας έχουμε έλξει αυτή τη μοίρα, αυτή τη γενεαλογία και αυτούς τους γονείς για κάποιο λόγο. Κάτι ήρθαμε να συνδέσουμε, να ολοκληρώσουμε, να μάθουμε σχετικά με την Αγάπη. Η πραγματική συμφιλίωση μέσα μας και έξω μας, δεν είναι εφικτή εάν δεν ασχοληθούμε με το πολυδιασπασμένο εσωτερικό μας παιδί. Αυτό που μάς διηγείται με ένα λυγμό του πώς κατάφερε και επέζησε από το τραύμα. Μόνο έτσι συνδεόμαστε με τη δύναμη που φέρουν οι γενεαλογίες μας αντί για το τραύμα και τότε είμαστε ελεύθεροι να προχωρήσουμε.

ΚΕΦΑΛΑΙΟ 5

ΓΕΝΕΑΛΟΓΙΕΣ, Η ΠΡΑΓΜΑΤΙΚΗ ΔΥΝΑΜΗ

Α. Η ΔΥΝΑΜΙΚΗ ΤΟΥ ΣΥΣΤΗΜΑΤΟΣ ΚΑΙ ΠΩΣ ΜΑΣ ΕΠΗΡΕΑΖΕΙ

Εισαγωγή - Η έννοια του συστήματος

Μέχρι τώρα έχουμε αναφερθεί στο εσωτερικό μας παιδί και στο Οικοδόμημα της Επιβίωσης, που ανέπτυξε λόγω του τραύματος. Η γνώση αυτή θα ήταν λειψή, εάν δεν εξετάζαμε τη δυναμική του συστήματος και τον τρόπο με τον οποίο οι πράξεις μας επηρεάζουν τους πάντες. Σε οποιαδήποτε ομάδα και αν ανήκουμε, από την οικογένειά μας, την εργασία μας, την ευρύτερη κοινωνία. Όπως σε μία μηχανή, ακόμα και αν χαλάσει, το μικρότερο εξάρτημα έχει επίπτωση σε όλη της τη λειτουργία. Όλοι είμαστε ένα και η Γη, με όλα τα όντα που την κατοικούν, είναι κομμάτια του εαυτού μας. Αυτό μάς ωθεί να δούμε και να αντιληφθούμε ό,τι μας περιβάλλει ως ένα σύνολο, του οποίου όλα τα μέρη του αλληλοεπιδρούν, συσχετίζονται και επηρεάζουν απόλυτα το ένα το άλλο.

Η έννοια ότι τα πάντα ανήκουν σε ένα σύστημα είναι απαραίτητο να κατανοηθεί, ώστε να συνειδητοποιήσουμε την ευρύτερη εικόνα της θεραπείας που χρειάζεται να γίνει, ξεκινώντας από το πιο σημαντικό, που είναι το οικογενειακό, καθώς τα μέλη του είναι αλληλεξαρτώμενα. Επηρεάζουν το ένα το άλλο, ακόμα και γενιές πίσω, όλοι αναπόδραστα δεμένοι μεταξύ τους. Γι' αυτό τίποτα δεν μπορεί να απορριφθεί ή να εξαιρεθεί, απλώς κάποιος άλλος θα αναλάβει να εκπροσωπήσει αυτό. Αυτό που δεν συνειδητοποιούμε είναι το πώς και το πόσο αυτό επιδρά στην τωρινή ζωή μας, τις επιλογές μας, τον γάμο μας, αν είμαστε μόνοι μας, τη δουλειά που κάνουμε, τις προτιμήσεις που έχουμε, τον τρόπο που συμπεριφερόμαστε. Με ποιο τρόπο επηρεάζουν οι γενεαλογίες μας από τις οποίες προερχόμαστε, ποιοι είναι οι γονείς μας, από που κατάγονται, ποιοι ήταν οι δικοί τους γονείς και οι γονείς των γονιών τους. Συνδεόμαστε με όλους όσοι έχουν υπάρξει πριν από εμάς, με τις πράξεις τους και με τον τρόπο που έχουν ζήσει, μέχρι τον πρώτο πρόγονο. Είναι κάτι που δεν αλλάζει, ακόμη και αν είμαστε υιοθετημένοι και δεν έχουμε γνωρίσει ποτέ τους βιολογικούς μας γονείς, καθώς ανήκουμε στην εξ αίματος οικογένεια καταγωγής μας (αυτή δηλαδή που εγγράφεται στο DNA).

Εκτός από το άμεσο οικογενειακό μας σύστημα, όλοι οι άνθρωποι, με τους οποίους έχουμε έρθει σε επαφή στη ζωή μας και έχουμε σχετισθεί, αποτελούν, επίσης, το προσωπικό μας σύστημα και επηρεάζουν επίσης όλους. Όλοι οι συμμετέχοντες χρειάζεται να αναγνωριστούν και να τιμηθούν για τον ρόλο που έχουν παίξει στη ζωή μας. Ακόμη και μια τυχαία ερωτική συνεύρεση. Είμαστε όλοι μια ενότητα. Και αν μάλιστα θέλουμε να έχουμε οριστικό αποτέλεσμα σε μία θεραπευτική παρέμβαση, χρειάζεται να αντιλαμβανόμαστε τον άνθρωπο όχι μόνο σε ατομικό επίπεδο, αλλά και ως μέρος των συστημάτων στα οποία συμμετέχει.

Η σχέση του ατόμου με το κάθε σύστημα που συναλλάσσεται, ακόμα και εσωτερικά μέσα του ή και με το ευρύτερο στη Γη που είναι η ανθρωπότητα, είναι δυναμική, δηλαδή υπάρχει διαρκής αλληλεπίδραση. Η κάθε πράξη μας, καλή ή κακή επηρεάζει όλο το σύνολο.

Η αέναη τάση του συστήματος για ενοποίηση

Κάθε οικογένεια ανήκει σ' ένα ευρύτερο γενεαλογικό σύστημα, το οποίο φέρει μία συγκεκριμένη μοίρα. Με τη γέννησή μας, λαμβάνουμε αυτόματα το δικό μας μερίδιο από αυτήν. Παίρνουμε όχι μόνο τα θετικά, αλλά και το βάρος που φέρουν οι συγκεκριμένες γενεαλογίες. Τα γεγονότα που έχουν γίνει στο παρελθόν, ακόμα και πολλές γενιές πίσω, καθορίζουν τη μοίρα των απογόνων τους.

Οποιοδήποτε ή οποιοσδήποτε έχει αποκλειστεί από αυτό το σύστημα, δημιουργεί μία υποχρέωση για τους επόμενους, που έρχονται να την αναλάβουν. Αποκλεισμός σημαίνει κάτι που κανείς δεν θέλει να δει λόγω του μεγάλου πόνου και της ντροπής που φέρει. Ένας εκδιωγμένος πρόγονος για τις σεξουαλικές του προτιμήσεις, ένας δράστης που έκανε μία δολοφονία, ένας άνδρας που άφησε μία γυναίκα έγκυο και παντρεύτηκε μία άλλη, μία γυναίκα που ατίμασε την οικογένειά της καθώς και κάθε είδους μυστικά, είναι τέτοια παραδείγματα. Σε όλη τη βιβλιογραφία του Bert Hellinger -πατέρα της Συστημικής Αναπαράστασης (Systemic Constellation)-, μπορεί κάποιος να κατανοήσει ακόμη περισσότερο και να εμβαθύνει στο πώς μπορεί αυτή η δυναμική να επηρεάζει τη δική του ζωή σήμερα.

Ένα σύστημα με όλα τα μέρη του αλληλεξαρτώμενα δεν μπορεί να λειτουργήσει αρμονικά, εάν κάποιο απουσιάζει. Μόλις κάτι εξαιρεθεί, αυτόματα κάποιο άλλο αναλαμβάνει να πάρει τη Θέση του. Από την οπτική της συστημικής τάξης δεν υπάρχει κανείς να κατηγορηθεί, καθώς η έννοια του θύτη δεν μπορεί να υπάρξει χωρίς ένα θύμα. Όλα επιτελούν ένα σκοπό για την αρμονία του συστήματος. Αυτή η συνεχής τάση της ενοποίησής του δίνει, παράλληλα, και μία τεράστια ευκαιρία για θεραπεία και διακοπή της μετάδοσης του τραύματος από γενιά σε γενιά.

Η Θέση στο σύστημα και η σημασία της

Η Θέση την οποία έχει ο καθένας σ' ένα οικογενειακό σύστημα είναι καθορισμένη με βάση την ιεραρχία που ήδη υπάρχει. Οι προγενέστεροι από τους μεταγενέστερους, οι μεγαλύτεροι σε σχέση με τους μικρότερους. Από εκεί απορρέουν τα αντίστοιχα καθήκοντα και υποχρεώσεις. Ο γονέας είναι ο μεγάλος που δίνει και ο μικρός είναι το παιδί που παίρνει από αυτόν. Όταν συμβαίνει το αντίθετο, το παιδί έχει γίνει γονιός των γονιών του. Μόνο εάν βιώσει και πει «εγώ είμαι ο μικρός και εσείς είστε οι μεγάλοι» βγαίνει από τη Θέση του Παιδιού Ήρωα, που είναι υπεύθυνο για ό,τι τους συμβαίνει.

Ένα από τα σημαντικότερα κλειδιά της θεραπείας είναι η αποκατάσταση της Θέσης που κατέχουμε στο σύστημά μας. Τα πάντα έχουν να κάνουν μ' αυτό. Όταν αφήσει κάποιος αυτή που τού αναλογεί βάσει της ιεραρχίας και καταλάβει μιαν άλλη που δεν του ανήκει, καταλήγει πάντα σε πόνο και δυστυχία. Αν παρομοιάσουμε τη Θέση με το πόστο κάποιου σε μία εταιρεία, μπορούμε να φανταστούμε τι θα γινόταν, εάν το άφηνε καταλαμβάνοντας συνεχώς το πόστο κάποιου άλλου. Τι μπέρδεμα, τι ασυνεννοησία θα δημιουργούνταν και τι καταστροφικά αποτελέσματα μπορεί να είχε αυτό για τη συγκεκριμένη εταιρεία!

Το ίδιο ακριβώς συμβαίνει και στα οικογενειακά συστήματα. Ο καθένας πρέπει να έχει τη σωστή του Θέση για να μη διαταράσσεται η τάξη. Τα παιδιά, τα οποία αναλαμβάνουν αυτά να καλύψουν τις ανάγκες των γονιών, οικειοποιούνται ένα ρόλο, που δεν τους ανήκει και έτσι δεν ενηλικιώνονται. Αργότερα καλούν αναγκαστικά το βιολογικό τους παιδί, να γίνει ο δικός τους προστάτης σ' ένα Διαγενεαλογικό Ντόμινο.

Όλες οι αρνητικές καταστάσεις σε μία οικογένεια παραπέμπουν στο ότι κάποιος ή κάτι δεν είναι στη σωστή Θέση του. Με την επαναφορά σε αυτή γίνονται μία αυτόματη, σχεδόν μαγική, τακτοποίηση.

Για παράδειγμα, σε περιπτώσεις αιμομιξίας, συχνά ο κρυφός δράστης είναι η μητέρα που δεν βρίσκεται στη Θέση της σαν ερωμένη του συζύγου της και έτσι αναθέτει στην κόρη «ανάλαβέ το εσύ αντί για μένα». Όταν λέει στον πατέρα για χρόνια «μην με αγγίζεις», κάποιος αναγκάζεται να καλύψει το κενό στο οικογενειακό σύστημα.

Πολλές φορές διαβάζω άρθρα με παραινέσεις σχετικά με το πώς να βάζουμε όρια και να τα κρατάμε. Αυτές οι συμβουλές έχουν μικρή αξία, εάν κάποιος δεν συνειδητοποιήσει ότι αυτό είναι κάτι που γίνεται αυτόματα και χωρίς καμία προσπάθεια, εάν είμαστε στο πόστο που μάς αναλογεί και όχι σε ξένο. Τα όρια ουσιαστικά είναι για εμάς και ποτέ για τους άλλους. Να τα βάζουμε στον εαυτό μας, ώστε να μη φεύγουμε ούτε στιγμή από τη Θέση μας.

Για παράδειγμα, σε ένα γάμο κατά τον οποίο η γυναίκα παραμένει στη Θέση της χωρίς να καταλαμβάνει αυτή του άνδρα, τα όρια μπαίνουν τόσο φυσικά και αβίαστα και δεν τίθεται καν θέμα. Ακούμε να μάς λένε «μην αφήνετε να ξεπερνούν τα όριά σας» τη στιγμή που αυτό μάς δείχνει, με την αντίστοιχη ακρίβεια ενός καθαρού και καλογυαλισμένου καθρέφτη, ότι δεν είμαστε εκεί όπου πρέπει. Είναι σαν κάποιος να έχει χτίσει το σπίτι του σε ξένο οικόπεδο και μετά να αναρωτιέται τι έγινε και τού το πήρανε, οδυρόμενος για την αδικία που τον χτύπησε!

Μία γυναίκα, η οποία σχετίζεται με έναν παντρεμένο άνδρα ή με κάποιον που είναι συμβολικά παντρεμένος με τη μητέρα του, είναι ένα καλό τέτοιο παράδειγμα «ξένου οικοπέδου». Εδώ δεν τίθεται θέμα ορίων, αφού εξαρχής δεν βρίσκεται στη Θέση της γυναικείας της φύσης, αλλά του μικρού παιδιού που συνεχίζει να διασώζει κάποιον στο οικογενειακό του σύστημα.

Η εκδοχή του «δεν αξίζω» του καθενός μας, είναι ένας ακριβής οδηγός της Θέσης όπου βρισκόμαστε. Θα μπορούσαμε να αναφέρουμε ως ενδεικτικά παραδείγματα τα παρακάτω, παρόλο που οι παραλλαγές είναι όσες και οι κάτοικοι του πλανήτη.

Κάποιος, που απλώς παραχωρεί τη Θέση με κάθε τρόπο. «Δεν παντρεύομαι», «δεν κάνω δικά μου παιδιά», «μπαίνω σε τρίγωνα βοηθώντας να ορθοποδήσουν άλλοι γάμοι και σχέσεις».

Κάποιος, που καθαρίζει τη Θέση των άλλων, με αποτέλεσμα να αναλαμβάνει να αποπληρώσει ό,τι αρνητικό κάνουν. Για παράδειγμα, υπογράφει ως εγγυητής για να πάρει κάποιος δάνειο από την τράπεζα, που δεν αποπληρώνεται κι έτσι βρίσκεται χρεωμένος.

Κάποιος άλλος απλώς δεν μπαίνει καν στον κόπο να πάρει τη Θέση του, αφού όλοι οι άλλοι είναι καλύτεροι από αυτόν. Η τύχη, η εργασία, τα χρήματα, οι ευκαιρίες, η δόξα ακόμα και η καλή εμφάνιση ανήκουν σε αυτούς. Όταν χάνουμε ή παραχωρούμε τη Θέση μας, χάνουμε ή παραχωρούμε την έκφραση και τη βίωση της ζωής και της χαράς.

Η Θέση του Ενήλικα και το πολυδιασπασμένο εσωτερικό παιδί

Οτιδήποτε φέρουμε μέσα μας, επίσης, απαρτίζει ένα σύστημα. Το σώμα μας δείχνει αυτό σε κάθε ασθένεια που δεν την αντιμετωπίζουμε ολιστικά. Με τον ίδιο τρόπο κανένα κομμάτι του πολυδιασπασμένου εσωτερικού μας παιδιού δεν μπορεί να εξαιρεθεί. Χρειάζεται να δούμε και να τιμήσουμε αυτό, όπως θα κάναμε για καθετί αποκλεισμένο. Ο βαθύς πόνος του, οι αποφάσεις που έχει πάρει για την επιβίωσή του, αλλά και η μεγάλη του αγάπη πρέπει να αναγνωριστεί. Να τιμηθεί γιατί του οφείλουμε τη σημερινή επιβίωσή μας. Διαφορετικά, η θυσία του καθίσταται άσκοπη και χωρίς νόημα, αφού δεν την βλέπουμε.

Όταν δεν παίρνουμε τη Θέση μας ως Ενήλικων, φορτώνουμε αυτό το βάρος στο εσωτερικό μας παιδί, το οποίο πρέπει να παίρνει από εμάς και όχι το αντίθετο. Εμείς είμαστε υπεύθυνοι για την ευημερία του και όχι αυτό για τη δική μας.

Όσο συνεχίζουμε να περιμένουμε να αλλάξουν οι γονείς μας και να μάς αγαπήσουν, όπως εμείς θα θέλαμε, το εσωτερικό μας παιδί θα συνεχίζει να αναλαμβάνει αυτό, προσπαθώντας να κερδίσει την αγάπη και την εύνοιά τους. Και δεν φτάνει που έχει επωμιστεί το βάρος της επιβίωσής μας, το κατηγορούμε και από πάνω, ότι δεν κάνει σωστά τη δουλειά του. Δεν καλύπτει τις ανάγκες μας, όπως θα θέλαμε. Χρεώνουμε σ' αυτό τις αποτυχημένες σχέσεις μας, την έλλειψη αφθονίας, την εργασία που δεν αντέχουμε και για ό,τι στραβό υπάρχει γενικότερα στη ζωή μας. Όση αλλαγή και να έχουμε κάνει, κάθε φορά που αποποιούμαστε τη Θέση του Ενήλικα, εξωθούμε το εσωτερικό μας παιδί να αναλάβει πάλι αυτό.

ΑΣΚΗΣΗ
Αποκατάστασης Θέσης

Για να πάρετε τη σωστή Θέση στο οικογενειακό σας σύστημα δοκιμάστε αυτή την άσκηση. Καθίστε σε ένα ήσυχο μέρος και χαλαρώστε για λίγο. Δείτε μπροστά σας τους δύο γονείς σας και πείτε τους: «Εσείς είστε οι μεγάλοι, εγώ είμαι ο μικρός. Εσείς δίνετε, εγώ παίρνω». Παρατηρήστε πώς νιώθετε όταν το λέτε. Επαναλάβετέ το ξανά και ξανά για όσο διάστημα χρειαστεί μέχρι να νιώσετε ότι πήρατε τη Θέση σας ως παιδιού και όχι ως γονιών των γονιών σας.

Δοκιμάστε τώρα να πείτε αυτή τη φράση ξεχωριστά προς τη μητέρα σας και τον πατέρα σας και μείνετε και εκεί όσο χρειάζεται. Συνεχίστε να επαναλαμβάνετε αυτή τη φράση για αρκετό χρονικό διάστημα, κυρίως κάθε φορά που πιάνετε τον εαυτό σας να επικρίνετε τους γονείς, άρα να νιώθετε ότι είστε καλύτεροι από αυτούς. Στην περίπτωση που έχετε πάρει Θέση γονιού για κάποιο από τα αδέρφια σας (κάτι που είναι και πάλι καταπάτηση ιεραρχίας) δείτε μπροστά σας όλη την οικογένεια, τα αδέρφια σας με τους γονείς σας δίπλα τους. Πείτε «εσύ είσαι ο αδελφός μου ή η αδελφή μου κι αυτοί είναι οι γονείς μας». Εάν έχετε δικά σας παιδιά δοκιμάστε αυτή τη φράση είτε προς αυτά, είτε μέσα σας. «Εγώ είμαι ο μεγάλος, εσύ είσαι ο μικρός. Εγώ δίνω, εσύ παίρνεις» και «τα αναλαμβάνω όλα εγώ. Εσύ είσαι ελεύθερος να προχωρήσεις».

Β. ΔΙΑΓΕΝΕΑΛΟΓΙΚΟΙ ΜΗΧΑΝΙΣΜΟΙ ΕΠΙΒΙΩΣΗΣ
Πώς μεταφέρονται από γενιά σε γενιά

Οι Ψυχολογικοί Μηχανισμοί αναπτύσσονται από το εσωτερικό μας παιδί για να υποστηρίξει τις Αποφάσεις Επιβίωσης έτσι ώστε να καταπιέσει τον πόνο και να επιβιώσει. Με τον ίδιο τρόπο λειτουργούν οι Διαγενεαλογικοί Ψυχολογικοί Μηχανισμοί. Μεταφέρονται από γενιά σε γενιά, κρατώντας θαμμένα και παγωμένα τα συναισθήματα που συνοδεύουν το τραύμα. Με αυτόν τον τρόπο τα οικογενειακά συστήματα πετυχαίνουν να επιβιώσουν και να παραμείνουν ασφαλή.

Η συγκάλυψη του τραύματος σημαίνει αυτόματα ότι θα αναπαραχθεί στην επόμενη γενιά. Γι' αυτό χρειάζεται να κοιτάξουμε προσεκτικότερα, με μία ευρύτερη οπτική, εάν τα θέματα που φέρουμε σε αυτή τη ζωή υπόκεινται σε διαγενεαλογική επίδραση. Η δυναμική του συστήματος είναι πιο ισχυρή από την ατομική. Όταν κάποιο μέλος αποκλειστεί, αντικαθίσταται από ένα άλλο, που εξαναγκάζεται να το εκπροσωπήσει, επιφορτιζόμενο τη μοίρα του. Η λάθος Θέση διαιωνίζεται, αφού κάθε επόμενη γενιά καλείται να κάνει κάτι για τους πίσω.

Οι Διαγενεαλογικοί Ψυχολογικοί Μηχανισμοί έχουν εξασφαλίσει την επιβίωση γενεών και γι' αυτό και είναι πολύ ισχυροί. Το τραύμα που έχει προκαλέσει η κάθε είδους κακοποίηση, βιασμοί, αιμομιξίες, φόνοι, παρανομίες, οτιδήποτε δημιουργεί ντροπή, άτυχοι έρωτες, πρόκληση κακού λόγω ζηλοφθονίας, πρέπει να κρυφτεί. Ο απώτερος σκοπός είναι να μην κινδυνεύσει το οικογενειακό σύστημα.

Τέτοια παραδείγματα Διαγενεαλογικών Μηχανισμών είναι: «Κρατήστε το κλειστό», «αποσιωπήστε το μυστικό», «κουκουλώστε το», «κλείστε την αντίληψή σας», «αναλάβετε να το κάνετε εσείς γι' εμάς», «σώστε μας».

Τι είναι οι Εκπροσωπήσεις

Από τη στιγμή που γεννιόμαστε τείνουμε να αναλαμβάνουμε να εκπροσωπήσουμε ό,τι έχει απορριφθεί ή έχει μείνει ανεπίλυτο στο οικογενειακό σύστημα. Κάτι που περιλαμβάνει και τις δύο γενεαλογίες από τις οποίες προερχόμαστε και από τους δύο γονείς μας, ακόμα και γενιές πίσω.

Εκπροσώπηση σημαίνει πως ταυτιζόμαστε με το συναίσθημα, τη συμπεριφορά ή και τη μοίρα κάποιου άλλου. Παίρνουμε αυτό το βάρος για να το δει το σύστημα και να κάνει κάτι γι' αυτό, ώστε να μπορέσει να ενοποιηθεί. Η ένδειξη για να καταλάβουμε ότι συμβαίνει κάτι τέτοιο είναι τα πολύ έντονα συναισθήματα, τα οποία κατακλύζουν και προκαλούν δυσφορία, χωρίς φανερή αιτία. Δυστυχία, μοναξιά, ενοχή, φόβος. Μίσος και οργή που καταλήγει στο «θέλω να σε καταστρέψω», συχνά είναι Εκπροσώπηση. Ή «θα σάς εκδικηθώ». Δεν μπορούμε να καταλάβουμε από που προέρχονται, ενώ νιώθουμε ότι «δεν είμαστε ο εαυτός μας».

Ο τρόπος να αφήσουμε μία Εκπροσώπηση, η οποία πάντοτε είναι ασυνείδητη, είναι να βγει στο φως και να τιμηθεί. Να απευθύνουμε προς όποιον φέρουμε το βάρος του «σε βλέπω και σε έχω πάντα μέσα στην καρδιά μου» και έτσι δεν χρειάζεται πλέον να αναλαμβάνουμε τη μοίρα του. Τότε μπορεί να ξαναπάρει πάλι τη Θέση του στο σύστημα και να ησυχάσει. Ας δούμε παρακάτω κάποιες κατηγορίες τέτοιων εκπροσωπήσεων.

Αποκλεισμένος παλαιός πρόγονος που δεν γνωρίζουμε

 Εάν κάποιος πριν από εμάς (μπορεί γενιές πίσω) έχασε τη Θέση του στο οικογενειακό σύστημα, από τότε αυτό νοσεί ψάχνοντας να βρει τον τρόπο να ενοποιηθεί. Κάποιος μεταγενέστερος αναλαμβάνει να τον εκπροσωπήσει, καλώντας, με αυτόν τον τρόπο, όλους να τον δουν. Υπόκειται σε αυτήν την αόρατη συστημική δυναμική, βάσει της οποίας δεν ζει τη δική του ζωή, ταυτιζόμενος με τη μοίρα αυτού του προγόνου που δεν γνωρίζει καν. Αυτός ο πρόγονος μπορεί να είναι εξίσου είτε δράστης, είτε θύμα. Ένας δολοφόνος, ένας βιαστής, κάποιος που μπήκε στη φυλακή για ένα έγκλημα που έκανε, μία γυναίκα που τη σκότωσαν ή την έδιωξαν διότι ατίμασε την οικογένεια. Σε ένα σύστημα τίποτα και κανένας δεν μπορεί να αποκλειστεί, ούτε καν ο μεγαλύτερος δράστης.

Τα ίδια σενάρια θα ξαναπαιχθούν από τους απογόνους μέσω των Διανεγεαλογικών Ψυχολογικών Μηχανισμών, έτσι ώστε το οικογενειακό σύστημα να κοιτάξει τι έχει συμβεί και να συμφιλιωθεί. Μόνο τότε οι επόμενες γενιές απελευθερώνονται από το να παίζουν ξανά και ξανά το ίδιο έργο.

Για παράδειγμα, μία προγιαγιά που είχε βιαστεί και κράτησε μέσα της μέχρι να πεθάνει το μίσος και την εκδίκηση για τους άνδρες. Αυτό θα το αναλάβει μία μεταγενέστερη στο σύστημα. Βαθιά κρυμμένη τάση, η οποία θα την ωθεί να μένει μόνη της, διότι δεν θα εμπιστεύεται τους άνδρες και, γενικά, θα τούς απαξιώνει. Ή, για να μην τους εκδικηθεί. Ή, όταν είναι σε σχέση ή σε γάμο θα ξεπηδά από μέσα της ένας ανεξήγητος θυμός και μίσος που θα προσπαθεί να κρύψει, χωρίς να καταλαβαίνει τι συμβαίνει. Μπορεί, ακόμη, να έχει έναν παράλογο φόβο βιασμού.

Κάποιοι απόγονοι αναλαμβάνουν ακόμα μεγαλύτερο βάρος. Δεν εκπροσωπούν έναν, αλλά τουλάχιστον δύο. Το θύμα, αλλά και τον δράστη, που αποκλείστηκε γι' αυτό που έκανε. Ψυχικές διαταραχές, όπως σχιζοφρένεια ή διπολισμός, μπορεί να είναι το σύμπτωμα μιας τέτοιας ανάληψης. Μία δολοφονία, που έχει γίνει στο παρελθόν και ο απόγονος ταυτίζεται και με τους δύο προσπαθώντας να τους συμφιλιώσει μέσα του, αφού αυτή είναι η μόνη αποδεκτή συστημική λύση.

Ένας προσεκτικός παρατηρητής θα δει πως τα δράματα, που συμβαίνουν στις μέρες μας μέσα στις οικογένειες, ανάμεσα στα έθνη αλλά και σε όλο τον πλανήτη, από τα πιο απλά μέχρι τα πιο φρικιαστικά, έχουν ξανασυμβεί στο παρελθόν. Αδελφή που έκλεψε τον άνδρα της αδελφής της, ζήλια, φθόνος, τρέλα, οικονομική εκμετάλλευση, δολοφονίες, πόλεμοι, ξαναπαίζονται από τους απογόνους της κάθε γενεαλογίας, η οποία συμμετείχε σε αυτά, μέχρι να υπάρξει συμφιλίωση ώστε να λήξουν.

Αποκλεισμένο μέλος του εν ζωή οικογενειακού μας συστήματος

Μία άλλη κατηγορία αποκλεισμένων μελών, τα οποία κάποιος θα εκπροσωπήσει, είναι αυτοί που ανήκουν στο τωρινό οικογενειακό σύστημα. Είτε τους γνωρίζουμε είτε όχι. Ένας θείος που είναι ομοφυλόφιλος και τον έχει απορρίψει η οικογένεια, ένα παιδί που έχει πεθάνει και κανείς δεν μιλάει γι' αυτό. Αυτό ισχύει και για τις εκτρώσεις ή τις αποβολές, όταν αυτά τα παιδιά δεν έχουν αναγνωριστεί και τιμηθεί από τους γονείς τους για το σύντομο πέρασμά τους από τη Γη. Ακόμη περισσότερο όταν μιλάμε για τις εκτρώσεις και για τη θυσία που τους ζητήθηκε να κάνουν, δηλαδή να παραδώσουν το δώρο της ζωής. Κάποιο από τα εν ζωή παιδιά της οικογένειας καλείται συστημικά να κάνει κάτι, καθώς δεν γίνεται κανείς να αποκλειστεί ζωντανός ή νεκρός. Για παράδειγμα, ένα κορίτσι που θα συμπεριφέρεται σαν αγόρι και πιθανόν να θέλει να αλλάξει φύλο, διότι το παιδί που δεν γεννήθηκε ήταν αγόρι ή και το αντίθετο. Σ' ένα άλλο παράδειγμα μιας οικογένειας, όπου η γυναίκα μένει έγκυος, αλλά αποφασίζει να κάνει έκτρωση. Πιθανόν γιατί ήδη έχουν παιδιά και φοβάται ότι δεν θα τα καταφέρουν ή για οποιοδήποτε δικό της άλλο λόγο. Εάν αργότερα ξαναμείνει έγκυος και αυτή τη φορά το κρατήσει, αυτό το παιδί θα έρθει στον κόσμο φέρνοντας το βάρος ότι θυσιάστηκε το προηγούμενο για να γεννηθεί αυτό. Είναι σαν να πήρε τη Θέση του για αυτό ωθείται συστημικά να το εκπροσωπήσει. Μεγαλώνοντας δεν θα ζει τη ζωή του, διότι ακόμα και αν δεν το καταλαβαίνει, θα νιώθει υπεύθυνο για το θάνατο του αδελφού του. Πιθανόν να θέλει και να το ακολουθήσει.

Αν μία γυναίκα έχει χάσει παιδί με αποβολή ή έκτρωση, θα πρέπει να γνωρίζει πως ένα κομμάτι της παραμένει παγωμένο. Χρειάζεται να τού πει «σε βλέπω» και «έχεις πάντα μία Θέση στην καρδιά μου». Να τού δώσει όνομα και να κάνει κάτι στη μνήμη του. Ιδανικά να αντιληφθεί το λόγο που ήρθε στη ζωή της και τι μάθημα και θεραπεία τής φέρνει. Πολύ περισσότερο εάν έχει δικά της παιδιά, διότι, αναλαμβάνοντας αυτήν την ευθύνη, τα απαλλάσσει από το συστημικό βάρος να το τακτοποιήσουν αυτά για λογαριασμό της. Τίποτα δεν μπορεί να αποκλειστεί από το σύστημα και το αγέννητο αυτό παιδί έχει υπάρξει έστω και για λίγο, παρόλο που δεν είχε την τύχη να γεννηθεί, όπως οι υπόλοιποι.

Σ' ένα ακόμα παράδειγμα, ένας παππούς που πέθανε στη φυλακή κατηγορούμενος για φόνο, για τον οποίο και το οικογενειακό σύστημα τον απέκλεισε μην θέλοντας ούτε να τον ξαναδεί. Αργότερα ένας εγγονός μπαίνει και αυτός στη φυλακή για παρόμοιο λόγο, επαναλαμβάνοντας τη μοίρα του παππού και καλώντας όλο το σύστημα να τον δει και να τον εντάξει.

Ένα ακόμα παράδειγμα μιας γυναίκας, η οποία αποφασίζει να διώξει τον σύζυγό της από το σπίτι κόβοντας κάθε επαφή μαζί του, χωρίς να τού επιτρέπει να δει ούτε τα παιδιά του. Ο αποκλεισμός αυτός αυτόματα εξαναγκάζει ένα από αυτά να εκπροσωπήσει τον πατέρα. Όποια συμπεριφορά είχε ο άνδρας αυτός για την οποία η γυναίκα του τον έδιωξε για να γλιτώσει, την ίδια θα έχει και το παιδί που θα αναλάβει αυτό το συστημικό χρέος. Φράσεις που εκστομίζει η μητέρα, όπως «είσαι ίδιος ο πατέρας σου, τού έχεις πάρει όλα τα αρνητικά» όχι μόνο δείχνουν ότι συμβαίνει κάτι τέτοιο, αλλά επιφορτίζουν επιπλέον το παιδί με αυτήν την Αποστολή.

Άλλο παράδειγμα γυναίκας που όχι μόνο διώχνει τον άνδρα της και κόβει κάθε επαφή μαζί του, αλλά συζεί κιόλας με ένα νέο άνδρα νομίζοντας ότι έλυσε το πρόβλημα. Είναι βέβαιο ότι το παιδί, που θα εκπροσωπήσει τον πατέρα, θα τσακώνεται με αυτόν σαν ζηλιάρης αντίζηλος. Η λύση δεν είναι ποτέ η εκδίωξη, αλλά μόνο η συμφιλίωση. Μόνο εάν είχε καλή σχέση με τον πρώην σύζυγό της, τα παιδιά της θα ήταν ελεύθερα να προχωρήσουν στη δική τους ζωή.

Αποκλεισμένος που δεν ανήκε στο οικογενειακό μας σύστημα, αλλά σχετίσθηκε με αυτό

Οι Εκπροσωπήσεις συχνά έχουν να κάνουν με άτομα που δεν ανήκουν στο οικογενειακό μας σύστημα, αλλά έχουν σχετισθεί με αυτό, ακόμη και γενιές πίσω. Μία αδικία, ένα έγκλημα, κάποιος από τον οποίο η οικογένειά μας ωφελήθηκε εις βάρος του. Ιδιαίτερα όταν ενέχονται θέματα ζωής και θανάτου, αυτόματα αποκτάμε με αυτούς κοινή μοίρα, παρόλο που δεν είμαστε συγγενείς εξ αίματος.

Ο αποκλεισμός του θύματος είναι μία τέτοια περίπτωση. Παράδειγμα μιας μικρής υπηρέτριας κατώτερης τάξης από την οικογένειά μας, που μένει έγκυος από κάποιον πρόγονό μας και τη διώχνουν ή τη σκοτώνουν ή της παίρνουν το παιδί. Αυτό το συστημικό χρέος θα το αναλάβει κάποιος μεταγενέστερος να τακτοποιήσει, καθώς πλέον όλη η γενεαλογία είναι ενωμένη με τη μοίρα αυτής της γυναίκας.

Μια άλλη συνηθισμένη περίπτωση Εκπροσώπησης κάποιου που δεν ανήκει στο δικό μας οικογενειακό σύστημα, αλλά έχει σχετισθεί με αυτό, είναι οι ανεκπλήρωτοι έρωτες. Στην εποχή μας, για παράδειγμα, είναι πολύ συνηθισμένο να είναι άνθρωποι μόνοι τους, ιδιαίτερα γυναίκες, που δεν μπορούν να βρουν σύντροφο. Ένας άνδρας που άφησε την αρραβωνιαστικιά του, πολύ περισσότερο εάν ήταν και έγκυος, για μία άλλη γυναίκα. Ή, μια παλιά αγαπημένη που, ενώ ήταν ερωτευμένος μαζί της, τη χώρισε και παντρεύτηκε άλλη. Μία κόρη θα ταυτιστεί με τη μοίρα αυτής της γυναίκας, που έχασε τον άνδρα της, χάνοντας κι αυτή τους άνδρες της. Διότι σε αυτή χρωστάει τα πάντα, αφού αν δεν είχε κάνει στην άκρη, η ίδια δεν θα γεννιόταν. Αναλαμβάνει να την εκπροσωπήσει σε μέγιστη αγάπη για να τη δει όχι μόνο ο πατέρας της, αλλά όλο το σύστημα.

Ή, ο πρώτος αγαπημένος της μητέρας μας πριν από τον γάμο της με τον πατέρα μας, που παραμένει στην καρδιά της ως ανεκπλήρωτος έρωτας. Κάποιο από τα παιδιά της ωθείται από το σύστημα να τον εκπροσωπήσει. Πιθανόν να βιώνει στη δική του ζωή ανεκπλήρωτους έρωτες σε διάφορες εκδοχές. Χρειάζεται να είμαστε πολύ προσεκτικοί, ειδικά εάν έχουμε οικογένειες, για το συστημικό βάρος που μπορεί να αναθέτουμε στα παιδιά, εάν έχουμε εξωσυζυγικές σχέσεις.

Άλλη κατηγορία είναι οποιαδήποτε είδους αδικία έχει συμβεί από την οποία ωφελήθηκε η οικογένειά μας. Εάν, για παράδειγμα, η αδικία αυτή σχετίζεται με χρήματα, κάποια επόμενη γενιά αναλαμβάνει να αποπληρώσει αυτό το συστημικό χρέος και χάνει την περιουσία της.

Ομοφυλοφιλία

Συχνά, η ομοφυλοφιλία είναι Εκπροσώπηση, η οποία οφείλεται σε μία διαγενεαλογική δυναμική. Για παράδειγμα, ένας προπάππος, που κρυφά ήταν ομοφυλόφιλος, θα εκπροσωπηθεί από κάποιον απόγονο. Το μυστικό θα πρέπει να βγει στο φως μαζί με όλο τον πόνο που φέρει και να υπάρξει συμφιλίωση. Μέχρι να γίνει αυτό, θα ανατίθεται διαγενεαλογικά στα αγόρια της οικογένειας να γίνονται, επίσης, ομοφυλόφιλοι και να το κρύβουν. Η καταπίεση αυτή, βεβαίως, και ο αποκλεισμός της ομοφυλοφιλίας είναι πιθανόν να έχει προκαλέσει σεξουαλικά εγκλήματα, κακοποίηση, παιδεραστία. Όσο το μυστικό θα παραμένει στη θέση του, ο φαύλος κύκλος θα συνεχίζεται.

Σε μία άλλη διαγενεαλογική αιτία, μητέρες, οι οποίες έχουν κακοποιηθεί από άνδρες πιθανόν και βιαστεί, αναθέτουν υποσυνείδητα στα αγόρια να γίνουν ομοφυλόφιλοι για να μην κακοποιήσουν άλλες γυναίκες. Έτσι, πετυχαίνουν και να εκδικούνται τους άνδρες που τις κακοποίησαν, αλλά και να κρατάνε ασφαλές το φύλο τους.

Τρέλα

Ας αναφερθούμε στην τρέλα σε μία οικογένεια, για την οποία κανείς δεν θέλει να δει και να μιλάει. Ένας τρελός πρόγονος, που μπορεί να είναι ακόμη και αποτέλεσμα αιμομιξίας, που η οικογένεια κρύβει. Οι επόμενες γενιές το αναλαμβάνουν. Πιθανόν για να μην αναγκαστούν να γίνουν οι ίδιοι τρελοί, να βρουν έναν διαφορετικό τρόπο Εκπροσώπησης της τρέλας στη ζωή τους. Για παράδειγμα, γενεαλογίες ολόκληρες γυναικών, οι οποίες παντρεύονται τρελούς και τους συγκαλύπτουν. Έτσι δεν χρειάζεται να τρελαθούν αυτές. Γενιά μετά από γενιά, επαναλαμβάνεται το ίδιο μοτίβο μέσω του Διαγενεαλογικού Μηχανισμού της συγκάλυψης. Ή, μπορεί να γίνεται και το αντίθετο. Άνδρες που να έλκουν τέτοιες γυναίκες.

Οι ασθένειες

Σε πολλά οικογενειακά συστήματα παρατηρούμε να επαναλαμβάνεται το ίδιο μοτίβο ασθένειας ξανά και ξανά. Το ονομάζουμε κληρονομικότητα και κατά μία έννοια είναι πράγματι, εάν οφείλεται σε διαγενεαλογικό τραύμα. Για παράδειγμα, ένας καρκίνος που συνεχίζεται από γενιά σε γενιά είναι ένα κομμάτι της Ψυχής τους. Θα παραμείνει εκεί μέχρι όλοι να δεχτούν και να δουν την πληροφορία που τους φέρνει.

Όσο ο Διαγενεαλογικός Μηχανισμός επιβίωσης θα την κρατάει κλειστή, η σκυτάλη θα παραδίδεται σε έναν απόγονο που θα αναλαμβάνει εκ νέου να νοσήσει από αγάπη. Να εκπροσωπήσει όχι μόνο αυτό που είναι αποκλεισμένο και δείχνει η ασθένεια, αλλά και για να τους ανακουφίσει. Οι κάθε είδους ασθένειες είναι απλώς συμπτώματα που ενημερώνουν τα οικογενειακά συστήματα για την πορεία, που χρειάζεται να αλλάξουν. Για παράδειγμα, προβλήματα στο θυρεοειδή, που μεταδίδονται από μάνα σε κόρη, δείχνουν στο σύστημα αποκλεισμένο θυμό, που προέρχεται από την καταπίεση της έκφρασης.

Τα μυστικά

Ένα μυστικό είναι εξ ορισμού κάτι αποκλεισμένο και έτσι η επόμενη γενιά καλείται να κάνει κάτι με αυτό. Τα ίδια δρώμενα θα επαναληφθούν, μέχρι να αποκαλυφθεί και να βγει στο φως ό,τι είναι κρυμμένο. Δεν μπορώ να φανταστώ τι θα γίνει τις επόμενες δεκαετίες με το κοινό μυστικό των γυναικών, που αποφασίζουν να κάνουν παιδιά όχι μόνο με σπέρμα κάποιου δότη, αλλά και ξένα ωάρια. Κανείς δεν ενημερώνει τις γυναίκες αυτές και δεν αντιλαμβάνονται, βεβαίως, και οι ίδιες ότι τα παιδιά που γεννάνε αυτόματα έχουν επίσης μερίδιο μοίρας από τους δότες του γενετικού υλικού, με ό,τι σημαίνει αυτό, έτσι όπως περιγράφεται παραπάνω. Το κύτταρο φέρει όλη την πληροφορία και τα παιδιά θα αναλάβουν ό,τι τους αναλογεί από το οικογενειακό σύστημα των δοτών, ακόμα και αν δεν τους συναντήσουν ποτέ ή δεν θα ενημερωθούν για τον τρόπο σύλληψής τους.

Σ' ακολουθώ

Κάποιοι αναλαμβάνουν να πεθάνουν στη Θέση κάποιου ή να ακολουθήσουν ένα νεκρό, καθώς αυτή είναι η μεγαλύτερη απόδειξη της αγάπης τους. Δεν ζουν τη ζωή τους, διότι υπάρχει κάποιο πρόσωπο που θέλουν να πάνε κοντά του. Ένας αδελφός, ένας γονιός, κάποιος αγαπημένος που πέθανε ξαφνικά και δεν μπορούν να το δεχτούν. Οι φράσεις, που θα μπορούσαμε εδώ να απευθύνουμε σε αυτόν, ώστε να μπορέσουμε να συνεχίσουμε τη δική μας ζωή θα ήταν: «Θα ζήσω για λίγο ακόμα και θα κάνω κάτι καλό για σένα» και «η αγάπη μας, θα μάς ενώνει για πάντα. Όπου και να είμαστε».

Οι κατάρες

Η επίδραση μιας κατάρας επηρεάζει και τις επόμενες γενιές. Όσο μεγαλύτερο το κακό που έχει προκληθεί σε κάποιον (άρα και το συναίσθημα με το οποίο την εκφέρει), τόσο πιο δυνατή είναι η επιρροή της. Μία γυναίκα που έχει βιασθεί και καταραστεί τον βιαστή της «να μην κάνεις παιδιά» ή «να μη σού ξανασηκωθεί», ευθύνεται για δυσλειτουργίες των ανδρών απογόνων του, όπως στειρότητα, πρόωρη εκσπερμάτιση, προβλήματα στύσης. Η γυναίκα στην οποία προκλήθηκε κακό μπορεί να βρίσκεται και πολλές γενιές πίσω. Όσο το οικογενειακό σύστημα του δράστη συνεχίζει να μην τη βλέπει, οι απόγονοί του θα αναλαμβάνουν να απορροφήσουν και να εκπροσωπήσουν την ενέργεια της κατάρας. Το ίδιο, βεβαίως, θα συμβαίνει και για τους απογόνους της γυναίκας, εάν το γεγονός αυτό στο δικό της σύστημα καλύφθηκε από ντροπή και αυτή στιγματίστηκε. Επιπλέον, η κατάρα βαραίνει αυτόν που την έχει εκφέρει και, κατά συνέπεια, τους μεταγενέστερούς του.

Μία αρραβωνιαστικιά που τη χωρίζει ο αγαπημένος της μετά από πίεση της οικογένειάς του, διότι δεν ήταν της τάξης τους και αυτή στον πόνο της τους καταραστεί «να μένουν οι γυναίκες σας πικραμένες και μόνες, όπως εγώ», ή «να μην κάνουν παιδιά» ή «να χάνουν τα παιδιά τους» εάν αυτή ήταν έγκυος και το έχασε. Αυτό το βάρος το παίρνουν οι γυναίκες απόγονοι ακόμα και γενιές μετά.

Οι κατάρες δένουν για πάντα το θύμα με τον δράστη, μέχρι κάποιος να τη σπάσει και να τους απελευθερώσει όλους. Η ενέργειά της παύει να μάς επηρεάζει τη στιγμή που με τον ίδιο σπαραγμό καρδιάς θα συνειδητοποιήσουμε το τραύμα που προκλήθηκε στο θύμα αναγκάζοντάς το να την εκφέρει. Να δούμε αυτόν τον άνθρωπο μέσα στην καρδιά μας και να τού πούμε: «Σε βλέπω με όλη τη δύναμη της Ψυχής μου. Βλέπω όλο το τραύμα, όλο το βάρος, όλη την απώλεια που σού έχει προκληθεί από το σύστημά μου». Και τελικά «με βλέπω με την απώλεια, το τραύμα μου, το βάρος μου, τη θεραπεία και ό,τι φέρνω από αυτό». Αυτό χρειάζεται να το νιώσουμε μέσα μας και να ειπωθεί με την ίδια δύναμη που αντίστοιχα είχε ειπωθεί η κατάρα.

Σε πολλές οικογένειες παρατηρούμε τα μέλη της να εκφέρουν κατάρες το ένα στο άλλο, ακόμα και για μηδαμινούς λόγους. Είτε οι γονείς να καταριούνται με ευκολία τα παιδιά τους. Αυτό δείχνει με απόλυτη ακρίβεια πως υπάρχει τέτοιο ιστορικό σε αυτό το σύστημα και όσο δεν το βλέπουν, συνεχίζουν να το αναλαμβάνουν και να το διαιωνίζουν.

Εάν είμαστε εμείς τα θύματα, ο μόνος τρόπος για να μην καταραστούμε (αλλιώς γίνεται κυριολεκτικά αυθόρμητα, με όλη την ορμή του αδικημένου) είναι να πάρουμε και εμείς την ευθύνη για τη δική μας μοίρα και το πεπρωμένο μας. Για το τι φέρουμε από τις δικές μας γενεαλογίες και τι έχουμε αναλάβει να εκπροσωπήσουμε. Παράλληλα, όμως, να αφήσουμε το βάρος της πράξης στον δράστη αναγνωρίζοντάς τον ως τέτοιον. Μόνο τότε είναι όλοι ελεύθεροι να προχωρήσουν σε μία νέα Συνειδητότητα, παίρνοντας το μάθημα, ώστε να μη χρειάζεται να επαναληφθεί. Διαφορετικά, ευχόμενοι το κακό του, είναι βέβαιο πως δενόμαστε σε μία αέναη επανάληψη αυτού του μοτίβου στη ζωή μας, εναλλασσόμενοι σε θέσεις θύματος και δράστη.

Οι επόμενες γενιές

Όσο παραμένουμε στο Παιδί Ήρωα και συνεχίζουμε να «θεραπεύουμε» τους προηγούμενους από εμάς, κρατάμε δέσμιους και τους επόμενους, καθώς κι αυτοί με τη σειρά τους θα κληθούν να κάνουν το ίδιο. Τα γεγονότα ήδη έχουν πραγματοποιηθεί κι αυτό είναι κάτι που δεν αντιστρέφεται. Ωστόσο, όποιος απόγονος αναγνωρίσει τι έχει συμβεί και δώσει μία θέση στην καρδιά του στον πρόγονο ή σ' αυτόν που συνδέθηκε με το δικό μας σύστημα, αυτοί ησυχάζουν. Έχει επανενταχθεί στο σύστημα και έτσι δεν χρειάζεται κανείς πλέον να τον εκπροσωπεί. Αυτός είναι ο μόνος τρόπος να απελευθερώσουμε από το συστημικό βάρος όχι μόνο εμάς, αλλά και τις επόμενες γενιές.

Μία κατάρα, που υπάρχει από μία γυναίκα που της πήραν τον άνδρα, θα την επωμιστεί κάποια μεταγενέστερη και δεν θα μπορεί να βρει άνδρα. Μόλις η απόγονος «δει» αυτή την πρώτη γυναίκα, το σύστημα είναι πάλι ολόκληρο χωρίς αποκλεισμένους και η ίδια είναι ελεύθερη από την Εκπροσώπησή της.

Το τραύμα των χαμένων παιδιών με εκτρώσεις και αποβολές παγώνει το συναίσθημα. Όταν τα «κοιτάξουμε», τα επαναφέρουμε στο σύστημα και έτσι η επόμενη γενιά δεν χρειάζεται να συνεχίσει να τα εκπροσωπεί, αναπαράγοντας το ίδιο μοτίβο.

Καθετί φαινομενικά αρνητικό, που συμβαίνει στο παρόν, όπως, για παράδειγμα, μία ασθένεια, ένας ξαφνικός θάνατος, μια δύσκολη κατάσταση, μεταφέρει στο οικογενειακό σύστημα το μήνυμα «όσο δεν είστε όλοι μαζί, θα είμαι κοντά σας. Όταν ενωθείτε, εγώ φεύγω». Κάθε φορά που το σύστημα επανεντάσσει σ' αυτό ένα αποκλεισμένο κομμάτι της, η επόμενη γενιά ανακτά, επίσης, την πνευματικότητά της. Μόνο τότε είναι ελεύθερη να ζήσει στο δυναμικό της, χωρίς να χρειάζεται να εκπροσωπεί τη μοίρα άλλων.

Γ. Ο ΔΡΑΣΤΗΣ
Η συμφιλίωση

Ο Δράστης σ' ένα σύστημα είναι πάντοτε Εκπροσώπηση ενός παλαιότερου αποκλεισμένου δράστη. Χρειάζεται πολύ μεγάλος σεβασμός γι' αυτόν, διότι έχει αναλάβει το δυσβάσταχτο βάρος να δείξει σε όλους τι έχει συμβεί, ώστε να σταματήσει η μετάδοση αυτού του τραύματος στους επόμενους. Ένας γονιός, που βιάζει ή σκοτώνει το παιδί του, δεν γίνεται παρά να εκπροσωπεί μία δύναμη πριν και πέρα από αυτόν. Κανείς δεν έχει τέτοια ενέργεια να κάνει κάτι τέτοιο από μόνος του.

Εδώ θα ρωτούσε κάποιος, μα πώς είναι δυνατόν να δεχτείς έναν απατεώνα, ένα δολοφόνο, ένα βιαστή; Τον δράστη κανένας δεν θέλει να τον ξέρει και όλοι τον δείχνουν με το δάχτυλο ως τον κακό. Όλοι λένε «εμείς δεν είμαστε σαν κι αυτόν, δεν ανήκει σε εμάς». Αυτός, βεβαίως, είναι ο μόνος σίγουρος τρόπος για να συνεχίζουν οι απόγονοι να τον εκπροσωπούν.

Η κοινωνία μας, συμπεριλαμβανομένων συχνά και των θεραπευτών, παίρνει πάντα το μέρος του θύματος και αποκλείουν τον δράστη, μη θέλοντας ούτε να ξανακούσουν για αυτόν. Συμβουλεύουν μάλιστα τα θύματα να κόψουν κάθε επαφή και να τον ξεχάσουν! Όσο το θύμα είναι σε θυμό ή σε φόβο απέναντι στον δράστη, σημαίνει ότι παραμένει δεμένο μ' αυτόν και το δράμα διαιωνίζεται. Μόνο εάν βγει από αυτό τον ρόλο και τον κοιτάξει κατάματα απελευθερώνονται και οι δύο. Αν υπάρχει θύμα, υπάρχει και ο θύτης. Χωρίς τον ένα δεν μπορεί να υπάρξει ο άλλος. Μία εξίσου αρνητική Θέση που μπορεί να μπει κάποιος είναι αυτή του σωτήρα. Αυτός τον απαλλάσσει ως δράστη, προσπαθώντας σε μέγιστη αλαζονεία να τον σώσει με την ανάληψη του βάρους των πράξεών του.

Εάν πάρουμε το παράδειγμα καταστάσεων οικογενειακής κακοποίησης, η λύση είναι να απευθύνουμε σ' αυτόν που μάς έχει βλάψει: «Σε δέχομαι ως αυτόν (πχ πατέρας, παππούς, μητέρα) που μού έχει δώσει το μεγαλύτερο δώρο που είναι αυτό της ζωής και ότι είσαι και δράστης». «Ας υποστείς τις συνέπειες των πράξεών σου από άλλες πηγές. Όχι από μένα». Διαφορετικά δεν γίνεται να προχωρήσουμε. Μόνο τότε το θύμα σέβεται και τον δικό του πόνο, τον βλέπει και έτσι μπορεί πλέον να τον αφήσει.

Συνήθως, προκειμένου να δεχτούμε αυτό που έγινε, είτε αποκλείουμε εντελώς τον δράστη, είτε τον ωραιοποιούμε με κάτι που είναι ακόμα χειρότερο. Δέχομαι ότι είσαι δράστης σημαίνει «σε δέχομαι όπως είσαι, δεν σε αλλάζω» και έτσι είμαι ελεύθερος.

Όταν δεν τιμούμε τους προγόνους ή κρίνουμε αυτούς κατά οποιοδήποτε τρόπο, δεν έχουμε ένωση μαζί τους. Αποκλείοντας ό,τι θεωρούμε αρνητικό, αποκοβόμαστε απ' τη ρίζα μας και τη δύναμη που φέρει αυτή. Παράλληλα, γινόμαστε ανώτεροι από αυτούς, κάτι το οποίο για το σύστημα θεωρείται ύβρις καταπάτησης της ιεραρχίας και, φυσικά, είμαστε εκτός της Θέσης μας.

Πληρωμένα, τακτοποιημένα

Ο κάθε ένας που γεννιέται αναλαμβάνει με τη σειρά του τα βάρη για να τους ανακουφίσει όλους. Τους προηγούμενους, αλλά και τους επόμενους από αυτόν. Οι γονείς μας δεν αποτελούν εξαίρεση, καθώς θυσιάστηκαν κι αυτοί με τη σειρά τους, όταν γεννήθηκαν. Συνεχίζουν να προσφέρουν τη ζωή τους για να προχωρήσουμε εμείς και να ζήσουμε. Ας συνειδητοποιήσουμε ότι μόνο από πολύ μεγάλη αγάπη μπορεί κάποιος να κάνει κάτι τέτοιο.

Ο μόνος τρόπος να βαδίσουμε ελεύθεροι στο σχέδιο της δικής μας ζωής είναι να αναγνωρίσουμε τι έχουν κάνει για εμάς με την πιο βαθιά μας υπόκλιση και τη μεγαλύτερη τιμή. Εξάλλου, ο δράστης, είναι μία γενναία ψυχή, που αναλαμβάνει να εκπροσωπήσει στο σύστημα αυτόν τον αρνητικό ρόλο για να τους λυτρώσει όλους. Τότε παύουμε να κάνουμε κι εμείς το ίδιο, συνεχίζοντας να πληρώνουμε κάτι που είναι ήδη πληρωμένο και τακτοποιημένο από τους προηγούμενους. Φανταστείτε να έχουμε πάει κάποια στιγμή με τους γονείς μας σ' ένα εστιατόριο, όπου στο τέλος του γεύματος έχουν πληρώσει κανονικά το λογαριασμό, κι εμείς να επιμένουμε να πηγαίνουμε καθημερινά για όλη την υπόλοιπη ζωή μας και να πληρώνουμε ξανά εκείνο το τραπέζι!

Η μητέρα μας τα αναλαμβάνει όλα και το μόνο που θέλει για τα παιδιά της είναι να προχωρήσουν. Ωστόσο, αυτή η ανάληψη τραυματίζει και την ίδια. Έτσι, από τη μία, σαν προσωπικότητα, αναγκαστικά δημιουργεί το ίδιο τραύμα, αλλά από την άλλη, σε επίπεδο Ψυχής, εκπέμπει πόσο «πονάει να είσαι άνθρωπος» και «αυτόν τον πόνο θα τον κρατήσω εγώ, εσύ να προχωρήσεις». Και όμως, φαίνεται πως το πιο δύσκολο πράγμα είναι να πούμε «δέχομαι να κρατήσεις τον πόνο και εγώ να προχωρήσω».

Εγώ είμαι εσύ και εσύ είμαι εγώ

Η μόνη αποδεκτή λύση για το σύστημα είναι η συμφιλίωση, κάτι που προϋποθέτει να υπερβούμε την έπαρση του καλού και του κακού. Αυτό μπορεί να γίνει μόνο με μία απέραντη αποδοχή. Διαφορετικά, τα ίδια γεγονότα θα επαναληφθούν. Θα συνεχίσουμε να αναλαμβάνουμε το οποιουδήποτε είδους χρέος έρχεται από τις προηγούμενες γενιές, όσο νομίζουμε ότι εμείς είμαστε καλύτεροι από αυτούς. Όσο τούς επικρίνουμε και δεν δεχόμαστε ότι είμαστε ίδιοι, αφού ούτως ή άλλως όλοι αυτοί ζουν μέσα από εμάς. Η δυναμική της ενοποίησης του συστήματος μάς οδηγεί πάντα στην ευλάβεια πως τα πάντα είναι ιερά. Μόνο κάποιος πραγματικά ευλαβής είναι ταπεινός τιμώντας και ευγνωμονώντας τα πάντα, αφού είμαστε όλοι ένα.

Δοκιμάστε αυτή την άσκηση. Καθίστε κάπου αναπαυτικά, κλείστε τα μάτια σας και χαλαρώστε για λίγο. Δείτε μπροστά σας τη μακριά σειρά των προγόνων σας από τους γονείς σας μέχρι τον πρώτο πρόγονο - δράστη, από εκεί που άρχισαν όλα. Τον πρώτο διδάξαντα, αυτόν που έκλεψε, που σκότωσε, που αδίκησε, που βίασε. Δείτε τον να σάς λέει: «εγώ είμαι εσύ και εσύ είμαι εγώ». «Εγώ έκλεψα και σκότωσα και ενώ εσύ ζεις χάριν της πράξης μου, με κρίνεις». Κοιτάξτε τον βαθιά στα μάτια και νιώστε αυτό που σας λέει μέχρι να είστε έτοιμοι να πείτε και εσείς με τη σειρά σας: «Εγώ είμαι εσύ και εσύ είμαι εγώ».

Αναγνωρίστε πως με την πράξη του πήγε η ζωή παρακάτω και έφτασε σε εσάς. Ζείτε χάρη σ' αυτόν και παρόλα αυτά τον κρίνετε. Ανοίξτε την καρδιά σας σ' αυτή τη γνώση και κάντε του μία βαθιά υπόκλιση ως απόδοση τιμής. Συνεχίστε ευχαριστώντας μέσα από αυτόν όλη τη μακριά σειρά των προγόνων, που προέρχονται από αυτόν τον πρώτο πρόγονο, διαμέσου των οποίων ήρθε η ζωή σε εσάς. Τιμήστε τους, γνωρίζοντας ότι έκαναν πάντα το καλύτερο μέσα από τη Συνειδητότητα που διέθεταν τη δεδομένη στιγμή. Δώστε τους μία θέση μέσα στην καρδιά σας και απελευθερώστε τους, αναγνωρίζοντάς τους ως αθώους.

Νιώστε, στη συνέχεια, την ολοκλήρωση του μαθήματος της αλαζονείας σε ψυχικό επίπεδο, που είναι το να νομίζουμε ότι εμείς είμαστε καλύτεροι από τους προγόνους μας.

Δ. Η ΠΥΛΗ ΤΗΣ ΓΕΝΝΗΣΗΣ
Η σύνδεση με τη μητέρα

Η σύνδεση με τη μητέρα είναι η βαθύτερη που υπάρχει. Τα πάντα καταλήγουν εκεί. Και γι' αυτό είναι η καρδιά της θεραπείας. Χρειάζεται να την αντιληφθούμε ως την πύλη της ολοκληρωτικής αλλαγής μας σε κάθε επίπεδο, έτσι όπως περιγράφεται σ' αυτό το βιβλίο.

Όσο προχωρημένοι και να νομίζουμε ότι είμαστε στη θεραπευτική εργασία με τον εαυτό μας, αν δεν δώσουμε την προσοχή μας εκεί, δεν έχουμε κάνει τίποτα. Για παράδειγμα, μία γυναίκα που λέει «ο λόγος που έχω προβλήματα στο γάμο μου είναι διότι παντρεύτηκα έναν άνδρα που είναι ίδιος ο πατέρας μου (δηλαδή κοιτάει τον πατέρα και όχι και τη μητέρα πίσω από αυτόν), δεν έχει καταλάβει τι συμβαίνει και τι χρειάζεται να λύσει. Οποιαδήποτε θεραπεία ή θεραπευτής λέει πως χρειάζεται να αποσυνδεθούμε, με οποιοδήποτε τρόπο, από τους γονείς μας, με πιο σημαντική τη μητέρα, απλώς μας βάζει σε τεράστια πλάνη και συνεχίζει να μάς κρατάει δεμένους στο τραύμα.

Παιδιά Ήρωες ως σωτήρες

Ως Παιδιά Ήρωες είμαστε όλοι σωτήρες. Από όλους όσοι προσπαθούμε να σώσουμε από το σύστημά μας, η μητέρα είναι πάντα η πιο σημαντική. Κάνουμε τα πάντα πρώτα γι' αυτήν. Γινόμαστε οι θεραπευτές της, οι προστάτες της, καλύπτοντας όλα της τα ελλείμματα. Ό, τι και αν της συμβαίνει, αναλαμβάνουμε να την κάνουμε καλά με την αγάπη μας. Θα αποφασίσουμε ότι «θα το κάνω εγώ αντί για σένα», «θα αρρωστήσω για να σωθείς εσύ», «θα πεθάνω στη θέση σου», «δεν θα σε ξεπεράσω», «δεν θα γίνω πιο ευτυχισμένη από εσένα», «θα σού πάρω όλα τα βάρη», «θα σε προστατεύσω ακόμα και αν χρειαστεί να θυσιάσω τη ζωή μου». Παιδιά σωτήρες που, αντί να παίρνουν, δίνουν στη μητέρα και ακολούθως στον πατέρα και σε όλο το σύστημα, αυτό που αντιλαμβάνονται ό,τι τους λείπει. Αλλάζοντας Θέση με τους γονείς, γίνονται αυτοί οι μεγάλοι και οι γονείς οι μικροί, που παίρνουν από τα παιδιά αντί να δίνουν.

Κάτι που ισχυροποιείται ακόμα περισσότερο, όταν υπάρχει η Ανάθεση «κάνε εσύ κάτι για μένα». Καθώς είναι κι αυτοί γονείς των δικών τους γονιών, χρειάζονται βοήθεια να αντεπεξέλθουν σ' αυτό τον ρόλο. Λένε ή εκπέμπουν «βοή-θησέ με», «πάρε μου το βάρος», «θεράπευσε το σύστημα», «κράτα το μυστι-κό», «μη γίνεις πιο ευτυχισμένος από μένα», «ζήσε τη ζωή που δεν έζησα» και γενικά οτιδήποτε είναι αυτό που χρειάζονται βοήθεια.

Καλούν τότε τα βιολογικά τους παιδιά τους να τούς αγαπήσουν και να τούς δώσουν αυτά, που δεν πήραν από τους δικούς τους γονείς, κι αυτά το ανα-λαμβάνουν πάντοτε από αγάπη για αυτούς. Παγωμένοι από τα δικά τους τραύματα ζητούν να καλύψουν τις δικές τους συναισθηματικές ανάγκες και τα παιδιά θυσιάζονται με χαρά γι' αυτόν τον σκοπό. Η ιεραρχία του οικογε-νειακού συστήματος ορίζει πως «ο μεγάλος δίνει, ο μικρός παίρνει». Το παιδί όταν δεν παίρνει από τη μητέρα του ό,τι χρειάζεται, δίνει αυτό για να μην αποκοπεί.

Όπως είναι αντιληπτό, η Αποστολή, που έχουμε αναλάβει όλοι μας ως Παιδιά Ήρωες, να κάνουμε ευτυχισμένους τους γονείς μας και να καλύψουμε όλα τους τα κενά, είναι απλώς αδύνατη. Εάν κάποιος δεν θέλει να «σωθεί» δεν μπορεί να το κάνει άλλος για λογαριασμό του, ούτε, φυσικά, μπορεί να πα-ρέμβει στη μοίρα του και στο σχέδιο της Ψυχής του. Σ' αυτή την Αποστολή εί-μαστε όλοι αποτυχημένοι. Το συναίσθημα του «δεν αξίζω» στην παραλλαγή που το έχει ο καθένας μας προκύπτει, καταρχάς, από αυτό το μόνιμο αίσθημα αποτυχίας και τη βαθιά ενοχή ότι δεν καταφέραμε και συνεχίζουμε να μην καταφέρνουμε όσο και αν προσπαθούμε να τους κάνουμε ευτυχισμένους. Διότι δεν γίνεται.

Αυτά τα συναισθήματα του εσωτερικού μας παιδιού, τα οποία συνεχίζουν να μάς συνοδεύουν και στην ενήλικη ζωή μας, θα πρέπει να αναγνωριστούν για να μπορέσουμε να προχωρήσουμε. Η τεράστια απογοήτευση ότι δεν σώσα-με κανέναν. Ο μεγάλος θυμός απέναντι στους γονείς μας, διότι ενώ έχουμε θυσιάσει όχι μόνο τη δική μας ζωή μας, αλλά και των παιδιών μας, αυτοί δεν εννοούν να αλλάξουν! Και, τελικά, η μέγιστη αγάπη που υπάρχει πίσω από αυτήν τη θυσία.

Συμπεριφορά Προσέλκυσης Προσοχής «Κοίταξέ με μαμά!»

Η αλληλεπίδραση του παιδιού με τη μητέρα είναι καθοριστική για την ανά-πτυξή του. Το μικρό παιδί έχει ως απόλυτη ανάγκη την προσήλωση και το θαυμασμό της. Ο τρόπος που παίρνει, τελικά, την πολυπόθητη προσοχή της, είναι μία συμπεριφορά που το ακολουθεί σε όλη τη μετέπειτα ζωή του. Το «Κοίταξέ με μαμά!». Όμως, εδώ μιλάμε για μία μητέρα παγωμένη από το τραύμα, που «κοιτάζει» το παιδί της μόνο όταν κάνει κάτι που την ευχαριστεί. Όχι μόνο δεν δίνει την προσοχή που χρειάζεται και είναι απαραίτητη για την υγιή ανάπτυξή του, αλλά, αντίθετα, συχνά την απαιτεί από αυτό για την ίδια. Το παιδί καθρεφτίζεται στα μάτια της μητέρας του. Αν δεν το «βλέπει» και, γενικά, εάν δεν το «βλέπουν» στο περιβάλλον του, δεν μπορεί με τη σειρά του να δει το ίδιο τον εαυτό του. Το «σε βλέπω» είναι στην ουσία «με βλέπω».

Μητέρες βουτηγμένες στον θυμό, τον φόβο, τη δυστυχία και την κατάθλιψη. Για παράδειγμα, όταν λέει στο παιδί «μπράβο που πήρες καλό βαθμό στο σχολείο για την εργασία σου», αφού αυτό την κάνει να φαίνεται καλή μητέρα. Κανονικά θα έπρεπε να ρωτήσει εάν «τού άρεσε που την έγραψε και αν αυτό τού έδωσε χαρά». Διαφορετικά, η επίδοσή του είναι για να ευχαριστήσει τη μητέρα και όχι για το ίδιο.

Κανένα παιδί δεν κάνει διάκριση σε θετική ή αρνητική προσοχή, αρκεί να το «κοιτάξουν». Εάν η μητέρα ασχολείται μαζί του μόνο όταν κάνει αταξίες, με φωνές ή και με ξύλο, αυτή θα γίνει η συμπεριφορά του. Αρχικά για να παίρνει προσοχή από αυτήν και κατόπιν με όσους θα σχετιστεί στην ενήλικη ζωή του. Ένας άνδρας που γκρινιάζει στη γυναίκα του μέχρι να πάρει αυτό που θέλει, παραπέμπει στον τρόπο που του έδινε σημασία η μητέρα του. Ή, κάποιος που φέρεται τόσο άσχημα που προκαλεί να βάλουν τις φωνές και μόλις γίνει αυτό αμέσως ηρεμεί.

Ακούμε μανάδες που παραπονιούνται ότι τα παιδιά τους τις βρίζουν ή μιλάνε άσχημα. Ή, κάνουν συνέχεια ζημιές, δεν μαζεύουν το δωμάτιό τους, είναι απείθαρχα και άτσαλα. Θα πρέπει να αναρωτηθούν, εάν είναι ο τρόπος που έχουν βρει αυτά τα παιδιά για να τα «κοιτάει». Ή, διότι, κατά βάθος, παίρνουν αξία από να επιδεικνύουν σε όλους πόσο δύσκολα παιδιά έχουν και τον αγώνα που κάνουν. Κι έτσι, το παιδί τους κάνει το χατίρι. Το δικό τους «Κοίταξέ με, μαμά!».

Στον αντίποδα είναι το καλό και υπάκουο παιδί. Η μητέρα του το κοιτάει ευχαριστημένη, μόνο όταν δεν την ενοχλεί καθόλου, απορροφημένη ολοκληρωτικά στις δικές της ανάγκες. Κι αυτό δεν ζητάει, δεν εκφράζει καθόλου ανάγκες, δεν γκρινιάζει, δεν κλαίει, δεν αντιδρά καθόλου στην κακομεταχείριση. Είτε παίζει μόνο του ήσυχο στο δωμάτιό του, είτε κοιμάται πολύ.

Παράδειγμα μιας γυναίκας 35 ετών, η οποία ανέφερε στην πρώτη συνεδρία πως δεν είχε παίξει ποτέ στη ζωή της με κούκλες. Ως νήπιο, δεν είχε καν λούτρινο αρκουδάκι ως μεταβατικό στάδιο, που αντικαθιστά τη μητέρα και κάνει το παιδί να νιώθει ασφάλεια. Ήταν μία σχετικά εύπορη οικογένεια, με πολλούς συγγενείς και φίλους που έφερναν ένα σωρό κούκλες για δώρο. Η μητέρα της τις έπαιρνε αμέσως από τα χέρια της πριν προλάβει να παίξει, λέγοντάς της πως οι κούκλες είναι ανοησίες. Κατόπιν, όταν πήγαιναν κάπου επίσκεψη χάριζε τις κούκλες μπροστά της σε άλλα κοριτσάκια. Το παιδί δεν αντιδρούσε καθόλου, όπως θα ήταν φυσικό να κάνει, αφού η μαμά του το κοίταζε τόσο ευχαριστημένη που τη βοηθούσε να πηγαίνει στις επισκέψεις πάντα με δώρα και να φαίνεται καλή.

Το καλό και υπάκουο παιδί απευθύνει «Κοίταξέ με, μαμά, δεν έχω καν τραύμα από την αδιαφορία σου για μένα». Δεν σε ενοχλώ ούτε όταν αρρωσταίνω. Είμαι όπως θέλεις να είμαι. Πες μου τι χρειάζεσαι κι εγώ θα το κάνω».

Ας πάρουμε το παράδειγμα του φαγητού. Εάν η μητέρα ικανοποιούνταν και επιβράβευε το παιδί, όταν έτρωγε πολύ, ίσως με την κρυφή Ανάθεση να παχύνει αντί γι' αυτήν, τότε το «Κοίταξέ με, μαμά, τρώω πολύ!» συνεχίζεται και στην ενήλικη ζωή του. Εάν πάμε πιο πίσω, στο «Κοίταξέ με, μαμά!» της μητέρας, εάν η δική της μητέρα την κοιτούσε ικανοποιημένη όταν παρέμενε αδύνατη ή, αντίθετα, όταν έτρωγε πολύ, τότε σε κάθε περίπτωση αναθέτει στο βιολογικό της παιδί «πάχυνε εσύ αντί για μένα».

Είδη Συμπεριφορών Προσέλκυσης Προσοχής «Κοίταξέ με, μαμά!»

Βλέπουμε παρακάτω διάφορες υποκατηγορίες του «Κοίταξέ με, μαμά!».

Επιδόσεις κάθε είδους: Το παιδί απευθύνει στη μαμά του: «Κοίταξέ με, έχω την απόδοση που μού ζητάς για να σε ευχαριστήσω. Είμαι όμορφη, σπουδάζω, είμαι έξυπνος, παίρνω καλούς βαθμούς, πετυχαίνω». Οι επιδόσεις που ευχαριστούσαν τη μητέρα και το περιβάλλον, όπου μεγαλώναμε, για τα οποία παίρναμε μπράβο. Αυτή η συμπεριφορά οδηγεί στην ενήλικη ζωή μας σε κατάθλιψη, όταν θα σταματήσουμε να έχουμε τα επιτεύγματα από τα οποία παίρναμε προσοχή σαν παιδιά. Μοιραία η ομορφιά θα χαθεί ή θα μας απολύσουν ή θα έχουμε κάποιες αποτυχίες.

Δύσκολο παιδί: Άτακτο, που προκαλεί ώστε να φάει ακόμα και ξύλο, αφού έτσι, όχι μόνο παίρνει προσοχή, αλλά βοηθάει τους γονείς του να ηρεμούν. Ή, ένα παιδί που συμπεριφέρεται σαν τρελό και κάνει παλαβομάρες προκειμένου να το δουν. Ή, ένα παιδί που όλο πέφτει και χτυπάει. Ή, η κάθε είδους παραβατική συμπεριφορά. Ένα παιδί που παίρνει προσοχή από τη μητέρα του και το περιβάλλον του, όταν τους απογοητεύει με κάθε τρόπο. Κάνει επιπολαιότητες, δεν τα καταφέρνει, δεν έχει επιδόσεις, δεν βοηθάει στο σπίτι, τρώει ή δεν τρώει, παίρνει κακούς βαθμούς στο σχολείο, δεν πετυχαίνει.

Απόλυτα υπάκουο: Σ' αυτό το μοτίβο το παιδί λέει: «Κοίταξέ με, μαμά πως κάνω αυτό που θέλεις και παγώνω εντελώς τις ανάγκες μου». «Δεν αντιδρώ καθόλου», «με παραμελώ», «επιτρέπω να μη με σέβονται». «Κλείνω εντελώς την αντίληψή μου και σ' αφήνω να παίρνεις εσύ όλο το θαυμασμό», «δεν σ' ενοχλώ καθόλου». Ή «σας διασκεδάζω» ή «σας δίνω όλα μου τα χρήματα» ή ό,τι άλλο χρειάζεται από αυτό το οικογενειακό σύστημα.

Εξαρτημένο: Εδώ οι γονείς παρέχουν όλα στα παιδιά με αντάλλαγμα, βεβαίως, να παραμένουν εξαρτημένα. Αυτά παίρνουν την πολυπόθητη προσοχή απευθύνοντας «Κοίταξε με, μαμά, είμαι κακομαθημένο, περιμένω να τα κάνετε όλα εσείς για μένα». Αργότερα στην ενήλικη ζωή τους περιμένουν με παρόμοιο τρόπο να καλύπτονται όλες τους οι ανάγκες από τους άλλους, ακόμα και παρασιτικά. Όλοι είναι υποχρεωμένοι να ασχολούνται μαζί τους και να φροντίζουν σε ό,τι χρειάζονται, χωρίς απαραίτητα αυτοί να ανταποδίδουν.

Αδέρφια και αντίθετες Συμπεριφορές Προσέλκυσης Προσοχής: Όταν τα αδέρφια χρειάζεται να παλέψουν για την αγάπη και το ενδιαφέρον των γονιών τους, αναπτύσσονται μεταξύ τους τελείως αντίθετες συμπεριφορές για να τα «κοιτάξουν». Για παράδειγμα, σε μία οικογένεια το νέο παιδί που γεννιέται χρειάζεται να βρει τρόπο να πάρει προσοχή. Εάν το «καλό και υπάκουο παιδί» είναι ήδη κατειλημμένο θα γίνει «άτακτο». Το ένα θα έχει επιδόσεις με πολύ καλούς βαθμούς στο σχολείο, το άλλο μονίμως θα αποτυγχάνει. Το ένα παιδί θα είναι μετρημένο και τέλειο σε όλα, το άλλο θα κάνει την μία επιπολαιότητα πίσω από την άλλη και θα απογοητεύει συνεχώς. Το ένα παιδί θα λέει «σάς δίνω ό,τι έχω» και το άλλο παιδί θα λέει «σάς παίρνω ό,τι έχετε».

ΑΣΚΗΣΗ
Με βλέπω ολοκληρωτικά

Αυτό που τελικά καλούμαστε όλοι να αφήσουμε είναι η σκληρότητα προς τον εαυτό μας. Το να μη βλέπουμε ποιοι είμαστε, να μη σεβόμαστε τις ανάγκες μας, το εσωτερικό μας παιδί. Όσο, ανεξάρτητα από τη βιολογική μας ηλικία, παραμένουμε κολλημένοι στο να μάς «κοιτάξει» η μητέρα μας, αντίστοιχα κι εμείς με τη σειρά μας δεν μπορούμε να «δούμε» κανέναν. Φίλους, συντρόφους, τα δικά μας παιδιά και φυσικά τον ίδιο μας τον εαυτό.

Καθίστε κάπου χαλαρά και ελάτε σ' επαφή με το εσωτερικό σας παιδί. Καλωσορίστε το σε όποια ηλικία εμφανίζεται και πείτε του «σε βλέπω ολοκληρωτικά». Πάρτε το αγκαλιά, δείτε το, μυρίστε τα μαλλιά του, παρατηρήστε πόσο όμορφο είναι. Αφήστε το να σάς δείξει τις προτιμήσεις του. Τι παιχνίδια προτιμά, τι ρούχα και παπούτσια τού αρέσουν, ποια είναι τα αγαπημένα του χρώματα. Δώστε του όλη σας την προσοχή και θαυμάστε το για το πόσο καταπληκτικό παιδί είναι. Δείξτε του τον θαυμασμό και την αγάπη σας. Πείτε του ξανά και ξανά «σε βλέπω» και νιώστε το μέσα στην καρδιά σας. Επαναλάβετε αυτήν την άσκηση, όσο πιο συχνά μπορείτε.

Σού παραδίδομαι

Η μητέρα είναι η διπλή πύλη της γέννησης, αλλά και της επαναγέννησής μας. Δεν γίνεται να προχωρήσουμε ελεύθεροι, εάν δεν περάσουμε μέσα από αυτήν. Όπως ελκύουμε τα πάντα, έτσι έχουμε έλξει και τους γονείς μας. Κατά μία έννοια έχουμε μαζί τους πνευματικά συμβόλαια, που εμπεριέχουν όλο το καρμικό μας μάθημα. Η μητέρα που έχουμε επιλέξει, συμπυκνώνει και βοηθάει να το λήξουμε, γι' αυτό αυτή η ζωή που ζούμε είναι η πιο σημαντική.

Όσοι θεραπευτές κάνουν ασκήσεις στους θεραπευόμενούς τους, όπου καίνε ή σκίζουν τα πνευματικά συμβόλαια που έχουν με τη μητέρα τους, είναι το λιγότερο σε άγνοια και σε πλάνη, εάν όχι τσαρλατάνοι. Η μητέρα μας το κρατάει στα χέρια της και μόνο η ίδια μπορεί να μάς απελευθερώσει από αυτό, όταν δει σε ψυχικό επίπεδο ότι πραγματικά ολοκληρώσαμε το μάθημά μας.

Ο μόνος τρόπος για να λυθεί το πνευματικό συμβόλαιο που έχουμε μαζί της είναι όχι απλώς να τη δεχθούμε, αλλά να παραδοθούμε σ' αυτήν ολοκληρωτικά. Να πέσουμε στα πόδια της ικέτες και να πούμε «Η ζωή μου σού ανήκει». «Κάνε με ό,τι θέλεις». «Αν θέλεις σκότωσέ με». «Μανούλα μου, πέφτω στα πόδια σου να με συγχωρήσεις. Μέσα στην αλαζονεία μου πέταξα το δώρο της ζωής που μού έδωσες στα σκουπίδια. Ποτέ δεν κατάλαβα το μάθημα που μού έδινες!».

Χρειάζεται να φτάσουμε στο σημείο να πέσουμε στην αγκαλιά της σπαράζοντας και να πούμε «σου χρωστάω τα πάντα» και να το εννοούμε. Να πλύνουμε συμβολικά τα πόδια της σε απόλυτη ταπεινότητα.

ΑΣΚΗΣΗ
«Μητέρα, σε παίρνω στην καρδιά μου»

Καθίστε κάπου ήσυχα, όπου δεν θα σας ενοχλήσει κανείς. Επικεντρωθείτε στην αναπνοή σας και νιώστε να σάς πλημμυρίζει μία βαθιά χαλάρωση, η οποία κατεβαίνει από το κεφάλι σας στους ώμους, στα χέρια μέχρι τα δάχτυλα των χεριών, στο πίσω μέρος του κεφαλιού, στον αυχένα, στην πλάτη, στο στήθος, στη λεκάνη. Νιώστε τους μηρούς να χαλαρώνουν, τις γάμπες, τους αστραγάλους, τα πόδια μέχρι τα δάχτυλα. Επικεντρωμένοι στην αναπνοή σας, πάρτε όσο χρόνο χρειάζεται, μέχρι να νιώσετε ολοκληρωτικά χαλαροί. Δείτε τώρα μπροστά σας τη μητέρα σας. Μείνετε λίγο παρατηρώντας την εικόνα της και πείτε της:

- «Είσαι η πιο καλή και η πιο άξια μάνα που θα μπορούσα να έχω. Σε δέχομαι. Σε παίρνω στην καρδιά μου».

- «Μαμά είμαι όπως κι εσύ, σού μοιάζω, κι αυτό μού δίνει τη δύναμη να είμαι ο εαυτός μου και να κάνω αυτά που χρειάζομαι κι έχω ανάγκη, για να προχωρήσω στη ζωή μου».

- «Ό,τι μού έχεις δώσει το παίρνω, διότι μού έχεις δώσει τα πάντα».

- «Σε αγαπάω τόσο πολύ που θα κάνω κάτι σπουδαίο μ' αυτό που μού έδωσες. Με τη ζωή».

Δείτε τώρα πώς σας κοιτάει η μητέρα σας. Επαναλάβετε την άσκηση μέχρι να νιώσετε ότι εννοείται αυτά που λέτε και η μητέρα σας να σας κοιτάξει φιλικά.

Ε. ΤΟ ΠΕΡΑΣΜΑ ΣΤΗΝ ΕΝΗΛΙΚΙΩΣΗ
Γενεαλογίες η πραγματική δύναμη

Οι γονείς μας είναι η πύλη για να μπορέσουμε να συνδεθούμε με τη δύναμη που προέρχεται από τις γενεαλογίες μας. Η κακή εσωτερική μας εικόνα γι' αυτούς εμποδίζει να παραλάβουμε ό,τι καλό προέρχεται όχι μόνο από τους ίδιους, αλλά από όλη τη γραμμή αίματος των προγόνων μας. Επιπλέον, όπως έχουμε πει, οι γυναίκες για να γίνουν γυναίκες χρειάζεται να συνδεθούν με τη θηλυκή τους γενεαλογία μέσω της μητέρας τους. Οι άνδρες για να γίνουν άνδρες, πρέπει να συνδεθούν με την αρσενική τους γενεαλογία από την πλευρά του πατέρα τους. Κάνοντας αυτό, παραλαμβάνουν όλη τους τη δύναμη και όλα τα δώρα της θηλυκότητας και της αρσενικότητας.

Όσο παραμένουμε στον ρόλο του παιδιού, κριτικάροντάς τους για όσα μας στέρησαν, δεν είναι δυνατόν να ενηλικιωθούμε. Ενηλικίωση, επίσης, σημαίνει πως συνειδητοποιούμε ότι έχουμε πάρει από τους γονείς μας το μεγαλύτερο δώρο που είναι αυτό της ζωής και κάνουμε το καλύτερο που μπορούμε μ' αυτό. Αποδεχόμαστε αυτούς ως ρίζα και απευθύνουμε «παίρνω , τι μου δώσατε και ό,τι μού λείπει θα το δώσω εγώ στον εαυτό μου». Έτσι γινόμαστε υπεύθυνοι τώρα για τη δική μας ζωή.

Η ενηλικίωση μέσω της αλλαγής της εσωτερικής εικόνας για τους γονείς μας είναι το κλειδί, που ανοίγει την κλειδαριά της παραλαβής όλων των δώρων δύναμης από τις γενεαλογίες μας. Το δυναμικό είναι εκεί διαθέσιμο και η συχνότητα της Αγάπης είναι ανοιχτή.

Το να πούμε νοερά ή πραγματικά στους γονείς μας: «Πατέρα και μητέρα, είστε οι καλύτεροι γονείς που θα μπορούσα να έχω. Μού έχετε δώσει τα πάντα». «Πατέρα και μητέρα, σας δέχομαι όπως είσαστε». «Πατέρα και μητέρα, σάς χρειάζομαι». «Πατέρα και μητέρα, δέχομαι ότι μού έχετε δώσει. Θα γίνω αυτός που γνωρίζω ότι θέλετε να είμαι». Μόνο τότε νιώθουν ότι τους τιμούμε και μπορούμε να πάρουμε την ευχή τους να προχωρήσουμε ελεύθεροι. Διότι η ευχή δεν είναι άδεια, αλλά η πλήρης αποδοχή από την πλευρά των γονιών που είναι: «Σε δέχομαι όπως είσαι. Γίνε το καλύτερο που μπορείς. Προχώρα!».

ΑΣΚΗΣΗ
«Αποδοχή της Μοίρας»

Δεν μπορούμε να προχωρήσουμε εάν δεν αποδεχτούμε τη μοίρα μας με ό,τι φέρει αυτή. Το να λέει κάποιος θέλω να αποκοπώ και δεν δέχομαι τα βάρη που έρχονται πριν από μένα ή να πιστεύει πραγματικά ότι δεν τον αφορούν, το μόνο που καταφέρνει είναι να παίρνει ακόμη μεγαλύτερο βάρος! Δεν γίνεται να αποκοπούμε, όπως δεν γίνεται ένα δέντρο να αποκοπεί από τη ρίζα του.

Μόνο εάν πούμε «ό,τι έχει έρθει, το δέχομαι ως κόστος και προχωρώ συμπεριλαμβάνοντας κι αυτό», είμαστε ελεύθεροι, διαφορετικά δεσμευόμαστε εκεί. Μόνο τότε το βάρος γίνεται ευλογία. Χρειάζεται να απευθύνουμε στους πριν από εμάς και να πούμε «σέβομαι και αποδέχομαι τη μοίρα σας και δέχομαι πως η δική σας μοίρα επηρέασε τη δική μου». «Δέχομαι τη μοίρα μου και τη δική σας μοίρα». Έτσι τιμάμε αυτούς, αναγνωρίζοντας, παράλληλα, ότι η μοίρα είναι μεγαλύτερη από εμάς.

Οφείλουμε να γυρίσουμε να δούμε τη μακριά σειρά των προγόνων και να κάνουμε μία βαθιά υπόκλιση, διότι χωρίς αυτούς εμείς δεν θα υπήρχαμε. Να πούμε σ' αυτούς «παίρνω ό,τι μου δώσατε». Όσο αρνούμαστε τους προγόνους, μένουμε καθηλωμένοι εκεί. Η υπόκλιση σημαίνει ότι τιμάμε και δεχόμαστε αυτούς, όπως είναι. Τότε τίποτα και κανείς δεν αποκλείεται από το σύστημα κι εμείς είμαστε ελεύθεροι να προχωρήσουμε.

Καθίστε κάπου αναπαυτικά και κάντε την παρακάτω άσκηση:

Δείτε μπροστά σας τους γονείς σας. Πίσω τους, τους παππούδες και τις γιαγιάδες σας, και πίσω από αυτούς τη μακριά σειρά των προγόνων σας. Κοιτάξτε τους μέσα από τα μάτια των γονιών σας και πείτε: «Εγώ εδώ είμαι στην τελευταία Θέση. Ό,τι δώσατε το παίρνω. Παίρνω το δώρο της ζωής, το οποίο έρχεται από εσάς και θα το πάω παρακάτω, κάνοντας το καλύτερο που μπορώ». Μείνετε όσο χρειάζεται μέχρι να νιώσετε πραγματικά αυτά που λέτε και να παραλάβετε όλη τη δύναμη που έρχεται από τους προγόνους. Κάντε μία βαθιά υπόκλιση για το δώρο της ζωής, το οποίο προέρχεται απ' αυτούς. Κατόπιν, γυρίστε και κοιτάξτε μπροστά, νιώθοντας τους γονείς σας να στηρίζουν εσάς με τα χέρια τους στην πλάτη σας, κάτι που κάνουν, επίσης, όλοι οι πρόγονοι πίσω τους. Οι γονείς για τα παιδιά τους μέχρι τον πρώτο πρόγονο. Γείρτε πίσω την πλάτη σας και αναπαυτείτε με τη στήριξη που έχετε από όλους τους προγόνους σας. Γυρίστε τώρα να κοιτάξετε όλους και πάρτε την ευχή τους. Μείνετε όσο χρειάζεται και κατόπιν γυρίστε πάλι μπροστά. Δοκιμάστε να κάνετε λίγα βήματα έχοντας πλέον πάρει όλη τη δύναμη της ρίζας σας. Μείνετε όσο χρειάζεται και δείτε τι σάς περιμένει στο δικό σας πεπρωμένο, τι εικόνες βλέπετε από τη μελλοντική σας ζωή.

Η αυθεντική συγχώρεση

Η συγχώρεση είναι μία αρκετά παρεξηγημένη έννοια. Αν ζητήσω από κάποιον να με συγχωρέσει για κάτι που έκανα σ΄ αυτόν, ζητώ να πάρει επιπλέον και το βάρος της πράξης μου! Για παράδειγμα, ένας γονιός που έχει χτυπήσει το παιδί του και ζητάει συγγνώμη. Στην ουσία λέει στο παιδί «δέξου το τραύμα που σού προκάλεσα και πάρε και την ενοχή που νιώθω γι' αυτό». Η μόνη αυθεντική συγγνώμη είναι η επανόρθωση. Ο γονιός να αλλάξει τη συμπεριφορά του και να δείξει αυτό έμπρακτα στο παιδί του.

Εάν πούμε στο όποιον δράστη σε συγχωρώ (παίρνω πάνω μου όλη την ενοχή σου) όχι μόνο δίνει σε εμάς και άλλο βάρος, αλλά και αυτόν τον αφήνουμε ως δράστη, διότι δεν χρειάζεται να αλλάξει κάτι. Ένας πελάτης μου είχε αναφέρει πως είχε πάει σε ένα θεραπευτικό σεμινάριο αυτογνωσίας, όπου είχαν αναθέσει την εξής άσκηση: Κάθε πρωί να στέκονται στον καθρέφτη και να λένε 100 φορές προς τους γονείς τους ότι τους συγχωρούν! Στον καθένα ξεχωριστά!

Όταν λέμε στους γονείς μας «σε συγχωρώ», είμαστε σε ανώτερη Θέση από αυτούς, κάτι που ιεραρχικά για το σύστημα είναι ασέβεια. Η μόνη συγχώρεση, που είναι αποδεκτή από την οπτική του συστήματος βάσει ιεραρχίας, είναι να πούμε «δέχομαι ό,τι μού έχετε δώσει και ό,τι δεν μού έχετε δώσει» κι «εγώ τώρα θα προχωρήσω και θα κάνω κάτι καλό με το δώρο της ζωής που μού έχει δοθεί από εσάς»

Συγχώρεση σημαίνει να συγχωρήσουμε, καταρχάς, τον εαυτό μας για την αλαζονεία μας να πιστεύουμε συνειδητά ή υποσυνείδητα πως εμείς μπορούμε να αναλάβουμε να φέρουμε εις πέρας τα βάρη των προηγούμενων νιώθοντας πως εμείς είμαστε καλύτεροί τους. Και, επίσης, να συγχωρήσουμε τον εαυτό μας, διότι δεν καταφέραμε να φέρουμε εις πέρας αυτήν την Αποστολή σταματώντας την αυτοτιμωρία του «δεν αξίζω». Έτσι γινόμαστε πραγματικά ταπεινοί, παραμένοντας στη Θέση μας και αναγνωρίζοντας το δικαίωμα της όποιας επιλογής των άλλων, ακόμα και εάν αυτό είναι να καταστραφούν. Αναγνωρίζοντας ακόμη ότι επιλέξαμε, βάσει του νόμου της έλξης, ακριβώς αυτή τη γραμμή αίματος, προκειμένου να ολοκληρώσουμε το καρμικό μας μάθημα.

Και, τελικά, μ' ένα απλό ευχαριστώ να πάρουμε το δώρο της ζωής, από όπου και με όποιο τρόπο αυτό μάς δόθηκε και να προχωρήσουμε ελεύθεροι, στον δικό μας δρόμο, που είναι η έκφραση της αληθινής Ποιότητάς μας. Μόνο τότε μπορούμε να δώσουμε χώρο στην καρδιά μας και για όσους υπήρξαν δράστες προς μας και έτσι να απελευθερώσουμε κι αυτούς. Αυτή είναι η πραγματική συγχώρεση, η οποία μπορεί να υπάρξει μόνο σε κλίμα αποδοχής, τιμής και συμφιλίωσης. «Είμαστε ελεύθεροι μέσω της Αγάπης».

ΚΕΦΑΛΑΙΟ **6**
ΚΑΡΜΙΚΑ ΠΡΟΤΥΠΑ

Α. ΚΑΡΜΙΚΑ ΜΑΘΗΜΑΤΑ
Πρωταρχικό Υπαρξιακό Τραύμα

Όλοι στην εξέλιξή μας καλούμαστε να δούμε το Πρωταρχικό Υπαρξιακό μας Τραύμα. Αυτό είναι πως νιώσαμε τη στιγμή της εξόδου μας από την Πηγή και η Απόφαση Επιβίωσης που πήραμε για το τι είναι ο Θεός - Δημιουργός. Το τραύμα καταστρέφει κάτι από την ύπαρξή μας, οπότε όλοι μας αποφασίσαμε ότι ο «Θεός είναι καταστροφή» και η «Δημιουργία είναι καταστροφή». Το πώς ειδικά το βίωσε ο καθένας μας καθόρισε όλες τις από εκεί και πέρα επανα-γεννήσεις μας στον τροχό του κάρμα. Το Πρωταρχικό Υπαρξιακό μας Τραύμα δημιουργεί και είναι η ρίζα του καρμικού μας μαθήματος.

Ετυμολογικά η λέξη «κάρμα» φέρεται περισσότερο ως σανσκριτική, με «Καρ» να σημαίνει δράση και «μα» να σημαίνει το αποτέλεσμα. Ενσαρκωνόμαστε ξανά και ξανά, με κάθε πράξη μας να μάς προσδιορίζει στην επόμενη ζωή, μέχρι να κάνουμε πλήρη απελευθέρωση του πόνου που νιώσαμε όταν φύγα-με από την Πηγή. Το κάρμα το δημιουργούμε εμείς.

Η ιστορία μας στη Γη είναι ευρύτερη και ξεκινάει από τον αρχικό μονοκύττα-ρο οργανισμό, δηλαδή το πρώτο κύτταρο της ενσάρκωσης μας. Ανάλογα με το Πρωταρχικό Υπαρξιακό μας Τραύμα, ο μονοκύτταρος οργανισμός παίρνει την πρώτη του Απόφαση Επιβίωσης, δημιουργώντας αυτόματα το Σχέδιο της Ψυχής μας. Αν νιώσαμε ότι «δεν υπάρχουμε έξω από την Πηγή» αρχίζει κάρ-μα «μη ύπαρξης». Εάν κατά την έξοδο από την Πηγή βιώσαμε τον Θεό - Δη-μιουργό ως «θάνατο», τότε η Απόφαση είναι ότι «για να μη βιώνω το θάνατο, δεν θα ζω» και έτσι «η ζωή είναι να μη ζω» και έτσι «υποκύπτω». Συμπληρω-ματικές Αποφάσεις Επιβίωσης που καταλήγουν στο «πάντα θα υποκύπτω».

Εάν το Πρωταρχικό Υπαρξιακό μας Τραύμα είναι ότι βιώσαμε τον Θεό ως τι-μωρία, τότε η ίδια η ανθρώπινη φύση μας είναι τιμωρία. Δεν δεχόμαστε ούτε το υλικό, ούτε το πνευματικό πεδίο και, φυσικά, όλες μας οι ζωές από εκεί και πέρα καθρεφτίζουν αυτή τη σύγκρουση μέσα μας. Αν το Πρωταρχικό Υπαρξιακό Τραύμα μας είναι ότι «δεν δεχόμαστε τη Σοφία και τη Γνώση του Θεού», τότε «δεν δεχόμαστε τη δική μας σοφία και γνώση». Αν ο Θεός είναι κακός «μού φέρομαι με κακία», εάν ο Θεός είναι καταστροφή «με καταστρέφω», εάν ο Θεός είναι θάνατος «με σκοτώνω». Εάν αμφισβητώ ολοκληρωτικά τον Θεό ως Δημιουργό και τα έργα του ως ένα λάθος, τότε και εγώ που είμαι κομμάτι του και δημιούργημά του είμαι λάθος με τη σειρά μου.

Η μητέρα μας είναι ο μεγάλος δάσκαλος και η πύλη για να δούμε το Πρωταρχικό Υπαρξιακό Τραύμα. Από τη σύλληψη ακόμα το ενεργοποιεί, κάτι που συνεχίζει να κάνει και αφού γεννηθούμε, μέχρι να πάρουμε το μάθημα. Ως θεός δημιουργός της τωρινής μας ζωής, θα έχει ακριβώς όποια χαρακτηριστικά προσδίδουμε στον Θεό. Αν για παράδειγμα ο Θεός είναι κακός, τότε αυτόματα είμαστε σε τέτοιο μάθημα και ελκύουμε τη μητέρα που θα μάς το ενεργοποιήσει και θα μάς φέρεται με κακία. Εάν ο Θεός μάς μισεί, η μητέρα μας θα μάς μισεί. Θα ελκόμαστε ξανά και ξανά, ζωή μετά από ζωή σε παρόμοιους κύκλους γέννησης, μέχρι να αντιληφθούμε τις αρχικές Αποφάσεις Επιβίωσης του Πρωταρχικού Υπαρξιακού Τραύματος και να τις αλλάξουμε. Το μάθημά μας δημιουργούμε μόνοι μας και, όταν συνειδητοποιήσουμε αυτό, δεχόμαστε ότι είμαστε και εμείς θεοί - δημιουργοί της δικής μας ζωής.

Το μάθημα ολοκληρώνεται όταν μπούμε στην Αγάπη

Το βασικό καρμικό μάθημα για όλους μας είναι εάν θα επιλέξουμε να μπούμε στη συχνότητα της Αγάπης. Θα ενσαρκωνόμαστε ξανά και ξανά μέχρι να συνειδητοποιήσουμε ότι η ζωή είναι δώρο και, συνεπώς, ιερή. Ο στρατιώτης θα έχει πολλές παρόμοιες ζωές μέχρι να αντιληφθεί αυτό και να πετάξει τα όπλα του. Ο κατακτητής θα γίνει κατακτημένος. Αυτός που παραιτήθηκε και υπέκυψε μέσα στην αυτολύπηση, αυτός που έμεινε με την οργή και το θυμό, την εκδίκηση, το μίσος, τον πόνο, τη δυστυχία. Εάν η ζωή σπαταλήθηκε για οποιοδήποτε «δίκαιο ή άδικο» λόγο, θα παιχτεί το ίδιο Καρμικό Σενάριο σε επόμενες ενσαρκώσεις, έως ότου να μάθουμε το μάθημα της Αγάπης. Ότι ο Δημιουργός μας είναι Αγάπη, άρα και εμείς είμαστε Αγάπη.

Ο Θεός - Δημιουργός απλώς «Είναι ό,τι αυτός Είναι» και κάθε αρνητική ιδιότητα που προσδίδουμε αυτόματα γίνεται το καρμικό μας μάθημα. Αυτό ολοκληρώνεται όταν φτάσουμε στην ωριμότητα να συνειδητοποιήσουμε πως ότι πιστεύουμε ότι είναι Αυτός, είμαστε εμείς φερόμενοι έτσι πρώτα οι ίδιοι σε μας και μετά αναπόφευκτα στους άλλους.

Στα βιβλία του ο Brian Weiss περιγράφει, μέσω συνεδριών αναδρομής σε προηγούμενες ζωές, τι συμβαίνει τη στιγμή του θανάτου, όταν απελευθερωνόμαστε από το υλικό μας σώμα. Οι Διδάσκαλοι των μεταβάσεων έρχονται και ρωτούν τι μάθαμε σχετικά με την Αγάπη. Την ώρα αυτή ανατρέχουμε σ' όλα τα σχετικά γεγονότα, τα οποία αφορούν στο τι είχαμε έρθει να μάθουμε στη συγκεκριμένη ζωή. Ανάλογα με την κατανόησή μας, το καρμικό μας μάθημα τροποποιείται αντιστοίχως ή παραμένει και το ίδιο.

Μπορούμε να επιλέξουμε όλοι ανά πάσα στιγμή να ολοκληρώσουμε το μάθημά μας και να μπούμε στην Αγάπη. Αλλά θα πρέπει να το αποφασίσουμε συνειδητά. Αν πεθαίναμε αυτή τη στιγμή και ήμασταν στη μετάβαση για την επόμενη ζωή, τι μάθημα θα είχαμε πάρει από τη τωρινή μας ζωή; Και πόσο εύκολο θα ήταν να αφήσουμε τον θυμό, την οργή, την εκδίκηση ακόμα και την πιο δικαιολογημένη, τον φόβο ή τη δύναμη της εξουσίας έναντι της πραγματικής δύναμης της Αγάπης;

Η Ψυχή μας περιμένει υπομονετικά να δει την αλλαγή συνειδητότητας και εάν πήραμε το μάθημα της Αγάπης που είχαμε σ' αυτή τη ζωή. Η είμαστε στη συχνότητα της Αγάπης ή δεν είμαστε, χωρίς να μπορούμε να κοροϊδεύσουμε κανέναν σχετικά μ' αυτό και σίγουρα όχι την Ψυχή μας.

Τα καρμικά μαθήματα είναι αντίθετα της Ποιότητας Έκφρασής μας

Για όλους μας το Κύριο Καρμικό μας Μάθημα είναι το αντίθετο από την Ποιότητα Έκφρασής μας. Κάποιος του οποίου η Ποιότητα Έκφρασής του είναι η «Αφθονία», θα έχει μάθημα φθόνου. Η Ποιότητα Έκφρασης της «Γενναιοδωρίας» θα έχει μάθημα αγνωμοσύνης, η «Αγάπη» τον φόβο, η «Λαμπρότητα» τη μιζέρια, η «Ηγεσία» την ταπείνωση, η «Ζωή» τη μη ζωή. Το να ζούμε στο αντίθετο από την Ποιότητά μας είναι κάτι που μάς κάνει όλους να υποφέρουμε πολύ και είναι η κύρια πηγή του πόνου επάνω στη Γη.

Το καρμικό μάθημα που έχουμε δημιουργήσει θα συνεχιστεί ζωή μετά από ζωή μέχρι να πάρουμε την επίγνωση, άρα και τη δύναμή μας απ' αυτό. Αν το επιλέξουμε, μπορούμε να το λήξουμε αυτή τη στιγμή, σ' αυτή τη ζωή. Τότε, γίνεται κυριολεκτικά μία επαναγέννηση, παραμένοντας όμως με το ίδιο σώμα και διατηρώντας όλη μας την εμπειρία. Όταν έχουμε ολοκληρώσει το μάθημα της Αγάπης, αλλάζουμε εντελώς το δυναμικό μας και το Σενάριο Ζωής μας, χωρίς να πρέπει να πεθάνουμε και να ξαναγεννηθούμε.

Χρειάζεται όμως να έχουμε αντιληφθεί το καρμικό μάθημά μας και συνειδητά να θέλουμε να το αλλάξουμε. Για παράδειγμα, σε ένα κάρμα, όπου κάποιος ζει σε απομόνωση θα χρειαστεί να επιλέξει την Αγάπη έναντι του πόνου να χάσει κάποια στιγμή τους αγαπημένους του, συνειδητοποιώντας ότι αξίζει ακόμα και μία στιγμή Αγάπης μαζί τους, παρά να μην είχε καθόλου αυτούς.

Σε κάρμα «υποκύπτω», παίρνουμε το βάρος της ενοχής των άλλων. Αφού δίνουμε την άδειά μας για να μάς εκμεταλλευθούν, αναλαμβάνουμε να πληρώσουμε εμείς γι' αυτούς το κάρμα τους από την αδικία που κάνουν. Η επίγνωση από αυτό το μάθημα είναι πως η Αγάπη δεν είναι βάρος ούτε προϋποθέτει σε καμία περίπτωση ότι παίρνουμε το βάρος κανενός. Η Αγάπη είναι ελευθερία.

Σε κάρμα «σεξουαλικής κακοποίησης» η λύση δεν είναι η οργή με ανταπόδοση ό,τι μάς έκαναν. Το μόνο που θα πετύχουμε είναι η διαιώνιση και στις επόμενες ζωές, αλλάζοντας ίσως ρόλους, καθώς ανήκουμε σε μεγάλες καρμικές ομάδες με παρόμοιο θέμα εξέλιξης.

Το καρμικό μάθημα όλων μας

Το κυριότερο και μεγαλύτερο μάθημα για όλους μας είναι αυτό της ταπεινότητας. Η αλαζονεία ότι κάποιος είναι ανώτερος από τους άλλους, δημιουργεί από μόνη της κάρμα. Η ανωτερότητα του παιδιού που νομίζει ότι θα σώσει τους γονείς, η ανωτερότητα του γονιού που θεωρεί ότι το παιδί που έφερε στη ζωή τού ανήκει, η ανωτερότητα σε όποια μορφή τη συναντάμε και που τελικά μάς δίνει μια πλαστή εξουσία. Εξουσία χωρίς καρδιά καταλήγει πάντα σε κακή χρήση της και μάς παρασέρνει μακριά από τη συχνότητα της Αγάπης.

Κάποιος μπορεί να έχει την «ταπείνωση» ως το Κύριο Καρμικό του Μάθημα. Εναλλαγή ζωών, όπου μία θα έχει την εξουσία και μία θα τη χάνει. Μια θα είναι ο κατακτητής και μία ο κατακτημένος. Ένα πολύ οδυνηρό μάθημα που οδηγεί στην αυθεντική ταπεινότητα.

Κάποιοι άλλοι μπορεί να έχουν ως Κύριο Μάθημα την «οργή». Ορισμένοι στρέφουν την οργή εναντίον τους. Το να καταστρέφεις τον εαυτό σου δεν είναι πιο ευγενές από το να καταστρέφεις τους άλλους. Στη βάση του είναι το ίδιο, διότι κρατώντας την οργή θα συνεχίσουμε να την ελκύουμε δημιουργώντας ένα Καρμικό Πρότυπο. Θα χρειαστεί και εδώ να γίνουμε αρκετά ταπεινοί, ώστε να αντιληφθούμε πόσο μακριά είμαστε από τη συχνότητα της Αγάπης και πόση αλαζονεία δείχνουμε σπαταλώντας και πετώντας το δώρο της ζωής που μάς έχει δοθεί.

Το να μένει κάποιος μόνος του σε ένα κάρμα «απομόνωσης» (Solitude) εμπεριέχει, επίσης, μεγάλη αλαζονεία, αφού παραιτείται από το δώρο της ζωής. Κάποιος που εκδικείται ή κάποιος που επιμένει να θυσιάζεται και να αναλαμβάνει τα βάρη των άλλων με κακώς εννοούμενη δοτικότητα, ή η κάθε είδους σεξουαλική κακοποίηση με τη δύναμη που αποφέρει, είναι επίσης τέτοια παραδείγματα.

Το μάθημα της χρήσης της δύναμης και της αλαζονείας της ανωτερότητας είναι για όλους μας. Θα υποκύψουμε στην ψεύτικη δύναμη που δίνει η εξουσία και οδηγεί σε χωριστικότητα ή θα μείνουμε στην πανίσχυρη δύναμη της Αγάπης; Θα συνεχίσουμε να πιστεύουμε ότι εμείς είμαστε καλύτεροι από τους άλλους;

Η χωριστικότητα είναι, επίσης, μία αιτία που το κάρμα συνεχίζεται και αυτό συμβαίνει πρώτα μέσα μας. Το καρμικό μάθημά μας με δράστες και θύματα παίζεται εντός μας. Αυτό εκφράζεται σε όλες τις πλευρές της ζωής μας, σε ό,τι και αν κάνουμε. Κάθε είδους προσπάθεια που εμπεριέχει εσωτερική σύγκρουση είναι καταδικασμένη σε αποτυχία. Κάποιος, για παράδειγμα, που έχει μάθημα ταπείνωσης και είναι υπέρβαρος θα νιώθει καθημερινή ταπείνωση να βλέπει τον εαυτό του στον καθρέφτη. Όμως, κάθε προσπάθεια δίαιτας θα αποτυγχάνει, όσο θα συνεχίζεται η διαμάχη των δύο εαυτών που ο ένας ταπεινώνει τον άλλο. Τα κιλά θα χάνονται ή θα επανέρχονται ανάλογα με το ποιος θα παίρνει εσωτερικά τον έλεγχο.

Η Ενότητα είναι το μεγάλο μάθημα της Αγάπης για όλους μας. Όλοι είμαστε Ένα. Κι αυτό χρειάζεται πρώτα από όλα να κατακτηθεί μέσα μας.

B. ΚΑΡΜΙΚΟ ΠΡΟΤΥΠΟ
Η Καρμική Μήτρα

Στο Πρωταρχικό Υπαρξιακό μας Τραύμα όλοι βιώσαμε και αποφασίσαμε πως ο «Θεός είναι καταστροφή» και «η Δημιουργία είναι καταστροφή». Αυτό δημιούργησε την Καρμική Μήτρα, ένα υπόδειγμα, δηλαδή, που ισχύει για όλους μας και που είναι το «με καταστρέφω», «με θάβω». Πάνω σ' αυτήν τη Μήτρα αποτυπώθηκε το πώς ιδιαίτερα βίωσε ο καθένας μας την έξοδό του από την Πηγή, αναπτύσσοντας ένα ατομικό Καρμικό Πρότυπο. Για παράδειγμα, «θα μένω μόνος μου», «θα με εγκαταλείπω», «δεν θα ζω», «θα με βάζω σε ανυπαρξία», «θα με βασανίζω», «θα μού φέρομαι με κακία και σαδισμό».

Ζωή μετά από ζωή ενσαρκωνόμαστε και ελκόμαστε από γονείς που θα μάς ενεργοποιήσουν το παρόμοιο συναίσθημα, ώστε να έχουμε την ευκαιρία να απελευθερωθούμε και να μπούμε ξανά στην Αγάπη. Συνδεόμαστε μαζί τους μέσω του Πρωταρχικού μας τραύματος και του Καρμικού Προτύπου που απορρέει από αυτό. Το Καρμικό Πρότυπο, ενεργοποιείται άμεσα από τη στιγμή της σύλληψης κατά την οποία η ουσία του πατέρα εισέρχεται στη μητέρα. Στο κεφάλαιο 3 περιγράφεται πώς η αρχική κυτταρική Εγγραφή ζωής τη στιγμή της σύλληψής μας, οδηγεί στην πρώτη Απόφαση Επιβίωσης, δημιουργώντας το Πρώιμο Σενάριο Ζωής μας.

Θα χρησιμοποιήσουμε το παράδειγμα, όπου το Πρωταρχικό Υπαρξιακό Τραύμα είναι «ο Θεός-Δημιουργός με μισεί», άρα «με μισώ», και το Καρμικό Πρότυπο, το οποίο έχει αναπτυχθεί ζωή ύστερα από ζωή, είναι «είμαι βάρος». Τη στιγμή της σύλληψης, το Πρωταρχικό Τραύμα του «μίσους» ενεργοποιεί επιτόπου το Καρμικό Πρότυπο. Και οι δύο γονείς, οι οποίοι δημιουργούν το πρώτο μας κύτταρο, συμβάλλουν σε αυτό. Το συναίσθημα του πατέρα, καθώς εκσπερματίζει, ενεργοποιεί το Καρμικό μας Πρότυπο. Και το συναίσθημα της μητέρας την ώρα αυτή ενεργοποιεί το Πρωταρχικό Υπαρξιακό μας Τραύμα. Δηλαδή, εδώ ο πατέρας νιώθει ότι η ζωή είναι βάρος και το κύτταρο καταγράφει ότι είναι βάρος. Η μητέρα νιώθει μίσος για τον άνδρα της, άρα και για ότι προέρχεται από αυτόν κι έτσι το πρώτο κύτταρο καταγράφει μίσος για τον εαυτό του, αφού ο δημιουργός του το μισεί, επειδή είναι βάρος.

Το Καρμικό Πρότυπο αποτυπώνεται έτσι (imprinted) στα κύτταρα σαν σφραγίδα και γίνεται Πρότυπο του DNA διαιωνίζοντας το κάρμα. Κατόπιν, με τη γέννησή μας, το Πρωταρχικό Υπαρξιακό Τραύμα ενεργοποιείται αυτόματα από τον τρόπο που μάς φέρονται και οι δύο γονείς, με κυρίαρχη πάντοτε τη μητέρα.

Ας πάρουμε το παράδειγμα μιας οικογένειας με τέσσερα παιδιά για να δούμε πώς η συμπεριφορά της παγωμένης και εχθρικής μητέρας θα μεταφράζεται από αυτά με βάση το διαφορετικό Πρωταρχικό Υπαρξιακό τους Τραύμα. Για το παιδί, η μητέρα είναι ο θεός δημιουργός του. Έτσι, τη σκληρότητα και την αδιαφορία της, το ένα παιδί θα εισπράττει ως μίσος, το άλλο ως εγκατάλειψη, το τρίτο ως κακία, το τέταρτο ως απόρριψη. Τα παιδιά ενδοβάλλουν το πώς τα κάνει να νιώθει η μητέρα τους. Στη συνέχεια της ζωής τους, το ένα θα «μισεί» τον εαυτό του, το δεύτερο θα «αυτο εγκαταλείπεται», το τρίτο θα φέρεται με «κακία» και το τέταρτο θα «αυτο απορρίπτεται».

Μ' αυτόν τον τρόπο, το Καρμικό Πρότυπο παραμένει ενεργοποιημένο, δημιουργώντας τη βάση για το Περιοριστικό Σενάριο της κάθε ζωής μας. Παράλληλα, αναπτύσσει προγράμματα στο υποσυνείδητο, τα οποία ενεργοποιούνται αυτόματα σε κάθε ζωή και οδηγούν σε πλάνες. Το πρόγραμμα σημαίνει ακριβώς αυτό. Κάνει να λειτουργούμε με ένα συγκεκριμένο τρόπο, ακόμα και αν δεν μάς εξυπηρετεί ή μάς επανατραυματίζει συνεχώς. Κατ' αυτή την έννοια, οι γονείς που επιλέγουμε και το περιβάλλον που γεννιόμαστε δεν μάς προγραμματίζουν εκ νέου, απλώς ενεργοποιούν τα ήδη υπάρχοντα προγράμματα που φέρουμε καρμικά.

Καρμικός Εθισμός

Το Καρμικό Πρότυπο δημιουργεί έναν Καρμικό Εθισμό. Αυτό γίνεται μία έξις - συνήθεια, την οποία μεταφέρουμε στη νέα ενσάρκωση. Για παράδειγμα, ένα κάρμα σεξουαλικής κακοποίησης δημιουργεί σεξουαλικούς εθισμούς. Σε κάθε επόμενη ζωή που γεννιόμαστε, ήδη έχουμε την προδιάθεση αυτών των εθισμών. Ο Καρμικός Εθισμός είναι πολύ ισχυρός, καθώς είναι πολλαπλασιασμένος από την ενέργεια της κάθε ζωής και γι' αυτό θα χρειαστεί να επικαλεστούμε τη Θεία Χάρη για να απαλλαγούμε από αυτόν. Η παράδοση αυτής της παλαιάς ενέργειας απαιτεί μεγάλη αποφασιστικότητα και πρόθεση αλλαγής εκ μέρους μας. Διότι, παρόλο που είναι κάτι αρνητικό και μάς δημιουργεί μεγάλο πόνο, παράλληλα πρόκειται για το είναι μας, τον πυρήνα μας, δημιουργημένο και ισχυροποιημένο συνήθως σε πολλές ζωές. Εάν τον αφήσουμε να φύγει, χάνουμε ένα μεγάλο μέρος της ταυτότητάς μας.

Η Καρμική Εμμονή κρατάει το Καρμικό Πρότυπο στη θέση του

Θα μπορούσαμε να παρομοιάσουμε το Καρμικό Πρότυπο με ένα ηλεκτρονικό παιχνίδι. Όσο συνεχίζουμε να ασχολούμαστε μ' αυτό, το μόνο που καταφέρνουμε είναι να αλλάζουμε πίστες. Νομίζουμε ότι προχωράμε στη θεραπεία, αλλά στην ουσία παραμένουμε να παίζουμε το ίδιο παιχνίδι σε επίπεδα για προχωρημένους.

Αυτό που κρατάει το Καρμικό μας Πρότυπο στη θέση του και το κάνει να επαναλαμβάνεται, θα ονομάσουμε Καρμική Εμμονή . Είναι βαθιά ριζωμένη μέσα μας, καθώς σχετίζεται με τη συλλογική ενέργεια του εσωτερικού παιδιού σ' όλες τις ζωές που είχαμε το παρόμοιο καρμικό μάθημα. Αυτό είναι το Καρμικό Εσωτερικό Παιδί και η Καρμική Εμμονή είναι η φυλακή του. Το κρατά υποδουλωμένο και δεν επιτρέπει να είναι παιδί. Είναι η χαμένη μας παιδικότητα, η στέρηση της ζωτικής μας ενέργειας, της χαράς και της αθωότητάς μας.

Όποιο συναίσθημα και να συνοδεύει την Καρμική Εμμονή, το κοινό στοιχείο για όλους μας είναι πως νιώθουμε συντετριμμένοι, κυριολεκτικά ερείπια, με την ενέργεια του εσωτερικού μας παιδιού να βρίσκεται βαθιά σε έναν τάφο.

Ας δούμε το παράδειγμα, όπου το Πρωταρχικό Υπαρξιακό Τραύμα είναι το «μίσος» και το Καρμικό Πρότυπο είναι «είμαι βάρος». Ο τρόπος για να αντεπεξέλθει το Καρμικό Εσωτερικό Παιδί στο «μίσος εναντίον του εαυτού του διότι είναι βάρος» είναι «να μείνει μόνο αφιερώνοντας τη ζωή του να παίρνει τα βάρη τους, ώστε, τελικά, να τους ανακουφίζει από το ίδιο» Η Καρμική Εμμονή εδώ είναι να «μένω μόνος μου». Ή, σ' ένα Καρμικό Πρότυπο «εγκατάλειψης», η Καρμική Εμμονή μπορεί είναι να «φέρομαι πάντα σαδιστικά στον εαυτό μου», δηλαδή «να με εγκαταλείπω». Σ' ένα Καρμικό Πρότυπο «παγωμένο συναίσθημα», η Καρμική Εμμονή είναι η «κακία και ο σαδισμός», που στρέφεται είτε προς τους άλλους, είτε και προς τον εαυτό μας. Θα μπορούσαμε εδώ να συνεχίσουμε άπειρα, καθώς τα Καρμικά Μοτίβα και η Καρμική Εμμονή που τα κρατάει στη θέση τους είναι όσα και οι άνθρωποι στη Γη. Ωστόσο, το κοινό τους σημείο είναι ότι μας κρατούν μακριά από την Αγάπη, με αποτέλεσμα να ξαναπαίζουμε το ίδιο σενάριο ζωή μετά από ζωή μέχρι να πάρουμε το μάθημα.

Το συναίσθημα που συνοδεύει την Καρμική Εμμονή είναι αυτό που, όταν βγαίνει στην επιφάνεια, πανικοβάλλει όλους. Το να αντέξουμε να το βιώσουμε είναι ίσως το πιο δύσκολο πράγμα που καλούμαστε να κάνουμε. Αυτή η σκιά μέσα μας προκαλεί τον μεγαλύτερο φόβο, κάνοντας τα πάντα για να την κρύψουμε. Το Καρμικό Εσωτερικό Παιδί θα κάνει τα πάντα για να επιβιώσει. Και το να επιτρέψει στο συναίσθημα της Καρμικής Εμμονής να αποκαλυφθεί, ισοδυναμεί γι' αυτό με θάνατο. Αυτός είναι άλλος ένας λόγος για την εκδήλωση κρίσεων πανικού. Συναισθήματα που απορρέουν από την Καρμική Εμμονή, όπως «η μοναξιά», «η ζήλια», «ο σαδισμός», «ο πόνος», «η κακία», θα πρέπει να θαφτούν, ώστε να μην υπάρχει κίνδυνος σε καμία περίπτωση να βιωθούν.

Είναι σημαντικό για όσους ασχολούνται με τη θεραπεία, ιδιαίτερα εάν είναι θεραπευτές, να είναι σε θέση να καταλάβουν πόσο πιο ισχυρό είναι αυτό που αναδύεται, όταν σχετίζεται με το Πρωταρχικό μας Τραύμα και τα Καρμικά Μοτίβα. Μπορούμε να δούμε την ένταση της Καρμικής Εμμονής στα παρακάτω παραδείγματα. Ένας άνδρας 40 ετών λέει «εάν είμαι αληθινός, θα μείνω μόνος μου». Μία γυναίκα 28 ετών λέει «πρέπει να μείνω μόνη μου για να μην καταλάβουν πόσο μολυσμένη και μιαρή είμαι».

Ο φαύλος κύκλος να προσπαθούμε να κρύψουμε την Καρμική Εμμονή και το συναίσθημα που τη συνοδεύει μας κρατάει στο Καρμικό μας Πρότυπο. Κάτω από αυτήν βρίσκεται πάλι το «δεν αξίζω» στην εκδοχή του καθενός μας. Το θέμα είναι ότι εδώ είναι πολύ πιο ισχυρό, καθώς πρόκειται για την ενέργεια του εσωτερικού παιδιού σε πολλές ζωές. Η Καρμική Εμμονή είναι το καρφί που κρατάει το Καρμικό Πρότυπο στη θέση του.

Θεμελιώδης Καρμικός Ψυχολογικός Μηχανισμός

Όπως έχουμε ήδη αναλύσει, οι Ψυχολογικοί Μηχανισμοί αναπτύσσονται από το εσωτερικό παιδί χρησιμεύοντας να παραμένουν θαμμένα συναισθήματα, τα οποία, εάν τα νιώσει, ισοδυναμούν με απειλή της επιβίωσής. Μηχανισμοί, όπως «θα προδίδομαι», «θα εγκαταλείπομαι», «θα παίρνω όλα τα βάρη», «θα κλείνω την αντίληψή μου». Παρόμοια, δημιουργούνται οι Καρμικοί Ψυχολογικοί Μηχανισμοί από το Καρμικό Εσωτερικό Παιδί. Καταλαβαίνουμε εδώ ότι είναι πολύ πιο ισχυροί, καθώς μάς ακολουθούν ζωή μετά από ζωή και ενεργοποιούνται με τη γέννησή μας. Η ρίζα τους είναι ο Θεμελιώδης Καρμικός Ψυχολογικός Μηχανισμός ελέγχου των άλλων μέσω του κλεψίματος των υποχρεώσεών τους. Πρόκειται για τον κυρίαρχο Μηχανισμό του Καρμικού Εσωτερικού Παιδιού όλων μας. Μέσα απ' αυτόν καταφέρνει να κρατάει θαμμένο το συναίσθημα που συνοδεύει την Καρμική Εμμονή, διαφορετικά κινδυνεύει η επιβίωση του.

Ας δούμε πώς λειτουργεί στο παράδειγμα που ήδη χρησιμοποιούμε και διαμορφώνεται τώρα ως εξής:

- Καρμικό Πρότυπο: «Είμαι βάρος»

- Καρμική Εμμονή: «Να μένω μόνος μου»

- Θεμελιώδης Καρμικός Ψυχολογικός Μηχανισμός ελέγχου μέσω του κλεψίματος των υποχρεώσεων των άλλων: «Παγώνω τις ανάγκες μου για να είμαι σε θέση να τους ανακουφίζω, να τους ηρεμώ και να τους θεραπεύω».

Ο τρόπος που κλέβουμε τις υποχρεώσεις των άλλων είναι ένα παιχνίδι εξουσίας. Όποιος πάει να κυριαρχήσει, αναγκαστικά κυριαρχείται. Ο δράστης είναι υποδουλωμένος στο θύμα και αντίστροφα. Η μοίρα τους είναι δεμένη, καθώς δεν μπορεί να υπάρξει ο ένας χωρίς τον άλλον.

Στην παραμικρή στιγμή στη ζωή μας που έχουμε νιώσει θύματα, με τον σύντροφό μας, τα παιδιά μας τους φίλους μας, τους συνεργάτες μας, έχουμε θέσει σε εφαρμογή αυτόν τον Καρμικό Ψυχολογικό Μηχανισμό. Εάν έχω τέτοια εξουσία στο άλλον, ώστε πάντα να μού χρωστάει και, κυρίως, πάντα να εξαρτάται από εμένα, τότε δεν θα μείνω ποτέ μόνος μου. Ποτέ δεν μπορείς να ξεχρεώσεις αυτόν που αναλαμβάνει στη Θέση σου τις υποχρεώσεις σου αντί για σένα. Το κάνουμε για να πάρουμε Αγάπη. Κλέβω τις υποχρεώσεις τους και έτσι ελέγχω ότι θα με αγαπάνε. Το «ανήκειν» εξασφαλίζεται.

Το εσωτερικό μας παιδί κλέβει την υποχρέωση των γονιών του να το φροντίζουν και να είναι αυτοί οι μεγάλοι και αυτό το μικρό. Επίσης, κλέβει την υποχρέωσή τους να διαχειριστούν οι ίδιοι τα βάρη τους, αναλαμβάνοντας κάτι που δεν ανήκει σ΄αυτό. Ένα τόσο καλό παιδί που όλοι κανονικά θα έπρεπε να έχουν υποχρέωση για όσα κάνει για τους άλλους, πώς μπορεί να μείνει μόνο του; Ο Θεμελιώδης Καρμικός Ψυχολογικός Μηχανισμός να κλέβουμε απ΄αυτούς τις υποχρεώσεις, οδηγεί στην απόλυτη ερημιά. Σε καμία σχέση, που δε σέβεται την ιεραρχία και τα δικαιώματα και τις υποχρεώσεις όσων συμμετέχουν σε αυτήν, δεν μπορεί να υπάρξει πραγματική Αγάπη.

Θα έπρεπε όλοι να αναλογιστούμε τη δική μας εκδοχή του Θεμελιώδους Καρμικού Μηχανισμού. Πώς συνηθίζουμε να κλέβουμε τις υποχρεώσεις των άλλων, λειτουργώντας κατόπιν ως θύματα. Μία μητέρα, που είναι τόσο υπερβολικά δοτική για την οικογένειά της, ξεχνά πολλές φορές τις δικές της ανάγκες, αλλά φροντίζει κάθε φορά, που κάποιος αντιτάσσεται σ΄αυτή, να του θυμίσει τις φορές που το έκανε. Είναι η «ηρωίδα» μάνα, που δεν επιτρέπει στα μέλη της οικογένειας να αναλάβουν τις υποχρεώσεις τους, αλλά μετά το χρησιμοποιεί για να κλαίγεται σε όλους για το πόσο άσχημα της φέρονται ο άνδρας της και τα παιδιά της, ενώ εκείνη υπομένει τα πάντα αγόγγυστα.

Η γυναίκα που προσφέρει τον εαυτό της μόνο για σεξ και συμβιβάζεται μ' αυτό ή μένει με κάποιον σε μία μακροχρόνια σχέση χωρίς αυτός να έχει πρόθεση να κάνει οικογένεια μαζί της, κλέβει απ' αυτόν την υποχρέωση που έχει απέναντί της ως άνδρας.

Η έκφραση της Καρμικής Εμμονής στο απόγειό της

Από την Ποιότητα Έκφρασής μας απορρέει και το χάρισμά μας, αυτό που πραγματικά είμαστε καλοί, το ταλέντο μας. Η έκφραση της Καρμικής Εμμονής στο απόγειό της είναι πώς χρησιμοποιεί ακριβώς αυτό το ταλέντο για να μας υποδουλώνει. Παραμένοντας στο Καρμικό μας Πρότυπο, το καλό μας δυναμικό γίνεται αρνητικό για εμάς και ωθεί να ζούμε στο αντίθετο από ό,τι είμαστε. Η Ποιότητα Έκφρασής μας χρησιμοποιείται από το Καρμικό Εσωτερικό Παιδί για να ανήκει. Έτσι, αντί να τη χρησιμοποιούμε για να ζήσουμε, τη χρησιμοποιούμε για θυσία. Ας δούμε πάλι το ίδιο παράδειγμα, ολοκληρωμένο:

- Καρμικό Πρότυπο: «Είμαι βάρος»

- Καρμική Εμμονή: «Να μένω μόνος μου»

- Θεμελιώδης Καρμικός Ψυχολογικός Μηχανισμός ελέγχου μέσω του κλεψίματος των υποχρεώσεων των άλλων: «Παγώνω τις ανάγκες μου για να είμαι σε θέση να τούς ανακουφίζω, να τούς ηρεμώ και να τούς θεραπεύω».

- Ποιότητα Έκφρασης και αντίθετο μάθημα: «Αγάπη έναντι μαθήματος φόβου και μίσους για τον εαυτό»

Το όποιο χάρισμα έχει ο συγκεκριμένος άνθρωπος θα χρησιμοποιηθεί εναντίον του και θα τον βάλει στον πιο βαθύ τάφο που υπάρχει, ώστε να μην ζει και να παραμένει μόνος του. Η ζωή του θα είναι σε ύπνωση και θα ενεργοποιείται μόνο, όταν θα θεραπεύει τους άλλους, χρησιμοποιώντας την Ποιότητα Έκφρασής του αρνητικά για τον ίδιο.

Γ. ΤΟ ΚΑΡΜΙΚΟ ΝΤΟΜΙΝΟ
Η δημιουργία του κάρμα

Υπάρχουν πολλά είδη κάρμα. Κάθε ένα είναι σαν μία βασική σειρά μαθημάτων που χρειάζεται να ολοκληρώσουμε. Αυτό σχετίζεται πάντα με διασπασμένα κομμάτια της Ψυχής μας. Η κάθε είδους κακοποίηση χτυπάει το Πνεύμα και το διασπά από την Ψυχή. Η δημιουργία του κάρμα λειτουργεί σαν ένα ντόμινο που το ένα κομμάτι του οδηγεί στο άλλο, σε μία Ακολουθία Καρμάτων. Παρακάτω δίνεται ένα παράδειγμα πώς το κάρμα «Υποκύπτω» οδηγεί σε κάρμα «Σεξουαλικής Κακοποίησης» και κατόπιν σε κάρμα «Απομόνωσης».

Κάρμα Υποκύπτω: Σ' αυτό το κάρμα έχει πληγεί η δράση μας αφήνοντάς μας παγωμένους σε συνεχή φόβο επιβίωσης. Εδώ η «ασφάλεια» ισούται με τη «μη ασφάλεια». Έχουμε κλείσει την καρδιά μας και είμαστε μόνιμα σε θέση θύματος. Το Πνεύμα μας έχει χτυπηθεί κι έχει διασπαστεί από αρνητικές ενέργειες αφήνοντάς μας σε απάθεια και λήθαργο. Με χτυπημένο Πνεύμα, παραδίδουμε τη σεξουαλικότητά μας, που είναι, βεβαίως, και η δύναμή μας, σε όποιον είναι ισχυρότερος από εμάς. Σ' αυτό το σημείο ξεκινάει κάρμα σεξουαλικής κακοποίησης.

Σεξουαλικό κάρμα: Αυτό το κάρμα περιλαμβάνει ό,τι έχει να κάνει με το δέσιμο και την καταπίεση της σεξουαλικής ενέργειας. Τη σεξουαλική κακοποίηση και την επανάληψή της από γενιά σε γενιά. Παραδείγματα ενδείξεων ότι εργαζόμαστε σε σεξουαλικό κάρμα είναι: Χαμένα παιδιά, στειρότητα, ατεκνία, σεξουαλικά προβλήματα και κάθε είδους παρεκκλίσεις, αλλαγή Θέσεων, όπως η ανάθεση ή η ανάληψη ρόλου ερωμένης ή εραστή από τα παιδιά προς τους γονείς συγγενείς ή αδέρφια. Όταν παραδίδουμε τη σεξουαλική μας ενέργεια και αφήνουμε τους άλλους να τρέφονται από αυτήν, τελικά ζητάμε την έγκρισή τους για τη σεξουαλικότητά μας, δηλαδή τη ζωτική μας δύναμη και κατά, συνέπεια, τον ίδιο μας τον εαυτό. Ένας σωτήρας γεννιέται, ο οποίος από εδώ και πέρα θα είναι μόνος του σε απομόνωση με αποστολή όχι να ζήσει, αλλά να τούς σώσει. Εδώ έχουμε την έναρξη του κάρμα «Απομόνωσης».

Κάρμα Απομόνωσης: Το κάρμα αυτό ξεκινάει πάντα με έναν «αφανή ήρωα», του οποίου κανείς στο οικογενειακό του σύστημα δεν υποπτεύεται το ρόλο που έχει αναλάβει για τους υπόλοιπους. Να σώσει αυτούς παίρνοντας όλα τα βάρη. Όλοι αναρωτιούνται γιατί, ενώ θα μπορούσε, δεν παντρεύεται, δεν κάνει οικογένεια και, γενικά, γιατί παραμένει μόνος του. Όταν μπαίνουμε σε κάρμα απομόνωσης, το πρώτο που κάνουμε είναι να μπούμε στην αυτοφυλακή μας. Κατόπιν βάζουμε τον εαυτό μας σε ηθελημένο ψέμα για τη ζωή μας αμφισβητώντας οι ίδιοι τις φυσιολογικές ανάγκες μας για συντροφικότητα, για ζωή, τις οποίες τελικά παγώνουμε. Όσοι εργάζονται με ένα τέτοιο κάρμα πιθανόν να είναι μόνοι τους, ανύπαντροι, άτεκνοι, να βιώνουν ανεκπλήρωτους έρωτες και, βεβαίως, να μην αντιλαμβάνονται καν το γενικότερο πάγωμα της ανάγκης τους για ζωή. Κουβαλούν μεγάλο βάρος Εκπροσωπήσεων για οτιδήποτε είναι αποκλεισμένο στο οικογενειακό τους σύστημα, από συναισθήματα, μυστικά, μέχρι μακρινούς προγόνους και όσους έχουν συνδεθεί με αυτούς. Παραμένουν μόνοι τους για να μπορέσουν να σηκώσουν το βάρος του τραύματος όλου του συστήματός τους. Σ' αυτό το κάρμα υπάρχει κρυμμένο μίσος και θυμός για το άλλο φύλο, ακριβώς εξαιτίας των εκπροσωπήσεων. Αυτό είναι άλλος ένας λόγος που παραμένουν μόνοι τους για να κρυφτεί. Το «δεν αξίζω» σ' αυτό το κάρμα είναι πολύ ισχυρό, διότι «δεν κατάφερα να τούς σώσω», παράλληλα με πολύ καταπιεσμένο θυμό, από το ότι «θυσίασα μάταια τη ζωή μου». Σε αυτό το σημείο του «δεν αξίζω» γεννιέται ένα νέο κάρμα και ούτω καθεξής. Σαν ντόμινο το ένα κάρμα γεννάει το άλλο.

Το Τρίγωνο του Κάρμα

Το Τρίγωνο του Κάρμα δείχνει πώς ένα κάρμα διατηρείται στη θέση του. Στην μία κορυφή του τριγώνου βρίσκουμε την Ενοχή του «δεν αξίζω» που είναι κοινή για όλους μας. Στη δεύτερη κορυφή συναντάμε τον Καρμικό Εθισμό, δηλαδή την έξιν – συνήθεια, που δημιουργεί το Καρμικό Πρότυπο, και το παίρνουμε μαζί μας σε κάθε επόμενη ζωή. Στην τρίτη κορυφή είναι ο αντίστοιχος Καρμικός Ψυχολογικός Μηχανισμός που στηρίζει τον Καρμικό Εθισμό.

Ακόμα και σε παρόμοιο κάρμα υπάρχουν πολλές παραλλαγές τριγώνων. Ας δούμε ένα τέτοιο παράδειγμα για κάρμα Απομόνωσης:

Ενοχή του «δεν αξίζω»

Κάρμα Απομόνωσης

Καρμικός Εθισμός
Υποκύπτω

Καρμικός Ψυχολογικός Μηχανισμός
Μένω μόνος

Στο επόμενο παράδειγμα βλέπουμε το ίδιο κάρμα Απομόνωσης, αλλά το τρίγωνο είναι διαφορετικό. Επίσης, παρατηρούμε πως ο Καρμικός Εθισμός είναι ο ίδιος με τον Καρμικό Ψυχολογικό Μηχανισμό, κάτι που έχει μία μεγαλύτερη δυσκολία στη διαχείριση του, διότι το κάνει πιο ισχυρό:

Ενοχή του «δεν αξίζω»

Κάρμα Απομόνωσης

Καρμικός Εθισμός
Παραίτηση

Καρμικός Ψυχολογικός Μηχανισμός
Παραίτηση

Άλλο ένα παράδειγμα του Καρμικού Τριγώνου για κάρμα Σεξουαλικής Κακοποίησης είναι το παρακάτω:

Ενοχή του «δεν αξίζω»

Κάρμα
Σεξουαλικής
Κακοποίησης

Καρμικός Ψυχολογικός
Μηχανισμός
Μένω μόνος

Καρμικός Εθισμός
Λαγνεία

Δ. ΚΑΡΜΙΚΗ ΑΠΕΛΕΥΘΕΡΩΣΗ
Το Καρμικό Οικοδόμημα

Σημειώνεται παρακάτω όλη η σειρά της δημιουργίας του κάρμα, που περιγράφεται σε αυτό το κεφάλαιο, ξεκινώντας από το Πρωταρχικό Τραύμα και καταλήγοντας στο αντίθετο της Έκφρασης της Ποιότητάς μας.

Πρωταρχικό Τραύμα

Ό,τι νιώσαμε τη στιγμή της εξόδου από την Πηγή. Όλοι βιώσαμε και αποφασίσαμε πως ο Θεός είναι καταστροφή και η Δημιουργία είναι καταστροφή, οπότε αυτό δημιούργησε την καρμική μήτρα.

→ Καρμική Μήτρα

Για όλους μας είναι κοινό το «με καταστρέφω», «με θάβω». Εδράζει στο θύμο αδένα που είναι το σημείο της σύνδεσης με την Ψυχή μας.

→ Καρμικό Μάθημα

Με βάση την Καρμική Μήτρα αναπτύσσονται τα καρμικά μας μαθήματα. «Η δημιουργία είναι καταστροφή» και η «αλαζονεία» να νομίζουμε ότι εμείς δεν καταστρέφουμε, είναι καρμικό μάθημα όλων μας.

Από εκεί και πέρα το πώς ειδικότερα βίωσε ο καθένας μας την έξοδό του από την Πηγή αναπτύσσει το ιδιαίτερο καρμικό μας μάθημα, που είναι ακριβώς το τι είναι ο Θεός Δημιουργός. Όποια χαρακτηριστικά τού προσδίδουμε είναι το μάθημα ή τα μαθήματά μας.

→ Καρμικό Πρότυπο

Όλα τα παραπάνω αναπτύσσουν το Καρμικό μας Πρότυπο, το οποίο μάς ενεργοποιούν σε κάθε ζωή οι γονείς, τους οποίους έχουμε επιλέξει σύμφωνα με το Νόμο της Έλξης. Το συναίσθημα του πατέρα την ώρα της εκσπερμάτισης ενεργοποιεί το Καρμικό μας Πρότυπο. Και το συναίσθημα της μητέρας τη στιγμή της σύλληψης ενεργοποιεί το Πρωταρχικό Υπαρξιακό μας Τραύμα, δημιουργώντας τη βάση για το Περιοριστικό Σενάριο της κάθε ζωής μας.

→ Καρμική Εμμονή

Το Καρμικό μας Πρότυπο κρατάει καρφωμένο στη θέση του, η Καρμική Εμμονή. Είναι η συλλογική ενέργεια του εσωτερικού παιδιού σε όλες τις ζωές που είχαμε το παρόμοιο καρμικό μάθημα. Αυτό είναι το Καρμικό Εσωτερικό μας παιδί.

→ Θεμελιώδης Καρμικός Ψυχολογικός Μηχανισμός

Ο Θεμελιώδης Καρμικός Ψυχολογικός Μηχανισμός ελέγχου των άλλων μέσω του κλεψίματος των υποχρεώσεων τους είναι ο κυρίαρχος Μηχανισμός του Καρμικού Εσωτερικού παιδιού όλων μας. Μέσα από αυτόν καταφέρνει να κρατάει θαμμένο το συναίσθημα που συνοδεύει την Καρμική Εμμονή, διαφορετικά κινδυνεύει η επιβίωσή του. Όλοι οι Καρμικοί Ψυχολογικοί Μηχανισμοί αναπτύσσονται πάνω σ' αυτόν.

→ Αντίθετο Μάθημα της Ποιότητας Έκφρασής μας

Όλα, τελικά, οδηγούν στο να βιώνουμε και να βρισκόμαστε πάντα στο αντίθετο της Ποιότητάς Έκφρασής μας.

Ενδείξεις - οδηγοί για το ποιο είναι το καρμικό μας μάθημα

Υπάρχουν κάποιες αδιαμφισβήτητες ενδείξεις για να αντιληφθούμε ποιο είναι το καρμικό μας μάθημα. Να συνειδητοποιήσουμε το Πρωταρχικό μας Τραύμα κι από εκεί να οδηγηθούμε στο Καρμικό μας Πρότυπο και την Καρμική Εμμονή που το κρατάει καρφωμένο στη θέση του. Αυτές είναι η μητέρα μας, είτε μάς έχει μεγαλώσει η ίδια, είτε όχι, και η Διασπαστική Φωνή. Η μητέρα μας σε κάθε ζωή είναι η πύλη για την καρμική μας απελευθέρωση. Ακούραστα, από τη στιγμή της σύλληψης και μετά τη γέννησή μας, δείχνει συνεχώς ποιο Κύριο Καρμικό Μάθημα ήρθαμε να ολοκληρώσουμε. Ο τρόπος που φέρεται, ενεργοποιεί το Πρωταρχικό Υπαρξιακό Τραύμα. Συνήθως, το υπενθυμίζει συνεχώς, επαναλαμβάνοντάς το επακριβώς. Κάποιος που νιώθει άχρηστος είναι σίγουρο ότι θα το ακούει καθημερινά στα παιδικά του χρόνια.

Μία γυναίκα με κάρμα να μείνει μόνη της, πιθανόν να έχει μία μητέρα που θα την έχει ξεχωρίσει απ' όλα της τα αδέρφια για να τη γηροκομήσει.

Οι γονείς που έχουμε επιλέξει σ' αυτή τη ζωή μέσω του νόμου της έλξης, αλλά και σε κάθε ζωή, βοηθούν να τακτοποιήσουμε τα καρμικά μας χρέη. Το να αποκοβόμαστε απ' αυτούς είναι ό,τι χειρότερο μπορούμε να κάνουμε, καθώς μας δείχνουν πώς θα ολοκληρώσουμε το καρμικό μας μάθημα. Κατ' αυτήν την έννοια ελκόμαστε από συγκεκριμένες γενεαλογίες και γραμμές αίματος, που σχετίζονται, επίσης, με το Πρωταρχικό μας τραύμα και τις Αποφάσεις Επιβίωσης που έχουμε πάρει βάσει αυτού. Εάν, για παράδειγμα, η επαναλαμβανόμενη Απόφαση Επιβίωσης ζωή μετά από ζωή είναι πως «η Αγάπη είναι προδοσία» ή «η Αγάπη είναι αδικία» ή «θα χάνω πάντα αυτούς που αγαπώ», ελκύουμε τους γονείς και το περιβάλλον που θα βοηθήσουν να πραγματώσουμε ακριβώς αυτό. Αν συνεχίσουμε έτσι, προστίθεται συναισθηματικό βάρος, το οποίο, εάν δεν διαχειριστούμε, μετακυλίεται στην επόμενη ζωή κάνοντάς τη δυσκολότερη. Ακριβώς όπως θα γινόταν εάν σ' αυτή τη ζωή συνεχίζαμε να λέμε ότι είμαστε άτυχοι ή ότι φταίνε όλοι οι άλλοι χωρίς να αφυπνιζόμαστε. Η κατάστασή μας θα χειροτέρευε συνεχώς λόγω του διαρκώς αυξανόμενου συναισθηματικού φορτίου, το οποίο με τη σειρά του θα μάς κατέπνιγε και θα έκανε οποιαδήποτε προσπάθεια διαχείρισής του να φαίνεται ανέφικτη.

Η δεύτερη ένδειξη - οδηγός, είναι η Διασπαστική Φωνή. Αν παρακολουθήσουμε προσεκτικά τι μάς λέει, θα καταλάβουμε ποια είναι η Καρμική Εμμονή μας. Μάς ενημερώνει γι' αυτήν με απόλυτη ακρίβεια. Εάν ακούω τη Διασπαστική Φωνή να μού λέει ότι «είμαι άχρηστος», τότε αυτή είναι η Καρμική Εμμονή μου. Εάν την ακούω να μού λέει «να μην μιλάω», τότε η Καρμική Εμμονή μου είναι να «τα κρατάω όλα κρυφά». Εάν κάθε φορά που προσπαθώ να κάνω μία σχέση ουρλιάζει «να μείνω μόνος μου και να χωρίσω» τότε γνωρίζω τι μού συμβαίνει. Έχουμε πει ότι η Διασπαστική Φωνή εμφανίζεται κάθε φορά που κάνουμε κάτι αντίθετο από αυτό που μάς λέει. Μάλιστα το να την ακούμε είναι ένδειξη αλλαγής και ότι ξεφεύγουμε από τον υπνωτισμό της. Φυσικά, όσο συνεχίζουμε και την ακούμε σημαίνει, επίσης, πως είμαστε ακόμη μέσα στο Καρμικό μας Πρότυπο όση αλλαγή και να νομίζουμε ότι έχουμε κάνει. Η ζωή μας, παρόλο που μπορεί να έχει βελτιωθεί, θα έχει τα ίδια προβλήματα, τα οποία δεν θα έχουμε ακόμη λύσει οριστικά.

Βήμα - Βήμα Θεραπεία και απελευθέρωση του Καρμικού Πρότυπου

Για τη θεραπεία και την αλλαγή του Καρμικού Πρότυπου θα πρέπει να δούμε βήμα βήμα όλο το Καρμικό Οικοδόμημα, έτσι ώστε να μπορέσουμε να το γκρεμίσουμε. Το Πρωταρχικό Τραύμα και το Καρμικό Εσωτερικό Παιδί. Την

Καρμική Εμμονή που κρατάει καρφωμένο το Καρμικό Πρότυπο στη θέση του και τον Θεμελιώδη Καρμικό Ψυχολογικό Μηχανισμό.

Πρώτο βήμα: Θα χρειαστεί να πάρουμε ολοκληρωτική επαφή με το Πρωταρχικό τραύμα βιώνοντας σταδιακά αυτόν τον βαθύ πόνο της Απόσχισης από την Πηγή και τον Δημιουργό μας. Το ότι είμαστε μόνοι μας είναι βασική πλάνη όλης της ανθρωπότητας. Ότι γεννιόμαστε μόνοι μας και πεθαίνουμε μόνοι μας. Η πεποίθηση αυτή μάς ρίχνει σε βαριά μοναξιά και είναι η ρίζα για κάθε είδους καταθλίψεις, αρνητικότητα και παρεκκλίσεις. Κάνουμε κάθε είδους θυσία για να ανήκουμε, συνεχίζοντας με ορμή τα Καρμικά Μοτίβα και τα τραύματα.

Βιώνοντας το Πρωταρχικό μας Τραύμα, βγαίνουμε από την πλάνη, καθώς συνειδητοποιούμε ότι είμαστε πάντα συνδεδεμένοι μεταξύ μας, αλλά και με το Ό,τι υπάρχει, με το Όλον.

Δεύτερο βήμα: Στην πύλη για την αλλαγή του κάρμα στέκεται το Καρμικό Εσωτερικό μας Παιδί. Η συλλογική, δηλαδή, ενέργεια των εσωτερικών παιδιών από όλες τις ζωές μας, από όπου και προκύπτει η Καρμική Εμμονή. Το κάρμα δεν αίρεται, εάν δεν έρθουμε επίσης σε επαφή με αυτό. Σ' αυτό το σημείο, η γνώση για το πώς να εργαζόμαστε με το εσωτερικό μας παιδί είναι καίριας σημασίας, ώστε να μπορέσουμε να βιώσουμε το πιο βαθύ μας τραύμα, αυτό που μάς ακολουθεί ζωή μετά από ζωή. Η διαδικασία, την οποία ακολουθούμε για να συνδεθούμε με τον πόνο του εσωτερικού μας παιδιού σε αυτή τη ζωή, είναι ίδια, μόνο που τώρα αφορά το Καρμικό και γι' αυτό είναι πιο έντονο. Όλοι όσοι έχουν μπει στον δρόμο της καρμικής απελευθέρωσης, θα πρέπει να εργαστούν με τα καρμικά κομμάτια του εσωτερικού τους παιδιού.

Η δυσκολία εδώ είναι πως το Καρμικό Εσωτερικό Παιδί θα κάνει τα πάντα για να ανήκει, ώστε να μην κινδυνεύσει η επιβίωσή του. Εάν αφήσουμε το Καρμικό μας Πρότυπο, η αίσθηση του «ανήκειν» απειλείται σε πολύ βαθύ επίπεδο, όχι μόνο για την οικογένειά μας, αλλά και για το ίδιο το ανθρώπινο είδος. Εφ' όσον όλοι βρίσκονται σε κάρμα, εάν εμείς βγούμε από αυτό, που ακριβώς θα ανήκουμε;

Το Καρμικό Εσωτερικό Παιδί ησυχάζει και απελευθερώνεται, μόνο αν δοθεί σ' αυτό ολοκληρωτικά μία Θέση στην καρδιά μας. Τότε αναγνωρίζεται όχι μόνο το μέγεθος της θυσίας που έκανε από αγάπη, αλλά και ο πόνος που αυτή επέφερε, σε κάθε ζωή και αθροιστικά.

Τρίτο βήμα: Όλα θα χρειαστεί να βγουν στο φως. Ολοκληρωτική αλλαγή του Καρμικού Προτύπου σημαίνει πως όλοι οι εαυτοί μας και ό,τι έχουμε υπάρξει εμφανίζονται, ώστε να τους δούμε και να τους δώσουμε μία Θέση στην καρδιά μας. Παρόλο που δεν καταλαβαίνουμε συχνά αυτό, διατηρούμε αυτά τα ψυχικά κομμάτια μας, τα οποία παραμένουν εγκλωβισμένα, σαν να είναι πολύτιμος θησαυρός. Εξάλλου, αυτή είναι η ταυτότητά μας για πάρα πολλές ζωές. Ενσαρκωνόμαστε ξανά και ξανά, ζώντας παρόμοιες καταστάσεις, μέχρι να είμαστε σε θέση να τα δούμε και να τα απελευθερώσουμε. Ολοκλήρωση του κάρμα σημαίνει πως όλα τα μέρη μας ενώνονται με την Ψυχή μας. Κι έτσι, αυτή γίνεται πάλι ολόκληρη.

Τέταρτο βήμα: Ο τρόπος για να βγούμε από τον φαύλο κύκλο της συνεχούς ενεργοποίησης του Καρμικού Πρότυπου είναι η απελευθέρωση της Καρμικής Εμμονής που το κρατάει στη θέση του. Για να συμβεί αυτό θα χρειαστεί να βιωθεί ολοκληρωτικά το συναίσθημα που τη συνοδεύει. Και είναι, φυσικά, το μόνο που δεν θέλουμε να κάνουμε. Μην ξεχνάμε ότι την ονομάζουμε έτσι, διότι ακριβώς είναι μία πραγματική εμμονή να καταπιέζουμε ό,τι μας δείχνει το Καρμικό Εσωτερικό Παιδί και μαζί την απόλυτη μοναξιά του να μην ανήκουμε.

Πέμπτο βήμα: Η Καρμική Εμμονή και όλο το Καρμικό Οικοδόμημα παραμένει στη θέση του, μέσω του Θεμελιώδους Καρμικού Ψυχολογικού μηχανισμού, που είναι να κλέβουμε τις υποχρεώσεις των άλλων. Για παράδειγμα, η Καρμική Εμμονή του «να μένει κάποιος μόνος του» υποστηρίζεται από τον Θεμελιώδη Καρμικό Ψυχολογικό Μηχανισμό «να τούς θεραπεύει και να τους ανακουφίζει». Αυτό φυσικά τον ρίχνει πάλι στο να είναι μόνος για ζωές ολόκληρες. Ο μόνος τρόπος για να απενεργοποιηθεί είναι να επιτρέψουμε σ' αυτούς που σχετιζόμαστε να αναλάβουν τις υποχρεώσεις τους και τα καθήκοντά τους. Κι εμείς να παραμείνουμε αυστηρά στις δικές μας. Πάλι, δηλαδή, ανακύπτει το θέμα να παραμένουμε στη Θέση μας. Όσο κάνουμε αυτό, ο Μηχανισμός σταδιακά καταρρέει. Η Αγάπη μπορεί να ανθίσει και να αναπτυχθεί μόνο σε μία σχέση σωστής ανταλλαγής. Ο γονιός δίνει και το παιδί παίρνει, οι σύντροφοι και οι φίλοι είναι ισότιμοι, τα αδέρφια δεν είναι ανώτερα το ένα από το άλλο σε θέση γονιού.

Το σπάσιμο της Καρμικής Μήτρας και η ενεργοποίηση της Ποιότητας Έκφρασής μας

Η Καρμική Μήτρα χρειάζεται συμβολικά να σπάσει, ώστε να ενεργοποιηθεί από την Ψυχή μας η Νέα Μήτρα στο θύμο αδένα, που είναι η συχνότητα της Αγάπης του Δημιουργού. Απ' αυτήν απορρέει η ιδιαίτερη Ποιότητα Έκφρασης του καθενός μας. Ο πραγματικός μας εαυτός κι αυτό που έχουμε έρθει να εκφράσουμε στη Γη. Κι έτσι να γίνει πλήρης αλλαγή μέσα μας στο τι είναι ο Θεός - Δημιουργός, αφού εμείς είμαστε κομμάτια του. Αν ο Θεός «με καταστρέφει, με καταστρέφω», αν «με αδικεί με αδικώ», αν «τον αμφισβητώ, με αμφισβητώ».

Εάν ο Θεός «με τιμωρεί, τότε με τιμωρώ» και όλη η ανθρώπινη και η πνευματική μου υπόσταση είναι τιμωρία. Δεν δέχομαι ούτε την ύλη ούτε το πνεύμα, ζώντας σε τεράστια υπαρξιακή εσωτερική σύγκρουση. Όλοι μας στο Πρωταρχικό Υπαρξιακό Τραύμα μας αμφισβητούμε τον Θεό - Δημιουργό. Κατά συνέπεια, όχι μόνο αμφισβητούμε και δεν δεχόμαστε εμάς ως κομμάτια Θεού, αλλά και την ανθρώπινη φύση μας ως δικό Του δημιούργημα.

Κάρμα σημαίνει ότι παραμένουμε σ' αυτόν τον πόνο, συνεχίζοντας να τον βιώνουμε ξανά και ξανά. Αναφέρω το παράδειγμα μιας γυναίκας 58 ετών, η οποία ξεκίνησε θεραπεία, διότι ακόμα πενθούσε το ότι έχασε και τους δύο γονείς της στην ηλικία των πέντε ετών. Κατά τη διάρκεια της θεραπείας αναδείχθηκε το Πρωταρχικό της Τραύμα που ήταν «τα έχω όλα και τα χάνω όλα». Κάτι που γίνεται καρμικό μάθημα και θα παιχτεί σ' όλες τις πιθανές εκδοχές. Θα χαθούν χρήματα, επιτυχία, δόξα, επιχειρήσεις, αγαπημένοι, αλλά έχοντας το απόλυτο. Σε κάθε ζωή βιώνεται μία τέτοια παραλλαγή. Κάποιος που θα γεννιέται σε πολύ πλούσια οικογένεια, η οποία αργότερα θα χρεοκοπεί, που θα έχει τους τέλειους γονείς και θα τούς χάνει μικρός, ένας πολύ διάσημος τραγουδιστής ή ηθοποιός που θα πέφτει σε αφάνεια. Αυτό ισχύει για όλους μας. Το καρμικό μάθημα που έχουμε με βάση το Πρωταρχικό μας Τραύμα θα το βιώσουμε σε κάθε πιθανή εκδοχή ζωή μετά από ζωή, όπως, για παράδειγμα, σ' ένα κάρμα κακοποίησης, σαδισμού ή πόνου.

Τελευταίο, αλλά πολύ σημαντικό, είναι πως παρόλο που θα πρέπει εμείς οι ίδιοι να αποφασίσουμε να βγούμε από τη θέση του μάρτυρα, η απελευθέρωση από το κάρμα δεν μπορεί να γίνει χωρίς τη βοήθεια της Θείας Χάρης. Γι' αυτό είναι καίριας σημασίας όχι μόνο να την επικαλούμαστε, αλλά κυρίως να τη δεχόμαστε όταν μάς δίνεται.

Νέα Γαία – Το Σχίσμα

Το σύμπαν αποτελείται από καθαρή ενέργεια, η οποία δονείται σε συχνότητες. Ανάλογα με τη συχνότητα στην οποία είμαστε συντονισμένοι, ελκύουμε και την αντίστοιχη πραγματικότητα. Εκπέμπουμε και λαμβάνουμε ακριβώς όπως ένας ραδιοφωνικός σταθμός και το πώς ζούμε εξαρτάται από το πόσο μακριά ή κοντά βρισκόμαστε στη συχνότητα της Αγάπης. Φυλακισμένοι σε συναισθηματικές συχνότητες πόνου και δυστυχίας εξαιτίας των Αποφάσεων Επιβίωσης που έχουμε πάρει, δεν μπορούμε καν να αντιληφθούμε ότι υπάρχουν συχνότητες χαράς, ευτυχίας, δημιουργικότητας, ευλογίας.

Όταν ολοκληρώνουμε ένα κάρμα, μπαίνουμε σε μια νέα συχνότητα. Αυτό αλλάζει εξ ορισμού την πραγματικότητά μας με τον ίδιο τρόπο που δύο ραδιοφωνικοί σταθμοί εκπέμπουν σε διαφορετικό μήκος κύματος. Κατ' αυτήν την έννοια, η Γη και ό,τι μας περιβάλλει βρίσκονται πάντα σε δύο ταχύτητες ή δύο βασικές συχνότητες. Η μία ταχύτητα είναι αυτή του τραύματος της επιβίωσης και είναι συχνότητα φόβου. Η δεύτερη ταχύτητα είναι η ασφάλεια στη συχνότητα της Αγάπης.

Όταν βγει κάποιος από το Καρμικό του Πρότυπο μπαίνει σε μία νέα συχνότητα, την οποία θα μπορούσαμε να ονομάσουμε ως τη νέα Γαία. Δύο Γαίες σε Σχίσμα που συνυπάρχουν σε δύο ταυτόχρονες διαστάσεις. Στην παλαιά Γαία κυριαρχεί ο φόβος, ο ατέλειωτος πόνος, ο ανταγωνισμός και ο φθόνος. Οι κάτοικοι της Νέας Γαίας βρίσκονται στη συχνότητα της Αγάπης του Δημιουργού, σε ενότητα και αφθονία, απολαμβάνοντας την Έκφραση της αληθινής τους Ποιότητας, στο Τώρα.

Όταν πατήσουμε σ' αυτήν, γίνεται μία καρμική διορθωτική εμπειρία στο Καρμικό Εσωτερικό μας Παιδί. Δίνεται το μήνυμα στο υποσυνείδητό μας πως η Έκφραση της Ποιότητάς μας είναι πλέον μία θετική κατάσταση, η οποία μάς εμπλουτίζει και μας δίνει χαρά. Αν κάποιος ήταν στη «μη ζωή» θα μπει στη «ζωή», εάν ήταν στη «μη Αγάπη» θα μπει στην «Αγάπη για τον εαυτό», απολαμβάνοντας για πρώτη φορά ό,τι κάνει, και κάνοντας μόνο ό,τι απολαμβάνει.

Η Πτώση από την Πηγή έγινε ακριβώς για να εμπειραθούμε και να φτάσουμε σ' αυτή τη μεγαλειώδη στιγμή. Να καταλήξουμε στο ότι τα έχουμε ήδη όλα και δεν είμαστε ποτέ μόνοι μας, αφού το «ανήκειν» είναι πάντα εξασφαλισμένο. Το Σχίσμα έχει να κάνει με το να κρατηθεί σταθερά αυτή η νέα συχνότητα του μη πόνου, για πρώτη φορά στη Γη. Θα συνυπάρχουμε, αλλά σε παράλληλες πραγματικότητες. Ακόμη και έτσι όμως, για όσους θα παραμείνουν για λίγο ακόμα στο κάρμα και στην πλάνη, υπάρχει ένα παράδειγμα κι ένα σημείο αναφοράς για το ό,τι είναι απολύτως εφικτό να βγουν από τον πόνο.

Ε. ΟΛΟΚΛΗΡΩΜΕΝΑ ΠΑΡΑΔΕΙΓΜΑΤΑ ΚΑΡΜΙΚΩΝ ΜΟΤΙΒΩΝ ΚΑΙ ΚΥΡΙΩΝ ΚΑΡΜΙΚΩΝ ΜΑΘΗΜΑΤΩΝ

Παράδειγμα 1

Πρωταρχικό Υπαρξιακό Τραύμα: *«Με μισώ» (ο Θεός με μισεί θέλει να με σκοτώσει).*

Καρμικό Πρότυπο: «Είμαι βάρος».

Καρμική Εμμονή: «Να μένω μόνος μου, αφιερώνοντας τη ζωή μου στο να τους παίρνω τα βάρη, ώστε, τελικά, να τούς ανακουφίζω από εμένα τον ίδιο».

Θεμελιώδης Καρμικός Ψυχολογικός Μηχανισμός ελέγχου μέσω του κλεψίματος των υποχρεώσεων των άλλων: «Παγώνω τις ανάγκες μου για να είμαι σε θέση να τούς ηρεμώ να τούς ανακουφίζω και να τούς θεραπεύω».

Ποιότητα Έκφρασης και αντίθετο μάθημα: «Αγάπη έναντι μαθήματος φόβου και μίσους για τον εαυτό».

Παράδειγμα 2

Πρωταρχικό Υπαρξιακό Τραύμα: *«Με εγκαταλείπω» (ο Θεός με εγκαταλείπει).*

Καρμικό Πρότυπο: «Ολοι είναι καλύτεροι από εμένα».

Καρμική Εμμονή: «Αυτοσαδισμός».

Θεμελιώδης Καρμικός Ψυχολογικός Μηχανισμός ελέγχου μέσω του κλεψίματος των υποχρεώσεων των άλλων: «Με κατεβάζω για να φαίνονται οι άλλοι καλύτεροι από μένα».

Ποιότητα Έκφρασης και αντίθετο μάθημα: «Λαμπρότητα έναντι μαθήματος μιζέριας και κακομοιριάς».

Παράδειγμα 3

Πρωταρχικό Υπαρξιακό Τραύμα: «Είμαι σε μη ύπαρξη, μη ζωή» (Ο Θεός δεν θέλει καν να υπάρχω).

Καρμικό Πρότυπο: «Δεν ζω, χαρίζω τη ζωή μου στους άλλους».

Καρμική Εμμονή: «Παραίτηση από τη ζωή».

Θεμελιώδης Καρμικός Ψυχολογικός Μηχανισμός ελέγχου μέσω του κλεψίματος των υποχρεώσεων των άλλων: «Τούς χαρίζω τη ζωή μου».

Ποιότητα Έκφρασης και αντίθετο μάθημα: «Ζωή έναντι μαθήματος μη ζωής».

Παράδειγμα 4

Πρωταρχικό Υπαρξιακό Τραύμα: *«Με μισώ. Δεν αξίζω Αγάπη και ζωή (ο Θεός έκανε λάθος που μού χάρισε ζωή).*

Καρμικό Πρότυπο: «Η ύπαρξή μου έχει νόημα μόνο όταν εξυπηρετώ τους άλλους, κάνοντας δικό μου τον πόνο και το βάρος τους».

Καρμική Εμμονή: «Μένω μόνος, ζώντας μέσα από τις ζωές των άλλων»

Θεμελιώδης Καρμικός Ψυχολογικός Μηχανισμός ελέγχου μέσω του κλεψίματος των υποχρεώσεων των άλλων: «Μειώνω τον εαυτό μου για να κάνω τους άλλους να νιώθουν καλά. Τούς χαρίζω τη ζωή μου και το είναι μου».

Ποιότητα Έκφρασης και αντίθετο μάθημα: «Χαρά έναντι μαθήματος μού κλέβουν τη χαρά».

Παραδείγματα Κύριων Καρμικών Μαθημάτων

Από το κάθε κάρμα προκύπτει ένα Κύριο Μάθημα μαζί με μία σειρά βοηθητικών - υποστηρικτικών μαθημάτων. Όλα σχετίζονται με το να μπούμε τελικά στην Αγάπη. Ας δούμε εδώ κάποια παραδείγματα καρμικών μαθημάτων και τις ιδιαίτερες δυσκολίες που απορρέουν από αυτά:

1ο παράδειγμα, Κύριο Καρμικό Μάθημα «Μη ύπαρξης»

Γυναίκα 46 ετών, η οποία κάνει τα τελευταία 20 χρόνια κάθε είδους θεραπεία, σε εβδομαδιαία βάση. Εντατική ψυχοθεραπεία, ύπνωση, ενεργειακές και εναλλακτικές θεραπείες. Παρόλα αυτά, συναντά τεράστια δυσκολία κάθε φορά που καλείται να βιώσει, κάτι που αναδύεται από το εσωτερικό της παιδί. Πάντα, πριν από μία αλλαγή, είναι έτοιμη να τα παρατήσει. Το Καρμικό Εσωτερικό της Παιδί δεν θα αφήσει να απελευθερωθεί το Πρωταρχικό Τραύμα και όλο το Καρμικό Πρότυπο που πηγάζει απ' αυτό, διότι έτσι έχει μάθει να παίρνει ύπαρξη. Προτιμότερος ο πόνος, παρά η ανυπαρξία. Η «χτυπημένη δράση» είναι προαπαιτούμενο μάθημα για το κύριο καρμικό μάθημα της «Μη Ύπαρξης». Τίποτα δεν προχωράει στη ζωή της. Βρίσκεται σε σύγχυση. Είναι μόνιμα βυθισμένη σε λήθαργο και βιώνει συνεχή παραίτηση.

2ο παράδειγμα, Κύριο Καρμικό Μάθημα «Διακοπή της σύνδεσης με τον Θεό -Δημιουργό»

Γυναίκα 48 ετών με Ποιότητα Έκφρασης την «Αλλαγή» που προέρχεται από τη φυσική αλλαγή της ροής της ζωής. Βάσει του Κύριου Καρμικού της Μαθήματος βιώνει πάντα το αντίθετο. Στη ζωή της αντιμετωπίζει συνεχώς κωλύματα, τα πάντα διευθετούνται με μεγάλη δυσκολία κι αυτό είναι κάτι που τη συνθλίβει συναισθηματικά. Το Κύριο Καρμικό της Μάθημα για πάρα πολλές ζωές είναι η διακοπή της σύνδεσης με τον Θεό Δημιουργό και την Ψυχή της. Κατά συνέπεια, έχει μάθει να στηρίζεται μόνο στον εαυτό της. Θεωρείται ένα πολύ βαρύ καρμικό μάθημα, όπου χάνεται η ελπίδα. Βιώνεται ως σκοτεινή νύχτα ψυχής «γιατί Θεέ μου, μέ εγκατέλειψες;». Δεν μπορεί ποτέ να χαλαρώσει, αφού δεν υπάρχει πουθενά να στηριχθεί κι έτσι πρέπει να είναι η ίδια επικεφαλής. Αυτό την έκανε πολύ δυνατή και σκληρή, με ένα εξαιρετικά χειριστικό εσωτερικό παιδί σε ανθρώπους και καταστάσεις. Με ανεπτυγμένο ένα πολύ ισχυρό νοητικό σώμα, δεν αντιλαμβάνεται το συναισθηματικό της πάγωμα που την κάνει να είναι αποκομμένη και μόνη της, παρόλο που έχει οικογένεια και φαινομενικά μια πλήρη ζωή.

3ο παράδειγμα, Κύριο Καρμικό Μάθημα «Είμαι μιαρός»

Γυναίκα 28 ετών, η οποία ξεκίνησε θεραπεία για τεράστιο θέμα με την καθαριότητα. Τίποτα γι' αυτήν δεν ήταν αρκετά καθαρό, ενώ πίστευε ότι θα κολλήσει κάθε είδους ασθένειες γι' αυτό τον λόγο. Η απλή επίσκεψη ρουτίνας στον οδοντίατρο ήταν ένας εφιάλτης, καθώς ήταν πεπεισμένη ότι θα μεταδιδόταν σ' αυτήν κάποια μολυσματική ασθένεια από έλλειψη καλής αποστείρωσης των εργαλείων. Καρμικά σχετίζεται με το δόγμα του Καθαρτηρίου των Ψυχών . Βάσει αυτού, για να μπούμε στον παράδεισο χρειάζεται να εξιλεωθούμε από τις αμαρτίες μας, ώστε να γίνουμε πάλι αγνοί και καθαροί. Τότε μπορούμε να ενωθούμε με τον Θεό Δημιουργό. Διαφορετικά θα τιμωρηθούμε πηγαίνοντας στην κόλαση.

Στο Κύριο αυτό Καρμικό Μάθημα πρέπει να κρυφτεί πάση θυσία οτιδήποτε μη αγνό και καθαρό, διαφορετικά θα υπάρχει τιμωρία. Για τη γυναίκα αυτή, η σκιά της, δηλαδή τα κρυμμένα αφώτιστα κομμάτια που έχουμε όλοι μέσα μας, ισοδυναμούν με κάτι «βρώμικο». Ό,τι «σκοτεινό» = «μη καθαρό» = «τιμωρία». Καταλήγει στο ότι δεν πρέπει κανείς να δει πόσο «βρωμιάρα στην ψυχή είναι».

Είναι ένα βαρύ και πολύπλοκο καρμικό μάθημα που δημιουργεί πολύ μεγάλη δυσκολία στο να έρθει αυτή η γυναίκα σ' επαφή με τα αρνητικά της κομμάτια. Καταλήγει σε υλικό επίπεδο ως σύμπτωμα μανίας για καθαριότητα, η οποία την εξυπηρετεί διπλά. Την κρατάει απασχολημένη και τη βοηθάει, επίσης, να κρατάει όλα κλειστά.

Παρόλο που είναι εξαιρετικά όμορφη, έξυπνη μορφωμένη και με πολύ καλή δουλειά, είναι μόνη της. Υποσυνείδητα δεν θέλει να βρει σύντροφο για τρεις λόγους. Ο πρώτος είναι ότι σε μία κοντινή σχέση κινδυνεύει να δείξει τον εαυτό της και έτσι να καταλάβει ο άλλος πόσο «βρώμικη» είναι. Ο δεύτερος είναι ότι δεν υπάρχει αρκετά καθαρός άνδρας γι' αυτήν και ο τρίτος λόγος είναι να μην κινδυνεύσει να κάνει οικογένεια. Το δυναμικό της σ' αυτή τη ζωή, εάν δεν εργαζόταν με το καρμικό της μάθημα, θα ήταν να μείνει άτεκνη, διότι ένα παιδί πάντα σε ωθεί να ξεδιπλώσεις τον εαυτό σου. Θα είχε μικρές περιστασιακές σχέσεις και θα έκανε μία κανονική σχέση σε μεγάλη ηλικία, όταν πια δεν θα κινδύνευε να γίνει μητέρα. Το εσωτερικό της παιδί είναι τρομοκρατημένο, διότι δεν τού επιτρέπει ποτέ να φερθεί σαν παιδί. Να λερωθεί, να φάει με τα χέρια, να παίξει με το χώμα και την άμμο.

Παρά το ότι που κάνει ψυχοθεραπεία, έχει μεγάλη αντίσταση να ανοίξει οτιδήποτε. Το βασικότερο όφελος που έχει από αυτήν είναι ότι την αναγκάζει να «ξεδιπλώσει τον εαυτό της». Το ίδιο, δηλαδή, που συμβαίνει με ό,τι καινούργιο καταπιάνεται, όπως μια νέα δουλειά ή να μάθει ένα σπορ. Στο συγκεκριμένο καρμικό μάθημα αυτό είναι το κυριότερο που τη βοηθάει και εξελίσσεται.

4ο παράδειγμα, Κύριο Καρμικό Μάθημα «Ανούσια ζωή».

Άνδρας 26 ετών, ο οποίος ξεκίνησε θεραπεία λόγω έντονων και συνεχόμενων κρίσεων πανικού. Παρόλο που φαινομενικά τα είχε όλα, μέσα του ένιωθε «ότι η ζωή του είναι ανούσια». Άλλαζε δουλειές, συντρόφους, χώρες για να βρει ουσία, χωρίς να τα καταφέρνει, καθώς μιλάμε για ένα πολύ έντονο υπαρξιακό θέμα. Τίποτε δεν φαινόταν να τον γεμίζει, ενώ η χαρά που δίνει ουσία στη ζωή έλειπε εντελώς.

Σε πάρα πολλές ζωές, είτε ήταν άνδρας είτε γυναίκα, επέρριπτε στους συντρόφους του την ευθύνη για το πώς ένιωθε μέσα του. Θεωρούσε πως η σχέση ή ο γάμος τον βάλτωναν. Έμενε άτεκνος, διότι φοβόταν ότι θα βαλτώσει ακόμα πιο πολύ. Σαν απόρροια του καρμικού του μαθήματος, δεν μπορούσε να απολαύσει την οικογενειακή γαλήνη.

Βοηθητικά καρμικά μαθήματα ήταν η «χτυπημένη δράση» και η «κλειστή διαίσθηση». Έτσι ισχυροποιούνταν η «ανούσια ζωή». Οι κρίσεις πανικού, οι οποίες ήταν ο λόγος που ξεκίνησε θεραπεία, ήταν έντονες εξαιτίας του ότι σχετίζονταν με κάρμα. Όταν έφτασε να εργαστεί μ' αυτό εξαφανίστηκαν εντελώς.

Α. ΤΟ ΠΑΙΔΙ ΗΡΩΑΣ

Η ανάπτυξη της Πολυδιάσπασης

Το Παιδί Ήρωας, όπως έχουμε ήδη πει, είναι ο πυρήνας στο υποσυνείδητό μας. Το πιο βαθύ κομμάτι πάνω στο οποίο αναπτύσσεται η Πολυδιάσπαση. Το εσωτερικό παιδί κατακερματίζεται σε πολλά κομμάτια, τα οποία αναλαμβάνουν από κάτι για το σύνολο. Το βασικό εργαλείο του Παιδιού Ήρωα είναι να μάς βάζει μόνιμα σε πλάνη μέσω της συγκάλυψης που κάνει, ώστε να μπορεί με τεράστιο ηρωισμό να μάς καταστρέφει. Ο υπέρτατος στόχος είναι να καταφέρει να κάνει τους γονείς του ευτυχισμένους, με βασικότερη πάντα τη μητέρα.

Όταν είμαστε στο Παιδί Ήρωα, βρισκόμαστε σε παραβίαση αυτών που προσπαθούμε να σώσουμε και να ανακουφίσουμε. Όταν αναλαμβάνουμε τα βάρη τους, δεν τούς επιτρέπουμε να διαχειριστούν τα θέματά τους, ώστε να μπορέσουν να αφυπνιστούν και να πάρουν τη δύναμή τους. Κατ' αυτήν την έννοια, η συγκάλυψη οδηγεί στην παραβίαση και η παραβίαση στη συγκάλυψη.

Η εξίσωση είναι: Παιδί Ήρωας = Παραβίαση + Συγκάλυψη

Από τη γέννησή μας αναλαμβάνουμε την Αποστολή να τούς σώσουμε, παραδίδοντας την Ποιότητα Έκφρασής μας στην υπηρεσία του οικογενειακού συστήματος. Το Παιδί Ήρωας για να καταφέρει αυτό, αναπτύσσει ένα επιτελικό αρχηγείο μ' ένα κέντρο ελέγχου που εκφράζεται με μία βασική εικόνα – περσόνα. Το σοφό παιδί, το παιδί που θα σώσει τον πλανήτη, το σαδιστικό, το υπεύθυνο, ο καρμοκαθαριστής ή όποια άλλη παραλλαγή έχει ο καθένας μας, ηγείται της Πολυδιάσπασης.

Τα διασπασμένα αυτά κομμάτια θα τα παρομοιάζαμε με αξιωματικούς που αναλαμβάνουν να φέρουν εις πέρας την Αποστολή. Το κέντρο ελέγχου δίνει εντολή και υποαποστολή σε καθένα αξιωματικό να κάνει κάτι για το σύνολο.

Να το απορροφά, να το παγώνει, και, τελικά, να το κρύβει. Για παράδειγμα, ο αξιωματικός που έχει πάρει την ανάθεση του φόβου, έχει αναλάβει να απορροφά και να καταπιέζει τον δικό μας φόβο, και, παράλληλα, όλου του οικογενειακού συστήματος.

Άλλος αξιωματικός αναλαμβάνει την ενοχή, άλλος να κάνει κάτι με το θυμό, άλλος να πεθάνει, άλλος να είναι υπεύθυνος, άλλος να καθαρίζει, άλλος την ασθένεια, άλλος να αυτοκαταστρέφεται ως σαμποτέρ, άλλος να κλείνει την αντίληψη κλπ. Το μέγεθος της Πολυδιάσπασης είναι ανάλογο της Αποστολής που έχει επιληφθεί το Παιδί Ήρωας. Όσο μεγαλύτερη η αυτοκαταστροφή τόσο μεγαλύτερη και η Πολυδιάσπαση και τα καλά κρυμμένα σκοτεινά κομμάτια του εσωτερικού μας παιδιού.

Βασικός αξιωματικός του επιτελείου είναι ο «αλαζόνας». Αυτός έχει επιφορτιστεί να συγκαλύπτει την αλαζονεία του ότι, όχι μόνο τελικά δεν σώζουμε κανέναν, αλλά ίσα ίσα τούς παραβιάζουμε μην επιτρέποντας να διαχειριστούν τα θέματά τους. Ο «αλαζόνας» κρατάει την πλάνη στη θέση του.

Ένα ακόμα πιο κρυμμένο διασπασμένο κομμάτι - αξιωματικός του επιτελείου είναι ο «αμφισβητίας». Φροντίζει να μάς αμφισβητεί κάθε φορά που πλησιάζουμε στον πραγματικό μας εαυτό. Μάς απομακρύνει από την Έκφραση της Ποιότητάς μας και την αλήθεια, βάζοντάς μας σε σύγχυση. Τα διασπασμένα κομμάτια δουλεύουν ομαδικά και διαδοχικά, με συνεργατικότητα. Όταν ο «αμφισβητίας» τελειώσει το έργο του, εμφανίζεται το επόμενο διασπασμένο κομμάτι, που έχει αναλάβει την «ενοχή», και μετά αυτό που «κλείνει την αντίληψη» και τελικά υποτάσσεται και υποκύπτει.

Ας πάρουμε το παράδειγμα ενός αξιωματικού που σχετίζεται με το «φαγητό», για να δούμε τη συνάρτηση όλων των κομματιών της Πολυδιάσπασης μεταξύ τους. Αυτός μάς ωθεί να τρώμε παραπάνω από ό,τι χρειαζόμαστε και σε μεγάλη ποικιλία. Κάτι που κάνει κακό στο υλικό σώμα και το κουράζει, καθώς ασχολείται συνέχεια με την πέψη. Όλοι μας θα έπρεπε να ενημερωθούμε για τα οφέλη της νηστείας. Οι ασθένειες και η πρόωρη γήρανση είναι, επίσης, παρενέργεια της ασταμάτητης υπερφαγίας. Ο ισχυρός αυτός αξιωματικός έχει πολύπλευρα οφέλη για το Παιδί Ήρωα. Όχι μόνο καταφέρνει έτσι να νοσεί και να γερνάει στη θέση αυτών που προσπαθεί να σώσει, αλλά, επίσης, βοηθάει τα υπόλοιπα κομμάτια της Πολυδιάσπασης. Με τις μεγάλες ποσότητες φαγητού και γλυκών καταφέρνουν να κρατούν καταπιεσμένο το συναίσθημα που έχουν αντίστοιχα αναλάβει.

Έχουμε έρθει στη Γη να εκφράσουμε τις Ποιότητές μας. Κι αυτό μπορεί να γίνει μόνο σε εσωτερική Ενότητα. Όσο δεν συνειδητοποιούμε την Πολυδιάσπαση του εσωτερικού μας παιδιού, είμαστε πολύ μακριά από την Ενότητα μέσα μας και έξω μας.

Με αυτά τα διασπασμένα κομμάτια χρειάζεται να έρθουμε σε επαφή. Να τα δούμε ένα ένα, και να τα τιμήσουμε για το έργο τους, ώστε να απελευθερωθεί ο πόνος τους, και έτσι το εσωτερικό μας παιδί να μπορέσει να ενοποιηθεί. Κάτι που μας οδηγεί στην Έκφραση της Ποιότητάς μας, και στην αλλαγή του πυρήνα μας από το τραύμα στην Αγάπη.

Αυτοματισμός Απορρόφησης Συναισθημάτων

Η Πολυδιάσπαση του Παιδιού Ήρωα, αναπτύσσει έναν Αυτοματισμό Απορρόφησης Συναισθημάτων. Κάτι που κάνουμε αυτόματα, σαν υπνωτισμένοι, χωρίς καν να το σκεφτόμαστε, για αυτό και είναι πολύ πιο δυνατό από τη συνήθεια.

Λέμε ξανά και ξανά ότι η μητέρα είναι η πιο σημαντική. Ο Αυτοματισμός αναπτύσσεται πάντα σε συνάρτηση με το αντίστοιχο τραύμα της, που έχουμε αναλάβει να της ανακουφίσουμε. Εάν έχει καταπιέσει το θυμό της, θα αναπτύξουμε Αυτοματισμό να τον απορροφούμε. Θα είμαστε συνεχώς θυμωμένοι, χωρίς να καταλαβαίνουμε το γιατί. Αλλά και ότι αρνητικό έχει και η ίδια αναλάβει στο δικό της Παιδί Ήρωα. Το πάγωμά της, το θυμό, τον σαδισμό της, την κακία, το δολοφονικό μίσος, τη ζήλεια, το φθόνο, τη δυστυχία, τον πόνο, τη θλίψη.

Μόλις ο Αυτοματισμός εγκατασταθεί από το Παιδί Ήρωα, συνεχίζει να λειτουργεί παντού και πάντα, όπου και αν βρισκόμαστε, χωρίς καν να το συνειδητοποιούμε. Σε ένα παράδειγμα, ένας άνδρας 38 ετών ξεκίνησε θεραπεία για κρίσεις πανικού. Από την πρώτη συνεδρία ανέφερε πως η μητέρα του ήταν συνεχώς πανικοβλημένη για το παραμικρό. Ο άνδρας αυτός ανέπτυξε από μωρό έναν ισχυρό Αυτοματισμό Απορρόφησης φόβου για να την ανακουφίζει. Από παιδάκι θυμόταν τον εαυτό του να είναι διαρκώς πανικοβλημένος. Αργότερα, μεγαλώνοντας, αρκούσε να βρίσκεται σε μία παρέα που κάποιος φοβάται ή να συζητιέται ένα θέμα που να τούς βάζει σε φόβο για να πάθει κρίση πανικού. Το ίδιο συνέβαινε ακόμα και όταν έβλεπε μία αρνητική είδηση στα μέσα κοινωνικής δικτύωσης, καθώς απορροφούσε τον φόβο όλων αυτών που τη διάβασαν και ίσως τη σχολίασαν. Άρχιζε να τρέμει από τον φόβο του και το μυαλό του ξεκινούσε να κάνει σενάρια καταστροφής, τα οποία τον ενέτειναν ακόμη περισσότερο.

Σ' ένα άλλο παράδειγμα, έχουμε μία γυναίκα 41 ετών, που είχε αναλάβει από παιδί να απορροφά τον σαδισμό της μητέρας της για να την ανακουφίζει από αυτόν, με την ανάπτυξη αντίστοιχου Αυτοματισμού. Εργαζόταν ήδη αρκετά χρόνια με το εσωτερικό της παιδί και ήταν σ' ένα καλό επίπεδο επαφής μαζί του. Ξύπναγε κάθε πρωί και το διαβεβαίωνε πως αναλαμβάνει και σήμερα εκείνη τα πάντα. Να πάει στη δουλειά και να ασχοληθεί με όλες τις υποχρεώσεις. Το ηρεμούσε λέγοντάς του πως είναι ασφαλές και το μόνο που έχει να ασχοληθεί όλη μέρα είναι να παίζει και απλώς να είναι παιδί. Ωστόσο, σ' αυτό το στάδιο της θεραπείας και χωρίς ακόμα να έχει συνειδητοποιήσει τον Αυτοματισμό Απορρόφησης του σαδισμού, αρκούσε ένα τηλεφώνημα από τη μητέρα της, τον πεθερό της ή μία συζήτηση με τον προϊστάμενο για να νιώσει πολύ άσχημα και να αρχίσει να φέρεται η ίδια με σαδισμό στον εαυτό της χωρίς να καταλαβαίνει καν πώς έγινε αυτό.

Με τον Αυτοματισμό Απορρόφησης Συναισθημάτων απομονώνουμε το συγκεκριμένο συναίσθημα εκείνου με τον οποίο ερχόμαστε σ' επαφή, είτε από κοντά είτε όχι, και το παίρνουμε απευθείας πάνω μας να το καθαρίσουμε. Αυτό δημιουργεί ένα συνεχή φαύλο κύκλο στον οποίο δεν μπορούμε πλέον να ξεχωρίσουμε καν τι είναι δικό μας και τι είναι των άλλων, ενώ η μεγάλη πλειοψηφία ούτε καν το καταλαβαίνει. Εκεί που είμαστε καλά, ξαφνικά πέφτουμε, νιώθουμε χάλια μην μπορώντας να καταλάβουμε το γιατί. Απελπιζόμαστε διότι νομίζουμε ότι δεν έχουμε λύσει τίποτα και δεν προχωράμε.

Ο Αυτοματισμός Απορρόφησης Συναισθημάτων δημιουργεί συμπτώματα και στα τέσσερα σώματά μας. Αυτά είναι:

Υλικό σώμα: Ασθένειες ή επίμονες ενοχλήσεις που επανέρχονται ξανά και ξανά. Τα μάτια που παραπέμπουν σε πλάνη, το συνάχι που δεν περνάει, το γόνατο που μάς εμποδίζει να προχωρήσουμε και οτιδήποτε, γενικά, συμβολίζει το όργανο του σώματος που μάς ενοχλεί ή μάς πονάει.

Συναισθηματικό σώμα: Το συναίσθημα ότι πεθαίνουμε ή ότι θα πεθάνουν όλοι όσοι αγαπάμε ή βαθιά μοναξιά.

Νοητικό σώμα: Έντονος θυμός, οργή, βαθιά θλίψη, φόβος.

Πνευματικό σώμα: «Θεέ μου δεν αντέχω άλλο», απόγνωση, κενό, δεν υπάρχει νόημα.

Ο Αυτοματισμός Απορρόφησης Συναισθημάτων απενεργοποιείται σταδιακά, όσο παρατηρούμε πώς λειτουργεί. Βαθμιαία, σταματάμε να απορροφούμε, από γνωστούς και άγνωστους, αυτό που έχουμε αναλάβει να καθαρίζουμε για λογαριασμό της μητέρας μας και του οικογενειακού μας συστήματος. Στο παράδειγμα του άνδρα με τον Αυτοματισμό της Απορρόφησης του φόβου, ξεπέρασε προοδευτικά τις κρίσεις πανικού μέχρι που σταμάτησε εντελώς να εκτίθεται σε αντίστοιχες καταστάσεις και άτομα. Ακόμα και όταν έπεφτε στην παγίδα, καταλάβαινε πως, ενώ ήταν μια χαρά, ξαφνικά άρχιζε να τρέμει από τον φόβο του. Με τη συνεχή παρατήρηση και επαγρύπνηση, ο Αυτοματισμός απενεργοποιήθηκε και ο άνδρας παρέμεινε σταθερά καλά, χωρίς τις συνεχείς μεταπτώσεις που τού προκαλούσε.

Για να συνεχίσει να λειτουργεί ο Αυτοματισμός Απορρόφησης Συναισθημάτων χρειάζεται ένας Ψυχολογικός Μηχανισμός Διατήρησής του. Μηχανισμοί κάθε είδους που καταλήγουν στο «θάβω τον εαυτό μου και κλείνω την αντίληψή μου» με κάθε πιθανό ή απίθανο τρόπο. Κυρίως όμως όταν με κρατούν απόλυτα απασχολημένο, δεν έχω χρόνο να δω τι συμβαίνει. Σημειώνονται παρακάτω κάποια παραδείγματα Αυτοματισμών και του Μηχανισμού που τα διατηρεί και τα υποστηρίζει.

Παράδειγμα 1

- Αυτοματισμός: «Απορροφώ κάθε είδους αρνητική και σκοτεινή ενέργεια».

- Μηχανισμός Διατήρησης Αυτοματισμού: «Τρέχω μονίμως και δεν προλαβαίνω».

Παράδειγμα 2

Σε ένα παρόμοιο παράδειγμα υπάρχει ο ίδιος Αυτοματισμός αλλά με διαφορετικό Μηχανισμό Διατήρησής του.

- Αυτοματισμός: «Απορροφώ κάθε είδους αρνητική και σκοτεινή ενέργεια».

- Μηχανισμός Διατήρησης Αυτοματισμού: «Παγώνω τις δικές μου ανάγκες και ασχολούμαι μόνο με τις ανάγκες των άλλων».

Παράδειγμα 3

- Αυτοματισμός: «Απορροφώ κάθε είδους αρνητικό συναίσθημα των άλλων».

- Μηχανισμός Διατήρησης Αυτοματισμού: «Αυτό μαστιγώνομαι».

Παράδειγμα 4

- Αυτοματισμός: «Απορροφώ όλη τη δυστυχία, τη μιζέρια, την κακή διάθεση και την κακοτροπιά».

- Μηχανισμός Διατήρησης Αυτοματισμού: «Προκαλώ ατυχία στον εαυτό μου».

Παράδειγμα 5

- Αυτοματισμός: «Απορροφώ όλο τον σαδισμό».

- Μηχανισμός Διατήρησης Αυτοματισμού: «Όλοι είναι καλύτεροι από μένα».

Παράδειγμα 6

• Αυτοματισμός: «Απορροφώ οποιοδήποτε συναίσθημα των άλλων που δεν το αντέχουν και δεν μπορούν να το διαχειριστούν».

• Μηχανισμός Διατήρησης Αυτοματισμού: «Γίνομαι χαμάλης, αναλαμβάνω τα πάντα για αυτούς».

Β. ΤΟ ΔΙΑΧΩΡΙΣΤΙΚΟ ΕΓΩ

Αποστολή του Παιδιού Ήρωα έναντι της Αποστολής Έκφρασης της Ποιότητάς μας

Το Παιδί Ήρωας είναι το Διαχωριστικό Εγώ. Το «δεν αξίζω» στην παραλλαγή του καθενός μας. Εκεί που «τα κάνουμε όλα για να μάς αγαπάνε» και όχι «για την αγάπη αυτού που κάνουμε». Στο Διαχωριστικό Εγώ ο πυρήνας μας είναι αναξιότητα. Γεννιέται και αρχίζει να σχηματίζεται ήδη από το Πρωταρχικό Τραύμα. Εάν άξιζα, ο Θεός-Δημιουργός θα με αγαπούσε και θα με ήθελε κοντά του. Και κατόπιν σε κάθε ζωή, ενισχύεται, από την ανάγκη του παιδιού να έχει πλήρως δική του τη μητέρα του σε μία ολοκληρωτική αγάπη.

Το Παιδί Ήρωας θα κάνει τα πάντα για να αποκτήσει αυτήν την αγάπη. Κι αυτό δεν έχει καμία σχέση με τη βιολογική μας ηλικία. Παραμένει στο «Κοίτα-ξέ με, μαμά!», όλα τα κάνω για να με «δεις». Παράδειγμα, κάποιος, του οποίου η Αποστολή του στη Γη είναι να φτιάχνει θεσπέσια γλυκά. Από το Παιδί Ήρωα και το Διαχωριστικό Εγώ το κάνει για να τον αγαπούν και να τού λένε μπράβο. Όταν τον εγκρίνουν, παίρνει αξία και νιώθει ότι ανήκει. Το παραμικρό αρνητικό σχόλιο, φυσικά, θα τον κάνει να αισθανθεί χάλια με τον εαυτό του, ρίχνοντάς τον στα τάρταρα της αναξιότητας. Στο Υγιές Εγώ τα παρασκευάζει μόνο για ευχαρίστηση, σαν προσευχή, χωρίς να τον νοιάζει καν τι λένε και ποιος θα τα φάει. Δοξάζει την ύπαρξη με κάθε γλυκό που βάζει στον φούρνο, ως το μέσο του για να εκφράσει αυτό που είναι.

Η Αποστολή στο Παιδί Ήρωα και στο Διαχωριστικό Εγώ είναι «τα δίνω όλα και τούς σώζω για να πάρω Αγάπη». Η Αποστολή της Έκφρασης της Ποιότητάς μας στο Υγιές Εγώ είναι «τα δίνω όλα από Αγάπη». Είμαι πλήρης, ξεχειλίζω και θέλω να μοιραστώ. Δεν με νοιάζει να με αγαπήσουν γι' αυτό που κάνω, διότι αγαπιέμαι ήδη με τον βαθύτερο τρόπο που μπορεί να υπάρξει. Πάντα ενεργώ από Αγάπη και σεβασμό. Γι' αυτόν τον λόγο τίποτα δεν είναι πλέον βάρος. Βρίσκω χαρά παντού και σε ό,τι κάνω. Ακόμη και το πιο ταπεινό έργο είναι μια προσευχή και προσφορά στον Θεό - Δημιουργό για το δώρο της ζωής. Ένας δημοσιογράφος ρώτησε κάποτε την Άμμα, αυτή τη Μεγάλη Ψυχή και Φιλάνθρωπο, την ώρα που ήταν μαζεμένο πλήθος κόσμου περιμένοντας να τούς αγκαλιάσει. Όλοι αυτοί σε λατρεύουν σαν Θεό; Και η Άμμα απάντησε. Όχι, εγώ τους λατρεύω σαν Θεούς.

Ένας ηθοποιός, που βγαίνει στη σκηνή και είναι στο Διαχωριστικό Εγώ, απευθύνει στο κοινό «λατρέψτε με». Ενώ στην Έκφραση της Ποιότητάς του και στο Υγιές Εγώ απευθύνει στο κοινό «σάς λατρεύω εγώ». Επιστρέφει την ευλογία που έχει πάρει από τον Θεό Δημιουργό του, σαν να την έδινε πίσω σ' Αυτόν. Εκεί είναι που η τέχνη γίνεται μυσταγωγία. Τα πάντα είναι ιερά, διότι τα πάντα είναι ο Θεός Δημιουργός. Είτε ψήνουμε κουλουράκια, είτε καθαρίζουμε τουαλέτες, είτε είμαστε ένας καλλιτέχνης που τραγουδά για χιλιάδες κόσμο, νιώθουμε και είναι το ίδιο. Είμαστε όλοι μας δάσκαλοι (της Ποιότητάς μας), και όλοι μας σε Αποστολή (της χαράς της Έκφρασής της).

Η φόρμουλα του Εγώ/Διαχωριστικό Εγώ έναντι Υγιούς Εγώ

Η Διασπαστική Φωνή είναι η έκφραση του Διαχωριστικού Εγώ. Εκεί, όπου παραμένουμε στο τραύμα και τον πόνο με το εσωτερικό μας παιδί θαμμένο, σε μία ζωή χωρίς ελπίδα. Αυτό μοιάζει πολύ με μία ιστορία που μού διηγήθηκε ο σύζυγός μου όταν, περίπου στην ηλικία των 2-3 ετών, ξεκίνησε να πηγαίνει στον παιδικό σταθμό. Η δασκάλα του, από την πρώτη κιόλας μέρα, επειδή θεωρούσε μάλλον ότι κάνει φασαρία, τον έκλεινε καθημερινά σ' ένα μικρό σκοτεινό ντουλάπι, όπου έβαζαν τα καθαριστικά, και τον κρατούσε εκεί κλειδωμένο σε όλη τη διάρκεια της ημέρας. Μπορώ να φανταστώ το κακόμοιρο παιδί στην αρχή να φωνάζει και να κλαίει, να τον βγάλει έξω και μετά να παραδίδεται στη μοίρα του. Καθώς ο καιρός περνούσε, με το που έφτανε στο σχολείο, όταν η δασκάλα το ζητούσε, έμπαινε απευθείας μόνος του στο ντουλάπι χωρίς διαμαρτυρία. Όταν τον ρώτησα γιατί δεν ενημέρωσε αμέσως τους γονείς του, μού απάντησε ότι το ανέφερε κατά τύχη όταν ήταν 10 χρονών, διότι το θεωρούσε φυσιολογικό. Νόμιζε ότι έτσι είναι να πηγαίνεις στον παιδικό σταθμό! Αντίστοιχα, φαίνεται φυσιολογικό να είμαστε θαμμένοι και η ζωή να μας προσπερνά, αφού είναι το μόνο που γνωρίζουμε.

Η Αυθεντική Φωνή είναι η έκφραση τους Υγιούς Εγώ, Φωνή της εσωτερικής μας σοφίας. Όσο περισσότερο την εμπιστευόμαστε, βγαίνουμε σταδιακά από την πλάνη, κάτι που εκφράζεται στα πάντα που αφορούν τη ζωή μας. Το Υγιές Εγώ έχει να κάνει με τη αξία μας και τη σταθεροποίησή της μέσα μας. «Εγώ αξίζω» έναντι «εγώ δεν αξίζω». Κάθε φορά που πιστεύουμε ότι δεν αξίζουμε, ενεργοποιείται πάλι το Διαχωριστικό Εγώ. Τότε, η Φωνή που το συνοδεύει κάνει παραμόρφωση στην Αυθεντική Φωνή, ωθώντας μας πάλι στο να χρειαζόμαστε πάλι την έγκριση των άλλων για να προχωρήσουμε.

Μπαίνοντας στο Υγιές Εγώ, όλα τα κομμάτια της Πολυδιάσπασης του Παιδιού Ήρωα μετατρέπονται σε ευλογία. Βλέπουμε όλη τη σκιά μας με άλλη κατανόηση, κάνοντας έτσι πλήρη αλλαγή παραδείγματος ζωής (Paradigm shift). Στο Υγιές Εγώ νιώθουμε ότι αξίζουμε δικαιωματικά τα πάντα μόνο και μόνο διότι έχουμε γεννηθεί και κάνουμε ό,τι καλύτερο μπορούμε με το δώρο της ζωής που έχουμε πάρει. Είμαστε στην Αποστολή μας στη Γη, που είναι η Έκφραση της Ποιότητάς μας.

Έτσι καταλήγουμε στη φόρμουλα του Εγώ που είναι:

Το Διαχωριστικό Εγώ είναι: Δεν αξίζω + την Ποιότητα Έκφρασής μας στο αντίθετό της. Δρω για Αγάπη και όχι από Αγάπη.

Το Υγιές Εγώ είναι: Αξίζω + την Ποιότητα Έκφρασής μας. Τότε μπαίνουμε στην Αποστολή μας. Δρω από Αγάπη.

Γ. ΤΟ ΠΑΙΔΙ ΗΡΩΑΣ ΚΑΙ ΤΟ ΣΥΝΔΡΟΜΟ ΤΟΥ ΣΩΤΗΡΑ
Η σύνδεση με την έννοια της αυτοκαταστροφής

Ως Παιδιά Ήρωες πάσχουμε όλοι μας από το Σύνδρομο του Σωτήρα. Αυτή είναι μία διαταραχή, που έχει η πλειοψηφία των κατοίκων της Γης, βάσει της οποίας συνεχίζουμε τον φαύλο κύκλο του να θυσιάζεται ο ένας για τον άλλον και, τελικά, να μη ζει κανείς για τον εαυτό του. Θυσία ανώφελη, διότι, τελικά, όχι μόνο δεν λύεται τίποτα, αλλά αναγκάζονται και οι επόμενες γενιές να τη συνεχίσουν. Πιστεύουμε πως, εάν καταστραφούμε εμείς, θα σώσουμε τους υπόλοιπους, κάτι εντελώς παράδοξο, αφού αυτό έχει ως αποτέλεσμα να καταστρέφονται όλοι.

Στη θυσία αυτή που καταστρέφει απαρνούμαστε τον ανθρώπινο εαυτό μας. Απαρνούμαστε ότι έχουμε ανάγκες, απαρνούμαστε τη Γη που μας φιλοξενεί, απαρνούμαστε την ίδια τη ζωή. Αυτό μάς κάνει επιπλέον αλαζονικούς. Νιώθουμε ανώτεροι από όλους τους πριν από εμάς, αφού δεν τούς θεωρούμε ικανούς να διαχειριστούν τα δικά τους θέματα και χρειάζεται εμείς να τούς ελαφρύνουμε από αυτά. Καταλήγουμε να είμαστε πολύ θυμωμένοι μ' αυτούς που προσπαθούμε να σώσουμε. Εμείς θυσιαζόμαστε και αυτοί δεν κάνουν καμία αλλαγή να μας ανακουφίσουν λίγο από τον ρόλο του σωτήρα!

Το Σύνδρομο του Σωτήρα μάς κάνει εύκολα ελεγχόμενους ως είδος. Δεν χρειάζεται κανείς να μάς χειραγωγήσει, αφού το κάνουμε με ευκολία μόνοι μας! Σαν κοπάδι με πρόβατα, όπου ακολουθεί το ένα το άλλο και όλα μαζί πηγαίνουν προς το γκρεμό. Στην πραγματικότητα ο μόνος τρόπος για να σώσουμε τον οποιονδήποτε, είναι να σώσουμε τον εαυτό μας και να συνεχίζουμε να εξελισσόμαστε σε βαθμό που να γίνουμε παράδειγμα και έμπνευση για τους άλλους.

Το Σύνδρομο του Σωτήρα προέρχεται από την αρχαία Απόφαση Επιβίωσης «Η Δημιουργία είναι καταστροφή». Απόφαση που πήραμε όλοι μας ως απόρροια της εξόδου μας από την Πηγή και του Πρωταρχικού Τραύματος. Πώς είναι δυνατόν ο Δημιουργός μου να θέλει για μένα να πονάω και να υποφέρω; Πώς είναι δυνατόν να με έχει στείλει κάπου, όπου συνεχώς προδίδομαι ή έχω απώλεια ή βρίσκομαι σε πλάνη; Έτσι, το Σύνδρομο του Σωτήρα αναπτύσσεται ως ένας πολύ ισχυρός Ψυχολογικός Μηχανισμός, τον οποίο μεταφέρουμε μαζί μας σε κάθε νέα ζωή, δημιουργώντας ισχυρά σενάρια καταστροφής, τα οποία εκπληρώνουμε με πολλούς ευφάνταστους τρόπους.

Η λέξη σωτήρας ακούγεται ρομαντική και υπέροχη, αλλά δεν υπάρχει τίποτα υγιές σ' αυτήν. Όσο είναι απασχολημένος να σώζει και να ανακουφίζει τους άλλους, είναι αδύνατον να ζήσει για τον εαυτό του, παραβλέποντας πως, ούτως ή άλλως, κάποιος σώζεται μόνον εάν το θέλει ο ίδιος. Όταν κουβαλάμε τους άλλους στην πλάτη μας το κάνουμε, διότι νομίζουμε πως οι ίδιοι δεν μπορούν να περπατήσουν μόνοι τους και γι' αυτό χρειάζονται επειγόντως τη βοήθειά μας. Το μόνο όμως που καταφέρνουμε είναι να μην τους επιτρέπουμε να χρησιμοποιήσουν τα πόδια τους, οπότε, τελικά, αυτά να ατροφούν. Ταυτόχρονα, να μη μπορούμε ούτε εμείς να περπατήσουμε από το πολύ βάρος. Κάνοντας κακό και σ' αυτούς, αλλά και σε εμάς.

Είναι σαν κάποιος να διψάει ή να πεινάει και εμείς να τρώμε ή να πίνουμε για λογαριασμό του. Και όσο και να τον προτρέπουμε να φάει ή να πιει, ο ίδιος να αρνείται. Με τον ίδιο ακριβώς τρόπο δεν μπορούμε να ωφελήσουμε κανέναν που δεν θέλει να βιώσει τα συναισθήματά του, βιώνοντάς τα εμείς αντί γι' αυτόν. Δεν έχει κανένα νόημα. Εάν, για παράδειγμα, κάποιος άνθρωπος που αγαπάμε έχει κατάθλιψη με το να γίνουμε και εμείς καταθλιπτικοί, δεν τον βοηθάμε ούτε στο ελάχιστο. Αντίθετα, καταστρέφουμε τον εαυτό μας και τού δίνουμε και ένα κακό παράδειγμα επιβεβαιώνοντας του πως αυτό που τού συμβαίνει είναι κάτι το φυσιολογικό, αφού και εμείς υποφέρουμε από αυτό.

Εμείς είμαστε Δημιουργοί Απόλυτοι. Μπορούμε να δημιουργήσουμε κυριολεκτικά ό,τι θέλουμε. Είμαστε κατ' εικόνα και ομοίωση αυτού που μάς έφτιαξε και έχουμε ακριβώς τις ίδιες ιδιότητες. Όσο όμως εμμένουμε στο Πρωταρχικό Τραύμα και στην απόφαση ότι «η Δημιουργία είναι Καταστροφή», ναι μεν δημιουργούμε, αφού αυτή είναι η φύση μας, αλλά αυτό είναι καταστροφή. Στο Υγιές Εγώ καλούμαστε όλοι να πάρουμε μία νέα Απόφαση Επιβίωσης ότι «η Δημιουργία είναι ζωή, χαρά, ευτυχία, απόλαυση».

Ενδείξεις ότι παραμένουμε στο Παιδί Ήρωα

Όσο παραμένουμε στην Αποστολή του Παιδιού Ήρωα, το Διαχωριστικό Εγώ παραμένει, επίσης, ενεργό. Δίνονται παρακάτω κάποιες ενδείξεις που έχουμε για να καταλάβουμε ότι συμβαίνει αυτό.

Θυμός που εναλλάσσεται με ενοχή: Ο θυμός είναι η μεγαλύτερη σύνδεση με κάποιον. Συνεχίζοντας να είμαστε θυμωμένοι με τους γονείς και μετέπειτα με όποιους μας τούς εκπροσωπούν, είναι απόδειξη ότι παραμένουμε στο Παιδί Ήρωα. Συνήθως, εναλλασσόμαστε μεταξύ θυμού και ενοχής. Για παράδειγμα, ας υποθέσουμε πως δεχόμαστε ένα τηλεφώνημα από τους γονείς μας. Η ένδειξη ότι κάτι έχουμε λύσει είναι ότι είμαστε ήρεμοι ή, ακόμα καλύτερα, χαρούμενοι που τους ακούμε. Εάν θυμώσουμε μαζί τους για κάτι που μάς είπαν ή μάς ζήτησαν και τους αρχίσουμε στις φωνές ή με διάφορες δικαιολογίες αποφύγουμε τη συζήτηση, αλλά μετά νιώθουμε ενοχή, σημαίνει πως ακόμα η ανάληψη να τούς κάνουμε ευτυχισμένους και να τούς σώσουμε είναι ενεργή.

Ο αφανής ήρωας: Ένα καλό παράδειγμα είναι η γυναίκα που μένει μόνη, άτεκνη και ανύπαντρη ως ο αφανής Παιδί Ήρωας όλου του συστήματος, που μάλιστα όλοι την ψέγουν και την λυπούνται. Ο αφανής ήρωας σ' ένα οικογενειακό σύστημα είναι ο μόνος που ξέρει τη θυσία που κάνει. Πολλές φορές όχι συνειδητά, αλλά βαθιά μέσα του γνωρίζει ότι τα αναλαμβάνει όλα για να προχωρήσουν οι υπόλοιποι.

Εκτός Θέσης: Το παιδί γίνεται γονιός. Είναι αυτό ο μεγάλος και δίνει αντί να παίρνει όσο είναι εκτός Θέσης στο οικογενειακό σύστημα βάσει της ιεραρχίας που προϋπάρχει. Αν δεν πούμε και δεν το νιώσουμε μέσα μας πως «εσείς είστε οι μεγάλοι και εγώ είμαι ο μικρός, εσείς δίνετε και εγώ παίρνω», συνεχίζουμε ξεκάθαρα να παραμένουμε στο Παιδί Ήρωα.

Δράστης και θύμα: Όταν αναλαμβάνουμε τα βάρη των άλλων γινόμαστε θύματα. Όμως, την ίδια στιγμή είμαστε και δράστες εξαιτίας της παραβίασης που κάνουμε στο να μην τους επιτρέπουμε να αναλάβουν τις ευθύνες τους και ό,τι τους αναλογεί. Παράλληλα, δεν πρέπει να ξεχνάμε ποτέ πως για ό,τι παραπονούμαστε ότι μας κάνουν οι άλλοι παίρνοντας τη θέση του θύματος, το επαναλαμβάνουμε και εμείς πάντα ως δράστες. Είτε σε κάποιους άλλους πιο αδύναμους από εμάς, όπως, για παράδειγμα, τα βιολογικά μας παιδιά, είτε στον ίδιο μας τον εαυτό. Αυτό συμβαίνει χωρίς καμία εξαίρεση, ανεξάρτητα αν το καταλαβαίνουμε ή όχι. Το θύμα είναι πολύ αλαζονικό, καθώς υπονοεί ότι δεν έχει καμία ευθύνη και καμία συμμετοχή για αυτό που συμβαίνει. Ότι δεν του καθρεφτίζει τίποτα η συμπεριφορά των άλλων, ότι δεν έχει τίποτα να δει, αφού για όλα φταίνε αυτοί. Στην πραγματικότητα, δεν υπάρχει καλός και κακός. Δεν υπάρχει αγνός και διαβολικός. Όλοι είμαστε ένα και εξαναγκα- ζόμαστε συστημικά να παίρνουμε αυτούς τους ρόλους για να διατηρηθεί η ισορροπία. Ο κακός δεν μπορεί να υπάρξει χωρίς τον καλό. Ο αμνός ψάχνει τον σφαγέα του.

Επίκριση: Η επίκριση και η ανωτερότητα που προκύπτει από το ότι εμείς ξέ- ρουμε καλύτερα είναι άλλη μία ξεκάθαρη ένδειξη ότι το Παιδί Ήρωας συνε- χίζει να μπαίνει σε θέση σωτήρα. Η επίκριση για τον φίλο μας, τον σύντροφό μας, την πεθερά μας, τον προϊστάμενό μας, καθώς και για το παιδί μας. Αυτό ισχύει ακόμα και για ανθρώπους που δεν είναι τώρα μέρος της ζωής μας, αλλά εμείς συνεχίζουμε να τους κατηγορούμε και, γενικά, να έχουμε αρνητι- κά συναισθήματα γι' αυτούς. Όλοι αυτοί εκπροσωπούν πτυχές της μητέρας μας για τις οποίες έχουμε αναλάβει να κάνουμε κάτι ως Παιδιά Ήρωες, με απώτερο σκοπό να κρατήσουμε τη σύνδεση μαζί της. Στην επίκριση τα συ- ναισθήματα είναι πάντα αρνητικά, και, συνήθως, είναι επακριβής αναβίωση και επανάληψη συναισθημάτων που είχαμε στο παρελθόν.

Συγκάλυψη της σύνδεσης με τη μητέρα μέσω κρυφού θυμού: Θα πρέπει εδώ να τονίσουμε ότι κάτω από όλα το Παιδί Ήρωας θέλει να συνεχίσει να σώζει τη μητέρα - δημιουργό του και έτσι να παραμένει συνδεδεμένο μαζί της. Παράλληλα, πρέπει να συγκαλύψει ό,τι έχει συμβεί και να διατηρήσει με κάθε τρόπο μέσα του την καλή εικόνα της, κάτι που δημιουργεί μεγάλο θυμό. Είναι μέσω αυτού του κρυμμένου θυμού, που πετυχαίνει να διατηρεί τη σύν- δεση μαζί της. Για να μπορέσουμε να αφήσουμε αυτήν την κρυμμένη δυναμι- κή του Παιδιού Ήρωα χρειάζεται να καταλάβουμε πως δεν αποκαθηλώνου- με τη μητέρα μας, αλλά το διαγενεαλογικό τραύμα που φέρει, ώστε να μην υπάρξει επανάληψή του. Τότε η μητέρα, τελικά, ανεβαίνει πολύ πιο ψηλά από την ψεύτικη θέση της ωραιοποίησης, αφού στην ουσία πήρε όλο το τραύμα πάνω της για να μπορέσουμε να προχωρήσουμε. Παρόλο που αναγκαστικά, και ακριβώς γι' αυτό τον λόγο, μάς τραυμάτισε.

Ο Θεραπευτής - Σύμβουλος έναντι του Θεραπευτή – Παιδιού Ήρωα

Όποιος είναι θεραπευτής οποιουδήποτε είδους και παραμένει στο Παιδί Ήρωας θα πρέπει να γνωρίζει ότι είναι αυτό που θεραπεύει και όχι ο Ενήλικας. Στο πρόσωπο του πελάτη του συνεχίζει να προσπαθεί να σώσει τη μητέρα του. Η βασική εργασία του Θεραπευτή -Συμβούλου είναι να κρατάει το χέρι του ανθρώπου που έχει έρθει σ' αυτόν για βοήθεια και να τού δίνει κουράγιο να αντέξει να έρθει σε επαφή με το βαθύ πόνο, τη δυστυχία, τον εκρηκτικό θυμό, τον ασύλληπτο φόβο, καθώς γνωρίζει πως αυτός είναι ο μόνος τρόπος για να απελευθερωθεί και να πάρει τη δύναμή του και τη ζωή του στα χέρια του. Και πριν από αυτό, η εργασία που έχει να κάνει είναι να ξεναγήσει αυτόν τον άνθρωπο εντός του, υποδεικνύοντάς του ευγενικά κάποια σκοτεινά σημεία στα οποία θα χρειαζόταν να ρίξει φως. Ο Θεραπευτής - Σύμβουλος σ' όλη αυτήν την κάθοδο του πελάτη του στη σκιά του, δίνει πρώτος μία θέση στην καρδιά του σ' αυτά τα πονεμένα κομμάτια. Έτσι ανοίγει τον δρόμο και δείχνει τον τρόπο να κάνει το ίδιο. Να ανοίξει και αυτός την καρδιά του και να τούς δώσει μία θέση εκεί.

Προϋπόθεση για να ονομάζεται κάποιος Θεραπευτής - Σύμβουλος είναι να βρίσκεται και ο ίδιος σε διαδικασία να φωτίζει τα δικά του σκοτεινά κομμάτια, αφού θα έχει ήδη χαρτογραφήσει αρκετά από αυτά, ώστε να είναι σε θέση να ξεναγήσει κι άλλους.

Ο Θεραπευτής Παιδί - Ήρωας είναι εξαρτημένος από τους θεραπευόμενούς του. Σε θέση σωτήρα, προσπαθεί να τούς σώσει, διότι έτσι θα σώσει τη μαμά του, καθιστώντας τους αδύναμους.

Ο Θεραπευτής - Σύμβουλος είναι ελεύθερος. Απλώς δείχνει τον δρόμο με αυτά που γνωρίζει ο ίδιος, χωρίς να παραβιάζει, καθώς επιτρέπει στον πελάτη του να πάρει πλήρως τη δύναμή του.

Ο πιο σωστός όρος για την κάθε είδους Ψυχοθεραπεία θα έπρεπε να είναι Ψυχοσύνδεση. Ο Θεραπευτής - Σύμβουλος αυτό που, τελικά, κάνει είναι να βοηθάει τον πελάτη του να ενοποιήσει τα διασπασμένα κομμάτια του, ώστε να μπορέσει να συνδεθεί με την Ψυχή του κι έτσι να εκφράσει τη μοναδική του Ποιότητα.

Δ. ΠΡΩΤΟΤΥΠΑ ΚΑΡΜΙΚΑ ΣΥΜΒΟΛΑΙΑ ΕΝΑΝΤΙ ΝΕΩΝ ΣΥΜΒΟΛΑΙΩΝ ΑΠΟ ΤΗΝ ΨΥΧΗ ΜΑΣ
Λύση Καρμικών Συμβολαίων

Από το Πρωταρχικό μας Τραύμα και την Καρμική Μήτρα, που απορρέει από αυτό, αναπτύσσονται τα καρμικά μας μαθήματα. Για να μπορέσουν να πραγματοποιηθούν, συνάπτουμε, σαν Ψυχές, Καρμικά Συμβόλαια με όλη μας την οικογένεια. Όσοι παρακολουθούν σεμινάρια ή κάνουν ασκήσεις για λύση Καρμικών Συμβολαίων δεν θα έχουν αποτέλεσμα, εάν δεν έχουν ασχοληθεί με το Παιδί Ήρωα. Θα έχουν εργαστεί μόνο με τα αντίγραφα, καθώς αυτό κρατάει στα χέρια του τα πρωτότυπα.

Τα παλαιά Καρμικά Συμβόλαια με πιο ισχυρό πάντα το συμβόλαιο με τη μητέρα μας, τελικά λύνονται από την Ψυχή μας και αντικαθίστανται με νέα. Αυτό, όμως, προϋποθέτει ότι εργαζόμαστε και έχουμε έρθει σε επαφή με την πυρηνική βάση του υποσυνειδήτου μας που είναι το Παιδί Ήρωας και η Πολυδιάσπαση.

Τα παλαιά συμβόλαια σχετίζονται πάντοτε με το να ζούμε στο αντίθετο της Ποιότητάς μας, ενώ τα νέα σε Νέο Σχέδιο Ψυχής με την Έκφρασή της. Αν η Ποιότητά Έκφρασής μου είναι «Αγάπη», το μάθημα θα είναι ο «φόβος». Εάν η Ποιότητά Έκφρασής μου είναι η «Ζωή», θα είμαι στη «μη ζωή». Εάν η Ποιότητά Έκφρασής μου είναι η «Λαμπρότητα», θα είμαι στη «μιζέρια».

Ενεργοποίηση των Νέων Συμβολαίων από την Ψυχή μας και αντίσταση στην αλλαγή

Για να γίνει η ενεργοποίηση των νέων συμβολαίων θα χρειαστεί να διαχειριστούμε τη δυσκολία που θα έχουμε στο να αφήσουμε ολοκληρωτικά τη λειτουργία του Παιδιού Ήρωα. Η μεγαλύτερη αντίσταση θα υπάρξει να επιτρέψουμε στο κάθε μέλος της οικογένειάς μας να διαχειριστεί αυτό που τού αναλογεί. Συχνά, δυσκολότερο ακόμα και από τη μητέρα είναι τα αδέρφια μας, διότι φοβόμαστε ότι με τη λύση του Καρμικού μας Συμβολαίου θα χρειαστεί να πάρουν μεγαλύτερο βάρος. Αυτό στην πράξη δεν ισχύει. Κάθε παιδί τη στιγμή που γεννιέται αναλαμβάνει να απορροφά ό,τι πλεονάζον έχει μείνει ελεύθερο, ώστε να το καθαρίζει. Αφήνοντας κάποιος στην οικογένειά του το πόστο του Παιδιού Ήρωα δεν υπάρχει κίνδυνος να επιβαρύνει επιπλέον τα αδέρφια του, εάν έχει. Αυτά έχουν ήδη αναπτύξει Πολυδιάσπαση για να φέρουν εις πέρας την Αποστολή του δικού τους Παιδιού Ήρωα.

Η δεύτερη σημαντική αντίσταση μπορεί να προκύψει εξαιτίας του ότι νιώθουμε ότι μένουμε εντελώς μόνοι μας. Αυτό είναι ένα μεταβατικό στάδιο, όπου τα Νέα Συμβόλαια δεν έχουν ακόμη εκφραστεί. Γι' αυτό νιώθουμε να απειλείται μέσα μας η αίσθηση του «ανήκειν», άρα και η επιβίωσή μας.

Ένα τρίτο στάδιο αλλαγής και αντίστασης είναι να επιτρέψουμε στα νέα συμβόλαια να ληφθούν από την Ψυχή μας και να ενεργοποιηθούν. Αυτό μοιάζει με το αντίστοιχο κατέβασμα (download) νέων δεδομένων που γίνεται σε έναν ηλεκτρονικό υπολογιστή. Σ' αυτό το σημείο υπάρχει ο κίνδυνος να το μπλοκάρουμε και να μην το αντιληφθούμε. Μέχρι αυτήν τη στιγμή, τα Καρμικά Συμβόλαια ισοδυναμούσαν με πόνο. Φοβόμαστε την αλλαγή και τι αυτή θα επιφέρει και γι' αυτό διακόπτουμε τη διαδικασία λήψης τους.

Τα νέα συμβόλαια ενεργοποιούν από την Ψυχή μας και νέα θετικά προγράμματα με ενέργεια, που ραδιοβολείται απευθείας στα κύτταρα. Το πόσο γρήγορα θα προσαρμοστούμε στο Νέο Σχέδιο Ψυχής είναι πολύ σημαντικό, διότι σ' αυτή τη μεταβατική φάση είναι ακόμα ανοιχτές και οι δύο συχνότητες του Παλαιού και του Νέου Σχεδίου. Χρειάζεται να μπαίνουμε συνειδητά από την καινούργια συχνότητα, διαφορετικά, παρόλο που έχουμε κάνει αλλαγή, συνεχίζουμε να παραμένουμε στο Παιδί Ήρωα και στο Διαχωριστικό Εγώ.

Τα νέα συμβόλαια - πέντε επίπεδα ενεργοποίησης

Τα νέα συμβόλαια στο Νέο Σχέδιο Ψυχής μας ενεργοποιούνται σε πέντε επίπεδα, στα οποία εκφράζουμε πλήρως την Ποιότητά μας.

Πρώτο επίπεδο: Προσωπική βάση, η οποία περιλαμβάνει τις σταθερές μας. Οικογένεια, συντροφικότητα, σχέσεις.

Δεύτερο επίπεδο: Η Εργασία. Το δίκτυο με αυτούς που θα συνεργαστούμε για την Αποστολή μας στη Γη που είναι η Έκφραση της Ποιότητάς μας.

Τρίτο επίπεδο: Ευ ζην. Βασικό στοιχείο των νέων συμβολαίων. Οτιδήποτε σχετίζεται με την ευημερία και την απόλαυση και μάς δίνει χαρά, αφθονία και καλή ζωή.

Τέταρτο επίπεδο: Συμβούλια της Ανθρωπότητας. Πρόκειται για Συμβούλια του Φωτός σε ανώτερο επίπεδο, που εργάζονται για το καλό της ανθρωπότητας. Το κάρμα μας, επίσης, προέρχεται από το ό,τι έχουμε συμμετάσχει αντίστοιχα σε Συμβούλια του Σκότους. Εξαιτίας αυτού, όταν ενσαρκωνόμαστε ως άνθρωποι, υποφέρουμε, ανεξάρτητα από το ρόλο που έχουμε, αυτόν του θύματος ή του θύτη. Στα νέα συμβόλαια συμμετέχουμε στα Συμβούλια του Φωτός.

Πέμπτο επίπεδο: Συμβόλαιο με τον Θεό. Το Πρωταρχικό μας Τραύμα, δηλαδή το πώς εκλάβαμε τον Θεό -Δημιουργό τη στιγμή της εξόδου μας από την πηγή, γίνεται αυτόματα το συμβόλαιο μας μ' αυτόν. Εφόσον είμαι και εγώ κομμάτι Θεού, εάν τον εξέλαβα σαν τιμωρό ή σαν κακό ή οτιδήποτε αρνητικό, αυτό και θα εμπειραθώ, δηλαδή θα προσπαθώ να δοκιμάζω, ζωή μετά από ζωή.

Τα συμβόλαια σ' αυτά τα πέντε επίπεδα αλληλεπιδρούν μεταξύ τους. Το τρίτο επίπεδο, που είναι το Ευ ζην, είναι η ραχοκοκαλιά, το πιο σημαντικό. Διότι, αν παραμείνουμε μόνο στα δύο πρώτα που είναι η Βάση και η Εργασία, η κακοπέραση και η μιζέρια θα μάς οδηγήσουν πάλι στο Παιδί Ήρωα και στο κάρμα.

Η Αποστολή μας, που είναι στο δεύτερο επίπεδο, αλληλεπιδρά και ενεργοποιείται από το τέταρτο, που είναι τα Συμβούλια της Ανθρωπότητας, ανάλογα με το συμβούλιο στο οποίο συμμετέχουμε. Αλλά, και πάλι είναι σημαντικό πρώτα το τρίτο, το Ευ ζην, ώστε να μη μπούμε πάλι σε σενάρια «μη ζωής» και συμβόλαια «έλλειψης αφθονίας». Αυτά πιθανόν να μάς στερήσουν τη δύναμή μας και να μάς οδηγήσουν εκ νέου στα Συμβούλια του Σκότους.

Κάποιος μπορεί να ανοίξει όσα επίπεδα μπορεί μέχρι και, τελικά, το πέμπτο. Δηλαδή μόνο το πρώτο και να μείνει εκεί , το δεύτερο και ούτω καθεξής. Παρόλο που και αυτό είναι σπουδαίο, δεν θα έχει τα οφέλη από τα υπόλοιπα επίπεδα και, φυσικά, τη μεταξύ τους αλληλεπίδραση.

Τα πέντε επίπεδα των νέων συμβολαίων ανοίγουν με τη σειρά τους σε τρία πεδία, τρεις συχνότητες. Την Ύπαρξη, τη Χαρά και την Αλήθεια.

1. «Η Ύπαρξη έναντι της Μη Ύπαρξης». Ο τρόπος που είχαμε βρει όλοι μας για να «υπάρχουμε» ήταν να «μην υπάρχουμε». «Υπάρχω μόνο αν σώζω». «Υπάρχω μόνο, εάν κάνω τους άλλους ευτυχισμένους». Τα νέα συμβόλαια και στα πέντε επίπεδα είναι ο νέος τρόπος ύπαρξης.

2. «Η Χαρά έναντι του Κενού». Η χαρά της ζωής, την οποία δεν γνωρίζουμε καθόλου, τι είναι.

3. Η «Αλήθεια έναντι του Ψέματος».

Το άνοιγμα όλων των επιπέδων σχετίζεται με ένα σημαντικό κομμάτι αντίστασης του εσωτερικού παιδιού. Είναι το «δεν παραδίδομαι», αλλά στη μορφή «δεν θα παραδώσω με τίποτα ό,τι με έχει κάνει μέχρι τώρα να επιβιώσω». Προέρχεται από το Καρμικό Εσωτερικό Παιδί, που σε κάθε νέα ζωή μάς οδηγεί στην «ανάπτυξη του Παιδιού Ήρωα» και την Πολυδιάσπαση. Κάθε φορά που κάνουμε μία αλλαγή, εμφανίζεται το εσωτερικό παιδί μας ως ο φύλακας της πύλης.

Πρώτον, για να μας δείξει και νέα πιο βαθιά κομμάτια, που ίσως δεν έχουμε πάρει επαφή.

Δεύτερον, διότι χάρη σ' αυτό έχουμε επιβιώσει μέχρι σήμερα και πρέπει να τού αποδώσουμε τη μεγαλύτερη τιμή. Διαφορετικά, νιώθει ότι απλώς θέλουμε να τελειώνουμε μαζί του. Λέει, «δεν φτάνει που ανέλαβα να μάς κρατήσω ζωντανούς και που έχω πάρει όλο το βάρος, με πετάς και δεν με θέλεις»; Ο τρόπος δεν είναι να το ξεφορτωθούμε, αλλά να το ακούσουμε και να το δεχτούμε ολοκληρωτικά. Τότε θα ηρεμήσει και θα μετατραπεί σε ευλογία για εμάς. Έτσι, θα μπορέσουμε να προχωρήσουμε στην αλλαγή.

Τρίτον, για να αναλάβουμε, τελικά, μέσω αυτής της κατανόησης όλη τη δύναμή μας. Κάτι σαν εξετάσεις για να περάσουμε επιτυχώς στη λύση των παλαιών καρμικών συμβολαίων. Κατανοούμε πλήρως τον ρόλο της μητέρας μας και το μάθημα που μάς έδωσε, ώστε να αποσυγχωνευθούμε από αυτήν και έτσι πλέον να είμαστε ο εαυτός μας στο Υγιές Εγώ.

ΚΕΦΑΛΑΙΟ 8
Η ΨΥΧΗ

Α. ΕΠΙΣΤΡΟΦΗ ΣΤΗΝ ΕΝΟΤΗΤΑ
Η σύνδεση με την Ψυχή

Η Ψυχή είναι ότι έχουμε υπάρξει. Η ταυτότητά μας, το είναι μας. Εμπερικλείει τη σοφία μας και όλο το καταγεγραμμένο μας μάθημα, από τη στιγμή που φύγαμε από την Πηγή. Αποσυνδεδεμένοι απ' αυτήν, είμαστε χαμένοι και εύκολα χειραγωγήσιμοι. Ενσαρκωνόμαστε ως κομμάτια της Ψυχής μας, τα οποία, καθώς έχουν αποκοπεί και αποσυνδεθεί από το Όλον της, χρειάζεται να επανενωθούν μ' αυτό. Τα πάντα είναι Ένα και όλο το μάθημα, που έχουμε ως άνθρωποι, είναι να επιστρέψουμε στην Ενότητα. Η Ψυχή μάς περιμένει υπομονετικά να βγούμε από τον πόνο και να γίνουμε πάλι ολόκληροι με ενωμένες όλες τις πλευρές του εαυτού μας. Σε κάθε ζωή χρειάζεται, τελικά, να επιλέξουμε την Αγάπη, διότι μόνο εκεί μπορεί να υπάρξει Ενότητα. Τα πάντα έχουν να κάνουν μ' αυτό. Κάθε μας πράξη, μικρή ή μεγάλη, οδηγεί εκεί. Ακόμα και την ώρα της μετάβασης η ερώτηση που γίνεται είναι τι μάθαμε για την Αγάπη και αναλόγως συνεχίζεται η πορεία μας σε επόμενες ενσαρκώσεις.

Παρόλο που πολλές φορές νομίζουμε ότι δεν έχουμε κανέναν έλεγχο στη ζωή μας μπορούμε, ανά πάσα στιγμή, σε όποια κατάσταση και να βρισκόμαστε, να επιλέξουμε συνειδητά τη συχνότητα της Αγάπης. Κάτι που αλλάζει αυτόματα τα πάντα. Το παρόν μας, το παρελθόν μας και ανοίγει τη δυνατότητα σε μία σειρά πιθανά μέλλοντα για εμάς. Κάθε στιγμή επιλέγουμε πώς θέλουμε να συνεχίσουμε. Η Ψυχή μας υποκλίνεται με απόλυτο σεβασμό και τιμή σε ό,τι αποφασίσει ο άνθρωπος. Η ανθρώπινη φύση με τον φόβο και τη σκιά τιμάται στο μέγιστο βαθμό. Θα πρέπει εδώ να κατανοηθεί ότι αυτός είναι ο μόνος τρόπος για να πάρουμε όλη μας τη δύναμη. Η νέα Συνειδητότητα να είναι δική μας κατάκτηση.

Πνεύμα και Ψυχή, η Ένωση
Το Πνεύμα είναι ο Θεϊκός μας εαυτός, η σύνδεσή μας με τον Θεό - Δημιουρ-

γό. Η Ψυχή είναι αυτή που γνωρίζει τα πάντα και έχει όλη τη γνώση για το ότι έχουμε υπάρξει και είναι η γείωση του Πνεύματος στη Γη. Η λέξη γείωση σημαίνει ακριβώς την επαφή μας με τη Γη. Είμαστε η ένωση του Πνεύματος και της Ψυχής.

Η προσπάθεια να αποφύγουμε τον πόνο του τραύματος ασχολούμενοι μόνο με το πνευματικό κομμάτι δημιουργεί τη λεγόμενη Πνευματική Παράκαμψη (Spiritual Bypassing). Είμαστε όλοι ενσαρκωμένοι «άνθρωποι σε μάθημα», που είναι το να γειώσουμε τη συχνότητα της Αγάπης του Θεού - Δημιουργού στη Γη. Το να θέλει κάποιος να είναι μόνο στο Πνεύμα, χωρίς να αντιμετωπίζει τις δυσκολίες της ζωής και την πειθαρχία που απαιτείται από τον Ενήλικα, πολύ λίγο ωφελεί, καθώς δεν μπαίνει σε πράξη όλη αυτή η σοφία. Είναι πολύ εύκολο, όταν είσαι στο Πνεύμα να είσαι καλός και φωτεινός, αλλά στη Γη δεν είναι το ίδιο.

Το αντίθετο, δηλαδή το να μην αναγνωρίζει κάποιος το Πνεύμα και να βρίσκεται μόνο στην ύλη, επίσης, δεν προάγει και δεν αναπτύσσει. Η Συνειδητότητα είναι ο συνδυασμός και η εφαρμογή και των δύο μαζί, διαφορετικά δεν γνωρίζουμε τις ανάγκες μας και είμαστε σε πλάνη. Ο ορισμός για τη Συνειδητότητα είναι η γειωμένη πνευματικότητα.

Η Ζωντανή Βιβλιοθήκη

Η κάθε είδους κακοποίηση χτυπάει το Πνεύμα και το διασπάει από την Ψυχή. Τότε, το πάγωμα του συναισθήματος, που συνοδεύει κάθε κακοποίηση, παγώνει και την ανάγκη μας για τη σύνδεση με την Ψυχή.

Η διάσπαση Πνεύματος και Ψυχής γίνεται για το κλέψιμο της γειωμένης γνώσης που φέρει αυτή. Το μάθημα στη Γη είναι ένας πολύτιμος θησαυρός. Όλοι θα ήθελαν να έχουν πρόσβαση σ' αυτή τη Ζωντανή Βιβλιοθήκη!

Εάν είμαστε αποκομμένοι από την Ψυχή μας, δεν γνωρίζουμε ποιοι είμαστε και δεν έχουμε καμία πρόσβαση στη δική μας γνώση και πληροφορία, δηλαδή στη δική μας αποκλειστική Ζωντανή Βιβλιοθήκη. Αυτό μοιάζει πολύ με το να σπουδάζουμε για χρόνια και ζωές ένα μάθημα, κάνοντας όλη τη δουλειά και να έρχεται κάποιος άλλος και να κλέβει τον κόπο μας! Να το καρπώνεται αυτός και όχι εμείς. Αν δεν είμαστε συνδεδεμένοι με την Ψυχή μας, αφού είμαστε σε λήθαργο και απόσυρση, εξυπηρετούμε ξένους σκοπούς.

Νιώθουμε ασύνδετοι, μόνοι, σκόρπιοι και ότι δεν ανήκουμε, ενώ συχνά υπεραναπτύσσουμε το νοητικό μας για να μπορέσουμε να επιβιώσουμε. Όσοι παίρνουν ουσίες ή είναι σε οποιουδήποτε τύπου εξάρτηση, στην πραγματικότητα ψάχνουν την ευδαιμονία που δίνει η σύνδεση με την Ψυχή. Όσοι

έχουν υπερανεπτυγμένο νοητικό, στη σύνδεση με την Ψυχή τους χαλαρώ-
νουνε εντελώς, γνωρίζοντας ότι είναι ασφαλείς και όλα είναι φροντισμένα.
Όσοι νιώθουν σκόρπιοι, κατακερματισμένοι, στη σύνδεση με την Ψυχή τους,
νιώθουν για πρώτη φορά γειωμένοι και αποκτούν αίσθηση σκοπού. Όσοι
νιώθουν ότι δεν έχουν ρίζα και ότι δεν ανήκουν, στη σύνδεση με την Ψυχή
τους, αυτό αλλάζει ολοκληρωτικά. Όσοι νιώθουν μόνοι τους, η σύνδεση με
την Ψυχή τους τούς φέρνει τη γαλήνη του παντοτινού «ανήκειν». Η πηγή της
ευδαιμονίας είναι μέσα μας, καθώς η σύνδεση με την Ψυχή μας είναι το τέλος
της χωριστικότητας.

Η ενεργοποίηση της Ψυχής

Ο θύμος αδένας, ο οποίος βρίσκεται ανάμεσα στη βάση του λαιμού και στην
την καρδιά, είναι το σημείο όπου κατοικεί η Ψυχή μέσα μας. Η ελληνική ονο-
μασία του προέρχεται από την λέξη θυμός, η οποία σημαίνει: οργή, καρδιά,
Ψυχή, επιθυμία, ζωή. Τα τσάκρα είναι ενεργειακά κέντρα μέσα στο σώμα μας,
που μοιάζουν μ' ένα τροχό ενέργειας που περιστρέφεται. Μέσω αυτών απορ-
ροφούμε ζωτική ενέργεια από το σύμπαν, αλλά και εκπέμπουμε προς αυτό.

Το Πνεύμα κατοικεί στο έβδομο τσάκρα. Η διόραση και διαίσθηση στο έκτο.
Η έκφραση κατοικεί στο πέμπτο τσάκρα. Η Αγάπη στο τέταρτο. Η δύναμη
στο τρίτο , η σεξουαλικότητα στο δεύτερο, και η σύνδεση με τη Γη στο πρώ-
το. Η Ψυχή μας ενεργοποιείται στο θύμο αδένα, που είναι ένα ενδιάμεσο τσά-
κρα ανάμεσα στο πέμπτο και το τέταρτο. Με την ενεργοποίησή της και την
ευθυγράμμιση με τα υπόλοιπα τσάκρα, η Ψυχή ανοίγει σε όλα τα κύτταρα
καθώς κάθε κύτταρο είναι ολόκληρο εμείς.

Ο θύμος αδένας ελέγχει και ρυθμίζει τη ροή της ενέργειας στον οργανισμό
μας. Τείνει σε όλους μας να ατροφήσει προοδευτικά με την ηλικία, εξαιτίας τη
μη σύνδεσης με την Ψυχή μας. Στην πλειοψηφία του πληθυσμού, η γήρανση
προέρχεται, επίσης, από τη συρρίκνωση του θύμου αδένα και τη συνακόλου-
θη διακοπή της αναζωογόνησης του οργανισμού. Η γήρανση, με τη σειρά
της, οδηγεί στην ασθένεια. Όταν ο θύμος αδένας - Ψυχή δεν είναι ενεργο-
ποιημένος και σε ισορροπία, η ζωή δεν έχει νόημα και σκοπό, δεν έχουμε
ενέργεια και είμαστε πολύ μακριά από τη χαρά του να κατοικούμε στα σώ-
ματά μας. Η ενεργοποίηση του θύμου αδένα αλλάζει εντελώς τη Συνειδητό-
τητα μας. Όταν είμαστε αποκομμένοι από την Ψυχή μας, είμαστε σε λήθαρ-
γο, πραγματικοί ζωντανοί νεκροί. Η ενεργοποίηση του θύμου αδένα είναι η
ενεργοποίηση και η σύνδεση με την Ψυχή μας.

Β. Η ΔΙΑΣΠΑΣΗ
Το χτυπημένο Πνεύμα

Το Πνεύμα μπορεί να χτυπηθεί και να διασπαστεί μέσω της κακοποίησης. Βαριά σωματική κακοποίηση σε μικρή ηλικία με ξυλοδαρμό έχει ως στόχο να γίνει το παιδί καλό και υπάκουο, αλλά αυτό που κυριολεκτικά προκαλεί είναι η διάσπαση του Πνεύματός του. Σ' όποια στιγμή της ζωής μας χτυπηθεί το Πνεύμα μας, το πνευματικό μας σώμα αποκόπτεται από το υλικό και το συναισθηματικό, δημιουργώντας μία μορφή αυτισμού, καθώς και την υπεραανάπτυξη του νοητικού σώματος.

Βασανισμοί κάθε μορφής, σεξουαλική κακοποίηση, αποκόπτουν το πνευματικό σώμα από τα υπόλοιπα σώματα. Μία ανεπιθύμητη κύηση και η αποτυχημένη προσπάθεια αποβολής ενός εμβρύου, το οποίο τελικά γεννιέται, χτυπάει το Πνεύμα του παιδιού. Τα μάγια είναι, επίσης, μια μορφή κακοποίησης που στοχεύει στο να χτυπήσει το Πνεύμα.

Τα κάθε είδους μυστικά στις γενεαλογίες δημιουργούν πνευματική κακοποίηση, καθώς αναλαμβάνουν να τα κρύψουν οι επόμενοι και να πάρουν την εξιλέωση επάνω τους. Η πνευματικότητα όλου του συστήματος καθηλώνεται από ενοχές που σχετίζονται με αυτά. Ανάλογα με τον βαθμό κακοποίησης, την οποία έχει υποστεί κάποιος, χρειάζεται κάποιο χρονικό διάστημα, ίσως και χρόνια για να επανακτήσει το Πνεύμα του και να το συνδέσει με τα υπόλοιπα σώματά του. Αυτό δεν είναι απλό, διότι θα πρέπει να βιωθεί αντίστοιχα και ο μεγάλος πόνος τη στιγμή της κακοποίησης, τόσο μεγάλος που διέσπασε το Πνεύμα του.

Η διασπασμένη πνευματικότητα δημιουργεί απόσυρση, κλείσιμο, σύγχυση, λήθαργο, παραίτηση και χτυπημένη δράση.

Η διάσπαση του Πνεύματος από την Ψυχή

Όταν το Πνεύμα μας διασπαστεί λόγω του τραύματος, μπορεί να αποκοπεί από την Ψυχή μας. Η αποκοπή του Πνεύματος από την Ψυχή γίνεται από το τρίτο μάτι και μοιάζει πολύ σαν να μάς έχουν δώσει μια κάθετη τσεκουριά στο μέτωπο. Από τη στιγμή που γίνει αυτή η αποκοπή είναι πολύ εύκολο να προγραμματισθούμε. Από το τρίτο μάτι μπορεί κάποιος να μάς ελέγξει και να μάς περάσει τα δικά του προγράμματα συνειδητά ή ασυνείδητα. Όχι μόνο άλλοι άνθρωποι, αλλά και μέσω τηλεόρασης, συχνοτήτων κλπ. Είμαστε σαν πρόβατα υποταγμένα σε μια προκαθορισμένη από άλλους μοίρα, χωρίς να θέλουμε ή να μπορούμε να αντιδράσουμε καθώς είμαστε σε σύγχυση. Όταν δεν συνδεόμαστε με την Ψυχή μας, εξυπηρετούμε ξένους σκοπούς και, με χτυπημένο και αποκομμένο Πνεύμα, είμαστε επιρρεπείς να υποστούμε προγραμματισμούς άλλων.

Θα πρέπει όλοι μας να είμαστε πολύ προσεκτικοί στην τάση μας να ακολουθούμε ξένα προγράμματα και να απομακρυνόμαστε από το πρόγραμμα της δικής μας Ψυχής. Ακόμα και τώρα που διαβάζετε αυτό το βιβλίο προγραμματίζεσθε. Θα πρέπει να φιλτράρουμε συνεχώς και να αναρωτιόμαστε για όποια πληροφορία παίρνουμε από οπουδήποτε, εάν εξυπηρετεί τους σκοπούς και τα σχέδια της δικής μας Ψυχής.

Η ανάκτηση του Πνεύματός μας και η σύνδεση με την Ψυχή

Όσο ανακτούμε το Πνεύμα μας, επαναφέρεται η σύνδεσή του με την Ψυχή μας. Αυτό γίνεται από το τρίτο μάτι, όπου κυριολεκτικά νιώθουμε σαν κάποιος να μας ράβει στο κέντρο του μετώπου. Το ράψιμο συνεχίζεται για όσο διάστημα διαρκεί η επιστροφή του Πνεύματός μας. Για τον λόγο αυτό μπορεί να έχουμε αυτήν την αίσθηση κάθε φορά που ένα μέρος του επιστρέφει σε εμάς. Κατ' αυτή την έννοια, η επαν-ένωση Πνεύματος και Ψυχής είναι μία διαδικασία, η οποία χρειάζεται χρόνο, ανάλογα με τον βαθμό της αποκοπής που έχουμε υποστεί.

Καθώς «ράβεται» το Πνεύμα με την Ψυχή επανακτούμε τη σεξουαλική μας ενέργεια. Η πραγματική και ολοκληρωτική σύνδεση με την Ψυχή γίνεται μόνο μέσω της γήινης σεξουαλικότητας, δηλαδή μέσω του φύλου μας και αυτή είναι η ολοκλήρωση της Χριστικής Συνειδητότητας. Ένα μυστικό για όλη την ανθρωπότητα και για όποιον τον εξυπηρετεί να είμαστε αποκομμένοι από τη σεξουαλικότητά μας. Θεωρώντας τη αμαρτία, παραμένουμε αποκομμένοι από την Ψυχή μας και το ποιοι πραγματικά είμαστε. Η σεξουαλική ενέργεια είναι ένα μεγάλο κλειδί της ένωσης όλων των κομματιών μας, της Ενότητας πρώτα μέσα μας.

Όσο ενώνεται το Πνεύμα μας με την Ψυχή μας, όλα τα μέρη μας, που έχουν αποκοπεί, επιστρέφουν και γινόμαστε πάλι ολόκληροι.

Πνεύμα και Ψυχή συνδεδεμένα με οδηγό την Καρδιά

Η ανάκληση του Πνεύματός μας και η σύνδεσή του με την Ψυχή δεν αρκεί, εάν δεν ενεργοποιηθεί η Καρδιά. Η Καρδιά, που ήταν σε πλήρη νιρβάνα στην Πηγή, τραυματίστηκε θανάσιμα όταν φύγαμε από εκεί. Κατά την έξοδό μας, πέθανε, πάγωσε ένα κομμάτι μας. Με το Πρωταρχικό μας Τραύμα ξεκίνησε η Πτώση της ανθρωπότητας, δηλαδή η κακή χρήση της ενέργειάς μας και φυσικά το κάρμα. Εάν το Πνεύμα δεν είναι συνδεδεμένο με την Καρδιά, γίνεται κατάχρηση της ενέργειας στο νοητικό και στο σεξουαλικό κέντρο.

Η επαναφορά της ορθής λειτουργίας της Καρδιάς είναι απαραίτητη, διότι αυτή είναι ο οδηγός και όχι το Πνεύμα. Το Πνεύμα μπορεί να χειραγωγηθεί, να ελεγχθεί, να εξουσιασθεί. Μάς το κλέβουν σαν ένα ζώο που κάποιος το έχει ζέψει και το χρησιμοποιεί για λογαριασμό του. Χωρίς την Καρδιά, σαν οδηγό, το Πνεύμα είναι εύκολο να χτυπηθεί. Τότε διαχωρίζεται από την Ψυχή και ακολούθως η Ψυχή χωρίς το Πνεύμα είναι χαμένη.

Όταν δεν έχουμε επαφή με την Ψυχή μας, έχουμε χάσει τον δρόμο μας και είμαστε εύκολα χειραγωγήσιμοι. Όταν το Πνεύμα μας είναι χτυπημένο και κακοποιημένο, είμαστε υποδουλωμένοι. Η ενέργειά μας γίνεται τροφή και χρησιμοποιείται για σκοπούς άλλων. Όταν η Καρδιά μας είναι παγωμένη, έχουμε χάσει εντελώς τον δρόμο μας και δεν ξέρουμε τι μας γίνεται. Όταν το Πνεύμα και η Ψυχή είναι συνδεδεμένα και με οδηγό την Καρδιά, σταματάμε να δημιουργούμε νέο κάρμα, μένοντας σταθερά στη συχνότητα της Αγάπης.

Αν παρομοιάσουμε τον εαυτό μας με ένα άρμα, το Πνεύμα και η Ψυχή είναι τα δύο άλογα που τρέχουν μαζί, αλλά ο οδηγός του άρματος είναι η Καρδιά. Αυτή δεν χειραγωγείται κατά κανένα τρόπο. Γνωρίζει πάντα τι συμβαίνει με απόλυτη διάκριση.

Τα ενεργειακά μας κέντρα

Αυτή είναι η εικόνα των επτά ενεργειακών μας κέντρων ή τσάκρα, όταν το Πνεύμα μας είναι συνδεδεμένο με την Ψυχή μας.

ΠΗΓΗ ΚΑΤΕΡΧΟΜΕΝΟ ΡΕΥΜΑ
Έβδομο: Ενέργεια Από την Πηγή
Έκτο: Εσωτερική Όραση. Πνεύμα και Ψυχή
Πέμπτο: Έκφραση του Πνεύματος και της Ψυχής
Τέταρτο: Καρδιά = Πύλη Ανάμειξης Πηγής και Γαίας. Σύνδεση του πάνω με το κάτω.
Τρίτο: Υγιές Εγώ
Δεύτερο: Καθαρή Σεξουαλικότητα στην υπηρεσία μας
Πρώτο: Εμείς, η ρίζα μας
ΑΝΕΡΧΟΜΕΝΟ ΡΕΥΜΑ ΕΝΕΡΓΕΙΑ ΑΠΟ ΤΗ ΓΑΙΑ

Βλέπουμε παρακάτω την εικόνα των επτά ενεργειακών μας κέντρων στο σώμα, όταν είμαστε σε διάσπαση. Χρησιμοποιώντας μόνο τα τρία πάνω κέντρα το Πέμπτο, το Έκτο και το Έβδομο, υπάρχει νοητικοποίηση, έντονος νους και ιδεολογία. Μένοντας στα τρία κάτω κέντρα, που είναι το Πρώτο, το Δεύτερο και το Τρίτο, η δόνησή μας είναι ακόμα χαμηλότερη, με κύριες ασχολίες το φαγητό και το σεξ. Οι περισσότεροι στις σχέσεις μας είμαστε είτε μόνο στο νοητικό, είτε μόνο στο σεξουαλικό, είτε τα εναλλάσσουμε, χωρίς, ωστόσο, να μπορούμε να τα συνδέσουμε. Δεν έχουμε σχέση με την Καρδιά, η οποία είναι παγωμένη, κλειστή, πετρωμένη.

ΠΗΓΗ ΚΑΤΕΡΧΟΜΕΝΟ ΡΕΥΜΑ
Έβδομο: Κλειστό
Έκτο: Σπασμένο. Χτυπημένο. Ανοιχτό σε ξένο προγραμματισμό
Πέμπτο: Κλειστό
Τέταρτο: Καρδιά παγωμένη, κλειστή, πετρωμένη
Τρίτο: Διαχωριστικό Εγώ. Ενοχή, αναξιότητα
Δεύτερο: Σεξουαλικότητα, ενοχή, σκοτεινά
Πρώτο: Εμείς. Ενοχή. Πρέπει να ανήκω πάση θυσία. Εδώ το εμείς δεν δίνει δύναμη αλλά καθηλώνει.
ΑΝΕΡΧΟΜΕΝΟ ΡΕΥΜΑ ΕΝΕΡΓΕΙΑ ΑΠΟ ΤΗ ΓΑΙΑ

Γ. ΑΛΛΑΓΗ ΔΙΑΣΤΑΣΗΣ - ΑΠΟ ΤΟ ΦΟΒΟ ΣΤΗΝ ΕΝΟΤΗΤΑ

Το Σχίσμα, από την Τρίτη στην Πέμπτη Διάσταση

Η Γη αυτά τα χρόνια βιώνει ένα σχίσμα μεταξύ της Τρίτης και της Πέμπτης Διάστασης. Όλοι θα κληθούμε να κάνουμε τη μετάβαση από τον φόβο και τον ανταγωνισμό στην Ενότητα και την Αγάπη. Για να πατήσουμε σταθερά στην Πέμπτη Διάσταση, το κλειδί είναι η βαριά ύλη. Ο πόνος και η χαμηλή Συνειδητότητα στην Τρίτη Διάσταση διαιωνίζεται όσο δεν έχουμε επαφή με το σώμα μας και τη Γη. Η Ενότητα ξεκινάει πρώτα από μέσα μας.

Στην Πέμπτη Διάσταση ενεργοποιείται το κέντρο της Ενότητας, το οποίο βρίσκεται στον εγκέφαλό μας. Αυτός, σε πλήρη λειτουργία, έχει ίση χρήση των δύο ημισφαιρίων, με το ένα να συμπληρώνει το άλλο σε ισορροπία. Το αποτέλεσμα του να είναι όλα μέσα μας ασύνδετα μεταξύ τους, με πρώτο βέβαια το ίδιο το DNA μας, είναι να ανακαλύπτουμε με πολύ κόπο αυτά που ήδη γνωρίζουμε αυθόρμητα.

Ενότητα και Αγάπη, Αγάπη και Ενότητα πάνε μαζί. Η συχνότητα της Αγάπης επιφέρει τελικά την Ενότητα πρώτα μέσα μας και μετά έξω μας. Και στην Ενότητα, η Αγάπη είναι αυθόρμητα παρούσα. Είμαστε όλοι κατακερματισμένοι. Πνεύμα, Σώμα, Ψυχή θα πρέπει τελικά να συνδεθούν.

Για να μπει και να σταθεροποιηθεί κάποιος στην Πέμπτη Διάσταση ωθείται στην Ενότητα. Αυτό είναι το θέμα. Δεν γίνεται να αποκλείσουμε τίποτα, και στη μετάβαση από την Τρίτη στην Πέμπτη όλοι θα κληθούμε να δούμε τα διασπασμένα και διαμερισματοποιημένα κομμάτια μας.

Τι μάς κρατάει στην Τρίτη Διάσταση - Το άλμα

Το «δεν αξίζω» μάς κρατάει στην Τρίτη Διάσταση. Η Τρίτη Διάσταση είναι το Διαχωριστικό Εγώ, ενώ η Πέμπτη είναι το Υγιές Εγώ. Τα πάντα έχουν να κάνουν με την αξία μας και το που τοποθετούμε τον εαυτό μας. «Εγώ αξίζω» έναντι «εγώ δεν αξίζω». Μπορούμε να φανταστούμε την Τρίτη Διάσταση σαν ένα κύκλο χωρισμένο σε ομόκεντρους κύκλους - ζώνες. Στο κέντρο του είναι η βαθιά Τρίτη, εκεί όπου όλοι αλληλοτρώγονται μεταξύ τους. Όποιος εργάζεται με τον εαυτό του και το «δεν αξίζω», αλλάζει ζώνες μέχρι να φτάσει στις παρυφές αυτού του κύκλου. Όσοι παραμένουν στην Τρίτη Διάσταση, ενώ έχουν καταφέρει να φτάσουν στα όριά της, είναι διότι τους έχει μείνει κομμάτι του Διαχωριστικού Εγώ και του «δεν αξίζω», που δεν έχουν έρθει σε επαφή. Σ' αυτό το σημείο, όποιος πάει να κάνει παραβίαση, δηλαδή να υπερεκτιμήσει το τι έχει διαχειριστεί ή να πάει να το γλιτώσει και να το ξεφορτωθεί, δεν θα μπορέσει να κάνει το άλμα στην Πέμπτη, καθώς εκεί θα κληθούμε όλοι να σταθεροποιήσουμε την Αξία μας.

Στο άλμα αυτό, το οποίο στην πραγματικότητα γίνεται μέσα μας, δεχόμαστε όλα τα κομμάτια μας, αναλαμβάνοντας τη δύναμή μας. Πρέπει να αποφασίσει ο άνθρωπος με την τωρινή του Συνειδητότητα και ό,τι αυτή εμπεριέχει. Η Ψυχή και όλο το σύμπαν υποκλίνονται στον ανθρώπινο εαυτό, διότι υποκλίνονται στην Ενότητα. Η Αγάπη επιτρέπει τα πάντα ακόμα και την οποιαδήποτε αρνητική επιλογή.

Αλλαγή Διάστασης σημαίνει ότι θα φωτιστούν και θα μετουσιωθούν όλα μας τα κομμάτια. Αλλιώς, μάς τραβάνε πίσω και παραμένουμε στο ενδιάμεσο στάδιο, το οποίο μπορεί να κρατήσει για πολλές ζωές και που μοιάζει πολύ σαν να μένει κάποιος μετεξεταστέος.

«Η μη αλήθεια», μας κρατάει πίσω, όταν δεν παίρνουμε την ευθύνη και θεωρούμε ακόμη και σε απειροελάχιστο βαθμό ότι κάποιος άλλος φταίει για τα δεινά μας ή περιμένουμε να έρθει κάποιος να μας σώσει, που σε αυτή την περίπτωση τον μετατρέπουμε σε σκοτεινό, διότι τού προσφέρουμε τη δύναμή μας.

Η μετάβαση από την Τρίτη στην Πέμπτη Διάσταση

Δεν είναι εφικτό να προχωρήσουμε στην Πέμπτη διάσταση και να λήξει το μάθημα της Τρίτης, εάν δεν έχουμε πάρει όλη την επίγνωση από αυτό. Είναι το πτυχίο μας, που αποδεικνύει ότι έχουμε περάσει με επιτυχία όλα τα μαθήματα και προχωράμε με όλη τη γνώση που πήραμε. Η αποφοίτηση αυτή, είναι ακριβώς η ολοκληρωτική επαφή με ό,τι εμφανίζεται για να μάς δείξει τι έχει συμβεί, ώστε να απελευθερωθεί. Εμείς οι ίδιοι θα απεγκλωβίσουμε ένα ένα πολυδιασπασμένο κομμάτι του Παιδιού Ήρωα από την Τρίτη Διάσταση και θα το φέρουμε στην Πέμπτη Διάσταση, έως ότου γίνουμε πάλι ολόκληροι. Η στάση, που πρέπει να έχουμε κατά τη διάρκεια αυτής της διαδικασίας, είναι αυτή της απόλυτης δεκτικότητας. Χωρίς να ταυτιζόμαστε (και σαν να επρόκειτο για κάποιον άλλον), να κραυγάσουμε με έκπληξη «πω πω, δεν το είχα καταλάβει τι είχε συμβεί!». Να μείνουμε κυριολεκτικά άφωνοι, όσο σοκαριστική και αν είναι η πληροφορία που ανοίγει. Είμαστε οι πρώτοι που ακούμε το εσωτερικό μας παιδί να μάς λέει μία ιστορία μεγάλου πόνου, ανείπωτη μέχρι τώρα. Τα μάτια του, στην εκάστοτε ηλικία που μας εμφανίζεται, είναι πάντα η πύλη της πληροφορίας. Κοιτώντας το βαθιά μέσα σε αυτά, ξεδιπλώνεται το τι πραγματικά έχει συμβεί.

Σ' αυτό το σημείο θέλει προσοχή, καθώς είναι άλλο να βιώνουμε το συναίσθημα για να απελευθερωθεί κάτι που εμφανίζεται και άλλο να ταυτιζόμαστε μ' αυτό. Τότε είναι φυσικό να αντιστεκόμαστε να ακούσουμε αυτό που μάς λέει το εσωτερικό μας παιδί. Δηλαδή, δεν φτάνει που τού αναθέσαμε όλο το βάρος, τού λέμε να εξαφανιστεί και να σταματήσει να μάς δείχνει, διότι δεν αντέχουμε να τα δούμε! Έτσι, το σταματάμε και τού αναθέτουμε να πάρει πάλι αυτό τον έλεγχο της ζωής μας, θυσιαζόμενο για μία ακόμα φορά.

Σ' αυτό το στάδιο της μετάβασης ανάμεσα στις δύο διαστάσεις, στην Παλαιά και τη Νέα Γαία, ανοίγουν βαθύτερα κομμάτια. Η ρίζα, η αρχή της ιστορίας του «δεν αξίζω» και του Παιδιού Ήρωα. Από εκεί, που όλα ξεκίνησαν σε αυτή τη ζωή με τις πρώτες Αναθέσεις που πήραμε σαν νεογέννητα, και την Αποστολή που απορρέει από αυτές. Η ένδειξη για να καταλάβουμε ότι όντως κάναμε το άλμα στην Πέμπτη Διάσταση είναι ότι αυτές οι Αναθέσεις έρχονται στο φως και κατόπιν μέρα με τη μέρα αρχίζουν και ξεθωριάζουν και αναστέλλονται.

Δ. ΟΙ ΑΝΑΘΕΣΕΙΣ ΚΑΙ Η ΑΛΛΑΓΗ ΣΧΕΔΙΟΥ ΖΩΗΣ

Λήξη της Παλαιάς Αποστολής

Η Πέμπτη Διάσταση σημαίνει αυτόματα λήξη της Παλαιάς Αποστολής στη Γη με ταυτόχρονη ενεργοποίηση Νέας Αποστολής από την Ψυχή μας. Πατώντας στην Πέμπτη Διάσταση, το πρώτο που χρειάζεται είναι να δούμε τις Αναθέσεις, που πήραμε από τη μητέρα μας όταν γεννηθήκαμε, διότι αυτές καθορίζουν τη μέχρι τώρα Αποστολή μας. Σίγουρα, υπάρχουν και περιπτώσεις με θετικές Αναθέσεις, όμως εδώ εξετάζουμε τις κατηγορίες των Αναθέσεων που προέρχονται από το τραύμα. Όταν έρχεται ένα μωρό στη ζωή, η μητέρα του το προγραμματίζει ανάλογα με την εκάστοτε Συνειδητότητα της, τις πεποιθήσεις της, τις Εγγραφές της και τις Αποφάσεις Επιβίωσης, τις οποίες έχει πάρει κι αυτή ως παιδί και με όλο, φυσικά, το διαγενεαλογικό τραύμα που φέρει. Αναθέτει στο μωρό της, τι χρειάζεται απ' αυτό να κάνει για την ίδια, κάτι που ταυτόχρονα καθορίζει τη βασική Αποστολή του για τη συγκεκριμένη ζωή.

Το νεογέννητο αποφασίζει να φέρει εις πέρας την Ανάθεση, αλλά την ίδια στιγμή νιώθει όλο τον φόβο, τον πόνο, τη σύγχυση, το βάρος και το θυμό από το να είναι αυτό υποχρεωμένο να στηρίξει τη μαμά του, να την αγαπάει και να εκπληρώσει τα όνειρά της σε ό,τι αυτή δεν κατάφερε. Παίρνει τον ρόλο και τη Θέση του γονιού και αναλαμβάνει αυτό να στηρίξει τη μητέρα του και όχι το αντίθετο. Οι Αναθέσεις, που καθορίζουν την Αποστολή μας σ' αυτή τη ζωή, δεν γίνονται μόνο από τη μητέρα, αλλά και από όσους ανέλαβαν ρόλο και βρίσκονταν κοντά στο μεγάλωμα του μωρού. Παρακάτω δίνονται παραδείγματα από διαφορετικών κατηγοριών Αναθέσεις.

Ανάθεση ανάληψης της σκιάς της μητέρας και του οικογενειακού συστήματος

Αναθέσεις που σχετίζονται με το να πάρει το νέο μέλος τον πόνο και το σκοτάδι της μητέρας και να αναλάβει να την κάνει ευτυχισμένη. «Σώσε μας», «πάρε το κακό από μένα» ή «πάρε μας το κάρμα». «Κάνε μας ευτυχισμένους», «κάλυψε το μυστικό της οικογένειας», «να τρελαθείς αντί για εμάς», «είσαι η συνέχειά μου». «Είσαι το όργανο εκδίκησής μου για όσους μισώ», είναι παραδείγματα αυτής της κατηγορίας. Μια μητέρα αναθέτει στο νεογέννητο μωρό της: «θα κάθεσαι να σε βασανίζω και δεν θα αντιδράς. Θα σε βασανίζω όπως βασανίζομαι και εγώ. Βασανίστηκα να σε γεννήσω, τώρα η σειρά σου». Η Απόφαση Επιβίωσης του νεογέννητου και η Αποστολή του σε αυτή τη ζωή για να βοηθήσει τη μαμά του είναι: «Θα κάθομαι να με βασανίζουν κι εγώ θα το υπομένω».

Αναθέσεις μη ύπαρξης

Όταν η μητέρα, για οποιοδήποτε λόγο, νιώθει το μωρό να της είναι βάρος τότε δίνει Αναθέσεις, όπως «ανάθεμα την ώρα που γεννήθηκες», «να πεθάνεις διότι είσαι βάρος», «πέθανε εσύ αντί για μένα» «δώσε μου τη ζωή σου». Τέτοιες Αναθέσεις δίνουν την Αποστολή στο παιδί να βρει έναν τρόπο να μην υπάρχει παρόλο που ζει, για να μην επιβαρύνει, αλλά και για να βοηθήσει τη μητέρα του.

Αναθέσεις υποδούλωσης

Παρόλο που όλες οι Αναθέσεις δημιουργούν υποδούλωση, κάποιες είναι ιδιαίτερα στοχευμένες εκεί. Αναθέσεις, όπως «η ζωή σου και η ύπαρξή σου μού ανήκει», «να με αγαπάς πάρα πολύ και να κάνεις ό,τι σου λέω», «να αναλάβεις τις ευθύνες μου», «να μείνεις ανύπαντρος και να με Γηροκομήσεις», «να μου τα λες όλα και να μην κρύβεις τίποτα», «θα σού κάνω τα χατίρια μόνο, εάν κάνεις ό,τι σου λέω», ανήκουν σ' αυτή την κατηγορία.

Πολλαπλές Αναθέσεις

Κάποιες Αναθέσεις μπορεί να είναι πολλαπλές και να περιέχουν και τις τρεις παραπάνω κατηγορίες. Ανάληψη της σκιάς του συστήματος, υποδούλωση και μη ύπαρξη. Αναθέσεις, όπως: «Θα απορροφήσεις την παράνοια της οικογένειας και θα παραιτηθείς ολοκληρωτικά από την ύπαρξη σου. Θα μού ανήκεις , ώστε να καθαρίζεις όχι μόνο εμένα, αλλά και όλους όσοι εμπλέκομαι» αποτελεί ένα τέτοιο παράδειγμα και σίγουρα παραπέμπει σε μία Αποστολή με μεγαλύτερο βαθμό δυσκολίας για το νεογέννητο.

Αναθέσεις εικόνας

Αυτή η κατηγορία Αναθέσεων σχετίζεται με τη διατήρηση ή την εγκαθίδρυση της εικόνας της μητέρας. «Να είσαι το σωστό μωρό, για να με δείχνεις σωστή μητέρα» ή «να με κάνεις να φαίνομαι καλή σύζυγος», είναι τέτοια παραδείγματα, όπου το παιδί αναλαμβάνει το βαρύ καθήκον του να εξαρτάται από το ίδιο η θετική εικόνα της μητέρας του στην οικογένεια και στον κοινωνικό περίγυρο.

Αντικρουόμενες Αναθέσεις

Πολύ συχνά οι Αναθέσεις είναι αντικρουόμενες. Για παράδειγμα, μία μητέρα αναθέτει στην κόρη της «να είσαι πιο δυνατή από μένα, αλλά ταυτόχρονα συγκαταβατική και να μη μιλάς». Η Ανάθεση «να γίνεις πιο γρήγορα μητέρα από μένα, αλλά μακάρι να μην παντρευτείς, διότι οι άνδρες είναι αναξιόπιστοι», αφήνει το νεογέννητο κορίτσι μπερδεμένο, τρομοκρατημένο και απογοητευμένο.

Αυτές οι Αναθέσεις δημιουργούν μεγάλη σύγχυση στη ζωή του ατόμου, με συνεχή και μόνιμη καταπίεση συναισθημάτων, αφού μέσα του λειτουργούν συνεχώς οι αντικρουόμενες εντολές. Πολλά ψυχοσωματικά προβλήματα προκαλούνται από τέτοιου είδους Αναθέσεις. Η αντικρουόμενη Ανάθεση «θα είσαι το δουλάκι μου, ταυτόχρονα με, σε μισώ θέλω να πεθάνεις» αναγκάζει το νεογέννητο να αποφασίσει: «Η μαμά μου θέλει να πεθάνω, αλλά πώς ταυτόχρονα θα καταφέρω να την εξυπηρετήσω ως το δουλάκι της; Θα ζω μόνο για να τής παίρνω τα βάρη και εγώ θα είμαι πεθαμένος. Θα ζω σαν πεθαμένος» Αυτή η Απόφαση Επιβίωσης που παίρνει το μωρό καθορίζει ταυτόχρονα και την Αποστολή του. Ο τρόπος που θα ζει αυτός ο άνθρωπος μετέπειτα στη ζωή του θα είναι να υποδουλώνεται στους άλλους κι αυτός να ζει σαν πεθαμένος. Όσο πιο πολλά βάρη τόσο το καλύτερο, διότι θα τον βοηθούν στο δεύτερο σκέλος της Ανάθεσης.

Αναθέσεις για τους άνδρες

Σε όλες τις περιπτώσεις η μητέρα αναθέτει στο νεογέννητο να κάνει κάτι για τον σύζυγό της. Η πιο καλή περίπτωση είναι η μητέρα να τον αγαπάει και να τον θαυμάζει και έτσι να αναθέσει στο μωρό, αν είναι κορίτσι να παντρευτεί έναν άνδρα σαν τον πατέρα της, ή αν είναι αγόρι να τού μοιάσει. Αλλά, δυστυχώς σε μία μεγάλη πλειοψηφία, τα ζευγάρια έχουν προβλήματα για τα οποία καλείται το νέο μέλος να κάνει κάτι. Μία πολύ συνηθισμένη Ανάθεση για το νεογέννητο είναι να κρατήσει τον πατέρα στην οικογένεια και το ζευγάρι ενωμένο. Αναθέσεις, όπως: «Να προσέχεις και να αγαπάς τον πατέρα σου για να τον κρατήσουμε στο σπίτι και να μην χωρίσουμε» ή «να με βοηθήσεις να μ' εμπιστευθεί ο μπαμπάς σου». Οι περισσότερες κόρες έχουν Ανάθεση από τη μητέρα τους να τακτοποιήσουν για λογαριασμό τους κάτι σε σχέση με τον πατέρα τους. Ταυτόχρονα όμως η κόρη θα έχει αναγκαστικά ίδια συμπεριφορά με τη μητέρα της, αφού αυτό είναι το πρότυπο με το οποίο μεγαλώνει. Θα αναπαραγάγει το ίδιο στις δικές της σχέσεις και θα παγιδευτεί στο ίδιο ακριβώς πρόβλημα που έχει αναλάβει να τακτοποιήσει.

Η Ανάθεση «να τιμωρήσεις τον πατέρα σου» ή «να τον εκδικηθείς αντί για μένα», αφήνει το μωρό αδικημένο και τρομαγμένο. Αναθέσεις που αντικατοπτρίζουν τις κάθε είδους απόψεις της μητέρας για το άλλο φύλο, όπως «τους άνδρες δεν τους υπολογίζουμε» ή «να παίζεις τους άνδρες στα δάχτυλά σου» ή «κάνει κουμάντο η γυναίκα» ή «να μην εμπιστεύεσαι τους άνδρες» ή «οι άνδρες είναι άχρηστοι» ή στο άλλο άκρο «να προσέχεις παραπάνω τους άνδρες από τον εαυτό σου».

Μια μητέρα, η οποία έχει κακοποιηθεί ίσως και βιαστεί στο παρελθόν, δίνει την εξής Ανάθεση στο νεογέννητο γιο της: «Εσύ θα είσαι ο άνδρας μου. Να εκδικηθείς τον πατέρα σου και τους άνδρες για μένα και να με προστατέψεις από αυτούς». Μετέπειτα, ο γιος αυτού του νεογέννητου αγοριού πιθανόν να γίνει ομοφυλόφιλος, καθώς μόνο εάν δεν είναι άνδρας θα μπορεί να είναι συνδεδεμένος με τον πατέρα του σε μία σχέση αγάπης. Είναι παράλληλα ο μόνος τρόπος να τον προστατέψει από την ενεργή Αποστολή να πρέπει να εκδικηθεί για λογαριασμό της μητέρας του ακόμα και τον ίδιο του το γιο.

Μεγάλες προσδοκίες

Η Ανάθεση «είσαι το στήριγμά μου» ή «είσαι η δύναμή μου» και όχι το αντίθετο, όπως είναι το σωστό, δηλαδή οι μεγάλοι να στηρίζουν τους μικρούς, αυτόματα δίνει ένα τεράστιο βάρος σ' ένα νεογέννητο που δεν ξέρει πώς να το κάνει αυτό. Η μητέρα βασίζει όλη της την ύπαρξη πάνω του και το μωρό δεν νιώθει πλέον μωρό. Η Ανάθεση «κάλυψέ μου τα κενά», κάνει το νέο μέλος να νιώθει λίγο, καθώς, βεβαίως, είναι μία αδύνατη Αποστολή.

Μία γυναίκα 43 ετών προσπαθούσε επί χρόνια να μείνει έγκυος. Εργαζόμενη με τις Αναθέσεις που είχε πάρει από τη μητέρα της, συνειδητοποίησε ότι αποφάσισε τη στιγμή εκείνη, ως νεογέννητο, να μην κάνει παιδιά, ώστε να μπορέσει να φέρει εις πέρας αυτήν την τόσο μεγάλη Αποστολή.

Αναθέσεις σε κόρες, όπως «να είσαι καλύτερη από μένα στα πάντα», «να είσαι νοικοκυρά, όμορφη, έξυπνη, να παντρευτείς πλούσιο».

Αναθέσεις για το μωρό που σχετίζονται με το «να είναι καθώς πρέπει», καλό παιδί και υπάκουο», «να ακούει», «να κάνει ό,τι του λένε», για να κρατά ήρεμο τον πατέρα, τη μάνα και όλη την οικογένεια. Αναθέσεις, όπως «να γίνεις σπουδαίος» και «να μάς κάνεις περήφανους». Η Ανάθεση «να μην με πληγώσεις ποτέ», «να μην κλαις για να μην στενοχωριέμαι» ή «να με παρηγορείς», είναι κάτι όχι μόνο αδύνατο, αλλά και εξαιρετικά αφύσικο. «Να κάνεις ησυχία, να μην ακούγεσαι, να μη με ενοχλείς καθόλου» είναι μία υπερβολική προσδοκία από ένα μωρό που δεν μπορεί να μιλήσει και να ζητήσει αυτό που χρειάζεται.

Αυτή η κατηγορία των Αναθέσεων δημιουργούν σ' όλη τη ζωή του ατόμου μία τάση για αφύσικη υπεραπόδοση. Η αυτοεκτίμηση είναι από χαμηλή έως ανύπαρκτη, αφού υπάρχει ένα συνεχές εσωτερικό αίσθημα πως ό,τι και να καταφέρνει δεν είναι ποτέ αρκετό, κάτι που δεν τον αφήνει ποτέ να χαλαρώσει. Δεν θα είναι ποτέ τόσο καλό όσο τού ζητείται, γι' αυτό βιώνει μονίμως μία απεριόριστη ενοχή.

Αναθέσεις αντίθετου Προγραμματισμού

Όταν η μητέρα αναθέτει στο μωρό να κάνει ό,τι δεν έκανε η ίδια, εκτός από το ό,τι τού προσθέτει ένα μεγάλο βάρος προσδοκίας, παράλληλα το παγιδεύει σε μία ανατροφή που τού δίνει συνεχώς τον αντίθετο Προγραμματισμό. Αυτό δημιουργεί φαύλο κύκλο και ένα συνεχές αντικρουόμενο μήνυμα. Η Ανάθεση «θέλω να μεγαλουργήσεις» ή «να γίνεις πλούσιος», ενώ οι Εγγραφές και οι Προγραμματισμοί που θα πάρει το παιδί από τη μητέρα είναι περί φτώχειας. Να γίνεις «πρώτος μαθητής και αριστούχος, να σπουδάσεις» ή «να γίνεις γιατρός και να πετύχεις στο επάγγελμα σου», τη στιγμή που η μητέρα ή και ο πατέρας, υποσυνείδητα, ζηλεύει το παιδί και καθώς μεγαλώνει τού δίνει το μήνυμα να μην πετύχει και να μην τα καταφέρει για να μην τούς ξεπεράσει. «Να γίνεις πολύ έξυπνος και να τα καταλαβαίνεις όλα», ταυτόχρονα με την οικογενειακή συνήθεια να αποκαλούν και να υπενθυμίζουν συνεχώς στο παιδί ότι είναι ηλίθιο και βλαμμένο. «Να είσαι ευγενικός, να μάς σέβεσαι και να μάς ακούς σε ό,τι σου λέμε», ενώ στην οικογένεια επικρατεί η αγένεια και η πλήρης έλλειψη σεβασμού.

Αναθέσεις ανάληψης διαφορετικού φύλου

Σ' αυτή την κατηγορία Αναθέσεων, η μητέρα εύχεται να έχει ένα μωρό διαφορετικού φύλου από αυτό που γέννησε. Η Ανάθεση στην κόρη «να είσαι ο γιος που δεν έκανα» αναγκάζει το μωρό να απαρνηθεί τη θηλυκή του φύση, ώστε να ικανοποιήσει τη μητέρα του. Θα γίνει αγοροκόριτσο και αργότερα στη ζωή της θα φέρεται σαν άνδρας, παίρνοντας μονίμως τη Θέση του άνδρα στις σχέσεις της. Στην αντίστροφη περίπτωση, εάν το νεογέννητο είναι αγόρι και τού ζητείται να είναι κορίτσι, θα αποφασίσει να κρύψει την αρσενική του φύση και να εκφράσει τη θηλυκή.

Αναθέσεις ανησυχίας

Η ανησυχία της μητέρας για να μη συμβεί κάτι στο μωρό είναι αυτόματα μία Αποστολή γι' αυτό. Για παράδειγμα, η Ανάθεση σε μία κόρη «να διαλέξει έναν άνδρα που να μην πίνει, να μη χαρτοπαίζει και να μην ξενοκοιτάει» ή «να μη γίνει ομοφυλόφιλος» κάνει το μωρό να νιώθει αυτόματα την ευθύνη και το άγχος ότι κάτι πρέπει να κάνει γ' αυτό, παρόλο που δεν καταλαβαίνει τι είναι. Η Ανάθεση ανησυχίας είναι κάτι που η μητέρα δεν έχει τακτοποιήσει από το δικό της οικογενειακό σύστημα, αλλιώς γιατί να σκεφτεί καν κάτι τέτοιο; Έτσι, το μωρό στη μετέπειτα ζωή του έλκει ακριβώς αυτό για το οποίο ανησυχεί η μαμά του, αναλαμβάνοντας στην ουσία να το τακτοποιήσει γι' αυτήν.

Αναθέσεις από γιαγιάδες και άλλα άτομα που βοηθούσαν στο μεγάλωμα

Η πλειοψηφία των Αναθέσεων από γιαγιάδες, που ήταν κοντά στο μωρό όταν γεννήθηκε και βοηθούσαν στο μεγάλωμά του, σχετίζονται με το να κάνει κάτι για το οικογενειακό σύστημα. Αναθέσεις, όπως «θα μάς σώσεις όλους», «να συγκαλύψεις όλα τα μυστικά», «να κρατήσεις το ζευγάρι μαζί και το μπαμπά στο σπίτι», «να προσέχεις τη μαμά σου» ή «να φροντίζεις όλη την οικογένεια», «να φέρεις ειρήνη στην οικογένεια και να σταματήσεις τη βία», «να προσφέρεις μία καλύτερη ζωή σ' όλη την οικογένεια με τη δύναμη που έχεις κληρονομήσει».

Μία άλλη κατηγορία Αναθέσεων από τις γιαγιάδες σχετίζονται με το να ξεπεράσει το μωρό τους γονείς του και κυρίως τη μητέρα του. Δηλαδή, να γίνει καλύτερο από τη δική τους κόρη ή τη νύφη τους. «Να είσαι νοικοκυρά και τακτική, όχι σαν τη μάνα σου», είναι μία Ανάθεση πεθεράς, όπου το μωρό νιώθει επιβαρυμένο κι έχει άγνοια τι να κάνει. Ή, «να υπερβείς την κόρη μου», όπου το μωρό νιώθει εγκλωβισμένο. «Να γίνεις καλύτερος από τον άχρηστο τον πατέρα σου». Αυτές οι Αναθέσεις δημιουργούν μία εσωτερική σύγκρουση στο νέο μέλος, σχετικά με την ανάγκη κάθε παιδιού να θέλει να μοιάσει και να γίνει ακριβώς, όπως οι γονείς του.

Ολόκληρη κατηγορία Αναθέσεων προκύπτει όταν η γιαγιά δεν δέχεται το γαμπρό ή τη νύφη της με συνέπεια να μη θέλει ούτε το μωρό. Αναθέσεις, όπως «φύγε, χάσου να μη σε βλέπω» με τη γιαγιά να μην το παίρνει καν στην αγκαλιά της, βυθίζουν το μωρό στη θλίψη. Αυτές, φυσικά, εμπίπτουν και στην κατηγορία των Αναθέσεων της μη ύπαρξης.

Ακόμη ένας τύπος Αναθέσεων από γιαγιάδες σχετίζεται με το δικό τους τραύμα, που δεν έχουν διαχειριστεί. Αναθέσεις, όπως «μη γίνεις γυναίκα, δεν το αντέχω. Μισώ τις γυναίκες, θέλω να είμαι εγώ η καλύτερη. Μην ξεπεράσεις σαν γυναίκα ούτε την κόρη μου» ή αντίστοιχα και στα νεογέννητα αγόρια να μη γίνουν άνδρες για να μην απειλούνται από αυτά.

Αναθέσεις εκτός από τις γιαγιάδες, μπορεί να υπάρχουν και από άλλα άτομα, που ήταν κοντά στη γέννηση του μωρού και βοηθούσαν στο μεγάλωμά του. Μια θεία που έχει μείνει ανύπαντρη ή είχε κακή εμπειρία με τους άνδρες μπορεί να αναθέσει στο μωρό «να ξεσκίσει ή να εκδικηθεί τους άνδρες» με το μωρό να νιώθει τρόμο, αφού σ' αυτούς συγκαταλέγεται και ο πατέρας του.

Αναθέσεις από τον πατέρα

Υπάρχουν συχνά και αρκετές Αναθέσεις από τον πατέρα στο νεογέννητο, οι οποίες είναι ανάλογες με τα δικά του τραύματα, αλλά και τις πεποιθήσεις του. Παραδείγματα Αναθέσεων σε νεογέννητα κορίτσια, οι οποίες καθρεφτίζουν τις απόψεις του πατέρα τους για το γυναικείο φύλο μπορεί να είναι: «Δεν χρειάζεται να μορφωθείς ιδιαίτερα. Ο στόχος είναι να φροντίζεις το σπίτι σου και τον άνδρα σου» ή «δεν είναι ανάγκη να μιλάς μαζί μου, διότι είσαι κορίτσι, στη μαμά σου θα τα λες» ή «ο άνδρας βγάζει πιο πολλά από τη γυναίκα, ο άνδρας πρέπει να είναι ανώτερος από τη γυναίκα».

Άλλη μία κατηγορία Αναθέσεων σχετίζεται με το να πάρουν τα παιδιά τα βάρη του πατέρα. Αναθέσεις, όπως «να δουλεύεις και να μού δίνεις χρήματα, το παιδί ζει το γονιό» ή «να αναλάβεις τα βάρη ή τα χρέη» ή «θα με κρατάς ήρεμο, τα παιδιά γεννιούνται για να κρατάνε ήρεμους τους γονείς, θα τα ξεσπώ όλα πάνω σου».

Στην περίπτωση που ο πατέρας δεν θέλει το μωρό είτε διότι είναι διαφορετικού φύλου από αυτό που ήθελε, είτε διότι το θεωρεί βάρος, η Ανάθεση είναι «δεν θέλω ούτε να υπάρχεις, δεν σε θέλω».

Αναθέσεις Αντίθετου μαθήματος

Σ' αυτήν την κατηγορία, έχουμε θετικές και υποστηρικτικές Αναθέσεις προς το νεογέννητο, οι οποίες όμως παραπέμπουν στο καρμικό μάθημα «Τα έχω όλα και τα χάνω όλα». Στο παρακάτω παράδειγμα μιας γυναίκας 52 ετών, οι Αναθέσεις της μητέρας, η οποία θέλει τα πάντα για το παιδί της ήταν: «Να μεγαλώσεις, να έχεις την προστασία της μαμάς και τού μπαμπά, να γίνεις καλό παιδάκι» και«να προοδεύσεις και να βρεις το δρόμο σου», όπου το μωρό νιώθει ευτυχισμένο.

Οι Αναθέσεις της γιαγιάς ήταν: «Να διασώσεις ό,τι καλό φέρνει μαζί της η οικογένεια, την πνευματική μας κληρονομιά», όπου το νεογέννητο νιώθει πολύ ωραία και υπερήφανο.

Οι Αναθέσεις του πατέρα ήταν: «Σ' αγαπάω πολύ και θα σε προστατεύσω, όπου και να βρίσκεσαι» και «θα είμαι συνέχεια δίπλα σου», όπου το μωρό νιώθει υπέροχα στην αγκαλιά του μπαμπά του και πολύ τυχερό. Εδώ, παρόλο που οι Αναθέσεις ήταν θετικές, ευλογίες για τη ζωή του, το παιδί έμεινε ορφανό από πατέρα στην ηλικία των τριών ετών. Η μητέρα του αναγκάστηκε τότε να φύγει για πολλά χρόνια στο εξωτερικό να δουλέψει και το παιδί έμεινε πίσω σε συγγενείς, βιώνοντας διπλή ορφάνια. Αυτή η γυναίκα ένιωθε ότι η ζωή την είχε αδικήσει και ότι υπολειπόταν από όλους όσους είχαν τους γονείς τους μεγαλώνοντας, χωρίς να μπορεί να φανταστεί ότι οι δικές τους Αναθέσεις μπορεί να ήταν αρνητικές.

Η λήξη της Αποστολής

Σ' όλες τις περιπτώσεις, τα νεογέννητα δεν μπορούν παρά να αναλάβουν την Αποστολή που δίνετε σ'αυτά με τις Αναθέσεις, κυρίως από τη μητέρα, αλλά και από το υπόλοιπο οικογενειακό περιβάλλον. Έτσι γεννιέται το Παιδί Ήρωας και το Διαχωριστικό Εγώ και αναπτύσσεται η Πολυδιάσπαση του εσωτερικού παιδιού.

Η πύλη για να δούμε ποιες είναι αυτές οι Αναθέσεις είναι τα μάτια του νεογέννητου. Από εκεί μπορούμε να διακρίνουμε ό,τι νιώθει τη στιγμή της Ανάθεσης. Συναισθήματα, όπως καταπίεση, φόβος, πανικός, βάρος, απογοήτευση και λύπη, θυμός, στεναχώρια και, κυρίως, μία απεριόριστη ενοχή, αφού δεν θα είναι ποτέ τόσο καλό όσο τού ζητείται. Το μωρό νιώθει πάγωμα, ασφυκτικά και γενικά άθλια, κούραση και άγνοια τι τού ζητείται να κάνει, είναι μπερδεμένο, επιβαρυμένο, τρομαγμένο.

Αναγκαστικά όμως παίρνει την Απόφαση Επιβίωσης να αναλάβει όλες τις Αναθέσεις που τού δίνονται. Το νεογέννητο αποφασίζει «μαμά θα το κάνω για σένα και θα το κάνω για εσάς». Ταυτόχρονα όμως θυμώνει, κυρίως πρώτα με τη μητέρα, που τού ζητάει να δώσει τη ζωή του για να ζήσει αυτή. Αυτή είναι και η στιγμή της διαμόρφωσης της Αποστολής του. Ο μόνος τρόπος για να την φέρει εις πέρας είναι να θυσιάσει με κάποιο τρόπο τον εαυτό του. «Να μην υπάρχει», «να παγώσει το συναίσθημά του και τις ανάγκες του», «να περνάει απαρατήρητο», «να θαφτεί», «να μην κάνει οικογένεια και παιδιά», «να μην ζει». Ο τεράστιος θυμός που υπάρχει πίσω από αυτή τη θυσία πρέπει με κάθε τρόπο να κρυφτεί. Αυτός είναι που κρατάει την Αποστολή του Παιδιού Ήρωα στη θέση της. Και όσο βρίσκεται εκεί σημαίνει ότι ακόμη υπάρχουν Αναθέσεις σε ισχύ. Θα χρειαστεί να παραδοθούμε σ' αυτόν τον θυμό, να τον βιώσουμε ολοκληρωτικά, ώστε να μπορέσουμε να τον απελευθερώσουμε και μαζί με αυτόν την Αποστολή που τον συνοδεύει.

Η ισχύς των Αναθέσεων λήγει, όταν εμείς οι ίδιοι βγάζουμε τον εαυτόν μας από τη θέση του αβοήθητου μικρού παιδιού και αναλαμβάνουμε να προστατέψουμε το νεογέννητο και να το έχουμε σε πλήρη ασφάλεια Σταματάμε να είμαστε οι ανίσχυροι μικροί. Διαφορετικά, παραμένουμε παγιδευμένοι μεταξύ θυμού και φόβου. Χρειάζεται να αναγνωρίσουμε και να πούμε στη μητέρα μας: «Μου έδωσες το δώρο της ζωής, αλλά είσαι και δράστης». Έτσι σταματάμε να φοβόμαστε και επαναφέρουμε την ακεραιότητά μας παίρνοντας πίσω όλη μας τη δύναμη.

ΑΣΚΗΣΗ
Αλλαγή των αρχικών αναθέσεων

1. Καθίστε κάπου ήσυχα και χαλαρώστε. Αναπνεύστε ήρεμα και νιώστε τη

χαλάρωση να κατεβαίνει από το κεφάλι σας, στους ώμους, στα χέρια μέχρι τα δάχτυλα των χεριών, στο πίσω μέρος του κεφαλιού, στον αυχένα, στην πλάτη, στο στήθος, στη λεκάνη. Νιώστε τους μηρούς σας να χαλαρώνουν, τις γάμπες, τους αστραγάλους, τα πόδια μέχρι τα δάχτυλα. Και όπως είστε έτσι βαθιά χαλαροί, επιτρέψτε να κατέβει από την κορυφή του κεφαλιού σας μία ενέργεια Θείας Χάρης από την Ψυχή σας. Αφήστε αυτό το χρυσό θεραπευτικό φως να πλημμυρίσει και να φωτίσει όλα σας τα κύτταρα. Μείνετε όσο σας χρειάζεται.

2. Δείτε τώρα τον εαυτό σας νεογέννητο. Παρατηρήστε αυτό το μωρό, αγγίξτε το, μυρίστε το, και, όπως το χαϊδεύετε απαλά, κοιτάξτε το βαθιά στα μάτια και αφήστε από εκεί να σάς μεταδώσει πώς νιώθει. Μείνετε για λίγο και κατόπιν δείτε τη μητέρα του, που το κρατάει στην αγκαλιά της. Παρατηρήστε πως κοιτάει το μωρό της. Και, κοιτώντας την βαθιά στα μάτια, νιώστε, ακούστε, τι τού αναθέτει να κάνει για λογαριασμό της. Σε κάθε Ανάθεση κοιτάξτε πάλι το μωρό στα μάτια και βιώστε το συναίσθημά του. Συνεχίστε αυτή τη διαδικασία, μέχρι να ολοκληρωθεί και να έχετε ακούσει όλες τις Αναθέσεις.

3. Συνεχίστε να κοιτάτε τη μητέρα που κρατάει το νεογέννητο μωρό στην αγκαλιά της και ελέγξτε τι τού έχει αναθέσει να κάνει για τον άνδρα της ή και για τους άνδρες γενικότερα. Σε τι χρειάζεται τη βοήθεια του. Μείνετε όσο χρόνο χρειάζεται, κοιτώντας και πάλι το μωρό στα μάτια, και δείτε πως νιώθει μετά από κάθε Ανάθεση.

4. Αφού ολοκληρώσετε με τη μητέρα, εξετάστε εάν υπάρχουν και άλλοι άνθρωποι που κρατούν το νέο μέλος στην αγκαλιά τους, όπως γιαγιάδες, θείες ή άτομα που βοηθούσαν στο μεγάλωμά του και ήταν κοντά του όταν γεννήθηκε. Δείτε, νιώστε, ακούστε τι του αναθέτουν να κάνει γι' αυτούς, αλλά και για όλο το οικογενειακό σύστημα. Κοιτάξτε πάλι το μωρό στα μάτια και αφήστε να σάς δείξει πώς ένιωσε τη στιγμή της κάθε Ανάθεσης. Ακολουθήστε την ίδια διαδικασία μέχρι να ολοκληρώσετε με όλες τις Αναθέσεις που τού έχουν δοθεί και να βιώσετε το συναίσθημα του τη στιγμή που τις ανέλαβε.

5. Συνεχίστε την ίδια διαδικασία για πιθανές Αναθέσεις που έχει πάρει το νεογέννητο από τον πατέρα του. Δείτε τον να το κρατάει στην αγκαλιά του και ελέγξτε τι του λέει και πώς νιώθει το μωρό.

6. Όταν έχετε ολοκληρώσει με όλες τις Αναθέσεις, επιτρέψτε να σάς ανοίξουν, περιστατικά, στιγμιότυπα, σκηνές από τη γέννησή σας μέχρι και σήμερα. Μείνετε μέχρι να πάρετε όλη την πληροφορία για το πώς σχετίζεται όλη η ζωή σας μέχρι και τη στιγμή αυτή με τις αρχικές Αναθέσεις.

7. Πάρτε τώρα το νεογέννητο αγκαλιά, κοιτάξτε το πάλι βαθιά στα μάτια, αφήστε το να σάς δείξει τι χρειάζεται από σας σήμερα. Μείνετε όση ώρα χρειάζεται.

8. Εάν είστε γονείς και ιδιαίτερα μητέρες, ελέγξτε τι Αναθέσεις έχετε δώσει στα παιδιά σας τη στιγμή της γέννησής τους. Δείτε το κάθε νεογέννητο στην αγκαλιά σας και κοιτάξτε το βαθιά στα μάτια νιώθοντας το συναίσθημά του. Μείνετε όσο χρειάζεται μέχρι να αντιληφθείτε όλες τις Αναθέσεις.

Ε. ΤΟ ΝΕΟ ΣΧΕΔΙΟ ΨΥΧΗΣ
Το Δέντρο της Αποκατάστασης

Όταν κάποιος συνειδητοποιήσει ποιες Αναθέσεις έχει πάρει από νεογέννητο, η ισχύς τους αναστέλλεται, και η ενέργεια της Αποστολής που απορρέει από αυτές αρχίζει να εξαερώνεται. Καθώς γίνεται αυτό, ανοίγει η Νέα Αποστολή απευθείας από την Ψυχή μας, που είναι η Έκφραση της Ποιότητάς μας. Αυτό σημαίνει για όλους «να ζω για τον εαυτό μου», «να είμαι εγώ και να είμαι ευτυχισμένος-η».

Η είσοδος στη Νέα Αποστολή σημαίνει να θέσουμε την Ποιότητά μας στην υπηρεσία μας. Μία διαδικασία ενηλικίωσης κατά την οποία σταδιακά παίρνουμε τον έλεγχο από το Παιδί Ήρωα και τους περίτεχνους Ψυχολογικούς Μηχανισμούς, που είχε αναπτύξει για να φέρει εις πέρας τις Αναθέσεις που έχει πάρει. Για πρώτη φορά νιώθουμε πώς είναι να απολαμβάνεις τη ζωή στη Γη και να είναι όλα τακτοποιημένα. Κάθε φορά δε που νιώθουμε δυσφορία είναι διότι εμφανίζεται ακόμα ένα μικρό τμήμα πλάνης να δούμε, που δεν είχαμε συνειδητοποιήσει μέχρι τώρα.

Τελικά, η υψηλότερη Αποστολή είναι να παραμείνουμε και να βοηθήσουμε όχι μόνο το οικογενειακό μας σύστημα και τον περίγυρό μας, αλλά όλη την ανθρωπότητα μ' ένα νέο παράδειγμα. Περιγράφονται παρακάτω τα στάδια της συνειδητοποίησης του υπάρχοντος Σχεδίου Ψυχής και της μετάβασής μας στο Νέο Σχέδιο μέσω του Δέντρου της Αποκατάστασης. Πώς φτάνουμε στο σημείο να διασπάται το Πνεύμα μας από την Ψυχή μας και πώς γίνεται η αποκατάσταση.

Πρώτο Κλαδί - Η Ψυχή

1. Με «Θεία Χάρη» από την Ψυχή το πρώτο που συνειδητοποιούμε είναι οι

Αναθέσεις που μας έχουν δοθεί τη στιγμή της γέννησής μας.

2. Μόλις αντιληφθούμε τις Αναθέσεις, που έχουμε αναλάβει, η ενέργεια της Αποστολής, που προκύπτει από αυτές, αρχίζει να εξαερώνεται κι εμείς να νιώθουμε καλύτερα, καθώς γινόμαστε ο εαυτός μας. Σ' αυτό το στάδιο γίνεται «Ανάκτηση Ψυχής» (Soul retrieval), δηλαδή ανακτούμε διασπασμένα κομμάτια της Ψυχής μας.

3. Μετά την Ανάκτηση της Ψυχής μας σειρά έχει η «Θεϊκή Οργή». Αυτή αντικαθιστά την απλή οργή, η οποία σημαίνει ότι ακόμα συνεχίζουμε και διασώζουμε το οικογενειακό μας σύστημα με τις αρχικές Αναθέσεις σε ισχύ. Αλλιώς δεν θα ήμασταν θυμωμένοι μαζί τους. Η Θεϊκή Οργή αντίθετα είναι απρόσωπη. Πέφτει πάνω σ' όποιον αντιβαίνει στους συμπαντικούς νόμους, όπως, για παράδειγμα, «ο γονέας είναι υπεύθυνος να φροντίζει και να προστατεύει το νεογέννητο και όχι το αντίθετο».

4. Κατόπιν ανοίγει η «Όραση», δηλαδή το να μπορούμε να βλέπουμε «πραγματικά».

5. Η «Θεία Δίκη» είναι η αποκατάσταση της κάθε είδους τάξης, όπως, για παράδειγμα, της Συστημικής, όταν αυτή διασαλεύεται.

6. Η «Θεία Κρίση», η οποία πάντα τελικά έρχεται, με την έννοια του ότι σπέρνω, θερίζω.

Δεύτερο Κλαδί - Το Παιδί Ήρωας

Στο δεύτερο κλαδί του Δέντρου της Αποκατάστασης, βλέπουμε και απελευθερώνουμε όλους τους Μηχανισμούς που ανέπτυξε το εσωτερικό μας παιδί για να μπορέσει να αναλάβει να φέρει εις πέρας την Αποστολή που του δόθηκε με τις Αναθέσεις.

1. Το νεογέννητο, για κάθε Ανάθεση που αναλαμβάνει, χρειάζεται να «δράσει πάνω σε αυτή». Ερχόμαστε σε επαφή και απελευθερώνουμε όλους τους Μηχανισμούς, τους οποίους το εσωτερικό μας παιδί έχει τοποθετήσει στο σώμα για να φέρει εις πέρας τις Αναθέσεις.

2. Με την ανάληψη των Αναθέσεων, μέσω του μηχανισμού που τοποθετεί στο τρίτο του μάτι, το εσωτερικό μας παιδί κλείνει τη διόρασή του. Εδώ ανοίγει το κανάλι της Διαύγειας στο τρίτο μάτι, με παράλληλη εισροή στο σώμα ενέργειας Αφθονίας, καθώς η διαύγεια είναι η οδός για την Αφθονία.

3. Το επόμενο στάδιο είναι η παράδοση της σεξουαλικής του ενέργειας. Μπορούμε να το φανταστούμε σαν μία κορδέλα ενέργειας, η οποία φεύ-

γει αδιάκοπα από το παιδί, τρέφοντας μόνιμα τη μητέρα του ή και όλο το οικογενειακό σύστημα, ανάλογα με τις Αναθέσεις που έχει πάρει. Αυτό δημιουργεί ένα φαύλο κύκλο, διότι τρέφοντας, όλοι τους πίσω αναγκάζο-νται να στραφούν στα νέα μέλη που γεννιούνται και να πάρουν τη δική τους ενέργεια για να επιβιώσουν. Η γήρανση μετέπειτα και η διαρκής κόπωση προέρχεται, επίσης, από την παράδοση της σεξουαλικής μας ενέργειας, που είναι η ζωτική μας ενέργεια. Όσο είμαστε νέοι δεν κατα-λαβαίνουμε αυτήν την επίδραση, ωστόσο μετά τα 35 με 38 αρχίζει η αντί-στροφη μέτρηση, κάτι που δεν είναι τόσο φυσιολογικό, όπως νομίζουμε. Σ' αυτό το στάδιο αναλαμβάνουμε και πάλι τη σεξουαλική μας ενέργεια και τη χρησιμοποιούμε για πρώτη φορά για εμάς.

4. Το εσωτερικό μας παιδί, με την παράδοση της σεξουαλικής του ενέργει-ας, βιώνει τώρα μία διάσπαση. Από τη μία το ζωντανό – νεκρό που έχει γίνει και κατοικεί στη Γη, και από την άλλη το θεϊκό του κομμάτι, το οποίο είναι η Θεϊκή σπίθα της ζωής σε ενσάρκωση. Αυτό το κομμάτι διασπάται και παραμένει στη θεϊκή του κατοικία, χωρίς να ζωποιεί τον ενσαρκωμέ-νο άνθρωπο. Αυτή η διάσπαση αποκαθίσταται.

Τρίτο Κλαδί - Το Πνεύμα

1. Μετά τη διάσπαση του εσωτερικού μας παιδιού από το Θεϊκό του κομμά-τι, σειρά έχει η Διάσπαση του Πνεύματος από την Ψυχή ως φυσικό επακό-λουθο από όλα τα προηγούμενα. Το Θεϊκό - Πνευματικό μας κομμάτι, που αποχωρίστηκε, τώρα αποκαθίσταται και γίνεται η σύνδεση με την Ψυχή μας. Είναι το στάδιο, το οποίο προϋποθέτει να εμπιστευθούμε τον εαυτό μας και τη Θεϊκότητα μέσα μας.

2. Όταν διασπάται το Πνεύμα από την Ψυχή, μπαίνουμε σε Λήθη, σε κυρι-ολεκτικό λήθαργο και ύπνο. Ξεχνάμε ποιοι είμαστε και από που ερχόμα-στε. Κάνουμε συζητήσεις και διαφωνούμε για το τι είναι η Ψυχή και εάν υπάρχει ο Θεός. Εδώ, καθώς ξυπνάμε, βιώνουμε στιγμές ενόρασης (aha moments)!

3. Θείο Μένος: Η λέξη «μένος» είχε την πρωταρχική σημασία «νους, σκέψη», αφού συνδέεται με τη ρίζα «μεν-», η οποία δήλωνε ακριβώς την ικανότη-τα για σκέψη. Στο Παιδί Ήρωας μετατρέπεται σε επιθετική ορμή, οργή, μανία εναντίον του ίδιου μας του εαυτού και ό,τι μάς περιβάλλει. Τη Γη, το ζωικό και φυτικό βασίλειο και όλα τα βασίλεια που κατοικούν πάνω στη Γη. Στρεφόμαστε εναντίον μας με θείο Μένος, αφού τα πάντα είμαστε εμείς. Για πρώτη φορά συνειδητοποιούμε τη βία εναντίον του εαυτού μας.

Η παράδοση

Η αλλαγή του Σχεδίου Ζωής μας από τη Ψυχή, προϋποθέτει την πλήρη παράδοσή μας. Παράδοση σε όποιον Θεό ή Άγιο ή Δάσκαλο ή Οντότητα πιστεύουμε ο καθένας. Σ' όποια ανώτερη δύναμη προσευχόμαστε ή ζητάμε βοήθεια και καθοδήγηση. Η παράδοση προϋποθέτει να κάνουμε στην άκρη, ώστε να επιτρέψουμε να μάς δοθεί αυτό που ζητάμε. Είμαστε στη μέση, σημαίνει, ότι είναι στη μέση οι πεποιθήσεις μας, οι Εγγραφές μας και οι Αποφάσεις Επιβίωσης που έχουμε πάρει ως παιδιά, οι οποίες είναι ακόμα κρυμμένες και δεν τις έχουμε αντιληφθεί. Αυτές είναι πάντα και το εμπόδιο στην υλοποίηση. Επειδή όμως δεν μπορεί να μάς παρακάμψει ούτε ο ίδιος ο Θεός, καθώς αυτό είναι ένα σύμπαν ελεύθερης βούλησης, μόνο εάν κάνουμε στην άκρη μπορούν να έρθουν όλα αυτά που χρειαζόμαστε. Δηλαδή, είναι σαν να δίνουμε την άδεια να αρθούν τα εμπόδια για την πραγματοποίηση της επιθυμίας μας, που είναι πάντα εσωτερικά δικά μας. Για παράδειγμα, ας υποθέσουμε πως κάποιος που είναι φτωχός προσεύχεται κάθε μέρα για περισσότερα χρήματα. Ο καιρός περνάει χωρίς να εισακούγονται οι προσευχές του, διότι δεν γνωρίζει τις Εγγραφές στέρησης που πιθανόν να έχει, όπως «εμείς φτωχοί γεννηθήκαμε και φτωχοί θα πεθάνουμε» ή «τα λεφτά είναι αμαρτία» ή «δεν θα γίνω ποτέ πιο πλούσιος από τους γονείς μου» ή «τα λεφτά δεν φέρνουν την ευτυχία» ή «τα χρήματα φέρνουν δυστυχία», κλπ.

Θα μπορούσαμε να συνεχίσουμε επ᾽ αόριστον γράφοντας ένα ολόκληρο βιβλίο μόνο με Εγγραφές και Προγραμματισμούς που αφορούν τα χρήματα, τις οποίες, συνήθως, δεν αντιλαμβανόμαστε καν! Μόνο εάν αυτός ο άνθρωπος πει: «Επειδή δεν γνωρίζω γιατί δεν υλοποιώ, παραδίδομαι ολοκληρωτικά στο Θέλημά σου. Κάνε το εσύ με όποιο τρόπο νομίζεις», τότε θα εμφανιστούν μπροστά του να δει τα εσωτερικά του εμπόδια. Πιθανόν να πάει την άλλη μέρα στη δουλειά του και να τού πουν ότι απολύεται. Ή, να χάσει και τα τελευταία χρήματα που έχει. Η υλοποίηση για την αφθονία που ζητάει, μόλις έχει ξεκινήσει!

Η πλήρης παράδοση είναι η ταπεινότητα τού να αντιλαμβάνομαι ότι για να μην υλοποιώ ό,τι χρειάζομαι, κάτι με εμποδίζει εσωτερικά, απλώς δεν το βλέπω. Διαφορετικά είμαι στην αλαζονεία του «αποκλείεται, τα έχω δουλέψει». Η ταπείνωση, συνήθως, με κάποιο ηχηρό χαστούκι δεν αργεί να έρθει.

Για να αλλάξει το Σχέδιο της Ζωής μας από την Ψυχή, αλλά και για να υλοποιήσουμε το οτιδήποτε, χρειάζεται να παραμερίσουμε και να επιτρέψουμε να κατέβει η νέα ενέργεια. Ακούγεται απλό αλλά δεν είναι!

Το μάθημα της Ωριμότητας για δημιουργία – Η επιστροφή του μαθήματος στην Πηγή

Η Απόσχιση και η Πτώση από την Πηγή έγινε για να εμπειραθούμε όλοι μας το μάθημα της Ωριμότητας για Δημιουργία. Διαφορετικά, είμαστε σαν ένα παιδί που τού δίνεται μία υπερδύναμη χωρίς να έχει την ωριμότητα του πώς να την χειρισθεί. Ως Θεοί - Δημιουργοί και εμείς οι ίδιοι τι θα επιλέξουμε να δημιουργήσουμε; Η υπερδύναμη της γνώσης της δημιουργίας χωρίς την αντίστοιχη Συνειδητότητα είναι σίγουρο ότι θα κάνει κακό. Η επιλογή και η ελεύθερη βούληση στη συχνότητα της Αγάπης είναι κάτι που πρέπει να κατακτηθεί.

Αυτή είναι η Κρίση και η Δευτέρα Παρουσία. Όλοι χρειάζεται να αναστηθούμε, διότι όλοι είμαστε ζωντανοί – νεκροί από τη στιγμή που ως μονοκύτταροι ακόμα οργανισμοί, πήραμε την Απόφαση Επιβίωσης «για να ζούμε πρέπει να παραδώσουμε τη ζωή μας και να μην ζούμε». Οι άπειρες παραλλαγές αυτής της κοινής Απόφασης βρίσκονται στο συλλογικό ασυνείδητο όλης της Ανθρωπότητας.

Η Δευτέρα Παρουσία και η Κρίση γίνεται μέσα μας και είναι η επιστροφή του μαθήματός μας στην Πηγή, εκεί όπου με την Πτώση δημιουργήθηκε το Πρωταρχικό Τραύμα. Η διάσπαση Πνεύματος και Ψυχής ξεκίνησε από τότε που φύγαμε από την Πηγή. Και, τελικά, όταν ολοκληρωθεί όλο το μάθημα, επιστρέφεται πάλι στην Πηγή.

Η Ανάληψη είναι η επανασύνδεση με την Πηγή και με τον Θεό Δημιουργό ή, όπως θα ήθελε να τον αποκαλεί ο καθένας μας, μέσω της Καρδιάς. Τότε ναι, τα έχουμε καταφέρει και βρισκόμαστε και πάλι ευτυχισμένοι στην αγκαλιά του. Επιστρέφουμε Σπίτι έχοντας κατακτήσει και αποδείξει ότι η πραγματική μας φύση είναι η Αγάπη.

ΚΕΦΑΛΑΙΟ 9
ΠΕΡΙΟΡΙΣΤΙΚΟ ΣΕΝΑΡΙΟ ΖΩΗΣ

Α. ΠΩΣ ΔΗΜΙΟΥΡΓΕΙΤΑΙ
Η πρώτη Απόφαση Επιβίωσης

Το Περιοριστικό Σενάριο Ζωής έχει να κάνει πάντα με παραχώρηση της ζωής μας και των αναγκών μας. Από το «δεν θα έχω ανάγκες», «δεν θα ζητάω«ή «τη ζωή που μού αναλογεί δώστε την στους άλλους». Αποφασίζεται τη στιγμή που βιώνουμε ένα βαθύ τραύμα, που σχετίζεται με την απόλυτη αδιαφορία και έλλειψη ενσυναίσθησης για τις ανάγκες μας απ' αυτούς που έχουν αναλάβει τη φροντίδα μας. Με κλειστό το συναίσθημά τους, χωρίς όχι μόνο να είναι σε θέση να δώσουν, αλλά να ζητούν από τα νεογέννητα να τούς φροντίσουν. Το συναίσθημα που νιώθει το μωρό από την αλληλεπίδραση με μία παγωμένη και ίσως εχθρική μητέρα είναι αυτό που καταγράφεται ως αγάπη και δίνει νόημα στη ζωή του. Είναι προτιμότερο να βιώνει πόνο, παρά να μην υπάρχει γι' αυτήν. Απόγνωση, μίσος, φόβος, ενοχή, σοκ, θυμός, εγκατάλειψη, ισοπέδωση, οτιδήποτε ένιωσε εκείνη τη στιγμή. Κι αυτό ακολουθεί σ' όλη του τη ζωή.

Η δημιουργία του Περιοριστικού Σεναρίου Ζωής μας ξεκινά ήδη από τη σύλληψη και την πρώτη Απόφαση Επιβίωσης, που παίρνουμε ως μονοκύτταροι οργανισμοί. Εκεί σχηματίζεται το Πρώιμο Σενάριο Ζωής, το προσχέδιο δηλαδή. Και η ιστορία πηγαίνει ακόμη πιο πίσω, καθώς ελκόμαστε από γονείς, που θα ενεργοποιήσουν το Καρμικό μας Μοτίβο, το οποίο θα μάς οδηγήσει για μία ακόμα φορά στο Παιδί Ήρωα και το Διαχωριστικό Εγώ. Οι Αναθέσεις, που παίρνουμε ως νεογέννητα, καθορίζουν την Αποστολή μας και, τελικά, ποιο θα είναι το σενάριο του έργου που παίζουμε στη συγκεκριμένη ζωή. Το Περιοριστικό Σενάριο Ζωής μάς οδηγεί πάντοτε στο να βιώνουμε το αρνητικό αντίθετο της Ποιότητας Έκφρασής μας.

Τίτλος Περιοριστικού Σεναρίου, βασικός χαρακτήρας πρωταγωνιστή και σκηνές του έργου

Ο τίτλος του Περιοριστικού Σεναρίου μας παραπέμπει αυτόματα στο έργο που παίζεται, αλλά που σ' αυτήν την περίπτωση είναι η ίδια μας η ζωή. Τίτλοι σεναρίων όπως: «Η Κατατρεγμένη», «η Δυστυχισμένη», «ο Άχρηστος», «ο Αδικημένος», «Όλοι αδιαφορούν για μένα», «Δεν υπάρχω», «Φταίω για όλα», «Είμαι ενόχληση και βάρος», «Δεν έχει τίποτα νόημα», «Τον σταυρό τον κουβαλάω μόνη μου».

Όποιος και αν είναι ο τίτλος του έργου, καταλήγει για όλους μας στο: «Εγώ δεν χρειάζομαι. Εγώ δεν έχω ανάγκη. Ας τα πάρουν οι άλλοι, αφού, τελικά, κανένας δεν νοιάζεται για μένα. Και να εκφράσω ανάγκη, δεν θα καλυφθεί». Εδώ ίσως θα είχε κάποιος την εύλογη απορία ότι κάποιοι άνθρωποι κάνουν ακριβώς το αντίθετο. Με τη διάθεση ενός αρπακτικού, θεωρούν ότι τα πάντα ανήκουν σ' αυτούς. Ωστόσο, αυτό δεν μπορεί να γίνει εάν δεν έχει προηγηθεί το γεγονός ότι τα έχουν ήδη δώσει όλα, στρεφόμενοι στους πιο αδύναμους για να πάρουν και αυτοί με τη σειρά τους.

Χρειάζεται να καταλάβουμε πως, όσο παίζουμε στο ίδιο έργο, δεν μπορεί να γίνει οριστική αλλαγή στη ζωή μας. Οι συμπρωταγωνιστές μας, ακόμα και αν αλλάξουν ως πρόσωπα, συνεχίζουν να παίζουν τον ίδιο ρόλο. Γι' αυτό και στις σχέσεις μας παρατηρούμε με τα χρόνια, πως, παρόλο που σταματάμε φιλίες, χωρίζουμε ή αλλάζουμε δουλειές, με φρικτά πάντα παράπονα για το τι μάς έκαναν, οι επόμενοι ηθοποιοί - συμπρωταγωνιστές έχουν ακριβώς την ίδια συμπεριφορά, αφού, το σενάριο παραμένει το ίδιο. Ακόμα και αν στην αρχή, λόγω, φυσικά, των διαφορετικών προσωπικοτήτων των ηθοποιών, που βάζουν στον ρόλο τους το δικό τους στίγμα νομίζουμε ότι, επιτέλους, γλιτώσαμε, μετά από λίγο καιρό το ίδιο Μοτίβο αναδύεται με ακρίβεια, που δεν γίνεται να παραβλέψουμε. Παρόλα αυτά, επαναλαμβάνουμε ξανά και ξανά την ίδια παράδοξη συμπεριφορά να αλλάζουμε τα πρόσωπα στο ίδιο έργο, αντί να αλλάξουμε οριστικά έργο!

Για να γίνει αυτό, θα χρειαστεί να ξεφυλλίσουμε τις σελίδες του, ώστε να αντιληφθούμε τις σκηνές που διαδραματίζονται. Παρακάτω δίνονται κάποια παραδείγματα:

- Σκηνές έργου 1: «Νιώθω αόρατος. Δεν υπάρχω. Είμαι μηδέν. Αυτό με ακινητοποιεί σε ό,τι κάνω, αφού τίποτα δεν έχει νόημα».

- Σκηνές έργου 2: «Αδιαφορούν για μένα. Με φτύνουν και μού έρχεται να τρελαθώ. Όλοι με απογοητεύουν».

- Σκηνές έργου 3: «Είμαι μόνη, δεν έχω παιδιά, η προσωπική ζωή είναι ένα άπιαστο όνειρο».

- Σκηνές έργου 4: «Είναι αδύνατον να επιτύχω οικονομική ευμάρεια, ό,τι και να κάνω δεν μπορώ να βγάλω χρήματα».

- Σκηνές έργου 5: «Τρέχω εγώ για όλους και για όλα, φορτώνομαι τα πάντα. Πάντα με αδικούν. Βρίσκομαι σε συνεχή αγανάκτηση».

- Σκηνές έργου 6: «Εγκλωβίζομαι μόνιμα με πρόσωπα και καταστάσεις που νιώθω ότι δεν τους αξίζω».

- Σκηνές έργου 7: «Νιώθω διαρκή απειλή και φόβο ότι κινδυνεύω. Φοβάμαι ότι πάσχω από τρέλα. Μένω μόνος μου για να κρυφτώ. Είμαι σε παραίτηση και απόγνωση».

- Σκηνές έργου 8: «Τρέχω συνέχεια χωρίς να μού φτάνει ο χρόνος. Είμαι πάντα εκεί για τους άλλους. Χαίρομαι μόνο όταν οι φίλοι μου με χρειάζονται. Ζω μέσα από αυτούς χωρίς να έχω δική μου ζωή».

- Σκηνές έργου 9: «Κανείς δεν ενδιαφέρεται για τις ανάγκες μου, αλλά και εγώ δεν τις εκφράζω. Εξάλλου, όποτε το έχω κάνει και πάλι κανείς δεν νοιάζεται. Νιώθω υποχρεωμένος ακόμα και για τα πιο δεδομένα πράγματα, όπως το να μου φέρει κάποιος ένα ποτήρι νερό. Αν ορθώσω το ανάστημά μου και ζητήσω από κάποιον αυτό που χρειάζομαι, πιστεύω ότι ο άλλος θα αρρωστήσει ή θα πεθάνει».

Ενδείξεις για να αντιληφθούμε ποιο είναι το Περιοριστικό Σενάριο Ζωής μας

Υπάρχουν πολλές ενδείξεις γύρω μας, που μάς βοηθούν να αντιληφθούμε στοιχεία του Περιοριστικού Σεναρίου Ζωής μας. Η αγαπημένη μας ταινία, που έχουμε δει άπειρες φορές, και συνεχίζουμε να την βλέπουμε σε κάθε ευκαιρία, έχοντας πια μάθει όλα τα λόγια απ' έξω. Η ιστορία ή το παραμύθι που μάς άρεσε περισσότερο στα παιδικά μας χρόνια, το τραγούδι που μας συγκινεί βαθιά, ένα βιβλίο που το έχουμε διαβάσει ξανά και ξανά. Ο αγαπημένος μας ήρωας, αυτός με τον οποίο ταυτιζόμαστε και συμπάσχουμε μαζί του. Αυτό μπορούμε να το δούμε στο παράδειγμα μιας γυναίκας 56 ετών, η οποία λάτρευε από παιδί ένα παραδοσιακό δημοτικό τραγούδι. Το έβρισκε πολύ χαρούμενο, και κάθε φορά που το άκουγε έφτιαχνε τη διάθεσή της. Στην ηλικία των 53 ετών, διαζευγμένη, σχετίστηκε με έναν άνδρα λίγο μεγαλύτερό της, που ήταν κακοποιητικός απέναντί της. Παρόλο που του ζήτησε να χωρίσουν εκείνος συνέχισε να την κυνηγάει και να την απειλεί, σε σημείο που η γυναίκα έκανε καταγγελία στην Αστυνομία φοβούμενη για τη ζωή της. Όσο ήταν σε σχέση μαζί του είχε ανακαλύψει πως και στους δύο τους άρεσε ίδιο τραγούδι.

Ο άνδρας μετά το χωρισμό, προσπαθώντας να την επαναπροσεγγίσει με κάθε τρόπο, προσέλαβε έναν τραγουδιστή να την πάρει τηλέφωνο με απόκρυψη και να τής το τραγουδήσει. Η γυναίκα για πρώτη φορά έδωσε προσοχή στα λόγια του τραγουδιού και αντιλήφθηκε έκπληκτη ότι μιλούσε για μία γυναικοκτονία! Συνειδητοποίησε, βεβαίως, τον λόγο της επιλογής των συντρόφων της μέχρι εκείνη τη στιγμή. Ο άνδρας που παντρεύθηκε ήταν εντελώς άβουλος και μαλθακός. Έζησε μεν μαζί του σε μεγάλη πλήξη και χωρίς έρωτα, αλλά τουλάχιστον δεν κινδύνευε. Στην επόμενη όμως σχέση της, ο νέος συμπρωταγωνιστής, έβγαλε στην επιφάνεια ένα Περιοριστικό Σενάριο Ζωής που ενδεχομένως στην πλοκή του να κακοποιούνταν σε βαθμό, που να έχανε τη ζωή της από έναν άνδρα.

Β. ΤΟ ΜΟΤΙΒΟ ΦΡΟΝΤΙΔΑΣ ΩΣ Η ΡΙΖΑ ΤΟΥ ΠΕΡΙΟΡΙΣΤΙΚΟΥ ΣΕΝΑΡΙΟΥ ΖΩΗΣ

Τα συναισθήματα είναι τροφή

Τα συναισθήματα μάς τρέφουν. Γνωρίζουμε πως τα νεογέννητα δεν αναπτύσσονται μόνο από το γάλα, αλλά και από την αγάπη που παίρνουν από αυτούς που τα φροντίζουν. Μεγαλώνοντας, συνεχίζουμε να τρεφόμαστε συναισθηματικά με τον τρόπο που πήραμε φροντίδα ως παιδιά. Εάν αυτή δινόταν αποκλειστικά μέσω αρνητικών συναισθημάτων, όπως, για παράδειγμα, ο θυμός, το μίσος, ο φόβος, η θλίψη, όχι μόνο αυτά θα είναι που θα αποζητάμε στις σχέσεις μας, αλλά συχνά θα τα προκαλούμε είτε σε εμάς είτε στους άλλους. Γινόμαστε είτε γεύμα είτε οι ίδιοι βαμπίρ που κάνουμε το θύμα μας να εκνευριστεί, να θυμώσει, να στεναχωρηθεί, προκειμένου να τραφούμε. Με το αρνητικό συναίσθημα που εκλύεται, μάς τρώνε ή τούς τρώμε, αφού αυτό είναι φροντίδα για μας. Και το επαναλαμβάνουμε ξανά και ξανά, πιστεύοντας κιόλας ότι είμαστε θύματα, μη γνωρίζοντας φυσικά συνειδητά ότι υπάρχει καλύτερη τροφή, αφού δεν ξέρουμε καν την ύπαρξή της.

Μ' αυτή τη γνώση, τι συναισθηματική δίαιτα θα επιλέγαμε όλοι μας από εδώ και πέρα; Θα συνεχίζαμε να είμαστε εμείς τροφή γι' άλλους με συνεχή εκπομπή αρνητικών συναισθημάτων; Θα συνεχίζαμε το δικό μας εθισμό στα αρνητικά συναισθήματα, δηλαδή στη χαμηλής δόνησης τροφή ή θα κινούμασταν προς τη μόνη τροφή, η οποία κυριολεκτικά θεραπεύει τα πάντα;

Μόνο όταν βρισκόμαστε στη δόνηση της Αγάπης και τρεφόμαστε από αυτήν δεν υπάρχει κανένα πρόβλημα διαρροής ενέργειας. Διαφορετικά αισθανόμαστε μόνιμα εξουθενωμένοι, άδειοι, θυμωμένοι , με κατάθλιψη, ληθαργικοί και άτονοι. Η συναισθηματική δίαιτα που ακολουθούμε, έχει άμεσα αποτελέσματα στην ποιότητα ζωής μας, ακριβώς όπως συμβαίνει και με το υλικό μας σώμα. Έχουν γυριστεί ακόμη και ντοκιμαντέρ για την κατάσταση χαμηλής ενέργειας, που μπορεί να βρεθεί ένας άνθρωπος μετά από διατροφή ενός μόνο μήνα με πρόχειρο φαγητό, χωρίς καθόλου φρέσκες τροφές, λαχανικά και φρούτα. Η ίδια ζημιά γίνεται σε όλα μας τα σώματα και, παρόλο που δεν τη βλέπουμε, είναι θέμα χρόνου πότε θα φτάσει στο υλικό μας σώμα με τη μορφή διάφορων ασθενειών.

Σε αυτό το σημείο, θα μπορούσε κάποιος να αναρωτηθεί πώς να κάνει δίαιτα αρνητικότητας, τη στιγμή που αυτό το βιβλίο υποστηρίζει ένθερμα πως τα παλαιά καταπιεσμένα συναισθήματα πρέπει να βιώνονται ολοκληρωτικά, δι-αφορετικά δεν μπορεί να υπάρξει πραγματική αλλαγή. Κι όμως, το ίδιο ακρι-βώς ισχύει και εδώ. Εάν, για παράδειγμα, δεν βιώσουμε ολοκληρωτικά το τι σημαίνει για το σώμα μας να τρώμε φαγητό κακής ποιότητας, δεν πρόκειται να αποβάλουμε αυτήν την καταστροφική για τον οργανισμό μας συνήθεια. Αυτό είναι ένα Σύμπαν Αφθονίας, όπου μπορούμε να επιλέξουμε μία νέα δί-αιτα με συναισθήματα χαράς, ευγνωμοσύνης, αισιοδοξίας, γαλήνης, στη συ-χνότητα της Αγάπης.

Για όποιον συνηθίσει σ' αυτή τη νέα διατροφή υψηλής δόνησης είναι πολύ δύσκολο και επίπονο να επιστρέψει στην παλιά. Και όποτε το κάνει, θα τον ενοχλεί τόσο που δεν θα αντέχει να παραμείνει για πολύ σε αυτήν.

Το Μοτίβο Φροντίδας

Η φροντίδα είναι η έκφραση της Αγάπης του Πνεύματος στη Γη. Καθώς η Αγάπη μάς τρέφει, είναι πολύ σημαντικό να κατανοήσουμε τον τρόπο που όλοι μας δεχόμαστε και δίνουμε φροντίδα. Ο τρόπος που αντιληφθήκαμε τη στοργή ως παιδιά από τη μητέρα μας, μάς έχει οδηγήσει στο να πάρουμε μια σειρά Κύριων Αποφάσεων Επιβίωσης όπως: «Φροντίδα είναι να μην δέχομαι καθόλου φροντίδα» ή «να τούς φροντίζω όλους εγώ». «Φροντίδα είναι να με εγκαταλείπουν». «Φροντίδα είναι να τρώω ξύλο», (πραγματικό ή συναισθη-ματικό). Ή, παίρνω φροντίδα όταν «είμαι αόρατος», «αρρωσταίνω», «αυτο-καταστρέφομαι», «με μισούν», «φέρομαι σαν τρελός», «με αδειάζουν», «με προδίδουν», «με εκμεταλλεύονται».

Αυτές οι Αποφάσεις αντικατοπτρίζονται σ' όλους τους τομείς της ζωής μας, με οποιονδήποτε ή οτιδήποτε συνδεόμαστε. Στις σχέσεις μας με άλλους αν-θρώπους, στα χρήματα, στο σεξ, στο φαγητό ακόμη και στον ύπνο. Είναι το κλειδί για να κατανοήσει κάποιος τον τρόπο που σχετίζεται, άρα τον τρόπο που τρέφεται. Εάν κάποιος αποφάσισε πως για «να πάρει φροντίδα πρέπει να τρώει ξύλο», θα έλκει ξανά και ξανά ανθρώπους και καταστάσεις στη ζωή του από τους οποίους θα υφίσταται κάποιου είδους κακοποίηση. Αυτό το παρα-τηρούμε συχνά σε μικρά παιδιά που ήδη έχουν αναπτύξει ένα τέτοιο Μοτίβο Φροντίδας, αφού είναι ο μόνος τρόπος για να τούς δίνουν προσοχή. «Προκαλούν» συνεχώς τους γονείς τους να τα χτυπήσουν ή να τούς φωνάξουν. Όταν πετύχουν το στόχο τους ηρεμούν, αφού έχουν φροντιστεί!

Το Μοτίβο που έχει καταγραφεί μέσα μας ως αγάπη και φροντίδα από τη μητέρα μας επαναλαμβάνουμε ασυνείδητα σε όλες μας τις σχέσεις - φιλικές, επαγγελματικές και συντροφικές. Ας δούμε μερικά παραδείγματα για τον τρόπο που εκφράζεται αυτό:

Παράδειγμα πρώτο: Γυναίκα 44 ετών, της οποίας η μητέρα δεν ήταν ποτέ διαθέσιμη για τις ανάγκες της ως παιδιού. Αυτό καταγράφηκε μέσα της ως αγάπη. Μ' αυτό το Μοτίβο Φροντίδας ελκόταν, φυσικά, πάντα από ανθρώπους και καταστάσεις που δεν ήταν πραγματικά διαθέσιμες γι' αυτήν. Οι σύντροφοί της δεν ήταν ποτέ διαθέσιμοι για τις ανάγκες της, με αποτέλεσμα να νιώθει ένα συνεχές «άδειασμα» κάθε φορά που χρειαζόταν κάτι. Η εργασία μας, που είναι τροφός σαν τη μητέρα, σχετίζεται απόλυτα με το Μοτίβο Φροντίδας μας. Κατά συνέπεια, αυτή η γυναίκα, παρόλο που ήταν εξαιρετικά καλή στην ειδικότητά της, πέρναγε μεγάλα διαστήματα ανεργίας, βρίσκοντας πάντα με πολύ κόπο κάπου να δουλέψει. Στις αλλεπάλληλες συνεντεύξεις εργασίας που έκανε, μάθαινε πως, τελικά, προτιμούσαν άτομα υποδεέστερα σε γνώσεις και ικανότητες από την ίδια. Η εργασία απλώς δεν ήταν διαθέσιμη για αυτήν. Όταν άρχισε να συνειδητοποιεί και να αλλάζει το Μοτίβο Φροντίδας της, κατανόησε πως, τελικά, δεν ήταν η ίδια ποτέ διαθέσιμη για τον εαυτό της.

Παράδειγμα δεύτερο: Άνδρας 48 ετών, ξεκίνησε θεραπεία έχοντας φρικτά παράπονα για τη γυναίκα του. Έλεγε γι' αυτήν πως: «Δεν μού επιτρέπει να κινούμαι με βάση τις δικές μου ανάγκες. Με πιέζει και με ζαλίζει και εγώ δεν κάνω ποτέ αυτό που με εξυπηρετεί. Και με βγάζει και προβληματικό από πάνω». Εργαζόμενος με το Μοτίβο Φροντίδας του, συνειδητοποίησε πως αυτός ακριβώς ήταν ο τρόπος που τού φερόταν η μητέρα του και αυτό φυσικά που κατέγραψε ως αγάπη.

Παράδειγμα τρίτο: Γυναίκα 38 ετών με δύο παιδιά, συνειδητοποίησε πως το Μοτίβο Φροντίδας της είναι «δεν σκέφτομαι ότι κάποιος μπορεί να με βοηθήσει». Αυτό έχει ως συνέπεια να τα κάνει όλα μόνη της και να καταλήγει πάντα θυμωμένη, νιώθοντας ότι δεν τής αναγνωρίζουν τον κόπο της και αυτά που προσφέρει. Η μητέρα της νόσησε από καρκίνο λίγο μετά που την γέννησε, μέχρι που απεβίωσε, όταν η γυναίκα του παραδείγματος ήταν μόλις τεσσάρων ετών και η αδελφή της επτά. Μπορούμε να φανταστούμε αυτή τη μητέρα να μη μπορεί να τούς δώσει καμία φροντίδα. Άρρωστη, αποθαρρυμένη και με όλο τον καταπιεσμένο θυμό, που δημιουργεί τη συγκεκριμένη ασθένεια. Παράλληλα, το υπόλοιπο οικογενειακό περιβάλλον δεν είχε καμία ενσυναίσθηση για το τι περνούσαν τα παιδιά. Καθώς θεωρούσαν πως δεν καταλαβαίνουν διότι είναι μικρά, απαγόρευαν ακόμα και να κλαίνε για τον θάνατο της μαμάς τους για να μην στενοχωριούνται οι μεγάλοι που είχαν πένθος!

Παράδειγμα τέταρτο: Γυναίκα, η οποία, με όποιον και αν σχετίζεται, φιλικά, ερωτικά ή επαγγελματικά, έχει πάντα το συναίσθημα: «Δεν μπορώ την απογοήτευση. Περιμένω και πάντα με απογοητεύουν». Κοιτώντας πίσω από αυτούς σε ποιον πραγματικά το λέει, παρατηρεί ότι το απευθύνει στη μητέρα της. Το Μοτίβο Φροντίδας που έχει καταγραφεί ως αγάπη είναι «πάντα περιμένω, αλλά με απογοητεύουν». Όλη η ζωή της, καθρεφτίζει ακριβώς αυτό και είναι η μόνιμη πηγή της στεναχώριας και του εκνευρισμού της.

Παράδειγμα πέμπτο: Άνδρας, ο οποίος ακούει συνεχώς τον εαυτό του να λέει στις σχέσεις του, κυρίως τις ερωτικές: «Δεν μου δίνεις σημασία. Στα δίνω όλα κι εσύ με αγνοείς, δεν με υπολογίζεις». Ανακάλεσε πως έτσι ένιωθε ως παιδί από την παγωμένη από συναίσθημα μητέρα του. Όταν δεν έδινε εκείνη, έπρεπε να δώσει αυτός για να μπορεί να σχετίζεται μαζί της. Αυτό το Μοτίβο Φροντίδας που καταγράφηκε μέσα του ως αγάπη, το συνεχίζει σε όλη την ενήλικη ζωή του.

Παράδειγμα έκτο: Γυναίκα 31 ετών, με τίτλο Περιοριστικού Σεναρίου Ζωής «Είμαι σε δεύτερη μοίρα» και Μοτίβο Φροντίδας την «απόρριψη», παραπονιέται συνεχώς στον σύντροφό της: «Νιώθεις αδιαφορία για μένα, αισθάνομαι παραμελημένη και ότι προσπαθώ για δύο». Στην πραγματικότητα το απευθύνει στη μητέρα της, καθώς έτσι ένιωθε πάντα από παιδί μαζί της.

Παράδειγμα έβδομο: Άνδρας 58 ετών, του οποίου ο τίτλος του Περιοριστικού Σεναρίου Ζωής του είναι «Τα κάνω όλα μόνος μου» και το Μοτίβο Φροντίδας του η «σκληρότητα». Αν τον παρατηρήσουμε θα δούμε ότι είτε φέρεται ο ίδιος στους άλλους με σκληρότητα χωρίς να το καταλαβαίνει ή έλκει άτομα και «καταστάσεις» που του φέρονται κατά αυτόν τον τρόπο. Πίσω από όλους η μητέρα του, η οποία, λόγω του δικού της τραύματος, ήταν πολύ σκληρή απέναντί του. Συνειδητοποιώντας ότι αυτό κατέγραψε ως αγάπη, κατάλαβε πώς, τελικά, φέρεται ο ίδιος με απόλυτη σκληρότητα στον εαυτό του.

Παράδειγμα όγδοο: Γυναίκα 35 ετών, η οποία ξεκίνησε θεραπεία διότι, παρόλο που ήθελε διακαώς να βρει ένα καλό σύντροφο και να κάνει οικογένεια, δεν μπορούσε. Αντίθετα, ελκόταν από άνδρες που το μόνο που ήθελαν από αυτήν ήταν περιστασιακές σεξουαλικές συνευρέσεις χωρίς καν μία πιθανότητα προοπτικής να δημιουργηθεί μία σχέση. Ύστερα από δύο χρόνια θεραπείας αποκαλύφθηκε το Μοτίβο Φροντίδας «νιώθω μόνη και αβοήθητη». Ένιωθε μόνιμα «κουράστηκα να προσπαθώ να δείξω ότι είμαι άξια».

Η μητέρα της παντρεύτηκε σε νεαρή ηλικία τον πατέρα της και πήγε να ζήσει μαζί με το δικό του σόι, σε ένα ορεινό χωριό. Εκεί κακοποιούνταν όχι μόνο από αυτόν, αλλά και από την πεθερά της και τη μητέρα της. Δηλαδή, τη γιαγιά και τη προγιαγιά της γυναίκας του παραδείγματος. Νιώθοντας «μόνη και αβοήθητη» η ίδια, δεν μπορούσε να φροντίσει, όπως έπρεπε, το μωρό, το οποίο όχι μόνο είχε κι αυτό το ίδιο συναίσθημα, αλλά πιθανόν να το απορροφούσε από τη μαμά του, για να την ανακουφίσει.

Παράδειγμα ένατο: Το ανικανοποίητο στη σεξουαλική μας ζωή, σχετίζεται, επίσης, με τη φροντίδα που πήραμε από τη μητέρα μας. Μία γυναίκα 26 ετών απευθύνει στον σύντροφό της, από τον οποίο απαιτεί συνεχώς περισσότερο σεξ, και τελικά, μέσω αυτού, στη μητέρα της: «Θέλω να είμαστε κοντά σωματικά. Η σωματική επαφή είναι χαρά και όχι υποχρέωση. Χρειάζομαι περισσότερη προσοχή μέσω της σωματικής επαφής». Εργαζόμενη επάνω στο Μοτίβο Φροντίδας της, θυμήθηκε πως η μητέρα της ήταν πάντα κουρασμένη για να ασχοληθεί μαζί της. Ανακάλεσε μνήμες ως μωρό να κλαίει μόνη στην κούνια και να παθαίνει κρίσεις άγχους και πανικού. Να νιώθει παραμέληση, θυμό και να αναρωτιέται «για ποιο λόγο βρίσκομαι εγώ εδώ»; Τα ίδια ακριβώς συναισθήματα νιώθει αυτή η γυναίκα, ως ενήλικη πια, κάθε φορά που ο σύντροφός της δεν θέλει να κάνει σεξ. Εδώ βλέπουμε, επίσης, ξεκάθαρα, τη σύνδεση της σεξουαλικής πράξης με τη σωματική επαφή που στερήθηκε από τη μητέρα.

Με βάση τα παραπάνω παραδείγματα καταλαβαίνουμε πως, παρατηρώντας ποιο είναι το μόνιμο παράπονο που έχουμε στις σχέσεις μας, μπορούμε να διακρίνουμε το Μοτίβο Φροντίδας μας. Τα πάντα, φυσικά, πίσω από κάθε κατάσταση τα απευθύνουμε στους γονείς μας και κυρίως στη μητέρα μας. Τελικά, για ό,τι κατηγορούμε τους άλλους σχετικά με το πώς μάς φέρονται, είναι ο τρόπος που φερόμαστε εμείς στον εαυτό μας και στο εσωτερικό μας παιδί. Άσχετα εάν το συνειδητοποιούμε ή όχι. Εάν το Μοτίβο Φροντίδας είναι το «μίσος, με «μισώ», «με αδειάζουν, με αδειάζω», «με προδίδουν, με προδίδω», «με εγκαταλείπουν, με εγκαταλείπω» κοκ.

Συναισθηματικός Εθισμός

Το Μοτίβο Φροντίδας είναι η βάση πάνω στην οποία δημιουργείται το Περιοριστικό Σενάριο Ζωής μας. Επαναλαμβανόμενο ξανά και ξανά δημιουργεί έναν Συναισθηματικό Εθισμό. Ως εθισμό θα ορίζαμε κάθε μορφή εξάρτησης, η οποία βοηθά στην καταπίεση του εσωτερικού πόνου. Ουσίες, αλκοόλ, φαγητό, είτε κάθε είδους δραστηριότητες, όπως τυχερά παιχνίδια, διαδίκτυο, ψώνια, εργασία, κλπ. Αλλά, όταν καταστέλλουμε κάτι συνεχώς, αυτό διογκώνεται. Αναδύεται ξανά με περισσότερη μανία και μάς ρίχνει στο φαύλο κύκλο της αδιάκοπης ανάγκης να τού ξεφύγουμε.

Ο Συναισθηματικός Εθισμός είναι ακόμα πιο ισχυρός, διότι αφορά το εσωτερικό μας παιδί και το πως εξέλαβε την αγάπη. Ταυτόχρονα, κρατάει στη θέση του το Περιοριστικό Σενάριο Ζωής, επανενεργοποιώντας το συνεχώς. Χρειάζεται να τον αντιμετωπίσουμε με τον ίδιο τρόπο που θα το κάναμε για οποιαδήποτε άλλο εθισμό, με παρόμοια στάδια απεξάρτησης.

Το πρώτο βήμα είναι να συνειδητοποιήσουμε τι μάς συμβαίνει. Διότι, διαφορετικά, ο εθισμένος λέει «έλα μωρέ πίνω και κανένα ποτηράκι ή μού αρέσουν τα γλυκά σιγά και τι έγινε», αφού έχει γίνει πλέον τρόπος ζωής.

Το δεύτερο βήμα είναι να παραδεχτούμε ότι αυτό μάς δημιουργεί πρόβλημα. Ο εθισμένος λέει σ' αυτό το στάδιο «ναι εντάξει έχω πρόβλημα, αλλά το ελέγχω». Πολύ συχνά, η αφύπνιση γίνεται μόνο όταν πάμε στον γιατρό και μάς πει ότι αν δεν κόψουμε τη ζάχαρη ή το αλκοόλ ή το τσιγάρο κινδυνεύει η ζωή μας.

Το τρίτο βήμα είναι η απόφαση να κάνουμε κάτι γι' αυτό και η απαραίτητη πειθαρχία να μπούμε σε απεξάρτηση.

Ο χρόνιος Συναισθηματικός Εθισμός, όσο επίπονος και αν είναι, μάς φαίνεται πλέον κάτι φυσιολογικό. Γι' αυτό η παρατήρηση μαζί με την αντικατάσταση της συνήθειας είναι σημαντικές σ' αυτή τη φάση.

Στο παράδειγμα μιας γυναίκας 40 ετών με τίτλο Περιοριστικού Σεναρίου Ζωής «Δίνω την ύπαρξή μου στους άλλους», βίωνε από τότε που θυμόταν τον εαυτό της απελπισία και αυτολύπηση. Στο στάδιο της απεξάρτησης, άρχισε να μειώνει μέσα στη μέρα τα διαστήματα που ένιωθε αυτά τα συναισθήματα. Σαν αυτόν που καπνίζει πέντε πακέτα και βαθμιαία το ελαττώνει. Παράλληλα, χρησιμοποιούσε μία τεχνική αντικατάστασης της συνήθειας του Συναισθηματικού Εθισμού με κάτι που δημιουργούσε άμεση αλλαγή διάθεσης. Παρόμοια με το τσιγάρο, που κάποιος αντικαθιστά τη συνήθεια να κρατά κάτι στο χέρι του με ένα κομπολόι. Άκουγε ένα τραγούδι που τής άρεσε ή πήγαινε για περπάτημα στη φύση ή, όταν ο καιρός το επέτρεπε, κολυμπούσε στη θάλασσα. Έτσι, τη στιγμή που την κατέκλυζε η ανάγκη να βουτηχτεί στο Συναισθηματικό Εθισμό κατάφερνε να αλλάζει τη διάθεσή της.

Το τέταρτο βήμα είναι η σταθεροποίηση και διατήρηση του αποτελέσματος, ώστε να μην ξανακυλάμε. Σαφέστατα χρειάζεται ένα εύλογο χρονικό διάστημα για τη δημιουργία νέων συνάψεων στον εγκέφαλό μας, όσο θα εξασθενεί ο Συναισθηματικός Εθισμός. Είναι γεγονός πως, όσο παρατηρούμε και συνειδητοποιούμε τι μας συμβαίνει, αλλάζοντας τις συνήθειές μας, βλέπουμε στην πράξη ότι η αλλαγή είναι εφικτή.

Κατά τη διάρκεια της απεξάρτησης είναι πολύ σημαντική η παρατήρηση του τι είναι αυτό που μάς πυροδοτεί και μπαίνουμε αδιάλειπτα στο Συναισθηματικό Εθισμό, που δεν είναι, φυσικά, τίποτε άλλο από τη συνεχή αυτοεπίκριση. Το «ναι, αλλά» είναι ένα κλικ που γίνεται αυτόματα και χρειάζεται σ' αυτό το στάδιο συνεχή εγρήγορση ώστε να παρατηρήσουμε ότι μάς ρίχνει κατευθείαν στον αυτοσαδισμό, την αυτοϊσοπέδωση, τη μοναχικότητα, την απελπισία, την αυτολύπηση και, γενικότερα, στο κάθε είδους αυτοξέσκισμα και αυτοσαμποτάρισμα. Νιώθουμε πως δεν αξίζουμε, επειδή δεν μάς θέλουν, είμαστε βάρος, ανεπιθύμητοι, δεν υπάρχουμε καν.

Ακόμα και όταν κάνουμε κάτι θετικό, η Διασπαστική Φωνή μάς λέει: «Ναι, αλλά θα το ξανακαταφέρεις;» ή «Ναι, αλλά παραλίγο να χάσεις» ή «Ναι, αλλά ο άλλος το έκανε καλύτερα από σένα» ή «Ναι, αλλά θα καταλάβουν ότι δεν το έκανες τέλειο» ή «Ναι, αλλά δεν αξίζεις ότι και να κάνεις», κλπ.

Τότε, βεβαίως, δεν είμαστε στη Θέση του Ενήλικα, διότι αυτός όχι μόνο επιτρέπει στον εαυτό του να κάνει και λάθη, αλλά τα καλωσορίζει κιόλας, γνωρίζοντας ότι είναι μέρος της διαδικασίας ανάπτυξης και ωρίμανσης. Το εσωτερικό μας παιδί αναλαμβάνει, για μία ακόμα φορά, χρησιμοποιώντας ένα ένα τα εργαλεία υποστήριξης του Μοτίβου Φροντίδας που έχει καταγραφεί ως Αγάπη, και έχει δημιουργήσει το Περιοριστικό Σενάριο Ζωής μας.

Μοτίβο Φροντίδας και ζευγάρια

Τα ζευγάρια τα ενώνει πάντα το παρόμοιο τραύμα. Ελκύουμε σύντροφο με παρόμοιο ή συμπληρωματικό Μοτίβο Φροντίδας, που έχει γίνει, φυσικά, Συναισθηματικός Εθισμός. Στις διαφωνίες και τους καυγάδες τους, πάντα φαίνεται ότι ο ένας είναι το θύμα και ο άλλος ο θύτης, ενώ στην πραγματικότητα εναλλάσσονται συνεχώς στους δύο ρόλους. Ας δούμε το παράδειγμα ενός ζευγαριού γύρω στην ηλικία των 40 ετών.

Και οι δύο μεγάλωσαν με μητέρες που τους φέρονταν σαδιστικά, με το να μην είναι ποτέ διαθέσιμες για τις συναισθηματικές ανάγκες των παιδιών τους. Με αυτό το Μοτίβο Φροντίδας, ανέπτυξαν το Συναισθηματικό Εθισμό του αυτοσαδισμού. Φαινομενικά, η γυναίκα κυρίως τον εσωτερικεύει φερόμενη με σαδισμό στον εαυτό της, ενώ ο άνδρας τον εξωτερικεύει φερόμενος σαδιστικά στη σύντροφό του. Εάν αυτή ξεκινήσει δίαιτα, αυτός θα τής φέρει στο σπίτι το αγαπημένο της παγωτό. Εάν τού ζητήσει να την πάρει αγκαλιά, θα της το αρνηθεί. Αυτός, απλώς δεν είναι ποτέ διαθέσιμος γι' αυτήν, με τον ίδιο τρόπο, βεβαίως, που η γυναίκα κατέγραψε την αγάπη από τη μητέρα της.

Ο άνδρας, που εξωτερικεύει τον σαδισμό, το κάνει απλώς για να ανακουφιστεί από το δικό του αυτοσαδισμό, όπως έκανε και σ' αυτόν η δική του μητέρα. Αν παρατηρήσουμε προσεκτικά αυτό το ζευγάρι θα δούμε ότι η σχέση τους είναι βασισμένη στο να αλλάζουν ρόλους στο πότε θα φέρεται σαδιστικά στον άλλον, βάσει του Μοτίβου Φροντίδας τους.

Ο τίτλος του Περιοριστικού Σεναρίου Ζωής του κάθε μέλους αυτού του ζευγαριού είναι, επίσης, φαινομενικά αντίθετος, αλλά κατά βάση ίδιος. Το σενάριο της γυναίκας έχει τίτλο «Όλοι είναι καλύτεροι από μένα» και αυτό είναι το μέλος που κυρίως εσωτερικεύει τον αυτοσαδισμό. Του άνδρα είναι «Είμαι καλύτερος από όλους», όπου ο αυτοσαδισμός εξωτερικεύεται. Οι αντίθετοι τίτλοι μάς δείχνουν ακριβώς πώς ενεργοποιούν συνεχώς ο ένας στον άλλον το τραύμα του. Κατ' αυτήν την έννοια, είναι τέλειοι ο ένας για τον άλλον, πραγματικές αδελφές ψυχές.

Το «Είμαι καλύτερος από όλους», βεβαίως, δεν είναι παρά ένα προσωπείο που από κάτω κρύβει το «δεν αξίζω». Σε φαινομενική αλαζονεία, αυτό το μέλος του ζευγαριού είναι τελείως κλειστό και εχθρικό στις ανάγκες του συντρόφου του. Διότι, το να δεχτεί μία άλλη άποψη, σημαίνει ότι δεν είναι ο καλύτερος, άρα κινδυνεύει με κατάρρευση όλου του Οικοδομήματος Επιβίωσης που έχει φτιάξει για να καταπιέσει τον πόνο.

Τα ζευγάρια συχνά κατηγορούν ο ένας τον άλλον για τα δεινά τους, ενώ τους ενώνει άρρηκτα το παρόμοιο Περιοριστικό Σενάριο Ζωής τους και το Μοτίβο Φροντίδας. «Ο σαδισμός είναι αγάπη», «το αυτοξέσκιμα είναι αγάπη», «ο πόνος είναι αγάπη», το «είμαι άχρηστος είναι αγάπη». Αυτή είναι η ρίζα των καυγάδων των ζευγαριών. Εάν το ένα μέλος του ζευγαριού αλλάξει το Μοτίβο Φροντίδας που έχει καταγραφεί ως αγάπη, η σχέση με το σύντροφό του ξαναρχίζει από την αρχή καθώς κυριολεκτικά θα πρέπει να ξανασυστηθούν!

Διαγενεαλογικά Μοτίβα Φροντίδας

Τα ισχυρά αρνητικά συναισθήματα της μητέρας προς το παιδί δεν μπορεί παρά να οφείλονται σε Διαγενεαλογικά Μοτίβα Φροντίδας. Ακόμα και οι γυναίκες που θεωρούν τον εαυτό τους τον πιο ήρεμο και γλυκό άνθρωπο του κόσμου, ξαφνικά καταλαμβάνονται από ένα δολοφονικό θυμό με συναισθήματα κακίας και μίσους προς την οικογένειά τους ή τον σύντροφό τους, που δεν ξέρουν που να τα αποδώσουν.

Το τραύμα του μίσους μεταφέρεται από γενιά σε γενιά. Εκφράζεται με διάφορους τρόπους, όπως γονείς που ζηλεύουν τα παιδιά τους, τα επιβουλεύονται, τούς φέρονται με κακία, τα κακοποιούν, καρπώνονται τα επιτεύγματά τους, τα θεωρούν βάρος και ότι τους καταστρέφουν τη ζωή. Φυσικά, το ίδιο συμβαίνει και ανάμεσα στο ζευγάρι.

Θα χρειαστεί όλοι μας να δούμε τον τρόπο που εισπράξαμε μίσος ως παιδιά και πώς, τελικά, εμείς μισούμε τον εαυτό μας, έχοντας μάθει ότι αυτό είναι αγάπη. Εάν δεν επιτρέψουμε να ανοίξει (και να το διαχειριστούμε σ' αυτή τη ζωή) θα το παραδώσουμε αναγκαστικά στους απογόνους, οι οποίοι θα αναπτύξουν το ίδιο Μοτίβο Φροντίδας.

Ο μόνος τρόπος να μη συνεχιστεί, είναι να βιώσουμε το τι έχει συμβεί, ώστε να απελευθερωθούν όλοι από αυτό. Οι προηγούμενοι, εμείς και οι επόμενοι. Αυτό είναι που φοβόμαστε να κάνουμε, διότι δεν ξέρουμε εάν θα αντέξουμε το μέγεθός του, αντίστοιχο με μία σκοτεινή νύχτα ψυχής.

Οι γονείς μας, από την άλλη μεριά, πήραν όλο το τραύμα πάνω τους για να μπορέσουμε να προχωρήσουμε, παρόλο που και εκείνοι, με τη σειρά τους, αναγκαστικά, μάς τραυμάτισαν. Αν όμως το συνεχίσουμε, καθιστούμε τη δική τους θυσία τους άσκοπη.

Τα οικογενειακά συστήματα αναθέτουν στα μέλη τους να κρατήσουν κλειστό το τραύμα του μίσους, ώστε να εξασφαλιστεί η επιβίωσή τους. Γι' αυτό τον λόγο έχει αναπτυχθεί μία σειρά Διαγενεαλογικών και, κατά συνέπεια, ισχυρών Μηχανισμών. Μεταδίδονται από γενιά σε γενιά και βοηθούν στο να καταπιέζεται και να κρύβεται. Μηχανισμοί, όπως τρέλα, αρρώστιες, καταστροφολογία, αναπτύχθηκαν γι' αυτό τον λόγο. Όσο ασχολούμαστε μ' αυτά, δεν βλέπουμε το μίσος και την επίπτωσή του.

Μπορούμε να δούμε τη λειτουργία ενός τέτοιου Μηχανισμού στο παράδειγμα ενός νεαρού ζευγαριού, γύρω στα 25. Και τα δύο μέλη έχουν Μοτίβο Φροντίδας «μίσους προς τον εαυτό τους». Παρόμοια με το ζευγάρι του προηγούμενου παραδείγματος, η γυναίκα το εσωτερικεύει, φερόμενη στον εαυτό της με μίσος. Ο άνδρας το στρέφει μόνιμα προς αυτή, κοιτώντας την συχνά με μάτια που καίνε από μίσος, κατηγορώντας την έμμεσα ή άμεσα, για ό,τι αρνητικό του συμβαίνει. Για την εργασία του, που δεν τού αρέσει, αλλά είναι αναγκασμένος να την κάνει για να φέρει χρήματα στο σπίτι, τη ζωή του που μισεί, και για όλα αυτά που δεν τολμά να κάνει. Παρόλο που είναι σε θεραπεία και γνωρίζει ότι σχετίζεται με δικό του τραύμα, ωστόσο αυτό το συναίσθημα τον καταλαμβάνει χωρίς να μπορεί να το ελέγξει. Εργαζόμενος ο άνδρας με το Μοτίβο Φροντίδας, αποκαλύφθηκε πως στο δικό του οικογενειακό σύστημα υπήρχε ο ισχυρότατος Διαγενεαλογικός Ψυχολογικός Μηχανισμός «έχουν οι άλλοι την ευθύνη για ό,τι μάς συμβαίνει» για να κρύβει το τραύμα του μίσους. Συνειδητοποίησε πως και ο πατέρας του φερόταν με τον ίδιο τρόπο στη μητέρα του, κατηγορώντας την ακόμα και για το ότι έκαναν οικογένεια και έτσι ο ίδιος δεν πραγματοποίησε τα όνειρά του.

Ας δούμε άλλο ένα παράδειγμα, μιας γυναίκας 50 ετών. Μεγάλωσε με μα βαθιά διαταραγμένη μητέρα, η οποία εξέπεμπε συνεχώς στο παιδί «σε μισώ. Θα σε ανέχομαι και δεν θα σε καταστρέψω, αν αναλάβεις όλα τα βάρη μου». Κάτι τόσο ισχυρό μπορεί να προέλθει μόνο από Διαγενεαλογικό Μοτίβο Φροντίδας.

Το παιδί ανέλαβε αυτόματα να απορροφά κάθε τι αρνητικό που είχε πάνω της η πνιγμένη από το μίσος μητέρα του και να το καθαρίζει. Ένας πραγματικός ενεργειακός δούλος. Κατά συνέπεια, αναπτύχθηκε ένα Μοτίβο Φροντίδας «Με μισώ, για να με ανέχονται πρέπει να τούς παίρνω τα βάρη», με τίτλο Περιοριστικού Σεναρίου Ζωής «Θα σας παίρνω τα βάρη». Ένα σενάριο αυτοκαταστροφής, όπου η πρωταγωνίστρια μισώντας τον εαυτό της, τον σαμποτάρει με κάθε πιθανό ή απίθανο τρόπο.

Το Μοτίβο Φροντίδας έγινε ένας Συναισθηματικός Εθισμός, βάσει του οποίου αυτή η γυναίκα έλκυε πάντοτε άτομα παρόμοια με τη μητέρα της. Ξεκινούσε αυτόματα να τα καθαρίζει ενεργειακά, απορροφώντας ό,τι αρνητικό είχαν πάνω τους. Αυτό την έκανε εξαιρετικά δημοφιλή, καθώς όλοι έλεγαν ότι τούς ηρεμεί και επιζητούσαν την παρέα της. Σ' αυτούς που δεν τής φέρονταν καλά όχι μόνο δεν αντιδρούσε ποτέ και δεν θύμωνε, αλλά, αντίθετα, τούς καθησύχαζε. Έτσι, είχε πολύ καταπιεσμένο και παγωμένο θυμό. Το αποτέλεσμα ήταν να πάσχει όλη της τη ζωή από χρόνια κόπωση και να βρίσκεται μόνιμα σε ληθαργική κατάσταση. Ο συνδυασμός εργασίας και προσωπικής ζωής ήταν εξαιρετικά επίπονος, αφού χρειαζόταν πολλές ώρες ύπνου καθημερινά, συχνά πάνω από 12 ώρες, για να μπορεί να αντεπεξέρχεται. Αυτό την εμπόδισε να κάνει οικογένεια, κάτι που φαινόταν πρακτικά αδύνατον, αφού μονίμως ήταν εξαντλημένη.

Έκανε όλες τις ασχολίες που είχε, πάντα γρήγορα, ταυτόχρονα, χωρίς να παίρνει ανάσα. Είχε αναπτύξει έναν εσωτερικό ψυχαναγκασμό «να μη χασομερά ούτε στιγμή». Έπρεπε να είναι πάντα ετοιμοπόλεμη και να μην έχει εκκρεμότητες, ώστε να είναι συνεχώς στη διάθεση των άλλων. Όλη αυτή η μόνιμη εσωτερική πίεση οδηγούσε σε διαστήματα υπερδραστηριότητας που εναλλάσσονταν με το αναπόφευκτο ξεφούσκωμα της ενέργειας και υπερκόπωση. Συχνά, υπήρχαν και μικροασθένειες, αφού μόνο έτσι τελικά μπορούσε να επιτρέψει στον εαυτό της να ξεκουραστεί σωματικά και συναισθηματικά.

Από τη στιγμή που συνειδητοποίησε τι κάνει, χρειάστηκαν χρόνια θεραπείας για να το σταματήσει και να το αναστρέψει, καθώς είχε γίνει Αυτοματισμός. Σταδιακά, κατάφερε να επανακτήσει την ενέργειά της και να τη χρησιμοποιεί πλέον για τον εαυτό της και τη ζωή της, βγαίνοντας από το Διαγενεαλογικό Μοτίβο Φροντίδας του μίσους.

Στο παράδειγμα μιας γυναίκας 35 ετών βλέπουμε τη λειτουργία του Διαγενεαλογικού Μοτίβου Φροντίδας «Κρύψου!». Οι γενεαλογίες επιβίωσαν με το να κρύβουν ό,τι συνέβαινε στους κόλπους τους, το κακό ή και ακόμα και το καλό, για να μην τους φθονούν. Ένα τέτοιο μοτίβο που προέρχεται από την αρχαία Απόφαση Επιβίωσης «επιβιώνω μόνο αν κρύβομαι», κάνει πάντοτε δύσκολο να ανοίξει και να δουλευτεί το τραύμα, διότι η εντολή ακριβώς είναι «κρύψτε το».

Αυτό εξέλαβε η γυναίκα του παραδείγματος ως αγάπη, αλλά και ως ισχυρή εντολή από τη μητέρα της, που είχε το παρόμοιο τραύμα. «Κρύψε το δυναμικό σου, ότι είσαι, ακόμα και τη χαρά σου». Αυτό έγινε πιο έντονο, αφού και ο πατέρας της είχε επίσης το ίδιο Διαγενεαλογικό Μοτίβο Φροντίδας, χρησιμοποιώντας τις ασθένειες για να κρατιέται απασχολημένος και έτσι να κρύβεται.

Κάθε φορά που το παιδί επιχειρούσε να δείξει τα ταλέντα του και τα χαρίσματά του και οι δύο γονείς το υπονόμευαν για να σταματήσει. Το μήνυμα που έπαιρνε ήταν: «Κρύψου σε σύνολο, ως οντότητα. Όχι μόνο διότι είναι το σωστό, αλλά και διότι εάν σε δούμε θα πρέπει να δούμε και εμάς και να παρακούσουμε την εντολή να κρυβόμαστε.»

Μ' αυτή την εκπαίδευση, κάθε φορά που αυτή η γυναίκα επιχειρούσε να ανοίξει το δυναμικό της και να φανεί κάπου, από το πιο απλό, όπως το να είναι καλή μαγείρισσα ή να κάνει σπουδές, ή το να χαρεί για κάτι, αυτόματα ξεκινούσε να σαμποτάρει τον εαυτό της. Κάτι που δημιουργούσε συνεχείς εναλλαγές διάθεσης, οι οποίες δεν την άφηναν να ισορροπήσει και την έριχναν σε κατάθλιψη και, κατά συνέπεια, σε αδράνεια.

Γ. Η ΑΛΛΑΓΗ ΚΑΙ ΤΟ ΕΣΩΤΕΡΙΚΟ ΠΑΙΔΙ
Ο σταθερός και στιβαρός ενήλικας

Ο Συναισθηματικός Εθισμός του Μοτίβου Φροντίδας θα επανέρχεται, εάν κατά τη διάρκεια της απεξάρτησης δεν ασχοληθούμε σοβαρά, από τη Θέση του Ενήλικα, με το εσωτερικό μας παιδί. Η αυτοκαταστροφή κάθε είδους έδωσε μέχρι τώρα νόημα και λόγο ύπαρξης. Είναι σημαντικό να λάβουμε υπόψιν πως το Περιοριστικό Σενάριο Ζωής μας ξεκινάει ήδη από το Πρωταρχικό Τραύμα και το πώς αντιληφθήκαμε τον Θεό- Δημιουργό, άρα και εμάς ως ομοούσια κομμάτια του. Αυτό οδηγεί σ' ένα Καρμικό Μοτίβο, που επαναλαμβάνεται ζωή μετά από ζωή.

Σ' αυτό το στάδιο της αλλαγής, εμφανίζεται το Καρμικό Εσωτερικό Παιδί, το οποίο, σε κάθε νέα γέννηση, μάς οδηγεί στο Παιδί Ήρωα και την Πολυδιάσπαση. Γι' αυτό η δυσκολία εδώ είναι πως αναδύονται ξανά θέματα, τα οποία μπορεί να θεωρούσαμε ότι τα είχαμε ολοκληρώσει με βαθύτερη και τελείως άλλη κατανόηση.

Καθώς είμαστε σε μάθημα για πολλές ζωές, έχει αναπτυχθεί από το Καρμικό Εσωτερικό Παιδί ο Ψυχολογικός Μηχανισμός «για να αξίζω το οτιδήποτε πρέπει να υποφέρω». Κρατώντας μας στον πόνο, συνεχίζει να εμποδίζει να μπούμε στο Νέο μας Σενάριο. Η σταδιακή κατάρρευση αυτού του Μηχανισμού θα γίνει όσο παραμένουμε στο Τώρα, χωρίς καμία παραβίαση αυτού που συμβαίνει. Τη στιγμή, για παράδειγμα, που πράγματι ερχόμαστε σε επαφή με ένα τραύμα μας, δεν είναι ώρα να πιέζουμε τον εαυτό μας να νιώσει ευγνωμοσύνη για ό,τι ήδη έχει καταφέρει. Είναι απόπειρα συγκάλυψης από το εσωτερικό παιδί, το οποίο λέει: «Να, είδες, για να μη μπορείς να νιώσεις ευγνωμοσύνη, δεν έχεις προοδεύσει καθόλου». Ή, όταν βιώνουμε τον βαθύ πόνο, που μάς έκανε να αποφασίσουμε το Περιοριστικό Σενάριο Ζωής μας, δεν είναι η ώρα να ανησυχούμε για το μέλλον μας. Μένοντας ολοκληρωτικά μ' αυτό που εμφανίζεται, όλα τα πιθανά μέλλοντα θα αλλάξουν. Σε πλάνη θα πούμε «ορίστε, αφού δεν μπορώ να οραματισθώ το ωραίο μέλλον που με περιμένει, όπως έκανα μόλις πριν από μια εβδομάδα σ' εκείνη την υπέροχη ενεργειακή θεραπεία που με έλουσε ένα λευκό φως, σημαίνει ότι δεν προχωράω».

Όταν με τη βοήθεια της Θείας Χάρης καταφέρνουμε να μπούμε σε Νέο Σενάριο σ' αυτή τη ζωή, μας προσφέρεται να γευτούμε κάτι που περιμέναμε καιρό και έχουμε εργαστεί σκληρά γι' αυτό. Συνεχίζοντας όμως να έχουμε σε λειτουργία αυτόν τον Μηχανισμό του Καρμικού Εσωτερικού Παιδιού «για να αξίζω το οτιδήποτε πρέπει να υποφέρω», εξακολουθούμε να μην το λαμβάνουμε.

Επιπλέον, χρειάζεται να δούμε και να αποδεχθούμε ολοκληρωτικά τον πυρήνα του Παιδιού Ήρωα, καθώς, ακόμα και σ' αυτό το στάδιο, συνεχίζουμε να το κατηγορούμε ότι αυτό φταίει για όλα και δεν μάς αφήνει να ησυχάσουμε. Όπως είπαμε στο αντίστοιχο κεφάλαιο, το Παιδί Ήρωας αναπτύσσει ένα κέντρο ελέγχου, το οποίο ηγείται της πολυδιάσπασης του εσωτερικού μας παιδιού, ώστε να μπορεί ανενόχλητο να συνεχίζει το έργο του. Αυτό ακριβώς δείχνει το πόσο χαρισματικό και έξυπνο είναι αυτό το πυρηνικό κομμάτι, που βρήκε αυτόν τον τρόπο να επιβιώσει. Όταν ως Ενήλικες και με τη μεγαλύτερη αγάπη το αναγνωρίσουμε ως το υπέροχο παιδί - δώρο που είναι, δεν θα έχει πλέον λόγο να συνεχίζει να αναλαμβάνει την επιβίωσή μας με τους σταθερούς και αναμενόμενους τρόπους του Περιοριστικού Σεναρίου Ζωής.

Συναισθηματικός Εθισμός

Κάθε φορά που μπαίνουμε στον Συναισθηματικό Εθισμό σημαίνει ότι το εσωτερικό παιδί μπήκε και πάλι επικεφαλής. Αυτή είναι η πιο ακριβής ένδειξη για να καταλαβαίνουμε εάν βρισκόμαστε στη Θέση του Ενήλικα.

Την ώρα, λοιπόν, που το εσωτερικό μας παιδί θα δώσει την τελευταία του μάχη για να παραμείνει σ' αυτό που έχει μάθει ότι είναι αγάπη, χρειάζεται και πάλι να το διαβεβαιώσουμε πως «αναλαμβάνουμε εμείς πλέον την επιβίωσή του». Εάν το εννοούμε, θα μάς εμπιστευτεί ολοκληρωτικά και θα μάς δείξει σε πιο βαθύ ακόμα επίπεδο πώς βρήκε νόημα στον πόνο. Είναι η στιγμή να το ακούσουμε ειλικρινά και να παραδεχθούμε πως δεν γνωρίζουμε ποιο είναι το νόημα, αλλά σίγουρα δεν είναι πόνος. Οτιδήποτε άλλο, την ώρα της απόλυτης απόγνωσης και της απέραντης ερημιάς του κατά την οποία χάνει ό,τι έδωσε ύπαρξη μέχρι αυτή τη στιγμή, θα είναι ψέμα και υποκρισία.

Το εσωτερικό μας παιδί θα μάς δοκιμάσει ξανά και ξανά, λέγοντάς μας «ναι, αλλά τι θα κάνεις με αυτό το θέμα;», έτοιμο, φυσικά, να πάρει τα ηνία, όταν βλέπει ότι έχουμε αμφιβολία. Κάθε φορά που κερδίζουμε την εμπιστοσύνη του από τη Θέση του Ενήλικα, δείχνει ειλικρινά πώς νιώθει και πώς ένιωθε στο εκεί και τότε, λέει την αλήθεια. Αν αντέξουμε να την ακούσουμε, εκεί γίνεται η αλλαγή. Συνειδητοποιούμε τότε το πώς ακόμα συνεχίζουμε να σαμποτάρουμε τον εαυτό μας με ορατούς ή αδιόρατους τρόπους για να μην μείνουμε μόνοι μας. Παραμένοντας σταθερά στον ρόλο του Ενήλικα, αποφασίζουμε και γινόμαστε εντελώς πιστοί πρώτα στον εαυτό μας κι έτσι δεν είμαστε ποτέ πλέον μόνοι μας.

Όταν ακούμε το εσωτερικό μας παιδί να λέει «είμαι χοντρός», «όλοι είναι καλύτεροι από εμάς», «είμαι άχρηστος», «με μισώ» κλπ. , θα πρέπει να λέμε: «Είμαι εγώ υπεύθυνος τώρα. Δεν ξέρω τι θα κάνω, αλλά θα βρω τρόπο». Τότε επιτρέπουμε στη Θεία Πρόνοια, στο υποσυνείδητό μας ή σε ό,τι πιστεύουμε ότι μάς βοηθάει να φέρει μία διαφορετική λύση.

Ο μόνος λόγος, που το εσωτερικό μας παιδί μας χειραγωγεί και μας υπνωτίζει συνεχώς ώστε να πάρει πάλι τον έλεγχο, είναι διότι δεν μάς εμπιστεύεται ότι θα το κρατήσουμε ζωντανό. Θα τον αφήσει μόνο εάν νιώσει την ασφάλεια ότι έχουμε επιληφθεί εμείς να βρούμε λύση για όποιο θέμα μάς ταλαιπωρεί.

Γι' αυτό χρειάζεται να επιβεβαιώνουμε συνεχώς πως «αναλαμβάνω εγώ τα πάντα». Τα κιλά, τον γάμο, τα πεθερικά, τα χρήματα, τη μοναξιά, την υγεία ή όποιο άλλο θέμα αντιμετωπίζουμε τη δεδομένη στιγμή. Από το πιο μικρό μέχρι το μεγάλο.

Το Μοτίβο Φροντίδας, που έχει γίνει πλέον Συναισθηματικός Εθισμός, είναι το τελευταίο κομμάτι που κρατάει το Περιοριστικό Σενάριο στη θέση του. Παραμένουμε σ' αυτό, όσο δεν είμαστε σε θέση να αποδεχθούμε ολοκληρωτικά τον εαυτό μας και να πούμε ότι αξίζουμε να προχωρήσουμε σε μια ζωή χωρίς πόνο ως παιδιά του Δημιουργού μας.

Η πλήρης θεραπεία είναι πάντοτε η αυτό - συγχώρηση. Να μάς συγχωρήσουμε για το ότι, παρόλο που θυσιάσαμε τη ζωή μας, δεν καταφέρουμε να σώσουμε κανέναν και να τον κάνουμε ευτυχισμένο. Να συγχωρήσουμε όσα κρατάμε εναντίον μας . Να πάψουμε να αυτό - μαστιγωνόμαστε για όποιο πιθανό ή απίθανο λάθος θεωρούμε ότι κάναμε. Να πούμε με πραγματική ταπεινότητα «μου επιτρέπω να κάνω και λάθη. Δέχομαι την ανθρώπινη φύση μου».

Θα μπορούσαμε να αφήσουμε σε μία στιγμή όποιο μάθημα έχουμε, δεχόμενοι τη Θεία Χάρη που είναι πάντα διαθέσιμη για όλους μας. Ο μόνος λόγος που δεν το κάνουμε είναι διότι με κάθε μικρό κομματάκι του, που κατανοούμε, καταφέρνουμε και συγχωρούμε και ένα κομματάκι του εαυτού μας. Είμαστε οι χειρότεροι κριτές του εαυτού μας, οι πρώτοι που μάς καταδικάζουμε.

Δεν εμπιστευόμαστε πως για ό,τι μάς συμβαίνει υπάρχει κάποιος λόγος, ακόμα και αν δεν τον αντιλαμβανόμαστε αυτή τη στιγμή. Χρειάζεται πλήρης παράδοση στη Θεία Πρόνοια και αποδοχή της Θείας Χάρης, κάνοντας το καλύτερο που μπορούμε με την κάθε μας μέρα. Εξάλλου, στο νέο μας σενάριο, το μόνο που έχουμε να κάνουμε είναι να εκφράζουμε την Ποιότητά μας σε μία πλήρη και ουσιαστική ζωή.

Δ. Η ΜΕΤΑΒΑΣΗ
Από το Παλαιό στο Νέο Σενάριο Ζωής

Για την οριστική τοποθέτησή μας στη σκηνή, όπου θα παιχτεί το νέο έργο, υπάρχει μία διαδικασία μετάβασης. Η ενεργοποίηση του Νέου Σεναρίου Ζωής μάς πηγαίνει απευθείας να πάρουμε επαφή με ό,τι κρατάει ακόμη στη θέση του το παλιό Περιοριστικό Σενάριο Ζωής. Σ' αυτό το στάδιο, το παλαιό σενάριο, ο ρόλος του πρωταγωνιστή κι όλες οι σκηνές του έργου ξαναδιαβάζονται υπό το φως του Νέου Σεναρίου. Μάς ανοίγουν ολόκληρα κομμάτια της μέχρι τώρα ζωής μας, τα οποία πιθανόν να μην τα θυμόμαστε καν, βιώνοντας, φυσικά, και τα αντίστοιχα συναισθήματα. Κατά μία έννοια, βγαίνουν ένα - ένα στη σκηνή για να υποκλιθούν τα κομμάτια - ηθοποιοί που είχαν αναλάβει τον αντίστοιχο ρόλο. Ο άχρηστος, η ενοχική, η υπεύθυνη, ο σαμποτέρ, ο φοβισμένος, ο θυμωμένος, ο στεναχωρημένος, κλπ.

Με αυτόν τον τρόπο, κάνουμε πλήρη ανάκληση της ενέργειάς μας μέχρι να μην υπάρχει τίποτα στην παλαιά σκηνή. Όλη αυτή η διαδικασία μετασχηματίζεται σε επίγνωση και γινόμαστε πάλι ολόκληροι. Με την ολοκλήρωση του ξεφυλλίσματος του παλιού σεναρίου παίρνουμε τη δύναμή μας και, μένοντας σταθερά στη θέση του Ενήλικα, μπαίνουμε στο νέο έργο.

Οι τίτλοι τέλους στο Περιοριστικό Σενάριο της Ζωής μας πέφτουν, όταν αφήσουμε ολοκληρωτικά το μίσος εναντίον του εαυτού μας. Ό,τι αρνητικό έχουμε απορροφήσει θα το στρέψουμε είτε ενάντια στον εαυτό μας ή στον πιο αδύναμο ή σ' αυτόν που θα επιτρέψει να εκτονωθούμε πάνω του για να μάς ανακουφίσει. Όποιος κλέβει ενέργεια, το κάνει διότι ήδη δίνει την ενέργειά του αλλού. Γι' αυτό μιλάμε εξ ορισμού για τριπλή παραβίαση. Παραβιάζω τους πριν από μένα στην προσπάθειά μου να τούς σώσω, παραβιάζω τους επόμενους, ως πιο αδύναμους, για να αντέξω κλέβοντας την ενέργειά τους και παραβιάζω, τελικά, εμένα ως τέλειο δημιούργημα του Θεού - Δημιουργού. Αυτή η αλυσίδα του πόνου συνεχίζεται γενιά σε γενιά.

Στο κλείσιμο της αυλαίας βλέπουμε που έχουμε χτυπηθεί και εξακολουθούμε να βαλλόμαστε εσωτερικά από το μίσος. Στην ομορφιά, στα οικονομικά, στις ερωτικές σχέσεις, στο φύλο μας, στη χαρά, στην απόλαυση, στην αθωότητα, στην εξυπνάδα ή ακόμα και σε μέλη του σώματός μας.

Η ενεργοποίηση και έναρξη του Νέου Σεναρίου

Το Νέο Σενάριο ξεκινά με την τοποθέτηση του πυρήνα του εσωτερικού μας παιδιού από εμάς τους ίδιους στο κέντρο της νέας θεατρικής σκηνής, με νέο συναίσθημα. Εξάλλου, έτσι δημιουργήθηκε αρχικά το Περιοριστικό Σενάριο. Στο νέο έργο, το εσωτερικό μας παιδί εκφράζεται πλήρως στην Ποιότητά του. Αναγνωρίζει ότι όλα είναι ιερά και γι' αυτό έχει ευλάβεια και ευγνωμοσύνη για τα πάντα. Έχει σύνδεση με τη Γη γνωρίζοντας ότι τα πάντα είναι ένα. Εμείς είμαστε αυτοί και αυτοί είναι εμείς. Δεν υποδουλώνεται και δεν αφήνει να το χρησιμοποιούν. Αποχαιρετά τους γονείς με πλήρη αποδοχή για ό,τι τού έδωσαν και για ό,τι δεν τού έδωσαν, και προχωρά να ανοίξει το δυναμικό του χωρίς προσκολλήσεις. Δεν έχει ενοχές και δεν το νοιάζει να ανήκει, διότι είναι μόνιμα συνδεδεμένο με τον Θεό - Δημιουργό. Κυρίως, μπορεί πλέον να είναι παιδί, αφού ο Ενήλικας υπάρχει και είναι σταθερά στη θέση του.

Το έργο που παίζουμε αλλάζει με νέο τίτλο και χαρακτήρα του πρωταγωνιστικού ρόλου. Για παράδειγμα, το Σενάριο Ζωής: «Τη ζωή που μού αναλογεί δώστε τη στους άλλους», μετατρέπεται σε «Αξίζω και δικαιούμαι να ζήσω τη ζωή μου στο έπακρον».

Στο Νέο Σενάριο, το μόνο που έχουμε να κάνουμε είναι να εξερευνήσουμε ποιοι είμαστε, εκφράζοντας την Ποιότητά μας. Η αλλαγή μας είναι πρώτα εσωτερική, νιώθοντας διαφορετικά, χωρίς την απόγνωση που πάντα μάς συνόδευε στο παλαιό σενάριο, . Στη συνέχεια είναι εξωτερική με υλοποιήσεις που πάντα ονειρευόμασταν και πλέον είναι εφικτές λόγω της αλλαγής του έργου.

Στο νέο έργο θα αποκαλυφθεί η πραγματική μας φύση και η κλίση μας, ενώ το παλιό ήταν αφύσικο και δύσκολο. Θα μπορούσαμε να το παραλληλίσουμε με το παραμύθι του ασχημόπαπου. Ο κύκνος, ο οποίος καθώς μεγάλωνε ανάμεσα σε πάπιες, ακόμα και όταν κάποια στιγμή είδε άλλους κύκνους, πίστευε ότι δεν θα καταδέχονταν ούτε να τον κοιτάξουν τόσο άσχημος που ήταν.

Με παρόμοιο τρόπο, το παλαιό σενάριο στηριζόταν στο «δεν αξίζω» και στο ελάττωμα, που θεωρούσαμε βάσει αυτού, ότι έχουμε ο καθένας και το οποίο ήταν καίριας σημασίας να το κρύψουμε για την επιβίωσή μας. Η βάση του Νέου Σεναρίου μας είναι να ζήσουμε και να εκφράσουμε την Ποιότητά μας, όπως ακριβώς τελειώνει και το παραμύθι του ασχημόπαπου με τον κύκνο να έχει πάρει πλέον τη Θέση του ανάμεσα στους άλλους κύκνους. «Τινάζοντας τα φτερά του και σηκώνοντας το λαιμό του, φωνάζει χαρούμενος μέσα απ᾽ τα βάθη της καρδιάς του πως δεν μπορούσε να ονειρευτεί ότι υπάρχει τόση ευτυχία, όταν όλοι τον πείραζαν και τον έδιωχναν».

Το Νέο Σενάριο ενεργοποιείται, τελικά, από την Ψυχή μας. Πρόκειται για μία διαδικασία κυτταρικής αλλαγής. Ακτινοβολείται ενέργεια από την Ψυχή μας, η οποία τροποποιεί το αποτύπωμα (imprint) του Παλαιού Σχεδίου Ψυχής στα κύτταρα. Γίνεται, δηλαδή, μια επαναγέννηση στο ίδιο σώμα, διατηρώντας ανοιχτές τις μνήμες της μέχρι τώρα εμπειρίας μας.

Θα μπορούσαμε να περιγράψουμε το αποτύπωμα ως μια σφραγίδα, που σφραγίζει τα κύτταρα με το Νέο Σχέδιο Ψυχής. Το αποτύπωμα του Παλαιού Σχεδίου μεταφέρεται από ζωή σε ζωή μέχρι να καταφέρουμε να το αλλάξουμε. Το Νέο Σχέδιο Ψυχής αλλάζει το Σχέδιο της Ζωής μας, και, κατ᾽ επέκταση, το Περιοριστικό Σενάριο που έχουμε διαμορφώσει. Νέα συμβόλαια είναι διαθέσιμα για εμάς και τα ελκύουμε, ακριβώς όπως όταν γεννιόμαστε έχουμε ήδη σε ισχύ τα συμβόλαια που θα μάς βοηθήσουν στο μάθημά μας. Αυτό μετατρέπει το παρόν, το παρελθόν, και, τελικά, το μέλλον μας. Στο παλαιό Περιοριστικό Σενάριο δεν ήμασταν απλώς Παιδιά Ήρωες, αλλά υπεράνθρωποι. Μόνο ένας υπεράνθρωπος μπορεί να καταστρέφει και να θάβει μόνος του τον εαυτό του με τέτοιο μένος. Στο Νέο Σενάριο είμαστε απλοί άνθρωποι που γνωρίζουμε τα όριά μας και πότε να σταματάμε. Ανακαλύπτουμε για πρώτη φορά το τι σημαίνει να ζει κανείς με ευκολία και χαρά μόνο και μόνο διότι εκφράζει αυτό που πραγματικά είναι.

Ε. ΑΣΚΗΣΕΙΣ

Αλλαγή σεναρίου ζωής

1. Καθίστε κάπου αναπαυτικά και χαλαρώστε για λίγο.

2. Ελάτε σ' επαφή με το εσωτερικό σας παιδί και καλωσορίστε το. Κοιτάξτε το στα μάτια στην ηλικία που σάς εμφανίζεται στη σκηνή που αποφάσισε τον τίτλο του Περιοριστικού Σεναρίου Ζωής. Επιτρέψτε του να σάς μεταδώσει όλες τις πληροφορίες για το πώς πήρε αυτή την απόφαση και το συναίσθημα που είχε εκείνη τη στιγμή. Σ' αυτό το σημείο, αφήστε να αναδυθεί μέσα σας η αλλαγή του τίτλου. Για παράδειγμα, από το «Τα δίνω όλα στους άλλους» στο «Αξίζω και δικαιούμαι να ζήσω τη ζωή μου στο έπακρον».

3. Νιώστε τώρα ένα χρυσό φως από την Ψυχή σας να κατεβαίνει από το πάνω μέρος του κεφαλιού σας και να περιβάλλει όλο σας το σώμα. Τυλιγμένοι σ' αυτό το θεραπευτικό φως, δείτε να παρελαύνουν μπροστά σας εκδοχές του εαυτού σας από διάφορες φάσεις του παρελθόντος σας. Με τη νέα επίγνωση από το Νέο Σενάριο πληροφορήστε αυτούς τους υπνωτισμένους εαυτούς για την αλλαγή του έργου. Μείνετε όσο χρειάζεται με το κάθε κομμάτι σας που εμφανίζεται και, κοιτώντας το βαθιά στα μάτια, μεταδώστε του το νέο τίτλο. Ξυπνήστε το από το βαθύ ύπνο του Παλαιού Σεναρίου.

4. Λάβετε τώρα από την Ψυχή σας θεραπευτική ενέργεια για την απελευθέρωση του αποτυπώματος του παλαιού σεναρίου από τα κύτταρά σας. Όσο διαρκεί αυτή η κυτταρική θεραπεία, δείτε μπροστά σας τη μητέρα σας να κρατάει στα χέρια της το καρμικό συμβόλαιο που είχατε μεταξύ σας σ' αυτή τη ζωή. Δείτε τι το κάνει και πώς σάς απελευθερώνει. Εάν εμφανιστούν και άλλα μέλη της οικογένειάς σας ή οποιοσδήποτε με καρμικά συμβόλαια στα χέρια τους, δείτε επίσης τη λύση τους. Νιώστε να απελευθερώνεται η ενέργεια από όλα τα παλαιά συμβόλαια.

5. Επιτρέψτε να κατέβει από την Ψυχή σας ενέργεια νέων συμβολαίων που θα σχετίζονται με το Νέο σας Σενάριο, καθώς και ενέργεια πλήρους αποκατάστασης της σύνδεσής σας με την Ψυχή.

Αντιπαραβολή σεναρίων

1. Κλείστε τα μάτια σας και χαλαρώστε για λίγο. Αφήστε να εμφανισθεί μπροστά σας το Περιοριστικό Σενάριο Ζωής σας, σαν θεατρικό σενάριο, σαν ένα βιβλίο ή σε όποια άλλη μορφή και σε όποιο χώρο σας εμφανίζεται. Κοιτάξτε τον τίτλο, και ακριβώς από κάτω, εκεί που γράφει Πρωταγωνιστής, Σεναριογράφος, Σκηνοθέτης, συμπληρώστε το όνομά σας.

2. Τοποθετήστε τώρα τα δύο σενάρια δίπλα δίπλα, το παλαιό και το καινούργιο, και παρατηρήστε τα. Κοιτάξτε πάλι τον τίτλο του παλαιού σεναρίου. Και μετά δείτε δίπλα και το Νέο Σενάριο, τον τίτλο που έχει, και μείνετε

μέχρι να τον νιώσετε στο είναι σας. Αν δεν φαίνεται καθαρά, επαναλάβετε, μέσα σας ή φωναχτά, τον τίτλο του παλαιού σεναρίου ξανά και ξανά, μέχρι να αλλάξει και να εμφανισθεί ο καινούργιος τίτλος. Παρατηρήστε πως το Νέο Σενάριο φωτίζεται και λαμπυρίζει.

3. Επικεντρωθείτε και πάλι στο παλαιό σενάριο και αρχίστε να ξεφυλλίζετε τις σελίδες του, διαβάζοντας σκηνές από το έργο. Τι ρόλο παίζει ο πρωταγωνιστής και οι συμπρωταγωνιστές του; Μείνετε όσο χρειάζεται και πάρτε όλες τις πληροφορίες, μέχρι να αντιληφθείτε πώς συνδέεται με τη μέχρι τώρα ζωή σας.

4. Δείτε τώρα δύο θεατρικές σκηνές τη μία δίπλα στην άλλη. Καθίστε αναπαυτικά στα καθίσματα των θεατών, στη σκηνή που παίζεται ακόμα το παλιό έργο και παρακολουθήστε όλους τους χαρακτήρες του έργου που κάνουν τώρα βαθιά υπόκλιση ένας - ένας, και απελευθερώνονται. Όλα τα κομμάτια ακόμα και τα κρυμμένα και τα μέχρι στιγμής αβίωτα.

5. Τελευταίο βγαίνει στη σκηνή το Παιδί Ήρωας. Αυτό που είχε αναλάβει να καθαρίζει όλη την αρνητικότητα του οικογενειακού συστήματος, παίρνοντας όλα τα βέλη πάνω του για να μην ακουμπάνε τη μαμά του. Ακούστε το προσεκτικά σε ό,τι έχει να πει και αφήστε να σάς δείξει το βασικό ρόλο που είχε, σχετικά με το τι είχε θεωρήσει ότι ήταν αγάπη.

6. Τοποθετήστε τώρα το εσωτερικό παιδί στην καινούργια θεατρική σκηνή κάνοντας με αυτό την έναρξη του Νέου Σεναρίου Ζωής. Δείτε το ολοκληρωτικά και αναγνωρίστε το ως το υπέροχο, χαρισματικό και ταλαντούχο παιδί που είναι. Τιμήστε το και ευχαριστήστε το για ό,τι έχει κάνει για εσάς μέχρι σήμερα. Πείτε του ότι εσείς αναλαμβάνετε πλέον ως Ενήλικες να το κρατάτε ασφαλές. Βάλτε το στο κέντρο της σκηνής και νιώστε πόσο ευτυχισμένο, γαλήνιο, ήρεμο και χαρούμενο είναι, αφού, επιτέλους, μπορεί να είναι παιδί.

ΚΕΦΑΛΑΙΟ 10
ΣΥΝΕΙΔΗΤΟΤΗΤΑ, ΣΥΧΝΟΤΗΤΕΣ, ΠΟΙΟΤΗΤΕΣ

Α. ΠΥΛΕΣ ΣΥΝΕΙΔΗΤΟΤΗΤΑΣ
Βασικές έννοιες

Συνειδητότητα είναι η επίγνωση του τι είμαστε στην παρούσα στιγμή. Η Ποιότητά της είναι η εσωτερική σιωπή σε βαθιά ακινησία, παρόμοια με μία λίμνη. Οι συχνότητές της ανοίγουν από μέσα προς τα έξω σε ομόκεντρους κύκλους, όπως συμβαίνει όταν μία πέτρα πέφτει στο νερό. Τότε, επαναφέρεται σε ορθή λειτουργία, κάτι που σημαίνει ότι όλα βγαίνουν στο φως και η ζωή, έτσι όπως την ξέρουμε, αλλάζει ολοκληρωτικά και οριστικά.

Με κάθε εσωτερική αλλαγή που κάνουμε, αλλάζουμε Συνειδητότητα. Θα μπορούσαμε να παρομοιάσουμε αυτήν τη συνθήκη με μία Πύλη, στην είσοδο της οποίας αποχαιρετούμε τον μέχρι εκείνο το σημείο εαυτό μας. Συχνά, εκτός από την προηγούμενη εκδοχή μας, αφήνουμε πίσω μας και ό,τι δεν εξυπηρετεί τη νέα μας κατάσταση. Φίλους, συντρόφους, σπίτια, εργασία, συνήθειες ακόμα και χώρα.

Η είσοδός μας σε μία Πύλη Συνειδητότητας είναι πάντοτε ένα κομβικό σημείο της ανάπτυξής μας, καθώς σηματοδοτεί και το τι καλούμαστε να επεξεργασθούμε μπαίνοντας σ' αυτήν. Για παράδειγμα, μία Πύλη «απελευθέρωσης του εσωτερικού παιδιού» θα μάς οδηγήσει στο να διαχειριστούμε τη διαμόρφωσή του και το τραύμα του. Μία Πύλη «αποσυγκάλυψης μέσω της γνώσης» θα μάς πάει σε ακόμη βαθύτερα θέματα, όπως το Καρμικό Μοτίβο και η Εμμονή που το κρατάει στη θέση του. Μια Πύλη «εξερεύνησης των Ποιοτήτων του εαυτού» θα μάς οδηγήσει στο να αντιληφθούμε ποιοι είμαστε και στο πραγματικό μας δυναμικό. Όποιο και αν είναι, τελικά το θέμα που διαχειριζόμαστε έχει να κάνει πάντοτε με το να βγούμε από την άγνοια και την ασυνειδησία.

Οι Πύλες είναι αλλαγές διαστάσεων, δηλαδή η διαφοροποίηση της οπτικής μας γωνίας. Δύο άνθρωποι που βρίσκονται σε διαφορετική διάσταση, βιώνουν παράλληλες πραγματικότητες. Εάν τούς δώσουν να γευθούν το ίδιο εκλεκτό φαγητό, ο πρώτος θα το απολαύσει με όλες του τις αισθήσεις και ο δεύτερος, μην καταλαβαίνοντας τι τρώει, θα το χλευάσει. Οι διαφορετικές διαστάσεις υπάρχουν και είναι μέσα μας, καθορίζοντας την ποιότητα της ζωής μας.

Κάθε φορά που ανεβάζουμε τη Συνειδητότητά μας σ' ένα νέο επίπεδο σημαίνει πως θα βιώσουμε και πόνο. Ο μόνος λόγος που συμβαίνει αυτό είναι διότι πριν απλώς δεν είχαμε επίγνωση της κατάστασής μας. Φαινόταν σε εμάς φυσιολογική, καθώς είχαμε μάθει να ζούμε σε σχέσεις κακοποίησης, με έλλειψη αφθονίας, χαράς, Αγάπης και οποιουδήποτε άλλου που εμπόδιζε το αληθινό μας δυναμικό να αναπτυχθεί. Τη στιγμή ακριβώς που θα κάνουμε αλλαγή και η Συνειδητότητά μας θα διευρυνθεί, τότε θα δούμε την ίδια κατάσταση που ζούμε μ' άλλα πιο καθαρά μάτια. Η ζωή μας, από τη μία στιγμή στην άλλη, δεν μάς φαίνεται καθόλου φυσιολογική. Εύλογα, και αφού είμαστε εμείς οι πρωταγωνιστές του δράματος, θα βιώσουμε ξαφνικά όλα τα συναισθήματα, τα οποία θα έπρεπε φυσιολογικά να νιώθουμε, αλλά ήταν καταπιεσμένα μαζί με το δυναμικό μας και τη με τόση ευκολία παράδοση της δύναμής μας. Αυτό συμβαίνει ξανά και ξανά σ' όποιον έχει μπει στο δρόμο της αφύπνισης και της απελευθέρωσης, καθώς φαίνεται πως, όσο προχωράμε, ο πόνος όχι μόνο δεν τελειώνει, αλλά γίνεται βαθύτερος και εντονότερος. Υπάρχει όμως πλέον μία τεράστια διαφορά από την προηγούμενη κατάστασή μας. Ο πόνος εμφανίζεται για να τον απελευθερώσουμε κι όχι για να εγκλωβισθούμε σ' αυτόν, όπως συνέβαινε μέχρι τώρα.

Ωστόσο, η πραγματική φώτιση είναι πάντοτε η στιγμή της ταπείνωσης, εκεί που συνειδητοποιούμε πως και εμείς είμαστε δράστες και εμείς κάνουμε όλα όσα καταμαρτυρούμε στους άλλους. Στους πιο αδύναμους, αλλά κυρίως και πάντα εμείς ενάντια σε εμάς τους ίδιους. Τότε, αποκτάμε μία νέα συναίσθηση και κατανόηση για τις καταστάσεις που ελκύουμε. Και πάλι, η κάθε φορά καινούργια επίγνωση αλλάζει εκ νέου τη Συνειδητότητά μας. Αναδύεται μέσα μας ένα νέο κομμάτι του εαυτού μας σοφότερο, με μεγαλύτερη καθαρότητα και διαύγεια, που καταδεικνύει άμεσα τι άλλο χρειάζεται να αλλάξουμε, ώστε να εισέλθουμε βήμα - βήμα στη συχνότητα της Αγάπης.

Θα μπορούσαμε να το συγκρίνουμε με κάποιον που, ενώ βρίσκεται σε πλήρες σκοτάδι, ξαφνικά ανάβει ένα κερί και φωτίζει τον περιβάλλοντα χώρο του. Σ' αυτό το λιγοστό φως αρχίζει να βλέπει, όσο προσαρμόζονται τα μάτια του, τι βρίσκεται γύρω του. Για παράδειγμα, εκεί που πίστευε ότι βρισκόταν σ' έναν ωραίο κήπο, αντιλαμβάνεται ότι περιβάλλεται από σκουπίδια που μυρίζουν πολύ άσχημα. Αυτή η μεταβολή Συνειδητότητας θα συνεχισθεί μ' ένα δεύτερο κερί, μετά με φακό, με ηλεκτρικές λάμπες, με πολυελαίους, με προβολείς, και, γενικά, με όποιο μέσο αντέχει ο καθένας μας να φωτίσει τη ζωή του και την ύπαρξή του! Το νέο κάθε φορά πιο λαμπρό φως θα δείχνει καινούργιες λεπτομέρειες και ανέγγιχτα σημεία. Αυτό θα οδηγεί σε συνεχή νέα επίγνωση της πραγματικής προσωπικής μας ιστορίας και όχι αυτής που μάς λένε οι Εγγραφές μας, η διαμόρφωσή μας, οι Αποφάσεις Επιβίωσης και οι Ψυχολογικοί Μηχανισμοί που τις υποστηρίζουν. Η νέα Συνειδητότητα είναι πάντοτε ένας πιο εξελιγμένος εαυτός μας, ο οποίος είναι σε θέση να δει και να αντιληφθεί την πλήρη αλήθεια για το ποιοι πραγματικά είμαστε.

Το Δέντρο της Συνειδητότητας – η Διάσωση του Εαυτού μας

Στη Γη μαίνεται, μέσα μας και έξω μας, ένας πόλεμος συχνότητας. Η συχνότητα της απελπισίας ως της «απόλυτης έλλειψης ελπίδας» έναντι της συχνότητας της ελευθερίας και της γνώσης ότι όλα είναι όπως πρέπει να είναι. Εμείς οι ίδιοι διασώζουμε τον εαυτό μας και ενώνουμε την Ψυχή με το Πνεύμα μας, τα οποία στους περισσότερους βρίσκονται σε πλήρη διάσπαση. Εργαζόμενοι σ' όλο το Δέντρο της Συνειδητότητας – Διάσωσης του Εαυτού μας, μπαίνουμε στη δύναμή μας. Η είσοδος σ' αυτό γίνεται από το πρώτο Κλαδί και την πρώτη Διάσωση (που είναι το Πάγωμα) και η έξοδος γίνεται από το τελευταίο Κλαδί και την τελική μας σύνδεση με το Πνεύμα. Κάθε Διάσωση είναι Πύλη Συνειδητότητας και μάς αλλάζει ολοκληρωτικά.

Όταν μπαίνουμε στο Δέντρο, εργαζόμαστε με το πάγωμα κάθε είδους, όπως με την Αγάπη για τον εαυτό, την Προσωπική μας Δύναμη και τελικά τη σύνδεσή μας με το Πνεύμα μας ως εξής:

Πρώτο Κλαδί - Το Πάγωμα

Σ' αυτό το Κλαδί διασώζουμε το ότι είμαστε παγωμένοι, είμαστε σε ληθαργική κατάσταση και νιρβάνα άγνοιας, χωρίς καμία σύνδεση με τον πραγματικό μας εαυτό.

1. Διάσωση της εμμονής να παραμένουμε μόνοι μας, αποκομμένοι από τη ζωή.

2. Διάσωση της χαράς για ζωή.

3. Διάσωση της Δι-αίσθησής μας (δια της αίσθησης γνωρίζουμε).

4. Διάσωση της Μητρότητας. Αφορά οποιαδήποτε μητρική φιγούρα χρησιμοποιούμε για να ανήκουμε, ώστε να μη μείνουμε μόνοι μας. Της γυναίκας, που γίνεται μητέρα για τον άνδρα της κι έτσι τον κρατάει μικρό. Της γυναίκας, που φυλακίζει το παιδί της κάνοντάς το να νιώθει υποχρεωμένο, με μία μητρική φιγούρα που θυσιάζεται γι' αυτό. Της γυναίκας που,

ενώ δεν νιώθει τίποτα, υποδύεται τον ρόλο της τέλειας μάνας. Της γυναί-
κας, που δένει τους πάντες με μία μητρική φιγούρα. Παρόμοια, με μία
θεραπεύτρια που λένε όλοι τι καλή γυναίκα που είναι, μία φιλάνθρωπος,
ή η πιο καλή φίλη που είναι πάντα εκεί ότι και να γίνει, ενώ τους χρειάζεται
περισσότερο από ό,τι τη χρειάζονται αυτοί. Της γυναίκας, που δημιουρ-
γεί μία μητρική φιγούρα προς τους ίδιους τους γονείς της ως του καλού
παιδιού και του τέλειου γονιού γι' αυτούς. Η πλειοψηφία των γυναικών
σήμερα στη Γη παριστάνει μία μητρική φιγούρα, που είναι μακριά από
την πραγματική μητρότητα. Είναι το «σ' αγαπώ» που δεν ανεβαίνει στα
χείλη από την καρδιά, διότι, εάν συνέβαινε αυτό, η κάθε μητέρα θα δί-
δασκε τελείως διαφορετικά πράγματα στα βιολογικά της παιδιά σχετικά
με τα όρια, και θα τα άφηνε ελεύθερα, αναλαμβάνοντας ολοκληρωτικά
τα δικά της βάρη. Στην ουσία, η Διάσωση της μητρότητας και η μητρική
φιγούρα έγκειται στο: «Τα κάνω όλα για να μ' αγαπάτε και όχι από Αγάπη.
Σαν Ψυχή, σάς αγαπώ και θα έκανα τα πάντα για εσάς, αλλά σαν τραυμα-
τισμένη προσωπικότητα το μόνο που με ενδιαφέρει είναι η επιβίωση και
να ανήκω». Οι γυναίκες που έχουν μεγαλώσει με μητρικές φιγούρες, ανα-
παράγουν το ίδιο πρότυπο, χωρίς να καταλαβαίνουν τη διαφορά. Για τους
άνδρες ισχύει ακριβώς το ίδιο και έχει να κάνει με το πώς έχουν λάβει και
λαμβάνουν τη μητρότητα, αφού προέρχονται και χρωστούν την ύπαρξή
τους σ' αυτήν.

5. Διάσωση εσωτερικού παιδιού.

6. Διάσωση Σεξουαλικότητας (πλήρης ανάλυση στο κεφάλαιο Σεξουαλικό-
    τητα).

7. Διάσωση Φύλου - Θηλυκότητας και Αρσενικότητας (στην πλειοψηφία
    μας, η σύνδεση με το φύλο μας έχει αντικατασταθεί από απέχθεια και
    πετρωμένο φόβο. Εμμονές και ψυχαναγκασμοί, όπως το καθάρισμα του
    σπιτιού, είναι πολύ συχνά αντικατάσταση της ορμής του φύλου μας).

Δεύτερο Κλαδί - Η Αγάπη για τον Εαυτό

Η ρίζα των προβλημάτων μας προέρχονται από την παραλλαγή του «δεν αξί-
ζω» που βρισκόμαστε και των τρόπων που οι ίδιοι σαμποτάρουμε τον εαυτό
μας.

1. Διάσωση Εν-συναίσθησης εντός μας (η ικανότητα να μπορούμε να έρ-
    θουμε σε επαφή με τα διαφορετικά κομμάτια μας και να τα ακούσουμε.
    Να μπούμε στη θέση τους χωρίς κρίση και κριτική. Όταν όλοι είμαστε
    εσωτερικά σε Πολυδιάσπαση, είμαστε και ικανοί να δείξουμε ενσυναί-
    σθηση στους άλλους στο βαθμό πρώτα που το κάνουμε μέσα μας).

2. Διάσωση Θέσης (πλήρης ανάλυση στο κεφάλαιο Γενεαλογίες).

3. Διάσωσης σεβασμού στη Μοίρα (πλήρης ανάλυση στο κεφάλαιο Γενεαλογίες).

Τρίτο Κλαδί - Η Προσωπική Δύναμη

Όλη η διεργασία της θεραπείας οδηγεί στην πλήρη ανάκτηση της δύναμής μας.

1. Η Διάσωση της κακοποίησης και του αέναου πόνου.

2. Διάσωση Φροντίδας (η αλλαγή του Μοτίβου Φροντίδας μας, δηλαδή αυτό που έχουμε αποφασίσει ότι είναι η Αγάπη).

3. Διάσωση Σθένους (η Α-σθένεια, για παράδειγμα, δεν είναι τίποτε άλλο, παρά η έλλειψη σθένους).

Τέταρτο Κλαδί - Η Σύνδεση με το Πνεύμα

Το Πνεύμα μπορεί να χτυπηθεί και να διασπασθεί από την Ψυχή, λόγω κακοποίησης. Η ανάκλησή του είναι σημαντική, ώστε να είμαστε ελεύθεροι να αναπτύξουμε το δυναμικό μας και να ζήσουμε για τον εαυτό μας.

1. Η Διάσωση της Πνευματικότητάς μας.

2. Η Διάσωση της Ελευθερίας.

3. Η Διάσωση της σύνδεσής μας με το Πνεύμα.

Β. ΟΙ ΣΥΧΝΟΤΗΤΕΣ
Το κλειδί για την υλοποίηση

Εκπέμπουμε σε συγκεκριμένες συναισθηματικές συχνότητες ανάλογα με τον τρόπο που έχουμε μεγαλώσει. Με το πώς έχουμε διαμορφωθεί από το οικογενειακό μας σύστημα, τις Εγγραφές μας, τις Αποφάσεις Επιβίωσης, και τους Ψυχολογικούς Μηχανισμούς που στηρίζουν όλο το Οικοδόμημα στη θέση του. Ακόμη και οι Διαγενεαλογικοί Ψυχολογικοί Μηχανισμοί που μεταφέρονται από γενιά σε γενιά, μάς βάζουν αυτόματα με τη γέννηση μας σε μία συχνότητα - ραδιοφωνικό σταθμό που εκπέμπει συνεχώς σε ό,τι φέρει η γενεαλογία του καθενός μας. Για παράδειγμα, «οι άνδρες είναι δράστες και οι γυναίκες θύματά τους». Το Καρμικό Μοτίβο και η Εμμονή, που το κρατάει στη θέση του, επίσης, μάς εγκλωβίζουν στην αντίστοιχη συχνότητα, ζωή μετά από ζωή.

Θα μπορούσαμε να τις παρομοιάσουμε, επίσης, με χορδές που παράγουν ήχο. Αυτό που εκπέμπουμε στο σύμπαν είναι το κλειδί για οτιδήποτε έλκουμε και υλοποιούμε. Μία συναυλία, με σολίστες τον εαυτό μας και κοινό όλα αυτά που δημιουργούμε. Αν κάποιος έπαιζε κλασική μουσική ή χέβι μέταλ ή παραδοσιακή, τι ακροατήριο θα περίμενε ότι θα ελκύσει; Το ερώτημα είναι πόσο συνειδητοί είμαστε για το είδος του ήχου που παράγουμε. Είμαστε 100% υπεύθυνοι για το τι υλοποιούμε την κάθε στιγμή. Το περιβάλλον γύρω μας είναι απλώς το σκηνικό που μάς το γνωστοποιεί. Θα αποφασίσουμε ότι είμαστε άβουλα θύματα ή πραγματικοί δημιουργοί της ίδιας μας της ζωής;

Όσο και αν προσπαθούμε, δεν πρόκειται να αποκτήσουμε αυτά που λαχταράμε εάν δεν νιώσουμε μέσα μας ότι τα έχουμε ήδη. Εδώ συμβαίνει το εξής παράδοξο. Ας υποθέσουμε, για παράδειγμα, ότι αυτό που μάς λείπει είναι ένας καταπληκτικός σύντροφος. Λέμε, λοιπόν, ότι, μόλις, επιτέλους, τον βρω θα νιώσω υπέροχα. Χαρά, ευτυχία, ότι με αγαπούν και με επιθυμούν. Ε, λοιπόν, το κόλπο λειτουργεί ακριβώς ανάποδα! Όταν νιώθω ήδη επιθυμητός, τότε με μαθηματική ακρίβεια θα έλξω με τελείως φυσικό τρόπο οτιδήποτε είναι αυτό που στο υλικό πεδίο αντιστοιχεί στο συγκεκριμένο συναίσθημα. Τότε, η πραγματοποίηση των επιθυμιών μας γίνεται με εύκολο, σχεδόν μαγικό τρόπο.

Αυτό ακριβώς είναι που δεν συνειδητοποιούμε. Εμείς έχουμε την απόλυτη δύναμη υλοποίησης, άσχετα αν είναι θετική ή αρνητική. Απλώς στη δεύτερη νιώθουμε ότι έχουμε κακοτυχία, χωρίς κανένα έλεγχο του τι μάς συμβαίνει. Πραγματοποιούμε, πάντοτε, ακριβώς αυτό που σκεφτόμαστε και αισθανόμαστε σαν συνέπεια. Όλες οι Αποφάσεις Επιβίωσης, τις οποίες πήραμε ως παιδιά με το αντίστοιχο πολύ ισχυρό συναίσθημα που τις συνόδευε, μάς «τοποθέτησαν» αυτόματα στην αντίστοιχη συναισθηματική συχνότητα. Αποφάσεις, όπως «πρέπει να μείνω μόνος μου για να μην καταλάβουν πόσο βρώμικος ή πόσο κακός ή πόσο άσχημος είμαι» ή «για να τούς παίρνω τα βάρη» ή οποιαδήποτε παρόμοια παραλλαγή, δημιουργούν μέσα μας αρνητικά προγράμματα, τα οποία υλοποιούνται με απόλυτη ακρίβεια.

Για παράδειγμα, το Μοτίβο Φροντίδας μας, που είναι το πώς εκλάβαμε την Αγάπη, και η επακόλουθη δημιουργία ενός Περιοριστικού Σεναρίου Ζωής, έλκει ακριβώς αυτόν τον τύπο συντρόφου. Αυτό ισχύει για τα πάντα. Την αφθονία, τη χαρά, τη γαλήνη, τη δημιουργικότητα, ακόμα και την ξεκούραση.

Αλλάζοντας τις Αποφάσεις Επιβίωσης, άρα και το συναίσθημα που τις συνοδεύει, μπορούμε πλέον να πραγματοποιήσουμε ό,τι ονειρευόμαστε. Αυτόματα, θα εμφανισθούν οι τρόποι για να υλοποιήσουμε αυτό που ήδη νιώθουμε ότι είναι δικό μας. Όπως, φυσικά, γινόταν ήδη μέχρι τώρα με απόλυτη επιτυχία!

Το να πετάξουμε σε μία νέα συχνότητα αυτο-αποδοχής, αυτό δεν είναι από μόνο του αρκετό. Μόλις περάσει η ευφορία από τη στιγμή φώτισης, που είχαμε, το νέο δυναμικό θα μάς εκτινάξει με ταχύτητα στο παλιό, ώστε να διαχειρισθούμε οτιδήποτε εμποδίζει να παραμείνουμε στη νέα κατάσταση. Αυτό κρατάει ένα διάστημα, καθώς μπαινοβγαίνουμε στην παλαιά και στη νέα συχνότητα. Όταν καταφέρνουμε σταδιακά να παραμένουμε σταθερά στην καινούργια, ξεκινούν και οι υλοποιήσεις.

Ιδανικά το συναίσθημα που θα έχουμε είναι να πούμε, για παράδειγμα, «θέλω να παντρευτώ» ή «θέλω περισσότερα χρήματα» με την απόλυτη βεβαιότητα ότι μπορούμε να το έχουμε και ότι είναι κάτι τόσο φυσικό, όπως το πρωινό που θα έχουμε όρεξη να φάμε.

Όποιο είδος θεραπείας και αν έχουμε επιλέξει, συμπεριλαμβανομένης και της ανάγνωσης αυτού του βιβλίου, έχει πάντα να κάνει με την αλλαγή των συναισθηματικών συχνοτήτων. Εκπέμπουμε σε συχνότητα φτώχειας και στέρησης ή αφθονίας; Θλίψης ή χαράς; Φόβου ή Αγάπης; Η ασθένεια είναι συχνότητα και η θεραπεία της επίσης.

Τα συναισθήματα ανοίγουν Πύλες σε νέες πραγματικότητες. Αυτό που φέρουν είναι πολύ διαφορετικό απ' αυτό που θα μπορούσαμε ποτέ να φανταστούμε, καθώς δεν υπάρχει ακόμη στο αντιληπτικό μας πεδίο. Αν επιτρέψουμε, τελικά, θα ανοίξουν νέους εσωτερικούς ορίζοντες, που δεν γνωρίζαμε καν ότι υπήρχαν αφήνοντάς μας μ' ένα αίσθημα γαλήνης, εκπλήρωσης και δύναμης. Όταν φτάσουμε στο σημείο να μάς αγαπήσουμε και κυριολεκτικά να μάς ερωτευθούμε και να μάς αποδεχθούμε άνευ όρων, τότε απλώς Είμαστε Ό,τι Εμείς Είμαστε. Και τότε, όλα είναι πράγματι λυμένα.

Η μύηση

Κάθε έκθεσή μας σε μία νέα πιο υψηλή συχνότητα είναι μια μύηση. Η ετυμολογία της λέξης προέρχεται από το ρήμα «μυώ», που σημαίνει την είσοδο σε νέα γνώση, η οποία χρειάζεται να γίνει κτήμα μας.

Η διαδικασία της μύησης δεν είναι απαραίτητα κάτι βαρύγδουπο. Για παράδειγμα, ενώ κάθε πρωί ξυπνάμε μέσα στον φόβο για τα οικονομικά μας, βιώνουμε σε ένα διαλογισμό ότι αυτό είναι ένα Σύμπαν Αφθονίας και τα πάντα φροντισμένα. Ενώ δεν μάς αρέσει το σώμα μας, μάς πλημμυρίζει ξαφνικά αγάπη για το πόσο υπέροχα όμορφοι είμαστε. Ενώ, γενικά, νιώθουμε μόνιμα αδύναμοι και φοβισμένοι, την ώρα που διαβάζουμε ένα βιβλίο ή ακούμε ένα τραγούδι, μάς κατακλύζει ένα υπέροχο συναίσθημα δύναμης ότι μπορούμε να καταφέρουμε τα πάντα.

Σχεδόν αυτόματα, τα σώματά μας, το πνευματικό, το νοητικό το συναισθηματικό και το υλικό, ξεκινούν να βγάζουν στην επιφάνεια όλο το τραύμα που μάς έκανε αρχικά να τοποθετηθούμε στην αρνητική συχνότητα. Αρχίζουμε να αντιλαμβανόμαστε τι συμβαίνει και ό,τι δεν είναι ούτε κατάλληλο ούτε υπάρχει πραγματικά λόγος να ζούμε χωρίς Αγάπη, μέσα στη στέρηση και στον πόνο. Αυτό θα συνεχισθεί για όσο χρειάζεται, μέχρι να μπορέσουμε να σταθεροποιηθούμε στο νέο πιο υψηλό επίπεδο. Η ανισορροπία, την οποία έχουμε μέσα μας και την οποία φέρνει στην επιφάνεια η εκπομπή της υψηλής συχνότητας, μπορεί να εκδηλωθεί με τα ακόλουθα συμπτώματα στα σώματά μας:

Πνευματικό σώμα: Σκοτεινή νύχτα Ψυχής, τίποτα δεν έχει νόημα, κενό, έλλειψη πίστης.

Νοητικό σώμα: Πρόσβαση στις μνήμες μας και συνειδητοποίηση του Οικοδομήματος Επιβίωσης που έχουμε χτίσει και του Περιοριστικού Σεναρίου Ζωής.

Συναισθηματικό σώμα: Βίωση των καταπιεσμένων συναισθημάτων λόγω τραύματος, μέσω της ολοκληρωτικής επαφής μ' αυτά. Κατάθλιψη, κρίσεις πανικού και άγχους, οργή, μίσος, φόβος και ενοχή, συναισθηματικές θύελλες.

Υλικό σώμα: Ασθένειες, κάθε είδους ενοχλήσεις, πόνοι. Το υλικό σώμα εστιάζει, με απόλυτη ακρίβεια, την προσοχή μας στο τραύμα. Αν υπάρχει καταπιεσμένος θυμός, ο πυρετός θα μάς το δείξει. Οι όζοι που θα ανακαλύψουμε στον θυρεοειδή αδένα δεν είναι τίποτε άλλο παρά αποθήκες κρυμμένου θυμού. Ο έρπης στα χείλη παραπέμπει σε θυμό για το άλλο φύλο. Οι κάθε είδους όγκοι και τα αποστήματα δείχνουν συσσωρευμένη θλίψη και καταπιεσμένο θυμό.

Αρκετοί από όσους ασχολούνται με οποιουδήποτε είδους ενεργειακές θεραπείες δεν φαίνεται πάντοτε να κατανοούν το τι εργασία προϋποθέτει η αλλαγή συχνότητας. Αυτό συχνά έχει ως αποτέλεσμα να αναρωτιούνται πώς είναι δυνατόν, ενώ κάνουν όλα αυτά, η ζωή τους να χειροτερεύει αντί να βελτιώνεται. Ο λόγος είναι πως αυτές οι θεραπείες το κυριότερο που κάνουν είναι να φέρνουν σε επαφή το άτομο με Συνειδητότητες, που βρίσκονται σε υψηλότερες συχνότητες από αυτές που εκπέμπει το ίδιο στην παρούσα φάση. Για παράδειγμα, οι μυήσεις, που δίνονται σε κάποιες από αυτές, πρέπει να κατακτηθούν από αυτόν που τις λαμβάνει, ώστε να αναλάβει πλήρως τη δύναμή του.

Ας δούμε πώς λειτουργεί αυτό σε μια περίπτωση, όπου το θέμα, που διαχειριζόμαστε, είναι η προσωπική δύναμη με τις συχνότητές της να είναι σε μία κλίμακα από το 0 έως το 10. Εάν βρισκόμαστε στο 0 εκπέμπουμε σε πλήρη αδυναμία, ενώ στο 10 σε πλήρη δύναμη. Ας υποθέσουμε τώρα ότι κάποιος είναι στο 5 της κλίμακας. Ξαφνικά, κατά τη διάρκεια μιας υπέροχης ενεργειακής θεραπείας, όπου λούζεται με φως και Αγάπη, σκαρφαλώνει για λίγο στο 10. Με μια σιγουριά και ασφάλεια να τον πλημμυρίζει νιώθει παντοδύναμος και ότι μπορεί να καταφέρει τα πάντα στη ζωή του. Τα προβλήματά του εκείνη τη στιγμή φαίνονται μικρά και ασήμαντα κάνοντας τον να απορεί πώς είναι δυνατόν να τα έχει στη ζωή του. Αυτά ήταν τα καλά νέα. Τα κακά νέα είναι ότι πριν προλάβει να βγει από την πόρτα, θα έχει αρχίσει η κάθετη πτώση σε όλα τα θέματα, που σχετίζονται με την προσωπική δύναμη, και που θα εκφραστεί αυτή σε όλα του τα σώματα. Παρόλο που το κανονικό του επίπεδο είναι στο 5, θα πέσει κάτω από αυτό, ακριβώς αντίστοιχα όσο ψηλά ανέβηκε. Θα βγουν στην επιφάνεια τα τραύματα και τα αντίστοιχα καταπιεσμένα συναισθήματα, για τα οποία τώρα θα αρχίσει να αποκτά επίγνωση. Εάν καταφέρει και το διαχειρισθεί όλο αυτό, θα μπορέσει, τελικά, να ανέβει στην κλίμακα λίγο παραπάνω από το 5. Αυτό, ωστόσο, θα είναι πλέον το πραγματικό, κατακτημένο επίπεδο προσωπικής δύναμης.

Μπορούμε να το φανταστούμε σαν ένα εκκρεμές. Όταν η ταλάντωση ολοκληρωθεί, βρισκόμαστε ένα καλύτερο σημείο από αυτό που ήμασταν πριν. Αυτή η διαδικασία επαναλαμβάνεται ξανά και ξανά κάθε φορά που αλλάζουμε επίπεδο. Το να κάνουμε με μανία περισσότερες ενεργειακές θεραπείες, δηλαδή να ανεβαίνουμε σε υψηλότερη συχνότητα από αυτή που είμαστε χωρίς να διαχειριζόμαστε κάθε φορά βήμα-βήμα το τραύμα που αναδύεται, απλώς μάς διαταράσσει περισσότερο.

Όλο το παιχνίδι στη Γη έχει να κάνει με τις συχνότητες. Το άνοιγμά τους σημαίνει ότι έχουμε πρόσβαση στις αντίστοιχες Συνειδητότητες, οι οποίες φέρουν κωδικούς και πληροφορίες για την Ποιότητά τους. Είναι σαν να ανοίγουμε ένα ζωντανό βιβλίο, που κατακλύζει όλο μας το είναι, παρόλο που εξωτερικά δεν είναι τίποτε αντιληπτό. Πιθανόν να έχουμε περίεργες για τα μέχρι τώρα δεδομένα μας εμπειρίες, να βλέπουμε πράγματα που δεν υπάρχουν, να ονειρευόμαστε ξύπνιοι, να βιώνουμε πρωτόγνωρα συναισθήματα. Όλα απολύτως πραγματικά, απλώς ο εγκέφαλός μας δεν έχει ακόμη τις αντίστοιχες συνδέσεις και καταχωρήσεις για να τα ταξινομήσει. Γι' αυτό χρειάζεται να επιτρέπουμε σε ό,τι εμφανίζεται να αναδυθεί ως έχει, χωρίς να προσπαθούμε να το κατατάξουμε με κάτι ήδη γνωστό. Εάν, για παράδειγμα, ανοίξει σε κάποιον η συχνότητα της Αγάπης, καλό θα ήταν να περιμένει να καταλαγιάσει όλο αυτό που θα νιώσει και να μην θεωρήσει ότι είναι ερωτευμένος με το πρώτο άτομο που περνάει από μπροστά του!

Παγίδες της κατάκτησης της νέας συχνότητας

Η ξαφνική επιφοίτηση, που νιώθουμε με την έκθεση σε μια πιο υψηλή συχνότητα, ανοίγει ένα νέο πεδίο μέσα μας, που αλλάζει εντελώς τη ματιά μας για τις δύσκολες περιστάσεις που ζούμε και που δεν ξέρουμε πώς να αντιμετωπίσουμε. Ό,τι αρνητικό παρουσιάζεται, βρισκόταν ήδη μέσα μας. Τίποτα καινούργιο δεν θα συμβεί, καμία νέα υλοποίηση δεν θα υπάρξει, εάν δεν δώσουμε εκεί την προσοχή μας. Το θετικό, φυσικά, είναι ότι, εάν κάποιος θέλει πραγματικά και έχει το θάρρος να δει, αυτό γίνεται γρήγορα υπό το φως της καινούργιας κατανόησης.

Από τη νέα Συνειδητότητα καλούμαστε εμείς οι ίδιοι να απελευθερώσουμε όποιο κομμάτι του εαυτού μας είναι εγκλωβισμένο σε μία πιο χαμηλή αρνητική συχνότητα. Οι διασώστες του εαυτού μας είμαστε πάντα εμείς. Το μόνο που χρειάζεται να κάνουμε είναι να έρθουμε σ' επαφή με ό,τι εμφανίζεται. Ενώ η διαδικασία ακούγεται πραγματικά απλή και εύκολη, μπορεί να πέσουμε στην πρώτη παγίδα, που είναι αυτή της ταύτισης, και να μένουμε παραπάνω από όσο χρειάζεται. Σαν να βοηθάμε κάποιον να αποδράσει από τη φυλακή και, αντί να τον βγάλουμε έξω, να καθόμαστε και εμείς στο κελί μαζί του. Αυτό συμβαίνει, διότι νομίζουμε πως κάτι ακόμα πρέπει να κάνουμε, ενώ το ότι έχουμε πρόσβαση σε μία υψηλότερη συχνότητα σημαίνει από μόνο του πως το μάθημα έχει ολοκληρωθεί. Το μόνο που μένει είναι να αναλάβουμε πλήρως τη δύναμή μας με την κατανόηση που μάς χαρίζουν τα φυλακισμένα μέρη του εαυτού μας. Λέγοντας απλώς σε ό,τι εμφανίζεται «σε βλέπω και σού επιτρέπω να εκφρασθείς ολοκληρωτικά», αυτό ησυχάζει και μετατρέπεται σε ευλογία.

Η έκθεση, σε πιο υψηλή συχνότητα απ' αυτή που βρισκόμαστε, είναι πάντοτε μία Πύλη Συνειδητότητας. Εδώ βρίσκεται η δεύτερη παγίδα για όσους, ενώ μπορούν και είναι έτοιμοι να μπουν, δεν το κάνουν. Συνήθως, διότι δεν έχουν καταφέρει να διαχειρισθούν κάποιο τραύμα που σχετίζεται με το εσωτερικό παιδί, με επακόλουθα, την κρίσιμη στιγμή υπό το νέο φως, να λείπει το θάρρος τους. Πρώτον, να αντέξουν να βιώσουν ό,τι αναδύεται, δεύτερον, η ταπεινότητα της παραδοχής της αλήθειας που εμφανίζεται και, τρίτον, της ανάληψης ευθύνης γι' αυτήν.

Σαν τον μαθητή που μένει μετεξεταστέος, θα χρειασθεί να ξαναδιαβάσουν την ύλη σε μια επόμενη προσπάθεια να περάσουν την Πύλη. Μέχρι να γίνει αυτό, θα χάσουν την πρόσβαση από τις πληροφορίες που κανονικά θα είχαν στη διάθεσή τους. Αν το κάναμε εικόνα, θα βλέπαμε κάποιον που προσπαθεί να ξαναπιάσει ένα σταθμό στο ραδιόφωνο, όπου είχε ακούσει για λίγο μια θεσπέσια μουσική και τώρα έχει μόνο παράσιτα. Συχνά αυτοί, που πέφτουν στη δεύτερη παγίδα, συνεχίζουν να λειτουργούν σαν να υπάρχει «σήμα», ενώ δεν λαμβάνουν τίποτα. Η έμπνευση και η ενόραση, που είχαν αποκτήσει μέσω της σύνδεσης με τη γνώση της νέας συχνότητας, διακόπτεται. Μαζί και η επαφή με όσους, ενώ μέχρι εκείνη τη στιγμή ήταν συνοδοιπόροι, πέρασαν την Πύλη, καθώς πλέον εκπέμπουν σε διαφορετικό μήκος κύματος.

Η τρίτη παγίδα, στην οποία μπορεί να πέσουμε, ανακύπτει εξαιτίας της εσωτερικής μάχης μεταξύ της παλαιάς και της νέας κατάστασης. Η νέα συχνότητα ανοίγει μέσα μας έναν κλειστό μέχρι αυτήν τη στιγμή δίαυλο. Εάν δεν συντονιζόμαστε συνειδητά μ' αυτήν, βιώνουμε πόνους στο σώμα μας εστιασμένους ή διάχυτους. Είναι ακριβώς σαν να επιμένουμε να χρησιμοποιούμε τον παλιό υπολογιστή μας, ο οποίος κολλάει στην προσπάθειά του να αντεπεξέλθει στις νέες ταχύτητες, αντί να πάρουμε στα χέρια μας τον καινούργιο και να κάνουμε τη δουλειά μας εύκολα και γρήγορα. Παρόμοια, εάν, παρόλο που έχουμε εισέλθει στη νέα συχνότητα, επιμένουμε να χρησιμοποιούμε για ό,τι χρειαζόμαστε την παλιά, θα υποφέρουμε. Κατά κανόνα, όταν εκδηλώνουμε και μόνο την πρόθεση να περνάει η ενέργεια από το νέο κανάλι, συνερχόμαστε αμέσως.

Η αλλαγή της Συνειδητότητας, που επιφέρει το άνοιγμα μιας νέας συχνότητας, χρειάζεται να γίνει κτήμα μας. Η συνήθεια να είμαστε στον πόνο, η οποία έχει αναπτυχθεί μέσα από χρόνια και χρόνια εξάσκησης, είναι πολύ ισχυρή, γι' αυτό και δεν αλλάζει χωρίς δύναμη και πειθαρχία. Εάν, για παράδειγμα, όλη μας τη ζωή βρισκόμαστε στον φόβο ή τη θλίψη, το να παραμείνουμε σταθερά στην Αγάπη ή τη χαρά προϋποθέτει εξάσκηση για ένα εύλογο χρονικό διάστημα. Κάθε πρωί που ξυπνάμε, αλλά και κατά τη διάρκεια της ημέρας, να λέμε: «Επιλέγω συνειδητά να βρίσκομαι στην Αγάπη, τη χαρά, την ευτυχία. Ο στόχος μου σήμερα είναι να είμαι γαλήνιος» και να το νιώθουμε αυτό σε όλα μας τα κύτταρα. Μ' αυτόν τον τρόπο όχι μόνο σταθεροποιούμε την αλλαγή, αλλά κυρίως, αντιλαμβανόμαστε ότι, τελικά, εμείς έχουμε τη δύναμη να καθορίζουμε το πώς θα νιώθουμε. Ότι δεν είμαστε έρμαια κάποιων άγνωστων ή γνωστών εξωτερικών δυνάμεων, παίρνοντας την ευθύνη για την ευτυχία μας ή τη δυστυχία μας. Σταματάμε να λέμε «σήμερα νιώθω καλά, διότι μού φέρθηκαν καλά», ενώ την επόμενη μέρα που κάποιος μού μίλησε άσχημα λέμε «είμαι χάλια». Παραχωρούμε σε εξωτερικούς παράγοντες, είτε είναι πρόσωπα είτε περιστάσεις, την τεράστια δύναμη να καθορίζουν το πώς θα νιώθουμε σε καθημερινή βάση! Εάν σήμερα οι γύρω μου έχουν καλή διάθεση, είμαι και εγώ καλά. Εάν όχι, όλη μου η μέρα πάει στράφι. Το ίδιο με επηρεάζει, θετικά ή αρνητικά, η κατάσταση στην οποία βρίσκεται η χώρα όπου ζω, η εργασία μου, η οικονομική κρίση, ο χαρακτήρας του αφεντικού μου ή ακόμη και ένας περαστικός στο δρόμο που μού μίλησε απότομα.

Με την άσκηση να επιλέγουμε συνειδητά το πώς θα νιώθουμε ανά πάσα στιγμή, το ποσοστό της κατάκτησης της νέας Συνειδητότητας συνεχώς θα ανεβαίνει μέχρι να εγκαθιδρυθεί πλήρως μέσα μας.

Γ. ΕΣΩΤΕΡΙΚΟ ΠΑΙΔΙ ΚΑΙ ΧΑΡΗ
Μετασχηματιστές συχνοτήτων

Τα παιδιά λειτουργούν ως μετασχηματιστές ενέργειας, καθώς αναλαμβάνουν να απορροφούν και να καθαρίζουν ό,τι αρνητικό υπάρχει στο περιβάλλον τους. Διαθέτουν την Ποιότητά τους στην υπηρεσία του οικογενειακού συστήματος, ενώ και ο βαθμός της εργασίας που κάνουν είναι αντίστοιχος με το πόσο διαταραγμένο είναι. Επωμίζονται αυτό από αγάπη, ενώ, παράλληλα, κρατώντας τους όλους ήρεμους, εξασφαλίζουν και τη δική τους επιβίωση. Μ' αυτόν τον τρόπο γεννιέται το μάθημα μας, που είναι να βιώνουμε το αντίθετο απ' αυτό που πραγματικά είμαστε, κάτι που μάς δημιουργεί τεράστιο πόνο. Για παράδειγμα, το παιδί, του οποίου η Ποιότητά είναι η Ζωή, θα μετασχηματίσει κάθε αρνητική ενέργεια για να κρατήσει όλους στη ζωή, παραδίδοντας τη δική του.

Η Ποιότητα Έκφρασής μας δεν είναι τίποτε άλλο παρά η συχνότητα που δικαιωματικά εκπέμπουμε. Η Λαμπρότητα, η Ευρύτητα, η Χαρά, η Αφθονία, η Ηγεσία, είναι εκφράσεις – συχνότητες της Δημιουργίας. Τη στιγμή που την εκχωρούμε, αυτόματα βάζουμε το εσωτερικό μας παιδί σ' ένα βαθύ τάφο. Το Οικοδόμημα Επιβίωσης, με οτιδήποτε αρνητικό συμφωνήσαμε να πιστεύουμε για τον εαυτό μας, μάς τοποθετεί σε μία πολύ πραγματική φυλακή συχνοτήτων. Ορίζουμε ως δεσμοφύλακες ανθρώπους από το περιβάλλον μας και τους κρατάμε σ' αυτό το ρόλο προκειμένου να είμαστε βέβαιοι ότι θα συνεχίσουμε να παραμένουμε έγκλειστοι. Ο προϊστάμενός μας, ο άνδρας μας ή η γυναίκα μας, οι γονείς μας, οι συγγενείς μας, οι φίλοι μας, τα παιδιά μας.

Μέσα στο κελί μας νιώθουμε θυμό απέναντι στον δεσμοφύλακα παράλληλα με την απελπισία της απομόνωσης και την αίσθηση ότι τίποτα δεν έχει νόημα. Και, φυσικά, ατελείωτο φόβο. Γι' αυτό που ήδη ζούμε, αλλά και για το τι θα συμβεί, εάν βγάλουμε τα κάγκελα της ενοχής του ότι μάς άξιζε να είμαστε τιμωρημένοι. Ίσως όμως ο μεγαλύτερος φόβος είναι το άγνωστο που μάς περιμένει έξω, αφού κατά μία έννοια έχουμε συνηθίσει στη φυλακή.

Εάν τον ξεπεράσουμε και αποφασίσουμε να αποδράσουμε, μοιάζουμε σαν τον κρατούμενο, ο οποίος στην αρχή κόβει τα κάγκελα με μία λίμα, μετά μ' ένα πριόνι, μετά με μία βαριά, ενώ σιγά σιγά παίρνει όλο και πιο δυνατά εργαλεία. Συχνά, εκεί που νομίζει ότι τα κατάφερε, πέφτει πάνω σε τσιμεντένιο τοίχο ή βγαίνει στο προαύλιο. Αυτά είναι τα συναισθηματικά φορτία που πρέπει να βιωθούν ολοκληρωτικά για να απαλλαγούμε απ' αυτά. Ιδανικά, η επίγνωσή μας και η δύναμη σ' αυτήν την προσπάθεια μεγαλώνει, καθώς σταδιακά αντιλαμβανόμαστε ότι η φυλακή είναι ολοκληρωτικά δικό μας δημιούργημα.

Θα μπορούσαμε, φυσικά, να πάρουμε μία βόμβα και να την ανατινάξουμε. Όμως, θα ήταν σοφό να είμαστε υπομονετικοί, δείχνοντας, σε αυτή τη διαδικασία απελευθέρωσης, την ίδια επιμέλεια που είχαμε όταν την φτιάξαμε.

Ας δώσουμε χρόνο στον εαυτό μας, καθώς η ιδρυματοποίηση είναι ένα πολύ ισχυρό σύνδρομο για όσους έχουν μείνει πολλά χρόνια έγκλειστοι. Υπάρχουν βήματα που πρέπει να γίνουν, βήματα που θα μας οδηγήσουν οριστικά έξω από τη φυλακή των αρνητικών συχνοτήτων. Μπορούν να γίνουν γρήγορα, αλλά η εμπειρία και τα ευρήματα έχουν δείξει πως, αν παραλειφθούν, η απόδραση όχι μόνο δεν θα έχει επιτυχία, αλλά, εκεί που περιμένουμε να βγούμε έξω, το τούνελ που σκάβουμε θα οδηγεί ξανά πίσω στο κελί μας. Αυτό είναι ένα Σύμπαν Αφθονίας. Ας απολαύσουμε ό,τι μας προσφέρει.

Πώς λειτουργεί η Θεία Χάρη

Η Θεία Χάρη είναι ένα παράθυρο ευκαιρίας, που μάς εκθέτει σε μιαν υψηλότερη συχνότητα και ξαφνικά βλέπουμε! Η αλλαγή που επιφέρει είναι παρόμοια με το να νομίζουμε ότι βρισκόμαστε σ' ένα κήπο με ευωδιαστά τριαντάφυλλα και, ξαφνικά, να αντιλαμβανόμαστε ότι, αντίθετα, είναι ένα μέρος γεμάτο ακαθαρσίες που μυρίζει απαίσια. Η έκπληξη, ο θυμός, ο πόνος, η αίσθηση αδικίας είναι, συχνά, μερικά από τα συναισθήματα που ακολουθούν το αρχικό σοκ να αποκτούμε ξαφνικά άλλη όραση. Η κατάρρευση, φυσικά, που ακολουθεί μία τέτοιας έκτασης αλλαγής Συνειδητότητας είναι αναμενόμενη. Αλλά είναι και ο μόνος τρόπος για να ανακτήσουμε πλήρως τη δύναμή μας.

Όταν δεν επιτρέπουμε στο εσωτερικό μας παιδί να δείξει το συναίσθημά του είναι σαν να το εγκλωβίζουμε και, ταυτόχρονα, να εγκλωβιζόμαστε αιώνια στην αντίστοιχη συχνότητα του τραύματος. Εάν, για παράδειγμα, ως παιδιά είχαμε αναγκαστεί να κρύψουμε τον θυμό μας, συνεχίζοντας να τον κρατάμε καταπιεσμένο, παραμένουμε μόνιμα εκεί. Και σε δεδομένες στιγμές στην καθημερινή μας ζωή, αυτός ο θυμός πετάγεται χωρίς να μπορούμε να τον ελέγξουμε καταστρέφοντας και διαλύοντας, κατά κανόνα, τις σχέσεις με τους γύρω μας και αφήνοντάς μας γεμάτους τύψεις.

Αυτό ισχύει για όλα τα συναισθήματα που έχουμε απωθήσει. Όσο δεν ερχόμαστε σ' επαφή μ' αυτά μέσω του εσωτερικού μας παιδιού, συνεχίζουν να μάς κρατούν δέσμιους, να μάς παραλύουν και να μάς ακινητοποιούν. Κάθε φορά που καταφέρνουμε να βιώσουμε ολοκληρωτικά ό,τι είναι θαμμένο, η ανακούφιση και η δύναμη που επαναποκτούμε είναι τεράστια, ακριβώς σαν να απελευθερωνόμαστε από μία φυλακή, δίνοντας οι ίδιοι χάρη στον εαυτό μας.

Κάτω από όποια θεραπευτική εργασία κάνουμε βρίσκεται, τελικά, η συνειδητοποίηση του πώς εμείς οι ίδιοι μάς καταστρέφουμε, μάς ισοπεδώνουμε, μάς φερόμαστε με τον απόλυτο σαδισμό και κακία, καθιστώντας τον χειρότερο εχθρό μας, έχοντας εκπαιδευθεί να μάς μισούμε όλη μας τη ζωή.

Όσο και να γκρινιάζουμε, να θυμώνουμε, να εκπλησσόμαστε ξανά και ξανά, όταν μάς συμπεριφέρονται άσχημα, δεν θα λύσουμε ποτέ τίποτα, εάν δεν συνειδητοποιήσουμε ότι οι άλλοι, που είναι οι καθρέφτες μας, μάς αντιμετωπίζουν ακριβώς με τον τρόπο που φερόμαστε εμείς σε εμάς. Αν παρατηρήσουμε τι λέμε για τους άλλους, θα το δούμε αυτό με ακρίβεια και θα συνειδητοποιήσουμε την επίδραση που έχει στη ζωή μας. «Με κατέστρεψε», «με πρόδωσε», «με ισοπέδωσε», «με άφησε αστήρικτο», «με απογοήτευσε», και στην κάθε διαφορετική παραλλαγή για τον καθέναν μας του τρόπου που έχουμε επιλέξει να μισούμε τον εαυτό μας.

Η Χάρη είναι πάντα διαθέσιμη για όλους, αλλά δεν σημαίνει ότι όλοι είναι διαθέσιμοι να την πάρουν!

Δ. Η ΜΗΤΡΑ ΤΗΣ ΣΥΧΝΟΤΗΤΑΣ ΤΗΣ ΑΓΑΠΗΣ

Οι Ποιότητες Έκφρασης

Η συχνότητα της Αγάπης εκφράζεται μέσω των Ποιοτήτων Έκφρασης του Θεού Δημιουργού. Ό,τι Αυτός Είναι. Θα μπορούσαμε να την παρομοιάσουμε με μία Μήτρα - Πρότυπο (Matrix) που τις εμπεριέχει. Εκπορευόμαστε από αυτήν στη δική μας μοναδική Ποιότητα, που είναι η αληθινή ψυχική μας ενέργεια, η δικαιωματική κληρονομιά μας, το δώρο του Θεού - Δημιουργού σε μας. Ποιότητες, όπως ο Πλούτος, η Αρχοντιά, η Ισορροπία, η Ελευθερία, η Σοφία, η Δύναμη, η Ομορφιά. Όλες απορρέουν από τη Μήτρα των Ποιοτήτων Έκφρασης του Θεού - Δημιουργού, που είναι η συχνότητα της Αγάπης. Το Πρωταρχικό Τραύμα τη στιγμή της εξόδου μας από την Πηγή μετατρέπει αυτή τη Μήτρα σε Καρμική και έτσι ξεκινάμε να βιώνουμε την Ποιότητα Έκφρασής μας στο αρνητικό της αντίθετο. Η Ποιότητά μας ανοίγει και εκφράζεται πάντοτε σε πέντε Υποποιότητες, όπως βλέπουμε στα παρακάτω παραδείγματα:

ΠΑΡΑΔΕΙΓΜΑ 1	ΠΑΡΑΔΕΙΓΜΑ 2
Ποιότητα: Εγώ είμαι Αγάπη **Υποποιότητες:** 1. Αφθονία 2. Ισορροπία 3. Επιστημονικότητα 4. Μητρότητα 5. Θείος λόγος **Εξειδίκευση:** Μετατροπή συχνοτήτων **Υπέρτατη έκφραση:** Συν-γραφή	**Ποιότητα:** Εγώ είμαι Ζωή **Υποποιότητες:** 1. Παραδοξότητα 2. Φαινομενολογία 3. Επιστημονικότητα 4. Χαρά 5. Θεία κρίση **Εξειδίκευση:** Διάλυση της πλάνης **Υπέρτατη έκφραση:** Λόγος από την καρδιά - Διαλέξεις
ΠΑΡΑΔΕΙΓΜΑ 3	**ΠΑΡΑΔΕΙΓΜΑ 4**
Ποιότητα: Εγώ είμαι Λαμπρότητα **Υποποιότητες:** 1. Ηθική 2. Ακεραιότητα 3. Πρωταγωνιστικότητα 4. Ειλικρίνεια 5. Θεία διαίσθηση **Εξειδίκευση:** Φώτισμα της πλάνης **Υπέρτατη έκφραση:** Ηθοποιός	**Ποιότητα:** Εγώ είμαι Βάση **Υποποιότητες:** 1. Ελευθερία 2. Χαρά 3. Έλεγχος 4. Παράδοση 5. Θεία πράξη - Υλοποίηση **Εξειδίκευση:** Θεραπεία εσωτερικού παιδιού **Υπέρτατη έκφραση:** Ψυχοθεραπεύτρια

Η 5η Υποποιότητα είναι Θεία και είναι το χάρισμά μας. Όταν βιώνουμε το αντίθετό της έχουμε υποκύψει. Έχουμε παραδώσει το δώρο της ζωής που έχουμε αρχικά πάρει από τον Θεό-Δημιουργό, με παρεμβαλλόμενους τους γονείς ως δημιουργούς μας σε κάθε ξεχωριστή ζωή. Στην αντιστροφή της Θείας Υποποιότητας, το χάρισμα που μάς έχει δοθεί το στρέφουμε εναντίον μας με αυτοκαταστροφή.

Από την Ποιότητα και τις Υποποιότητές μας απορρέει και η Εξειδίκευση που έχουμε, η οποία είναι στην υπηρεσία της Ανθρωπότητας και είναι η Αποστολή μας στη Γη. Αυτή οδηγεί στην Υπέρτατη Έκφρασή μας εκεί όπου οι Ποιότητές μας εκφράζονται στο υψηλότερο τους δυναμικό. Όταν εκφραζόμαστε στην Ποιότητά μας, συνήθως επιλέγουμε ή ωθούμαστε να κάνουμε και το καταλληλότερο για εμάς επάγγελμα, όπου η εργασία πλέον είναι το χόμπι μας. Η Ποιότητα της «Λαμπρότητας» εκφράζεται τέλεια μέσα από το επάγγελμα του ηθοποιού. Η Ποιότητα της «Ηγεσίας» σ' ένα ανώτερο στέλεχος πολυεθνικής εταιρείας και η Ποιότητα της «Αρμονίας» σ' έναν χορευτή. Η κλίση μας είναι η Ποιότητά μας. Ο επαγγελματικός προσανατολισμός στα σχολεία θα ήταν εξαιρετικά επιτυχημένος, εάν ήταν στην κατεύθυνση να βρει το καλύτερο επάγγελμα στην Ποιότητα Έκφρασης του κάθε παιδιού.

Σκεφτείτε, εάν όλοι βρισκόμασταν στην Υπέρτατη Έκφρασή μας στην υπηρεσία της Γης και της ανθρωπότητας. Εάν από τη στιγμή της γέννησής μας εκπαιδευόμασταν για το πώς θα αξιοποιήσουμε με τον καλύτερο τρόπο το υψηλότερο δυναμικό μας για το ανώτερο καλό όλων μας. Αντ' αυτού, από τη σύλληψή μας ακόμα ξεκινάμε να διασώζουμε τους πίσω, που διασώζουν τους πίσω, που διασώζουν τους πίσω…

Φυλακισμένοι όλοι μας σε μία ζωή που δεν είναι ζωή, αφού βιώνουμε το αντίθετο της Ποιότητάς μας, χωρίς το νόημα της ελεύθερης έκφρασής μας.

Φιλοεπιβιωτική συμπεριφορά είναι η Έκφραση της Ποιότητάς μας

Η κοινωνική διαμόρφωση του τι σημαίνει επιβίωση αποτελεί μια τεράστια πλάνη με την οποία έχουμε ανατραφεί όλοι μας. Μεταδίδεται στο DNA μας από γενιά σε γενιά, με αποτέλεσμα να έχουμε την ακριβώς αντίθετη συμπεριφορά από αυτήν, που θα έπρεπε. Επιβίωση δεν σημαίνει απλώς καταφέρνω να ζω συνεχίζοντας ηρωικά να συγκαλύπτω ό,τι συμβαίνει, παρ' όλες τις δυσκολίες και τα βάσανα. Πραγματική επιβίωση σημαίνει πως ζω σε Αγάπη, Αφθονία, ευλογία και δημιουργικότητα. Πώς αναπτύσσομαι σ' όλο το εύρος του δυναμικού μου και των Ποιοτήτων που φέρω ως οντότητα, κάνοντας ό,τι ενισχύει την εξέλιξή μου. Πώς βρίσκομαι σε ψυχική κατάσταση μεγάλης ευχαρίστησης και ικανοποίησης, που στο λεξικό ορίζεται ως η χαρά σε περιβάλλον ελευθερίας. Για να επιβιώσουμε πρέπει να μάς ενδιαφέρει πρώτα και μόνο η Έκφραση του εαυτού μας, κάτι που ακούγεται εγωιστικό, καθώς έχουμε διδαχθεί πως ο σωστός άνθρωπος θυσιάζεται για τους άλλους.

Η μόνη Φιλοεπιβιωτική συμπεριφορά είναι το σταμάτημα του φαύλου κύκλου της ψευδούς θυσιαστικής συμπεριφοράς, που είναι συνώνυμη με την υποδούλωση ανθρώπου από άνθρωπο. Όπου, εάν, κάποιος δώσει σημασία πρώτα στον εαυτό του και τις ανάγκες του, θα βιώνει μία συνεχή ενοχή. Αλλά, πώς είναι δυνατόν μία ζωή μέσα στον φόβο να προάγει την επιβίωση όχι μόνο για μας, αλλά για όλη την ανθρωπότητα; Στο ταξίδι με το αεροπλάνο συστήνουν στους γονείς, σε περίπτωση κινδύνου, να φορούν πρώτα οι ίδιοι τη μάσκα οξυγόνου και μετά να την βάζουν στα παιδιά τους. Παρόμοια, εάν πρώτα δεν ζήσουμε οι ίδιοι, δεν μπορούμε να βοηθήσουμε κανέναν άλλον. Στη μόνη περίπτωση που θα είχε έννοια είναι σ' αυτήν της ηρωικής αυτοθυσίας και της γενναίας πράξης σε ακραίες συνθήκες. Ένας πυροσβέστης σε μία πυρκαγιά ή ένας γονιός που πεθαίνει για να σώσει το παιδί του.

Στην καθημερινότητα, ήρωας, τελικά, είναι αυτός που παλεύει για να παραμείνει ελεύθερος. Διαφορετικά, δεν μπορεί να προσφέρει σε κανέναν, θαμμένος και υποδουλωμένος οι ίδιος.

Η λανθασμένη χρήση της δύναμης και της Αγάπης, όπου τα παιδιά αναλαμβάνουν αυτόματα με τη γέννησή τους να δώσουν αυτά στους γονείς, δημιουργεί και συνεχίζει το κάρμα. Παραχωρώντας την ενέργειά μας και τη δύναμή μας για να μπορέσουμε να επιβιώσουμε, θα πρέπει με τη σειρά μας ή να την πάρουμε από κάποιον άλλον ή στρέφοντάς το όλο εσωτερικά να μάς καταστρέψουμε. Για να παραμείνουμε ζωντανοί θα κακοποιήσουμε εμάς και τους γύρω μας. Κυρίως τα παιδιά, τα οποία είναι όχι μόνο ανίσχυρα, αλλά και απόλυτα διαθέσιμα να παραδώσουν με τη σειρά τους τη δική τους ενέργεια.

Το να θυσιάζουμε τον εαυτό μας μ' αυτόν τον τρόπο, είναι ό,τι πιο παρανοϊκό μπορούμε να κάνουμε, διότι δεν βοηθά τελικά κανέναν.

Είμαστε όλοι σε Υπηρεσία προς την Ανθρωπότητα με Αποστολή να εκφράσουμε την Ποιότητά μας. Κι αυτή είναι η μόνη συμπεριφορά που προάγει την επιβίωση.

Το δίκτυο της Πολλαπλασιαστικής Ανταλλαγής

Παρόλο που εκφραζόμαστε με τη δική μας μοναδική Ποιότητα, έχουμε πρόσβαση σε όλη τη Μήτρα της συχνότητας της Αγάπης του Θεού - Δημιουργού μέσω των πέντε Υποποιοτήτων μας. Στο παρακάτω παράδειγμα βλέπουμε πώς γίνεται αυτό, όπου η κάθε Ποιότητα ανοίγει σε πέντε Υποποιότητες και κάθε Υποποιότητα ανοίγει με τη σειρά της σε άλλες πέντε και ούτω καθεξής. Μ' αυτόν τον τρόπο, σχηματίζεται ένα δίκτυο, στο οποίο είμαστε όλοι συνδεδεμένοι μεταξύ μας μέσω της δικής μας Ποιότητας Έκφρασης. Όλοι μας μοναδικά διαφορετικοί, αλλά παράλληλα Ένα, ως μία υποδιαίρεση και έκφρασή του Όλου και του «Ό,τι Υπάρχει».

Ποιότητα: Εγώ είμαι Αγάπη με Υποποιότητες

1. ΑΦΘΟΝΙΑ	2. ΙΣΟΡΡΟΠΙΑ	4. ΜΗΤΡΟΤΗΤΑ (Δημιουργία - γέννημα)
1. **Οικο-νομία:** *Η γνώση των νόμων του κάθε οίκου μας. Της Γης, του σώματος, της ενέργειάς μας, του κάθε ξεχωριστού σώματος κλπ. Οίκος είναι εκεί όπου κατοικεί κάτι* 2. **Διαπραγμάτευση:** *Δεν διαπραγματευόμαστε αυτό που θέλουμε ακόμη και με τον εαυτό μας, που είναι ομοούσιο κομμάτι του Θεού - Δημιουργού. Παίρνουμε τη στέρηση και τη μιζέρια ως δεδομένα* 3. **Γονιμότητα** 4. **Υγεία** 5. **Κοσμο-νομία:** *Το σύνολο των νόμων που διέπουν το σύμπαν*	1. **Χαρά** 2. **Ροπή** 3. **Ατομικότητα** 4. **Επίκεντρο:** *Η ελαφρότητα και η ισορροπία την οποία έχει κάποιος όταν βρίσκεται στο κέντρο του* 5. **Κοσμικός οργασμός**	1. **Αρμονία:** *Ακόμη και εκεί όπου φαίνεται ότι υπάρχει απόλυτη αταξία υπάρχει τάξη* 2. **Ευ-ταξία** 3. **Πρόθεση** 4. **Σκοπός** 5. **Κοσμική τάξη:** *Που φέρει πάντα κοσμική γέννηση*
	3. ΕΠΙΣΤΗΜΟΝΙΚΟΤΗΤΑ 1. **Αλληλοσυσχέτιση** 2. **Πειραματισμός** 3. **Καταγωγή** 4. **Σύνθεση** 5. **Κοσμικό όλον**	**5. ΘΕΙΟΣ ΛΟΓΟΣ** 1. **Κοσμο-νομία:** *Το σύνολο των νόμων που διέπουν το σύμπαν* 2. **Κοσμικός οργασμός** 3. **Κοσμικό όλον** 4. **Κοσμική τάξη** 5. **Κοσμικός Λόγος:** *Εν αρχή ην ο Λόγος*

Ο ιερός αριθμός 144.000 είναι η Μήτρα των Ποιοτήτων της Συχνότητας της Αγάπης του Θεού – Δημιουργού και είναι η Ενότητα. Όταν συνδεόμαστε μ' αυτήν, δεν είμαστε ποτέ πια μόνοι μας. Το μόνιμο «Ανήκειν» είναι εξασφαλισμένο. Κι αυτό είναι το τέλος της μοναξιάς άρα και του πόνου. Όταν είμαστε όμως υποδουλωμένοι και παραδομένοι, νιώθουμε αποκομμένοι και ασύνδετοι με τη ζωή να είναι ένα μαρτύριο, θυσιάζοντας και καταστρέφοντας τον εαυτό μας, με ακόμα μεγαλύτερο μένος, για να ανήκουμε.

Η Μήτρα των Ποιοτήτων Έκφρασης του Θεού -Δημιουργού είναι ένα Δίκτυο Πολλαπλασιαστικής Ανταλλαγής. Το συν-τρέφομαι και, γενικά, η συν-δεσιμότητα με κάθε τρόπο. Το συν μπροστά από όλες τις πράξεις μας. Συμπράττω, συμπάσχω, συγχωρώ, συνυπάρχω, συμπορεύομαι, συντροφεύομαι.

Η εφαρμογή της Πολλαπλασιαστικής Ανταλλαγής στην καθημερινότητα, λύνει όλα τα προβλήματα αμφισβήτησης και αναποφασιστικότητας του εαυτού μας. Με όποιον ή ό,τι επιλέγουμε να σχετισθούμε μάς εμπλουτίζει, αφού ό,τι δίνουμε ανταλλάσσεται αμέσως στο πολλαπλάσιο, κάτι που συνεχίζεται για όσο διαρκεί η συγκεκριμένη ανταλλαγή. Αυτή είναι η πραγματική δύναμη να είμαστε ενωμένοι με τα πάντα μέσω της Ποιότητάς μας.

Παραδείγματα του πώς βιώνουμε το αντίθετο της Ποιότητας Έκφρασής

Το να ζούμε στο αντίθετο της Ποιότητας Έκφρασής μας, μάς κάνει να νιώθουμε συντετριμμένοι. Χάνουμε την ελπίδα μας, καθώς δεν μπορούμε να δούμε μια διέξοδο από τον αδιάλειπτο πόνο. Δίνονται παρακάτω κάποια σχετικά παραδείγματα:

Παράδειγμα 1: Άνδρας 48 ετών, με Ποιότητα Έκφρασης την «Αλλαγή» που προέρχεται από τη φυσική αλλαγή της ροής της ζωής. Σ' όλη του τη ζωή βιώνει το ακριβώς αντίθετο. Υπάρχουν πάντοτε κωλύματα, όλα γίνονται με μεγάλη δυσκολία και τίποτα δεν αλλάζει εύκολα.

Οι Υποποιότητές του είναι:

1. Η «Ροή». Όταν όλα ρέουν και ακριβώς γι' αυτό δεν υπάρχει προσπάθεια. Και εδώ στο αντίθετο έχει αναγκαστεί να αναπτύξει ισχυρό έλεγχο, αφού τίποτα δεν ρέει χωρίς την παρέμβασή του.

2. Η «Χαλαρότητα» ότι τα πάντα είναι φροντισμένα. Στο άλλο άκρο δεν θυμάται τον εαυτό του να έχει υπάρξει χαλαρός ούτε μία στιγμή στη ζωή του.

3. Η «Ηρεμία του Ζεν», ότι τα πάντα είναι αυτά που είναι. Αντίθετα, πάντα πρέπει να είναι σε εγρήγορση για το τι πρόκειται να συμβεί ή για το τι συμβαίνει ήδη.

4. Η «Μέτρηση» με την έννοια της Προσμέτρησης, δηλαδή πώς κάποιος χειρίζεται και συνυπολογίζει τα πράγματα. Αντιδιαμετρικά, αυτό που βιώνει σ' όλη του τη ζωή είναι η μόνιμη Αναμέτρηση με πρόσωπα και καταστάσεις.

5. Η «Θεία Μέτρηση»

Παράδειγμα 2: Άνδρας 25 ετών με Ποιότητα Έκφρασης την «Ελευθερία». Βιώνει σ' όλη του ζωή το ακριβώς αντίθετο. Αισθάνεται μόνιμα εγκλωβισμένος, ό,τι και να κάνει. Το συναίσθημα αυτό τον οδηγεί στο να αλλάζει συνεχώς δουλειές, σχέσεις, σπίτια, για να καταλήξει πάλι στο ίδιο. Είναι φυλακισμένος σε κρίσεις πανικού, εμμονές, διάφορες φοβίες, νιώθοντας πάντα καταπίεση.

Οι Υποποιότητές του είναι:

1. Η «Ροή», με την έννοια της Ελευθερίας του να αφήνεσαι σ' αυτήν. Γι' αυτόν τον άνδρα τίποτε δεν ρέει, όλα είναι μπλοκαρισμένα.

2. Η «Ηγεσία», που όταν λείπει δεν μπορεί να κάποιος να διαχειρισθεί την Ελευθερία. Χωρίς την Ηγεσία του εαυτού θα γίνει κακή χρήση της. Στην προκειμένη περίπτωση ο άνδρας νιώθει ότι δεν έχει κανέναν έλεγχο του εαυτού του, αλλά και του περιβάλλοντός του.

3. Η «Πειθαρχία». Χωρίς αυτήν η Ελευθερία χάνει την έννοιά της. Γίνεται ελευθερίων ηθών, λοξοδρομεί. Στο αντίθετο της, του είναι πάντοτε εξαιρετικά δύσκολο να πειθαρχεί στον εαυτό του.

4. Η «Αρμονία» με την έννοια της Αρμονίας σε όλα τα επίπεδα. Η Αρμονική Ζωή που εδώ φυσικά στο αντίθετο, δεν υπάρχει κατά καμία έννοια.

5. «Θεία Αρμονία».

Παράδειγμα 3: Γυναίκα 62 ετών με Ποιότητα Έκφρασης τη «Δράση». Στο αντίθετο υποκύπτει με τη Δράση της τελείως μπλοκαρισμένη. Τα πάντα προχωρούν με τεράστιο κόπο. Σε ό,τι συμβαίνει στη ζωή της λειτουργεί πάντοτε αντιδραστικά, δηλαδή απλώς αντιδρώντας σε ό,τι ήδη έχει συμβεί.

Οι Υποποιότητές της είναι:

1. Η «Πρόδραση», κάτι που έχει να κάνει με τη σωστή προετοιμασία προς τη Δράση που θα ακολουθήσει. Για παράδειγμα, τι θα πρέπει να πάρει κάποιος μαζί του για μία εκδρομή στα χιόνια. Αντιδιαμετρικά, νιώθει, όπως λέει και η παροιμία, πώς πάντοτε πηγαίνει «ξυπόλητη στ' αγκάθια».

2. Η «Έκφραση του Εαυτού». Το αντίθετο είναι η στρεβλή δράση και η δράση που οδηγεί σε άσκοπη θυσία, πόνο και ματαιωμένη ζωή. Αυτά είναι που την περιγράφουν.

3. Η «Αλληλουχία». Η σειρά με την οποία πρέπει να γίνονται τα βήματα. Στο άλλο άκρο, η Δράση της γυναίκας γίνεται όπως έρθει, χωρίς σειρά και λογική, πάντοτε ως αναγκαστική αντίδραση στις καταστάσεις που αντιμετωπίζει.

4. Η «Στροφή». Η Δράση, η οποία είναι ευέλικτη να αλλάξει κατεύθυνση, τη στιγμή που χρειάζεται. Το αντίθετο είναι η κατα-στροφή, αφού δεν εννοώ να στρίψω ούτε καν τη στιγμή πριν να πέσω στο γκρεμό. Η γυναίκα του παραδείγματος, ακόμα και εάν βλέπει ότι πρέπει επειγόντως να αλλάξει πορεία, δεν το πράττει.

5. Η «Θεία Στροφή» ή το «Θαύμα».

Παράδειγμα 4: Γυναίκα 42 ετών, με Ποιότητα την «Ελαφρότητα της Ύπαρξης», με την έννοια της έλλειψης βάρους. Καθώς έχει σαν καρμικό μάθημα να βρίσκεται στο αντίθετο της Ποιότητάς της, βιώνει για πάρα πολλές ζωές την Ύπαρξη ως ένα αβάσταχτο βάρος. Κάτι το οποίο είναι εντελώς κόντρα στη φύση της και δημιουργεί μεγάλο πόνο. Ξεκίνησε θεραπεία ψάχνοντας τον λόγο του γιατί δεν έχει καταφέρει να κάνει παιδιά, παρόλο που δεν έχει κανένα οργανικό πρόβλημα. Από τη στιγμή που παντρεύτηκε γύρω στα 30, έμεινε έγκυος συνολικά τέσσερις φορές, είτε με φυσικό τρόπο είτε με εξωσωματική, αλλά πάντα απέβαλλε. Επειδή εργαζόταν με το άνοιγμα της Ποιότητάς της, κατανόησε πως υποσυνείδητα δεν μπορούσε να «κρατήσει» τα μωρά, διότι πρόσθεταν βάρος.

Οι Υποποιότητες της είναι:

1. Η «Υλοποίηση με Ελαφρότητα». Στο αντίθετο, η κάθε υλοποίησή της γινόταν με το να αναλαμβάνει πάντα βάρος, χωρίς να περιμένει ή να ζητά βοήθεια από πουθενά.

2. Η «Ανάλαφρη Χαρά», ως αυτή που διαπνέει τα πάντα. Η εμπειρία της από παιδί σχετίζεται πάντα με τη διακοπή της χαράς.

3. Ο «Ανάλαφρος Σχεδιασμός». Αντιδιαμετρικά, κάθε σχεδιασμός που χρειάζεται να γίνει για την ίδια και την οικογένειά της, σημαίνει αυτόματα ότι θα επωμισθεί βάρος.

4. Η «Φυσική Ορμητικότητα», στην οποία δεν αντιστέκεται τίποτα. Παρόμοια με τα δέντρα και τα φυτά, που όταν φυσάει ο άνεμος κινούνται μαζί του, κι έτσι δεν σπάνε. Στο άλλο άκρο βιώνει δυσκολίες και εμπόδια σε ό,τι προσπαθεί να επιτύχει.

5. Η «Πνοή του Θεού» ως η Θεϊκή Ελαφρότητα, η ανάσα.

Παράδειγμα 5: Γυναίκα 44 ετών. Ξεκίνησε θεραπεία λόγω ενός προβλήματος που παρουσιάστηκε στα μάτια. Η όρασή της θόλωνε ξαφνικά και, παρόλο που είχε κάνει όλες τις εξετάσεις, δεν βρέθηκε τίποτα που να δικαιολογεί αυτό που πάθαινε. Μεγάλωσε σε μία οικογένεια, όπου πάντοτε άλλο λεγόταν και άλλο συνέβαινε στην πραγματικότητα, με διαγενεαλογικό καρμικό μάθημα το ψέμα. Με Ποιότητα Έκφρασης τη «Φιλαλήθεια», βίωνε πάντοτε το ακριβώς αντίθετο, βουτηγμένη στα μόνιμα ψέματα και την υποκρισία γύρω της.

Οι Υποποιότητες της είναι:

1. Η «Καθαρότητα». Η διαύγεια της καθαρής εικόνας για τι συμβαίνει.

2. Η «Διαπερατότητα». Το να διαπερνώ και να φτάνω στην καρδιά του πράγματος.

3. Η «Διάλυση της Πλάνης».

4. Η «Όραση».

5. Η «Θεία Όραση».

Όχι μόνο βίωνε πάντοτε το αντίθετο και στις πέντε Υποποιότητες, αλλά έπρεπε επιπλέον από παιδί να κρύβει από το οικογενειακό σύστημα ό,τι καταλάβαινε τα πάντα, διαφορετικά θα υπήρχαν κυρώσεις. Σε κάποιες περιπτώσεις μάλιστα ένιωθε πραγματικό κίνδυνο για την επιβίωσή της. Αυτός ήταν ο λόγος που στη θεραπεία δυσκολευόταν πολύ να έρχεται σε επαφή με κάθε νέα κατηγορία ψέματος που αναδυόταν. Αφενός, διότι κατέρρεαν τα πάντα, αφετέρου, διότι το εσωτερικό της παιδί ένιωθε ότι πρέπει να τα συγκαλύψει όλα, διότι διαφορετικά δεν είναι ασφαλές. Το πρόβλημα με τα μάτια, για το οποίο ξεκίνησε αρχικά θεραπεία, σταδιακά εξαλείφθηκε. Κάθε φορά που επανερχόταν, συνειδητοποίησε πως ήταν η ένδειξη που της έδινε το σώμα της ότι βρισκόταν σε μία κατάσταση διπροσωπίας και εξαπάτησης.

Το Δέντρο της Συνειδητότητας, η μεταστροφή σε Δέντρο της Ζωής

Το Δέντρο της Ζωής συναντάμε σε πολλούς πολιτισμούς σαν σύμβολο άνθισης, δημιουργίας, αναγέννησης, γνώσης και σοφίας. Εκφράζει τη θεραπεία της Ψυχής και τη διασύνδεση κάθε μορφής ζωής με το σύμπαν. Στην Άνθιση της Ποιότητάς μας, αφήνουμε οριστικά πίσω μας το αντίθετό της, που προκαλεί μαρασμό. Το Δέντρο της Συνειδητότητας ενεργοποιείται και ανοίγει μέσα στο σώμα μας ως Δέντρο της Ζωής, στην σπονδυλική μας στήλη.

Πρώτο Κλαδί του Δέντρου της Συνειδητότητας - Ζωής

1η Συχνότητα. «Διεύρυνση της Συνειδητότητας»: Σταματάμε να μάς φερόμαστε με αυτοκακία, αυτοσαδισμό και αυτοτιμωρία.

2η Συχνότητα. «Ενεργοποίηση της πραγματικής Αποστολής μας στη Γη, που είναι το άνοιγμα της Ποιότητας Έκφρασής μας σε όλο της το εύρος». Εκεί όπου βρισκόμαστε στο γλυκό μας σημείο. Στην 3η διάσταση παραμένουμε στην Αποστολή του Παιδιού Ήρωα, ενώ στην 5η διάσταση βρισκόμαστε στην Αποστολή της πλήρους Έκφρασης της Ποιότητάς μας.

3η Συχνότητα. «Σύνδεση με την Ψυχή μας».

4η Συχνότητα. «Σύνδεση με το Πνεύμα».

5η Συχνότητα. «Σύνδεση με τη Γαία».

6η Συχνότητα. «Ακινησία» (Stillness). Όλοι μας έχουμε ως μόνιμη ενασχόληση να προσπαθούμε να αποφύγουμε τον πόνο μέσω της ερμηνείας, χωρίς να μπορούμε να μείνουμε ακίνητοι εσωτερικά και σε σιωπή ούτε για ένα δευτερόλεπτο.

7η Συχνότητα. «Το Σώμα, που είναι το εσωτερικό παιδί». Γείωση = Τώρα = Σώμα = Συνειδητότητα = συνειδητοί μέσα στο Σώμα μας.

8η Συχνότητα. «Αναζωογόνησης», καθώς η Συνειδητότητα σε Ακινησία, αυτοαναζωογονείται συνεχώς. Σχετίζεται και με την αντιγήρανση.

9η Συχνότητα. «Μήτρας-μάνας»: Νιώθουμε ότι τα πάντα είναι φροντισμένα και λυμένα. Αυτή η αίσθηση υπάρχει ήδη μέσα μας και, ανακαλώντας την, δεν χρειάζεται να υποδουλωνόμαστε για να κρατήσουμε κοντά μας τη μητέρα μας με κάθε τρόπο. Με κλειστή αυτή τη συχνότητα αναπτύσσεται το Διασπαστικό Εγώ του Παιδιού Ήρωα.

10η Συχνότητα. «Σεξουαλικότητα», που συνδέεται με τη φώτιση μέσω της ανόδου της κουνταλίνι στη σπονδυλική στήλη.

2ο Κλαδί του Δέντρου της Συνειδητότητας - Ζωής - Η σπονδυλική στήλη είναι η οδός προς τα πάντα

1η Συχνότητα. «Άνοιγμα της οδού της φώτισης».

2η Συχνότητα. «Άνοιγμα της οδού προς τον Θεό - Δημιουργό».

3η Συχνότητα. «Άνοιγμα της οδού προς την Απελευθέρωση».

4η Συχνότητα. «Άνοιγμα της οδού προς το Πνεύμα».

5η Συχνότητα. «Άνοιγμα της οδού της Παρουσίας». Εγώ Είμαι σε Παρουσία. Εγώ είμαι, ό,τι εγώ είμαι, σε Παρουσία.

Παραδείγματα Ποιοτήτων Έκφρασης με τις πέντε Υποποιότητες

Ποιότητα: **ΣΟΦΙΑ** Υποποιότητες: 1. ΑΠΟΛΑΥΣΗ 2. ΧΑΡΑ 3. ΕΛΑΦΡΟΤΗΤΑ 4. ΑΛΛΗΛΟΥΧΙΑ 5. ΘΕΙΑ ΑΛΛΗΛΟΥΧΙΑ-ΑΛΛΗΛΟΣΥΣΧΕΤΙΣΗ	Ποιότητα: **ΔΥΝΑΜΗ** Υποποιότητες: 1. ΤΟΛΜΗ 2. ΧΑΡΑ 3. ΙΣΟΡΡΟΠΙΑ 4. ΗΘΙΚΗ 5. ΘΕΙΑ ΔΙΚΗ	Ποιότητα: **ΔΙΑΠΡΑΓΜΑΤΕΥΣΗ** Υποποιότητες: 1. ΟΡΙΑ 2. ΤΙΜΗ 3. ΑΞΙΑ 4. ΑΛΛΗΛΟΣΥΣΧΕΤΙΣΗ 5. ΘΕΙΑ ΑΛΛΗΛΟΣΥΣΧΕΤΙΣΗ
Ποιότητα : **Α-ΣΦΑΛΕΙΑ** Υποποιότητες: 1. ΟΡΘΗ ΚΡΙΣΗ 2. ΕΚΠΑΙΔΕΥΣΗ 3. ΔΙΑΚΡΙΣΗ 4. ΕΚ ΤΩΝ ΕΣΩ/ΓΝΩΣΗ 5. ΘΕΙΑ ΠΑΡΕΜΒΑΣΗ	Ποιότητα : **ΣΥΝ-ΓΡΑΦΗ** Υποποιότητες: 1. ΕΜΠΝΕΥΣΗ 2. ΔΙΟΡΑΣΗ: *από το τρίτο μάτι* 3. ΣΥΝ-ΔΙΚΤΥΩΣΗ 4. ΣΥΝ-ΤΡΟΦΙΑ: *ο συγγραφέας τρέφεται με τους αναγνώστες με την ίδια τροφή* 5. ΘΕΙΑ ΕΜΠΝΕΥΣΗ	Ποιότητα : **ΗΓΕΣΙΑ** Υποποιότητες: 1. ΤΑΠΕΙΝΟΤΗΤΑ 2. ΕΜΠΝΕΥΣΗ 3. ΔΙΟΡΑΣΗ 4. ΠΟΛΥΠΛΕΥΡΙΚΟΤΗΤΑ: *η πολυπλοκότητα μιας κατάστασης με την έννοια όλων των πλευρών που ενέχει. Ο Ηγέτης πρέπει να τις βλέπει όλες* 5. ΘΕΙΑ ΑΚΟΛΟΥΘΙΑ: *ο Ηγέτης ακολουθείται αλλά και ακολουθεί*
Ποιότητα: **ΤΥΠΙΚΟΤΗΤΑ** Υποποιότητες: 1. ΤΙΜΗ 2. ΣΕΒΑΣΜΟΣ 3. ΠΕΙΘΑΡΧΙΑ 4. ΟΡΘΩΣ ΠΡΑΤΤΕΙΝ: *το καλώς έχειν* 5. ΘΕΙΑ ΤΑΞΗ	Ποιότητα: **ΧΑΡΑ** Υποποιότητες: 1. ΠΑΙΔΙΚΟΤΗΤΑ 2. ΘΗΛΥΚΟΤΗΤΑ 3. ΣΥΝΑΙΣΘΗΜΑΤΙΚΗ ΔΙ-ΑΙΣΘΗΣΗ 4. ΠΡΑΚΤΙΚΟΤΗΤΑ 5. ΘΕΙΑ ΔΙ-ΑΙΣΘΗΣΗ	Ποιότητα: **Η ΧΑΡΑ ΤΗΣ ΟΛΟΚΛΗΡΩΣΗΣ** Υποποιότητες: 1. ΕΥΣΤΡΟΦΙΑ 2. ΔΙΑΥΓΕΙΑ 3. ΚΑΛΛΟΣ 4. ΥΠΟΛΟΓΙΣΜΟΣ 5. ΘΕΙΑ ΜΕΤΡΗΣΗ
Ποιότητα: **Η ΧΑΡΑ ΤΗΣ ΖΩΗΣ** Υποποιότητες: 1. ΑΝΕΜΕΛΙΑ 2. ΔΙΨΑ ΓΙΑ ΖΩΗ: *που γεννιέται από το συνεχώς ανανεούμενο ενδιαφέρον της περιέργειας που έχει ένα μικρό παιδί* 3. ΕΠΙΣΤΗΜΟΝΙΚΟΤΗΤΑ ΜΕ ΧΑΡΑ: *η Χαρά της ανακάλυψης* 4. ΑΛΛΑΓΗ ΤΟΥ ΚΑΤΕΣΤΗΜΕΝΟΥ 5. ΘΕΙΑ ΑΛΛΑΓΗ	Ποιότητα: **ΤΑΠΕΙΝΟΤΗΤΑ** Υποποιότητες: 1. Η ΑΞΙΑ ΤΩΝ ΠΡΑΓΜΑΤΩΝ 2. ΦΥΣΙΚΗ ΕΥΓΝΩΜΟΣΥΝΗ 3. ΔΙΑΥΓΕΙΑ: *σχετικά με το τι είναι η ζωή* 4. ΓΑΛΗΝΗ: *ότι όλα είναι όπως πρέπει* 5. ΘΕΙΑ ΑΤΑΡΑΞΙΑ	Ποιότητα : **ΑΝΕΜΕΛΙΑ** *Η χαρά της ολοκλήρωσης μέσω της Ανεμελιάς* Υποποιότητες: 1. ΣΩΦΡΟΣΥΝΗ 2. ΤΟ ΜΕΛΗΜΑ ΤΗΣ ΦΡΟΝΤΙΔΑΣ 3. ΠΡΟΔΡΑΣΤΙΚΟΤΗΤΑ: *η προληπτική δράση* 4. ΜΑΛΑΚΟΤΗΤΑ: *εκεί που είμαστε μαλακοί και ήπιοι με τον εαυτό μας, τους άλλους και τις καταστάσεις* 5. ΘΕΙΑ ΧΑΛΑΡΟΤΗΤΑ: *από τη γνώση ότι όλα είναι σύμφωνα με το θεϊκό σχέδιο*

Παραδείγματα Ποιοτήτων Έκφρασης με τις πέντε Υποποιότητες

Ποιότητα: **ΦΥΣΙΚΗ ΡΥΘΜΙΣΗ** Υποποιότητες: 1. ΗΡΕΜΙΑ: *γαλήνη, χαλάρωση έναντι του στρες επιβίωσης* 2. ΦΥΣΙΚΗ ΡΟΗ ΣΤΟ ΣΩΜΑ: *την οποία εμείς οι ίδιοι διακόπτουμε* 3. ΓΕΙΩΣΗ: *η επίγνωση της κατάστασής μας, διαφορετικά είμαστε α-γείωτοι* 4. ΟΡΑΣΗ: *που μάς κάνει να βλέπουμε έναντι του κλείνουμε την αντίληψη μας* 5. ΘΕΙΑ ΟΡΑΣΗ: *το Προ-βλέπω, Διαβλέπω και κάθε Βλέπω έναντι του Παρα-βλέπω*	Ποιότητα: **ΚΑΘΑΡΗ ΚΡΙΣΗ** Υποποιότητες: 1. ΕΥΘΥΚΡΙΣΙΑ: *η σωστή και αντικειμενική κρίση* 2. ΔΙΚΑΙΗ ΚΡΙΣΗ: *δίνει Σολομώντεια λύση* 3. ΑΤΑΡΑΞΙΑ 4. ΤΟ ΚΑΛΩΣ ΕΧΕΙΝ: *εφόσον τα πράγματα είναι αυτά που είναι. Διαφορετικό από την αποδοχή επειδή δεν γίνεται αλλιώς* 5. ΘΕΙΟ ΠΡΑΤΤΕΙΝ	Ποιότητα: **ΑΠΟΚΑΛΥΨΗ** Υποποιότητες: 1. ΑΓΑΠΗ 2. ΧΑΡΑ 3. ΕΥΛΟΓΙΑ 4. ΤΟ ΣΥΝΤΡΙΒΑΝΙ ΤΗΣ ΖΩΗΣ: *που είναι συνεχώς τροφοδοτούμενο, άρα αστείρευτο* 5. ΘΕΙΑ ΑΚΑΤΑΝΟΗΣΙΑ
Ποιότητα: **ΑΠΟΣΥΓΚΑΛΥΨΗ** *του ψέματος* Υποποιότητες: 1. ΕΥΛΟΓΙΑ 2. ΕΛΑΦΡΟΤΗΤΑ ΤΟΥ ΕΙΝΑΙ 3. ΔΙΑΦΑΝΕΙΑ: *ουδέν κρυπτόν* 4. ΗΡΕΜΙΑ: *από τη χαλαρότητα πως όλα είναι όπως πρέπει)* 5. ΘΕΙΑ ΚΡΙΣΗ: *την οποία δεν μπορούμε να ξεγελάσουμε*	Ποιότητα: ΣΩΜΑΤΙΚΗ **ΡΩΜΗ** Υποποιότητες: 1. ΣΩΜΑΤΙΚΟ ΚΑΛΛΟΣ 2. ΣΩΜΑΤΙΚΗ ΟΡΘΟΝΟΜΙΑ 3. ΣΩΜΑΤΙΚΗ ΔΥΝΑΜΗ 4. ΝΟΜΟΙ ΤΟΥ ΣΩΜΑΤΟΣ 5. ΘΕΙΑ ΥΛΟΠΟΙΗΣΗ	Ποιότητα: **ΚΑΙΝΟΤΟΜΙΑ** Υποποιότητες: 1. ΑΦΡΙΖΟΥΣΑ ΧΑΡΑ 2. ΣΠΟΥΔΗ 3. ΜΗΧΑΝΙΚΗ 4. ΕΡΡΩΣΘΕ: *το να είναι κάποιος γερός και υγιής* 5. ΘΕΙΑ ΘΕΡΑΠΕΙΑ
Ποιότητα: **ΕΛΕΥΘΕΡΙΑ** *η υπεράσπισή της* Υποποιότητες: 1. ΤΟΛΜΗ 2. ΓΕΝΝΑΙΟΤΗΤΑ 3. ΑΚΡΙΒΕΙΑ 4. ΠΑΡΑΔΟΣΗ 5. ΓΕΝΝΗΘΗΤΩ ΤΟ ΘΕΛΗΜΑ ΣΟΥ	Ποιότητα: **ΑΣΦΑΛΕΙΑ** Υποποιότητες: 1. ΟΡΘΗ ΚΡΙΣΗ 2. ΕΚΠΑΙΔΕΥΣΗ 3. ΔΙΑΚΡΙΣΗ 4. ΓΝΩΣΗ ΕΚ ΤΩΝ ΕΣΩ 5. ΘΕΙΑ ΠΑΡΕΜΒΑΣΗ	

ΚΕΦΑΛΑΙΟ 11
ΣΕΞΟΥΑΛΙΚΟΤΗΤΑ - Η ΔΥΝΑΜΗ

Α. ΤΑ ΔΥΟ ΦΥΛΑ
Οι διαφορετικές Ποιότητες Έκφρασης των φύλων

Κάθε φύλο έχει διαφορετική Ποιότητα Έκφρασης με τις Υποποιότητές της, όπως φαίνεται στον πίνακα.

ΘΗΛΥΚΟΤΗΤΑ	ΑΡΣΕΝΙΚΟΤΗΤΑ	ΠΑΙΔΙΚΟΤΗΤΑ
Υποποιότητες	Υποποιότητες	Υποποιότητες
1. ΚΑΛΛΩΠΙΣΜΟΣ: *προέρχεται από την Αισθητική*	1. ΟΡΜΗ	1. ΕΡΩΤΙΣΜΟΣ: *Καθαρή, Αγνή, Ελεύθερη Σεξουαλικότητα*
2. ΖΩΤΙΚΟΤΗΤΑ	2. ΡΩΜΗ	2. ΧΑΡΑ
3. ΑΦΟΥΓΚΡΑΖΟΜΑΙ	3. ΣΦΡΙΓΗΛΟΤΗΤΑ	3. ΑΥΘΟΡΜΗΤΙΣΜΟΣ
4. ΕΚΦΡΑΣΗ	4. ΔΡΑΣΗ	4. ΕΛΕΥΘΕΡΟ ΣΥΝΑΙΣΘΗΜΑ
5. ΘΕΙΑ ΔΙΑΙΣΘΗΣΗ	5. ΘΕΙΑ ΚΙΝΗΣΗ	5. ΘΕΙΑ ΑΘΩΟΤΗΤΑ

Η Ποιότητα της Θηλυκότητας εκφράζεται μέσω του «Καλλωπισμού της Αισθητικής», καθώς όλες οι γυναίκες από τη γέννησή τους, πραγματικά, στολίζουν ένα χώρο. Η Ζωτικότητα είναι αυτή που τις εξοπλίζει με τη δυνατότητα να κάνουν πολλές εργασίες ταυτόχρονα και συχνά με μακροζωία. Οι γυναίκες καταλαβαίνουν πάντα περισσότερα από όσα λέγονται ή συμβαίνουν, εφόσον έχουν έμφυτο το να μπορούν να Αφουγκράζονται. Η Έκφραση είναι η 4η Υποποιότητα της Θηλυκότητας και η 5η Υποποιότητα η Θεία Διαίσθηση.

Οι Υποποιότητες της Αρσενικότητας είναι η Ορμή, η Ρώμη, η Σφριγηλότητα, η Δράση και η Θεία Κίνηση. Το εσωτερικό παιδί στο κάθε φύλο εκφράζει την Παιδικότητά του μέσω του Ερωτισμού, δηλαδή της καθαρής, αγνής και ελεύθερης σεξουαλικότητας που όλα τα παιδιά έχουν, μέχρι τη στιγμή που κάποιος ενήλικας θα παρέμβει και θα την διαστρέψει. Τη Χαρά, τον Αυθορμητισμό, το Ελεύθερο Συναίσθημα και τη Θεία Αθωότητα.

Όταν η Θηλυκότητα, η Αρσενικότητα αλλά και η Παιδικότητα έχουν χειραγωγηθεί, τότε τις συναντάμε στην αρνητική τους έκφραση. Ένα καλό παράδειγμα θα ήταν εδώ ο καλλωπισμός της Αισθητικής, που είναι έμφυτο χαρακτηριστικό των γυναικών. Στο αντίθετο, εκφράζεται είτε με την υπερβολή, είτε με την πλήρη απουσία. Η Αρσενική ενέργεια, που έχει χειραγωγηθεί και κλαπεί, στρέφει τους άνδρες στο να παίρνουν μέρος σε πολέμους ή να χρησιμοποιούνται για αναπαραγωγή.

Η Παιδικότητα και οι Υποποιότητές της, που βιώνονται στο αντίθετο, οδηγούν σε απώλεια ηθικού, η οποία κάνει, τελικά, να υποκύπτουμε. Σ' αυτό το σημείο είναι εύκολο να διασπασθεί το Πνεύμα μας.

Ανεξάρτητα από το φύλο που έχουμε γεννηθεί, φέρνουμε μέσα μας και τις τρεις Ποιότητες Έκφρασης, τη Θηλυκότητα, την Αρσενικότητα και την Παιδικότητα. Το πώς τις εκφράζουμε έχει να κάνει με το εάν είμαστε στη Θέση μας στο οικογενειακό σύστημα.

Η γυναίκα στη Θέση της εκφράζει την Αρσενικότητά της και την Παιδικότητά της, δηλαδή τον εσωτερικό της άνδρα και το εσωτερικό της παιδί μέσα από τη Θηλυκότητά της. Το ίδιο ισχύει για τον άνδρα στη Θέση του. Εκφράζει την εσωτερική του γυναίκα και το εσωτερικό του παιδί μέσα από την Αρσενικότητά του. Αντίστοιχα, το παιδί θα εκφράζει την Παιδικότητά του, αλλά με τον διαφορετικό τρόπο του φύλου του. Γι' αυτό βλέπουμε τα μικρά παιδιά, ανάλογα με το αν είναι αγοράκια ή κοριτσάκια, να έλκονται, αυθόρμητα, από παιχνίδια, ρούχα και δραστηριότητες που έχουν να κάνουν με τις Υποποιότητες του φύλου που έχουν γεννηθεί. Εκτός, φυσικά, εάν υπάρχει μία διαφορετική διαμόρφωση ή φέρουν κάποιο συστημικό βάρος, που τα ωθεί να εκφράζονται μέσω διαφορετικού φύλου απ' αυτό με το οποίο γεννήθηκαν.

Ο ανταγωνισμός και η μάχη των δύο φύλων εκδηλώνεται πρώτα μέσα μας. Όταν ο εσωτερικός μας άνδρας, το εσωτερικό μας παιδί και η εσωτερική μας γυναίκα βρίσκονται ο καθένας στη Θέση του και στην ξεχωριστή Ποιότητα Έκφρασής τους, τότε η αρμονία και η αγάπη επικρατούν και βρισκόμαστε στη δύναμή μας.

Η γυναίκα πομπός, ο άνδρας δέκτης

Τα δύο φύλα λειτουργούν συμπληρωματικά. Το ένα χρειάζεται το άλλο, καθώς έχουν διαφορετικές Ποιότητες Έκφρασης. Η γυναίκα δημιουργεί, εμπνέοντας τη δράση του άνδρα, ο οποίος φέρνει σ' αυτήν τους καρπούς. Είτε είναι ένα παιδί, μία νίκη, οικονομική αφθονία, ένα σπιτικό ή οτιδήποτε αυτή χρειάζεται. Ο άνδρας χωρίς τη γυναίκα χάνει τον ρόλο του και τον σκοπό του, καθώς δεν γνωρίζει τι να υλοποιήσει.

Είχα δει παλαιότερα ένα ντοκιμαντέρ για τη ζωή της αρκούδας που περιέγραφε ακριβώς αυτό. Παρουσίαζε μία θηλυκή αρκούδα, που ήταν στην εποχή να ζευγαρώσει, να παίρνει το μπάνιο της σε μία λιμνούλα. Την ίδια στιγμή, η φωνή του εκφωνητή μάς πηγαίνει πολλά χιλιόμετρα μακριά, όπου ένας αρκούδος πιάνει το σήμα που εκπέμπει και ξεκινάει να τη βρει. Σ' όλο το ντοκιμαντέρ παρακολουθούμε τις δοκιμασίες του αρσενικού, καθώς μάχεται με τα στοιχεία της φύσης, αδυνατίζει από την έλλειψη τροφής και, λίγο πριν φτάσει στον προορισμό του, παλεύει με ένα άλλο αρσενικό, που και αυτός έχει πιάσει το ίδιο σήμα. Τελικά, επικρατεί, και φτάνει στη θηλυκή αρκούδα σε κακή κατάσταση από την πάλη και τις κακουχίες του ταξιδιού. Αυτή χαλαρή, χωρίς να έχει χρειασθεί να κάνει τίποτε απολύτως εκτός από το να εκπέμψει τι χρειάζεται, βγαίνει από τη λιμνούλα και ζευγαρώνει μαζί του!

Αφηγούμαι αυτή την ιστορία σε πολλές νεότερες ή και μεγαλύτερες γυναίκες, που ξεκινούν να σχετίζονται, νομίζοντας πως εκείνες πρέπει να κάνουν την πρώτη κίνηση και ότι είναι δική τους δουλειά να ικανοποιούν τον άνδρα. Όμως, το μόνο που καταφέρνουν είναι να του παίρνουν τη Θέση και να λειτουργούν οι ίδιες σαν άνδρες. Κάτι που αυτούς τους κάνει να χάνουν το ενδιαφέρον τους και τις αφήνει ανικανοποίητες, πληγωμένες και κατά κανόνα μόνες.

Λέμε για τους άνδρες ότι είναι κυνηγοί, κάτι που περιγράφεται τέλεια στις Υποποιότητες Έκφρασης της Αρσενικότητας που είναι η Ορμή, η Ρώμη, η Σφριγηλότητα και η Δράση. Φαντάζεστε έναν κυνηγό να ανοίγει την πόρτα και να βλέπει το πουλί ξεπουπουλιασμένο και έτοιμο βρασμένο στην κατσαρόλα για να το φάει; Πόσο ενδιαφέρον θα είχε γι' αυτόν; Πόσο νόστιμο θα του φαινόταν; Πόση λαχτάρα θα είχε να το γευθεί;

Όπως και στην ιστορία με τις αρκούδες, ο βασικός κανόνας είναι πως ο άνδρας πρέπει να «θέλει τη γυναίκα πολύ», και μάλιστα πρέπει να το αποδεικνύει παλεύοντας γι' αυτήν. Η γυναίκα, με βάση τις Ποιότητες Έκφρασης της Αρσενικότητας είναι τρόπαιο. Και μόνο έτσι έχει αξία και χάρη γι' αυτόν. Τότε ο άνδρας την τοποθετεί δίπλα του σαν τη Βασίλισσά του και την έχει κορώνα στο κεφάλι του.

Οι άνδρες δεν μπορούν να δράσουν μ' αυτόν τον τρόπο, εάν ακόμα η Θέση της γυναίκας δίπλα τους είναι ήδη κατειλημμένη από τη μητέρα τους. Η κορώνα έχει ήδη δοθεί. Οι γυναίκες, που αρέσκονται να στηρίζουν αυτές τον άνδρα και να παίρνουν τον ρόλο του ψυχολόγου και του θεραπευτή του, στην πραγματικότητα θεραπεύουν τους γονείς τους και κυρίως τη μητέρα τους.

Το μόνο τους μέλημα θα πρέπει να είναι να θεραπεύουν τον εαυτό τους μπαίνοντας και να παραμένοντας σταθερά στη Θέση τους. Κατόπιν, μέσω της Έκφρασης των Ποιοτήτων της Θηλυκότητας, να τού εκπέμψουν καθαρό σήμα για το τι χρειάζονται απ' αυτόν. Μια γυναίκα πρέπει να είναι απόλυτα συγκεντρωμένη στον εαυτό της. Δεν είναι δουλειά της το τι κάνει ο σύντροφός της, εάν έχει ψυχολογικά και πώς τα λύνει, καθώς μόλις εκείνη κάνει αλλαγή, κάνει αυτόματα και εκείνος. Στην περίπτωση που δεν την ακολουθήσει στην αλλαγή της, θα εξαφανισθεί από τη ζωή της με τον πιο ανώδυνο τρόπο, καθώς ο ρόλος του θα έχει τελειώσει. Δεν έχει να της προσφέρει κάτι άλλο. Θα έρθει ο επόμενος, αυτός που θα έχει λάβει το νέο σήμα και θα μπορεί να της προσφέρει αυτό που εκείνη χρειάζεται, στη νέα της συνειδητότητα.

Οι άνδρες λαμβάνουν και εκτελούν ακριβώς το σήμα που τους εκπέμπουν οι γυναίκες. Κι εκείνες, κατά κανόνα, όχι μόνο δεν τους αναγνωρίζουν ότι είναι στη μέγιστη αγάπη τους γι' αυτές, αλλά, επιπλέον, τούς κατηγορούν. Εάν η γυναίκα συνεχίζει να διασώζει τη μητέρα της και τον γάμο των γονιών της, εκπέμπει στον άνδρα της να μη βγάζει αρκετά χρήματα, να είναι άχρηστος, να μη νοιάζεται, να την κακομεταχειρίζεται, και, γενικά, να τής φέρεται με οποιοδήποτε άσχημο τρόπο για τον οποίο αυτή τον κατηγορεί. Ενώ αυτός βάζει στην υπηρεσία της τη δράση του, κάνοντας πάντοτε ό,τι τού ζητάει.

Όταν και τα δύο φύλα είναι το καθένα στη Θέση του, τότε μπορούν να λειτουργήσουν συμπληρωματικά και να μεγαλουργήσουν σαν ζευγάρι σε μία υπέροχη ευφυή και συμπληρωματική συνεργασία των Ποιοτήτων Έκφρασής τους.

Γυναίκες που μένουν μόνες

Παρόλο που κάποιες από τις παρακάτω κατηγορίες ισχύουν και για τα δύο φύλα, αναφέρονται ιδιαίτερα οι γυναίκες που μένουν μόνες τους καθώς είναι πιο εκτεταμένο φαινόμενο. Ο προσεκτικός αναγνώστης θα βρει σε άλλα σημείου αυτού του βιβλίου επιπλέον λόγους που κάποιος μένει μόνος του, εκτός από τους παρακάτω.

Περίπτωση 1: Οι κόρες συχνά αναλαμβάνουν τον ρόλο να κρατάνε τον πατέρα στο σπίτι για να μη διαλυθεί η οικογένεια. Παρόλο που το κάνουν αυτό από αγάπη για τη μητέρα τους, ταυτόχρονα γίνονται αλαζονικές απέναντί της, καθώς δεν τη θεωρούν άξια για τον πατέρα τους. Η κόρη που νιώθει ανώτερη από τη μητέρα της, μένει μόνη της. Χρειάζεται να της απευθύνει εσωτερικά «εσύ τον επέλεξες και είσαι η καλύτερη γυναίκα γι' αυτόν. Η σχέση σας προϋπάρχει και αφορά εσάς».

Περίπτωση 2: Οι γυναίκες πολύ συχνά εκφράζονται με την αρσενική τους πλευρά για να προστατεύσουν τη θηλυκή μέσα τους από τον άνδρα δρά-στη. Κάτι, που αρχικά έχει γίνει για λόγους επιβίωσης, τις κάνει, τελικά, να βρί-σκονται σε υπεροψία απέναντι στον άνδρα και να τον υποτιμούν. Παίρνουν αυτές τον αρσενικό ρόλο και δεν επιτρέπουν να τις φροντίσουν. Ακόμα και αν καταφέρουν να παντρευθούν ή να σχετισθούν πάλι θα είναι μόνες τους. Η γυναίκα αυτή για να μπορέσει να πάρει τη Θέση της και να βγει από την έπαρση πρέπει να υποκλιθεί στον άνδρα, αλλιώς παραμένει στον θρόνο της μόνη της!

Περίπτωση 3: Αυτές που νιώθουν ότι είναι κάτι πολύ ιδιαίτερο, οπότε, φυ-σικά, πώς είναι δυνατόν να βρουν έναν ισάξιο άνδρα; Διασκεδάζω συχνά με άρθρα που αναλύουν για το πώς οι πολύ έξυπνες γυναίκες ή οι παλιές ψυχές και οι πολύ εξελιγμένοι άνθρωποι δεν μπορούν να βρουν σύντροφο επειδή είναι πολύ προχωρημένοι!

Περίπτωση 4: Γυναίκες που μένουν μόνες και συχνά χωρίς παιδιά, στην πραγματικότητα δεν το θέλουν λόγω κάποιας πρότερης Απόφασης Επιβί-ωσης. Κάτι το οποίο, φυσικά, δεν βρίσκεται στην αντίληψή τους, διότι είναι υποσυνείδητο. Σ' ένα παράδειγμα, μια γυναίκα 40 ετών, προσπαθούσε να μείνει έγκυος μέσω εξωσωματικών γονιμοποιήσεων με πραγματικά μεγάλη ταλαιπωρία και απογοητεύσεις. Μετά από μια σχετική συνεδρία γι' αυτό το θέμα, άνοιξε η εξής μνήμη: Σε ηλικία 2-3 ετών, ακούγοντας τους γονείς να τσακώνονται άγρια, αποφάσισε πως «δεν θα κάνω παιδιά για να μη βασανί-ζονται σαν και μένα»! Όποια γυναίκα προσπαθεί να συλλάβει και δεν μπορεί, ενώ δεν έχει κάποιο οργανικό πρόβλημα, ας ψάξει σε πρώιμες Αποφάσεις Επιβίωσης που την έκαναν να προσυπογράψει ένα Περιοριστικό Σενάριο Ζωής χωρίς παιδιά.

Περίπτωση 5: Η διευθέτηση μέσα μας όλων των συντρόφων, που είχαμε μέ-χρι τώρα στη ζωή μας, ακόμα και σε περιπτώσεις που ήταν μόνο για μία βρα-διά, είναι άλλο ένα σημαντικό θέμα. Αν, παρόλη τη δουλειά που έχουμε κάνει με τον εαυτό μας, συνεχίζουμε να είμαστε μόνοι-ες, ας κοιτάξουμε προσε-κτικά όλους τους πρώην συντρόφους. Τους έχουμε τακτοποιήσει μέσα μας; Είμαστε με όλους καλά; Ιδιαίτερα με όσους έχουν χαθεί παιδιά, όπως κάποια έκτρωση ή αποβολή, μας συνδέει μια κοινή μοίρα. Είμαστε περισσότεροι δε-μένοι με αυτούς από ό,τι νομίζουμε και γι' αυτό χρειάζεται να ρίξουμε μια πιο προσεκτική ματιά.

Αν πούμε, «όπως με πλήγωσες σε πλήγωσα. Όπως πληγώθηκα πληγώθηκες», σταματάμε να τον έχουμε στη θέση του δράστη και εμάς στη θέση του θύ-ματος, και γινόμαστε ισότιμοι. Ακόμη περισσότερο, εάν τούς χρεώνουμε ότι εξαιτίας τους μείναμε μόνοι μας, τούς κρατάμε μια ζωή δράστες. Πολύ συχνά, επίσης, ιδιαίτερα όταν υπάρχει παγωμένο συναίσθημα λόγω τραύματος, περνάμε στον επόμενο σύντροφο χωρίς να βιώσουμε τον πόνο που συνεπάγεται ένας χωρισμός. Πιστεύουμε ότι τη γλιτώσαμε. Και σ' αυτή την περίπτωση θα το βρούμε μπροστά μας, διότι το αβίωτο πένθος δεν θα επιτρέψει να προχωρήσουμε πραγματικά. Κάθε χωρισμός είναι ένας θάνατος. Χωρίς αυτόν δεν θα ήταν εφικτή η αλλαγή και η εξέλιξη μας. Κάτι που πρέπει να τιμηθεί ουσιαστικά και όχι να υποτιμηθεί. Αν, τελικά, καταφέρουμε να πούμε σ' όλους τους πρώην συντρόφους και να νιώσουμε «σας ευχαριστώ για τα πολύτιμα μαθήματα που μού προσφέρατε. Θα έχετε πάντα μία θέση μέσα στην καρδιά μου», τούς κρατάμε μέσα μας με αναγνώριση και σεβασμό. Τότε μόνο είμαστε ελεύθεροι να προχωρήσουμε και να βρούμε τον επόμενο.

Β. Ο ΑΝΔΡΑΣ ΚΑΙ Η ΓΥΝΑΙΚΑ ΔΡΑΣΤΗΣ
Η Κρυφή Γυναίκα Δράστης

Στη Γη σήμερα φαίνεται να επικρατεί η άποψη και η δυναμική πως οι γυναίκες είναι τα θύματα της πατριαρχίας και της εξουσίας των ανδρών. Στη συμπληρωματική λειτουργία των δύο φύλων ο άνδρας δρα βάσει του τι εκπέμπει η γυναίκα. Όσο το γυναικείο φύλο δεν παίρνει την ευθύνη για το τι πραγματικά ζητά από το ανδρικό, κάτι το οποίο, βεβαίως, γίνεται ακόμα πιο δύσκολο από τη θέση του θύματος, δύσκολα θα αλλάξει κάτι ουσιαστικά στην ανθρωπότητα. Σ' ένα παράδειγμα μιας γυναίκας 32 ετών με δύο παιδιά, μεγάλωσε με την ακράδαντη πεποίθηση πως ο πατέρας της δεν φερόταν καλά στη μητέρα της και δεν νοιαζόταν για αυτήν. Την περιέγραφε στις συνεδρίες ως μία «κακομοίρα», που υπέφερε από την καταπίεση και την αναξιοπιστία του άνδρα της. Αυτό το πρότυπο αναπαρήγαγε, φυσικά, και στον δικό της γάμο, κατηγορώντας συνέχεια τον σύζυγό της με παρόμοιο τρόπο. Ότι δεν την βοηθάει στο σπίτι, είναι αγνώμων γι' όσα αυτή προσφέρει, τη θεωρεί δεδομένη και τής μιλάει υποτιμητικά. Σ' αντίθεση με τη μητέρα της, η ίδια ξέσπαγε με τρομερό θυμό πάνω του. Όσο για την ανατροφή που έδινε στις δύο κόρες της, επαναλάμβανε συχνά πως δεν μπορούμε να εμπιστευόμαστε τους άνδρες, με το δικό της πρότυπο ως ατράνταχτη απόδειξη μπροστά στα μάτια τους. Στην ερώτηση την ώρα της σχετικής συνεδρίας, «μα καλά, γιατί τούς δημιουργείς ένα Σενάριο Ζωής, όπου τις καταδικάζεις να είναι με έναν άνδρα αναξιόπιστο και δεν τούς εγγράφεις αντίθετα κάτι πιο θετικό;», έμεινε, πραγματικά, με το στόμα ανοιχτό. Ήταν κάτι που δεν είχε σκεφτεί ποτέ, βυθισμένη ασυνείδητα στην επανάληψη του δράματος της δικής της μητέρας και όλων των γυναικών πίσω από αυτήν.

Όλοι ανεξαιρέτως σ' έναν γάμο ή σε μία σοβαρή σχέση επαναλαμβάνουν ακριβώς αυτόν των γονιών τους ή των ανθρώπων που τους μεγάλωσαν. Τουλάχιστον, βεβαίως, μέχρι να το συνειδητοποιήσουν και να είναι ελεύθεροι να πράξουν διαφορετικά. Συνήθως, όμως, στις πρώτες μας σχέσεις δεν έχουμε ακόμη τέτοια επίγνωση και έτσι, καθώς δεν παίρνουμε καμία ευθύνη, κατηγορούμε άκριτα τον σύντροφό μας για τη μίζερη ζωή μας μαζί του. Υπάρχουν πολλαπλοί λόγοι που εξηγούν γιατί συμβαίνει αυτό. Αναφέρονται ενδεικτικά οι παρακάτω:

1. Αναπαράγουμε, χωρίς να το καταλαβαίνουμε, αυτό που έχουμε εγγράψει ό,τι είναι η σχέση των δύο φύλων.

2. Το πρότυπο που έχει το παιδί για το τι σημαίνει Αρσενικότητα και Θηλυκότητα, το πώς φέρεται το κάθε φύλο. «Μαμά, σού μοιάζω, λέει η κόρη και , μπαμπά, σού μοιάζω, λέει το αγόρι, είμαι όπως και εσύ».

3. Κάθε παιδί αναλαμβάνει την απίθανη Αποστολή συχνά, διότι τού έχει ανατεθεί ακόμη και από τη γέννησή του να σώσει τον γάμο των γονιών και να τούς κρατήσει μαζί. Ο μόνος τρόπος να το κάνει αυτό μεγαλώνοντας είναι τον αναπαραγάγει ακριβώς, αλλά αυτή τη φορά να γίνει σωστά, να είναι ιδανικός με ευτυχισμένο τέλος. Η παραδοξότητα αυτής της Αποστολής καταλήγει, φυσικά, πάντοτε σε αποτυχία.

4. Η ανάγκη του παιδιού να έχει και τους δύο γονείς ενωμένους μέσα του είναι πάνω απ’ όλα. Όταν ο ένας είναι θύμα και ο άλλος δράστης, θα εναλλάσσει αυτούς τους ρόλους με τον δικό του σύντροφο, ώστε να τούς κρατάει μαζί.

5. Η κόρη αναλαμβάνει να εκδικηθεί τον πατέρα για λογαριασμό της μητέρας της. Να τακτοποιήσει αυτόν τον αχρείο στη θέση της. Το ίδιο, βεβαίως, κάνουν και τα αγόρια για λογαριασμό του πατέρα τους ή ακόμα και της μητέρας τους. Πρόκειται για ένα διαγενεαλογικό τραύμα, το οποίο μεταφέρεται από γενιά σε γενιά.

Η γυναίκα του παραδείγματος, όσο έπαιρνε την ευθύνη για το τι πραγματικά ζητάει υποσυνείδητα από τον σύζυγό της, άρχισε να βλέπει τη μεγάλη αγάπη του προς αυτήν, ο οποίος έκανε ακριβώς αυτό που τού εξέπεμπε. «Βοήθησέ με να εκδικηθώ τη μητέρα μου και να σώσω τον γάμο της». Κάθε φορά που συνειδητοποιούσε ένα κομμάτι, που αναπαριστούσε από τον γάμο των γονιών της και τού επέτρεπε να τη βοηθά σταματώντας να παίρνει κρυφά ψευδή δύναμη από το «εάν δεν ήμουν εγώ, τίποτα δεν θα λειτουργούσε σ’ αυτό το σπίτι», ο άνδρας της ως δια μαγείας γινόταν στοργικός και υποστηρικτικός και το κλίμα στην οικογένεια άλλαζε εντελώς.

Η οριστική αλλαγή έγινε όταν αναγνώρισε πως ήταν αυτή η άσπλαχνη απέναντι στον άνδρα της για τον ρόλο που κρυφά τον έβαζε να παίξει. Υποκρινόταν την «κακομοίρα» και τού έστηνε παγίδες, ώστε να τον κάνει να φαίνεται αυτός ο άπονος κι αυτή η «καλή γυναίκα» και «ήρωας». Ακριβώς όπως η μητέρα της. Όταν είπε «μαμά, είμαι ίδια με σένα», ήταν ελεύθερη να λειτουργήσει με τον δικό της τρόπο και να έχει τον γάμο και την οικογένεια που πάντα ονειρευόταν.

Ας δούμε ακόμη ένα παράδειγμα, μιας γυναίκας 36 ετών. Στη διάρκεια των 10 ετών που είναι παντρεμένη προσπαθεί να κάνει παιδί, χωρίς αποτέλεσμα. Στην αρχή κάθε εγκυμοσύνης, το σώμα της γέμιζε εξανθήματα, λες και είχε κάποια αλλεργική αντίδραση, και μετά από λίγο απέβαλλε. Κατά τη διάρκεια της θεραπείας, αναδύθηκε το εξής οικογενειακό ιστορικό: Όταν γεννήθηκε, τής έδωσαν το όνομα της μητέρας του πατέρα της, η οποία είχε πεθάνει στη γέννα. Η οικογένεια νιώθοντας ντροπή με το συμβάν βιάστηκε να την αντικαταστήσει με την επόμενη νύφη, σβήνοντάς την από τη μνήμη τους. Η εγγονή, είδε για πρώτη φορά την εικόνα της γιαγιάς της όταν ήταν 20 ετών σ' ένα κάδρο ξεχασμένο σε μία αποθήκη. Νιώθοντας μεγάλη συγκίνηση, εξέφρασε την επιθυμία να το πάρει, αλλά σύντομα χάθηκε και αυτό καθώς πετάχτηκε σε μία μετακόμιση.

Η γυναίκα του παραδείγματος ανέλαβε με τη γέννηση της και ως συνονόματη να εκπροσωπήσει τη μοίρα της αποκλεισμένης από το οικογενειακό σύστημα γιαγιάς. Αυτός ήταν ο βαθύτερος λόγος που δεν «κρατούσε» τα παιδιά. Κάθε φορά που έμενε έγκυος, ενεργοποιούνταν αυτό το συστημικό βάρος, το «παιδί ή η μάνα». Εάν κατάφερνε να φτάσει μέχρι τη γέννα, θα κινδύνευε η ζωή της ή η ζωή του παιδιού, γι' αυτό έπρεπε να αποβάλει. Μία αόρατη συστημική δυναμική. Ωστόσο, τη στιγμή που αποκαλύφθηκε στη συνεδρία, την αναγνώρισε μέσα στην καρδιά της ως αληθινή.

Ως η επιτομή της Κρυφής Γυναίκας Δράστριας φόρτωσε όλο αυτό το βάρος στον σύζυγό της. Τον μετέτρεψε σε άστοργο τέρας, ρίχνοντάς του όλο το βάρος για το ότι δεν είχαν παιδί. Κάθε φορά που υπήρχε κίνδυνος να συλλάβει τον απέκρουε, με διάφορες κατηγορίες του τύπου «δεν είσαι τρυφερός απέναντί μου», «δεν μού αρέσει ο τρόπος που με πλησιάζεις», «έχει χαθεί η επικοινωνία στη σχέση μας». Ο άνδρας παραπονιόταν ότι προσπαθεί κι αυτή δεν τον θέλει, έχοντας φτάσει να υποπτεύεται ότι έχει εξωσυζυγική σχέση. Παράλληλα, δημιουργούσε η ίδια κακό κλίμα με τσακωμούς, βάζοντας φρένο στη σεξουαλική διάθεση. Και πάλι το φόρτωνε τεχνηέντως σ' αυτόν. Έτσι, υποσυνείδητα, όχι μόνο τού ζητούσε να κάνει τη μεγάλη θυσία να μη γίνει πατέρας, αλλά του έριχνε και το φταίξιμο γι' αυτό. Τον κορόιδευε χωρίς να το καταλαβαίνει από την αρχή του γάμου, καθώς τού είχε ξεκαθαρίσει ότι ήθελε οπωσδήποτε παιδιά και ήταν ο βασικός λόγος που ήθελε να παντρευθεί.

Ο άνδρας, διαισθανόμενος την κρυφή δυναμική στον γάμο του, κατηγορούσε συχνά τη γυναίκα του ότι τον ρίχνει, *προσπαθώντας να βρει το δίκιο του σε άσχετα πράγματα. Ένιωθε ριγμένος, αλλά δεν ήξερε από τι.* Η γυναίκα του παραδείγματος, συνειδητοποιώντας τι συμβαίνει και παίρνοντας με ταπεινότητα την ευθύνη, βγήκε από την εκπροσώπηση της γιαγιάς απευθύνοντάς της με βαθιά συγκίνηση «*σε βλέπω και σ' έχω πάντα μέσα στην καρδιά μου*». Ο γάμος της βελτιώθηκε και με νέα κατανόηση, ξανάρχισε τις προσπάθειες να συλλάβει.

Η χειραγώγηση της αρσενικής ενέργειας

Η πρώτη Γυναίκα Δράστης απέναντι στα μικρά αγόρια και μετέπειτα άνδρες είναι συχνά η ίδια η μητέρα τους. Αυτό συμβαίνει λόγω του ότι έχει ήδη απορροφήσει τον θυμό της δικής της μητέρας για τον σύζυγό της και πατέρα της. Της απευθύνει «*μαμά, αναλαμβάνω εγώ να τον εκδικηθώ για σένα*». Ακόμα και τα πιο μειλίχια και ήρεμα κορίτσια, όταν παντρευθούν ή μπουν σε μία μόνιμη σχέση, καταλαμβάνονται κατά διαστήματα από έναν τεράστιο δολοφονικό θυμό για τον άνδρα τους. Μια Διαγενεαλογική Αποστολή εκδίκησης από όλες τις προϋπάρχουσες γυναίκες με εκπρόσωπο τη μητέρα τους. Σε κάθε νέα γενιά παίρνουν τη σκυτάλη οι επόμενες να τακτοποιήσουν τον άνδρα δράστη για λογαριασμό των προηγούμενων.

Μία γυναίκα που γεννάει γιο θα πρέπει να το αναγνωρίσει αυτό, διαφορετικά, όσο και αν τον αγαπάει, θα γίνει σε μικρότερο ή μεγαλύτερο βαθμό, Κρυφή Γυναίκα Δράστης απέναντί του, μόνο και μόνο εξαιτίας του φύλου του. Οι μητέρες που φέρουν αυτό το τραύμα, κόβουν συμβολικά τους όρχεις των γιων τους:

1. Επειδή τούς βάζουν στη θέση του άνδρα τους, καθώς ο δικός τους άνδρας ήδη ανήκει και αυτός με τη σειρά του στη δική του μητέρα. Ο γάμος δεν μπορεί να ευτυχήσει, εάν η θέση της γυναίκας δίπλα του είναι ήδη κατειλημμένη.

2. Για να σταματήσουν την αλυσίδα της κακοποίησης, ώστε να μην γίνουν και αυτοί δράστες σε άλλες γυναίκες.

Η ομοφυλοφιλία των ανδρών, η οποία αντιμετωπίζεται από πολλά οικογενειακά συστήματα ως ταμπού, δίνεται συχνά ως κρυφή εντολή από τις μητέρες στα αγόρια. Δεν τα αφήνουν να πάνε στην πλευρά των ανδρών, αναγκάζοντάς τα έτσι να ταυτίζονται μ' αυτές και τη θηλυκή πλευρά. Όπως για παράδειγμα σε γενεαλογίες με ιστορικό βιασμών, τα αρσενικά παιδιά μπορεί να ελέγχονται μ' αυτόν τον τρόπο, ώστε να μην κακοποιήσουν τις γυναίκες.

Οι μητέρες εκπέμπουν ή εκπαιδεύουν αντίστοιχα τις κόρες τους να κλείσουν τη σεξουαλικότητά τους για να τις προστατεύσουν από τους άνδρες - δράστες. Παράλληλα, φυσικά, έχοντας αναγκασθεί και οι ίδιες από παιδιά να την κλείσουν για να προστατευθούν, δεν αντέχουν να την βλέπουν στα κορίτσια τους. Ο μόνος τρόπος να μην περάσει αυτή η υποσυνείδητη δυναμική στις κόρες τους, αλλά και να μην αναθρέψουν τους γιους τους με αυτό το μίσος, είναι να αποκτήσουν επίγνωση του τι συμβαίνει πραγματικά και να είναι διατεθειμένες να το διαχειρισθούν. Διαφορετικά παραμένουν δεμένες εκεί.

Γυναίκες δράστες προς το φύλο τους - Το Τραύμα της Διπλής Εκδίκησης

Ένα ακόμη Διαγενεαλογικό τραύμα είναι αυτό της εκδίκησης των γυναικών μεταξύ τους. Κάποια δράστης που έβλαψε μια άλλη γυναίκα πίσω στις γενιές και το ξεκίνησε όλο αυτό. Ενδεχομένως, τής έκλεψε τον άνδρα, το παιδί ή τής έκανε κακό με οποιοδήποτε τρόπο. Μια κατάρα από το θύμα, που πέρασε στους απογόνους, δένοντας άρρηκτα τα θύματα και τους δράστες, για πολλές γενιές μετά. Η Κρυφή Γυναίκα Δράστης έχει αναλάβει μία ισχυρή Διαγενεαλογική Αποστολή Εκδίκησης των γυναικών και ένα τεράστιο θυμό προς αυτές. Οι γυναίκες συνεχίζουν να ζηλεύουν, να μισούν και να εκδικούνται η μια την άλλη, παραμένοντας έτσι πολύ χαμηλά στη συχνότητα του φύλου τους.

Μ' αυτόν τον τρόπο, δημιουργείται το Τραύμα της Διπλής Εκδίκησης που αφορά το γυναικείο φύλο και σχετίζεται: Πρώτον, με την εκδίκηση των ανδρών, σε σημείο που πολλές γυναίκες μένουν μόνες τους για να μην αναγκαστούν να τούς βλάψουν. Δεύτερον, με την εκδίκηση των γυναικών. Εκφράζεται με διάφορους τρόπους, αλλά κυρίως με το να μη δείχνουν καμία αλληλεγγύη μεταξύ τους, κατασπαράζοντας η μία την άλλη. Όπως για παράδειγμα, η ανακατώστρα που λέει ψέματα και «βάζει λόγια» θέλοντας να κάνει κακό ή αυτή που ξεμυαλίζει τους ξένους άνδρες ή οι αδελφές που ζηλεύουν η μια την άλλη. Η αναπαράσταση αυτού του αρχαίου δράματος στο απόγειό της είναι η γυναίκα, που από ζήλια ρίχνει βιτριόλι στο πρόσωπο της αντιζήλου, προσπαθώντας να εξαφανίσει την ομορφιά της. Όταν συμβαίνει κάτι τέτοιο στις μέρες μας, είναι βέβαιο ότι ένα παρόμοιο έργο εκδίκησης έχει ξαναπαιχθεί σε προηγούμενη γενιά και στις δύο γενεαλογίες. Της δράστριας και του θύματος.

Ας δούμε, πώς λειτουργεί το Τραύμα της Διπλής Εκδίκησης στην πράξη, σ' ένα παράδειγμα μιας γυναίκας 28 ετών, με μία αδελφή λίγο μικρότερη απ' αυτήν. Ξεκίνησε θεραπεία ζητώντας βοήθεια για να διαχειριστεί την πολύ κακή σχέση με τη μητέρα της. Αυτή ήταν άπιστη απέναντι στον πατέρα της, χωρίς καθόλου να το κρύβει από τον ίδιο. Σε όλη της τη ζωή έμπαινε στα σπίτια των άλλων γυναικών, προσποιούμενη τη φίλη, βοηθώντας τους στα πάντα, ώστε να γίνει απαραίτητη. Υποσυνείδητα, ο απώτερος στόχος της ήταν να κάνει εραστές τους άνδρες τους, ως το απόλυτο μέσο εκδίκησης προς αυτές. Δεν την ενδιέφερε να τούς κλέψει ολοκληρωτικά, διότι τότε θα τής έμεναν και δεν θα μπορούσε να δράσει στη μαζική έκταση που το έκανε. Παράλληλα, πετύχαινε να εκδικηθεί και τους άνδρες, δημιουργώντας πρόβλημα στις οικογένειές τους. Με κυριότερο εκπρόσωπο τον σύζυγό της, αφού συχνά έφερνε τους εραστές μέσα στο σπίτι μπροστά στα μάτια του.

Ταγμένη όλη της τη ζωή σ' αυτήν την υποσυνείδητη Αποστολή της Διπλής Εκδίκησης, δεν ασχολούνταν καθόλου με τα δύο κορίτσια, που μεγάλωσαν με πλήρη έλλειψη μητρικής αγάπης. Νιώθοντας πάντοτε ριγμένες, βλέποντας τη μητέρα τους να «τρέχει» για όλους εκτός από αυτές. Η γυναίκα του παραδείγματος, κατέκρινε στις συνεδρίες με δριμύ ύφος το χαρακτήρα της μητέρας της, με εξαιρετικά υποτιμητικά σχόλια. Τη θεωρούσε ελαφρών ηθών, ενώ συμπονούσε τον πατέρα της γι' αυτά που πέρναγε μαζί της με τις συνεχείς απιστίες.

Όταν ισχυριζόταν αυτά, ήταν ακόμη κλειστό στην αντίληψή της ότι συμπεριφερόταν ακριβώς με τον ίδιο τρόπο. Την έλκυαν αποκλειστικά παντρεμένοι άνδρες, την ίδια στιγμή που αναρωτιόταν με πολύ πόνο γιατί δεν καταφέρνει να κάνει οικογένεια. Κάθε φορά που την πλησίαζε κάποιος ελεύθερος υποστήριζε πως «απλώς δεν υπάρχει μαζί του σεξουαλική διάθεση». Η αδελφή της, βεβαίως, κινούνταν ακριβώς στο ίδιο μοτίβο.

Σταδιακά, σε μία περίοδο κατά την οποία βίωσε μεγάλη ταπείνωση, συνειδητοποίησε πως δεν θα μπορούσε παρά να είναι ίδια η μητέρα της, έχοντας αναλάβει από αυτήν το Τραύμα της Διπλής Εκδίκησης και των δύο φύλων. Ισχυρή εντολή που προερχόταν από όλες τις προγόνους πίσω. Κατάλαβε, επίσης, πως η μεγάλη σεξουαλική διάθεση, που ένιωθε αποκλειστικά για τους παντρεμένους άνδρες, δεν ήταν τίποτα άλλο παρά η ενεργοποίηση της Αποστολής να εκδικηθεί με τη σειρά της τις άλλες γυναίκες. Είδε πως εκδικούνταν κυρίως και πρώτα απ' όλα τον εαυτό της και πως, εάν είχε ήδη κάνει οικογένεια, θα είχε συμπεριφερθεί παρόμοια, μεταφέροντας το ίδιο τραύμα στα δικά της παιδιά.

Σε μια στιγμή ενόρασης αντιλήφθηκε πως η μητέρα της πήρε ολοκληρωτικά αυτό το βαρύ Διπλό Τραύμα πάνω της για να μπορέσουν να προχωρήσουν τα κορίτσια της. Ωστόσο, αναγκαστικά τις τραυμάτισε. Τι άλλο θα μπορούσε να έχει κάνει; Κατανόησε πως, δεν χρειάζεται να το συνεχίζει και η ίδια, αφού ήταν ήδη πληρωμένο και τακτοποιημένο από τη μητέρα της.

Βγαίνοντας ολοκληρωτικά από την αλαζονεία, κατάλαβε για πρώτη φορά πόσο μεγάλη και υπέροχη ψυχή είναι η μητέρα της, αποδίδοντάς την τη μεγαλύτερη τιμή με μία βαθιά υπόκλιση. Απευθύνοντας προς όλες τις προγόνους πίσω της «είμαι όπως εσείς. Σας μοιάζω». Ανοίγοντάς την καρδιά της ολοκληρωτικά σ' αυτές τις γυναίκες που κατάφεραν να επιβιώσουν με αυτόν τον τρόπο μπόρεσε να παραλάβει τη δύναμή τους. Ελεύθερη πλέον από το τραύμα, ώστε να προχωρήσει στο δικό της δρόμο.

Ο άνδρας δράστης

Ο πρωταρχικός λόγος που ο άνδρας κακοποιεί σεξουαλικά και βιάζει, είναι ο φόβος να μην εγκλωβισθεί από τη σεξουαλικότητα της γυναίκας και έτσι να γίνει έρμαιο και θύμα της. Αυτός, βεβαίως, είναι ο φόβος και για τη δική του σεξουαλικότητα. Κάτω από όλα είναι η Ποιότητα του Ερωτισμού, δηλαδή η ελεύθερη και αγνή έκφραση της σεξουαλικότητάς μας που οδηγεί στη δύναμή μας και στο ποιοι πραγματικά είμαστε. Κλείνουμε όλοι τον Ερωτισμό μας από τον φόβο της επαφής με τη δύναμή μας.

Αυτό είναι το αρχέτυπο της σεξουαλικής κακοποίησης, δηλαδή το πρότυπο, εκεί που ξεκίνησαν όλα, και μεταδίδεται από γενιά σε γενιά. Ο Ερωτισμός είναι κατά μία έννοια ο αρχικός «δράστης» που έβαλε τον πρώτο βιαστή σε φόβο ότι θα εγκλωβισθεί από αυτόν. Ο μόνος τρόπος για να σπάσει αυτό το αρχέτυπο είναι να δεχθούν οι γυναίκες τους άνδρες με αγάπη. Να το νιώσουν μέσα στην καρδιά τους και να πουν στον άνδρα δράστη «σε δέχομαι», ώστε και αυτός να αισθανθεί ειρήνη και να απελευθερωθεί από την ανάγκη της επανάληψης. Κι έτσι να απελευθερώσουν και αυτές τους δικούς τους απογόνους από την επανάληψη του ίδιου τραύματος. «Είμαστε ελεύθεροι μέσω της Αγάπης».

Όσο συνεχίζουμε να μιλάμε για πατριαρχία και κακοποιητικούς άνδρες, συγκαλύπτουμε τα πάντα. Οι επόμενοι θα παραλάβουν τη σκυτάλη να εκπροσωπήσουν τους προ - υπάρχοντες δράστες και τα θύματά τους και τα ίδια δρώμενα, δυστυχώς θα επαναληφθούν.

Το δέσιμο του φύλου

Το δέσιμο του φύλου είναι περισσότερο διαδεδομένο από ό,τι πιστεύουμε. Χρησιμοποιείται για τη χειραγώγηση και το κλέψιμο της σεξουαλικής ενέργειας, άρα και της δύναμης κάποιου. Συνηθισμένοι τρόποι είναι τα σεξουαλικά μάγια, τα οποία χρησιμοποιούνται για το δέσιμο του 1ο και 2ο τσάκρα, οι κατάρες, αλλά και κάθε είδους σεξουαλική κακοποίηση, η οποία έχει ως στόχο να διασπάσει το πνεύμα κάποιου, ειδικά ενός παιδιού, και άρα να τον ελέγξει. Το τραύμα αυτό συνεχίζει να μεταδίδεται από γενιά σε γενιά και ευθύνεται για πολλές σεξουαλικές δυσλειτουργίες, καθώς πέφτει πάνω στους επόμενους. Στειρότητα, ψυχρότητα ή ακόρεστη λαγνεία που δεν ικανοποιείται με τίποτα, μικρό σεξουαλικό όργανο για τους άνδρες ή δυσμορφίες και κάθε είδους σεξουαλικές παρεκκλίσεις. Η μεγαλύτερη δυσλειτουργία που αφορά όλους μας είναι η αποσύνδεση της σεξουαλικότητας με το συναίσθημα και την καρδιά.

Η τραυματισμένη σεξουαλικότητα

Οι άνδρες αποκτούν πρόσβαση στη σεξουαλικότητα μέσω της Ποιότητας της Θηλυκότητας. Χρειάζονται τις γυναίκες για να εισέλθουν σ' αυτήν, και, κατά αυτή την έννοια, το μεγαλύτερο αγαθό γι' αυτούς είναι το αιδοίο. Οι γυναίκες από την άλλη, αντί να το προσφέρουν με τέτοια ευκολία θα έπρεπε να περνάνε τον χρόνο τους αναπτύσσοντας τον εαυτό τους. Ο λόγος που τούς φέρονται έτσι οι άνδρες δεν είναι διότι τις κοροϊδεύουν, αλλά διότι απλώς τσεκάρουν την αξία τους. Εάν κάποιος μπορεί να πάρει στη μικρότερη τιμή που μπορεί ή ακόμα και δωρεάν το μεγαλύτερο αγαθό γι' αυτόν, γιατί να μην το κάνει;

Ένας δεύτερος λόγος για τη συμπεριφορά κοροϊδίας και βαναυσότητας των ανδρών είναι ότι οι ίδιες οι γυναίκες χρησιμοποιούν διαγενεαλογικά το φύλο τους για να τούς υποδουλώσουν και να τους εκμεταλλευθούν. Ως εκ τούτου, οι άνδρες εκπαιδεύθηκαν στο να προσπαθούν να υφαρπάξουν το μεγαλύτερο αγαθό γι' αυτούς, χωρίς τον κίνδυνο να σκλαβωθούν. Ανέπτυξαν τακτικές κοροϊδίας, εξαπάτησης, απιστίας, εκδίκησης που μεταδίδονται γονιδιακά από γενιά σε γενιά. Ακόμη και το μικρό αγοράκι γνωρίζει τι να κάνει με συνενοχή στο φύλο του. Για τις γυναίκες, το μεγαλύτερο αγαθό είναι τα παιδιά. Κι αυτές με τη σειρά τους έχουν αναπτύξει διαγενεαλογικά τεχνικές εξαπάτησης και υποδούλωσης των ανδρών, αφού αυτοί είναι το μέσο για να τα αποκτήσουν.

Ένα κορίτσι γεννιέται ήδη μ' αυτές τις τακτικές μέσα στα γονίδια της.

Η αλληλοκακοποίηση των δύο φύλων συνεχίζεται μ' αυτόν τον τρόπο. Οι άνδρες κοροϊδεύουν, εξαπατούν ή βιάζουν και κακοποιούν απευθείας τις γυναίκες, παίρνοντας το ανώτερο αγαθό γι' αυτούς δια της βίας και της αρπαγής. Μετά οι γυναίκες, τούς καταριούνται με όλη τη δύναμη του αδικημένου και κακοποιημένου θύματος και έτσι διαιωνίζεται το δράμα, το τραύμα και η απώλεια δια μέσου των γενεών.

Η μητέρα – γυναίκα κάνει τα ίδια στον γιο της. Τον υποτάσσει, χρησιμοποιώντας όλες τις τακτικές που γνωρίζει για τους άνδρες, απλώς εκεί ο έλεγχος της είναι απόλυτος. Χρειάζεται με τη σειρά της να εξουσιάσει έναν άνδρα και να τον έχει δικό της, αφού ο σύζυγός της ανήκει στη δική του μητέρα. Παράλληλα, τον εκπαιδεύει για το πώς θα πολεμήσει και θα πλήξει το ίδιο της το φύλο. Τι θέλουν οι γυναίκες από αυτόν και πώς θα τις ξεγελάσει.

Από γενιά σε γενιά, αναπτύσσονται δύο κατηγορίες και στα δύο φύλα.

Στην πρώτη, και τα δύο φύλα μπαίνουν με χαρά, ορμή και αποκοτιά, στο παιχνίδι της απόκτησης του μεγαλύτερου αγαθού γι' αυτούς, με αποτέλεσμα να επανατραυματίζονται συνεχώς. Στη δεύτερη, συναντούμε τους αναχωρητές, κυριολεκτικά και μεταφορικά. Αυτοί που με οποιαδήποτε μορφή άσκησης της μοναχικότητας αποφασίζουν να μη συμμετέχουν. Ούτε αυτοί, βεβαίως, λύνουν κάτι και μάλιστα είναι σε λίγο χειρότερη μοίρα από την πρώτη κατηγορία, διότι έτσι λιγοστεύουν την πιθανότητα να δουν το τραύμα που φέρουν και τούς κάνει να βγαίνουν εκτός παιχνιδιού.

Και οι δύο κατηγορίες παραμένουν με απόλυτα τραυματισμένη σεξουαλικότητα, η οποία, φυσικά, για μια ακόμα φορά μεταδίδεται σαν σκυτάλη παρακάτω. Και οι νέοι ξεκούραστοι δρομείς την παραλαμβάνουν με τη μεγαλύτερη ορμή και τον ενθουσιασμό της αθωότητας και της νέας εμπειρίας. Ο γάμος δεν τακτοποιεί κάτι σ' όλο αυτό. Απλώς συνεχίζεται ακόμα πιο λυσσαλέα, πίσω από κλειστές πόρτες και με τα μυστικά που τώρα πρέπει να κρυφτούν, να δημιουργούν ακόμα περισσότερα προβλήματα στους επόμενους.

Για τον άνδρα το μέσο να πάρει το μεγαλύτερο αγαθό του είναι η γυναίκα, ενώ για τη γυναίκα ο άνδρας. Σε μία υγιή κατάσταση, το ζευγάρι δημιουργεί μία Πολλαπλασιαστική Ανταλλαγή, φθάνοντας σ' ένα επίπεδο πληρότητας, το οποίο σχετίζεται με τις διαφορετικές Ποιότητες Έκφρασης του κάθε φύλου, που συμπληρώνουν και αναπτύσσουν η μία την άλλη.

Γ. ΤΟ ΖΕΥΓΑΡΙ
Η συντροφικότητα

Η λέξη σύντροφος προέρχεται από το «συν» και «τρέφω», δηλαδή δύο άνθρωποι που τρέφονται μαζί. Εάν το κάναμε εικόνα, θα βλέπαμε έναν άνδρα και μια γυναίκα καθισμένους σ' ένα τραπέζι που ξεχειλίζει από αφθονία, να μοιράζονται ένα πλουσιοπάροχο γεύμα. Ακούμε πολύ συχνά τους γύρω μας, είτε είναι σε σχέση είτε όχι, να διατείνονται πως αυτό που αναζητούν είναι ένας πραγματικός σύντροφος. Αλλά είναι και το μόνο που δεν φαίνεται να καταφέρνουν, πέφτοντας ξανά και ξανά στις ίδιες δύσκολες καταστάσεις που τούς αφήνουν πληγωμένους και αποθαρρυμένους. Ο κύριος λόγος είναι, όπως έχουμε ήδη πει, πως αναπαράγουμε στις ερωτικές μας σχέσεις αυτήν με τους γονείς μας ή με όποιους μάς μεγάλωσαν. Με σημαντικότερο πάντα το τι εκλάβαμε ότι είναι αγάπη από τη μητέρα μας. Όλα καταλήγουν εκεί. Όποια αρνητικά συναισθήματα έχουμε με τον τωρινό μας σύντροφο ή με προηγούμενους, σχετίζονται με το Μοτίβο Φροντίδας, που έχουμε αναπτύξει, και συνεχίζουμε ασυνείδητα να αναπαράγουμε. Μία πολύ καλή άσκηση για να μάς ανοίξει αυτή η ομοιότητα είναι η παρακάτω:

ΑΣΚΗΣΗ
Σχετίζεσθαι

1. Καθίστε κάπου χαλαρά και κλείστε τα μάτια σας. Δείτε τον σύντροφό σας, τωρινό ή παλαιότερο. Πείτε του ακριβώς αυτά που σάς ενοχλούν, σαν να τον είχατε τώρα μπροστά σας. Αν σάς εξυπηρετεί καλύτερα, γράψτε όλα τα παράπονά σας ελεύθερα, χωρίς καμία λογοκρισία σε μία κόλλα χαρτί. Βάλτε στο τέλος σε μία φράση ως σύνοψη ό,τι νιώθετε.

2. Αμέσως μετά κοιτάξτε πίσω από τον σύντροφό σας και αναγνωρίστε σε ποιον από τους δύο ή και στους δύο γονείς πραγματικά τα λέτε όλα αυτά. Ή, ενδεχομένως και ποιος γονιός έκανε ακριβώς τα ίδια παράπονα στον άλλο.

3. Παραμείνετε χαλαροί συνεχίζοντας να κοιτάτε τον γονιό ή τους γονείς που απευθύνετε τα παράπονα. Πάρτε απευθείας από αυτόν ή αυτούς όλη την πληροφορία για τον λόγο που έχουν φερθεί έτσι. Εάν δυσκολεύεστε, κοιτάξτε τους βαθιά στα μάτια και αυτό που σας βγαίνει πρώτο αυθόρμητα είναι η απάντηση.

4. Στην περίπτωση που τα παράπονα και ο θυμός απευθύνονται μόνο στον πατέρα σας, παρατηρήστε προσεκτικά πίσω του, μέχρι να διακρίνετε τη μητέρα σας. Δείτε τη που κρύβεται και παραμείνετε εκεί μέχρι να πάρετε με τον ίδιο τρόπο την πληροφορία. Σε τι την εξυπηρετεί, να κρατάει τον άνδρα της έτσι.

5. Μείνετε λίγο μ' αυτήν τη νέα κατανόηση και σύνδεση με τα πραγματικά αίτια των προβλημάτων της τωρινής σας σχέσης και πώς το εσωτερικό σας παιδί αναπαράγει το ίδιο τραύμα μέχρι να το λύσει. Τη σχέση με τους γονείς του ή και ολόκληρο το γάμο τους. Πώς, για παράδειγμα, εάν μία γυναίκα σχετίζεται με έναν παντρεμένο τη στιγμή που τού λέει «με εγκαταλείπεις, κάθε φορά που φεύγεις από μένα και πηγαίνεις στη γυναίκα σου» απευθύνει το ίδιο σε κάποιο γονιό πίσω του, αναπαράγοντας σαφώς ένα τραύμα εγκατάλειψης. Σχετιζόμενοι όλοι μας με το εσωτερικό μας παιδί ζητάμε τη φροντίδα που δεν πήραμε από τη δική μας μητέρα. Ωστόσο, λαμβάνουμε πάντα ακριβώς το τραύμα που έχουμε απ' αυτήν.

6. Μπορείτε να επεκτείνετε αυτήν την άσκηση για τους συντρόφους που είχατε μέχρι τώρα στη ζωή σας και ακόμα έχετε κάποιο αρνητικό συναί-

σθημα ή παράπονο. Πάρτε μία κόλλα χαρτί και γράψτε το όνομα του καθενός και δίπλα οτιδήποτε θα θέλατε να τού πείτε. Κατόπιν, κοιτάξτε πάλι πίσω απ' αυτόν σε ποιον από τους δύο (ή και στους δύο) γονείς το λέτε και, τελικά, βεβαίως, στη μητέρα σας, έχοντας πλέον μία πλήρη κατανόηση του Μοντέλου Φροντίδας που «σχετίζεσθαι» και του τι σάς εκπροσωπεί ο κάθε σύντροφος.

Παραδείγματα λειτουργίας της άσκησης «Σχετίζεσθαι» και του Μοτίβου Φροντίδας

Παράδειγμα 1: Μια γυναίκα απευθύνει στον σύζυγό της: «Δεν νοιάζεσαι για το τι περνάω εγώ. Δεν μού δίνεις ζεστασιά, κατανόηση, χαρά. Δεν με νιώθεις». Αυτός, της εκπροσωπεί τον πατέρα της, από τον οποίο παίρνει την απάντηση «δεν ξέρω πώς να είμαι αλλιώς». Πίσω από αυτόν κρύβεται η μητέρα της, που έκανε τα ίδια παράπονα στον γάμο της, παίρνοντας τη θέση του θύματος. Εκπέμποντας στον άνδρα της να τη βοηθήσει να παραμείνει σ' αυτό τον ρόλο και να φαίνεται αυτός ο κακός.

Παράδειγμα 2: Μια γυναίκα, η οποία αυτό το διάστημα είναι μόνη της. Πίσω από όλους τους συντρόφους που είχε μέχρι τώρα απευθύνει και στους δύο γονείς της: «Δεν είμαι προτεραιότητά σας, διότι πάντα έχετε να κάνετε κάτι άλλο πιο σημαντικό από μένα». Αυτός ήταν και ο λόγος που πάντα χώριζε μέχρι τώρα. Ο πατέρας και η μητέρα της απαντούν πως δούλευαν πολύ και δεν είχαν χρόνο γι' αυτήν. Αυτό που έχει εκληφθεί εδώ ως αγάπη, επαναλαμβάνεται σ' όλες της τις σχέσεις.

Παράδειγμα 3: Ένας άνδρας παραπονιέται στην προηγούμενη σύντροφο του: «Δεν είσαι καλή. Είσαι τοξική και πολλές φορές μού έκανες επιθέσεις χωρίς λόγο. Πίσω είναι η μητέρα του και η συμπεριφορά της προς αυτόν από παιδί. Η μητέρα απαντά πως «είμαι αδικημένη από τη ζωή».

Παράδειγμα 4: «Έτρεχα πάντα πίσω σου με τα δικά σου και να το ευχαριστώ! Μία φορά να έχω εγώ πρόβλημα με λες γκρινιάρα. Θα έπρεπε να σκεφτείς τη συμπεριφορά σου και να γίνεις καλύτερος άνθρωπος» απευθύνει μία γυναίκα στον πρώην σύντροφό της. Πίσω του, ο πατέρας της, ο οποίος λέει «έτσι έχω μάθει από τους γονείς μου». Η μητέρα της κρύβεται πίσω από τον σύζυγό της, επαναλαμβάνοντας τον γάμο των δικών της γονιών.

Παράδειγμα 5: «Είσαι βαθιά υποτιμητικός, μού επαναλαμβάνεις συνέχεια ότι δεν είμαι καλή σε τίποτα. Κάνεις πάντα ότι με βοηθάς, ενώ μού βάζεις τρικλοποδιά και με ύπουλο τρόπο λες ότι φταίω εγώ», απευθύνει μία γυναίκα στο σύντροφό της. Πραγματικά, τα λέει στον πατέρα της, ο οποίος αιτιολογεί τη συμπεριφορά του, εξηγώντας πως «πονάει να βλέπει άλλους να κάνουν τα όνειρά τους πραγματικότητα, επειδή δεν έκανε αυτός τα δικά του». Η μητέρα κρυμμένη πίσω του λέει «έτσι πρέπει να είναι το κορίτσια. Και εγώ έτσι μεγάλωσα».

Ο γάμος των γονιών μας

Εκτός από το Μοτίβο Φροντίδας μας, σε κάθε νέο ειδύλλιο που αρχίζει να σοβαρεύει, κάνουν την εμφάνισή τους οι καταγραφές που έχουμε, για το Μοντέλο Αλληλοσυσχέτισης ενός ζευγαριού. Ο δικός μας γάμος ή οι πολύχρονες και σοβαρές σχέσεις μας, που προσομοιάζουν σε γάμο, είναι ολοκληρωτική αναπαραγωγή αυτού των γονιών μας. Τουλάχιστον μέχρι να αρχίσουμε να το συνειδητοποιούμε. Αυτό συμβαίνει είτε το καταλαβαίνουμε είτε όχι, για δύο λόγους. Ο πρώτος είναι, φυσικά, ο προγραμματισμός που έχουμε δεχτεί για την αλληλοσυσχέτιση του ζευγαριού. Εδώ θα πρέπει να λάβουμε, επίσης, υπόψη ότι η δυναμική αυτή είναι διαγενεαλογική και μεταδίδεται από γενιά σε γενιά. Εάν το κάναμε εικόνα, θα βλέπαμε ένα χαρούμενο, ερωτευμένο ζευγάρι που αποφασίζει να συζήσει. Όταν κλείνουν την πόρτα του νέου τους σπιτιού και κάθονται στον καναπέ, δεν είναι ποτέ μόνοι τους. Μαζί τους κάθονται τουλάχιστον οι δύο γονείς τους και ο παππούς και η γιαγιά από κάθε πλευρά. Αυτό, αν δεν υπάρχουν περαιτέρω εμπλοκές και εκπροσωπήσεις αποκλεισμένων του κάθε οικογενειακού συστήματος. Κάθε φορά που χρησιμοποιώ αυτό το παράδειγμα στη συμβουλευτική ζευγαριών, οι πελάτες γελάνε με κατανόηση, με το πλήθος των ανθρώπων που ξαφνικά βλέπουν γύρω τους!

Ο δεύτερος λόγος είναι ότι στο εσωτερικό μας παιδί έχουμε αναλάβει να τον ξαναπάμε αυτόν τον γάμο κι αυτή τη φορά να γίνει σωστά. Να μην τσακώνονται οι γονείς, να μην υπάρχει κίνδυνος να χωρίσουν ποτέ και, γενικά, να γίνει μ' έναν διαφορετικό τρόπο, όπου όλοι θα είναι ευτυχισμένοι. Αλλά το μόνο που, τελικά, συμβαίνει είναι η επανάληψη του ίδιου τραύματος και ο μετέπειτα εγκλωβισμός μας σ' ένα γάμο με τα ακριβώς παρόμοια προβλήματα, που είχαν και οι γονείς. Αυτή η κατάσταση μάς προκαλεί τον ίδιο πόνο που είχαμε ως παιδιά, εξαιτίας των καταστάσεων που βιώναμε.

Συχνά, οι πελάτες, αφού μού κατηγορούν σ' όλη τη διάρκεια της συνεδρίας τον σύντροφό τους, μετά μου λένε: «Ξέρω τι θα μου πεις, ότι πρέπει να χωρίσω». Κι αυτό που πάντα συμβουλεύω είναι ότι το να χωρίσουν δεν θα τούς βοηθήσει σε τίποτα, διότι ο επόμενος που θα σχετισθούν θα έχει ακριβώς τα ίδια και πάντα λίγο χειρότερα χαρακτηριστικά. Αυτό θα συνεχίσει να συμβαίνει, όσο θα επιμένουμε να μη δεχόμαστε ότι τα αρνητικά συναισθήματα που έχουμε στην τωρινή μας σχέση ήδη προϋπάρχουν και ότι είναι απλώς ο οδηγός μας για να πάμε πίσω. Γι' αυτό δεν υπάρχει ποτέ λάθος σύντροφος. Είναι πάντα ο ιδανικός και ακριβώς αυτός που χρειαζόμαστε τη συγκεκριμένη στιγμή, δείχνοντάς μας με ακρίβεια καθρέφτη το σχεσιακό μας Μοντέλο. Όποιοι θεραπευτές εργάζονται με θεραπεία ζευγαριών, θα παρατηρήσουν πως αυτά ενώνονται πάντα μέσω παρόμοιου τραύματος, την ίδια στιγμή που τα οικογενειακά συστήματα, από τα οποία προέρχονται, μοιάζουν σε σημείο που δεν το φαντάζονται.

Όσο περισσότερα είναι τα προβλήματα σε μία οικογένεια, τόσο μεγαλύτερη είναι η συγκάλυψη. Μια ισχυρή εντολή προς τα μέλη της να μη φανεί τίποτα προς τα έξω, να κρατηθούν όλα κλειστά, προκειμένου να συνεχίζει να διατηρείται η άψογη κοινωνική εικόνα. Για να μπορέσουμε όλοι ως παιδιά να αντέξουμε αυτό που πραγματικά συνέβαινε, κάναμε την ωραιοποίηση ότι μεγαλώσαμε με αγάπη και οι γονείς μας είχαν τον ιδανικό γάμο. Αυτό στο μέλλον, μας δημιουργεί τεράστια ενοχή, καθώς δεν καταλαβαίνουμε γιατί εμείς είμαστε έτσι. Γιατί είμαστε μόνοι μας, γιατί επαναλαμβάνουμε τη μία αποτυχημένη σχέση μετά την άλλη, γιατί έλκουμε τα «λάθος» άτομα, ενώ το παράδειγμα που πήραμε από τους γονείς μας ήταν τόσο τέλειο. Κάτι που μάς εμποδίζει να κάνουμε τη σύνδεση της τωρινής μας ζωής με το εκεί και τότε.

Τη συγκάλυψη μπορούμε να την παρατηρήσουμε σε περιστατικά ενδοοικογενειακής βίας. Κακοποίηση ανηλίκων, ξυλοδαρμοί, βιασμοί, μέχρι τα ακραία σημεία δολοφονιών και γυναικοκτονιών. Η κοινωνική κατακραυγή πέφτει πάνω στον αδίστακτο δράστη και καμιά φορά και στα θύματα, ενώ όλοι απορούν γιατί δεν μιλούσαν. Άκουγα τη συνέντευξη του οικογενειακού περιβάλλοντος μιας νεαρής γυναίκας με τρία παιδιά, την οποία ο σύζυγός της κυριολεκτικά την σκότωσε στο ξύλο. Έλεγαν στην κάμερα με θυμό και δάκρυα στα μάτια «ναι, την βλέπαμε να έρχεται μελανιασμένη για χρόνια, αλλά πάντοτε μάς έλεγε ότι έπεσε από τις σκάλες. Δεν ξέραμε τι συνέβαινε, έχουμε πέσει από τα σύννεφα. Να τιμωρηθεί ο υπαίτιος»!

Όσο συνεχίζουμε να δίνουμε το τιμόνι της ζωής μας στο εσωτερικό μας παιδί, μάς κάνει αντιπερισπασμό να ασχολούμαστε με τον τωρινό μας σύντροφο. Να τα ρίχνουμε όλα σε' αυτόν και να τον κατηγορούμε με μανία, ώστε να συνεχίσουν να παραμένουν όλα κλειστά. Ο φόβος και η ενοχή κάθε φορά που προσπαθούμε να βγούμε από την ωραιοποίηση, είναι μία σαφής ένδειξη ότι τού έχουμε αναθέσει την επιβίωσή μας.

Σ' όλες τις σχέσεις παίζεται ένα υπόγειο παιχνίδι πολύ διαφορετικό από το φαινομενικό αίτημα του ενός συντρόφου προς τον άλλο, που μπορεί να είναι «παντρέψου με και κάνε μου παιδί», «να μού φέρεσαι πιο ωραία», «σταμάτα να με βασανίζεις» ή οποιαδήποτε άλλη κατηγορία. Το πραγματικό κρυμμένο αίτημα είναι βοήθησέ με: «Να συνεχίσω τη συγκάλυψη. Να κρατήσω τα μυστικά κρυφά. Να διατηρήσω τον γάμο των γονιών μου στη θέση του. Να εκδικηθώ τον πατέρα μου για λογαριασμό της μητέρας μου ή το αντίθετο εάν είμαι άνδρας. Να παραμείνω συνδεδεμένος με τους γονείς μου με τον τρόπο που έμαθα από αυτούς ότι είναι αγάπη» και ό,τι άλλο, φυσικά, περιλαμβάνει η ιστορικότητα του καθενός μας.

Ένας πολύ καλός και γρήγορος τρόπος για να συνειδητοποιήσουμε τα κομμάτια, που καθρεφτίζει ο σύντροφός μας, είναι να τον δεχτούμε, όπως είναι αυτή τη στιγμή και όχι όπως θα θέλαμε να είναι. Να πούμε ένα ολοκληρωτικό ναι. Εστιάζοντας στα θετικά του, να τον δεχτούμε στην καρδιά μας σαν τον καλύτερο σύντροφο που θα μπορούσαμε να έχουμε.

Τελικά, όσο πιο πολλά τακτοποιούμε μέσα μας, τόσο πιο καθαρά μπορούμε να τον δούμε, χωρίς να προβάλλουμε επάνω του ό,τι απορρέει από το δικό μας οικογενειακό σύστημα.

Αρνητικό Μοντέλο Αλληλοσυσχέτισης ζευγαριού

Ο τρόπος με τον οποίο συμπεριφερόμαστε στον σύντροφό μας ακολουθεί ένα Μοντέλο που, μέχρι να το συνειδητοποιήσουμε, το αναπαράγουμε ακριβώς, όπως το εγγράψαμε από τους γονείς μας ή από όποιο ζευγάρι μάς μεγάλωνε. Έλκουμε πάντοτε σύντροφο με παρόμοιες καταγραφές. Όταν υπάρχουν προβλήματα στη σχέση, με εκτόξευση κατηγοριών και παραπόνων, το Μοντέλο Αλληλοσυσχέτισης είναι Αρνητικό. Η έκφρασή του έχει δύο λειτουργίες. Την αθόρυβη, όπου έχουμε εσωτερίκευση (silent mode), και τη δυνατή με εξωτερίκευση (loud mode). Στην αθόρυβη λειτουργία, δεν υπάρχουν φωνές, παρά μόνο έντονα βλέμματα ή μούτρα και γενικά κάποιος που περιμένει τον άλλον στη γωνία χωρίς να μιλάει. Στη δυνατή λειτουργία, έχουμε τσακωμούς, φασαρία. Κάποια ζευγάρια μπορεί να είναι μόνιμα στη μία ή και να τις εναλλάσσουν. Το Μοντέλο αυτό, είναι ο τρόπος με τον οποίο συνδέεται η θηλυκή και η αρσενική πλευρά μέσα μας. Ο σύντροφός μας είναι απλά ο καθρέφτης του πώς σχετιζόμαστε με τον εσωτερικό μας άνδρα και την εσωτερική μας γυναίκα. Παρακάτω δίνονται κάποια τέτοια παραδείγματα και πως μπορεί να λειτουργούν σε μία σχέση ή ένα γάμο.

Αρνητικό Μοντέλο Αλληλοσυσχέτισης - «Ταπείνωση»: Εδώ κυριαρχεί το να ταπεινώνει ο ένας τον άλλον με διάφορους τρόπους. Συχνά για αυτό το λόγο, επιλέγουν συντρόφους που τους θεωρούν «κατώτερους». Σ' ένα παράδειγμα ζευγαριού με αυτό το Μοντέλο, η γυναίκα απορρίπτει τον άνδρα της, περνώντας του συνεχώς το μήνυμα «δεν θα σού ανήκω ποτέ». Αυτός αντίστοιχα την υποτιμά, υποδεικνύοντάς τη συνεχώς ότι είναι κατώτερη του. Έτσι ταπεινώνουν ο ένας τον άλλον. Η κόρη του ζευγαριού αναπαράγει το ίδιο Αρνητικό Μοντέλο έχοντας επιλέξει έναν σύζυγο που τον θεωρεί κατώτερο της, όχι μόνο σε μορφωτικό επίπεδο αλλά και επαγγελματικά και οικονομικά.

Τού δίνει, επίσης, το μήνυμα «δεν σού ανήκω», απορρίπτοντάς τον με κάθε ευκαιρία. Αυτό επεκτείνεται και στο σεξουαλικό κομμάτι, με μία εξωσυζυγική σχέση. Ο άνδρας σ' αυτό το ζευγάρι παίρνει τη δύναμή του πίσω, ταπεινώνοντάς την με το «δεν είσαι τόσο καλή όσο νομίζεις».

Η κόρη, επαναλαμβάνει το ίδιο Μοντέλο και με τον εραστή της. Κάθε φορά που τη διεκδικεί, τον ταπεινώνει λέγοντάς του «δεν σού ανήκω, έχω τον σύζυγό μου και δεν πρόκειται ποτέ να τον χωρίσω». Αυτός με τη σειρά του ανταποδίδει δελεάζοντάς την με χρήματα και ακριβά δώρα, μετατρέποντας την υπόγεια σε πόρνη του.

Αρνητικό Μοντέλο Αλληλοσυσχέτισης – «Τιμωρία»: Οι δύο σύντροφοι έχουν τιμωρητική συμπεριφορά ο ένας απέναντι στον άλλον. Η τιμωρία έχει την έννοια ότι σού στερώ κάτι, όταν έχω την εξουσία και τη δύναμη πάνω σου να το πράξω. Για παράδειγμα, ο άνδρας που τιμωρεί τη σύζυγό του με το να την απαξιώνει και να μην της δίνει χρήματα και η γυναίκα που ανταποδίδει με ψυχρότητα.

Αρνητικό Μοντέλο Αλληλοσυσχέτισης – «Εκδίκηση»: Το ζευγάρι βρίσκεται σ' ένα Μοτίβο εκδίκησης συχνά με συγκεκαλυμμένο τρόπο, χρησιμοποιώντας όποια εξουσία έχουν μεταξύ τους. Σ' ένα τέτοιο παράδειγμα, ο εύπορος σύζυγος έχει 18 χρόνια διαφορά ηλικίας από τη δεύτερη γυναίκα του. Αυτός ζηλεύει τα νιάτα της κι εκείνη τα υλικά αγαθά του. Αλληλοεκδικούνται σε καθημερινή βάση ο ένας τον άλλον σε απλά καθημερινά πράγματα, λόγω αυτής της ζήλιας. Η εκδίκηση συχνά είναι ένα πιάτο που τρώγεται κρύο.

Αρνητικό Μοντέλο Αλληλοσυσχέτισης – «Διαλύοντας ο ένας τον άλλον»: Το Μοντέλο αυτό αναπτύσσεται για δύναμη. Για το ποιος θα εξουσιάσει τον άλλον. Γι' αυτό θα λέγαμε ότι είναι η κορωνίδα των Αρνητικών Μοτίβων Αλληλοσυσχέτισης, καθώς περιλαμβάνει όλα τα προηγούμενα και ακόμη περισσότερα. Υποτίμηση, ειρωνεία, χλευασμός, ξεφτίλισμα, ταπείνωση, εκδίκηση, αδιαφορία, ή ακόμα και ακραίες βίαιες συμπεριφορές. Τα ζευγάρια που βρίσκονται σε αυτήν την κατηγορία, τα ενδιαφέρει να «σπάσουν» και έτσι να υποτάξουν τον άλλον, γι' αυτό και τσακώνονται άγρια. Και τα δύο μέλη, όποτε βρουν εύκαιρο «ακροατήριο», όπως, για παράδειγμα, τα παιδιά τους, αρέσκονται να υποκρίνονται τα θύματα περιγράφοντας τι τραβάνε από τον άλλον. Συνήθως, υπάρχει σαδομαζοχιστική συμπεριφορά στο σεξουαλικό κομμάτι, πάλι για το ποιος θα επικρατήσει. Το σεξ για έλεγχο χρησιμοποιείται σ' όλες τις κατηγορίες, αλλά εδώ είναι πιο ισχυρό. Τα κάθε είδους οικονομικά θέματα και η δύναμη που απορρέει από αυτά είναι, επίσης, πιο έντονα εδώ. Σ' ένα τέτοιο παράδειγμα, μια γυναίκα κατηγορούσε συχνά τον άνδρα της, έναν πολύ μορφωμένο και επιτυχημένο δικηγόρο, παρουσία των παιδιών, για το «πόσο άχρηστος είναι» ή έλεγε «το μπαμπά σας τον έχουμε μόνο για να φέρνει τα λεφτά, τα οποία απορώ πως βγάζει τόσο ηλίθιος που είναι». Βεβαίως, παρόμοια υποτίμηση γινόταν, από τον άνδρα προς τη γυναίκα του, σε όποιο θέμα ήταν εύφορο. Σ' αυτήν την κατηγορία, ιδιαίτερα η γυναίκα, αρνείται να ασχοληθεί πραγματικά με το σπίτι και την οικογένειά της, θεωρώντας πως αν το κάνει, «γίνεται η υπηρέτρια του άνδρα» κι έτσι αυτός έχει επικρατήσει.

Το «αδιαφορώ απόλυτα για τις ανάγκες σου είναι έντονο σ' αυτό το Μοντέλο. Για παράδειγμα, ο ένας σύντροφος φέρεται με τρόπο που δείχνει ξεκάθαρα ότι «δεν σε υπολογίζω καθόλου» και ο άλλος, βεβαίως, τού το ανταποδίδει ανάλογα. Σε αγνοώ σε βαθμό που δεν ασχολούμαι καν να σε βρίσω και να ξεσπάσω πάνω σου. Απλά κόβω επικοινωνία μαζί σου και δεν σου μιλάω καν. Αδιαφορώ τόσο πολύ, που δεν υπάρχεις.

Γενικά, κάθε ζευγάρι αναπτύσσει το δικό του μοναδικό Αρνητικό Μοντέλο Αλληλοσυσχέτισης. Η άρνηση του σεξ με οποιοδήποτε τρόπο, δηλαδή η άρνηση «να σε ικανοποιήσω» ισχύει για όλες τις κατηγορίες, καθώς και η απιστία. Ακόμα και δυσλειτουργίες στύσης των ανδρών μπορεί να εμπίπτουν εδώ. Τα παραπάνω παραδείγματα μάς δίνουν ενδείξεις για να καταλάβουμε το δικό μας. Όσο αρνούμαστε να αναγνωρίσουμε ποια κομμάτια μας καθρεφτίζει ο σύντροφός μας, προτιμώντας να τα φορτώνουμε σ' αυτόν, είναι βέβαιο ότι βρισκόμαστε σε ένα τέτοιο Μοντέλο. Μπαίνοντας σ' αυτή τη διεργασία, θα μπορέσουμε, τελικά, να εισέλθουμε σε ένα Θετικό Μοντέλο Αλληλοσυσχέτισης, όπου πραγματικά θα συν-τρεφόμαστε, σε μία σχέση Πολλαπλασιαστικής Ανταλλαγής που θα μάς προάγει συνεχώς.

Σχετιζόμαστε με τα εσωτερικά μας παιδιά - Η ενηλικίωση

Όταν σχετιζόμαστε από το τραυματισμένο εσωτερικό μας παιδί, φτιάχνουμε και προβάλλουμε προς τα έξω κατασκευάσματα ανδρών και γυναικών. Ερωτευόμαστε τρελά αυτόν που θα βοηθήσει να επαναλάβουμε το Μοτίβο Φροντίδας μας, δηλαδή τον τρόπο που πήραμε αγάπη από τη μητέρα μας. Μαγευόμαστε και δεν αντέχουμε να ζήσουμε μακριά από το ταίρι μας, στην ακριβή αναπαραγωγή του γάμου των γονιών μας και το Αρνητικό τους Μοντέλο Αλληλοσυσχέτισης. Κάνουμε σεξ από το εσωτερικό μας παιδί για να νιώσουμε επιθυμητοί και να πάρουμε την αγάπη και την αγκαλιά που στερηθήκαμε. Τότε, όταν το σεξ μειώνεται στη σχέση, νιώθουμε τεράστια απόρριψη.

Το μικρό παιδάκι είναι αυτό που ερωτεύεται κεραυνοβόλα, καθώς θεωρεί ότι αυτή τη φορά θα μπορέσει να έχει τη μαμά δική του, να πάρει αγάπη και να ανήκει. Ταυτόχρονα, ενυπάρχει και ο τεράστιος θυμός, που έχουμε κληρονομήσει για το άλλο φύλο, και η Αποστολή εκδίκησής του. Κάτι που συχνά κάνει να έχουμε διπολικές συμπεριφορές στις σχέσεις μας. Ο παιδικός έρωτας για τους γονείς μας, χωρίς τις Ποιότητες της Θηλυκότητας, της Αρσενικότητας αλλά και της ελεύθερης Παιδικότητας, μάς οδηγεί με μαθηματική ακρίβεια σε επανατραυματισμό και δράματα.

Οι γυναίκες, που είναι περισσότερο πολύπλοκες, συχνά φτιάχνουν μία ψεύτικη σούπερ - γούμαν, ερωμένη -γυναίκα - θεραπεύτρια -μάνα - σύζυγο. Έτσι εξαπατούν τους άνδρες, αλλά κυρίως τον εαυτό τους, οδηγώντας τον σε εξάντληση. Το φύλο μας, καθώς δεν καθοδηγείται από τη Θηλυκότητα και, αντίστοιχα, από την Αρσενικότητα, είναι έρμαιο του τραυματισμένου παιδιού, χωρίς να υπάρχει πουθενά η ενήλικη γυναίκα και ο ενήλικας άνδρας. Όσο συνεχίζουμε να σχετιζόμαστε μέσω των εσωτερικών μας παιδιών, είμαστε αντίστοιχα αγοράκια και κοριτσάκια, που παλεύουμε με όλους τους παλιούς μας μηχανισμούς επιβίωσης, χρησιμοποιώντας τα τεχνάσματα που βάζαμε σε λειτουργία, προκειμένου να πάρουμε αγάπη από τους γονείς μας και να μάς κοιτάξουν. Μόνο που αυτή τη φορά στη θέση των γονιών είναι οι ερωτικοί μας σύντροφοι. Όταν μάς αγαπάνε, χαιρόμαστε σαν τα μικρά παιδάκια, που, επιτέλους, κέρδισαν την αγάπη της μαμάς τους. Κι όταν δεν μάς φέρονται καλά ο κόσμος μας καταρρέει. Την κατηγορούμε πίσω από το σύντροφό μας ότι είναι κακιά!

Το συναισθηματικά μικρό κοριτσάκι μπαίνει στη θηλυκή της δύναμη τη στιγμή που αντιλαμβάνεται ότι είναι τρόπαιο για έναν άνδρα, που θα τής προσφέρει τα πάντα. Το συναισθηματικά μικρό αγοράκι ανδρώνεται τη στιγμή που αποφασίζει να δει τη γυναίκα σαν τρόπαιο και θα θελήσει να καλύψει όλες τις ανάγκες της. Διαφορετικά, η νύφη, που θα μπει στην οικογένειά του, θα παραμείνει κοριτσάκι παντρεμένη μ' ένα μικρό αγοράκι, που συνεχίζει και καλύπτει τις ανάγκες της μητέρας του, συχνότατα ακόμη και μετά το θάνατό της. Έτσι όταν κι εκείνη με τη σειρά της θα κάνει παιδιά και ειδικά αγόρι, θα το βάζει αναγκαστικά δίπλα της, σαν σύζυγό της. Εάν έχει περισσότερους από έναν γιους θα τους εναλλάσσει σ' αυτή τη θέση, κάνοντάς τους να μάχονται γι' αυτήν ως το απόλυτο τρόπαιο. Θα τούς κρατήσει μικρά αγοράκια κι έτσι ο φαύλος κύκλος θα συνεχισθεί.

Το ότι παντρευόμαστε και κάνουμε απογόνους δεν σημαίνει σε καμία περίπτωση ότι έχουμε ενηλικιωθεί, καθώς ακόμη και στα 80 μας μπορεί να συνεχίζουμε να σχετιζόμαστε σαν τρίχρονα. Η συναισθηματική με τη βιολογική μας ηλικία όλων μας σπάνια συμβαδίζει, ενώ συνήθως, χρειάζεται αρκετή εργασία από μέρους μας για να συγχρονισθούν σε πραγματικό χρόνο. Η ενηλικίωση αλλάζει τα πάντα. Μία πραγματική γυναίκα εμπνέει σεβασμό και αφοσίωση στον άνδρα. Κι αυτός δοξάζεται με το τρόπαιο που συμβολίζει τη νίκη του, δοξάζοντας έτσι και τη γυναίκα.

Ο ιερός γάμος μέσα μας

Διαβάζουμε βιβλία και παρακολουθούμε σεμινάρια για να μάθουμε πώς λειτουργεί το άλλο φύλο τη στιγμή που αυτή η γνώση βρίσκεται ήδη μέσα μας! Όταν οι γυναίκες λένε «δεν υπάρχουν πραγματικοί άνδρες», μεταφράζεται στο «δεν έχω έρθει σ' επαφή με εσωτερικό μου άνδρα». Όταν οι άνδρες λένε «οι γυναίκες είναι ένα μυστήριο και δεν μπορούμε να τις καταλάβουμε», μεταφράζεται στο «δεν έχω έρθει σ' επαφή με το μυστήριο της θηλυκής πλευράς μέσα μου».

Εάν οι γυναίκες έρθουν σε επαφή με τη Θηλυκότητά τους, αναγνωρίζουν και δέχονται την αρσενική πλευρά μέσα τους. Τότε ξέρουν ακριβώς τι να κάνουν και πώς να συμπεριφερθούν στους άνδρες έξω τους, με αγάπη και ανοιχτή καρδιά. Αντίστοιχα, το ίδιο συμβαίνει και με τους άνδρες, όταν έρθουν σ' επαφή με την Αρσενικότητά τους. Εάν ακούγαμε και εμπιστευόμαστε αυτήν την εσωτερική σοφία, όλα τα σχετικά σεμινάρια και βιβλία θα ήταν περιττά. Διότι, δεν θα είχε καμία διαφορά από το να πρέπει να εκπαιδευθούμε για να μάθουμε να χρησιμοποιούμε τα χέρια μας ή τα πόδια μας, τη στιγμή που τα ίδια γνωρίζουν πολύ καλά πώς να εκφραστούν!

Χρειάζεται όλοι μας να συνδεθούμε συνειδητά με τον εσωτερικό μας άνδρα και την εσωτερική μας γυναίκα. Η ένωσή τους είναι ένας ιερός γάμος. Τότε είμαστε ολοκληρωμένοι κι έτοιμοι να έλξουμε τον σύντροφο των ονείρων μας. Οι γυναίκες θα προσελκύσουν σύντροφο με τα χαρακτηριστικά του εσωτερικού τους άνδρα, και οι άνδρες με τα χαρακτηριστικά της εσωτερικής τους γυναίκας. Δηλαδή, το άλλο μας μισό ή την αδελφή ψυχή μας! Κατ' αυτήν την έννοια, φυσικά, πάντα το έλκουμε αυτό, μόνο που, μέχρι να γίνει αυτή η ολοκλήρωση μέσα μας, θα μάς ενώνει το τραύμα.

ΑΣΚΗΣΗ
Σύνδεση με την εσωτερική μας γυναίκα και τον εσωτερικό μας άνδρα

Για άνδρες

Καθίστε κάπου αναπαυτικά και ήσυχα. Πάρτε όσο χρόνο χρειάζεστε αναπνέοντας βαθιά και νιώθοντας όλο το σώμα σας να χαλαρώνει. Όταν είστε αρκετά χαλαροί, συνδεθείτε με τον εσωτερικό σας άνδρα. Αφήστε τον να σάς δείξει σε τι κατάσταση είναι και ρωτήστε τον τι χρειάζεται από εσάς. Μείνετε μαζί του και ακούστε τι σάς λέει. Στη συνέχεια, δείτε μέσα σας την εσωτερική σας γυναίκα. Αφήστε την να σάς δείξει, επίσης, σε τι κατάσταση είναι και τι χρειάζεται από σας. Νιώστε στην καρδιά σας την επαφή μαζί της σαν ένα υπέροχο χρυσό σιντριβάνι. Ακούστε τι σάς λέει. Πάρτε όσο χρόνο θέλετε.

Κοιτάξτε τώρα τον εσωτερικό σας άνδρα, την εσωτερική σας γυναίκα και το εσωτερικό σας παιδί να είναι όλοι μαζί, πιασμένοι χέρι, χέρι. Μείνετε μ αυτήν την εικόνα όσο σάς χρειάζεται και, όταν είστε έτοιμοι, ανοίξτε σιγά σιγά τα μάτια σας.

Για γυναίκες

Καθίστε κάπου αναπαυτικά και χαλαρώστε. Πάρτε όσο χρόνο χρειάζεστε αναπνέοντας βαθιά και νιώθοντας όλο το σώμα σας να χαλαρώνει. Συνδεθείτε με την εσωτερική σας γυναίκα. Αφήστε την να σάς δείξει σε τι κατάσταση είναι και ρωτήστε την τι χρειάζεται από σας. Μείνετε όση ώρα χρειάζεται και ακούστε τι σάς λέει. Στη συνέχεια, δείτε μέσα σας τον εσωτερικό σας άνδρα. Αφήστε τον να σάς δείξει, επίσης, σε τι κατάσταση είναι και τι χρειάζεται από σας. Νιώστε στην καρδιά σας την επαφή μαζί του σαν ένα υπέροχο χρυσό σιντριβάνι. Ακούστε τα γλυκά λόγια αγάπης που σας λέει. Πάρτε όσο χρόνο θέλετε. Κοιτάξτε τώρα την εσωτερική σας γυναίκα, τον εσωτερικό σας άνδρα, και το εσωτερικό σας παιδί να είναι όλοι μαζί, πιασμένοι χέρι, χέρι. Μείνετε μ' αυτήν την εικόνα όσο σάς χρειάζεται και, όταν είστε έτοιμοι, ανοίξτε σιγά σιγά τα μάτια σας.

Δ. Η ΚΥΡΙΟΤΗΤΑ ΤΗΣ ΣΕΞΟΥΑΛΙΚΟΤΗΤΑΣ ΜΑΣ

Η παράδοση της σεξουαλικής μας ενέργειας

Το Παιδί Ήρωας για να φέρει εις πέρας την Αποστολή που παίρνει από τις Αναθέσεις θα πρέπει να παραδώσει τη σεξουαλική του ενέργεια, παραχωρώντας την κυριότητά της προς εκμετάλλευση. Η σεξουαλικότητα είναι η ζωτική μας δύναμη και κατ' αυτήν την έννοια είναι τροφή. Το Παιδί Ήρωας τρέφει μόνιμα ενεργειακά τη μητέρα του και πιθανόν όλο το οικογενειακό του σύστημα, ανάλογα με τις Αναθέσεις που έχει πάρει. Αυτοί το κάνουν ήδη για τους πίσω, κι έτσι δημιουργείται η ανάγκη να τραφούν από τους επόμενους για να μπορέσουν να ζήσουν. Είναι ένας διαγενεαλογικός βαμπιρισμός, όπου ο ένας απορροφά τη ζωτική ενέργεια του άλλου για να επιβιώσει. Η κάθε είδους σεξουαλική κακοποίηση, ειδικά σε μικρά παιδιά και σε πιο αδύναμους, είναι ένας από τους πιο γρήγορους και εύκολους τρόπους για να κλέψει κάποιος σεξουαλική ενέργεια, ώστε να τραφεί.

Όταν έχουμε καταπιέσει και παραδώσει τη σεξουαλικότητά μας, χάνουμε την ικανότητα της διάκρισης σχετικά με το ποιοι είναι οι φίλοι και ποιοι είναι οι εχθροί. Ποιοι πάνε να μάς εκμεταλλευθούν και ποιοι όχι. Τι ακριβώς θέλουν οι άλλοι από μας, ποια είναι τα κίνητρά τους και μέχρι που είναι διατεθειμένοι να φτάσουν. Σχετιζόμαστε και ερωτευόμαστε ανθρώπους που έχουν τα ίδια χαρακτηριστικά με αυτούς που ήδη την έχουμε εκχωρήσει και θα κυριαρχήσουν με τη σειρά τους πάνω μας. Επίσης, δεν γνωρίζουμε πώς να συμπεριφερθούμε. Η ορμή της σεξουαλικότητας μάς δείχνει τις ανάγκες μας. Αποκομμένοι από αυτές δεν γνωρίζουμε τι θέλουμε. Τι μάς αρέσει, τι δεν μας αρέσει, ποια είναι τα δικά μας γούστα. Μοιάζει πολύ με το να στεκόμαστε μπροστά σ' ένα πλούσιο μπουφέ γεμάτο με όλων των ειδών τα φαγητά και, επειδή δεν γνωρίζουμε τι τραβάει η όρεξή μας, να τρώμε κάτι άνοστο ή αυτό που μάς υποδεικνύουν οι άλλοι, μένοντας, τελικά, ανικανοποίητοι και πεινασμένοι.

Η σεξουαλική ορμή, ως η έκφραση της σεξουαλικότητας, είναι το ανώτερο και πιο ευγενές συναίσθημα. Το πιο καλά κρυμμένο μυστικό στα χρονικά της Γης είναι ότι οδηγεί στην πνευματική εξέλιξη. Το Παιδί Ήρωας την καταπιέζει και την κλείνει, ώστε να μπορεί να σώζει, να θεραπεύει, να ανακουφίζει. Αρνείται έτσι τη ζωή και την ίδια τη ζωτική του δύναμη. Η καταπίεσή της, οδηγεί σε διαστροφή που συνήθως στρέφεται στους πιο αδύναμους. Στα παιδιά και σ' όσους δεν μπορούν να αντιδράσουν, όπως για παράδειγμα στα ζώα. Η ενοχή, που συνοδεύει μετά αυτές τις διαστροφές, οδηγεί σε ακόμη μεγαλύτερη παρέκκλιση και σε τεράστιο τραύμα για όλη την ανθρωπότητα. Οτιδήποτε καταπιέζεται γίνεται πάντοτε σκιά. Κι αυτό είναι, επίσης, ένα μυστικό για τα χρονικά της ανθρωπότητας.

Κάτω από όλα, κρύβεται η δύναμη που δίνει η χειραγώγηση της σεξουαλικής ενέργειας. Όσοι έχουν σεξουαλικές παρεκκλίσεις τρέφονται με τη σεξουαλική ενέργεια των θυμάτων τους, αντίστοιχα όπως και κάποιοι άλλοι έχουν τραφεί πριν από αυτούς. Τα οικογενειακά συστήματα είναι καθρέφτης του τι συμβαίνει συνολικά σήμερα στη Γη.

Η σεξουαλικότητα μέσω της σεξουαλικής ορμής μάς δίνει πρόσβαση στη συχνότητα της Αγάπης. Η ελεύθερη έκφραση της σεξουαλικότητας είναι το αντίθετο από την ελευθεριότητα, η οποία προκύπτει από τραύμα και καταπίεση.

Δεν μπορούμε να πάρουμε την πλήρη ευθύνη του εαυτού μας, εάν δεν αναλάβουμε την πλήρη ευθύνη της σεξουαλικότητάς μας. Τότε παύουμε να ζητάμε και να χρειαζόμαστε την έγκριση των άλλων και χρησιμοποιούμε τη δύναμή μας και τη ζωτική μας ενέργεια για λογαριασμό μας.

Η ανάκτηση της σεξουαλικότητάς μας

Όποια εργασία και να κάνουμε με τον εαυτό μας, καταλήγει στην επανάκτηση της σεξουαλικής μας ενέργειας. Θα χρειασθεί όλοι μας να έχουμε την πρόθεση να «αναλάβουμε πλήρως την «κυριότητα του φύλου μας». Η γυναίκα, που ανακτά τη σεξουαλικότητά της, σταματά να παίζει ρόλους, που προέρχονται από το μικρό κοριτσάκι, και να χειραγωγεί τους άλλους ή τον εαυτό της μέσω της σεξουαλικής της ενέργειας, παραδίδοντας, φυσικά, τη θηλυκότητά της. Ο άνδρας, που ανακτά τη σεξουαλικότητά του, σταματά να νοιάζεται μόνο για τη δική του ικανοποίηση και να παραδίδει με οποιοδήποτε τρόπο την αρσενικότητά του.

Όσο βρισκόμαστε σ' αυτή τη διαδικασία, ερχόμαστε σ' επαφή με την ιστορικότητά μας και το τι έχουμε καταπιέσει από παιδιά. Για τους ίδιους λόγους επιβίωσης που κλείσαμε τον θυμό, τον φόβο, τη θλίψη, τον πόνο, κλείσαμε και τη σεξουαλικότητά μας. Είναι, φυσικό, λοιπόν, να βιώσουμε καταπιεσμένη σεξουαλική ορμή από όλη μας τη ζωή. Στη μεγάλη πλειοψηφία μας μόλις τη νιώσουμε, έστω και στο ελάχιστο, πανικοβαλλόμαστε ψάχνοντας να βρούμε τρόπους να την αποφορτίσουμε με το να περιοριζόμαστε μόνο στα γεννητικά όργανα. Αποτέλεσμα είναι να γυρίζουμε πίσω στην υποδούλωση του φύλου μας. Θα χρειασθεί να είμαστε προσεκτικοί και να μη βιαζόμαστε να βρούμε τρόπο να την εκτονώσουμε, αλλά να μένουμε ολοκληρωτικά μ' αυτήν με το να αντέχουμε να την εμπεριέχουμε.

Εξάλλου, μόνο με ενωμένο το φύλο μας και την καρδιά η σεξουαλική εμπειρία μάς ανυψώνει, μάς ενδυναμώνει και μάς συνδέει με τον πραγματικό μας εαυτό. Η κατάσταση, στην οποία βρίσκεται η σεξουαλικότητά μας, δείχνει και το μέγεθος της διάσπασης που έχουμε. Όσο την καθαρίζουμε και την ανοίγουμε, τόσο συνδέονται και ευθυγραμμίζονται τα σώματά μας μεταξύ τους και το ίδιο λειτουργεί και αντίθετα. Αυτό είναι ένα μεγάλο κλειδί της λήξης της πολυδιάσπασης και της ένωσης όλων των κομματιών μας.

Η Πτώση της Ανθρωπότητας

Η Ψυχή μας γνωρίζει κι έχει καταγράψει τον τρόπο που πάγωσε η καρδιά μας με το Πρωταρχικό Τραύμα. Η Πτώση της ανθρωπότητας είναι η μίανση της αγνής σεξουαλικότητας, αφότου αποσυνδέθηκε από την καρδιά. Ως εκ τούτου, ζούμε σε μία Γη δύο ταχυτήτων. Στην Παλαιά Γαία της 3ης Διάστασης κυριαρχεί η κακή και λανθασμένη χρήση της σεξουαλικής ενέργειας. Στη Νέα Γαία της 5ης Διάστασης η ανάκτηση του φύλου μάς οδηγεί στην επανασύνδεση με την Ψυχή μας και τον Θεό - Δημιουργό.

Ο φόβος της φώτισης είναι ο φόβος του ανοίγματος της σεξουαλικότητας. Τα οικογενειακά συστήματα, στα οποία ενσαρκωνόμαστε, μας ωθούν στη διαγενεαλογική επανάληψή του να την κρύψουμε και να την παγώσουμε, ώστε να μην κινδυνεύουμε. Κλείνουμε το σήμα, που εκπέμπεται από αυτήν, και παραμένουμε κρυμμένοι.

Το Άγιο Πνεύμα μας φωτίζει στη Γη, με οδό την Ποιότητα του Ερωτισμού, δηλαδή της καθαρής, αγνής και ελεύθερης σεξουαλικότητας. Η λέξη «κουνταλίνι» αναφέρεται στην πνευματική ενέργεια, που «κοιμάται» στη βάση της σπονδυλικής στήλης. Κάθε φορά, που ξυπνάει και ανέρχεται στον εγκέφαλο ενεργοποιώντας όλα τα τσάκρα, βιώνουμε φώτιση.

Ανακτώντας τη σεξουαλικότητά μας, ανακτούμε όλη μας την ενέργεια, οπουδήποτε την έχουμε αφήσει προς χρήση άλλων. Οι ενεργειακές μας ίνες επανασυνδέονται στο DNA μας και γινόμαστε πάλι ολόκληροι, καθώς κάθε πλήγμα που έχουμε δεχθεί, μάς έχει αφαιρέσει κι ένα κομμάτι μας. Κατά μία έννοια, το DNA μας σηκώνεται να γυρίσει πίσω!

Το ηθικό μας, που είχε καμφθεί από τη διάσπαση του Πνεύματός μας, επανέρχεται. Κι έτσι, μπαίνουμε ξανά στη συχνότητα της Αγάπης. Το εσωτερικό μας παιδί μπορεί πλέον να εκφράσει την Παιδικότητά του με την Αγνή Σεξουαλικότητα, τη Χαρά, τον Αυθορμητισμό, το Ελεύθερο Συναίσθημα και τη Θεία Αθωότητα. Κι έτσι, μέσα από την Ποιότητα Έκφρασής μας να φωτισθεί, ο σκοπός μας, το πάθος μας και η πραγματική Αποστολή μας.

ΚΕΦΑΛΑΙΟ 12
ΕΝΗΛΙΚΑΣ

Α. ΝΕΟ ΣΧΕΔΙΟ ΨΥΧΗΣ

Μπαίνουμε οριστικά στην Ποιότητά μας που είναι η Αποστολή μας

Στο Νέο Σχέδιο Ψυχής εκφράζουμε οριστικά την Ποιότητά μας. Αυτή είναι η Αποστολή μας στη Γη και ο τρόπος που είμαστε όλοι σε υπηρεσία προς την Ανθρωπότητα. Από την Ποιότητά μας προκύπτει η Εξειδίκευσή μας και το χάρισμα που έχουμε. Ας πάρουμε το παράδειγμα μιας γυναίκας 34 ετών, η οποία ασκεί το επάγγελμα της μασέρ. Ξεκίνησε συνεδρίες, διότι ένιωθε μονίμως στραγγισμένη από ενέργεια, κάτι που στερούσε τη χαρά στη ζωή της. Είχε ήδη αντιληφθεί ότι το μασάζ που κάνει είναι θεραπευτικό, διότι υπήρχαν κάποιες περιπτώσεις θαυματουργών ιάσεων σε προβλήματα υγείας, ενώ όλοι οι πελάτες της ένιωθαν υπέροχα μετά από κάθε θεραπεία που τους έκανε. Κατά τη διάρκεια της θεραπείας, αποκαλύφθηκε πως η Ποιότητά της είναι η «Ανάλαφρη Χαρά», με Εξειδίκευση τη «Μεταστροφή της Συνειδητότητας». Αναγνώρισε πως, ακόμα και αν κάνει ένα απλό μασάζ, μεταβάλλει και διευρύνει τη συνειδητότητα του πελάτη της, σε σημείο που στο τέλος της συνεδρίας ο άνθρωπος αυτός είναι διαφορετικός. Στο Παλαιό Σχέδιο Ψυχής της, ήταν ένας Σωτήρας που έδινε το αίμα του σαν τη θεία κοινωνία ή σαν το αντίδωρο. Το αίμα στο σώμα συμβολίζει τη χαρά και η ίδια βίωνε μονίμως το στράγγισμα της χαράς. Το έκανε αυτό από παιδί, αρχικά για τους γονείς της και, κατόπιν, σ' όλες της τις σχέσεις. Ως Παιδί Ήρωας πρόσφερε την Ποιότητά της στο οικογενειακό σύστημα για να τους σώσει, βιώνοντας πάντα το αντίθετό της.

Σ' ένα άλλο παράδειγμα, η Ποιότητα Έκφρασης ενός άνδρα 43 ετών είναι η «Χαλαρή Ηρεμία», με Υποιότητες 1. το «Τώρα», 2. τη «Χαρά», 3. την «Τάξη», 4. τη «Διαύγεια» και 5. τη «Θεϊκή Αταραξία». Η Εξειδίκευσή του, που απορρέει από αυτές, είναι η «Ευθυκρισία». Η θετική Έκφραση της Ποιότητάς του είναι να βρίσκεται μόνιμα στη διαύγεια της διαλογιστικής κατάστασης. Στο αρνητικό βίωνε πάντοτε το αντίθετο. Ήταν ο χειρότερος κριτής του εαυτού του, σε σημείο που να τον ξεσκίζει για το παραμικρό. Αυτός ήταν και ο λόγος που ξεκίνησε θεραπεία, καθώς δεν μπορούσε να βρει λεπτό ηρεμίας και πραγματικά βασανιζόταν πολύ ακόμα και για πράγματα ασήμαντα και άνευ ουσίας.

Η είσοδός μας στη θετική συχνότητα της Ποιότητάς μας στην αρχή θα φαίνεται παράξενη, ενώ, σταδιακά, θα παγιωθεί σε μόνιμη κατάσταση. Σε σημείο που δεν θα θυμόμαστε πλέον πώς ήταν να φοβόμαστε συνεχώς, να νιώθουμε πάντα άσχημα, να είμαστε εξαντλημένοι και να μη ζούμε.

Οι γυναίκες, που έχουν καταφέρει να ανακτήσουν την Ποιότητα Έκφρασής τους και είναι ή πρόκειται να γίνουν μητέρες, θα επιτελέσουν ένα σπουδαίο έργο για τα παιδιά τους, βοηθώντας τα να βρουν και να αναπτύξουν την κλίση τους και τα μοναδικά χαρίσματά τους. Φανταστείτε ένα νεογέννητο, με τις Ποιότητές του ανοιχτές στη δική του υπηρεσία. Για τα παλιά δεδομένα της Γης θα είναι ένας Χριστός, αλλά για τα νέα δεδομένα και σ' αυτό το επίπεδο όλα τα παιδιά θα πρέπει να γεννιούνται έτσι. Το Σχέδιο Ψυχής μπορεί να αλλάξει ακόμα και από τη σύλληψη μέχρι και τη γέννηση ενός μωρού, εάν η μητέρα του βρίσκεται και η ίδια σε τέτοια αλλαγή. Από τη στιγμή που γεννιόμαστε, ξεκινάμε το ταξίδι από τη λήθη στην α-λήθεια. Ο λήθαργος της λησμονιάς είναι η σκιά όλης της ανθρωπότητας στο συλλογικό της ασυνείδητο. Ο τρόπος για να περάσουμε συνειδητά στην α-λήθεια είναι να έρθουμε σ' επαφή με τη σκιά του Καρμικού Εσωτερικού Παιδιού που μάς ρίχνει στη λήθη και ξεχνάμε ποιοι είμαστε, παραιτούμαστε και υποκύπτουμε. Η πύλη για να το κάνουμε αυτό, είναι πάντα οι γονείς μας, με κυριότερη τη βιολογική μας μητέρα. Σε κάθε νέα ζωή, αυτοί οι μεγάλοι δάσκαλοι μάς δίνουν εκ νέου την ευκαιρία να δούμε τη σκοτεινή μας πλευρά που φέρνουμε καρμικά. Αρχίζουμε και συνειδητοποιούμε, όταν αντιληφθούμε ότι είμαστε ίδιοι μ' αυτούς, καθώς τους εμπεριέχουμε. Όσο δεν το παραδεχόμαστε και συνεχίζουμε να είμαστε θυμωμένοι μαζί τους, κάνουμε ακριβώς τα ίδια για τα οποία τους κατηγορούμε, πρώτα στον εαυτό μας και μετά στους άλλους.

Εκφράζοντας την Ποιότητά μας, μπαίνουμε για πρώτη φορά συνειδητά στην Αποστολή μας. Α-ποστέλλουμε αυτό που είμαστε εκπέμποντάς το προς τα έξω, παρόμοια με ένα τηλεοπτικό κανάλι. Στη λήθη, παραδίδουμε την Ποιότητά μας στην υπηρεσία των άλλων και βιώνουμε το αντίθετό της.

Το Νέο Σχέδιο Ψυχής και η ενεργοποίηση των θετικών μνημών του κυττάρου

Η είσοδός στο Νέο Σχέδιο σημαίνει την πρόσβαση σε νέες μνήμες που ενεργοποιούνται από την Ψυχή. Σταδιακά, η συχνότητα του Παλαιού Σχεδίου κλείνει μαζί με τις αντίστοιχες μνήμες, οι οποίες ξεθωριάζουν.

Φέρνουμε μέσα μας το DNA των βιολογικών γονιών μας και, κατ΄επέκταση, όλων των προγόνων πίσω από αυτούς, Το πρώτο κύτταρο, που δημιουργείται τη στιγμή της σύλληψης, περιλαμβάνει τα πάντα από τη μακριά γενεαλογία αίματος στο οποίο ανήκει. Από όλες τις μνήμες, που βρίσκονται ήδη αποθηκευμένες σε αυτό, ενεργοποιούνται κάποιες συγκεκριμένες με το τραύμα να υπερισχύει. Από τη σύλληψη, την κύηση και από τη γέννησή μας και μετά. Για παράδειγμα, η Ανάθεση στο νεογέννητο από τη μητέρα «πάρε το σκοτάδι από μένα» θα ανοίξει αυτές ακριβώς τις καταγραφές με βαθιά κατάθλιψη και έλλειψη χαράς. Η Ανάθεση «οι άνδρες είναι άχρηστοι» τον θυμό και την έλλειψη εμπιστοσύνης γι' αυτούς. Η Ανάθεση «να εκδικηθείς τους άνδρες» θα φέρει στην επιφάνεια τα αντίστοιχα συναισθήματα.

Το Νέο Σχέδιο Ψυχής ανοίγει τις θετικές μνήμες, τη χαρά, την αφθονία, την ευτυχία, τη συμπόρευση, τη ζωή, την αγάπη και, τελικά, την Ποιότητα Έκφρασης του καθενός μας. Το κύτταρο σε ενότητα περιλαμβάνει τα πάντα. Σ' αυτό το στάδιο, ό,τι ακόμα χρειάζεται να δούμε και να διαχειρισθούμε θα γίνει πιο εύκολα, εφόσον τώρα μάς βοηθούν οι ενεργοποιημένες θετικές μνήμες του κυττάρου, τις οποίες πριν δεν είχαμε διαθέσιμες. Για παράδειγμα, ένα σκοτεινό κομμάτι κατάθλιψης, που ακόμη διαχειριζόμαστε με ανοιχτή πλέον την καταγραφή της χαράς, θα δουλευθεί άμεσα και γρήγορα.

Το εσωτερικό μας παιδί από τον πυρήνα του Παιδιού Ήρωα έχει Πολυδιάσπαση. Στη μετάβαση από το Παλαιό στο Νέο Σχέδιο βλέπουμε ένα ένα τα κομμάτια αυτά και πώς μάς εξυπηρέτησαν, ώστε να απελευθερωθούν. Αυτό προϋποθέτει ότι θα βιώσουμε για λίγο τον καταπιεσμένο πόνο. Κάτι το οποίο σίγουρα δεν είναι ευχάριστο, αλλά σαφώς καλύτερο από το να συνεχίσουμε να τα κρατάμε κλειστά, καταδικάζοντας μας σε μια ζωή γεμάτη πόνο.

Ολοκληρώνουμε το μάθημα κρατώντας τη γνώση που πήραμε, επιτρέποντας στην ενέργεια του Παιδιού Ήρωα να πάει στην Πηγή, μαζί με το ενεργειακό αποτύπωμα του Παλαιού Σχεδίου Ψυχής. Ο πυρήνας του εσωτερικού παιδιού ενοποιείται και ξαναγεννιόμαστε στο ίδιο σώμα, με ανοιχτή την Ποιότητά Έκφρασής μας, με νέο ενεργειακό αποτύπωμα, σε νέα Ύπαρξη.

Β. ΕΝΕΡΓΟΠΟΙΗΣΗ ΤΟΥ ΝΕΟΥ ΣΧΕΔΙΟΥ ΖΩΗΣ ΜΕΣΩ ΤΗΣ ΘΗΛΥΚΟΤΗΤΑΣ

Η Σύνθεση Αρσενικής και Θηλυκής Πλευράς

Μπαίνουμε στην Αποστολή μας με ενοποιημένα το εσωτερικό παιδί, την εσωτερική γυναίκα και τον εσωτερικό μας άνδρα. Το πώς σχετιζόμαστε εξωτερικά με το άλλο φύλο έχει να κάνει με το πώς σχετιζόμαστε με τον εσωτερικό μας άνδρα, εάν είμαστε γυναίκες, και με την εσωτερική μας γυναίκα, εάν είμαστε άνδρες. Εσωτερικά, η γυναίκα εμπνέει και ο άνδρας δρα. Το αποτέλεσμα της σχέσης τους είναι το εσωτερικό παιδί.

Στο Νέο Σχέδιο Ζωής θα αντιληφθούμε πλήρως το μέχρι τώρα αποτέλεσμα από τη συνεργασία μεταξύ της Αρσενικής και της Θηλυκής μας πλευράς. Στη συχνότητα του τραύματος, η θηλυκή εκπέμπει αέναα στην αρσενική να παίρνει εναλλάξ τη θέση του θύτη και θύματος, όπως κάνει βέβαια και η ίδια. Όταν η θηλυκή πλευρά είναι στο θύμα, η αρσενική καλείται να είναι στον θύτη και αντίστροφα. Η σχέση με το σύντροφό μας είναι η απόλυτη αντανάκλαση του τι ήδη συμβαίνει εσωτερικά.

Ας δούμε το παράδειγμα μιας γυναίκας 45 ετών παντρεμένης με δύο γιους και μία κόρη. Το μοντέλο του ζευγαριού, το οποίο είχε από τους γονείς της καθώς μεγάλωνε, ήταν μία κυριαρχική μητέρα που έτρεχε μόνη της για όλα, απαξιώνοντας τον πατέρα ως άχρηστο που δεν τη βοηθούσε σε τίποτε. Με ενδοβεβλημένο εσωτερικά αυτό το πρότυπο, κάνει ακριβώς το ίδιο στον γάμο της. Τα αναλαμβάνει όλα αυτή, μιλώντας πάντα εντελώς απαξιωτικά για τον σύζυγό της. Οι γιοι της ενδοβάλλουν αυτόν τον τρόπο συσχέτισης καθώς εκπαιδεύονται καθημερινά σ' αυτό. Ο εσωτερικός άνδρας τους είναι ένας άχρηστος, με την εσωτερική τους γυναίκα να τα αναλαμβάνει όλα. Αυτή θα είναι η Σύνθεση της Αρσενικής τους και της Θηλυκής τους Πλευράς, που θα αναπαράγουν αργότερα στις δικές τους σχέσεις έλκοντας γυναίκες με το ίδιο μοτίβο. Η κόρη αυτής της γυναίκας εκπαιδεύεται να γίνει σαν τη μητέρα της και με τη σειρά της να σχετίζεται και να παντρευθεί αντίστοιχα άχρηστους άνδρες σαν τον πατέρα της.

Ας δούμε άλλο ένα παράδειγμα μιας γυναίκας 28 ετών. Η εσωτερική της γυναίκα κρατάει τον εσωτερικό άνδρα ακίνητο, διότι αυτή καλύπτει κάθε ανάγκη που υπάρχει. Στον γάμο της τρέχει και προλαβαίνει αυτόματα κάθε επιθυμία του συζύγου της, συχνά πριν καν σκεφθεί ο ίδιος ότι την έχει. Αυτός δεν προλαβαίνει καν να τής προσφέρει κάτι, διότι αυτή το έχει φροντίσει ήδη. Το ίδιο κάνει και στον γιο της, ο οποίος, φυσικά, θα ενδοβάλλει το ίδιο πρότυπο για τη συνεργασία άνδρα και γυναίκα και θα το αναπαράγει στον δικό του γάμο.

Αυτή η γυναίκα νιώθει μόνιμα ότι την αδικούν, όταν δεν παίρνει την αναγνώριση που τής αξίζει από τον άνδρα της και τον γιο της για όσα κάνει γι' αυτούς. Προλαμβάνοντας όμως συνεχώς τις επιθυμίες τους, αυτοί δεν γνωρίζουν καν εάν χρειάζονται αυτά που κάνει γι' αυτούς, εάν είναι πράγματι και δικές τους επιθυμίες, και έτσι όχι μόνο δεν λένε ευχαριστώ, αλλά γκρινιάζουν κιόλας. Είναι σαν να δίνεις σε κάποιον να φάει και να πιει χωρίς ακόμα να έχει πεινάσει και διψάσει και χωρίς, βεβαίως, να στο έχει ζητήσει.

Με βάση τα παραπάνω παραδείγματα βλέπουμε πως τα παράπονα που έχουμε από τον σύντροφό μας για το αν και πώς μάς νοιάζεται και μάς φροντίζει, αντανακλούν επακριβώς τη συνεργασία του εσωτερικού μας άνδρα και της εσωτερικής μας γυναίκας, που είναι η Σύνθεση της Αρσενικής και της Θηλυκής μας Πλευράς. Αυτό ισχύει και για τα δύο φύλα. Όσο το παρατηρούμε και το συνειδητοποιούμε, ελέγχοντας πρώτα τι γίνεται εσωτερικά μέσα μας, η Σύνθεση αλλάζει και το δημιούργημα της ένωσης του αρσενικού και του θηλυκού εσωτερικά είναι το ελεύθερο από τραύμα εσωτερικό παιδί. Όλοι μας, άνδρες και γυναίκες, στην υψηλή συχνότητα της Σύνθεσης της Αρσενικής και της Θηλυκής μας Πλευράς, μπορούμε πλέον να εκφράσουμε την Ποιότητά μας, σε μία σχέση Πολλαπλασιαστικής Ανταλλαγής, η οποία συνεχώς θα μάς προάγει και θα μας αναπτύσσει.

Οι συχνότητες της Θηλυκής Ενέργειας

Με την ενεργοποίηση της Ποιότητάς μας και του Νέου Σχεδίου Ζωής από την Ψυχή μας αποκτούμε πρόσβαση στη Θηλυκή Ενέργεια. Αυτό συμβαίνει εξίσου για τις γυναίκες και για τους άνδρες μέσω της θηλυκής τους πλευράς. Με το άνοιγμα των συχνοτήτων της Θηλυκής Ενέργειας, οι γυναίκες θα κλείσουν το κεφάλαιο των ανώριμων ανδρών και του ανώριμου πατέρα, που μόνο το θηλυκό φροντίζει το αρσενικό και όχι και το αντίθετο. Κι αντίστοιχα, οι άνδρες θα ωριμάσουν και θα μπουν στη Θέση τους, αφού θα τούς εκπεμφθεί κάτι διαφορετικό. Οι συχνότητες αυτές ανοίγουν απευθείας από την Πηγή και είναι άγνωστες στη μέχρι τώρα γνωστή καταγεγραμμένη ιστορία στη Γη. Είναι τουλάχιστον ιλαρό να παραδίδει κάποιος σεμινάρια για τη θηλυκότητα ή για το πώς οι γυναίκες θα μπουν στη δύναμή τους, χωρίς να έχει πρόσβαση και να εκπέμπει από αυτές τις συχνότητες. Είναι ή απατεώνας ή σε βαθιά άγνοια.

Το κοινωνικό σύστημα στη Γη ξεκίνησε ως Μητριαρχία με τους άνδρες δούλους. Όταν αυτοί ξύπνησαν, έγινε Πατριαρχία. Από τον προηγούμενο αιώνα, οι γυναίκες δούλοι προσπαθούν να επικρατήσουν ξανά με το φεμινισμό και με άλλα γυναικεία κινήματα. Αυτό δεν θα έπρεπε να το θεωρούμε πρόοδο, διότι κανείς δεν είναι στη Θέση του. Τα δύο φύλα απλώς αλλάζουν ρόλους ως κυρίαρχοι και κυριαρχούμενοι, ως δράστες και θύματα. Οι συχνότητες της Θηλυκής Ενέργειας ανοίγουν ως εξής:

Η Πρώτη Συχνότητα είναι αυτή της Θηλυκότητας, που εδραιώνεται και βρίσκεται στη Δύναμή της.

Η Δεύτερη Συχνότητα, αφού η Θηλυκότητα μπει στη Δύναμή της, είναι να μπει και στη Θέση της. Το θηλυκό είναι η Αρχή και το αρσενικό ακολουθεί αυτόματα και μπαίνει στη δική του, αλλά αυτό δεν γίνεται ποτέ ανάποδα. Η συχνότητα αυτή, που ανοίγει για όλη τη Γη, θα δημιουργήσει μεγάλη αναταραχή, θα έρθουν κυριολεκτικά τα πάνω κάτω. Όλοι θα κληθούν να δουν σε ποια Θέση βρίσκονται, οπουδήποτε εμπλέκονται και συνεργάζονται άνδρες και γυναίκες, αρσενικές και θηλυκές ενέργειες. Πρώτα εσωτερικά μέσα μας και κατόπιν στα ζευγάρια, τις οικογένειες, τις εταιρείες, τους οργανισμούς, τις κυβερνήσεις και σε κάθε κοινωνικό σύστημα στη Γη.

Η Τρίτη Συχνότητα της Θηλυκότητας είναι η Ασφάλεια. Είναι το πρώτο πράγμα που αναζητούν οι γυναίκες από έναν άνδρα, αλλά και κάτι που καμία γυναίκα δεν έχει στη Γη. Επειδή, καθώς δεν γνωρίζει τι είναι, δεν μπορεί να το εκπέμψει, οι άνδρες παραμένουν ανώριμοι, χωρίς να μπορούν φυσικά να τής την παρέχουν. Η ασφάλεια έχει την έννοια της Σταθερότητας και της Βάσης, αφού μόνο έτσι η Θηλυκότητα μπορεί να παραμένει απερίσπαστη να δημιουργεί τα γεννήματά της.

Η Τέταρτη Συχνότητα είναι αυτή της Δημιουργίας. Το θηλυκό είναι προορισμένο να δημιουργεί από παιδιά μέχρι κόσμους και το αρσενικό να φροντίζει να παρέχει τις αναγκαίες και ικανές συνθήκες για να συμβεί αυτό. Οι γυναίκες σήμερα στη Γη είναι εξαντλημένες, διότι συνεχίζουν να είναι πιστές στη φύση τους και να δημιουργούν. Γίνεται όλο και πιο δύσκολο να είσαι γυναίκα και, φαινομενικά, όλο και πιο εύκολο να είσαι άνδρας, αλλά, βεβαίως, σε ανωριμότητα και στερημένος πλήρως από τη δύναμή του.

Η Πέμπτη Συχνότητα είναι η Αρχή, η οποία είναι απόρροια όλων των προηγούμενων. Εν αρχή είναι η Θηλυκότητα, η αρχή των πάντων.

Η Έκτη Συχνότητα είναι της Ιερής Θηλυκότητας. Απ' αυτή απορρέει ο απόλυτος σεβασμός και η τιμή στο ιερό θηλυκό. Το άνοιγμα αυτής της συχνότητα θα φέρει τα πάνω κάτω στη Γη, διότι το θηλυκό παντού στον πλανήτη είναι ευτελισμένο και προς χρησιμοποίηση.

Στον παρακάτω πίνακα εξηγείται πώς γίνεται το άνοιγμα των συχνοτήτων της Θηλυκής Ενέργειας. Οι γυναίκες εκπέμπουν αυτές πρώτα εσωτερικά από την εσωτερική γυναίκα στον εσωτερικό άνδρα και μετά στο εξωτερικό περιβάλλον στους άνδρες:

ΘΗΛΥΚΟΤΗΤΑ	ΑΡΣΕΝΙΚΟΤΗΤΑ
ΔΥΝΑΜΗ	Εκπέμπει το θηλυκό από τη Δύναμή του, και αυτόματα το αρσενικό μπαίνει στη δική του Δύναμη
ΘΕΣΗ	Εκπέμπει το θηλυκό από τη Θέση του και αυτόματα το αρσενικό μπαίνει στη δική του Θέση

Α-ΣΦΑΛΕΙΑ	Εκπέμπει το θηλυκό τι χρειάζεται, και αυτόματα το αρσενικό της παρέχει τη Σταθερότητα και τη Βάση που χρειάζεται. Την Ασφάλεια της Σταθερής Βάσης
ΔΗΜΙΟΥΡΓΙΑ	Εκπέμπει το θηλυκό που τώρα είναι ασφαλές, ό,τι θέλει να δημιουργήσει και το αρσενικό παρέχει τις αναγκαίες και ικανές συνθήκες
Η ΑΡΧΗ ΤΩΝ ΠΑΝΤΩΝ	Το θηλυκό αναγνωρίζεται από το αρσενικό
Η ΙΕΡΗ ΘΗΛΥΚΟΤΗΤΑ	Το θηλυκό απολαμβάνει απόλυτο σεβασμό και τιμή από το αρσενικό

Οι συχνότητες αυτές ανοίγουν με ενέργεια που κατεβαίνει απευθείας από την Πηγή. Τα επόμενα χρόνια όλοι θα επηρεασθούν, διότι η Γαία, που είναι, βεβαίως, Θηλυκή Αρχή, εκπέμπει αυτές τις συχνότητες στην Αρσενική Αρχή. Αυτή η εποχή είναι ένα ασύλληπτο παράθυρο ευκαιρίας, όχι μόνο για το βασίλειο των Ανθρώπων, αλλά για όλα τα βασίλεια που υπάρχουν στη Γη. Ακόμα και όσοι φαινομενικά θα καταστραφούν, εφόσον είναι κατά της στροφής που καλούνται να κάνουν, και πάλι θα έχουν εξελιχθεί απίστευτα. Είμαστε πολύ τυχεροί και μόνο που θα ζήσουμε και θα εκτεθούμε σε τέτοια τεράστια αλλαγή Συνειδητότητας, που περιλαμβάνει όλη την ανθρωπότητα.

Έρωτας έναντι Μάχης

Στα περισσότερα οικογενειακά συστήματα βλέπουμε μια εικόνα Μάχης. Οι συμμετέχοντες ψάχνουν πάντα να βρουν ένα φταίχτη για να μην πάρουν την ευθύνη για όποιο πρόβλημα υπάρχει. Οι γονείς, παίρνοντας εναλλάξ τη Θέση του θύτη και του θύματος, κρύβονται ο ένας πίσω από τον άλλον. Όλα τα υπόλοιπα μέλη της οικογένειας κινούνται μαζί τους και παίρνουν αντίστοιχα Θέσεις, σαν να αναδεύεται ένα κύμα. Κατόπιν, αναπαράγουν το ίδιο στα δικά τους συστήματα. Ο θάνατος των γονιών δεν λύνει τίποτα, απλώς θα έρθουν άλλα μέλη να τούς εκπροσωπήσουν, συνεχίζοντας την ίδια κατάσταση.

Όλα τα οικογενειακά συστήματα στη Γη καλούνται να αλλάξουν αυτή την εικόνα. Τα δύο μέλη του ζευγαριού, αντί να κρύβονται συνεχώς και αέναα το ένα πίσω από το άλλο, θα πρέπει να γυρίσουν και να κοιταχθούν. Να κινηθούν αρμονικά μεταξύ τους, με τον ίδιο τρόπο που το είδωλό μας κινείται μαζί μας, όταν βλέπουμε τον εαυτό μας στον καθρέφτη.

Η νέα συχνότητα που καλούμαστε όλοι να μπούμε είναι ο Έρωτας έναντι της Μάχης. Έρως ανίκατε Μάχαν. Η Μάχη αυτή μαίνεται καταρχάς μέσα μας, μεταξύ της Αρσενικής και της Θηλυκής πλευράς μας. Είναι η ίδια που μετά εξωτερικεύεται στις σχέσεις μας. Το εσωτερικό παιδί αναλαμβάνει να κάνει κάτι για τη διαμάχη του εσωτερικού μας άνδρα και της εσωτερικής μας γυναίκας, είναι θα λέγαμε το αποτέλεσμά τους. Αυτή η Μάχη φέρνει τον θάνατο και την αυτοκαταστροφή. Αντίθετα, η συχνότητα του Έρωτα ανοίγει απευθείας από το Θεό και είναι ο Θεϊκός Έρωτας, η Θεϊκή σπίθα της Δημιουργίας. Λειτουργεί αποκλειστικά με τη σύμπραξη σε αρμονία της αρσενικής και της θηλυκής ενέργειας. Το βιώνουμε αυτό όταν είμαστε στο πάθος μας, εκεί όπου δημιουργούμε με Έρωτα. Γι' αυτό τον λόγο ιδιοφυείς δημιουργοί και καλλιτέχνες της Ανθρωπότητας, ενώ μπήκαν σε αυτή τη συχνότητα και πράγματι εμπνεύσθηκαν και δημιούργησαν με Έρωτα, μετά δεν το άντεξαν. Η ιστορία είναι γεμάτη από τέτοια παραδείγματα κατά τα οποία μετά έπεσαν στο αντίστοιχο χαμηλό της Μάχης επίπεδο, καταστρέφοντας τον εαυτό τους με διάφορους τρόπους (αρρώστια, πρόωροι θάνατοι, τρέλα, ναρκωτικά κλπ). Η έκθεση σε μία πιο υψηλή συχνότητα από αυτή όπου βρισκόμαστε είναι πάντοτε μία μύηση που πρέπει να κατακτηθεί.

Η συχνότητα του Έρωτα είναι η Συχνότητα του Θεού. Είναι η μόνη δύναμη που μάς μεταμορφώνει σε θεούς ακόμα και στις πιο αντίξοες ή απελπιστικές συνθήκες. Παρόμοια, κάνουμε θεό και αυτόν που ερωτευόμαστε, όμως όλη η βιβλιογραφία, αλλά και η εμπειρία λέει ότι δεν κρατάει πολύ σαν μία πολύ ισχυρή προσωρινή τρέλα, που μάς τυφλώνει. Αυτό ισχύει, αλλά μόνο όταν μαίνεται η Μάχη μέσα μας, άρα και έξω μας, μεταξύ της αρσενικής και της θηλυκής πλευράς μας. Παραμένοντας σταθερά στη συχνότητα του Έρωτα, είμαστε σε Έρωτα για τα πάντα, για την ίδια τη Δημιουργία και την Ύπαρξη. Ακόμα και το φρούτο που επιλέγουμε να φάμε, το τρώμε με Έρωτα. Όταν ζούμε σ' αυτή τη συχνότητα, αλλάζει η προσωπικότητά μας, τα γούστα μας, οι συνήθειες μας, το σώμα μας. Σίγουρα δεν είναι μία διαδικασία, που γίνεται από τη μία μέρα στην άλλη, αλλά περισσότερο μια μέρα με τη μέρα αλλαγή που ψηλαφούμε με τις αισθήσεις μας.

Αυτή η συχνότητα μάς γειώνει οριστικά στο σώμα μας, μέσω του οποίου εραστές μας είναι τα πάντα, κάτι που μετά μεταφέρεται και στα υπόλοιπα σώματα. Οι τέχνες, το φαγητό, το αεράκι που μάς χαϊδεύει το μάγουλο, η μπλούζα που φοράμε και νιώθουμε το απαλό της άγγιγμα. Πλέον συναλλασσόμαστε μόνο με ό,τι νιώθουμε Έρωτα κι αυτό, βεβαίως, μάς δίνει την απόλυτη διάκριση. Ο Έρωτας συν-κινεί και είναι πάντα σε Πολλαπλασιαστική Ανταλλαγή. Έρωτας είναι η απόλαυση στο έπακρον.

Αντίθετα, στη συχνότητα της Μάχης, ο έρωτας γίνεται κτητικός. Οι μητέρες στα παιδιά τους και ιδιαίτερα τους γιους. Αλλά και στα ζευγάρια. Νιώθουμε θεοί μέσω αυτού που ερωτευόμαστε και δεν συνειδητοποιούμε ότι μπορούμε να νιώθουμε το ίδιο συναίσθημα με τα πάντα. Η συχνότητα του Θείου Έρωτα είναι η Απόλυτη Ελευθερία έναντι του χαμηλού της Κτητικότητας που μάς κάνει να έχουμε προσκόλληση όχι μόνο από τους ανθρώπους, αλλά και από τα υλικά πράγματα συν το σώμα μας. Γι' αυτό στη Γη υπάρχει τέτοια δυσκολία με το θέμα του θανάτου, ενώ κανονικά η στιγμή αυτή είναι, επίσης, η απόλυτη Ελευθερία.

Γ. ΗΓΕΣΙΑ ΜΕ ΥΠΕΥΘΥΝΟΤΗΤΑ ΣΤΟΝ ΕΝΗΛΙΚΑ
Ο Προγραμματισμός του Ενήλικα

Μπαίνουμε στο Νέο Σχέδιο Ψυχής από τον Ενήλικα. Μόνο σ' αυτή τη θέση βρισκόμαστε στο Εδώ και Τώρα, δηλαδή στην πραγματικότητα. Διαφορετικά, εγκλωβιζόμαστε αδιάκοπα ανάμεσα στον πόνο του παρελθόντος και την αβεβαιότητα του μέλλοντος. Οτιδήποτε μάς κρατάει στο παρελθόν, εμποδίζει το μέλλον αναγκάζοντάς μας να ενσαρκωνόμαστε σε παρόμοιο μοτίβο ξανά και ξανά. Κανένα παιδί στον πλανήτη δεν μπορεί να είναι παιδί, εάν δεν υπάρχει ένας Ενήλικας στο περιβάλλον του.

Για να παραμένουμε στο Εδώ και Τώρα χρειάζεται να είμαστε στη διαδικασία της Ενότητας μέσα μας, αναγνωρίζοντας όλα μας τα κομμάτια. Την Πολυδιάσπαση του Παιδιού Ήρωα, την εσωτερική μας γυναίκα και τον εσωτερικό μας άνδρα. Το καθετί στη Θέση του, αναλαμβάνοντας ρόλο ανάλογα με το τι χρειάζεται να γίνει στην καθημερινότητά μας. Τόσο φυσικά, όπως τα πόδια περπατάνε, τα μάτια βλέπουν, τα χέρια πιάνουν ό,τι χρειαζόμαστε.

Κατ' αυτόν τον τρόπο, το καθημερινό πρόγραμμα εργασίας του Ενήλικα είναι εντελώς διαφορετικό από αυτό ενός παιδιού. Όταν αφήνουμε το εσωτερικό μας παιδί να είναι επικεφαλής, αναπαράγει τις ίδιες Εγγραφές, Αποφάσεις Επιβίωσης και Ψυχολογικούς Μηχανισμούς ξανά και ξανά. Όταν αναλάβει ο Ενήλικας, στην ουσία επαναπρογραμματίζει ό,τι δεν τον εξυπηρετεί. Το παράδειγμα είναι ένα σπίτι στο οποίο για πολύ καιρό ζούσε και έκανε κουμάντο ένα μικρό παιδί. Όταν, επιτέλους, θα μπει μέσα ένας Ενήλικας, το πρώτο που θα κάνει είναι να μαζέψει τις ζημιές, να καθαρίσει και να βάλει, φυσικά, ένα διαφορετικό πρόγραμμα διατροφής, ύπνου, καθαριότητας και ό,τι άλλο αφορά την καθημερινή ρουτίνα.

Το ίδιο συμβαίνει και με τη σχέση μας με το φαγητό, εάν δεν είμαστε στη Θέση του Ενήλικα. Φαντασθείτε σε μία οικογένεια να αποφασίζει το παιδί καθημερινά τι θα φάνε, πότε θα φάνε, πόσο και εάν θα φάνε! Αυτός είναι ο λόγος που οι δίαιτες αδυνατίσματος σε ένα μεγάλο βαθμό αποτυγχάνουν. Μόλις το εσωτερικό μας παιδί ξαναπάρει τον έλεγχο, θα αρχίζει να τρώει με βάση το τραύμα.

Το πρόγραμμα της εργασίας χρειάζεται να γίνει πλέον ένα χρήσιμο και απαραίτητο εργαλείο του Ενήλικα στο Εδώ και Τώρα και όχι του εσωτερικού παιδιού για να μάς κρατάει στο παλιό. Δίνονται παρακάτω μερικά παραδείγματα της διαφοράς μεταξύ των δύο.

	Πρόγραμμα εργασιών από το εσωτερικό παιδί	Προγραμματισμός του Ενήλικα
1	Σενάριο Ζωής «Είμαι το δουλικό των άλλων»: Ψυχαναγκασμός να έχει και να κάνει συνέχεια δουλειές, ώστε να μένει πάση θυσία απασχολημένος. Αυτό τον εξυπηρετεί γιατί έτσι 1. Το μοτίβο του δουλικού συνεχίζεται και 2. Κρατά την αντίληψή του κλειστή Διατροφή: Τρώει από λίγο και στα κλεφτά με τύψεις, γιατί τού παίρνει χρόνο από την εργασία.	Βάζει μέσα στις δουλειές προσωπικό χρόνο, ξεκούραση και διασκέδαση.
2	Σενάριο Ζωής «Τους παίρνω όλα τα βάρη»: Συνεχής απασχόληση με γεμάτο πρόγραμμα. Αυτό γίνεται για λίγο, διότι μετά αρρωσταίνει και δεν κάνει απολύτως τίποτε. Εξάλλου, είναι ο μόνος τρόπος να επιτρέψει στον εαυτό του να ξεκουρασθεί. Συνεχής εναλλαγή αυτών των δύο καταστάσεων. Της υπερδραστηριότητας που την ακολουθεί η υπερκόπωση και η ασθένεια. Το αποτέλεσμα είναι η αποθάρρυνση και η εξάντληση, αφού για να υπάρξει ένα σταθερό αποτέλεσμα γίνεται υπερπροσπάθεια. Διατροφή: Αν τρώω πολύ είμαι ζωντανός. Με το φαΐ αποκαθιστώ την ενέργεια που δεν έχω.	Ακολουθεί ένα ισορροπημένο καθημερινό πρόγραμμα που δεν τον εξαντλεί. Έχει μια σταθερή, φυσιολογική απόδοση χωρίς τα πάνω κάτω.
3	Σενάριο Ζωής «Τη ζωή που μου αναλογεί τη χαρίζω στους άλλους»: Δεν υπάρχει κανένα απολύτως πρόγραμμα. Στην παραμικρή προσπάθεια ύπαρξής του παθαίνει κρίση πανικού που την ακολουθεί άμεση παραίτηση με λήθαργο. Αυτό περιλαμβάνει τα πάντα, όπως τον ύπνο, το φαγητό, την εργασία, τις δουλειές στο σπίτι, τη διασκέδαση, συχνά ακόμη και το πλύσιμο των δοντιών. Διατροφή: Τρώω για να υπάρχω.	Έχει ένα φυσιολογικό πρόγραμμα καθημερινότητας. Ρουτίνες, με σταθερά ωράρια ύπνου, φαγητού, εργασιών που χρειάζονται να γίνουν αλλά και προσωπικού χρόνου.
4	Σενάριο Ζωής στο οποίο με βασανίζω με απόλυτο σαδισμό: Εδώ γίνεται σαδιστική χρήση του προγράμματος. Ό,τι και να κάνω δεν είναι ποτέ αρκετό. Ακόμα και αν κάνω κάτι καλά θα με συγκρίνω με άλλους θεωρώντας ότι αυτοί θα το έκαναν με καλύτερο αποτέλεσμα από μένα. Αυτό μού δημιουργεί ένα συνεχή εκνευρισμό που εναλλάσσεται με παραίτηση. Δεν έχω όρεξη να κάνω τίποτα, που πάλι με οδηγεί σε αυτοσαδισμό για το ότι θα έπρεπε να τηρήσω το πρόγραμμα. Αέναο. Διατροφή: Τρώει με αυτοσαδισμό. Το να πάρω ή να χάσω κιλά είναι ένας τρόπος για να με βασανίζω.	Τηρεί το καθημερινό πρόγραμμα με χαρά και εστίαση. Το κυριότερο είναι ότι αντλεί ευχαρίστηση από αυτό και έχει συναισθήματα ηρεμίας και χαλάρωσης.

Μπαίνοντας στον Ενήλικα, το πρώτο που καλούμαστε να δούμε και να καταλάβουμε είναι η διαφορά από το πρόγραμμα του εσωτερικού παιδιού, καθώς θα παίρνουμε έλεγχο σ' αυτό το κομμάτι. Οι περισσότεροι από μας δεν έχουμε υπάρξει ποτέ σε Προγραμματισμό του Ενήλικα. Καταλαβαίνουμε ότι ακόμη το πρόγραμμα το διαμορφώνει το εσωτερικό παιδί, από το πώς νιώθουμε με τις καθημερινές μας ασχολίες. Αμφιβολία και ενοχή, όταν δεν τις τηρούμε, και έλλειψη ενέργειας, κόπωση και θυμό, όταν τις τηρούμε. Τότε πάλι προσπαθούμε να ξεφύγουμε από την τήρηση του προγράμματος με φόβο, κρίσεις πανικού, ασθένεια ή ολοκληρωτική παραίτηση. Εξάντληση από κάθε άποψη. Ενώ, όταν αναλαμβάνει τον προγραμματισμό ο Ενήλικας, νιώθουμε χαρά, ηρεμία, φυσιολογική κόπωση, ολοκλήρωση, και απόλαυση από την επίτευξη των στόχων μας.

Ηγεσία με Υπευθυνότητα

Πατάμε σταθερά στον Ενήλικα, όταν αναλάβουμε Ηγεσία με Υπευθυνότητα. Ενήλικας είναι αυτός που παίρνει την ευθύνη των πράξεών του. Δεν το παίζει θύμα, δεν κλαψουρίζει, δεν δικαιολογείται, δεν παραιτείται, κάνοντας ό,τι χρειάζεται, για να βελτιώσει τη δική του ζωή και των άλλων.

Εάν δεν πάρουμε τη Θέση μας ως Ενηλίκων, το εσωτερικό μας παιδί αναγκάζεται να αναλάβει. Ακριβώς με τον ίδιο τρόπο που ένα βιολογικό παιδί καλείται να δίνει αυτό, εάν ο γονιός του δεν είναι στη Θέση του.

Είμαστε όλοι ηγέτες. Ηγούμαστε στους άλλους, ανάλογα με το τι ηγεσία ασκούμε πρώτα απ' όλα στον εαυτό μας. Για παράδειγμα, μια γυναίκα μόλις γεννάει γίνεται αυτόματα ηγέτης στο παιδί της. Ορίζει τη μοίρα του κάθε στιγμή με τις αποφάσεις που παίρνει και τον τρόπο που το μεγαλώνει. Δεν έχει καμία διαφορά με έναν ηγέτη κράτους, ο οποίος, ανάλογα με το πώς θα φερθεί σε μία δύσκολη στιγμή, θα σώσει ή θα πάρει στον λαιμό του όλο το έθνος.

Το θέμα είναι πώς, εάν κάποιος δεν ηγηθεί πρώτα στον εαυτό του, δεν μπορεί σε καμία περίπτωση να ηγηθεί άλλων. Η ηγεσία του εαυτού μας επιτυγχάνεται με:

1. Πειθαρχία και επικέντρωση στους στόχους. Χωρίς τον Προγραμματισμό του Ενήλικα, αυτή είναι μία άγνωστη έννοια. Εάν τα αναλαμβάνει όλα το εσωτερικό παιδί, η καθημερινή ζωή γίνεται πολύ δύσκολη και κουραστική. Σκεφθείτε ένα πεντάχρονο, το οποίο κάθε πρωί φοράει το κοστούμι ή το ταγέρ και πηγαίνει στη δουλειά. Και δεν φτάνει αυτό, μετά έχει να ασχοληθεί με τις υποχρεώσεις της οικογένειας και του σπιτιού. Πόσο να αντέξει ένα μικρό παιδάκι! Ο μόνος τρόπος για να ξεκουραστεί απ' όλο

αυτό το βάρος είναι να κάνει, τελικά, με κάποιο τρόπο κοπάνα.

2. Το εσωτερικό παιδί υπό τη δικαιοδοσία και την αρμοδιότητα του Ενήλικα.

3. Υλοποίηση στο Τώρα. Τεράστια διαφορά από την υλοποίηση του εσωτε-ρικού παιδιού, το οποίο κάνει πάντα αναπαραγωγή κάποιου τραύματος από το παρελθόν με αντίκτυπο στο μέλλον.

4. Απολαβή των κόπων. Το Απο-λαμβάνω.

Το δεύτερο σκέλος της Ηγεσίας με Υπευθυνότητα αφορά τις συναλλαγές μας με άλλους ανθρώπους. Κοντινούς μας, απλούς, γνωστούς αλλά και τελείως αγνώστους. Καταλαβαίνουμε ότι ηγείται ο Ενήλικας και δεν έχει αναλάβει το εσωτερικό μας παιδί, όταν δεν έχουμε την ανάγκη να σώσουμε ή να ευχαρι-στήσουμε κανέναν. Απαλλαγμένο από το βάρος να ικανοποιεί τους άλλους (και άρα να είναι πάλι παιδί), είναι έτοιμο να δεχθεί όποιες εντολές εμείς τού δώσουμε.

Η ηγεσία πρώτα στον εαυτό μας και μετά στους άλλους είναι, τελικά, η ηγεσία στο εσωτερικό μας παιδί, ώστε να μάς εμπιστευθεί οριστικά και να σταματή-σει να θυσιάζεται σε ρόλο μάρτυρα.

Παρόμοια, όπως ένας γονιός καταφέρνει τα βιολογικά παιδιά του να κάνουν κάτι που δεν θέλουν, αλλά που είναι για το καλό τους, όπως το να φάνε λα-χανικά ή να πλένουν τα δόντια τους. Αυτή είναι η βασικότερη ικανότητα των μεγάλων ηγετών, δηλαδή να πείθουν τους άλλους να συναινούν (αυτό είναι διαφορετικό από το συμφωνώ) και έτσι να τούς ακολουθούν. Στον αντίποδα, αυτό που συνήθως κάνουμε είτε στα εσωτερικά μας είτε στα βιολογικά παι-διά ανήκει στις παρακάτω κατηγορίες:

1. Φωνάζω για να επικρατήσω.

2. Επικρατεί το παιδί, διότι νιώθω ενοχή και νομίζω ότι θα χάσω την αγάπη του.

3. Κάνω στο παιδί ψυχολογικό πόλεμο, το υποτιμώ, τού δημιουργώ ενοχές για να το χειραγωγήσω να κάνει ό,τι τού λέω.

4. Το παιδί κάνει ό,τι του ζητώ ή διότι βαριέται να με ακούει ή διότι το παίζει καλό για να το αγαπάω.

Όλα ισχύουν εξίσου για έναν προϊστάμενο σε μία εταιρεία που ασκεί μάνα-τζμεντ από το εσωτερικό του παιδί και όχι από τον Ενήλικα. Σε καμία από τις παραπάνω περιπτώσεις δεν υπάρχει μόνιμο αποτέλεσμα. Κάθε φορά που θέλουμε να συμμορφωθεί το παιδί σ' αυτά που τού λέμε, η μάχη ξαναρχίζει.

Αυτός είναι ο λόγος που η διαπραγμάτευση με τα παιδιά είναι αέναη, και ξανανοίγει αμέσως μόλις θεωρούμε ότι τα πείσαμε. Ο δείκτης ότι όντως πήραμε εμείς ως Ενήλικες την Ηγεσία με Υπευθυνότητα είναι το μόνιμο αποτέλεσμα της συμμόρφωσης του παιδιού, εσωτερικού και βιολογικού.

Συνειδητό και ασυνείδητο ψέμα

Η χειραγώγηση μέσω ψέματος έχει δύο βασικές κατηγορίες. Το συνειδητό και το ασυνείδητο ψέμα. Το συνειδητό ψέμα είναι πολύ συνηθισμένο να απευθύνεται προς τα παιδιά για να κάνουν κάτι που δεν θέλουν. Τούς λέμε ότι τρώνε κολοκυθάκια, ενώ είναι μπάμιες που δεν τούς αρέσουν. Από το πιο απλό ψέμα μέχρι το πιο μεγάλο. Γνωρίζουμε ότι λέμε ψέματα και το κάνουμε για να πετύχουμε τους σκοπούς μας.

Το ασυνείδητο ψέμα έχει να κάνει με το κλείσιμο της αντίληψής μας λόγω τραύματος. Ας πάρουμε το παράδειγμα ενός άνδρα 85 ετών, ο οποίος νεότερος έδερνε συστηματικά τα τέσσερα παιδιά του από μικρά μέχρι την εφηβεία, πολύ συχνά κατ' εντολήν της μητέρας τους. Δικαιολογούσε αυτήν την πράξη του, λέγοντας ότι τα διαπαιδαγωγεί να γίνουν καλά, υπάκουα και να σέβονται τους μεγαλύτερους, μολονότι η πραγματικότητα ήταν ότι ξέσπαγε τα νεύρα του και τον θυμό του επάνω τους. Παππούς πια, σε μία γιορτή κατά την οποία έχει μαζευτεί όλη η οικογένεια, κάνει παρατήρηση σε μια από τις κόρες του, που χτυπάει μπροστά του το μικρό εγγονάκι του, διότι είναι άτακτο. Τής φωνάζει: «Τι σάς έχω μάθει; Τα παιδιά δεν πρέπει να τα δέρνουν!». Και τα τέσσερα παιδιά του γυρνούν και τον κοιτούν έκπληκτα, θυμίζοντάς του το πόσο σκληρά και ανελέητα τα έδερνε με τη δερμάτινη ζώνη του παντελονιού του. Αυτός αντιδρά εξίσου έκπληκτος λέγοντας: «Τι είναι αυτά που λέτε, εγώ δεν σάς έχω δείρει ποτέ! Επίσης, δεν σας έχω μάθει να μη λέτε ψέματα;. Το λέει και το πιστεύει πραγματικά συνεχίζοντας το ασυνείδητο ψέμα, αυτή τη φορά καλύπτοντάς το και με ωραιοποίηση της πραγματικότητας.

Με τον ίδιο τρόπο που έχουμε εκπαιδευθεί στο ψέμα, το συνεχίζουμε οι ίδιοι στον εαυτό μας, μεταλαμπαδεύοντάς το στις επόμενες γενιές. Οτιδήποτε μάς πνίγει και δεν το αντέχουμε, το ξεφορτώνουμε όπου βρούμε λέγοντας συνειδητά ή ασυνείδητα ψέματα στον εαυτό μας. Οι γονείς βάζουν ταμπέλες στα παιδιά τους, διότι δεν αντέχουν να νιώθουν ότι οι ίδιοι αισθάνονται έτσι. Όποιες ιδιότητες τούς προσδίδουν, όπως «είσαι τεμπέλης, άχρηστος, κακός, βλάκας άσχημος, χοντρός», είναι πάντα δικές τους Εγγραφές, που όταν τις φορτώσουν αλλού, ησυχάζουν αφού λένε το παιδί είναι αυτό και όχι εγώ.

Το ίδιο κάνουμε και στον σύντροφό μας, όσο το δέχεται, αλλά και σε όσους μας καθρεφτίζουν τα τραύματά μας. Κυρίως όμως στα παιδιά, ως πιο εύκολοι στόχοι, αλλά και διότι το αναλαμβάνουν ούτως ή άλλως από αγάπη για να ανακουφίσουν το γονιό. Η προσπάθεια της συγκάλυψης του τραύματος μας κάνει όλους επαγγελματίες ψεύτες.

Το συνειδητό ψέμα είναι πιο εύκολο να το αντιληφθούμε. Για παράδειγμα γνωρίζω τι είναι καλό για το σώμα μου και την υγεία μου αλλά κοροϊδεύω τον εαυτό μου συνεχίζοντας να αποφεύγω να το ακολουθώ. Όσο διαχειριζόμαστε το συνειδητό ψέμα, τόσο εμφανίζεται και το ασυνείδητο.

Ψυχολογικός Μηχανισμός Παραποίησης της Πραγματικότητας

Το Διαχωριστικό Εγώ είναι Ψυχολογικός Μηχανισμός του εσωτερικού παιδιού για να έχει δική του τη μητέρα του και να μπορεί να συγχωνευθεί μαζί της. Έτσι γεννιέται το Παιδί Ήρωας που αναλαμβάνει αυτήν την Αποστολή. «Μόνο Εγώ θα είμαι η μοναδική αγάπη του δημιουργού - μητέρα. Εγώ είμαι ο Εκλεκτός, ο καλύτερος από όλους, ο μοναδικός». Φυσικά, η Διασπαστική Φωνή θα φροντίζει να μού υπενθυμίζει συνεχώς την αναξιότητα μου σ' αυτή την αδύνατη Αποστολή. Αυτό το Εγώ, σε πλήρη αλαζονεία, χρειάζεται να συγκαλύψει την αλήθεια του ότι δεν υπάρχει διαχωρισμός στο Εμείς του Υγιούς Εγώ.

Αναπτύσσει γι' αυτό έναν ακόμη Ψυχολογικό Μηχανισμό, που είναι αυτός της Παραποίησης της Πραγματικότητας. Το ψέμα συνειδητό ή ασυνείδητο προέρχεται από εκεί και λειτουργεί ως εξής:

1. Κάτω από όλα είναι το «δεν θα τα καταφέρω». Σχετίζεται φυσικά με το «δεν αξίζω» στην παραλλαγή του καθενός μας.

2. Αυτό το κρύβει όλο η Παραποίηση της Πραγματικότητας που στην ουσία μάς ακινητοποιεί.

3. Η έκφρασή του είναι η εκλογίκευση και οι κάθε είδους δικαιολογίες που πραγματικά πιστεύει , όποιος έχει ακόμα σε λειτουργία τον Μηχανισμό. Χίλιες δύο προφάσεις, που λέμε στον εαυτό μας και τους άλλους για να μην προχωράμε και να συνεχίζουμε τις ίδιες κακές συνήθειες και αρνητικές συμπεριφορές που μάς βλάπτουν. Αυτή είναι η δουλειά του συγκεκριμένου Μηχανισμού. Να μάς παραποιεί την πραγματικότητα και να μάς ακινητοποιεί. Αυτή είναι και η κυριότερη ένδειξη για το εάν αυτός ο Μηχανισμός είναι σε ισχύ.

Συχνά όλοι μας χρησιμοποιούμε τις δικαιολογίες ως άλλοθι, όπως για παράδειγμα, όταν δεν κάνουμε σωστή διατροφή ή δεν πάμε γυμναστήριο ή ακόμα και όταν αργούμε. Σ' αυτήν την περίπτωση, γνωρίζουμε ότι απλά δεν πειθαρχούμε και δεν το παίρνουμε απόφαση ή δεν ξεπερνάμε το φόβο μας. Στη λειτουργία όμως του Μηχανισμού της Παραποίησης το πρόβλημα είναι πώς συχνά πιστεύουμε ακράδαντα τις δικαιολογίες που χρησιμοποιούμε.

Όταν είμαστε και παραμένουμε στον Ενήλικα με Προγραμματισμό και Ηγεσία με Υπευθυνότητα, το παραμικρό ψέμα φωτίζεται και αυτός ο Μηχανισμός καταρρέει. Η αμφιβολία για τον εαυτό μας, που πριν μας έβαζε σε φόβο και μάς σταματούσε, τώρα μάς κινητοποιεί να βρούμε την καλύτερη λύση, κρατώντας μας σε ασφάλεια. Αυτή είναι η συχνότητα του «Φωτίζω έναντι Συσκοτίζω» ή σκεπάζω. Είναι αυτό που όλοι μας κάναμε ή συνεχίζουμε να κάνουμε συνεχίζοντας τη συγκάλυψη για να τούς σώσουμε παίρνοντας όλα τα βάρη πάνω μας σε πλήρη, βεβαίως, παραβίαση σε κάθε επίπεδο. Καλούμαστε όλοι να φωτίσουμε και να αλλάξουμε τη Συνειδητότητά μας ως προς αυτό.

Ο συμπαντικός νόμος του «Όλοι Είμαστε Ένα» και η «συγχώνευση»

Παίρνοντας την ευθύνη του εαυτού μας ως Ενηλίκων, βλέπουμε την επίπτωση του ψέματος σε μας και τους άλλους. Κανείς δεν εξαιρείται από τον συμπαντικό νόμο «Όλοι Είμαστε Ένα». Κάθε φορά που συγκαλύπτουμε τις πράξεις και τη συμπεριφορά των άλλων, βάζοντας τους ταμπέλες και λέγοντας «έλα μωρέ δεν το ήθελε, είναι κλειστός, έχει τα δικά του, είναι μεγάλος άνθρωπος, έχει τραύμα, είναι τρελός», αυτόματα αναλαμβάνουμε την ευθύνη να το διαχειρισθούμε εμείς για λογαριασμό τους. Για παράδειγμα, το αφεντικό μου στη δουλειά προσπαθεί να με βλάψει και εγώ το δικαιολογώ μέσα μου. Αυτό σημαίνει ότι τον θυμό του, την κακία του ή και την ενοχή του την παίρνω πακέτο για το σπίτι μου στο σχόλασμα. Μια φίλη που με είπε «χοντρή» για να ησυχάσει αυτή και ανέλαβα εγώ το άγχος της και την ενοχή της κάθε φορά που τρώει ή οποιοσδήποτε με υποτίμησε για να νιώσει αυτός καλύτερα.

Επιπλέον, προστίθεται και ο θυμός που νιώσαμε απέναντι σ' αυτό το άτομο όχι μόνο για τον τρόπο που μάς φέρθηκε, αλλά και για το βάρος που αναλάβαμε χωρίς να μάς αναλογεί. Όταν έχουμε συνεχόμενο και διαρκή θυμό με κάποιον, είναι ο απόλυτος δείκτης ότι συνεχίζουμε να διαχειριζόμαστε δικά του θέματα. Αλλιώς, ο θυμός είναι στιγμιαίος, μόνο για κάτι που συμβαίνει εκείνη τη στιγμή, και κρατά λίγο. Είναι, δηλαδή, ένα φυσιολογικό συναίσθημα που μάς βγάζει από τον φόβο, ώστε να μπορέσουμε να αντιδράσουμε, και όταν το βιώνουμε λήγει. Μπορούμε να βιώσουμε τον συμπαντικό νόμο «Όλοι Είμαστε Ένα» στην καθημερινότητα στο παράδειγμα ενός ζευγαριού περίπου 40 ετών. Ο άνδρας έχει πάρει αρκετά κιλά και νιώθει πολύ άσχημα με το σώμα του. Θέλει να αρχίσει δίαιτα και γυμναστική, αλλά δεν μπορεί να πειθαρχήσει, κάτι που μεγαλώνει τη διαρκή ενοχή του. Η γυναίκα του είναι σε καλύτερη κατάσταση με τα κιλά της και το σώμα της, παρόλο που θα ήθελε κι αυτή να χάσει μερικά. Την ώρα, λοιπόν, που χαλαρή τρώει κάτι ή εκφράζει την επιθυμία για φαγητό, αυτός την κοιτάζει με ένα βλέμμα υποτίμησης ή λέει κάτι σαν «πάλι τρως;» ή «κοίτα πώς έγινες». Παράλληλα, έχει φροντίσει να τής έχει αγοράσει τα αγαπημένα της γλυκά ή φαγητά χωρίς να τού τα έχει ζητήσει.

Ο άνδρας αυτός όχι μόνο δεν αντιλαμβάνεται τι τού συμβαίνει, αλλά δεν καταλαβαίνει, επίσης, και ότι το πετάει πάνω στη γυναίκα του για να ανακουφισθεί. Αυτός είναι ο τρόπος, φυσικά, που έχει ανατραφεί η μεγάλη πλειοψηφία μας.

Όσο αυτή η γυναίκα δεν συνειδητοποιεί το εσωτερικό δράμα, που περνάει ο σύντροφός της, είναι βέβαιο ότι θα το πάρει πάνω της. Αυτό πρακτικά σημαίνει ότι αναλαμβάνει: 1.Την τεράστια πείνα του. Ενώ, λοιπόν, είχε προγραμματίσει να κάνει διατροφή για να ξεφορτωθεί τα τρία κιλά που έχει πάρει, ξαφνικά τρώει τα πάντα μέσα στο σπίτι σαν να μην υπάρχει αύριο και, φυσικά, όλα τα γλυκά και τα φαγητά που της είχε φέρει από έξω. 2. Την ενοχή του και 3. Τον θυμό του για το σώμα του και τον εαυτό του. Και σαν να μην έφταναν όλα αυτά, έχει να διαχειρισθεί και τον δικό της θυμό πρώτον για την υποτίμηση που τής έκανε και, δεύτερον, για το βάρος που επωμίσθηκε.

Όλο αυτό το δράμα παίζεται φυσικά από το εσωτερικό της παιδί, το οποίο αναλαμβάνει για μία ακόμα φορά να σώσει τη μαμά του στο πρόσωπό του. Μόνο παραμένοντας σταθερά στον Ενήλικα θα μπορούσε αυτή η γυναίκα να έχει καθαρή αντίληψη για το τι περνάει ο σύντροφός της και να τού επιτρέψει να το βιώσει. Σ' αυτή την περίπτωση θα επέλεγε συνειδητά τη συμπεριφορά που θα είχε. Δηλαδή, ή δεν θα ασχολείτο καθόλου ή θα τον έβαζε στη θέση του, αλλά χωρίς θυμό μέσα της για να σταματήσει να την υποτιμά και, γενικά, να μην την πρήζει με το φαγητό και τής χαλάει την όρεξη! Γνωρίζοντας πως ο άνδρας της φέρεται έτσι από το δικό του εσωτερικό παιδί και το τραύμα, θα φερόταν με όποιο τρόπο θεωρούσε πιο κατάλληλο για την περίσταση. Ακριβώς όπως θα αντιμετώπιζε ένα μικρό παιδάκι για να του βάλει όρια. Παράλληλα, θα εξέταζε, πάντα από τη θέση του Ενήλικα, τι τής καθρεφτίζει όλο αυτό με το φαγητό και ποιο δικό της θέμα της αγγίζει. Τι τού εκπέμπει, σαν γυναίκα, και πώς τού ζητά υποσυνείδητα να τη βοηθήσει να κρατήσει ένα δικό της τραύμα.

Είναι σημαντικό εδώ να πούμε ότι, όταν κάποιος προσπαθεί να μάς βλάψει ή να μάς παραδώσει να διαχειρισθούμε κάτι δικό του, διότι δεν το αντέχει, μπορούμε πάντα να επιλέξουμε την αντίδρασή μας. Από το να μη δώσουμε καμία σημασία μέχρι να τον βάλουμε στη θέση του για να μην το ξανακάνει. Ως Ενήλικας, πράττω το καλύτερο που με εξυπηρετεί εκείνη τη στιγμή, για να με προστατεύσω και να δώσω ένα μήνυμα ασφάλειας στο εσωτερικό μου παιδί.

Σίγουρα, όμως, για να μάς συμβαίνει και να το έλκουμε ακόμα σαν συμπεριφορά, παραπέμπει αυτόματα στο ότι συνεχίζουμε να αναλαμβάνουμε κάτι για τους γονείς μας και, κυρίως, για τη μητέρα μας. Όλοι είμαστε Ένα. Και γι' αυτό, όταν δεν έχουμε όρια του εαυτού μας, συγχωνευόμαστε, μη γνωρίζοντας τι είναι δικό μας και τι είναι των άλλων. Χρειάζεται να στραφούμε πρώτα σε μας, κάτι που μπορεί να γίνει μόνο στον Ενήλικα. Να είμαστε πρώτα στον εαυτό μας και από εκεί να συνδεόμαστε με τους άλλους, με επίγνωση του ποιοι είναι και τι είναι δικό τους. Γι' αυτό χρειάζεται να εξασκούμαστε σε πρακτικές, όπως ο διαλογισμός ή η προσευχή ή οτιδήποτε μάς βοηθά να μένουμε σε σιωπή και να γινόμαστε πιο συνειδητοί.

Καθώς έχουμε ανατραφεί σε οικογενειακά συστήματα με τα μέλη τους σε πλήρη συγχώνευση, είναι αναγκαίο από τη θέση του Ενήλικα να εκπαιδεύσουμε το εσωτερικό μας παιδί από την αρχή. Σχετικά με το τι σημαίνει να είμαστε στον εαυτό μας ως ξεχωριστές οντότητες στο Υγιές Εγώ έναντι της συγχώνευσης του Διαχωριστικού Εγώ από το Παιδί Ήρωα.

ΑΣΚΗΣΗ
Βγείτε από τη συγχώνευση

Η πιο γρήγορη και αποτελεσματική άσκηση για να βγούμε από τη συγχώνευση είναι η παρακάτω:

Για παράδειγμα, είσαστε πολύ θυμωμένοι ή στενοχωρημένοι με κάποιον. Το αφεντικό σας στη δουλειά, ένα συνεργάτη, κάποιο φίλο, ένα συγγενή ή ακόμα και μία ομάδα ανθρώπων. Γράψτε αρχικά σε ένα χαρτί τι θα θέλατε να τού πείτε εάν τον είχατε μπροστά σας και δεν φοβόσασταν ότι θα σάς απολύσει ή ότι θα έχετε οποιαδήποτε άλλη επίπτωση. Δώστε τα όλα, χωρίς καμία λογοκρισία. Κατόπιν, αφήστε το χαρτί στο πλάι, κλείστε τα μάτια σας, χαλαρώστε για λίγο φέρνοντας μπροστά σας το άτομο ή τα άτομα για τα οποία κάνετε την άσκηση. Δείτε πίσω του, ή πίσω τους, τους δύο γονείς σας. Διαβάστε δυνατά, με την ίδια ένταση που είχατε όταν τα γράψατε. Συνεχίστε ξανά και ξανά μέχρι να νιώσετε σε ποιον γονιό ή και στους δύο γονείς πραγματικά τα λέτε. Μείνετε όσο χρειάζεται με τη νέα κατανόηση που αποκτήσατε, σχετικά με το γιατί έλκετε τη συγκεκριμένη συμπεριφορά από τους συγκεκριμένους ανθρώπους για τους οποίους κάνατε την άσκηση. Επαναλάβετέ την, όποτε και όταν χρειάζεται.

Η αποσυγκάλυψη

Συγκαλύπτουμε τη συμπεριφορά των άλλων για να κρατήσουμε το τραύμα κλειστό. Πάντα έχει να κάνει με κάτι δικό μας. Σε κάθε περίπτωση, χρειάζεται να κοιτάμε πίσω από τον άνθρωπο ή την κατάσταση που μάς θυμώνει ή μάς δημιουργεί οποιοδήποτε δυσάρεστο συναίσθημα. Σε ποιον πραγματικά απευθυνόμαστε. Ο μόνος τρόπος για να λήξει ό,τι αρνητικό μάς συμβαίνει, είναι να δούμε τι μας καθρεφτίζει. Διαφορετικά, οι ίδιες καταστάσεις θα επαναλαμβάνονται με μαθηματική ακρίβεια. Η συμπεριφορά του άλλου απέναντί μας είναι απλώς ένας δείκτης για το τι έλκουμε. Παράλληλα, όμως, ο άνθρωπος, που έχουμε το θέμα, είναι και δράστης προς εμάς κι αυτό χρειάζεται, επίσης, να το αναγνωρίσουμε. Εάν δεν προστατεύσουμε το εσωτερικό μας παιδί θα αναλάβει πάλι αυτό. Μόνο εάν τού δείξουμε ότι τώρα είναι απόλυτα ασφαλές και δεν κινδυνεύει, εάν δηλαδή πάρουμε τη Θέση μας ως Ενηλίκων, θα μάς δείξει τι τραύμα υπάρχει. Κι έτσι θα μπορέσουμε να βγούμε από το μοτίβο της επανάληψής του, αλλά και από τον φόβο.

Η συγκάλυψη λήγει τη στιγμή που θα αναγνωρίσουμε το τι σπουδαίοι δάσκαλοι υπήρξαν όλοι αυτοί οι άνθρωποι στη ζωή μας, καθρεφτίζοντάς μας πώς εμείς φερόμαστε στον εαυτό μας. Ευχαριστώντας τους για το μάθημα, είμαστε ελεύθεροι να προχωρήσουμε στο δρόμο μας, έχοντας αποκαταστήσει το ψέμα μέσα μας.

Η διαύγεια και η διάκριση των συναισθημάτων - Ενήλικας στο Εδώ και Τώρα

Μόνο εάν βρισκόμαστε στον Ενήλικα, μπορούμε να παίρνουμε αποφάσεις για τη ζωή μας με διαύγεια και ορθή κρίση. Για παράδειγμα, θέλουμε να χωρίσουμε από μία σχέση ή να αλλάξουμε δουλειά, διότι δεν είμαστε ικανοποιημένοι. Όλοι έχουμε ακούσει τη φράση «ακολούθησε την καρδιά σου και το συναίσθημά σου θα σού δείξει τι πρέπει να κάνεις και τι είναι καλύτερο για σένα». Ποιανού συναίσθημα όμως ακολουθούμε; Εάν δεν έχουμε πάρει τη Θέση μας ως Ενηλίκων, το σίγουρο είναι ότι ακολουθούμε το συναίσθημα του εσωτερικού μας παιδιού από το τραύμα. Αυτό ηγείται της απόφασης για τον μόνο λόγο πως εμείς τα έχουμε χάσει, φοβόμαστε, και, γενικά, είμαστε σε πλήρη ανασφάλεια.

Ένας δείκτης για το ποιος έχει αναλάβει τις αποφάσεις στη ζωή μας είναι ο φόβος και ο θυμός. Εάν φοβόμαστε να αφήσουμε μία σχέση, παρόλο που δεν παίρνουμε αυτά που θα θέλαμε για λόγους όπως, «μεγαλώνω», «που θα βρω άλλον ή άλλη», «θα μείνω μόνος μου ή μόνη μου» ή «είναι η τελευταία μου ελπίδα» ή «θα κάνω τα πάντα για να με αγαπήσει», η απάντηση είναι εύκολη. Ή αντίθετα, εάν θέλουμε να αφήσουμε μία σχέση ρίχνοντας όλα τα βάρη στον σύντροφό μας, χωρίς να αναλαμβάνουμε καμία ευθύνη για το τι μάς καθρεφτίζει. Η διαύγεια και, μαζί της η Ηγεσία με Υπευθυνότητα του Ενήλικα, έχουν χαθεί. Οι αποφάσεις μας υπαγορεύονται καθαρά από τον παλιό θαμμένο πόνο του εσωτερικού μας παιδιού. Από την οπτική του γωνία εάν είναι ένα καλύτερο παιδί και κάνει τα πάντα για να το αγαπάνε, τότε όλα θα πάνε καλά. Όλοι οι Ψυχολογικοί Μηχανισμοί, που στηρίζουν το Οικοδόμημα Επιβίωσης, βρίσκονται σε απαρτία σε κάθε μας κίνηση. Κλείνουν την αντίληψή μας και μάς ωθούν στην επανάληψη της δυστυχίας. Όταν ο Ενήλικας βρίσκεται στη Θέση του, το εσωτερικό μας παιδί μας μπορεί να ξαναγίνει παιδί. Να εκφράσει τις Ποιότητες της Παιδικότητας, που είναι ο Ερωτισμός, δηλαδή η Καθαρή, Αγνή, Ελεύθερη Σεξουαλικότητα, η Χαρά, ο Αυθορμητισμός, το Ελεύθερο συναίσθημα και η Θεία Αθωότητα. Να νιώσει χαρά και την ανεμελιά του να μην έχει καμία έγνοια, διότι όλα είναι φροντισμένα. Κι εμείς να απολαύσουμε όλα αυτά τα δώρα, τα οποία μάς δίνει και τα οποία δεν γίνεται να παραλάβουμε, εάν επιμένουμε να τού δίνουμε το τιμόνι της ζωής μας χωρίς να είναι η δουλειά του και να το βρίζουμε κιόλας διότι δεν τα καταφέρνει. Ενήλικας είναι αυτός που παίρνει την ευθύνη για τη ζωή του. Επιλέγει τη συχνότητα της Αγάπης, έναντι του φόβου, με Συνειδητότητα και επίγνωση.

Ενήλικας είναι αυτός που γνωρίζει ότι κάθε μέρα δεν είναι ίδια. Υπάρχουν καλές και κακές μέρες, καλές και κακές στιγμές. Παρόλα αυτά, συνεχίζει δίνοντας τον καλύτερό του εαυτό και βγαίνοντας από την ωραιοποίηση. Ενήλικας είναι αυτός που κατανοεί ότι το να μένει σταθερά στη θέση του στο Εδώ και Τώρα είναι μία άγνωστη διαδικασία. Χρειάζεται να κατακτηθεί με Προγραμματισμό, Ηγεσία με Υπευθυνότητα και κυρίως με συνειδητή άσκηση. Ενήλικας είναι αυτός που επιτρέπει σ' όλα τα κομμάτια του εαυτού του να εκφράζονται σε συνέργεια μεταξύ τους, σε Πολλαπλασιαστική Ανταλλαγή. Τότε αυτά, υπό την ηγεσία του, φέρνουν όποια λύση χρειάζεται, ακόμα και στα πιο περίπλοκα προβλήματα που μπορεί να έχει. Στο Εδώ και Τώρα και στον Ενήλικα λήγει οριστικά το Παιδί Ήρωας και το Διαχωριστικό Εγώ.

Ε. ΝΕΑ ΥΠΑΡΞΗ ΣΕ ΕΝΟΤΗΤΑ ΜΕ ΕΥΘΥΝΗ
Νομοτέλεια της Ύπαρξης

Για να λήξει όλο μας το μάθημα σε Υπαρξιακό επίπεδο καλούμαστε να δούμε την επίπτωση της Νομοτέλειας. Το λεξικό την ορίζει ως «την υπαγωγή οποιουδήποτε φαινομένου της πραγματικότητας σε απαράβατους και σταθερούς κανόνες και νόμους». Δυσκολευόμαστε ή αρνούμαστε να δεχτούμε πως εμείς οι ίδιοι έχουμε δημιουργήσει καταστροφή, πως έχουμε σκοτεινά κομμάτια, πως έχουμε υπάρξει και κακοί, ενώ νομίζαμε ότι ήμαστε καλοί. Συνεπώς, δεν αναγνωρίζουμε πως ό,τι θετικό ή αρνητικό μάς συμβαίνει, το δημιουργούμε πάντα οι ίδιοι.

Το να μη δεχόμαστε τη Νομοτέλεια, είναι τόσο παράξενο και αστείο όσο το να λέει κάποιος «δεν δέχομαι το βράδυ, θέλω μόνο μέρα» ή «δεν συμφωνώ ότι τα πάντα καθρεφτίζουν εμάς» κλπ. Η ίδια η πραγματικότητα σύντομα θα μάς προσγειώσει με καταστροφή και ταπείνωση. Φαντασθείτε πόσο κωμικοτραγικό θα ήταν να κραυγάζει κάποιος: «Ααα! Δεν συμφωνώ με τον νόμο της βαρύτητας, δεν τον δέχομαι». Και να πέφτει από τον πέμπτο και να σκοτώνεται!

Η Ανθρωπότητα περνάει μία διαδικασία ενηλικίωσης λαμβάνοντας τη μύηση της Ενότητας. Η Νομοτέλεια πως η «Ύπαρξη είναι σε Ενότητα» οδηγεί στην ανάληψη της ευθύνης πως όλοι είμαστε Θεός -Δημιουργός. Εάν στεφόμουν σήμερα βασιλιάς, μονάρχης με απόλυτη εξουσία, τι είδους ηγέτης θα ήμουν; τι θα επέλεγα για μένα και για τους υπηκόους μου; Θα δημιουργούσα ευημερία ή θα δημιουργούσα καταστροφή; Αυτή είναι μία κρίσιμη ώρα ανάληψης ατομικής και συλλογικής Ευθύνης.

Καλούμαστε να μπούμε σε συχνότητα «Νέας Ύπαρξης με Ευθύνη ίδια με του Θεού - Δημιουργού», έναντι της «Παλαιάς Ύπαρξης, όπου δεν δέχομαι και αμφισβητώ τον Θεό - Δημιουργό».

Μόνο σε Ενότητα μέσα μας μπορούμε να αλλάξουμε τις αρχαίες Αποφάσεις Επιβίωσης, οι οποίες προκύπτουν από το Πρωταρχικό Υπαρξιακό μας Τραύμα. Ότι «ο Θεός είναι καταστροφή, η Δημιουργία είναι καταστροφή και μαθαίνουμε μόνο μέσω του πόνου».

Όταν δεχόμαστε ότι είμαστε όλοι Θεοί - Δημιουργοί, σταματάμε να δημιουργούμε καταστροφή, κακία, σαδισμό, θάνατο εσωτερικά και εξωτερικά, με Ηγεσία με Υπευθυνότητα. Ταυτόχρονα, δεχόμαστε ολοκληρωτικά και την ανθρώπινη φύση μας.

Σεβασμός και Ταπεινότητα

Μαζί με την ανάληψη Ευθύνης, η Ανθρωπότητα καλείται, επίσης, να μπει στη συχνότητα του Σεβασμού και να βγει από την Ασέβεια. Μόνο όταν σέβομαι τον εαυτό μου, όπως τον Θεό - Δημιουργό, μπορώ να σεβασθώ την Ύπαρξη και ό,τι αυτή περιλαμβάνει. Διαφορετικά βρίσκομαι σε Ασέβεια. Οι σχέσεις μας με τους άλλους ανθρώπους, τα παιδιά μας, τους γονείς μας, τους συνεργάτες μας θα πρέπει να διέπονται από το Σεβασμό του «ο Θεός μέσα μου σχετίζεται με τον Θεό μέσα σου». Ή, αν είμαστε θεραπευτές, «ο Θεός μέσα μου θεραπεύει τον Θεό μέσα σου». Αυτή η στάση δεν ενέχει καμία παραβίαση. Έχει πλήρη ταπεινότητα και απόλυτο σεβασμό για όποιον ενδεχομένως δεν γνωρίζει ότι είναι θεός, άρα και απόλυτα υπεύθυνος για ό,τι δημιουργεί. Παραμένοντας στην αλαζονεία του Παιδιού Ήρωα σε ρόλο σωτήρα, είναι βέβαιο ότι θα βιώσουμε ταπείνωση. Αντίθετα, στην ταπεινότητα αναγνωρίζουμε το ότι «όλοι είμαστε θεοί και τα πάντα είναι Θεός - Δημιουργός». Κατ' αυτήν την έννοια είτε βοηθάμε ένα θεό να βρει τον δρόμο του, εάν μας το ζητήσει, είτε αναγνωρίζουμε σε ένα θεό το δικαίωμα του να είναι και να θέλει, για δικούς του λόγους, να παραμένει μεταμφιεσμένος σε κάτι άλλο. Ακόμη και να αποφασίζει να καταστραφεί. Αυτή είναι η ελεύθερη βούληση και εκεί η κριτική προς εμάς και τους άλλους τελειώνει με κάθε έννοια. Σ' αυτή τη Συνειδητότητα, όταν ακούμε κάποιον να μιλάει, μπορούμε να κατανοήσουμε τη ζωή του, το μάθημά του, και να έχουμε τη διάκριση και τη σύνεση να το επιτρέπουμε. Ωριμάζουμε και γινόμαστε πιο ταπεινοί, όταν καταλαβαίνουμε ότι ο Θεός - Δημιουργός είναι Αγάπη και η Αγάπη επιτρέπει τα πάντα, ακόμα και την καταστροφή.

Η Ταπεινότητα είναι συνεχής άσκηση στην πλήρη παράδοση στον Θεό - Δημιουργό. Αυτή η στάση είναι σαν να δίνουμε την άδεια να παρακαμφθούν τα όποια εμπόδια για την πραγματοποίηση της επιθυμίας μας, που είναι πάντα εσωτερικά δικά μας. Ο μόνος λόγος να μην υλοποιούμε ό,τι ακριβώς χρειαζόμαστε είναι οι υποσυνείδητες Εγγραφές μας. Αυτό είναι ένα σύμπαν ελεύθερης βούλησης και δεν μπορεί να μάς παρακάμψει ούτε ο ίδιος ο Θεός - Δημιουργός. Εάν δεν παραδοθούμε στο Θέλημά του, δεν μπορεί να μάς βοηθήσει. Το θαύμα πάντα γίνεται σε στάση πλήρους παράδοσης. Το «Γεννηθήτω το Θέλημά Σου», πρακτικά, σημαίνει ότι κάνω στην άκρη, ώστε να μπορέσει να φωτισθεί ό,τι με εμποδίζει εσωτερικά για να πραγματοποιηθεί αυτό που χρειάζομαι.

Νέος Υπαρξιακός Κύκλος με επιστροφή του μαθήματος στον Αρχικό Δημιουργό

Το μάθημά μας, όταν λήγει, επιστρέφεται στην Πηγή – στον Δημιουργό κι εμείς είμαστε ελεύθεροι να συνεχίσουμε σε νέο Υπαρξιακό κύκλο χωρίς πόνο και με πλήρη αναγνώριση του ποιοι είμαστε. Με την εξής δήλωση επιτρέπουμε την απελευθέρωση του πόνου: «Απελευθερώνω όλον τον πόνο από τη ζωή μου από όλα μου τα σώματα, σύμφωνα με το Νέο Σχέδιο της Ψυχής μου, και του επιτρέπω να επιστρέψει στην Πηγή».

Όταν ολοκληρώνουμε το μάθημά μας σε Υπαρξιακό επίπεδο, μπορούμε πλέον να εργασθούμε με τη σιωπή της Συνειδητότητας. Η σιωπή μέσα μας, μάς οδηγεί στην απόλυτη δράση κι όχι στη μη δράση, όπως ίσως κάποιοι έχουν παρεξηγήσει. Η Συνειδητότητα έχει όλες τις απαντήσεις, και, τελικά, δεν υπάρχει τίποτα να απαντηθεί. Όλοι θα ασκηθούμε στο να ησυχάζουμε εσωτερικά και να μπαίνουμε συνειδητά σε σιωπή και σε αταραξία, αλλά τώρα αυτό θα λειτουργεί. Τότε, πατώντας σταθερά στις συχνότητες της Ευδαιμονίας και της Μακαριότητας, φέρνουμε την Πηγή στη Γη. Εκεί τελειώνει το μάθημα, διότι έχουμε επιστρέψει στο Σπίτι, συνειδητοποιώντας πως ήταν πάντα μέσα μας.

ΚΕΦΑΛΑΙΟ **13**
ΕΛΕΥΘΕΡΟΙ ΚΑΙ ΑΦΥΠΝΙΣΜΕΝΟΙ ΣΤΗ ΣΥΧΝΟΤΗΤΑ ΤΗΣ ΑΓΑΠΗΣ

Α. ΤΟ ΔΙΠΟΛΟ ΤΟΥ ΔΙΑΧΩΡΙΣΤΙΚΟΥ ΕΓΩ
Νέα Γαία στο Υγιές Εγώ έναντι Παλαιάς Γαίας στο Διαχωριστικό Εγώ

Βρισκόμαστε στην εποχή κατά την οποία ζούμε ταυτόχρονα σε δύο διαστά-σεις - συχνότητες. Της Παλαιάς Γαίας του Διαχωριστικού Εγώ και της Νέας Γαίας του Υγιούς Εγώ. Στην πρώτη βρίσκονται όσοι παραμένουν στην πλάνη και τον πόνο, ενώ στη δεύτερη αυτοί που επέλεξαν να βγουν. Οι δύο διαστά-σεις συμβιώνουν στον πλανήτη Γη μαζί, σαν να βρίσκονται σε παράλληλες πραγματικότητες.

Στον παρακάτω πίνακα μπορούμε να δούμε τη διαφορά ανάμεσα τους:

3η Διάσταση		5η Διάσταση
Παλαιά Γαία		Νέα Γαία
Πρωταρχικό Τραύμα «Η δημιουργία είναι καταστροφή»		«Η Δημιουργία είναι αγάπη»
Καρμικό Εσωτερικό Παιδί		Λήξη Κάρμα
«Εγώ δεν αξίζω» Διαχωριστικό Εγώ		«Εγώ Αξίζω», Υγιές Εγώ
Φόβος επιβίωσης, ανταγωνισμός, πλάνη	ΣΧΙΣΜΑ	Ασφάλεια
Συχνότητα φόβου		Συχνότητα Αγάπης
Αναθέσεις μητέρας στο νεογέννητο δημιουργούν την Αποστολή μας. Γέννηση της Πολυδιάσπασης του Παιδιού Ήρωα και του Διαχωριστικού Εγώ		Ενότητα, Υγιές Εγώ

	ΣΧΙΣΜΑ	
Η Αποστολή μας είναι η Έκφραση του αντίθετου της Ποιότητάς μας		Έναρξη της Νέας Αποστολής που είναι η Έκφραση της Ποιότητάς μας
Παλαιά Σχέδια Ψυχής		Νέα Σχέδια Ψυχής
Περιοριστικό Σενάριο Ζωής		Νέο Σενάριο Ζωής
Παράδοση της σεξουαλικής ενέργειας.		Ανάκτηση και κυριότητα της σεξουαλικής μας ενέργειας
Παραμονή σε Υπαρξιακό κύκλο πόνου		Επιστροφή και λήξη του μαθήματος στην Πηγή - Δημιουργό. Νέος Υπαρξιακός κύκλος χωρίς πόνο, με πλήρη αναγνώριση του ποιοι είμαστε.
Αναλαμβάνει το εσωτερικό παιδί		Αναλαμβάνει ο Ενήλικας

Όλοι θα μπορούσαν να βρίσκονται στη συχνότητα της Νέας Γαίας, ωστόσο υπάρχουν λόγοι που κάποιοι παραμένουν στην Παλαιά. Μια βασική κατηγορία είναι αυτή που βουλιάζει εντελώς στην πλάνη. Αυτούς έχει καταπιεί το Διαχωριστικό Εγώ και το Παιδί Ήρωας, δημιουργώντας μεγάλη διαστρέβλωση της πραγματικότητας. Σε μιαν άλλη κατηγορία ανήκουν όσοι, παρόλο που έχουν εργασθεί με τον εαυτό τους ώστε να μπορούν να περάσουν στη Νέα Γαία, δεν το κάνουν. Δεν θέλουν να αφήσουν τον πόνο πιστεύοντας ότι δεν μπορεί να υπάρξει αλλαγή και εξέλιξη χωρίς αυτόν. Επιλέγουν κατ' αυτή την έννοια να συνεχίσουν να υποφέρουν ως σωτήρες, εγκλωβισμένοι στο Περιοριστικό Σενάριο ζωής τους, ενώ, εάν επέλεγαν να μπουν στη νέα συχνότητα, υπό το φως της, θα είχαν άμεση και γρήγορη αλλαγή. Τώρα, συνεχίζοντας να βρίσκονται στην Παλαιά Γαία και τον πόνο του Διαχωριστικού Εγώ, θα κληθούν να διαχειρισθούν όλο τους το μάθημα μεγεθυμένο.

Σε μία τρίτη κατηγορία, συναντάμε όσους έχουν ακόμη να εργασθούν με καρμικά χρέη. Αυτοί χρειάζεται να παραμείνουν στην Παλαιά Γαία, έως ότου ολοκληρώσουν το μάθημα που απορρέει από αυτά. Και πάλι όμως με την πρόθεση να βγουν από τον πόνο, και με τη βοήθεια της Θείας Χάρης όλη αυτή η διαδικασία μπορεί να είναι πιο γρήγορη.

Στη συχνότητα της Νέας Γαίας αναγνωρίζουμε τη λειτουργία των πραγμάτων. Όχι τη σωστή ή τη λάθος, διότι ή ξέρεις να λειτουργείς κάτι ή δεν ξέρεις. Για παράδειγμα, κάποιος που έχει πυρετό και, αντί να σταματήσει για λίγο το φαγητό, παίρνει ένα σωρό φάρμακα και τρώει γερά πιστεύοντας ότι έτσι θα δυναμώσει. Γνωρίζοντας τη λειτουργία του πράγματος, που εδώ είναι το σώμα, απέχει από την τροφή, για να βοηθήσει τον οργανισμό να δώσει τη μάχη του, απαλλάσσοντάς τον από τη διαδικασία της πέψης. Ή, ένας που έχει πονοκέφαλο και φορτώνει τον οργανισμό του με αναλγητικά, ενώ θα ήταν πολύ καλύτερα, αν επέτρεπε να εκφρασθεί το καταπιεσμένο συναίσθημα που τον προκαλεί. Όταν κατανοούμε τη λειτουργία των πραγμάτων, όλα λύνονται ως δια μαγείας. Αυτό ισχύει για οποιονδήποτε, αλλά και οτιδήποτε είναι αυτό που σχετιζόμαστε.

Έχοντας μεγαλώσει και ανατραφεί στη διάσταση της Παλαιάς Γαίας είναι βέβαιο ότι τα έχουμε μάθει όλα λάθος και συχνά εντελώς ανάποδα. Γι' αυτό είναι σημαντικό να αμφισβητήσουμε τα πάντα, αναρωτώμενοι γιατί, αντί να πατάμε το σωστό κουμπί για να λειτουργεί το κάθε πράγμα, το κοπανάμε κάθε φορά στον τοίχο με αποτέλεσμα να το σπάμε;

Ένα «ανέκδοτο Νέας Γαίας» θα μπορούσε κάλλιστα να πηγαίνει ως εξής: Τέσσερα άτομα βρίσκονται με τα υγρά ρούχα, που μόλις έχουν βγει από το πλυντήριο, μπροστά σ' ένα στεγνωτήριο ρούχων. Προβληματισμένοι, προσπαθούν να καταλάβουν πώς λειτουργεί, με συμπεριφορά αντίστοιχη με το τραύμα τους.

Ο πρώτος οδύρεται φωνάζοντας «ακόμα και το στεγνωτήριο με απορρίπτει»! Ο δεύτερος αυτομαστιγώνεται σκεπτόμενος «όλοι ξέρουν καλύτερα από μένα τι να κάνουν με ένα στεγνωτήριο, τόσο άχρηστος είμαι». Ο τρίτος, με Περιοριστικό Σενάριο Ζωής «Τα κάνω όλα μόνος μου», το κοιτάζει σαν χαζός, χωρίς να καταλαβαίνει καν τη χρήση του και τον λόγο ύπαρξής του. Ο τέταρτος που υπεραναλύει, το λύνει όλο για να καταλάβει πώς φτιάχνεται, χωρίς βέβαια να στεγνώσει τα ρούχα. Εάν πατούσαν το κουμπί έναρξης, θα έμεναν έκπληκτοι από το πόσο απλό ήταν τελικά να λειτουργήσει το στεγνωτήριο, αλλά και από την προηγούμενη συμπεριφορά τους!

Το πέρασμα στη Νέα Γαία και το Υγιές Εγώ ισοδυναμεί με τεράστια Χάρη. Όποια θέματα και αν έχουμε ακόμη να διαχειρισθούμε, γίνονται πολύ πιο εύκολα. Τα δώρα αυτού του επιπέδου είναι να δούμε ό,τι υπολείμματα υπάρχουν από το Διαχωριστικό Εγώ και το «δεν αξίζω», αναλαμβάνοντας πλήρως τη δύναμή μας. Προϋπόθεση, φυσικά, είναι ο ισχυρός Ενήλικας, καθώς το εσωτερικό παιδί θα κάνει τα πάντα για να παραμείνει συνδεδεμένο με τη μαμά του ώστε να μπορέσει να τη θεραπεύσει, κρατώντας μας στη δυστυχία και τον πόνο.

Οτιδήποτε εμφανίζεται εδώ το καλοδεχόμαστε, εξετάζοντας απευθείας ποιο κομμάτι του Πυρήνα του Παιδιού Ήρωα είναι ακόμα ενεργό. Ο πιο γρήγορος και αποτελεσματικός τρόπος για να ερχόμαστε σ' επαφή με ό,τι παρουσιάζεται χωρίς ταλαιπωρία, είναι να ακολουθούμε τα εξής βήματα. Για παράδειγμα, κάποιος κάνει κάτι που μάς στεναχωρεί, και μάς θυμώνει. Ο σύντροφός μας, η πεθερά μας, το αφεντικό μας τα αδέρφια μας, ακόμα και το παιδί μας. Απευθείας χρειάζεται να κοιτάμε πίσω τους σε ποιον γονιό ή και στους δύο γονείς μας απευθύνουμε τα παράπονά μας. Στη συνέχεια, είναι χρήσιμο να αναρωτηθούμε το πώς, έχοντας ενδοβάλλει αυτό το κομμάτι, το εκφράζουμε κι εμείς στη ζωή μας και τους οικείους μας. Με ποιους φανερούς ή καλυμμένους τρόπους έχουμε παρόμοια συμπεριφορά; Αν τους κατηγορούμε για τσιγκούνηδες, πώς είμαστε και εμείς ίδιοι; Αν προσπαθούν να μάς εκφοβίσουν, πώς κι εμείς εκφοβίζουμε τον εαυτό μας ή τους άλλους;

Ο μόνος τρόπος για να εισέλθουμε σε μία ζωή χωρίς πόνο είναι να βγούμε οριστικά από το «δεν αξίζω» του Διαχωριστικού Εγώ. Σταματώντας να υποτιμάμε και να απαξιώνουμε τον εαυτό μας, άρα αναγκαστικά και τους άλλους, κατά οποιονδήποτε τρόπο. Κλείνοντας ερμητικά κάθε χαραμάδα που επιτρέπει να συνεχίζουν να μπαίνουν αρνητικές καταστάσεις στη ζωή μας. Με τη Θεία Χάρη σε ενέργεια θαύματος και χαράς.

Το Δίπολο του Διαχωριστικού Εγώ

Παραμένοντας στο Διαχωριστικό Εγώ, αναγκαστικά βρισκόμαστε εγκλωβισμένοι στο Δίπολο του Δίνω - Παίρνω. Όλη η ανθρωπότητα βρίσκεται σε πλάνη σχετικά με το τι είναι η Αγάπη. Η ηθελημένη υποδούλωση των παιδιών στους γονείς και η συνέχιση αυτής της αλυσίδας σκλαβιάς γενιά μετά από γενιά, είναι μία ψευδής θυσία. Όταν δίνουμε μ' αυτόν τον τρόπο, πρέπει κι εμείς με τη σειρά μας να πάρουμε για να μπορέσουμε να επιβιώσουμε. Αναγκαστικά, θα υποδουλώσουμε τους απογόνους μας ή, αν δεν έχουμε, το εσωτερικό μας παιδί. Αυτό είναι το Δίπολο του Διαχωριστικού Εγώ. Μόνο Δίνω ή μόνο Παίρνω.

Η Αγάπη είναι ελευθερία. Βοηθάμε αυτούς που αγαπάμε, όταν είμαστε ελεύθεροι να ζούμε ως ο εαυτός μας, εκφράζοντας την Ποιότητά μας και αναπτύσσοντας έτσι συνεχώς το δυναμικό μας. Τότε, το δικό μας παράδειγμα, ενδεχομένως να βοηθήσει και τους υπόλοιπους γύρω μας, να μάς μιμηθούν. Παύοντας μία για πάντα αυτό το ανηλεές παιχνίδι εξουσίας και υποδούλωσης.

Στο Δίπολο του Διαχωριστικού Εγώ, είμαστε σε μόνιμο αυτοσαμποτάζ και πλήρη ανισορροπία στο Δίνω - Παίρνω. Ξεκινά από τα παιδικά χρόνια, όταν οι γονείς δεν δίνουν και το παιδί αναγκάζεται να το τακτοποιήσει, δίνοντας αυτό. Φτάνουμε έτσι να νιώθουμε πως δεν έχουμε το δικαίωμα να πάρουμε. Σαν η ζωή να μάς σερβίρει μία αχνιστή μοσχομυριστή πίτα κι, ενώ μάς τρέχουν τα σάλια, δεν ακουμπάμε ούτε ένα κομμάτι, πιστεύοντας ότι δεν θα φτάσει για όλους. Η πραγματικότητα είναι ακριβώς αντίθετη. Σ' αυτό το Σύμπαν Αφθονίας, όπου ζούμε, όσο παίρνουμε, τόσο η πίτα με μαγικό τρόπο πολλαπλασιάζει τα κομμάτια της.

Το θέμα είναι πως, όσο παραμένουμε στο Δίπολο του Διαχωριστικού Εγώ, θα βρεθούμε αναγκαστικά και στο άλλο άκρο, δηλαδή στο «μόνο παίρνω και δεν δίνω». Είμαστε σε τεράστια πλάνη, εάν νομίζουμε ότι εμείς δεν το κάνουμε αυτό, ότι είμαστε «καλοί» και μόνο δίνουμε. Το Παιδί Ήρωας μόνο δίνει και μετά μόνο παίρνει και δεν υπάρχει τίποτα υγιές σε αυτό.

Εάν δεν βρούμε κάποιον πιο αδύναμο από μάς, όπως τα βιολογικά μας παιδιά, τότε στρεφόμαστε στον ίδιο μας τον εαυτό. Το εσωτερικό μας παιδί είναι το πρώτο που θα απομυζήσουμε. Και, φυσικά, στο σώμα μας. Στην ανάγκη μας να πάρουμε, μάς ενδιαφέρει μόνο η απόλαυση και όχι το τι του κάνει καλό. Τρώμε ανθυγιεινά, δεν κινούμαστε, ενώ αυτό αγόγγυστα μάς δίνει όσο αντέχει. Το ίδιο κάνουμε και ως ανθρωπότητα στη Γη, η οποία μάς προσφέρει τα πάντα σε Υπηρεσία κι εμείς το ανταποδίδουμε με το να την εκμεταλλευόμαστε με το χειρότερο τρόπο. Και δεν συνειδητοποιούμε ότι από αυτήν, όπως και από το σώμα μας, εξαρτάται η επιβίωσή μας.

Αυτό είναι το Δίπολο του Διαχωριστικού Εγώ. Μόνο δίνω στη μητέρα μου, θυσιάζω τη ζωή μου και μετά πρέπει από κάπου να τραφώ, οπότε μόνο παίρνω. Τώρα είναι η σειρά μου και μ' ενδιαφέρει μόνο ο εαυτός μου. Το Παιδί Ήρωας στο Διαχωριστικό Εγώ ό,τι κάνει είναι για να πάρει θαυμασμό κι αγάπη κι έτσι να ανήκει. Όσο παραμένουμε εκεί, δεν δίνουμε με ανιδιοτέλεια, δηλαδή σε Υπηρεσία. Κρυφά μέσα μας σιγοκαίει η ελπίδα να μάς αναγνωρίσουν τη θυσία που κάνουμε και, όταν αυτό δεν συμβαίνει, θυμώνουμε, απογοητευόμαστε και στεναχωριόμαστε βαθιά. Κάνοντας ακόμα περισσότερα, αλλά η αναγνώριση, που περιμένουμε, δεν έρχεται.

Η ανιδιοτελής Υπηρεσία

Ο πιο εύκολος και απλός τρόπος για να αφήσουμε όλοι το Διαχωριστικό Εγώ είναι να μπούμε με κάποιο τρόπο σε απτή Υπηρεσία προς την Ανθρωπότητα. Ακούγεται βαρύγδουπο, αλλά δεν είναι. Η γιαγιούλα, που περνάει τον δρόμο και χρειάζεται βοήθεια, η διάσωση ενός ζώου, το φύτεμα ενός δέντρου, το μεγάλωμα ενός παιδιού ή ακόμα κι ένα χαμόγελο, εκεί που περισσότερο χρειάζεται. Όσοι βρίσκονται σε Υπηρεσία εξελίσσονται εκθετικά, ενώ στο αντίθετο αργά ή και καθόλου. Με Υπηρεσία λήγουμε ακόμα και τα καρμικά μας χρέη.

Μόνο από το Υγιές Εγώ, εκεί όπου ζούμε μόνο για τον εαυτό μας και την Έκφραση της Ποιότητάς μας, είμαστε σε θέση να προσφέρουμε πραγματικά. Όταν σχετιζόμαστε από το Δίπολο του Διαχωριστικού Εγώ, δεν μπορεί να υπάρξει καμία ανταλλαγή. Οι δύο πόλοι λειτουργούν συμπληρωματικά. Όταν κάποιος μόνο δίνει, θα βρεθεί αυτός που μόνο θα παίρνει κι αντίστροφα. Ίσως κάποιος εδώ θα σκεφτόταν ότι ο δεύτερος είναι ευνοημένος, κάτι που δεν ισχύει. Διότι δεν υπάρχει σύγκριση με αυτό που θα έπαιρνε σε Πολλαπλασιαστική Ανταλλαγή. Σαν να λαμβάνει κάποιος 1, ενώ μπορεί να λάβει 1.000.000. Όποιος σκέφτεται μόνο τον εαυτό του, χωρίς να νοιάζεται για τους άλλους, κλείνει το δυναμικό του και την Αφθονία του σύμπαντος.

Κι αυτός, βεβαίως, που μόνο δίνει, με τη σειρά του θα στραφεί κάπου, όπου μόνο θα πάρει. Οι πιο σημαντικές ενδείξεις για να καταλάβουμε πότε βρισκόμαστε στον πόλο δίνω είναι η στενοχώρια, ο θυμός, η αγανάκτηση, ότι όχι μόνο δεν μάς το ανταπέδωσαν, αλλά ούτε καν το αναγνώρισαν. Κατηγορούμε τους άλλους ως αχάριστους, νιώθοντας ένα έντονο αίσθημα αδικίας.

Όταν είμαστε σε Υπηρεσία δεν μάς απασχολεί ούτε ευχαριστώ να μας πουν για ό,τι προσφέρουμε. Το κάνουμε μέσα από την καρδιά μας, με ανιδιοτέλεια. Παράλληλα έχουμε την κρίση και τη διάκριση για το που θα δώσουμε, πόσο θα δώσουμε ή δεν θα δώσουμε. Τότε όχι μόνο δεν επωμιζόμαστε κανένα βάρος, αλλά ό,τι δίνουμε το λαμβάνουμε πίσω στο πολλαπλάσιο από το σύμπαν.

Β. Η ΠΟΙΟΤΗΤΑ ΕΚΦΡΑΣΗΣ ΕΙΝΑΙ ΤΟ ΚΙΟΥΠΙ ΤΗΣ ΑΦΘΟΝΙΑΣ ΜΑΣ

Ένα Σύμπαν Αφθονίας

Αυτό είναι ένα Σύμπαν Αφθονίας. Μπορούμε να έχουμε οτιδήποτε χρειαζόμαστε, παρόλο που έχουμε εκπαιδευτεί και διαμορφωθεί να πιστεύουμε το εντελώς αντίθετο. Ένας πόλεμος ενέργειας μαίνεται σε όλη τη Γη, ο οποίος μάς κάνει να νομίζουμε ότι δεν υπάρχουν αρκετά για όλους. Χρήματα, φαγητό, πόροι, ακόμη και άνδρες, εφόσον στατιστικά είναι λιγότεροι από τις γυναίκες!

Η λέξη Αφθονία προέρχεται ετυμολογικά από το στερητικό α- και το ουσιαστικό «φθόνος», δηλαδή το να ζούμε χωρίς φθόνο. Όταν φθονούμε τα αποκτήματα των άλλων, το μήνυμα που δίνουμε προς το σύμπαν είναι ότι υπάρχει έλλειψη κι αυτό είναι φυσικά που λαμβάνουμε πίσω. Ιδανικά, θα έπρεπε να ευχόμαστε σε καθημερινή βάση για την ευζωία και την ευτυχία όλης της ανθρωπότητας. Για τους ανταγωνιστές μας στη δουλειά, τους γείτονές μας, τους συγγενείς μας, ακόμη και για τους ανθρώπους που έχουν περισσότερα από εμάς.

Αυτό είναι ένα Σύμπαν Αφθονίας. Και γι' αυτόν ακριβώς το λόγο, έλκουμε ό,τι ορίζουν και καθορίζουν οι πεποιθήσεις μας. Οι κάθε είδους αρνητικοί Προγραμματισμοί, Εγγραφές και Αποφάσεις Επιβίωσης σχετικές με φτώχεια, μιζέρια, ασθένεια ή οποιαδήποτε έλλειψη, θα έρθουν σε μας σε πλήρη Αφθονία. Το ίδιο, φυσικά, θα συμβεί και με τις θετικές αντιλήψεις.

Η ζήλεια και ο φθόνος αναπτύσσονται σε περιβάλλοντα, όπου τα παιδιά από μικρά μαθαίνουν να παλεύουν για την προσοχή των ενηλίκων γύρω τους. Επομένως, αποφασίζουν πως δεν μπορούν να καλυφθούν οι φυσιολογικές ανάγκες τους για Αγάπη, φροντίδα, προστασία, ασφάλεια και δικαιοσύνη. Μεγαλώνουν, πιστεύοντας ότι η Αφθονία δεν επαρκεί για όλους και, αν κάποιος την έχει, θα λείψει από κάποιον άλλον.

Το συναίσθημα της ζήλειας και του φθόνου, δεν είναι, τελικά, τίποτε άλλο, παρά μία σαφής ένδειξη για το που πάσχει η Αφθονία μας. Οτιδήποτε είναι αυτό που ζηλέψαμε, είναι αντίστοιχα αυτό που δεν επιτρέπουμε στον εαυτό μας να έχει. Εάν ζηλεύουμε την ομορφιά κάποιου, υποτιμάμε ή δεν επιτρέπουμε να φανεί η δική μας ομορφιά. Εάν ζηλεύουμε αυτόν που έχει περισσότερα χρήματα από εμάς ή καλύτερη δουλειά σημαίνει πως δεν πιστεύουμε ότι εμείς είμαστε το ίδιο ικανοί να έχουμε τα αντίστοιχα. Εάν ζηλεύουμε την προσωπική ζωή κάποιου, έχουμε μέσα μας συναισθήματα έλλειψης και χαμηλής αυτοεκτίμησης.

Αυτό είναι ένα Σύμπαν Αφθονίας. Θα μπορούσαμε να το παρομοιάσουμε με μία τεράστια λίμνη, η οποία δεν αδειάζει ποτέ. Λαμβάνουμε από αυτήν ανάλογα με το τι πιστεύουμε. Κι ενώ δεν υπάρχει κανένας περιορισμός και το σύμπαν μάς λέει πως μπορούμε να πάρουμε όσο νερό θέλουμε, ο ένας εμφανίζεται μ' ένα τρύπιο κουταλάκι, ο άλλος παίρνει κουβάδες, ενώ ο τρίτος φέρνει βυτιοφόρο! Αυτός, βεβαίως, με το τρύπιο κουταλάκι φθονεί συνεχώς τους άλλους δύο, αντί να επανεγγράψει τις αντιλήψεις του περί Αφθονίας και έτσι να μπορέσει να πάρει από τη λίμνη ό,τι χρειάζεται.

Το Κιούπι της Αφθονίας μας

Στο Διαχωριστικό Εγώ εκχωρούμε την Ποιότητα Έκφρασής μας και μετά ζητάμε το ίδιο από τους επόμενους. Όσο πιο πολύ δίνουμε, τόσο πιο βαθιά μπαίνουμε στην έλλειψη της Αφθονίας, διότι αναγκαστικά πρέπει να κλέψουμε την αντίστοιχη ενέργεια από άλλους. Ακολουθούμε τα Μοντέλα Αλληλοσυσχέτισης που έχουμε εγγράψει από το οικογενειακό μας σύστημα, εναλλασσόμενοι σε ρόλους θύτη και θύματος.

Κάποιες οικογένειες χρησιμοποιούν προσβολές και υποτίμηση, φανερά ή καλυμμένα. Η κάθε είδους κακοποίηση, συμπεριλαμβανομένης της σωματικής, της συναισθηματικής, και της λεκτικής. Οι κατάρες με οποιοδήποτε τρόπο και αν εκφέρονται. Άλλες οικογένειες, αρέσκονται να κλέβουν τη σεξουαλική ενέργεια των μελών τους, ειδικά των νεότερων καθώς αυτή είναι η πιο δυνατή ενέργεια και αναζωογονεί πλήρως.

 Όσο ανακαλύπτουμε ποιοι πραγματικά είμαστε, τότε γνωρίζουμε πως η Αφθονία πρέπει να είναι η φυσική μας κατάσταση. Πως δεν υπάρχει τίποτα να μάς περιορίσει, παρά μόνον ο ίδιος μας ο εαυτός. Πως η ύπαρξη εμπεριέχει μόνον ευκαιρίες για ανάπτυξη. Πως στην πραγματικότητα είμαστε όλοι ένα και ταυτόχρονα απόλυτα ξεχωριστοί στην Ποιότητα Έκφρασής μας και στα μοναδικά ταλέντα και ικανότητες , που απορρέουν από αυτήν.

Όταν είναι σ' αυτή την υγιή κατάσταση πώς μπορεί κάποιος πραγματικά να νιώθει ότι απειλείται από οποιονδήποτε; Ότι μπορεί να του στερήσει τη δουλειά του, το σπίτι του, να τού κλέψει τον σύντροφό του ή ακόμη και τη ζωή του, την αξιοπρέπειά του και τον αυτοσεβασμό του; Η Αφθονία, φυσικά, δεν έχει να κάνει μόνο με τα χρήματα, αλλά με το πόσο πλήρη και γεμάτη ζωή έχουμε σε κάθε επίπεδο.

Έχουμε πρόσβαση στην Αφθονία του Σύμπαντος μέσω της Ποιότητας Έκφρασής μας και των Υποποιοτήτων που απορρέουν απ' αυτήν. Αυτό είναι το Κιούπι της Αφθονίας μας, το δικό μας κέρας της Αμαλθείας, το οποίο δεν αδειάζει ποτέ. Από αυτό συνδεόμαστε με τη Μήτρα των Ποιοτήτων Έκφρασης του Θεού - Δημιουργού, ένα Δίκτυο Πολλαπλασιαστικής Ανταλλαγής, που παρέχει Αφθονία σ' όλα τα επίπεδα. Ενωμένοι σ' αυτό το Δίκτυο, ό,τι δίνουμε ανταλλάσσεται αμέσως στο πολλαπλάσιο. Όσο περισσότερο δίνουμε, τόσο περισσότερο παίρνουμε. Κι αυτός είναι ο ορισμός της Αφθονίας. Όσο εκφράζουμε με αυτόν τον τρόπο την Ποιότητά μας σε Ανιδιοτελή Υπηρεσία, τόσο βγαίνουμε από το Δίπολο του Διαχωριστικού Εγώ, έως ότου το δίνω - παίρνω να είναι σε ισορροπία.

Η άσκηση που ακολουθεί μάς βοηθά να έρθουμε σε επαφή με το Κιούπι της Αφθονίας μας: Όπως διαβάζετε αυτές τις γραμμές, επιτρέψτε να εμφανισθεί μπροστά σας. Δείτε που βρίσκεται και παρατηρήστε σε ποια κατάσταση είναι. Εξετάστε εάν είναι τρύπιο με διαρροές. Εάν είναι ενεργό ή κάπου θαμμένο και αχρησιμοποίητο. Εάν είναι βρώμικο και σκονισμένο ή οτιδήποτε άλλο εμφανίζεται. Χρειάζεται όλοι να ελέγξουμε το Κιούπι της Αφθονίας μας, καθώς μάς εξηγεί άμεσα τη συμπεριφορά, την οποία έχουμε με τα χρήματα, αλλά και κάθε αγαθό στη ζωή μας. Ανάλογα με την κατάσταση, στην οποία βρίσκεται, αναπτύσσουμε συνειδητά ή ασυνείδητα όλων των ειδών τις παράδοξες και μη επιβιωτικές συμπεριφορές σε σχέση με την Αφθονία.

Ας πάρουμε το παράδειγμα ενός άνδρα 55 ετών. Όταν έκανε την παραπάνω άσκηση , είδε το Κιούπι της Αφθονίας του να είναι γεμάτο τρύπες. Συνδέοντάς το με τη ζωή του, συνειδητοποίησε πως, παρόλο που πάντα έβγαζε αρκετά χρήματα, αυτά διέρρεαν από αυτόν με διάφορους τρόπους. Τον εξαπατούσαν, τον έριχναν ή τα έχανε ο ίδιος από αμέλεια και επιπολαιότητα. Αν ξεκινούσε έναν συνεταιρισμό για δουλειά, θα αποδεικνυόταν μετά από λίγο ότι ο συνέταιρός του τον έκλεβε. Αν επέλεγε ένα λογιστή, θα ήταν απατεώνας. Και ο ίδιος όμως, όποια χρήματα έπιανε στα χέρια του, είτε τα ξόδευε αμέσως ανεξέλεγκτα, είτε επέλεγε να κάνει νέες επενδύσεις που έπεφταν έξω. Ήταν συνεχώς χρεωμένος, χωρίς καμία οικονομική ασφάλεια, ενώ είχε ήδη καταστραφεί οικονομικά μια φορά ξεκινώντας πάλι από το μηδέν, αλλά συνεχίζοντας στο ίδιο μοτίβο. Γνώριζε ασυνείδητα, αλλά και από εμπειρία, πως όταν πέσει το νερό μέσα στο τρύπιο Κιούπι του θα πρέπει να προλάβει να πιει όσο περισσότερο και όσο γρηγορότερα μπορεί , διότι σύντομα θα εξαφανισθεί. Το ίδιο συνέβαινε και στις σχέσεις του. Η αγάπη του ερχόταν σε Αφθονία, αλλά μετά από λίγο όλα χαλούσαν. Μ' αυτή την κατανόηση, άρχισε να οραματίζεται συνειδητά το Κιούπι της Αφθονίας του συμπαγές και χωρίς διαρροές, ενώ σταδιακά άρχισε να κλείνει όλες τις οικονομικές τρύπες. Όσο το έκανε αυτό, τόσο μεγαλύτερη Αφθονία και καλοτυχία εισέρρεε στη ζωή του.

Η παραλαβή της Αφθονίας

Το να είμαστε σε θέση να λάβουμε από το Κιούπι της Αφθονίας μας είναι, επίσης, ένα σημαντικό θέμα. Συχνά, παρόλο που έχουμε έρθει σε επαφή με αυτό και έχουμε κλείσει τις διαρροές, δυσκολευόμαστε ακόμα να δεχθούμε την Αφθονία που μάς παρέχει. Είναι σαν το ταχυδρομείο του σύμπαντος να μάς στέλνει σε καθημερινή βάση δώρα κι εμείς να τα επιστρέφουμε πίσω. Σ' αυτό το Σύμπαν Αφθονίας όλοι είμαστε ευλογημένοι δικαιωματικά. Η ευλογία είναι ο ευ-λόγος, δηλαδή ο καλός λόγος. Στην περίπτωση όμως που τα αρνητικά σχόλια επικρατούσαν στο περιβάλλον όπου μεγαλώσαμε, έχουμε εκπαιδευθεί να κάνουμε το αντίθετο. Όχι μόνο να μη μάς ευλογούμε, αλλά αντίθετα να μάς βρίζουμε και να μάς κακολογούμε με κάθε ευκαιρία. Και, φυσικά, να κάνουμε το ίδιο και στους άλλους. Ο πόλεμος των αρνητικών σχολίων, που μαίνεται στα μέσα κοινωνικής δικτύωσης, για το παραμικρό είναι ένα καλό τέτοιο παράδειγμα. Πολύ περισσότερο για σοβαρότερα θέματα, που καταλήγουν σε πραγματική ανθρωποφαγία.

Πολλοί από μας είμαστε τόσο εκπαιδευμένοι στον αρνητικό λόγο που έχει στραφεί ενάντιά μας, ώστε συχνά είναι δύσκολο σαν ενήλικες να αποδεχθούμε ακόμη και ένα κομπλιμέντο. Χρειάζεται προσπάθεια, ώστε να μην το ακυρώνουμε και να το δεχόμαστε μ' ένα ευχαριστώ.

Θα μπορούσαμε να παραλληλίσουμε το Κιούπι της Αφθονίας μας με έναν μπουφέ γεμάτο με τα εκλεκτότερα ποτά και εδέσματα. Όταν εκφράζουμε την Ποιότητά μας, διαλέγουμε και απολαμβάνουμε ό,τι τραβάει η όρεξή μας. Αντίθετα, όταν πιστεύουμε τη Φωνή του Διαχωριστικού Εγώ, που φροντίζει να μάς υπενθυμίζει συνεχώς ότι η Αφθονία δεν είναι για εμάς, μένουμε να κοιτάμε τον μπουφέ από μακριά, πεινασμένοι και κακόμοιροι. Φθονώντας, βεβαίως, και κακολογώντας, όλους αυτούς που τρώνε και πίνουν με την ψυχή τους.

Για να παραλάβουμε τα δώρα της Αφθονίας μετατρέποντας τη ζωή μας σε θαύμα, χρειάζεται να αρχίσουμε να ευλογούμε τον εαυτό μας και τους άλλους. Έτσι προχωράμε μπροστά, τιμώντας και απελευθερώνοντας όσους μοιράσθηκαν μαζί μας το δρόμο. Δίνουμε το παράδειγμα όχι μέσω της ψευδούς θυσίας, που είναι χωρίς νόημα και δεν ωφελεί κανέναν, αλλά με το ολοκληρωτικό αγκάλιασμα της ζωής και της πλήρους ανάπτυξης του αληθινού μας δυναμικού. Διαφορετικά, είναι σαν κρατάμε στα ντουλάπια μας ξεχωριστά τους σπόρους και το χώμα, χωρίς ποτέ να τα φέρνουμε σε επαφή. Στο ένα ντουλάπι βρίσκονται κλεισμένοι οι σπόροι σε ύπνωση και στο άλλο ντουλάπι τα τσουβαλάκια με το χώμα. Νομίζουμε πως έτσι προστατευόμαστε από τον πόνο της μοναξιάς. Αλλά το μόνο που καταφέρνουμε είναι να μη ζούμε και να μην επιτρέπουμε στο δυναμικό μας να βλαστήσει και να ανθίσει. Έχουμε όλοι την άδεια να είμαστε ο εαυτός μας. Το Πνεύμα μας τη δίνει κάθε στιγμή. Αρκεί να τη δεχτούμε ολοκληρωτικά και να μάς επιτρέψουμε την πλήρη έκφρασή μας.

Γ. ΜΕΘΟΔΟΣ «ΑΝΑΓΕΝΝΗΣΙΣ»
Τι είναι

Η θεραπεία αυτή γεννήθηκε στην Ελλάδα τον Αύγουστο του 2011. Μία περίοδος κατά την οποία η χώρα πληττόταν από την οικονομική κρίση, την επερχόμενη χρεοκοπία, τα οικονομικά παιχνίδια, τις απολύσεις και τις μειώσεις μισθών και συντάξεων. Το μήνυμα που δινόταν στους Έλληνες ήταν ότι δεν θα επιβιώσουν. Αργότερα, αντιλήφθηκα πόσο κατάλληλος ήταν ο χρόνος εμφάνισης της Μεθόδου, καθώς μάς βοηθά ακριβώς να έχουμε πρόσβαση στο πιο βαθύ μας σκοτάδι, που σχετίζεται με το φόβο της επιβίωσης. Στην καρδιά της εργάζεται απευθείας με το Πρωταρχικό Τραύμα και την αρχαία Απόφαση Επιβίωσης ότι «η Δημιουργία είναι καταστροφή». Ανασηκώνοντας το βάρος, που έπεται από αυτήν, αρχίζει κάποιος να έχει πρόσβαση στις θαμμένες μνήμες του. Έτσι γίνεται εφικτή η κατάρρευση όλου του Οικοδομήματος, που προέκυψε, ζωή μετά από ζωή στο Καρμικό μας Σενάριο, αλλάζοντας έτσι το παρελθόν, το παρόν και το μέλλον μας. Η θεραπεία γίνεται με τη Χάρη του Πνεύματος, ώστε να αρθούν τα βάρη για να μπορέσουμε να «δούμε» και έτσι να μπούμε στη συχνότητα της Αγάπης.

Το βιβλίο αυτό βασίζεται στα ευρήματα της Μεθόδου «Αναγέννησις» και της αλλαγής Συνειδητότητας που επιφέρει.

Το πλαίσιο της Μεθόδου «Αναγέννησις»

Η παραμικρή σκέψη μας στη Γη, από φευγαλέα μέχρι επαναλαμβανόμενη, παίρνει υλική μορφή. Νομίζουμε ότι οι σκέψεις είναι άυλες, αλλά, εάν μπορούσαμε να τις δούμε, θα βλέπαμε ότι είναι πολύ πραγματικές, παίρνοντας μεταφορικά σάρκα και οστά, ακριβώς όπως ένα Σώμα. Οι θετικές σκέψεις μεταδίδουν αγάπη και αρμονία, ενώ οι αρνητικές μπορούν να κάνουν ακόμα και μεγάλο κακό.

Ως Σώμα ορίζεται ένας οργανισμός, ο οποίος έχει πάρει ή βρίσκεται σε υλική υπόσταση. Σ' αντιδιαστολή με το Πνεύμα ή την Ψυχή, που είναι άυλα. Κατ' αυτήν την έννοια, όλες οι σκέψεις που παράγονται από τα παρακάτω, δημιουργούν πολύ πραγματικά Σώματα, παρόλο που δεν μπορούμε να τα δούμε. Σώματα, τα οποία έχουν δημιουργηθεί και συνεχίζουν να δημιουργούνται όχι μόνο σε αυτή τη ζωή, αλλά σε ό,τι έχουμε υπάρξει από τη στιγμή που φύγαμε από την Πηγή:

- Οι Εγγραφές μας.

- Οι Αποφάσεις Επιβίωσης και οι Ψυχολογικοί Μηχανισμοί που τις υποστηρίζουν.

- Οι σκέψεις αυτοκαταστροφής και μίσους για τον εαυτό μας, αλλά και κάθε είδους αρνητική σκέψη που κάνουμε για μας ή τους άλλους.

- Το Καρμικό Πρότυπο και η Εμμονή που το κρατάει στη θέση του.

- Ο Συναισθηματικός Εθισμός.

- Ο πυρήνας του Παιδιού Ήρωα και κάθε κομμάτι της Πολυδιάσπασης.

- Οτιδήποτε μάς λέει η Διασπαστική Φωνή του Διαχωριστικού Εγώ.

Σε κάθε νέα ζωή μάς δίνεται η ευκαιρία και η δυνατότητα να απελευθερωθούμε από το Πρωταρχικό Τραύμα και να ζήσουμε στη συχνότητα της Αγάπης. Γι' αυτό η τωρινή μας ζωή είναι τόσο σημαντική, αφού εμπεριέχει τα πάντα. Ό, τι έχουμε υπάρξει.

Η μέθοδος «Αναγέννησις» είναι μία πολυεπίπεδη θεραπεία, που λειτουργεί με αλλαγή Σωμάτων. Με κάθε Νέο Σώμα, που λαμβάνουμε, ξαναγεννιόμαστε με νέα Συνειδητότητα, χωρίς να χρειάζεται να μπούμε στον τροχό της επαναγέννησης για να την κατακτήσουμε. Κάθε νέο Σώμα είναι μία Χάρη από το Πνεύμα.

Τα στάδια της Μεθόδου «Αναγέννησις» - Πώς λειτουργεί

Η απελευθέρωση του Παλαιού Σώματος και η παραλαβή του Νέου είναι μια ολόκληρη θεραπευτική διαδικασία, με διάφορα στάδια. Παραδείγματα κατηγοριών Σωμάτων που αλλάζουν με τη Μέθοδο «Αναγέννησις» είναι τα παρακάτω:

- Αποφάσεις Επιβίωσης.

- Ψυχολογικοί Μηχανισμοί.

- Εσωτερικός άνδρας – εσωτερική γυναίκα - εσωτερικό παιδί.

- Πυρήνας του Παιδιού Ήρωα και τα κομμάτια της Πολυδιάσπασης.

- Καρμικό Εσωτερικό Παιδί.

- Καταστροφικό Εγώ έναντι νέου Σώματος Αξίας και Υγιούς Εγώ.

- Υλικό Σώμα και ό,τι σχετίζεται μ' αυτό.

- Σεξουαλικότητα.

- Μονοκύτταρος οργανισμός.

- Παλαιά Σώματα ασθένειας, κάθε είδους βαρών, θανάτου, γήρανσης και αντικατάσταση του με Νέα Σώματα υγείας, νεότητας και ευρωστίας.

- Σώματα φτώχειας και μιζέριας έναντι Νέων Σωμάτων Πλούτου και Αφθονίας.

- Όλες οι Ποιότητες της Μήτρας των Ποιοτήτων Έκφρασης του Θεού - Δημιουργού που είναι η Συχνότητα της Αγάπης.

- DNA.

- Πνευματικό και νοητικό Σώμα.

- Συναισθηματικό Σώμα.

- Ενεργειακό Σώμα.

- Πολυδιαστασιακά Σώματα.

• Σώματα που σχετίζονται με προηγούμενες ζωές.

Τα Σώματα αλλάζουν με τη Χάρη του Πνεύματος και, κατά συνέπεια, δεν είναι κάτι που γίνεται κατά παραγγελία. Για κάθε κατηγορία μπορεί να αλλάξουμε μία φορά Σώμα ή και περισσότερες. Αυτό είναι δυνατόν να συμβεί σε διάφορες χρονικές περιόδους και έχει πάντα να κάνει με τη φάση εξέλιξης στην οποία είμαστε και τη θεραπεία, η οποία απαιτείται γι' αυτό. Συχνά, όταν είμαστε έτοιμοι για την αλλαγή των Σωμάτων, περνάμε από μία διαδικασία κάθαρσης, αποβάλλοντας ό,τι δεν χρειάζεται, ώστε να δημιουργηθεί χώρος για το Νέο Σώμα - Συνειδητότητα που πρόκειται να κατέλθει. Παράλληλα, ανοίγουν μνήμες και μπορεί να έχουμε σωρεία κατανοήσεων και επιγνώσεων.

Εάν η αλλαγή αφορά το υλικό μας σώμα, ίσως έχουμε κόπωση, δυσφορία, διάφορα παλιά συμπτώματα, που επανεμφανίζονται ή και νέα. Εάν γίνεται αλλαγή συναισθηματικού σώματος, τότε η κάθαρση θα είναι συναισθηματική. Μπορεί να υπάρξουν έντονα συναισθήματα, μοναξιά, κενό ή ό,τι άλλο σχετίζεται με το στάδιο στο οποίο βρισκόμαστε.

Σ' ένα παράδειγμα, το Παλαιό Σώμα, που απελευθερώθηκε, ήταν η Απόφαση Επιβίωσης «θα κλείνω το συναίσθημά μου για να μη φοβάμαι». Υποστηριζόταν από τον Ψυχολογικό Μηχανισμό «θα επιλέγω συνεχώς ανθρώπους και καταστάσεις, που θα με κάνουν να φοβάμαι» εξασφαλίζοντας μ' αυτό το παράδοξο ότι το συναίσθημα θα παραμένει παγωμένο και κλειστό. Πριν απελευθερωθεί το Σώμα, που είχε δημιουργηθεί από αυτήν την Απόφαση Επιβίωσης, βιώθηκε έντονος καταπιεσμένος φόβος. Αμέσως μετά από αυτήν την κάθαρση, κατήλθε ένα Νέο Σώμα Αγάπης, το οποίο δημιούργησε επιτόπου νέες Αποφάσεις Επιβίωσης, που ήταν: «Η ζωή μου είναι αγάπη. Καθοδηγούμαι από αγάπη, είμαι αγάπη, έλκω αγάπη» και «έλκω ανθρώπους και καταστάσεις που μού δίνουν ασφάλεια. Έλκω μόνο ασφάλεια». Ή, σ' ένα άλλο παράδειγμα με Αποφάσεις Επιβίωσης μη ύπαρξης, όπως «για να υπάρχω, δεν θα υπάρχω», μαζί με τις κατανοήσεις πριν απελευθερωθεί το Παλαιό Σώμα άνοιξαν και τα αντίστοιχα συναισθήματα που το συνόδευαν. Θάνατος, μοναξιά και απόγνωση. Όσο αυτή η Απόφαση Επιβίωσης ήταν ενεργή, ο συγκεκριμένος άνθρωπος δεν συνειδητοποιούσε καν ότι δεν ήταν σε ύπαρξη, ήταν ένας πραγματικός ζωντανός-νεκρός.

Σ' ένα ακόμα παράδειγμα, απελευθερώθηκε ένα Παλαιό Σώμα θλίψης. Πριν ληφθεί το Νέο Σώμα χαράς, χρειάσθηκε να βιωθεί ολοκληρωτικά η θλίψη, ώστε να είναι σε θέση το άτομο να το δεχθεί.

Η εναλλαγή των Σωμάτων

Όταν τα Παλαιά Σώματα απελευθερώνονται, συνήθως τα βλέπουμε (ένα ή πολλά) γεμάτα τρύπες, φθαρμένα, ξεφτισμένα, ζαρωμένα, με σκοτεινά σημεία ή σε διάφορα σχήματα και μορφές, ανάλογα με το τι αποβάλλεται, να φεύγουν προς τα πάνω. Σ' αυτό το σημείο ίσως χρειασθούμε λίγο χρόνο να τα αποχαιρετήσουμε ως ένα σημαντικό κομμάτι που μάς εξυπηρέτησε στη μέχρι τώρα επιβίωσή μας. Το κάθε Νέο Σώμα κατέρχεται και απορροφάται από το υλικό μας σώμα. Ανάλογα με το τι αφορά, μπορεί να το βλέπουμε λαμπερό, μυώδες, ζωντανό, υγιές, φωτεινό, αιθέριο ή σε οποιαδήποτε άλλη μορφή.

Σ' ένα παράδειγμα, μία γυναίκα 45 ετών βρισκόταν στη διαδικασία αλλαγής δύο Αποφάσεων Επιβίωσης που είχε για τους άνδρες, κληρονομημένες από τη γυναικεία γενεαλογία από την πλευρά της μητέρας της. «Για να κρατήσω τους άνδρες 1. Πρέπει να τούς πληρώνω και 2. Πρέπει να δέχομαι να είναι άπιστοι, αλλά εγώ να παραμένω πιστή». Αυτές είχαν διαμορφώσει όλες τις σχέσεις της μέχρι εκείνη τη στιγμή, καθώς και το, γάμο της. Στη συνεδρία «Αναγέννησις», έγινε αλλαγή του γυναικείου σώματος, όπου το Παλαιό Σώμα παρουσιάσθηκε σε μορφή ζητιάνας με φθαρμένα ρούχα, ενώ το Νέο εμφανίσθηκε ως μια λαμπερή γυναίκα ντυμένη με χρυσά πολυτελή ενδύματα.

Τα Νέα Σώματα μπορεί να είναι από συμπαγή έως εξαιρετικά λεπτοφυή. Για παράδειγμα, ένα Σώμα Ποιότητας Αισθητικής είναι τόσο λεπτοφυές που μοιάζει άυλο, ενώ ένα σώμα Ποιότητας Δύναμης είναι στιβαρό και πυκνό.

Το Νέο Σώμα μάς κάνει άμεση θεραπεία, η οποία συνεχίζεται για όσο διάστημα χρειαστεί. Εξάλλου κάθε νέα Συνειδητότητα είναι μία μύηση, που χρειάζεται εδραίωση. Καμία αλλαγή με πραγματικά και μόνιμα αποτελέσματα δεν γίνεται μαγικά, διαφορετικά δεν αναλαμβάνουμε τη δύναμή μας. Ο χρόνος της εδραίωσης είναι διαφορετικός για τον καθένα μας, εφόσον παίζει ρόλο όχι μόνο πόσο ήδη έχουμε εργασθεί σ' αυτή τη ζωή, αλλά και τι φέρουμε από τις προηγούμενες ζωές μας. Ό,τι όμως και να έχουμε ακόμη να διαχειρισθούμε, η διαδικασία με την αλλαγή Σωμάτων είναι σίγουρα πιο γρήγορη και ακριβής. Το προηγούμενο βάρος ανασηκώνεται κι έτσι βλέπουμε ευκολότερα τι χρειάζεται να απελευθερώσουμε. Μετράμε μέρες και μήνες εκεί όπου κανονικά θα χρειάζονταν ίσως χρόνια και ζωές ολόκληρες.

Οι τρεις πυλώνες της ολοκληρωμένης θεραπείας

Σε καμία θεραπεία δεν μπορούμε να έχουμε ολοκληρωμένα και μόνιμα αποτελέσματα, αν δεν ασχοληθούμε και με τους τρεις παρακάτω πυλώνες:

1ος πυλώνας: Η καρμική επιρροή, που προέρχεται από το Πρωταρχικό Υπαρξιακό μας Τραύμα και από το τι αποφασίσαμε τη στιγμή της εξόδου μας από την Πηγή ότι είναι ο Θεός - Δημιουργός. Αυτό δημιουργεί το καρμικό μας μάθημα.

2ος πυλώνας: Το Οικοδόμημα Επιβίωσης, δηλαδή οι Εγγραφές μας, ο Προγραμματισμός μας, οι Αποφάσεις Επιβίωσης και οι Ψυχολογικοί Μηχανισμοί που το κρατάνε όλο στη θέση του.

3ος πυλώνας: Οι κάθε είδους συνήθειες, οι οποίες δημιουργούνται από τα παραπάνω και συνεχίζουν να ισχυροποιούνται όσο αυτά είναι σε ισχύ, συχνά σε περισσότερες από μία ζωές. Ένα τέτοιο παράδειγμα είναι το Μοτίβο Φροντίδας, που γίνεται Συναισθηματικός Εθισμός και που είναι η βάση του Περιοριστικού Σεναρίου Ζωής μας.

Ο κάθε πυλώνας τροφοδοτεί με ενέργεια τους υπόλοιπους. Γι' αυτό χρειάζεται να εργαζόμαστε ταυτόχρονα και στους τρεις. Ο σχεδιασμός κάθε θεραπείας και αυτοθεραπείας θα πρέπει να τούς λαμβάνει όλους υπ' όψιν της, για να υπάρχει μόνιμο αποτέλεσμα χωρίς παλινδρομήσεις.

Ας πάρουμε το παράδειγμα κάποιου που θέλει να κόψει το τσιγάρο. Εάν ασχοληθεί μόνο με τον 3ο πυλώνα της συνήθειας, ναι μεν θα τον απενεργοποιήσει για λίγο, αλλά εάν υπάρχει επιρροή και από τους άλλους δύο πυλώνες, σταδιακά η συνήθεια του καπνίσματος θα επανέλθει.

Γενικότερα, για το σταμάτημα οποιασδήποτε συνήθειας παίζει ρόλο η επιρροή, που υπάρχει από τον κάθε πυλώνα και σε ποιο βαθμό. Αν είναι και από τους τρεις, σίγουρα θα είναι πιο ισχυρή. Εξάλλου, οι πυλώνες είναι πάντα σε ισχύ και αλληλεπιδρούν μεταξύ τους. Με νέα δεδομένα και νέο προγραμματισμό ενεργοποιούν ο ένας τον άλλον πλέον θετικά και λειτουργούν υπέρ μας.

Δ. ΕΛΕΥΘΕΡΟΙ ΚΑΙ ΑΦΥΠΝΙΣΜΕΝΟΙ ΣΤΗ ΣΥΧΝΟΤΗΤΑ ΤΗΣ ΑΓΑΠΗΣ

Το Ολοκληρωτικό Ναι

Ο πιο άμεσος και γρήγορος τρόπος για να λύσουμε οποιοδήποτε θέμα μάς ταλαιπωρεί είναι να πούμε σ' αυτό ένα μεγάλο και Ολοκληρωτικό Ναι. Ας πάρουμε το παράδειγμα μιας σχέσης μέσα στην οποία δεν είμαστε απόλυτα ευχαριστημένοι, αλλά δεν αποφασίζουμε και να την τερματίσουμε. Συχνά συμβουλεύω τους πελάτες μου, οι οποίοι βρίσκονται σε σχέσεις ή γάμους που δεν τους ικανοποιούν, ότι ο μόνος τρόπος για να γνωρίζουν με βεβαιότητα το τι είναι καλύτερο να κάνουν είναι να δεχθούν ολοκληρωτικά τον σύντροφό τους, δηλαδή με όλα του τα θετικά και τα αρνητικά. Όχι μόνο να μην έχουν καμία σκέψη χωρισμού, αλλά ίσα ίσα να πουν, ειλικρινά, μέσα από την καρδιά τους πως είναι ο άνθρωπος που θέλουν να γεράσουν μαζί του. Μόνο τότε ξεκαθαρίζονται τα πάντα με τρόπο σχεδόν μαγικό. Ο λόγος που συμβαίνει αυτό είναι απλός. Ο σύντροφος, από τον οποίο έχουμε παράπονα, η εργασία μας ή οτιδήποτε άλλο, θα παραμένει εκεί όσο δεν βλέπουμε τι μας καθρεφτίζει. Εάν δεν δεχθούμε ότι μάς συμβαίνει απόλυτα, ακριβώς όπως είναι εκείνη τη στιγμή, τίποτα δεν πρόκειται να ξεδιαλύνει. Το «ναι μεν αλλά», μάς κρατάει εγκλωβισμένους να φυτοζωούμε.

Μόνο στο ολοκληρωτικό Ναι ή η κατάσταση θα αλλάξει ως δια μαγείας και θα γίνει, όπως την θέλουμε, ή θα εξαφανισθεί πάλι ως δια μαγείας και θα έρθει αυτό που λαχταράμε. Είναι γεγονός πως το κυριότερο που χρειάζεται για να πετύχει μία σχέση είναι η απόλυτη ειλικρίνεια με τον εαυτό μας αναφορικά με ό,τι μάς δείχνει ο καθρέφτης μας. Σ' οτιδήποτε ή οποιονδήποτε ασκούμε κριτική είναι κομμάτι μας στο 100%, άσχετα εάν το συνειδητοποιούμε ή όχι.

Η πλειοψηφία των ανθρώπων στη Γη έχει ανατραφεί να αγαπάει τον εαυτό της υπό όρους επιτευγμάτων. Τα παιδιά ακούνε μεγαλώνοντας «ναι σ' αγαπάμε, αλλά μόνο εάν είσαι ήσυχος, υπάκουος, φέρνεις καλούς βαθμούς και πλένεις τα δόντια σου». Έχοντας συνδέσει μ' αυτόν τον τρόπο την αξία μας με την απόδοση μας, είναι δύσκολο να δεχτούμε τι μάς δείχνουν οι καθρέφτες μας. Αν αυτοί είναι οι κακοί κι όχι εμείς, τότε στο εσωτερικό μας παιδί οι γονείς μας θα συνεχίσουν να μάς αγαπάνε.

Με το Ναι της πλήρους αποδοχής, όλη η μάχη που μαίνεται πρώτα μέσα μας και μετά αναγκαστικά έξω μας, σταματά αυτόματα και τα πάντα ξεκαθαρίζονται. Βλέπουμε αυτό που χρειάζεται και είμαστε ελεύθεροι. Όλα μας τα προβλήματα λύνονται, διότι είναι πλέον η «Ναι» ή «Όχι». Οπουδήποτε καλούμαστε να κάνουμε μία επιλογή, είτε είμαστε μέσα με όλη μας την καρδιά, είτε απομακρυνόμαστε χωρίς δεύτερη σκέψη. Χωρίς δικαιολογίες, κριτική, συζητήσεις και δράματα του τύπου «ναι, αλλά γιατί μού το είπε αυτό και με αδίκησε» ή «πώς τολμά να μού φέρεται έτσι».

Για παράδειγμα, μια γυναίκα διαμαρτυρόταν στις συνεδρίες ότι δεν τη βοηθά ο σύζυγός της και ότι τα κάνει όλα μόνη της. Όταν είπε το Ολοκληρωτικό Ναι εμφανίσθηκε ένα δικό της κομμάτι το οποίο είπε: «Νιώθω την κούραση του διαρκούς αγώνα, διότι είμαι μόνη μου. Δεν υπάρχει κανείς να με βοηθήσει. Πρέπει μονίμως να αγωνίζομαι. Φαίνεται να είναι το φυσιολογικό να είμαι έτσι. Βλέπω τον εαυτό μου τόσο καταβεβλημένο και τον λυπάμαι». Αυτή η συνειδητοποίηση την οδήγησε στο να έρθει σ' επαφή με το Περιοριστικό Σενάριο Ζωής της με τίτλο «Τα κάνω όλα μόνη μου». Αυτό ήταν που βίωνε σε όλες τις σχέσεις της ανεξαιρέτως, συντροφικές, φιλικές, επαγγελματικές.

Σ' ένα άλλο παράδειγμα, ένας άνδρας παραπονιέται διαρκώς για την ανούσια και βαρετή ζωή του. Όποτε εμφανίζεται αυτή η ανία, τη διώχνει με εκνευρισμό. Για να την αποφύγει, αλλάζει δουλειές ή σχέσεις θεωρώντας τις απόλυτα υπαίτιες γι' αυτήν την κατάσταση. Με αποτέλεσμα, φυσικά, μόλις ξεθυμάνει η λάμψη του καινούργιου, να επιστρέφει στην ανία. Στο Ολοκληρωτικό Ναι, είπε για πρώτη φορά σ' αυτό το κομμάτι του «σε δέχομαι». Κατάλαβε πως είναι απλώς η ένδειξή του που τον βοηθάει να δει και να μπορέσει να αλλάξει το Περιοριστικό Σενάριο Ζωής του, βάσει του οποίου δεν εκφράζει τον εαυτό του, επειδή φοβάται ότι θα τον κοροϊδεύσουν και, γενικά, με κάποιο τρόπο θα το πληρώσει. Αυτή η συνεχής αυτοκαταπίεση διαμορφώνει όλη του ζωή σε ανούσια και βαρετή.

ΑΣΚΗΣΗ
Το Ολοκληρωτικό Ναι

Καθίστε κάπου αναπαυτικά και χαλαρώστε για λίγο, με όποιο τρόπο επιθυμείτε. Επιτρέψτε να αναδυθεί το θέμα που σάς απασχολεί, καθώς και οτιδήποτε νιώθετε σχετικά. Πείτε: «Σε δέχομαι». Μείνετε απλώς μαζί του σε σιωπή, χωρίς καμία κριτική για όσο χρόνο χρειάζεται. Κάντε το ολοκληρωτικά, χωρίς να προσπαθείτε να ξεφύγετε απ' αυτό ή να το διώξετε. Πάρτε απευθείας την πληροφορία απ' αυτό το κομμάτι του εαυτού σας, γιατί βρίσκεται μαζί σας. Τι χρειάζεται από σας.

Δώστε του μία θέση μέσα στην καρδιά σας και παρατηρήστε πως όσο το κάνετε αυτό, σταδιακά αλλάζει και μετατρέπεται σε ευλογία. Είναι πλέον η προστασία, η δύναμή σας και ο οδηγός σας. Η ένδειξή σας για κάθε παρόμοια περίπτωση στην οποία θα βρείτε και το τι πραγματικά συμβαίνει. Επαναλάβετε αυτή την άσκηση του Ολοκληρωτικού Ναι όσο πιο συχνά γίνεται.

Όσο καταφέρνουμε να μένουμε με τα κομμάτια του εαυτού μας, τα οποία όχι μόνο δεν αποδεχόμαστε, αλλά δεν αντέχουμε να μείνουμε ούτε μία στιγμή μαζί τους χωρίς να νιώθουμε άσχημα, αυτά αλλάζουν. Ο αυτοσαδισμός μετατρέπεται στην ευλογία της ορθής απόφασης στη σωστή χρονική στιγμή . Η κόπωση στην ευλογία του να γνωρίζω τα όριά μου, ώστε να ξέρω πότε να ξεκουρασθώ. Η αυτοκακία στην ευλογία της πλήρους αντίληψης για αυτοπροστασία. Η παραίτηση, που προέρχεται από το «η ζωή μου δεν έχει κανένα νόημα, αφού το μόνο που κάνω είναι να παίρνω τα βάρη των άλλων», μετατρέπεται στην ευλογία της πραγματικής παραίτησης από το πόστο του να τούς σώζω. Λέγοντας Ολοκληρωτικά Ναι σ' όλα, η ζωή η ίδια μετατρέπεται σε ευλογία χαράς και Αφθονίας.

Το Παράδοξο της Συγχώρησης

Πραγματική συγχώρηση σημαίνει να κάνουμε χώρο στην καρδιά μας, ακόμα και για τον μεγαλύτερο δράστη. Μόνο έτσι βρίσκουμε τον δρόμο να κάνουμε το ίδιο και μέσα μας, στο κομμάτι που μάς καθρεφτίζει. Αυτό είναι το Παράδοξο της Συγχώρησης. Συγχωρώντας τους άλλους, συγχωρούμε τον εαυτό μας και αντίστροφα. Εμείς είμαστε αυτοί και αυτοί είναι εμείς. Και όλοι είμαστε Ένα.

Η συγχώρηση δεν είναι ποτέ αληθινή, όταν τη δίνουμε από θέση ανωτερότητας, πιστεύοντας ότι είμαστε καλύτεροι από τους άλλους. Τότε βρισκόμαστε σε πνευματική αλαζονεία και πλάνη.

Δεν είμαστε υπερόπτες, όταν νιώθουμε τόσο μεγαλόψυχοι που συγχωρούμε τους καθρέφτες μας; Αυτούς που μάς δείχνουν ότι έχουμε ακριβώς το ίδιο θέμα για το οποίο τους κατηγορούμε; Εξάλλου, μόνο οι ίδιοι μπορούν να συγχωρήσουν τον εαυτό τους σε μια στιγμή δικής τους φώτισης και, κατά συνέπεια, ανοίγματος της συχνότητας της Αγάπης, γι' αυτά που μάς έχουν κάνει. Εδώ παραμένουμε και ισχυροποιούμε το Παιδί Ήρωα, που δίνει άφεση αμαρτιών σ' όποιον τού έκανε ή τού κάνει κακό, με απώτερο σκοπό να συνεχίσει να δίνει παραπάνω από ό,τι παίρνει.

Η συγχώρηση, που μάς απελευθερώνει, είναι αποδοχή και χώρος στην καρδιά μας, με την συναίσθηση ότι έλκουμε τα πάντα για κάποιο λόγο. Ακόμη κι αν είναι κάτι που δεν έχουμε επίγνωση, διότι το φέρουμε από προηγούμενες ζωές. Αδυνατούμε να μάς συγχωρήσουμε πραγματικά, όσο νιώθουμε τόσο ανάξιοι και φταίχτες. Τότε δεν λαμβάνουμε τη Χάρη του Πνεύματος, την οποία, παρόλο που είναι διαθέσιμη κάθε στιγμή, εμείς αρνούμαστε. Διότι δεν βλέπουμε ότι όλα τα λάθη που μάς καταλογίζουμε ότι κάναμε ή δεν κάναμε είναι η ύψιστη αγάπη του μικρού παιδιού για τη μητέρα του. Αυτή η αγάπη της μεγάλης θυσίας του εσωτερικού μας παιδιού πρέπει να αναγνωρισθεί και να τιμηθεί. Δεν γίνεται να προχωρήσουμε αν δεν παραδεχθούμε πως θα ξανακάναμε το ίδιο αυτοστιγμεί και χωρίς δεύτερη σκέψη. Η συγχώρηση, τελικά, είναι μία συνεχής άσκηση της αποδοχής του εαυτού μας σε κάθε νέο κομμάτι, που εμφανίζεται να δούμε μέσω των εξωτερικών δραστών. Το ύστατο βήμα για να μπούμε στη συχνότητα της Αγάπης είναι να συγχωρήσουμε και να δώσουμε οι ίδιοι χάρη τον εαυτό μας.

Αγάπη και πένθος

Χρειάζεται να πενθήσουμε κάθε μέρος του εαυτού μας που αφήνουμε πίσω μας. Το πένθος δεν είναι τίποτε άλλο παρά η αναγνώριση και η τιμή για όσα μάς προσέφερε στην επιβίωσή μας. Αν κάτι δεν αναγνωρισθεί, παραμένει παραμελημένο, απαξιωμένο και αφρόντιστο, είτε είναι συναίσθημα, άνθρωπος, ή κατάσταση. Γι' αυτό οφείλουμε πάντα να τιμούμε τον ρόλο που έπαιξε στην ύπαρξή μας. Αναγνωρίζοντας το δώρο της υψηλότερης Συνειδητότητας που μας χάρισε, είμαστε πλέον σε θέση να προχωρήσουμε.

Ενέργεια θαύματος εισέρχεται στη ζωή μας, αν είμαστε αταλάντευτα και απόλυτα αποφασισμένοι να βιώσουμε το πένθος του οριστικού αποχωρισμού. Και πάλι όμως ο πόνος της αποκοπής από τον παλιό τρόπο ζωής ούτε καν συγκρίνεται με τον συνεχή καθημερινό πόνο του να ζούμε μία ζωή, που δεν μας εκφράζει μέσα στη δυστυχία. Και τον επιπρόσθετο πόνο του να πρέπει να δεχθούμε ότι αυτό είναι κάτι φυσιολογικό.

Για παράδειγμα, όταν μία σχέση τελειώσει ή συχνά και πριν γίνει αυτό, βιαζόμαστε να περάσουμε στον επόμενο σύντροφο, νομίζοντας ότι ξεμπερδέψαμε από τον προηγούμενο και από όσα αυτός μάς εκπροσωπούσε. Αυτή η πλάνη σύντομα καταρρέει. Το κομμάτι, που δεν θέλαμε να δούμε και να αποχωρισθούμε μέσω του πένθους, μάς επαναφέρει σε παρόμοιες καταστάσεις να ζούμε μια από τα ίδια. Αν δεν πενθήσουμε απόλυτα τη σχέση που τελείωσε για ό,τι μάς έδωσε και για ό,τι δεν μάς έδωσε, παραμένουμε μπλοκαρισμένοι εκεί. Κι αυτό, φυσικά, ισχύει για κάθε κατάσταση στη ζωή μας.

Το φως και το σκοτάδι

Δεν υπάρχει φως χωρίς σκοτάδι. Το ένα ορίζεται από το άλλο. Το σκοτάδι είναι απλώς ένας οδηγός, τον οποίο θα έπρεπε να ευλογούμε, διότι μάς δείχνει τι να φωτίσουμε μέσα μας. Συχνά απαιτείται θάρρος και ισχυρή πρόθεση. Γι' αυτό κάποιοι θα προτιμήσουν να καταστραφούν, παρά να έρθουν σ' επαφή με το σκοτάδι που κρύβεται μέσα τους. Σωματικά, με αρρώστιες και θάνατο, συναισθηματικά, πνευματικά, νοητικά. Δεν υπάρχει χειρότερο μέρος να ζει κανείς από το σκοτάδι του ψέματος, στο οποίο καταδικάζουμε εμείς οι ίδιοι τον εαυτό μας, σε μία πολύ πραγματική εσωτερική κόλαση.

Το σκοτάδι είναι η απουσία της Αγάπης. Το φως και η Αγάπη είναι συμπληρωματικά μέρη της ίδιας εξίσωσης. Το φως είναι η πληροφορία που μάς δίνεται για τα σκοτεινά μας σημεία. Όταν αντιληφθούμε τι πραγματικά συμβαίνει, μοιραία εισρέει η ενέργεια της Αγάπης κι έτσι ελευθερωνόμαστε απ' αυτά. Φως + Αγάπη = Ελευθερία.

Η απελευθέρωση προϋποθέτει να αναλάβουμε την ευθύνη για ό,τι μάς συμβαίνει, παραμένοντας σταθερά στον Ενήλικα. Αν ήμασταν πραγματικά ελεύθεροι τι θα επιλέγαμε να κάνουμε; Πως θα ζούσαμε; Η τυραννία και η σκλαβιά είναι πρώτα εσωτερική υπόθεση. Πάντα ήταν, αφού οι τύραννοί μας, παγκόσμιοι και οικείοι, μάς καθρεφτίζουν το δικό μας βαθμό ανελευθερίας, ως αποτέλεσμα του εσωτερικού μας σκοταδιού. Αρχαία δράματα περιμένουν υπομονετικά στη γραμμή του χρόνου για θεραπεία.

Βρισκόμαστε σε πλάνη και πνευματική αλαζονεία, όταν θεωρούμε ότι τα σκοτεινά σημεία είναι θέμα όλων των άλλων εκτός από εμάς! Ότι εμείς είμαστε καλύτεροι, αγνότεροι, ευγενέστεροι. Οποιαδήποτε δε στιγμή επικαλούμαστε ότι φταίει κάποιος άλλος για ό,τι μας συμβαίνει, χάνουμε μία τεράστια ευκαιρία θεραπείας. Οι άλλοι είναι πάντα καθρέφτες μας και μάς παραπέμπουν με χειρουργική ακρίβεια στο τι χρειάζεται να δούμε. Μόνο αν αποδεχθούμε και κατανοήσουμε όποιο ρόλο παίξαμε ή συνεχίζουμε να παίζουμε, σταματάμε να έλκουμε τις αντίστοιχες καταστάσεις στη ζωή μας με συμπεριφορές που μάς βλάπτουν.

Το μεγαλύτερο δώρο της αγάπης κρύβεται στο σκοτάδι. Όλοι μας ως Παιδιά Ήρωες θέλουμε να το θεραπεύσουμε, νομίζοντας ότι έτσι θα σώσουμε όσους αγαπάμε. Το σκοτάδι όμως δεν θεραπεύεται, μόνο φωτίζεται.

Είναι, επίσης, πνευματική αλαζονεία να αρνούμαστε να δεχθούμε την κληρονομιά μας ως ομοούσια κομμάτια Αυτού που μάς δημιούργησε. Να συνεχίζουμε να ζούμε, πιστεύοντας ότι δεν αξίζουμε την Αγάπη, ενώ είναι η δικαιωματική μας κληρονομιά μόνο και μόνο διότι υπάρχουμε. Όλα τα μαθήματά μας, οτιδήποτε έχουμε κάνει στη ζωή μας, για οτιδήποτε έχουμε θυσιασθεί, έχουν ως τελικό στόχο να βρούμε τη χαρά. Αυθεντική χαρά, η οποία ξεπηδά μέσα από την ύπαρξή μας απλώς και μόνο, διότι είμαστε ό,τι εμείς είμαστε. Γινόμαστε, πραγματικά, ταπεινοί όταν αρχίζουμε να λαμβάνουμε από το Σύμπαν Αφθονίας, που μας περιβάλλει, πλήρεις και ολοκληρωμένοι στην αληθινή μας ύπαρξη.

Η σκάλα της εξέλιξης

Ο τρόπος που εξελισσόμαστε μοιάζει με μία σκάλα. Ανεβαίνουμε σκαλί - σκαλί το δύσκολο, αλλά ταυτόχρονα τον όμορφο, δημιουργικό και περιπετειώδη αυτό δρόμο. Αρχικά, σε κάθε νέο σκαλί μένουμε έκθαμβοι από την αλλαγή της οπτικής μας γωνίας. Η νέα γνώση που αναδύεται μάς γεμίζει με την αποφασιστικότητα ότι μπορούμε να καταφέρουμε τα πάντα.

Βεβαίως, το να σταθεροποιηθούμε και να πατήσουμε γερά σ' αυτό είναι μία πράξη δύναμης. Ταυτόχρονα, όμως, κρύβεται μία παγίδα, στην οποία έχουμε δει να πέφτουν αρκετοί, μένοντας εκεί, ανίκανοι να προχωρήσουν παραπέρα. Η δύναμη που παίρνουμε είναι ακριβώς για να τη χρησιμοποιήσουμε για να πάμε στο επόμενο σκαλοπάτι, σε μία άγνωστη και τελείως αχαρτογράφητη περιοχή. Κάτι που για τον ανθρώπινο νου σημαίνει αυτόματα κάτι τρομακτικό, που ενέχει κίνδυνο επιβίωσης. Ενώ, αν παραμείνουμε στο σκαλί που μόλις κατακτήσαμε, νιώθουμε δυνατοί και ασφαλείς, αφού είναι ένα πεδίο που πλέον το γνωρίζουμε και είναι κτήμα μας.

Μια ένδειξη για το ότι πέσαμε στην παγίδα και έχουμε κολλήσει είναι η αλαζονεία. Η ανάβαση σ' αυτήν τη σκάλα διδάσκει πρώτα και πάνω από όλα την ταπεινότητα. Το γνωστό «εν οίδα ότι ουδέν είδα» του αρχαίου Έλληνα φιλοσόφου Σωκράτη. Κάθε φορά που ανεβαίνουμε ένα σκαλί, αντιλαμβανόμαστε, κοιτώντας πίσω, πόση άγνοια είχαμε και πόση αλλαγή ακόμη χρειαζόταν να κάνουμε προκειμένου να δονούμαστε στη συχνότητα της Αγάπης. Η αλαζονεία, λοιπόν, έγκειται στο ότι, όταν κολλάμε, συνηθίζουμε να κατηγορούμε τους άλλους για όλα μας τα προβλήματα. Κατηγορούμε, ακόμη, και τον Θεό, γκρινιάζοντας για το ότι, ενώ εμείς τα κάναμε όλα αυτά και βιώσαμε τόσο πόνο για να προχωρήσουμε, η ζωή μας δεν έχει αλλάξει. Ο ανθρώπινος νους χρειάζεται ασφάλεια. Ιδανικά, θα ήθελε μία σύμβαση από το Πνεύμα που να λέει: «Λοιπόν, αν εγώ ανέβω άλλα δύο σκαλοπάτια, θα ήθελα να έχω σαν ανταμοιβή λεφτά, σύντροφο, ένα ωραίο αμάξι κλπ...!».

Δυστυχώς, το σύστημα δεν λειτουργεί καθόλου έτσι. Στη διαδικασία της αλλαγής, καλούμαστε συμβολικά να πέσουμε από έναν πολύ ψηλό γκρεμό, ευχόμενοι ότι θα εμφανισθεί ως δια μαγείας ένα δίχτυ ασφαλείας που θα μάς σώσει από την πτώση. Το να αφήνουμε το σκαλί, που μόλις κατακτήσαμε, για να ανέβουμε στο επόμενο είναι μία δοκιμασία της πίστης. Μοιάζει με την είσοδό μας σε μια άγνωστη ζούγκλα, έχοντας την απόλυτη βεβαιότητα πως ότι χρειασθούμε θα μάς εμφανισθεί και ότι, τελικά, δεν θα κινδυνεύσουμε καθόλου.

Αυτή η διαδικασία επαναλαμβάνεται με ακρίβεια, κάθε φορά που κάνουμε αλλαγή επιπέδου. Όσο ψηλότερα ανεβαίνουμε, η δύναμη που αποκτούμε μεγαλώνει. Και είναι πραγματικά σαγηνευτικό το να μείνουμε εκεί και να το απολαύσουμε. Το θέμα, βεβαίως, δεν είναι απλώς ότι δεν προχωράμε. Είναι ότι η δύναμη αυτή μάς έχει δοθεί για να βοηθήσουμε τον εαυτό μας να εξελιχθεί και με αυτόν τον τρόπο να γίνουμε ένα ζωντανό παράδειγμα για τους γύρω μας. Βρισκόμαστε όλοι σε υπηρεσία προς την Ανθρωπότητα και το Πνεύμα ανάλογα με το ταλέντο και την εξειδίκευση του καθενός μας.

Τα επτά παρακάτω σκαλιά είναι ένα Χάρτης πορείας από το Διαχωριστικό Εγώ στο Υγιές Εγώ. Η ανάβαση σε κάθε σκαλί είναι μία αλλαγή Συνειδητότητας. Μια μύηση, που θα πρέπει να κατακτηθεί. Τα σκαλιά ανοίγουν σε δύο τριάδες ως εξής:

Η πρώτη τριάδα είναι η Ταπεινότητα, η Παράδοση και το «Ανήκειν». Το πρώτο σκαλί, η Ταπεινότητα, μάς οδηγεί στο δεύτερο, που είναι η πλήρης Παράδοση. Μόνο έτσι μπορούμε να δεχθούμε τη Θεία Χάρη, ώστε να άρουμε οποιαδήποτε εμπόδια έχουμε. Τότε είμαστε σε θέση να συνδεθούμε με την καρδιά μας, την πύλη της αλήθειας μέσα μας και να βγούμε από την πλάνη και την οποιαδήποτε κακοποίηση προς εμάς, τους άλλους και τη Γη. Ανεβαίνουμε τότε στο τρίτο σκαλί, που είναι το μόνιμο και οριστικό «Ανήκειν» στον Θεό - Δημιουργό. Σ' αυτό το σημείο δεν είμαστε ποτέ πια μόνοι μας.

Η δεύτερη τριάδα είναι η Αταραξία, η Χαρά και η Ενότητα. Το τέταρτο σκαλί, η Αταραξία, είναι μία Ποιότητα Βουδικής Συνειδητότητας. Αυτή δεν σχετίζεται με την απλή ηρεμία, την οποία ακολουθεί η ταραχή. Εδώ δεν υπάρχει καμία κριτική, παρόμοια με μία λίμνη σε ακινησία που όλα καθρεφτίζονται σ' αυτήν. Τα δέντρα γύρω της, τα σύννεφα στον ουρανό, τα πουλιά που πετούν πάνω της. Ακόμα και αν κάτι ταράξει τα νερά της, όπως μία πέτρα ή ένα πουλί που πετάει χαμηλά ή η βροχή που ρυτιδώνει την επιφάνειά της, το νερό ξαναγίνεται αμέσως ακίνητο.

Κι έτσι οδηγούμαστε στο πέμπτο σκαλί, τη Χαρά. Όχι αυτή που εναλλάσσεται με τη λύπη, αλλά μία μόνιμη εσωτερική κατάσταση, αφού όλα είναι όπως πρέπει να είναι. Τα πάντα γίνονται για το ανώτερο καλό, ακόμα και οι αρνητικές και στενάχωρες φαινομενικά καταστάσεις. Όσο δεχόμαστε τη Χαρά, το Καρμικό Εσωτερικό Παιδί μπορεί να ξαναγίνει παιδί και να λήξει η Πολυδιάσπαση που προέρχεται από τον πυρήνα του Παιδιού Ήρωα. Τότε ακολουθεί το έκτο σκαλί της Ενότητας. Τα πάντα είναι ένα. Μετά τις δύο τριάδες, ακολουθεί το έβδομο και τελευταίο σκαλί που είναι η πραγματική και ουσιαστική σύνδεση με τον Θεό - Δημιουργό.

Επίλογος

Ο δρόμος της θεραπείας μπορεί να φαίνεται κάποιες στιγμές δύσκολος, αλλά οι ανταμοιβές που δίνει είναι πέραν κάθε περιγραφής. Η θετική επίδραση, που έχει ακόμα και σ' ένα πολύ μικρό κομμάτι, μεταμορφώνει τελείως τη ζωή μας. Η απόφαση για αλλαγή χρειάζεται σίγουρα θέληση και πειθαρχία, ωστόσο η γνώση των παρακάτω συντελεστών θα μάς βοηθήσει να τα βγάλουμε πέρα με το ταξίδι γρηγορότερα και ευκολότερα:

Η Θεία Χάρη είναι ο πιο σημαντικός παράγοντας, αφού κάνει το 90% της εργασίας για μας, αφήνοντάς μας να διαχειρισθούμε μόνο το υπόλοιπο 10%.

Η Ταπεινότητα, σε στάση παράδοσης, για να μπορούμε να δεχθούμε τη Θεία Χάρη. Το να είμαστε διατεθειμένοι να ασχοληθούμε με το πιο βαθύ κομμάτι μας, που είναι το εσωτερικό παιδί.

Κάτι που προϋποθέτει ν' αντέξουμε να κοιτάξουμε όλη τη σκηνή του εγκλήματος. Δεν μπορούμε να έρθουμε σε πλήρη επαφή με το τραύμα, αν δεν τραβηχθεί η κουρτίνα να δούμε τι πραγματικά έχει συμβεί. Αν δεν παραδεχθούμε, και στην παραμικρή της λεπτομέρεια, τη σκληρή αλήθεια, όχι μόνο δεν προχωράμε, αλλά τούς κρατάμε όλους δέσμιους, δράστες και θύματα, ζωντανούς και νεκρούς, να ξαναγεννηθούν στον ίδιο τροχό και να το επανα-λάβουν. Την ίδια στιγμή, κατά την οποία παρατηρούμε αυτήν την αφόρητη σκηνή του εγκλήματος, χρειάζεται να αναγνωρίσουμε στο εσωτερικό μας παιδί πόσο δυνατό ήταν και τη μέγιστη αγάπη στην οποία βρισκόταν ανα-λαμβάνοντας να συγκαλύψει κάτι τέτοιο.

Το Διαχωριστικό Εγώ τρέφεται από το τραύμα. Παραμένουμε εγωιστές σε παραβίαση του εαυτού μας και των άλλων, πετώντας στα σκουπίδια το δώρο της ζωής που έχουμε πάρει. Ο σωτήρας μπορεί να φαίνεται ηρωικός, αλλά, αφού, τελικά, θυσιάζει ψευδώς τη ζωή του, καταλήγει πάντα στο «για να μη σάς δώσω, δεν θα πάρω ούτε κι εγώ». Σώζονται όσοι, ανεβαίνοντας τη Σκάλα της Εξέλιξης, έχουν ως κύριο μέλημα να δώσουν κι όχι να πάρουν. Να επι-στρέψουν όλα αυτά τα υπέροχα δώρα της γνώσης και της δύναμης που λαμ-βάνουν όσο προχωρούν.

Η γνώση της κοινής μοίρας όλων μας: «Εγώ είμαι εσύ κι εσύ είμαι εγώ. Είμαστε Ένα». Αν βλάψω οποιονδήποτε ή οτιδήποτε, βλάπτω εμένα και αντίστροφα. Συγχωρώντας εμένα, τούς συγχωρώ όλους και αντίστροφα. Στο Υγιές Εγώ είμαστε σε Ενότητα.

Είμαστε όλοι Δάσκαλοι της Ποιότητας Έκφρασής μας, σε Υπηρεσία προς την Ανθρωπότητα. Κάθε ένα ανθρώπινο ον είναι Δάσκαλος, όπως και κάθε πλάσμα της δημιουργίας. Και το πιο ταπεινό στοιχείο της φύσης, φυτό, ζώο, έντομο. Καλούμαστε να διδάξουμε με το ζωντανό μας παράδειγμα, το οποίο είναι το πιο ηχηρό από όλα, ελεύθεροι και αφυπνισμένοι στη συχνότητα της Αγάπης.

Bourbeau, L. (2006). Αγάπησε τον Εαυτό σου. Αθήνα: Διόπτρα.

Beck, A. (1979). Cognitive Therapy and Emotional Disorders. USA: Penguin.

Berne, E. (1992). What do you say after you say hello? New York: Grove Press.

Berne, E. (1996). Παιχνίδια που Παίζουν οι Άνθρωποι. Αθήνα: Διόπτρα

Bowen, M. (1978). Family therapy in clinical practice. New York: J. Aronson.

Bowlby, J. (1988). A Secure Base: Clinical Application of Attachment Theory. London: Tavistock Routledge.

Corey, G. (2005). Θεωρία και Πράξη της Συμβουλευτικής και της Ψυχοθεραπείας. Αθήνα: Ελληνικά Γράμματα

Cornell, W. A. (1996). The Power of Focusing. New York: New Harbinger Publications.

Clarkson, P. (2003). The Therapeutic Relationship. London: Whurr Publishers.

Einendrath, P. Y & Dawson, T. (1998). The Cambridge Companion to Jung. Great Britain: Cambridge University Press.

Ellis, A. (2001). New Directions for Rational Emotive Behavior Therapy. New York: Prometheus Books.

Erikson, E. H. (1963). Childhood and Society. New York: Norton.

Erikson, E. H. & Erikson, J. (1998). The Life Cycle Completed. New York: Norton.

Erskine, G. R. (1991). Transference and Transactions: Critique from an Intrapsychic and Integrative Perspective. Transactional Analysis Journal, Volume 21, Number 2, pp. 63-76.

Erskine G. R. & Trautmann R. L (1996). Transactional Analysis Journal, Volume 26, Number 4, pp. 316-328.

Farber, B. A. (2006). Self-Disclosure in Psychotherapy. USA: The Guilford Press.

Favazza, A. R. , & Rosenthal, R. J. (1993.), "Diagnostic issues in self-mutilation.", Hospital and Community Psychiatry, vol. 44 (American Psychiatric Association): 134-140.

Frank, J. D. , & Frank, J. (1993). Persuasion and healing. Baltimore: Jones Hopkins University Press.

Goulding, R. , & Goulding, M. (1979). Changing Lives through Redecision Therapy. New York: Brunner/Meizel.

Harris, A. T. (1969). I'm OK-You're OK. London: Arrow Books.

Hartman, D. and Zimberoff, D. (2004). Corrective Emotional Experience in the Therapeutic Process. M. A. Journal of Heart-Centered Therapies, 2004, Vol. 7, No. 2, pp. 3-84.

Gendlin, E. (2006). Διαδικασία Εστίασης. Αθήνα: Παρισιάνου.

Greenberger D, Padesky C. (1995). Mind over mood. New York: The Guilford Press.

Greenberger, D, Padesky C. (1995). Clinician's Guide to mind over mood. New York: The Guilford Press.

Grencavage, L. M. and Norcross, J. C. (1990). "Where are the commonalities among the therapeutic common factors", Professional Psychotherapy: Research and Practice, 21:371-378.

Kahn, M. (1991). Between Therapist and Client: The New Relationship. New York: W. H. Freeman and Co.

Kaplan, H & Sadock, B. (1996). Ψυχιατρική-Τόμος 1 [Psychiatry-volume1]. Αθήνα: Ιατρικές Εκδόσεις Λίτσας.

Karpman, S. (1968). Drama Triangle. What do you say after hello? London: Corgi.

Kimmel, D. C. (1990). Adulthood and Aging. Chichester: Wiley.

Klonsky, E. D. & Glenn, C. R. (2008). Resisting Urges to Self-Injure, Behavioural and Cognitive Psychotherapy 36: 211–220.

Latner, J. (2007). Θεραπεία Gestalt. Θεωρία και Πράξη. 25-78, In Nevis, C. E. (ed.) Αθήνα: Διόπτρα.

Lowen, A. (2001). Αγάπη και Οργασμός. Αθήνα: Καστανιώτης.

Lowen, A. (2007). Χαρά. Αφεθείτε στο Σώμα και στη Ζωή. Αθήνα: Issoropon.

Luft, J. (1969). Of Human Interaction. Palo Alto, CA: National Press.

Mahrer, A. (1989). The Integration of Psychotherapies: A Guide for Practicing Therapists. New York: Human Sciences Press.

McLeod, J. (2005). Εισαγωγή στη Συμβουλευτική. Αθήνα: Μεταίχμιο.

Muehlenkamp, J. J. (2006). Empirically supported treatments and general therapy guidelines for non-suicidal self-injury. Journal of Mental Health Counseling 28 (2).

Napier, A. (2008). Το Ζευγάρι, Αυτός ο Εύθραυστος Δεσμός. Αθήνα: Ελληνικά Γράμματα.

Nestoros, I. (1996). Συνθετική Ψυχοθεραπεία Με Στοιχεία Ψυχοπαθολογίας. Αθήνα: Ελληνικά Γράμματα.

Nevis, E. (2007). Θεραπεία Gestalt. Θεωρία και Πράξη. Αθήνα: Διόπτρα.

O'Brien M, Houston G. (2007). Integrative Therapy. London: Sage.

O' Leary, C. (1999). Counseling Couples and Families. London: Sage.

Papadioti-Athanasiou, V. & Softa-Nall, L. (2006). Οικογενειακή Συστημική Θεραπεία. Αθήνα: Ελληνικά Γράμματα.

Perls, Frederick S. (1969). "Dreamwork Seminars. "In Gestalt Therapy Verbatim, Moab, UT: Real People Press.

Riemann, F. (1994). Τετραλογία του Φόβου. Αθήνα: Χρηστάκης.

Rogers, C. R. & Stevens, B. (1967). Person to Person: The Problem of being a human. Utah, California: Real People Press.

Rogers, C. (2006). Το Γίγνεσαι του Προσώπου. Αθήνα: Ερευνητές.

Rutter, M. and Rutter, M. (1992). Developing Minds: Challenge and Continuity Across the Life Span. Harmondsworth: Penguin Books.

Stern D, (1988). The first relationship: Infant and Mother. Athens: Koutsoubos

Stewart I, Joines V. (2006). Η Συναλλακτική Ανάλυση Σήμερα. Αθήνα: Π. Ασημάκης.

Widdowson M. (2011). Συναλλακτική Ανάλυση. Αθήνα: Π. Ασημάκης.

Vithoulkas, G. (2008). Ομοιοπαθητική, η Μεγάλη Πρόκληση για την Ιατρική. Αθήνα: Λιβάνης.

Whitaker C, Bumberry W. (1998). A Symbolic-Experiential Approach. New York: Bruner / Mazel.

Whitfield, M. D. (1980). Emotional stresses on the psychotherapist. Canadian Journal Psychiatry, 25(4):292-6.

Yalom, I. (2004). Το Δώρο της Ψυχοθεραπείας. Αθήνα: Άγρα.

Yalom I, Leszcz M. (2006). Θεωρία και Πράξη της Ομαδικής Ψυχοθεραπείας. Αθήνα: Άγρα.

Mary Goulding, Robert Goulding(1997). Changing lives through redecision therapy.

New York: Grove press

Jean Piaget, Τα Στλαδια Ανάπτυξης του Παιδιού, Σύμφωνα με μελέτη των Norcross & Thomas (1988)

Hellinger B. , Weber, G. , Beaumont, H. (2002). Η Κρυμμένη Συμμετρία της Αγάπης. Αθήνα: Medicum.

Hellinger, B. , Ευτυχία που Διαρκεί, Εκδόσεις Κλωθώ, Αθήνα 2007

Hellinger, B. , Μονοπάτια της Αγάπης, Εκδόσεις Αλφάβητο Ζωής, Αθήνα 2008

Hellinger, B. , Συνειδήσεις, Εκδόσεις Αλφάβητο Ζωής, Αθήνα 2008

Schneider, J. R. , Η Οικογενειακή Αναπαράσταση, Εκδόσεις Αλφάβητο Ζωής, Αθήνα 2008

Schneider, J. R. , Αχ! Τι Καλά που Κανείς δεν το Ξέρει! , Εκδόσεις Αλφάβητο Ζωής, Αθήνα 2011

Σταυρόπουλος, Δ. , Η Επιστροφή - Αρχέτυπα και Αναπαράσταση, Εκδόσεις Κλωθώ, Αθήνα 2007

Συλλογικό Έργο, Το Συστημικό Σώμα, Εκδόσεις Αλφάβητο Ζωής, Αθήνα 2013

Η Φαινομενολογική Σκέψη του Bert Hellinger, Εκδόσεις Αλφάβητο Ζωής, Αθήνα 2008 ΤΕΤΡΑΔΙΟ 3

Βαγιακάκος Μ. Ν. , Βασικές Θεωρήσεις, Εκδόσεις Αλφάβητο Ζωής, Αθήνα 2008

Αρκούδη, Ε. , Αναπαράσταση σε Ατομική Συνεδρία: Η Χρήση των Playmobils, Αθήνα, 2003 (εργασία αποφοίτησης)

Schneider, J. R. , Schneider, S. Η Συστημική Αναπαράσταση με Ζεύγος & Φιγούρες, Εκδόσεις Αλφάβητο Ζωής, Αθήνα 2009

Alice Miller (2009). Το σώμα δεν ψεύδεται ποτέ. Αθήνα: Ροές

Alice Miller (2003). Οι φυλακές της παιδικής μας ηλικίας. Αθήνα: Ροές

Alice Miller (2011). Η απαγορευμένη γνώση. Αθήνα: Ροές

Alice Miller (2007). Το ξύπνημα της Εύας. Αθήνα: Ροές

Sitchin, Z. Ο 12ος πλανήτης. Τα χρονικά της Γης. Εκδόσεις Αρχέτυπο, Αθήνα 1976

Theun Mares. Η επιστροφή των πολεμιστών, Τολτέκοι. Εκδόσεις Αρχέτυπο, Αθήνα 2001

Theun Mares. Η κραυγή του αετού, Τολτέκοι. Εκδόσεις Αρχέτυπο, Αθήνα 2003

Theun Mares. Η Γνώση του Δράκοντα, Τολτέκοι. Εκδόσεις Αρχέτυπο, Αθήνα 2003

Σουάμι Αμριτασβαρουπάναντα Πουρί. Μάτα Αμριτανανατάμάι, Η Βιογραφία της (Mata Amritamandamayi), Εκδόσεις Mata Amritamandamayi Mision Trust India 2014

Σουάμι Ραμακρισνάναντα Πουρί. Το αιώνιο μονοπάτι, Εκδόσεις, Amrita books, India2015

Eugene E. Whitworth. Τα 9 πρόσωπα του Χριστού. Εκδόσεις Καστανιώτη, Αθήνα 1990

Brian Weiss. Πολλές ζωές, πολλοί Δάσκαλοι (many lives, many masters), Εκδόσεις Καστανιώτη, Αθήνα 2010

Ηλίας Πέτρου. Φυσιοθεραπευτική, Τόμος 1ος. Εκδόσεις Πουρνάρα, Θεσσαλονίκη 1998

Ηλίας Πέτρου. Φυσιοθεραπευτική, Τόμος 2ος. Εκδόσεις Πουρνάρα, Θεσσαλονίκη 2007

Ηλίας Πέτρου. Φυσιοθεραπευτική, Τόμος 3ος. Εκδόσεις Πουρνάρα, Θεσσαλονίκη 2006

Ann Wigmore. Η Δίαιτα του Ιπποκράτη, Εκδόσεις Διόπτρα, Αθήνα 2014

Herbert Shelton. Νηστεία και θεραπεία. Εκδόσεις Μεταμόρφωση, Αθήνα 2020

www.ingramcontent.com/pod-product-compliance
Lightning Source LLC
Chambersburg PA
CBHW081144020426
42333CB00021B/2655